中国民生调查 2020

国务院发展研究中心课题组 著

图书在版编目（CIP）数据

中国民生调查．2020 / 国务院发展研究中心课题组著．—北京：中国发展出版社，2021.1

ISBN 978-7-5177-1185-8

Ⅰ．①中… Ⅱ．①国… Ⅲ．①人民生活—调查报告—中国—2020 ②社会保障—调查报告—中国—2020 Ⅳ．① D669.3 ② D632.1

中国版本图书馆 CIP 数据核字（2021）第 019983 号

书　　名：中国民生调查 2020
著作责任者：国务院发展研究中心课题组
出 版 发 行：中国发展出版社
联 系 地 址：北京经济技术开发区荣华中路 22 号亦城财富中心 1 号楼 8 层（100176）
标 准 书 号：ISBN 978-7-5177-1185-8
经　销　者：各地新华书店
印　刷　者：北京毅峰迅捷印刷有限公司
开　　本：889mm×1194mm　1/16
印　　张：34
字　　数：898 千字
版　　次：2021 年 2 月第 1 版
印　　次：2021 年 2 月第 1 次印刷
定　　价：188.00 元

联 系 电 话：（010）68990630　68990692
购 书 热 线：（010）68990682　68990686
网 络 订 购：http://zgfzcbs.tmall.com
网 络 电 话：（010）88333349　68990639
本 社 网 址：http://www.develpress.com
电 子 邮 件：330165361@qq. com

国务院发展研究中心
“中国民生调查”课题组

课题总顾问　马建堂

课题负责人　张军扩

课题协调人　叶兴庆　葛延风

课题联络人　金三林　佘　宇

课题组主要成员　（按报告章节排序）

张冰子　程　郁　何建武　朱贤强　沈俊杰

马　磊　张　亮　江　宇　卓　贤　王海芹

苏　杨　冯文猛　龙海波　刘　智　刘国会

沈　和　朱卫江　孙东海　陈秋平　杨　丛

杨三省　乔玲玲　刘精明

序言

Preface

2019年是中华人民共和国成立70周年，是全面建成小康社会、实现第一个百年奋斗目标的关键之年。面对国内经济下行压力加大、国际局势风云变幻的复杂局面，以习近平同志为核心的党中央审时度势，坚持稳中求进的工作总基调，坚持在发展中保障和改善民生，各项民生工作取得新进展，给人民群众带来了实实在在的获得感、幸福感和安全感。“中国民生调查”的结果显示，2019年居民民生满意度较2018年显著提升。民生领域的发展进步为圆满实现第一个百年奋斗目标奠定了坚实的基础。

第一，更大力度促进就业稳定。国家出台了大量就业促进政策，坚持创造更多就业岗位和稳定现有就业岗位并重，突出重点、统筹推进、精准施策，全力防范化解规模性失业风险，确保就业形势总体稳定。2019年中央财政就业补助资金支出539亿元，同比增长14.9%。从失业保险基金结余中拿出1000亿元支持职业技能提升，加快培养各类技术技能人才。职业技能提升和转岗转业培训超过1500万人次。城镇新增就业人数1352万人，连续第7年超过1300万人。农民工总量达到29077万人，比上年增加241万人，增长0.8%。总体上看，2019年我国把就业优先政策置于宏观政策层面全面发力，成功实现了就业稳定。

第二，基本医疗保障水平稳步提升。2019年，国家继续深化医疗、医保、医药联动改革，推动全面建立城乡统一的居民基本医疗保险制度，降低居民大病医疗负担。城乡居民医保人均财政补助标准增加30元，一半用于大病保险，大病医保政策范围内报销比例由50%提高到60%。大力推动药品降价，2019年国家医保药品目录名单新增药品70个，新增药品价格平均下降约60%。出台罕见病药品等增值税减免政策，支持将高血压和糖尿病门诊用药纳入医保报销，3亿多患者从中受益。

第三，努力实现更公平更高质量的教育。持续加大财政教育投入，加快学前教育、职业教育、高等教育的提升发展。2019年，全国教育经费总投入为50175亿元，同比增长8.74%；其中，中央本级教育支出1835.13亿元，同比增长6%。学前教育和职业教育是2019年两大重点支持方向，中央财政支持学前教育和职业教育质量提升计划资金安排分别达到168.5亿元和237.21亿元，分别同比增长13.1%和26.6%。学前和职业教育供给明显改善，2019年新增普惠幼儿园学位370万个，学前三年毛入园率达到83.4%，普惠性覆盖率达到76%。高职扩招116万人，随着国家职业教育改革方案的实施，进入质量提升新阶段。

第四，养老和救助体系更加完善。自2005年以来连续第15年调整企业退休人员基本养老金、自2016年以来连续第4年同步统一调整企业和机关事业单位退休人员基本养老金，各类退休金平均提高5%。城乡居民基础养老金最低标准从每月70元提高到88元。全面推开国有资本充实社保基金工作，养老保险基金中央调剂比例提高至3.5%，确保企业离退休人员基本养老金按时足额发放。强化民生政策兜底保障功能，继续提高城乡低保等社会救助水平和优抚对象等人群的补助标准，1796万建档立卡贫困人口纳入农村低保或特困人员救助供养；出台强化临时救助兜底保障、退役士兵社会保险断保接续、启动社会救助和保障标准与物价上涨挂钩联动机制以及残疾人"两项补贴"标准动态调整等解困政策。

第五，生态环境、食品安全和政府服务改革深入推进。蓝天碧水净土保卫战加速攻坚，2019年中央财政支持大气、农村环境整治和土壤污染防治的专项资金比2018年增长近四分之一。深化改革创新，用最严谨的标准、最严格的监管、最严厉的处罚、最严肃的问责，加强食品安全工作，开展食品安全放心工程建设攻坚行动。全国一体化在线政务服务平台上线运行，持续开展"减证便民"改革行动，各部门、各地区大幅度简化申报程序、取消了大量不必要的证明。

2019年，民生领域交出了一份群众满意的亮丽答卷。同时也要看到，这一领域还存在不少短板，医疗、就业、教育等领域与人民群众的期待还有差距，农村人居环境、公共服务以及基础设施等底子薄、基础弱。要取得决胜全面建成小康社会的伟大胜利，必须继续坚持保障和改善民生，坚决完成补齐民生短板的硬任务。

习近平总书记在参加十三届全国人大一次会议广东代表团的审议时指出，共产党就是为人民谋幸福的，人民群众什么方面感觉不幸福、不快乐、不满意，我们就在哪方面下功夫，千方百计为群众排忧解难。[①]2019年11月，习近平总书记在上海考察时指出，要抓住人民最关心最直接最现实的利益问题，扭住突出民生难题，一件事情接着一件事情办，一年接着一年干。[②]国务院发展研究中心将坚决贯彻落实党中央、国务院关于切实改善民生的部署，继续发挥国家高端智库作用，在社会各界的大力支持和帮助下，持续开展"中国民生调查"，并不断提高课题研究的质量，为提高民生政策的科学性和精准性继续作出应有的贡献。

国务院发展研究中心党组书记、研究员

① 习近平总书记两会金句. 人民网，2018-03-20，http://jhsjk.people.cn/article/29877103。

② 习近平：《习近平谈治国理政》（第三卷），外文出版社2020年版。

目录
Contents

第一部分　综合报告

第二部分 专题报告

第三部分　省域民生发展报告

第四部分　数据分析报告

第一部分
综合报告

第一章
中国民生调查2020综合研究报告
——城乡居民民生满意度大幅上升，在收入等领域仍存在一些关切

2019年，面对国内外风险挑战明显上升的复杂局面，在以习近平同志为核心的党中央坚强领导下，我国政府坚持稳中求进工作总基调，坚持在发展中保障和改善民生，各项民生工作取得新进展，给人民群众带来了实实在在的获得感。国务院发展研究中心“中国民生调查”课题组的调查结果表明，2019年城乡居民生活满意度高位增长，食品安全、政府服务、教育、医疗、就业等12个领域的民生工作满意度普遍上升。同时，居民对收入、医疗、教育、养老、交通出行等仍比较关切，进一步改善的诉求较为强烈，这些领域的民生工作满意度相对较低。生态环境、食品安全、政府服务等民生工作满意度较高的领域，也有一些“痛点”“堵点”亟待疏通。下一步，要按照决胜全面建成小康社会和开启全面建设社会主义现代化国家新征程的要求，针对新冠肺炎疫情下暴露出的民生短板，加大社会事业投入，深化民生领域改革，进一步加强民生建设，确保全面建成小康社会的质量。

一、主要调查研究内容

2019年，国务院发展研究中心“中国民生调查”课题组继续开展31个省（自治区、直辖市，不含港、澳、台，下同）民生满意度电话调查和8个省份民生关切点入户调查，同时继续对就业、收入、医疗、教育、住房、环境保护、食品安全、养老保障、政府服务9个重点民生领域开展专题研究。

（一）开展民生满意度电话调查

民生满意度包括居民生活满意度和重点领域民生工作满意度。

居民生活满意度是对城乡居民生活满意程度的测量，包括三项：对当前生活满意度的评价、对近一年来生活改善情况满意度的评价以及对未来信心的评价。

重点领域民生工作满意度反映城乡居民对主要民生领域的整体评价，具体包括12个民生领域：就业状况、交通状况、社会治安、住房状况、食品安全、居住地政府服务、居住地教育状况、医疗服务、生态环境、社会保障、社区公共服务、司法公正。

民生满意度电话调查采用计算机辅助电话调查（CATI）方式，范围覆盖全国31个省份，调查对象为18～74周岁的城乡居民。2019年调查实际完成样本量51609个，其中手机样本比例

为79.7%，固定电话样本比例为20.3%。按城乡分，城镇占63.2%，农村占36.8%；按性别分，男性占53.7%，女性占46.3%。

（二）开展民生关切点入户调查

2019年继续在河北、黑龙江、江苏、浙江、安徽、福建、广西、陕西8省份开展民生关切点入户调查，调查内容主要包括工作与就业、基本民生、收入与消费、子女教育、医疗卫生、养老保障、住房保障、生活环境、政府服务等方面，但具体调查问题结合实际情况做了较大调整。

2019年入户调查共获得10026份有效调查问卷，其中城镇、农村和城乡接合部样本分别占41.87%、43.78%和14.34%。总体来看，样本具有较为广泛的代表性。

（三）编制31个省份民生指数

民生指数主要测度31个省份的民生发展状况。2019年继续沿用近两年的指标体系，从居民生活、公共服务、公共安全和生活环境等四个方面选取了37个指标来考察各个省份的民生发展状况。在对于每一个方面民生发展状况进行评估时，首先对指标体系涉及的子指标通过阈值法（与最大值、最小值比较）进行无量纲化处理，然后给各个子指标赋予相等的权重，最后利用线性加权法得到各个方面的民生发展指数。

（四）开展民生专题研究

2019年继续开展就业、收入、教育、医疗卫生、住房保障、环境保护、食品安全、养老保障和政府服务9个专题研究。各专题研究进一步突出政策研究定位，综合运用电话调查、入户调查和统计数据，客观反映各领域民生状况、群众的民生诉求，提出针对性政策建议，为完善相关政策服务。

二、城乡居民民生满意度变化情况

民生满意度包括居民生活满意度和12个领域民生工作满意度。2019年，城乡居民在这两个方面的满意度呈普遍上升态势。

（一）城乡居民生活满意度高位增长

生活满意度包括3个指标：对当前生活的满意度情况、对过去一年生活改善的评价和对未来的信心。调查显示，2019年居民对生活现状的满意度较2018年有显著提升。具体而言，对当前生活表示“非常满意”“比较满意”“一般”的被访者合计占总样本的90.6%，较2018年上升 4.6 个百分点，居民对当前生活的满意度为 2013 年有调查以来的最高水平。认为 2019 年生活“明显改善”“有一定改善”“没变化”的受访者合计占总样本的 87.8%，比 2018 年高 1.7 个百分点，居民对改善状况的评价处于调查以来的较高水平。对未来“非常有信心”“比较有信心”“一般”的受访者合计占总样本的 92.3%，相比 2018 年提升 3.6 个百分点，居民对未来的信心也处于调查以来的较高水平。

（二）12 个领域民生工作满意度普遍上升

调查数据显示，城乡居民对就业、政府服务、交通等 12 个领域的民生工作总体满意率[①]都有不同程度上升。其中，上升最大的是食品安全，提高了 6 个百分点。此外，政府服务、医疗、教育、就业、公正执法的总体满意率都提高了 5 个百分点以上，特别是教育、医疗等民生焦点领域的满意率提升较为明显。总体满意率提高幅度最低的是社区公共服务，但同比也提高了 1.9 个百分点。

横向来看，12 个领域民生满意度都较高，但也存在一定差异。其中，社会治安的总体满意率最高，达到 96.3%；其次为公正执法，为 91%。总体满意率相对较低的是交通、教育和医疗服务，分别为 87.6%、86.1% 和 83.5%。同时，这些领域也是居民较为焦虑、改善诉求较为强烈的领域。

表1-1　12个领域民生工作总体满意率情况　单位：%，个百分点

民生领域	2019年	2018年	差值
社会治安	96.3	93.9	2.5
公正执法	91.0	85.9	5.2
就业	90.7	85.2	5.5
环境	90.5	88.0	2.5
政府服务	90.1	84.2	5.9
住房	89.3	85.4	3.9
社区公共服务	89.2	87.3	1.9
食品安全	88.5	82.5	6.0
社会保障	88.5	84.4	4.0
交通	87.6	83.1	4.5
教育	86.1	80.5	5.5
医疗	83.5	77.9	5.6

三、城乡居民的主要民生关切

综合居民的民生关切点和民生满意度来看，城乡居民对收入、医疗、教育、养老、交通出

① 总体满意率为选择“非常满意”“比较满意”“一般”的居民占被访者的比例。

行等领域的关切度较高，进一步改善的意愿和期盼较强烈，这些领域的民生满意度也相对较低。在环境、食品安全、政府服务等民生满意度较高的领域，也仍有一些问题需要进一步改善。

（一）居民收入状况有所好转，但对收入的焦虑依然突出，食品支出压力加大问题需要关注

调查结果表明，2019 年居民减收面收窄，家庭收支状况有所改善。受访者预期收入会下降的比例由 2018 年的 22.87% 下降至 19.97%，预期收入会上升的比例由 2018 年的 22.47% 回升至 26.18%。在有工作的受访者中，21.42% 的受访者认为 2019 年上半年月平均收入有所增加，高出 2018 年调查 2.89 个百分点。受访者回答家庭近一年以来能够存上钱的占 40.9%，高出 2018 年调查 4.1 个百分点，32.46% 的受访者认为未来一年家庭的收支状况会改善。收入状况的改善主要是由于就业状况的稳定，两项调查都显示受访者中就业人员比重较 2018 年有所提高、约九成就业人员的劳动量维持不变或有所增加。居民对就业的总体满意率达到 90.7%，同比提高 5.5 个百分点。

但同时也要看到，收入仍是居民生活中最焦虑的问题，农村居民、中低收入者对收入更加焦虑。在经济下行的大环境下，受访者对收入的焦虑再次回升到第一位。对于日常生活最焦虑的问题，首选项选择收入的比例为 25.09%。农村受访者和家庭年收入 1 万～ 5 万元的中低收入受访者对收入的焦虑更高，首选项选择收入的比例分别为 28.49% 和 31.47%，较上年分别提高 4.5 个和 6.62 个百分点。

居民食品支出压力明显增加，低收入者的食品支出压力达到近年来最高水平。受肉类等农产品价格上涨的影响，受访者对于消费支出压力最大的领域，首选项选择食品的比例较上一年增加 5.62 个百分点。家庭年收入 1 万元以下的低收入受访者认为食品支出压力最大的比例达到 31.26%，较总体高 10.76 个百分点，分别较 2018 年、2017 年高 10.08 个、5.98 个百分点。

（二）居民切实感受到医疗负担的下降，慢性病家庭迫切希望解决医疗费用高的问题

从调查结果看，2019 年医保报销比例有较大提高，居民对医疗的满意度明显提升。受访者住院医疗费用平均报销比例由上年的 42% 左右提高至 46% 左右，其中，城镇职工基本医保和城乡居民基本医保参保者住院医疗费用平均报销比例分别为 55.1% 和 44.2%。分别有 38.35%、24.38% 和 24.31% 的受访者认为 2019 年比 2018 年医保报销比例提高程度明显、药品价格明显下降、家庭医疗负担明显下降，较上年分别提高了 3.16 个、5.77 个和 5.14 个百分点。因而，居民对医疗的总体满意率达到 83.5%，同比上升 5.6 个百分点，是近年来的最大涨幅。

但医疗仍是民生总体满意度最低的领域，是低收入者和慢性病家庭最焦虑的首位因素。对于日常生活最焦虑的问题，受访者首选项选择医疗的比例为 19.72%，排在第二位。而在家庭年收入 1 万元以下的低收入受访者和有慢性病患者的家庭中，首选项选择医疗的比例都是最高的，分别达到 33.93% 和 30.65%。

慢性病患者家庭医疗负担重的问题依然突出。家中有慢性病患者的受访者认为药品费用明显上升、医疗负担明显增加的比例分别为 31.05% 和 31.51%，较总体分别高出 7.3 个和 9.44 个百分点。在最希望解决的问题中，其选择“医疗费用高”“常用药不能报销或报销比例低”“治疗效果不好”和“看病及定期检查不方便”的比例分别为 61.54%、37.33%、23.52% 和 21.41%。

（三）家庭教育支出压力持续增加，普惠性幼儿园供给仍需改善

尽管教育的总体满意度在 2019 年有较大幅度提升，但家庭子女教育支出压力呈持续增加趋势，课外辅导费用增加是主要驱动因素。对于家庭支出压力最大的问题，在 2017—2019 年的调查中，家庭有孩子的受访者首选项选择子女教育的比例分别为 35.47%、43.09% 和 45.97%。子女课外辅导班总支出超过 1 万元的占比从 2017 年的 18.4% 扩大到 2018 年的 35.5%，超过 2 万元的占比从 6.9% 扩大到 17.3%，超过 3 万元的占比从 2.5% 扩大到 9.3%。

普惠性幼儿园供给仍然不足。从子女所上幼儿园的类型看，公办园的占比为 35.6%，普惠性民办园为 19.4%，商业性民办园为 45.0%。这表明，仍有超过四成的孩子没能进入普惠性幼儿园。

（四）城乡居民对养老的经济担忧突出，改善为老服务的诉求强烈

55% 的受访者表示对自己的养老存在担忧，对未来经济来源担心的比例达到 59%。在所担心的具体问题中，排在前三位的依次为“养老的钱不够”“身体不好”和“生活上没人照顾”，受访者选择的比例分别为 49.6%、23.6% 和 15%。特别是，农村受访者担心“养老的钱不够”的比例为 51.79%，较城镇居民高 5.78 个百分点。

城乡居民养老经济来源差异大，农村居民养老金水平低。60 岁以上的老年受访者中，养老经济来源主要依靠养老金的比例为 48.5%，其中城镇和农村分别为 69.59% 和 30.47%。农村老年受访者选择靠子女赡养、承包地收入养老的比例分别为 35.1% 和 7.2%。农村 60 岁以上老年受访者中，有 58.54% 认为养老的主要问题是“养老金水平太低”，这一比例较城镇居民高 9.24 个百分点。

居民对改善养老健康服务的诉求强烈。在最希望改善的养老服务内容中，家里有老人的受访者选择“上门医疗服务”“健康监测紧急救助”“修建更多养老机构”“房屋适老化改造”的比例分别为 45.96%、30.46%、23.94% 和 12.53%。在住房希望改善的方面，家里有老人的受访者选择最多的是“安装电梯”，选择该项的比例为 22.70%。

（五）部分地区交通出行难，仍是困扰群众的突出问题

在 12 项民生工作满意度中，交通出行排在倒数第三位。对于外部环境最焦虑的问题，有 19.21% 的受访者选择交通出行。农村受访者对交通出行的焦虑程度明显更高，首选项的比例达到 32.57%，比城镇受访者高 11.7 个百分点。农村非贫困县受访者更加焦虑交通出行问题，首选

项比例达到 36.41%，较国定贫困县高 9.2 个百分点。另外，从村级调查数据来看，在 197 个调查村中，有 66 个村没有通客运班车，29 个村有一半以上的村组未通硬化路，24 个村有一半以上的农户入户道路没有硬化，83 个村的书记认为人居环境最迫切改善的是村内道路，还有 10 个村的书记认为应增强村道与主干公路的连通性。

（六）生态环境、食品安全和政府服务持续改善，但部分难点问题仍需关注

受访者对总体生态环境、空气、生活用水、垃圾处理的评价均有所提升。但对水体质量仍很关切。受访者对周边水体质量满意的比例仅为 39.80%，认为其有所改善的比例只有 41.79%，仍是各方面中评价最低的。

约六成受访者对食品安全的改善情况表示满意，近八成受访者相信未来 3 年食品安全状况能够继续改善。但居民对农兽药抗生素重金属等高残留、非法添加的非食用物质以及有疫病的肉食品仍存在担心，分别有 21.7%、16.0% 和 15% 的受访者对此最为担心。

政府服务满意度显著提升，尤其是群众长期反映的一些问题在 2019 年有明显改善，但仍有进一步改进的空间。50% 的受访者反映没有对政务大厅窗口工作人员服务进行评价打分，“好差评”制度尚未全面落实。41.6% 的受访者反映医保异地结算、随迁子女入学、办理城市和农村低保等事项必须回户籍所在地办理，离全面实现“一网通办”“异地通办”还有较大差距。认为“需要来回跑几个窗口”和“需要重复填多张表格”的比例分别为 29.4% 和 19.3%，政务服务环境还需巩固改善。

四、省域民生指数进展情况

从民生指数分析结果看，城乡居民民生水平整体上继续提升，但不同区域和不同领域民生状况改善差异仍然较大。与 2018 年相比，2019 年调查①中，居民生活和生活环境方面的民生改善程度要明显高于公共服务和公共安全。在居民生活和生活环境领域，多数省份的多数指标都得到改善；在公共服务和公共安全领域，部分指标在多数省份未有改善。从不同区域来看，居民生活方面和公共服务方面的区域差距继续缩小；在公共安全方面，西南地区改善要明显快于其他地区。

（一）收入、消费和就业等指标持续改善，但居民生活压力持续上升，城市内部收入差距有扩大趋势

各地区收入和消费继续较快增长，居民收入的省际差距继续缩小。虽然国内经济增长速度受内外部环境的影响不断减弱，但区域就业质量持续改善。但需要关注的是，绝大多数地区房

① 照惯例，用上一年的数据测度本年民生指数，即 2019 年的民生指数采用的是 2018 年数据。

价的上涨速度超过收入的增长速度，居民生活压力持续上升。2018 年数据显示，31 个省份中只有北京、天津、上海和浙江 4 个省份的房价收入比下降，其他 27 个省份的房价收入比都是上升的。不少省份内部的区域发展差距和人群收入差距呈现扩大趋势。今后降低居民生活压力需要进一步落实中央提出“房子是用来住的，不是用来炒的”的房地产市场定位。另外，一些省份城镇低收入户的可支配收入同比是下降的，城镇居民内部收入差距有扩大的趋势。未来不仅要继续关注农村贫困问题，也需要关注城镇贫困问题（包括绝对贫困和相对贫困）。

（二）数字服务、医疗服务和教育等领域民生指标改善较为明显，但公共服务供给的改善正面临财政收入增速大幅放缓的挑战

与 2018 年相比，2019 年调查中，公共服务领域部分指标进一步改善。其中，数字服务、医疗服务和教育领域公共服务指标改善明显。在数字服务方面，31 个省份“移动宽带用户普及率”和“移动宽带平均下载速度”两项指标都得到了较大幅度的提升，而且欠发达省份改进更加明显，这有利于缩小地区间“数字鸿沟”。在医疗服务方面，几乎所有省份“每万人拥有执业（助理）医师数”指标增长明显。在教育方面，尽管经济下行导致财政收入增速明显放缓，但绝大多数省份的义务教育阶段生均教育财政支出继续保持一定的增长速度。但值得关注的是，随着经济下行压力的加大和减税降费力度的加大，财政收入增速大幅放缓，公共服务供给的资金保障面临越来越大的压力。在财政收入增速不断放缓甚至部分地区收入出现负增长的情形下，需要统筹协调好“促民生”和“保增长”两大目标。

（三）灾害风险下降较为明显，但公共卫生安全和社会安全风险需要引起关注

公共安全方面的部分指数改进较为明显，自然灾害和事故灾害风险下降尤为突出。在自然灾害方面，2018 年自然灾害爆发的频次明显减少，死亡人数较 2017 年下降 40% 左右；31 个省份中 19 个省份的自然灾害风险指标得到了改善。在事故灾害方面[①]，2018 年突发环境事件的爆发次数也明显少于上年，31 个省份中 19 个省份事故灾害风险指标得到了改善。但需要重视两个问题：一是公共卫生安全方面的指标呈现持续恶化的趋势，“每万人食源性疾病患者数”连续两年呈增长态势；二是经济社会转型中积累的社会安全风险有所上升，“每万人罪犯人数”近两年也呈上升态势。

（四）植被环境和城乡居住环境方面改善较为明显，但空气质量和水环境质量改善仍然不够理想

从动态比较来看，生活环境方面的植被环境和城乡居住环境指标改善最为明显，2018 年绝

---

① 自 2017 年以来，重大生产安全事故死亡和失踪人数的数据不再公布。

大多数省份在这两个方面都有改进。但进展不平衡的问题也很突出，一些空气质量不佳的地区空气质量改善较慢，如 2019 年调查中，黄河流域部分省份“空气质量达到及好于二级的天数”较 2018 年相比改善较小甚至出现恶化；还有部分省份涉及流域重点断面水质持续恶化，尤其是处于流域上游的省份。下一步要加快实现能源结构、工业结构的根本转型，推动这些省份经济增长与非清洁能源消费和重污染行业发展之间“脱钩”，真正实现环境质量的根本改变。

五、进一步做好民生工作的建议

2020 年是全面建成小康社会收官之年，做好民生保障工作更加重要。要贯彻落实十九届四中全会精神，对标全面建成小康社会目标要求，聚焦城乡居民的民生关切和新冠肺炎疫情暴露出的民生问题，落实各项政策、补齐民生短板，确保全面建成小康社会的质量，为创造高品质生活夯实基础。

一是多措并举保障居民基本收入。密切关注全球新冠肺炎疫情等外部环境变化对就业的影响，落实好税费减免、金融支持、降低成本等企业帮扶政策，完善公共就业服务、职业技能培训等各项措施，努力保持就业基本稳定。突出抓好重点群体就业工作，通过开发公益岗位、以工代赈等方式，确保零就业家庭动态清零。完善农民流转土地增值收益分配、农民种植养殖支持、农民就业创业扶持等政策，努力增加农民收入。扩大失业保障政策范围，用好价格临时补贴机制，细化精准扶贫帮扶举措，使失业群体、低收入人群有基本收入来源。

二是做好医疗、教育、交通等领域民生保障。加强公共卫生服务体系建设，健全农村、社区等基层疾病防控机构设置及人员、设备配备，把新冠肺炎疫情防控期间形成的一些好做法制度化。继续深化医疗服务体系、医疗保障制度、药品供应保障机制改革，大力发展远程医疗，提升基层医疗服务质量，缓解群众看病难、看病贵问题。深化教育教学改革，构建科学评价体系，通过提高质量、优化课程、完善评价为学生“减负”。“真金白银”地支持街道、村集体、机关和有实力的国有企事业单位举办普惠性幼儿园，增加学位供给。以农村交通为重点，全面完成“两通”（符合条件的建制村通硬化路、通客车）工程，支持交通建设项目更多向进村入户倾斜，通过以奖代补等形式支持村内道路硬化。

三是更加重视社会救助政策的救急解困功能。借鉴河北省巨鹿县、山西省寿阳县等地做法，采取“互联网 + 网格化”的管理方式，做好对农村非贫困低收入户、不稳定脱贫户、城市低收入家庭的动态监测，及时发现问题，主动采取措施，因户因人施策，做到精准帮扶。加强物价上涨对低收入家庭收支情况的影响监测，进一步完善社会救助和保障标准与物价上涨挂钩联动机制。适度提高城乡低保、专项救助等标准，整合各类救助资源，加强对困境儿童、残疾人、五保户、临时受困人口等群体的保障，让每一个陷入困境的人都能感受到关爱。

四是提升城乡居民公共服务的可及性。聚焦民生“最后一公里”，持续深化放管服改革。以高频公共事项数据为导向，借鉴公安部门政务服务改革举措，进一步扩大其他垂直业务部门向地方政务服务需求提供共享范围，加快推进跨省事项“异地通办”。推进水、电、气、热、网等公用事业进厅（服务大厅）上网（电子政府服务平台），进一步减环节、减时间、减费用、减材料。加强村居、社区服务体系建设，对体弱、患病、行动不便、不会上网的老年人和特殊人群提供上门办理、代办等便民服务。

五是更好地发挥市场机制和社会组织的作用，形成保障民生的强大合力。一方面，在民生领域放宽社会资本进入限制，借鉴政府向商业保险机构购买大病保险等形式，将一部分公共服务项目交由市场主体运营。另一方面，积极培育社会组织，通过政府购买学位、床位等形式向社会组织购买公共服务，更好地满足居民多样化、多层次的民生需求。

（执笔：张军扩　叶兴庆　葛延风　金三林　朱贤强）

第二章
民生满意度 2020 分析报告

主要发现：

1. 相较 2018 年，总体样本中对当前生活状况满意评价、对过去一年生活改善程度的评价以及对未来的信心都普遍上涨，特别是城镇、中青年和受教育程度较高的被访者上涨比较明显。

2. 问及被访者对于各项公共服务是否满意时，12 个领域的满意度评价得分都有所提高，其中增幅排名前四位的是社会治安、公正执法、居住环境和政府服务。

3. 本地户口被访者的满意度总体高于流动居民的满意度。住房、交通与社会保障的满意度是本地户籍被访者明显高于流动人口的三个领域，但差距与去年相比有所缩小。总体来看，省内流动者对各领域满意度的增幅普遍高于本地户口居民，而省外流动者对各领域满意度的增幅高于本地户口者和省内流动者。

4. 青年组满意度较高的是社会治安、司法公正和居住环境，较低的是医疗、教育和交通。中年组满意度较高的是社会治安、居住环境和司法公正，满意度较低的是医疗、教育和食品安全，老年组满意度较高的是社会治安、交通和司法公正，较低的是医疗、食品安全和教育。中年组对多个领域的满意度增幅加大。

5. 劳动收入越低，被访者对各领域民生的满意度的评价越低，其中就业状况、社会保障和医疗等三个领域是满意度得分总降幅最大的三个领域。

6. 主观阶层评价越低，被访者对各领域民生的满意度的评价越低，其中就业状况、住房和社会保障三个领域是民生满意度得分总降幅最大的三个领域。

7. 认为贫富差距在拉大的被访者，对民生满意度的评分越低，其中医疗、社会保障和政府服务是民生满意度得分总降幅最大的三个领域。

8. 对现状满意群体与对现状不满意群体对各民生领域评分差值最大的是住房，其次是社会保障和就业。对改善情况满意的群体和不满意群体对各民生领域满意度评分差值最大的前三个领域是社会保障、政府服务和就业。对未来有信心和对未来缺乏信心的群体对各民生领域满意度评分差值最大的前三个领域也是社会保障、政府服务和就业。

2019 年 6 ～ 9 月，为了更好地了解城乡居民的生活状况和对民生方面的新关切，国务院发展研究中心“中国民生调查”课题组进行了民生问题满意度调查，采用电话调查方式在全国 31

个省（自治区、直辖市）完成有效样本 51609 个。其中，按联系方式分，移动电话占 79.7%，固定电话占 20.3%；按城乡分，城镇占 63.2%，农村占 36.8%；按性别分，男性占 53.7%，女性占 46.3%；按受教育程度分，小学及以下占 10.2%，初中占 21.2%，普通高中占 16.6%，职高、中专或技校占 8.1%，大专（高职）占 19.9%，本科及以上占 24.0%；从户口状况看，本市（县）非农业户口占 30.1%，本市（县）农业户口占 35.1%，本市（县）居民户口占 15.7%，省内非本市（县）非农业户口占 3.2%，省内非本市（县）农业户口占 5.6%，省内非本市（县）居民户口占 1.7%，外省非农业户口占 2.5%，外省农业户口占 4.9%，外省居民户口占 1.2%；按年龄分，35 岁以下的占 38.0%，35 ～ 54 岁的占 41.7%，55 岁以上的占 20.4%。从婚姻状况来看，未婚占 21.6%；已婚占 72.6%；离异或丧偶独身占 4.8%；同居占 0.9%。除了询问被访者生活状况满意度外，调查还询问了被访者对于就业状况、居住地政府服务、交通状况、社会治安、住房状况、教育状况、医疗服务、环境状况、社会保障、公共服务、食品安全、司法公正 12 项民生工作的满意度。调查数据为及时反映我国居民对过去一年各项民生工作的水平提供了重要参考。

一、调查基本情况

2019 年全国民生问题满意度电话调查，由国务院发展研究中心“中国民生调查”课题组设计并组织实施，在内容上，调查涵盖了受访者的基本特征、生活状况满意度、其对 12 项民生工作的现状和改善情况的评价等多个问题。其中，生活状况满意度的测量，涉及三项指标：对当前生活的评价、对近一年中生活改善情况的评价以及对未来信心的评价；12 项民生工作包括：就业状况、居住地政府服务、交通状况、社会治安、住房状况、教育状况、医疗服务、环境状况、社会保障、公共服务、食品安全、司法公正。

在抽样中，调查采用计算机辅助电话调查（CATI）方式，范围覆盖全国 31 个省（自治区、直辖市），调查对象为 18 ~ 74 周岁的城乡居民，委托北京零点市场调查有限公司具体负责电话访问工作。

采用电话调查方式在全国 31 个省（自治区、直辖市）完成有效样本 51609 个。其中，按联系方式分，移动电话占 79.7%，固定电话占 20.3%；按城乡分，城镇占 63.2%，农村占 36.8%；按性别分，男性占 53.7%，女性占 46.3%；按受教育程度分，小学及以下占 10.2%，初中占 21.2%，普通高中占 16.6%，职高、中专或技校占 8.1%，大专（高职）占 19.9%，本科及以上占 24.0%；从户口状况看，本市（县）非农业户口占 30.1%，本市（县）农业户口占 35.1%，本市（县）居民户口占 15.7%，省内非本市（县）非农业户口占 3.2%，省内非本市（县）农业户口占 5.6%，省内非本市（县）居民户口占 1.7%，外省非农业户口占 2.5%，外省农业户口占 4.9%，外省居民户口占 1.2%；按年龄分，35 岁以下的占 38.0%，35 ～ 54 岁的占 41.7%，55 岁以上的占 20.4%。从婚姻状况来看，未婚占 21.6%；已婚占 72.6%；离异或丧偶独身占 4.8%；同居占 0.9%。

二、居民生活满意度分析

调查采用三个指标来反映居民的生活满意度，分别为：对当前生活的满意度情况、对2018年生活改善的满意度情况、对未来的信心。结果显示，居民对生活现状、过去一年改善程度以及未来信心这三项指标的评价均有较大提升。从不同分类角度看，除劳动收入下滑的居民在三项指标有所下滑外，其他分类方式下，不同类型受访者满意水平均有提升。

（一）居民对当前生活满意度评价全面提高，为近6年最高水平

调查显示，居民对生活现状的满意度相较2018年有所上升，不满意群体的占比降低。对现状表示“非常满意”的占18.9%，表示“比较满意”的占38.7%，二者合计占57.6%，不仅高于2018年的49.8%，更创了6年来的新高。总体表示“非常满意”“比较满意”和“一般”的合计比重为90.7%，不仅高于2018年的86.5%，而且也创了近6年的新高。表示“比较不满”或“非常不满”的仅占9.3%，低于2018年的13.6%。比较历次调查结果发现，对现状“非常不满”和“比较不满”的群体，尽管在2014年到2018年呈逐年上升趋势，但在2019年，这一比例为历年最低（见图2-1）。

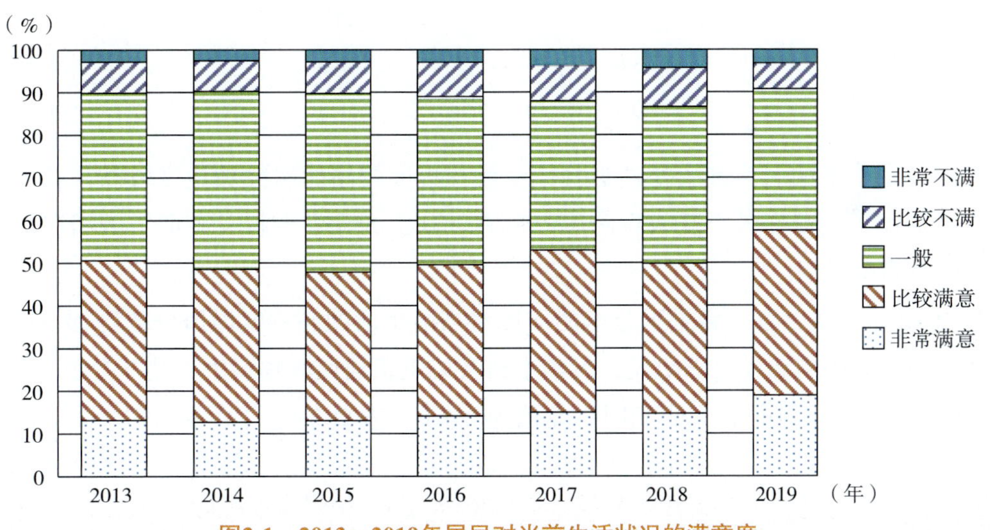

图2-1　2013～2019年居民对当前生活状况的满意度

从城乡居民满意度差异的角度看，城乡居民满意群体占比均有所上升，而且城镇居民的上升幅度更为明显。城镇居民中满意群体占58.7%，较上一年上涨8.3个百分点。农村居民中满意群体占55.2%，较上一年上涨6.5个百分点。2018年，城镇满意人群的占比相较于农村高1.7个百分点，而2019年这一数据为3.5个百分点。2019年，在不满群体占比上，城镇为8.3%，比2018年下降4.2个百分点；农村为11.0%，下降4.3个百分点（见表2-1）。

表2-1　2018年和2019年城乡居民对当前生活状况的满意度的均值　单位：%，个百分点

	非常满意/比较满意	一般	不太满意/非常不满
2018年城镇	50.4	37.1	12.5
2019年城镇	58.7	32.9	8.3
2018年农村	48.7	35.9	15.3
2019年农村	55.2	33.4	11.0

本次调查中，将居民划分成三个年龄组：18 ～ 34 岁的居民为青年组，35 ～ 59 岁的居民为中年组，60 岁及以上的居民为老年组。从不同年龄组居民满意度的差距看，2019 年中老年组的生活满意度仍然是各组最高，中青年组的生活满意度较低。2019 年，老年组对当前生活满意度最高，为 70.5 分；中年组的满意度低于老年组；青年组居民的生活满意度最低，但仍然达到 65.2（见表 2–2）。

对比两年的数据看，各年龄组对当前生活的满意度均有提升，中年组、青年组涨幅较大。2019 年，青年组、中年组的居民对当前生活满意度较上一年度分别上涨 4.5 分和 4.7 分，老年组的居民满意度则仅升高 1.2 分。

表2-2　不同年龄组居民对当前生活的满意度的均值分　单位：分

	2019年	2018年	差值
青年组	65.2	60.7	4.5
中年组	65.6	60.9	4.7
老年组	70.5	69.3	1.2

从不同教育水平的居民满意度差距看，受教育程度较高的居民满意度较高，其中大学本科及以上组的居民平均分在各个受教育阶层中最高，其次为大学专科（高职）的居民。初中文化程度的居民满意度最低。

但与 2018 年相比，各教育水平分组的居民对当前生活的满意度均值分数均有上涨，而且较高受教育水平的居民满意度上涨明显，大学本科及以上组居民涨幅最大，达 5.3 分。涨幅随教育水平的下降而减小，至小学及以下组时，差值为 2.4（见表 2–3）。

表2-3　不同受教育水平居民对当前生活的满意度的均值分　单位：分

	2019年	2018年	差值
小学及以下	63.8	61.3	2.4
初中	63.1	60.0	3.1
高中/职高/中专/技校	65.2	60.7	4.6
大学专科（高职）	66.7	61.9	4.8
大学本科及以上	69.6	64.2	5.3

（二）居民对上一年度改善情况的满意度较去年增长，为近 6 年最高水平

在 2019 年度的生活改善情况中，居民表示有所改善的比例高于 2018 年，而表示有所恶化的比例略低于 2018 年，仅略高于 2017 年，为近 6 年来的次低值。生活改善方面，表示“有明显改善”或“有一定改善”的合计比例为 52.9%，高于 2018 年水平，也是近 6 年来最高水平。而表示“比以前差一些”或“明显不如以前”的比例合计占总样本的 12.2%，较 2018 年小幅降低 1.4 个百分点，仅略高于 2017 年的 11.2%（见图 2-2）。

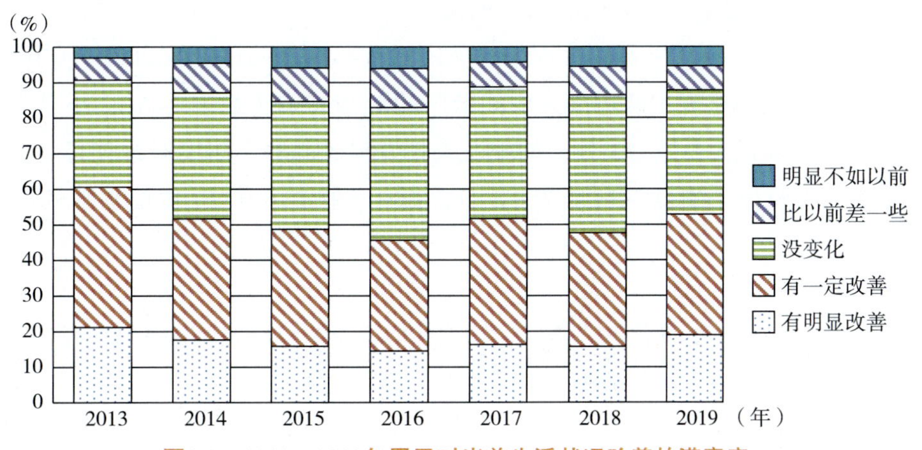

图2-2　2013～2019年居民对当前生活状况改善的满意度

城乡居民对生活改善程度的评价明显上升（见表 2-4）。2019 年城镇居民中有改善人群的比例较 2018 年高 3.9 个百分点，农村居民高 7 个百分点。2018 年农村恶化人群所占比重比城镇高 1.9 个百分点，2019 年这一差距为 0.9 个百分点，有所缩小。城镇居民中认为恶化的人群的占比减少了 1.1 个百分点，农村居民中认为恶化的人群占比减少了 2.1 个百分点。2018 年农村有改善人群所占比重比城镇低 0.2 个百分点，而 2019 年农村改善群体的占比比城镇高 2.9 个百分点，农村满意度更高。

表2-4　2017年和2018年城乡居民对生活状况改善程度的评价　单位：%，个百分点

	有明显改善/略有改善	没变化	略有恶化/明显恶化
2018年城镇	47.8	39.4	12.9
2019年城镇	51.7	36.3	11.8
2018年农村	47.6	37.5	14.8
2019年农村	54.6	32.2	12.7

从不同年龄组居民对上一年度生活改善情况的评价来看，各年龄段的居民对改善程度的评价较 2018 年均有所升高，中年组对改善程度的评价的增幅最大（见表 2-5）。2019 年，老年组对改善情况满意度的平均分为 67.3 分，高于青年组改善满意度（65.4 分）和中年组改善满意度（61.6 分）。对比两年数据，各年龄组对生活改善程度的评价有所上升，其中中年组得分提高 3.2 分，增幅最大；老年组对改善满意度的增幅为 1.8 分，增幅较小。

表2-5　不同年龄段居民对上一年度生活状况改善程度的评价　单位：分

	2019年	2018年	差值
青年组	65.4	63.5	1.9
中年组	61.6	58.4	3.2
老年组	67.3	65.5	1.8

从不同受教育水平的居民对上一年度生活状况改善情况的评价来看，受教育程度较高的居民满意度较高，其中大学本科及以上的居民平均分在各个受教育阶层中最高，其次为大学专科（高职）的居民。初中文化水平的居民满意度最低。

对比两年的情况看，2019 年各教育水平的居民对改善情况的评价较 2018 年均有所上升，而且增幅随教育水平的提高呈现“两边高、中间低”的 U 形特点（见表 2–6）。小学及以下的居民对改善情况的评价增幅最大，达 3.3 分；初中及大学专科（高职）居民对改善程度的满意度增幅为 2.6 分；大学本科及以上组这一数值为 2.5 分；高中 / 职高 / 中专 / 技校水平的居民，增幅为 1.9 分。

表2-6　不同受教育水平居民对上一年度生活状况改善程度的评价均值分　单位：分

	2019年	2018年	差值
小学及以下	62.2	58.9	3.3
初中	61.5	58.9	2.6
高中/职高/中专/技校	62.9	61.0	1.9
大学专科（高职）	64.7	62.2	2.6
大学本科及以上	65.8	63.2	2.5

（三）居民对未来的信心有所上升

2019 年，居民对未来生活的信心较 2018 年有所提升。具体而言，表示对未来“非常有信心”和“比较有信心”合计占总样本的 72.8%，相比 2018 年提升近 4 个百分点。而表示“信心不足”和“没有信心”的比例合计为 7.6%，相较去年的 10.2% 占比下降 2.6 个百分点。总体而言，2019 年居民的信心水平回升，处于 2013 年调查以来的较高水平。

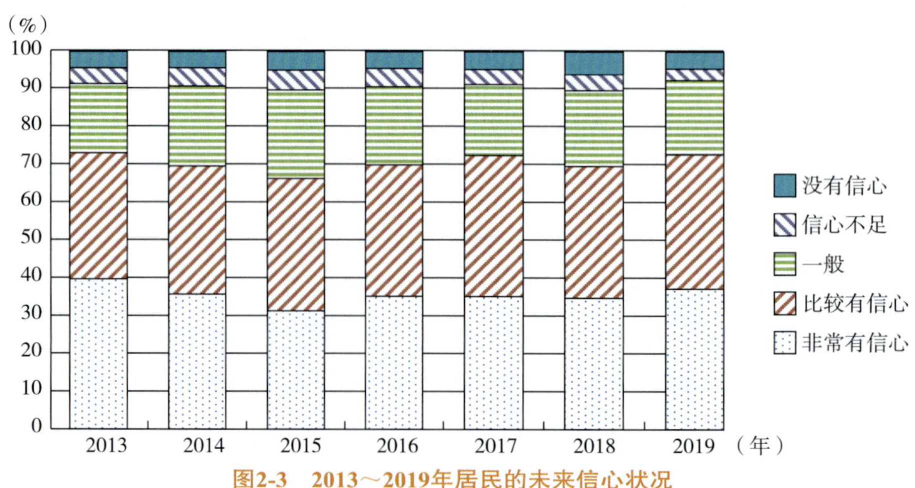

图2-3　2013～2019年居民的未来信心状况

城乡居民的信心水平有所提高（见表2–7）。城乡居民中没信心人群的比重均有所下降，其中城镇从9.9%降至6.9%，农村由2018年的11.0%降至8.6%。城镇居民中有信心人群的比例从2018年的69.2%升至72.4%，上升了3.2个百分点，而农村居民中有信心的比例上涨了1.4个百分点。

表2-7　2018年和2019年城乡居民对未来信心状况　单位：%，个百分点

	非常有信心/比较有信心	一般	信心不足/没有信心
2018年城镇	69.2	20.8	9.9
2019年城镇	72.4	20.2	6.9
2018年农村	70.5	18.5	11.0
2019年农村	71.9	18.3	8.6

如表2–8所示，相比2018年的数据，2019年各年龄组居民对未来的信心均有小幅升高，其中，老年组对未来的信心略高于青年组，而中年组对未来的信心的增幅最大，达到2.9分。

表2-8　不同年龄段[①]居民对未来信心状况　单位：分

	2019年	2018年	差值
青年组	75.4	73.2	2.2
中年组	73.6	70.7	2.9
老年组	75.5	74.4	1.1

从不同教育水平的居民对未来的信心状况看，较高受教育水平的居民对未来更有信心。大学本科及以上组的居民平均分在各个受教育阶层中最高，达76.3分；其次为大学专科（高职）的居民（见表2–9）；小学及以下组居民未来信心状况得分最低。

但对比近两年居民对未来信心状况的数据可以发现，与满意度近两年对比情况类似，所得分数随着居民受教育水平的提高，信心状况得分上涨幅度增加。较高受教育水平的居民信心状况得分上涨相对明显，大学本科及以上组居民的平均分提高3.5分。

表2-9　不同受教育水平居民对未来信心状况　单位：分

	2019年	2018年	差值
小学及以下	72.0	70.3	1.6
初中	73.4	71.5	2.0
高中/职高/中专/技校	74.3	72.2	2.2
大学专科（高职）	74.9	72.4	2.4
大学本科及以上	76.3	72.8	3.5

三、各领域民生满意度分析

问卷中共涉及12个公共服务领域。从多个角度针对不同类型居民对这些公共服务领域满意度进行调查，可得到如下结果：社会治安、司法公正等领域的得分有所上涨，2018年中得分下

① 青年组指18~34岁的居民，中年组指35~59岁的居民，老年组指60岁及以上的居民。

降的医疗、就业、教育和食品安全等领域，在2019年的平均分有较大幅度提高，其中对就业的满意度得分增幅最大。

（一）各领域民生满意度不同幅度提高，社会治安得分最高

调查询问了居民对12项公共服务领域的满意度，侧重于询问居民对当前状况的主观感受。各项公共服务的满意度评分都超过了59分，表明大部分居民都认为公共服务的水平得到了巩固和提高。所有领域的满意度得分都高于2018年的情况，说明一年来努力为民的工作距离公众期望又前进了一步（见表2–10）。

2019年中，12项公共服务中，满意度最高的4个领域分别为社会治安、公正执法、居住环境和政府部门服务。其中，社会治安满意度评分为77.7分，显著高于其他领域。公正执法的满意度评分增幅为6.8分，排在12个指标增幅的第三位。政府部门服务评分大幅提高，增幅达7.4分，在12个指标增幅中位列第二。就业排在第五位，但增幅达8.8分，为12个指标中增幅最大的。

2018年中，居民满意度较低的领域中，医疗、教育与食品安全位列其中，但2019年均取得了较大增长。食品安全的增幅达5.9分，位列12个指标增幅的第四位，教育增幅为5.3分，与社会保障增幅相同，并列第六。医疗服务增幅为5.1分，位列第七，而且已经超过了60分。

表2-10　2019年与2018年城乡居民的各领域民生满意度差别　单位：分

	2019年	2018年	差值
社会治安	77.7	72.2	5.5
公正执法	69.7	62.9	6.8
居住环境	69.0	65.9	3.1
政府部门服务	68.3	60.9	7.4
就业	68.0	59.2	8.8
住房	67.9	63.1	4.8
交通	66.9	62.3	4.6
社会保障	66.9	61.6	5.3
社区公共服务	65.8	62.8	3.0
食品安全	65.5	59.6	5.9
教育	64.9	59.6	5.3
医疗服务	62.3	57.2	5.1

（二）城乡居民对各民生领域满意程度有差异，但均有所提升

对比城乡居民满意度的差异，农村居民的满意度在以下方面略高于城镇居民，差值绝对值由大到小依次为食品安全、教育、公正执法、社区公共服务、医疗服务及交通方面。其中，食品安全的满意度差值最大，为1.9分，但小于2018年与2017年的分差3.87分。农村居民在其

他领域的满意度低于城镇居民。其中，就业、政府部门服务和住房方面的满意度差异最显著，城镇居民满意度的评分分别达到 4.4 分、2.5 分和 1.9 分（见表 2–11）。

表2-11　2019年城乡居民的各领域民生满意度　单位：分

	城镇居民（均值）	农村居民（均值）	差值
就业	69.5	65.2	4.4
政府部门服务	69.2	66.7	2.5
交通	66.7	67.2	–0.5
社会治安	78.2	76.8	1.4
住房	68.6	66.7	1.9
教育	64.3	65.8	–1.5
医疗服务	62.0	62.7	–0.7
居住环境	69.2	68.7	0.5
社会保障	67.2	66.2	1.0
社区公共服务	65.5	66.4	–0.9
食品安全	64.8	66.7	–1.9
公正执法	69.4	70.4	–1.1

对比 2018 年、2019 年的数据，表 2–12、表 2–13 显示：2019 年城镇居民对各民生领域的满意度总体上好于 2018 年。城乡居民对就业和政府服务的满意度均有显著提高。交通、居住环境和公共服务的增幅虽然位列 10 ～ 12 位，但满意度平均分并不低。而 2018 年与 2017 年比较中降幅最大的是医疗、教育及就业指标，除就业指标增幅最大外，医疗和教育的满意度平均分增幅也摆脱了最后几位，居于中游。

同时，城镇居民的民生满意度增幅在大多数指标上都高于农村居民的增幅。第一，尽管城乡居民对就业的满意度均有显著上升，但城镇居民的满意度改善为 9.19 分，好于农村居民满意度的改善值（8.16 分）。第二，农村居民仅在居住环境和公共服务这两方面的增幅（3.23 分和 3.19 分）超过城镇居民（分别为 3.08 分和 2.93 分）。

表2-12　2019年与2018年城镇居民的各领域民生满意度　单位：分

	2019年	2018年	差值
就业	69.51	60.32	9.19
政府服务	69.20	61.79	7.41
司法公正	69.36	62.37	6.99
食品安全	64.77	58.27	6.50
社会保障	67.20	61.55	5.65
教育	64.31	58.77	5.54
医疗	61.99	56.51	5.48
社会治安	78.22	72.77	5.45

续表

	2019年	2018年	差值
住房	68.59	63.59	5.00
交通	66.71	61.80	4.91
居住环境	69.21	66.13	3.08
公共服务	65.49	62.56	2.93

表2-13　　2019年与2018年农村居民的各领域民生满意度　　单位：分

	2019年	2018年	差值
就业	65.15	56.99	8.16
政府服务	66.66	59.38	7.28
司法公正	70.42	63.90	6.52
社会治安	76.79	71.01	5.78
教育	65.81	61.00	4.81
社会保障	66.25	61.63	4.62
食品安全	66.68	62.14	4.54
住房	66.70	62.19	4.51
医疗	62.73	58.44	4.29
交通	67.24	63.25	3.99
居住环境	68.70	65.47	3.23
公共服务	66.37	63.18	3.19

（三）本地户口居民在各个民生领域的满意度高于流动人口，但流动人口满意度得分增幅更大

对比本地户口与流动人口的满意度，表 2–14 显示：2019 年本地户口居民的各个民生领域满意度均高于省内流动居民，但这一差距相较于 2018 年的差距已经有所缩小。住房方面的满意度差值最显著，其次是交通与社会保障。

表2-14　　2019年本地户口居民与省内流动户口居民各领域民生满意度　　单位：分

	本地户口	省内流动户口	差异（本地–省内流动）
就业	68.3	66.4	1.92
政府部门服务	68.3	67.9	0.47
交通	67.3	64.4	2.95
社会治安	77.9	76.1	1.76
住房	68.7	65.1	3.54
教育	65.2	63.8	1.40
医疗服务	62.5	61.0	1.57
居住环境	69.3	67.3	1.92

续表

	本地户口	省内流动户口	差异（本地–省内流动）
社会保障	67.2	65.2	2.05
社区公共服务	66.0	64.5	1.48
食品安全	65.7	64.2	1.43
公正执法	69.9	69.2	0.65

表 2–15 显示：2019 年省外流动户口居民在各个方面的满意度都略低于本地户口居民，而这一差值也大幅小于 2018 年时的差距。住房、社会保障和教育等几方面的满意度的差距最为明显，差值超过 2 分。而政府部门服务、社区公共服务、社会治安和居住环境等方面，省外流动户口居民满意度略低于本地户口居民。

表2-15　本地户口居民与省外流动户口居民对各领域民生满意度　单位：分

	本地户口	省外流动户口	差值（本地–省外流动）
就业	68.3	66.9	1.40
政府部门服务	68.3	68.2	0.08
交通	67.3	65.8	1.55
社会治安	77.9	77.6	0.26
住房	68.7	63.8	4.92
教育	65.2	63.1	2.03
医疗服务	62.5	61.2	1.34
居住环境	69.3	68.9	0.33
社会保障	67.2	65.1	2.13
社区公共服务	66.0	65.9	0.13
食品安全	65.7	65.2	0.52
公正执法	69.9	69.4	0.50

表 2–16 显示：通过对比省内外流动人口，2019 年省外流动户口居民对居住环境、社会治安、交通状况和公共服务的满意度超过省内流动户口居民 1 分以上，但对住房、教育和社会保障的满意度略低于省内流动户口居民，但差距也小于 2018 年的水平。

表2-16　省内流动户口居民与省外流动户口居民对各领域民生满意度　单位：分

	省内流动户口	省外流动户口	差值（省内–省外）
就业	66.4	66.9	–0.52
政府部门服务	67.9	68.2	–0.39
交通	64.4	65.8	–1.40
社会治安	76.1	77.6	–1.50
住房	65.1	63.8	1.37
教育	63.8	63.1	0.64

续表

	省内流动户口	省外流动户口	差值（省内–省外）
医疗服务	61.0	61.2	–0.24
居住环境	67.3	68.9	–1.59
社会保障	65.2	65.1	0.08
社区公共服务	64.5	65.9	–1.35
食品安全	64.2	65.2	–0.92
公正执法	69.2	69.4	–0.15

总结以上对比的数据，本地户口居民的满意度总体高于流动居民的满意度，而省内流动居民与省外流动居民的民生满意度总体差距不显著，而且省外流动居民的民生满意度得分高于省内流动居民的领域更多。其中，住房的满意度是对居民流动非常敏感的因素，其中本地户口居民的满意度大幅高于省内流动居民，省内流动居民的满意度与省外流动居民的差距最大。政府服务的满意度改进较大，与人口流动关系弱，本地户口居民、省内流动居民、省外流动居民对政府服务的满意度均无明显差异。

对比 2019 年、2018 年本地户口居民、流动居民的各项民生领域满意度，表 2–17 显示，2019 年本地居民对各个领域的工作均比上一年度更为满意。满意度提升最高的三个领域为就业状况、政府服务和司法公正方面，提高的分数分别为 8.76 分、7.23 分和 6.46 分。增幅最小的三个领域为公共服务、居住环境和交通状况，提高的分数分别为 2.93 分、2.95 分和 4.47 分。

表2-17　　2018年、2019年本地户口居民的各项民生满意度　　单位：分

	本地2019	本地2018	变化
就业状况	68.31	59.55	8.76
政府服务	68.33	61.10	7.23
司法公正	69.86	63.40	6.46
食品安全	65.67	60.11	5.56
社会治安	77.90	72.51	5.39
教育	65.17	60.00	5.17
社会保障	67.25	62.16	5.09
医疗	62.54	57.57	4.97
住房	68.69	63.96	4.73
交通状况	67.35	62.88	4.47
居住环境	69.25	66.30	2.95
公共服务	65.98	63.05	2.93

表 2–18 给出了 2019 年、2018 年省内流动居民的各项民生满意度。对比 2018 年，2019 年省内流动居民在各个领域的满意度均有较为显著的提升，满意度提升最高的领域为就业状况、

司法公正和政府服务方面，提高的分数分别为8.74分、8.53分和7.59分。增幅最小的为公共服务、居住环境和住房，提高的分数分别为3.21分、3.61分和4.89分。省外流动居民对各领域满意度的得分提高幅度更大，满意度提升最高的领域为就业状况、司法公正和政府服务方面，提高的分数分别为9.17分、8.76分和8.20分。增幅最小的为公共服务、居住环境和交通状况，提高的分数分别为4.04分、4.48分和4.85分。总体来看，省内流动居民对各领域满意度的增幅普遍高于本地户口居民。而省外流动居民对各领域满意度的增幅高于本地户口居民和省内流动居民。

表2-18　　2018年、2019年省内流动居民的各项民生满意度　　单位：分

	2019	2018	变化
就业状况	66.39	57.65	8.74
司法公正	69.20	60.67	8.53
政府服务	67.86	60.27	7.59
食品安全	64.23	57.12	7.11
社会治安	76.15	69.97	6.18
交通状况	64.40	58.63	5.77
医疗	60.97	55.21	5.76
社会保障	65.20	59.58	5.62
教育	63.78	58.17	5.61
住房	65.15	60.26	4.89
居住环境	67.33	63.72	3.61
公共服务	64.50	61.29	3.21

表2-19　　2018年、2019年省外流动居民的各项民生满意度　　单位：分

	2019	2018	变化
就业状况	66.91	57.74	9.17
司法公正	69.35	60.59	8.76
政府服务	68.25	60.05	8.20
食品安全	65.15	57.95	7.20
社会保障	65.12	58.17	6.95
社会治安	77.65	71.10	6.55
教育	63.14	56.84	6.30
住房	63.77	58.04	5.73
医疗	61.20	55.8	5.40
交通状况	65.80	60.95	4.85
居住环境	68.92	64.44	4.48
公共服务	65.85	61.81	4.04

（四）中年组居民对更多领域的满意度增幅加大

青年组满意度最高的是社会治安、司法公正和居住环境，较低的是医疗、教育和交通状况。中年组满意度最高的三个领域是社会治安、居住环境和司法公正，满意较低的三个领域是医疗、教育和食品安全，老年组满意度最高的三个领域是社会治安、交通状况和司法公正，较低的三个领域是医疗、食品安全和教育。

相对于 2018 年的数据，2019 年青年组居民对各个领域的满意度均有较为明显的上升。在就业状况领域的评分上升幅度最大，为 8.93 分；司法公正和政府服务领域的满意度增幅分别达到 8.01 分和 7.71 分；即便是医疗、教育和交通状况，增幅也分别达到 5.24 分、5.05 分和 5.33 分。

表2-20　青年组（18～34岁）居民对各领域民生满意度的评价　单位：分

	2019年	2018年	差值
就业状况	67.89	58.96	8.93
司法公正	71.26	63.25	8.01
政府服务	69.59	61.88	7.71
食品安全	67.49	60.72	6.77
社会治安	77.52	70.99	6.53
社会保障	68.23	62.07	6.16
交通状况	65.80	60.47	5.33
住房	68.58	63.27	5.31
医疗	63.39	58.15	5.24
教育	65.41	60.36	5.05
居住环境	69.25	65.39	3.86
公共服务	66.10	62.47	3.63

如表 2–21 所示，对比 2018 年的数值，2019 年中年组居民对各个领域的满意度得分也有了全面增长。增幅最高的三个领域分别为就业状况、政府服务和司法公正，增幅分别为 8.89 分、7.80 分和 6.66 分；增幅最小的三个领域为公共服务、居住环境和交通状况，增幅分别为 3.00 分、3.09 分和 4.48 分。

表2-21　中年组（35~59岁）居民对各领域民生满意度的评价　单位：分

	2019年	2018年	差值
就业状况	67.9	59.03	8.89
政府服务	67.4	59.62	7.80
司法公正	68.7	62.01	6.66
食品安全	64.1	58.34	5.80
教育	64.1	58.33	5.79
医疗	61.5	55.96	5.53

续表

	2019年	2018年	差值
社会保障	65.5	60.23	5.31
社会治安	78.0	72.70	5.28
住房	67.4	62.56	4.82
交通状况	66.9	62.41	4.48
居住环境	68.9	65.81	3.09
公共服务	65.4	62.39	3.00

如表 2–22 所示，对比 2018 年的数据，2019 年老年组居民对民生相关各领域的满意度都有所提高。增幅最大的三个领域为就业状况、政府服务和教育，差值分别为 5.24 分、3.68 分和 3.66 分；增幅最小的三个领域为居住环境、公共服务和社会保障，增幅分别为 0.49 分、0.88 分和 1.94 分。

表2-22　老年组（60岁及以上）居民对各领域民生满意度的评价　单位：分

	2019年	2018年	差值
就业状况	68.9	63.69	5.24
政府服务	67.7	63.98	3.68
教育	66.7	63.02	3.66
社会治安	76.9	73.85	3.09
司法公正	69.4	66.34	3.01
住房	67.9	65.15	2.76
食品安全	64.6	62.00	2.58
医疗	61.9	59.72	2.22
交通状况	71.0	69.02	1.97
社会保障	68.3	66.40	1.94
公共服务	66.9	65.98	0.88
居住环境	68.8	68.31	0.49

（五）较高受教育水平的居民对各领域民生满意度评价增幅明显

为突出对民生满意度的评价，对居民的受教育水平分为三类：初中及以下，高中（中专 / 技校），大专（高职）及以上，进而分析各教育组对各民生领域满意度的评价。

如表 2–23 所示，相较于 2018 年的数据，2019 年初中及以下组居民对各领域的满意度全面提高。增幅较大的是就业状况、政府服务和司法公正，增幅分别达到 7.06 分、6.60 分和 6.02 分；而增幅较低的是公共服务、居住环境和社会保障领域，增幅分别为 1.94 分、2.27 分和 3.17 分。

表2-23　初中及以下居民对各领域民生满意度的评价　单位：分

	2019年	2018年	差值
就业状况	61.94	54.88	7.06
政府服务	63.96	57.36	6.60

续表

	2019年	2018年	差值
司法公正	68.46	62.44	6.02
社会治安	75.61	70.84	4.77
教育	63.98	59.88	4.10
食品安全	64.80	61	3.80
住房	64.20	60.61	3.59
医疗	60.15	56.57	3.58
交通状况	66.85	63.61	3.24
社会保障	62.97	59.8	3.17
居住环境	67.82	65.55	2.27
公共服务	64.71	62.77	1.94

如表 2–24 所示，2019 年高中（中专 / 技校）组居民对各个领域的满意度得分均高于 2018 年对应领域的得分。就业状况、政府服务和司法公正仍然是满意度提升最大的三个领域，增幅分别达到 8.32 分、7.51 分和 7.10 分；而居住环境、公共服务和交通状况为增长最小的三个领域，增幅分别为 3.11 分、3.14 分和 4.73 分。

表2-24　高中（中专/技校）居民对各领域民生满意度的评价　单位：分

	2019年	2018年	差值
就业状况	66.26	57.94	8.32
政府服务	67.69	60.18	7.51
司法公正	68.88	61.78	7.10
食品安全	64.59	58.53	6.06
社会治安	76.95	71.00	5.95
医疗	62.04	56.28	5.76
社会保障	65.56	59.94	5.62
教育	64.42	59.11	5.31
住房	67.40	62.61	4.79
交通状况	67.47	62.74	4.73
公共服务	65.66	62.52	3.14
居住环境	68.42	65.31	3.11

如表 2–25 所示，2019 年大专（高职）及以上组居民对各个领域的满意度得分均有所提高，而且增幅高于另外两组。就业、政府服务和司法公正仍是满意度提升最大的三个领域，但增幅达到 9.97 分、7.69 分和 7.24 分；而即便公共服务、居住环境和交通状况仍为增长最小的三个领域，增幅分别达到 3.72 分、3.72 分和 5.49 分，但仍高于其他两组对应领域的增幅。

表2-25　大专（高职）及以上居民对各领域民生满意度的评价　单位：分

	2019年	2018年	差值
就业状况	72.15	62.18	9.97
政府服务	71.60	63.91	7.69

续表

	2019年	2018年	差值
司法公正	71.08	63.84	7.24
食品安全	66.42	59.3	7.12
社会保障	70.25	63.75	6.50
教育	65.72	59.6	6.12
社会治安	79.59	73.75	5.84
医疗	63.86	58.16	5.70
住房	70.79	65.16	5.63
交通状况	66.62	61.13	5.49
居住环境	70.21	66.49	3.72
公共服务	66.66	62.94	3.72

四、收入分配与民生满意度相关性分析

尽管 12 项公共服务中大多数具有很强的公共品属性，但不同收入状况、不同社会阶层的居民能够享受到的公共服务仍存在明显差异。不但收入水平会影响人们对公共服务的满意度，对自身社会阶层的认知及对收入水平不平等的认知也会影响人们对公共服务的满意度。为了检验收入分配变化对居民满意度的影响，我们分析了过去一年的劳动收入变化、不同主观阶层评价和社会贫富差距因素对各项民生工作的满意度的影响。

总体来看，从劳动收入角度看，居民对各领域民生的满意度，随着劳动收入的减少呈全面下降的趋势，其中就业状况、社会保障和医疗等三个领域是总降幅最大的三个领域。从主观阶层评价角度看，对民生满意度的评分，随着主观评价的降低而下降，其中就业状况、政府服务和交通状况等三个领域是总降幅最大的三个领域。在看待社会贫富差距问题方面，认为差距较小的居民，对民生满意度的评分更高，随着认为差距逐渐增大，评分也逐渐降低，其中降幅最大的三个领域依次是医疗、社会保障和政府服务。

（一）对各领域民生满意度评价随劳动收入减少而下降

表 2–26 体现了不同劳动收入增长状况的群体对各领域民生满意度的评价。随着劳动收入的减少，居民对各领域民生满意度呈全面下降趋势。

表2-26　不同收入增长状况的人群对各领域民生工作的满意度　单位：分

	总体均分	明显增长	略有增长	无变化	略有下降	明显下降
就业	68.0	82.9	74.3	65.6	58.1	48.7
政府部门服务	68.5	82.5	74.1	66.1	59.0	50.7
交通	66.8	79.2	69.6	64.9	60.1	57.8
社会治安	78.6	87.1	81.5	76.7	74.0	71.2
住房	68.4	82.8	72.9	65.9	60.7	54.5
教育	65.0	80.8	69.7	62.0	55.7	51.9

续表

	总体均分	明显增长	略有增长	无变化	略有下降	明显下降
医疗服务	62.4	78.5	67.4	59.5	53.3	48.0
居住环境	69.7	82.1	72.8	67.4	63.9	60.8
社会保障	67.7	83.2	73.5	64.5	58.5	50.2
社区公共服务	66.2	81.3	70.1	63.3	58.5	54.3
食品安全	66.0	79.7	69.5	63.4	58.7	56.3
公正执法	70.2	84.1	74.6	67.3	61.4	57.1

表 2–27 进一步给出了当劳动收入下降时，各项民生工作满意度的下降幅度。就业、社会保障和医疗服务的满意度受劳动收入增长影响最大。就业方面，劳动收入明显下降的居民比劳动收入明显增长的居民满意度下降了 34.2 分，降幅达到了 41.2%，但数值均小于 2018 年情况。政府部门服务、医疗服务的满意度的降幅分别为 38.5% 和 38.9%。结果表明，随着劳动收入的下降，居民对各领域民生满意度也逐步下降。尤其在就业、社会保障及医疗服务等与自身生计紧密相关的领域，民众的满意度评价对劳动收入的下降更为敏感。

表2-27　不同收入增长状况的人群对各领域民生满意度评价分值变化　单位：分，%

	明显增长	略有增长	无变化	略有下降	明显下降	总降幅	降幅
就业	—	8.68	8.67	7.53	9.31	34.20	41.2
社会保障	—	9.62	9.00	6.04	8.32	32.99	39.7
医疗服务	—	11.16	7.85	6.17	5.35	30.53	38.9
政府部门服务	—	8.36	7.97	7.17	8.28	31.77	38.5
教育	—	11.11	7.75	6.26	3.78	28.90	35.8
住房	—	9.83	7.06	5.17	6.20	28.25	34.1
社区公共服务	—	11.13	6.78	4.90	4.18	26.98	33.2
公正执法	—	9.52	7.21	5.90	4.32	26.96	32.1
食品安全	—	10.23	6.11	4.65	2.44	23.43	29.4
交通	—	9.58	4.71	4.82	2.23	21.34	27.0
居住环境	—	9.28	5.37	3.53	3.06	21.25	25.9
社会治安	—	5.59	4.73	2.77	2.75	15.84	18.2

（二）对各领域民生满意度评价随主观阶层评价的降低而下降

表 2–28 表明过去一年不同主观阶层评价的人群对各领域民生工作的满意度。随主观阶层评价的降低，居民对各项民生工作给出的评价呈明显下降趋势。

表2-28　不同主观阶层评价的人群对各领域民生工作的满意度　单位：分

	总体均分	非常好	中等偏上	中等	中等偏下	非常差
就业	68.0	88.2	78.8	69.8	56.2	43.9
政府部门服务	68.3	86.3	76.9	70.2	58.6	48.4
交通	66.9	84.3	73.1	67.9	60.4	55.3
社会治安	77.7	89.0	83.4	78.4	72.9	66.3

续表

	总体均分	非常好	中等偏上	中等	中等偏下	非常差
住房	67.9	88.6	79.9	70.0	56.2	44.5
教育	64.9	84.7	73.2	66.2	55.9	49.5
医疗服务	62.3	82.7	70.9	63.8	52.7	46.9
居住环境	69.0	85.6	75.7	69.9	62.7	56.3
社会保障	66.8	86.3	77.5	68.8	55.9	44.5
社区公共服务	65.8	85.0	73.7	67.0	57.7	50.9
食品安全	65.5	84.8	72.7	66.4	58.1	53.0
公正执法	69.7	87.2	77.0	71.0	61.5	53.4

表 2–29 进一步展示了居民主观阶层评价下降时，各项民生工作满意度下降的幅度。就业、住房和社会保障的满意度受主观阶层评价的影响最大。认为自己的生活水平在当地处于“非常好”水平的居民对就业状况满意度的评分远高于认为“非常差”的居民，相差 44.33 分，总降幅达到 50.3%，但这一差距小于 2018 年的降幅。而在住房状况、社会保障方面，降幅也分别达到 49.8% 和 48.4%，也均小于 2018 年满意度的降幅。这一结果显示，随着对自己主观阶层评价的降低，居民对各领域民生满意度的评分全面下降。很可能就是由于自身在就业、住房和社会保障等体现生活稳定性的领域不够理想，才导致对民生满意度得分降低。因此在这三个领域，居民的满意度对主观阶层评价的下降更为敏感。

表2-29　不同主观阶层评价的人群对各领域民生满意度评价分值变化　单位：分，%

	非常好	中等偏上	中等	中等偏下	非常差	总降幅	降幅
就业	—	9.45	8.95	13.60	12.33	44.33	50.3
住房	—	8.63	9.97	13.79	11.68	44.07	49.8
社会保障	—	8.79	8.76	12.88	11.40	41.82	48.4
政府部门服务	—	9.36	6.72	11.57	10.23	37.88	43.9
医疗服务	—	11.81	7.11	11.06	5.82	35.80	43.3
教育	—	11.45	7.10	10.23	6.46	35.23	41.6
社区公共服务	—	11.31	6.77	9.29	6.76	34.12	40.1
公正执法	—	10.13	6.06	9.47	8.06	33.72	38.7
食品安全	—	12.19	6.30	8.23	5.13	31.85	37.5
交通	—	11.23	5.21	7.46	5.11	29.01	34.4
居住环境	—	9.96	5.84	7.11	6.42	29.32	34.2
社会治安	—	5.58	5.04	5.47	6.56	22.65	25.5

（三）认为贫富差距缩小的居民对各领域民生满意度高于认为扩大的居民

表 2–30 显示了不同贫富差距评价的群体对各领域民生满意度的评价。如表 2–30 所示，认为贫富差距较小的受访者，各项民生满意度水平都相对较高。

表2-30 不同贫富差距评价的人群对各领域民生工作的满意度 单位：分

	总体均分	明显缩小	略有缩小	没变化	略有扩大	明显扩大
就业	68.0	80.0	71.6	66.8	64.8	61.8
政府部门服务	68.3	81.6	73.1	66.1	65.1	61.7
交通	66.8	79.2	69.3	64.4	63.2	63.5
社会治安	77.6	87.1	80.2	75.3	75.2	75.1
住房	67.9	79.9	71.5	66.5	64.4	62.4
教育	64.8	78.1	68.3	62.8	60.7	59.8
医疗服务	62.2	76.1	65.7	60.2	58.7	56.5
居住环境	69.0	80.8	71.7	66.0	65.9	66.0
社会保障	66.7	80.7	71.4	64.4	63.3	60.5
社区公共服务	65.7	79.3	68.9	62.9	62.4	61.5
食品安全	65.4	77.7	68.4	63.9	61.8	60.7
公正执法	69.6	83.0	73.6	67.3	65.4	64.4

其中，医疗服务、社会保障和政府部门服务的满意度受贫富差距评价的影响最大（见表 2–31）。认为贫富差距明显缩小的居民对医疗服务满意度的评分高于认为贫富差距明显扩大的居民，两者对社会保障领域满意度评分相差 20.29 分，降幅为 25.1%。而在政府部门服务和教育方面，降幅也分别达到 24.4% 和 23.5%。但这些得分的降幅均小于 2018 年的降幅，也体现了民生工作的成效。这说明，随着居民对社会贫富差距评价趋向扩大，其对各领域民生满意度的评分全面下降。在医疗服务、社会保障、政府部门服务和教育领域，主观上认为存在贫富差距的居民，可能认为这些与自身生计与发展相关的领域存在不公平，从而对这些领域的满意度较低，对这些领域的工作情况更加敏感。

表2-31 不同贫富差距评价的人群对各领域民生满意度评价分值变化 单位：分，%

	明显缩小	略有缩小	没变化	略有扩大	明显扩大	总降幅	降幅
医疗服务	—	10.48	5.49	1.49	2.18	19.64	25.8
社会保障	—	9.30	7.03	1.08	2.88	20.29	25.1
政府部门服务	—	8.57	6.92	1.05	3.37	19.91	24.4
教育	—	9.89	5.48	2.06	0.90	18.33	23.5
就业	—	8.40	4.88	2.01	2.90	18.20	22.7
社区公共服务	—	10.38	6.01	0.51	0.90	17.80	22.5
公正执法	—	9.46	6.32	1.86	0.98	18.62	22.4
食品安全	—	9.34	4.48	2.10	1.11	17.03	21.9
住房	—	8.32	5.01	2.11	1.98	17.42	21.8
交通	—	9.98	4.83	1.27	–0.29	15.78	19.9
居住环境	—	9.06	5.71	0.11	–0.12	14.76	18.3
社会治安	—	6.94	4.93	0.11	0.09	12.07	13.8

五、不同满意度人群与各民生领域的满意度相关性分析

为了分析不同人群的关注重点，本报告抽取了不同满意度的人群，横向比较此类群体对各民生领域的满意度的评价。此处的满意群体，指选择“非常满意”和“比较满意”的居民群体；而不满意群体，指的是选择“非常不满意”及“比较不满意”的居民群体。

结果显示，对现况满意群体与对现况不满意群体对各民生领域评分差值最大的是住房，其次是社会保障和就业。对改善情况满意的群体和不满群体在各民生领域满意度评分差值最大的前三位是社会保障、政府部门服务和就业。对未来有信心和对未来缺乏信心的群体满意度评分差值最大的前三个领域是社会保障、政府部门服务和就业。

从绝对分数看，对现况满意或对改善情况满意或对未来有信心的群体最关注的、满意度得分最低的领域都是医疗服务、食品安全和教育，只是在排序上有所区别。而对现况不满及对未来缺乏信心的群体最关注的是就业、社会保障和医疗服务；对改善情况不满的群体最关注的是就业、社会保障和教育。

（一）就业是对现况满意 / 不满意群体在满意度上差别最大的领域

表 2–32 给出了对现况满意群体与对现况不满意群体在各民生领域的满意度评分。对现况满意的居民最关注的（即评分最低）领域是医疗服务、食品安全和教育；而对现况不满意的居民最关注的是就业、社会保障与医疗服务。对现况满意群体与对现况不满意群体对各民生领域评分差值最大的是就业，其次是社会保障和住房。

表2-32　对现况满意/不满意群体的各民生领域满意度评分　单位：分

	满意群体	不满意群体	差值
就业	77.70	40.93	36.77
社会保障	76.84	40.65	36.19
住房	77.56	42.83	34.73
政府部门服务	77.22	44.75	32.47
医疗服务	70.90	41.63	29.27
教育	73.28	44.66	28.63
公正执法	77.72	49.77	27.95
社区公共服务	73.92	47.25	26.67
食品安全	72.85	49.52	23.33
居住环境	76.13	53.32	22.80
交通	73.77	52.23	21.54
社会治安	83.43	65.40	18.04

（二）社会保障是对改善情况满意/不满意群体在满意度上差别最大的领域

表 2–33 给出了对改善情况满意群体、对改善情况不满意群体在各民生领域的满意度评分。对改善情况满意群体最关注（即评分最低）的领域是医疗、食品安全和教育；而对改善情况不满意的群体最关注的领域是医疗、教育和社会保障。对改善情况满意的群体和不满群体满意度评分差值最大的前三个领域是社会保障、政府部门服务与就业。

表2-33　对改善情况满意/不满意群体的各民生领域满意度评分　单位：分

	满意群体	不满意群体	差值
社会保障	74.56	48.33	26.23
政府部门服务	75.37	50.51	24.86
就业	74.78	50.03	24.74
医疗服务	69.41	46.66	22.75
教育	71.68	49.91	21.77
公正执法	76.10	54.43	21.67
住房	74.24	53.43	20.81
社区公共服务	72.22	52.79	19.43
食品安全	71.27	53.54	17.72
交通	72.01	55.78	16.23
居住环境	74.26	58.81	15.45
社会治安	81.61	69.91	11.70

（三）社会保障是对未来有信心与缺乏信心群体在满意度上差别最大的领域

表 2–34 给出了对未来有信心的群体、对未来缺乏信心的群体在各民生领域的满意度评分。其中对未来有信心的群体指选择“非常有信心”及“比较有信心”的样本；对未来缺乏信心的群体指的是选择“非常没有信心”及“比较没有信心”的样本。对未来有信心的群体最关注（即评分最低）的领域是医疗服务、教育和食品安全；对未来缺乏信心的群体最关注的是医疗服务、社会保障和就业。对未来有信心的群体、对未来缺乏信心的群体满意度评分差值最大的前三个领域是社会保障、政府部门服务和就业。

表2-34　对未来有信心群体/缺乏信心群体对各民生领域满意度的评分　单位：分

	有信心群体	缺乏信心群体	差值
社会保障	72.05	42.26	29.79
政府部门服务	73.21	43.65	29.57
就业	72.81	43.59	29.22
公正执法	74.28	47.57	26.71

续表

	有信心群体	缺乏信心群体	差值
医疗服务	66.83	41.46	25.37
教育	69.38	44.03	25.34
住房	72.48	47.90	24.58
社区公共服务	70.17	47.42	22.75
食品安全	69.30	49.49	19.80
居住环境	72.69	54.23	18.46
交通	70.44	52.48	17.96
社会治安	80.83	64.25	16.57

总结上文，不同满意度群体在各民生领域的关注重点呈现出较强的一致性。如表 2–35 所示，对现况满意的群体，对改善情况满意的群体以及对未来有信心的群体都关注医疗服务、食品安全和教育。同时，对以上三个领域不满意的群体，都关注就业和社会保障，而医疗服务与教育也都分别有两类群体关注。因此，总体而言，满意群体的关切点是医疗服务、食品安全与教育，这类群体在这三个领域的需求和现实差异较大；不满意群体的关切点是就业、社会保障、医疗服务和教育，说明这类群体在以上四个领域的需求和现实的差异较大。而医疗服务与教育又在满意及不满意群体中都受到多次关注，有必要予以进一步重视。

表2-35　满意群体/不满意群体满意度最低的前三项

	满意群体（有信心群体）	不满意群体（缺乏信心群体）
对现况的满意程度	医疗服务、食品安全和教育	社会保障、就业和医疗服务
对改善情况的满意程度	医疗服务、食品安全和教育	就业、社会保障和教育
对未来的信心程度	医疗服务、教育和食品安全	医疗服务、社会保障和就业

六、小结

2019 年，国内外形势复杂多变。目前我国正处在转变发展方式、优化经济结构、转换增长动力的攻关期，结构性、体制性、周期性问题相互交织，仍受到增长速度换挡期、结构调整阵痛期以及前期刺激政策消化期的持续深化的“三期叠加”影响，经济下行压力加大。

尽管如此，在以习近平同志为核心的党中央坚强领导下，全党全国贯彻党中央决策部署，坚持稳中求进工作总基调，坚持以供给侧结构性改革为主线，推动高质量发展，扎实做好“六稳”工作，保持经济社会持续健康发展，三大攻坚战取得关键进展，精准脱贫成效显著，金融风险有效防控，生态环境质量总体改善，改革开放迈出重要步伐，供给侧结构性改革继续深化，科技创新取得新突破，“十三五”规划主要指标进度符合预期，全面建成小康社会取得新的重大进展。

2019 年，中美贸易摩擦中，我国敢于直面挑战，有理有节地展开反击，较为有效地应对外部冲击，保持了经济稳定向好、长期向好的基本趋势。新中国成立 70 周年的系列展览与庆祝活动，让民众认识到国家在各个领域的长期努力，国家经济发展成就的来之不易，进一步提高了民众的自豪感和工作热情。2019 年也是脱贫攻坚的关键之年，党和政府在解决民生问题方面做出了巨大的努力。调查结果中总体满意度及各领域满意度均有大幅提高，很好地体现了民众对改善民生工作的认可。

当然，在看到成绩的同时，也不能忽视存在的问题与未来面临的挑战。一方面，民生领域的短板长期存在，特别是在医疗服务、就业、教育等领域，虽然近年来也采取了很多改革措施，但与民众诉求和期望仍然存在一定的差距。另一方面，国内外经济发展环境仍有较大的不确定性，可能面临新的冲击和挑战。

未来要进一步改善民生，首先仍应强调稳就业、稳收入的重要性。收入下滑、收入差距过大、就业不稳定等都是影响民生的重要因素。调查显示，一旦就业和收入受影响，居民对生活的满意程度、对民生工作的满意度等都会呈现明显下滑的态势。中央已经把稳就业放在了“六稳”之首，可见中央对稳就业的重视。未来，随着国际经济和政治不确定性的加剧，我国的经济面临巨大的挑战，结构调整面临内外部的双重压力，对部分行业、企业的就业产生一定的影响。 促进就业一方面是进一步扩大开放，促进经济更快发展；另一方面，也要坚定推进城镇化的进程，促进人口流动。调研发现，尽管在很多领域户籍人口的满意度都高于流动人口，但流动人口在就业上的满意度却接近甚至超过户籍人口，这也进一步说明人口流动对于促进就业、提升就业质量有重要意义。

其次，在一些矛盾相对突出的领域，改革已经进入深水区，需要直面深层次矛盾，出台更为系统、更有力度和针对性的改革措施，切实回应公众关切。例如，流动人口的住房满意度明显偏低就反映出面向流动人口的住房保障措施仍有不少亟待改进的地方。不同年龄层、不同收入水平以及对当前情况满意度有所差别的群体，都关注医疗和教育等问题，也反映出不同人群的民生“痛点”具有共性，对共性问题要针对不同人群的具体诉求寻找差异化的解决方案。近些年，相关领域的工作已经取得了很大进展，受访者对这些领域的满意度也有所提高，但与群众的需求与期望仍有差异，未来精准施策将成为提升满意度的关键。

（执笔：张冰子　王灏晨）

附表2-1　　调查样本结构

城乡

	样本量（个）	百分比（%）
城镇	32629	63.2
农村	18980	36.8
总体	51609	100.0

性别

	样本量（个）	百分比（%）
男	27716	53.7
女	23893	46.3
总体	51609	100.0

年龄

	样本量（个）	百分比（%）
18～19岁	1618	3.1
20～24岁	4573	8.9
25～29岁	5560	10.8
30～34岁	7835	15.2
35～39岁	6924	13.4
40～44岁	5762	11.2
45～49岁	4200	8.1
50～54岁	4622	9.0
55～59岁	5120	9.9
60～64岁	2704	5.2
65～69岁	1660	3.2
70～74岁	1031	2.0
总体	51609	100.0

受教育程度

	样本量（个）	百分比（%）
小学及以下	5264	10.2
初中	10939	21.2
高中/职高/中专/技校	12740	24.7
大学专科（高职）	10268	19.9
大学本科及以上	12398	24.0
合计	51609	100.0

婚姻状况

	样本量（个）	百分比（%）
未婚	11173	21.6
在婚/已婚（有配偶）	37485	72.6
同居	465	0.9
离异或丧偶独身	2486	4.8
合计	51609	100.0

户口状况

	样本量（个）	百分比（%）
本市（县）非农业户口	15534	30.1
本市（县）农业户口	18115	35.1
本市（县）居民户口	8103	15.7
省内非本市（县）非农业户口	1651	3.2
省内非本市（县）农业户口	2890	5.6
省内非本市（县）居民户口	877	1.7
外省非农业户口	1290	2.5
外省农业户口	2529	4.9
外省居民户口	619	1.2
总体	51609	100.0

工作状况分类

	样本量（个）	百分比（%）
务农（含农林牧渔）	5363	15.2
农村专业管理人员（包括村医、村教、技术服务人员以及专职的村干部等）	547	1.6
个体工商户及农村自营业者雇主（含开网店，包括小卖部、代销点、小作坊、手工艺品制作）	2943	8.3
个体工商户雇员（雇员人数小于7人）	3118	8.8
党政机关、社会团体（指工会、青年团、妇联）、事业单位职工	6171	17.5
国有（国有控股）、集体企业职工	3809	10.8
民营/私营企业企业主	871	2.5
民营/私营企业企业员工	8435	23.9
合资、外资或港澳台企业员工	707	2.0
自由职业者和临时务工	2637	7.5
民办非企业单位、非营利组织员工	272	0.8
未知性质单位员工	271	0.8
全日制学生（仅用于甄别）	112	0.3
合计	35256	100.0

第三章
民生关切点 2020 分析报告

主要发现

1. 日常生活中受访者最担忧的方面是收入水平和医疗服务，但有孩子的受访者最担忧的则是子女教育，城乡居民对养老的经济担忧突出；外部环境中受访者最担忧的是交通出行和社会治安，对社区服务的关注度也较高。

2. 收入水平再次成为受访者日常生活中最焦虑的首位因素。总体收入状况和家庭收支状况有所好转，减收面收窄，增收面扩大，家庭能存得上钱的比例较 2018 年有所提升，但是农村受访者和低收入者对收入的焦虑没有缓解。

3. 医疗是受访者日常生活中最焦虑的第二位因素。医疗负担对于低收入者和慢性病患者家庭依旧沉重，是其最焦虑的日常生活因素。住院患者家庭和慢性病患者家庭医疗负担依旧沉重，对于医疗服务评价低于总体水平。城乡医保并轨取得一定成效，基本实现全覆盖，但农村受访者对医疗的焦虑程度仍高于城市。

4. 子女教育是有孩子的受访者日常生活中最焦虑的首位因素。教育支出压力大的问题依然突出，义务教育阶段面临辅导班支出费用较高等问题，非义务阶段则面临入园贵等问题。教育的普惠性不充分，公办普惠性幼儿园供给不足，未就近入学问题十分突出，教育资源不均衡问题较为严峻，在农村地区尤为严重。

5. 城乡受访者对养老的经济担忧突出。中年人养老担忧更为突出，呈现出明显的“中年焦虑”特征。养老金水平低是养老保障的突出问题，是影响养老担忧、养老方式、老年贫困的重要因素。城乡养老金差距明显，农村社会养老保障不充分，对家庭养老依赖程度高。

6. 随着人们收入水平的提高，城乡居民对外部环境有更高的要求。受访者收入越高，其在外部环境上都满意的比例越明显下降，对外部环境各方面的关切越明显提升。地区经济发展水平与外部环境满意度之间呈现出先上升后下降的关系。保障房社区居民对外部环境关注度更高，社区服务和社会治安超过交通出行成为其最关注的外部环境因素。

7. 交通出行是受访者外部环境中最关切的首要问题。农村地区受访者对交通出行的关切程度明显更高。大都市和小县城受访者均反映出对交通出行的焦虑，县域和县级市受访者最为关切交通出行。交通与经济的发展互相影响，经济发展水平与交通出行焦虑程度呈现出倒 U 形关系。

为全面了解中国城乡居民社会生活状况，持续跟踪城乡居民的民生关切点变化，2019 年国务院发展研究中心“中国民生调查”课题组继续在河北、黑龙江、江苏、浙江、安徽、福建、广西、陕西 8 个省份开展民生关切点入户调查，共获得 10026 份有效调查问卷。为保障调查的稳定性，2019 年对各调查省份的县区进行了重新抽样。

入户调查抽样仍然采用多阶段分层设计、PPS 系统抽样技术。第一，将调查省份各区县划分为贫困县和非贫困县，保证每个省抽选一个贫困县，其他区县在综合考虑区县 GDP、平均受教育程度、流动人口比例、城市人口比例等 9 个社会经济发展指标的基础上，按照社会经济综合指数得分因子的高低排序进行选取。第二，在获得调查区（县）居（村）委会基本经济社会信息后，按照相似的方法，采用与各居（村）委会人口规模成比例的系统 PPS 抽样方式，各自独立抽取 4 个居（村）委会。第三，在每个居（村）委会内，按某个特定规则（如门牌号或户主名单等）对家庭户进行排序，采取等概率系统抽样抽出 30 户家庭作为最终调查单元，并且为保证调查入户的可行性，按同样的方法抽取一套备用调查户。入户后，为了保证对家庭信息掌握的准确性，请家庭的户主或家里最熟悉情况的人来配合完成调查。

一、样本情况

本次调查一共回收到 10026 份有效“中国民生问题调查问卷”。其中河北省 1200 份，黑龙江省 1278 份，江苏省 1200 份，浙江省 1200 份，安徽省 1349 份，福建省 1279 份，广西壮族自治区 1320 份，陕西省 1200 份；贫困地区样本为 2902 份，其中国家级贫困县 1520 份，省级贫困县 2382 份。

基于科学的抽样方法，本次调查覆盖了全国各个类型比较有代表性的群体，具体表现在以下三个方面。

第一，调查覆盖了居住在农村与城市不同社区的群体。按照国家统计局城乡划分标准对调查地点进行分类，城镇样本的比重为 41.88%，其中城市主城区和镇中心分别占 28.56% 和 13.31%；城乡接合部样本的比重为 14.34%，其中城乡接合部和镇乡接合部样本分别占 5.34% 和 9.00%；农村样本的比重为 43.78%，其中乡中心和村庄分别为 2.14% 和 41.64%。2019 年调查样本的城乡结构与 2018 年大体一致。

第二，调查对不同性别和年龄结构的群体均有所反映。受访者的平均年龄为 53 岁。受访者中 30 岁以下（不包括 30 岁）的占 5.21%，30 ～ 39 岁的占 13.42%，40 ～ 49 岁的占 19.55%，50 ～ 59 岁的占 26.93%，60 岁及以上的占 34.89%。受访者平均年龄略高于 2008 年，40 岁以下群体的比例略低于 2008 年，而 60 岁以上的群体比例略高于 2008 年。男性受访者占 60.54%，女性受访者比例为 39.46%，男性受访者比例比 2008 年高 1 个百分点。

第三，调查对流动人口有一定的代表性。抽样时要求地方主管部门配合提供一份流动人口登记档案来对流动人口单独抽样，从而保障一定比例的流动人口。流动人口样本为 504 个，占有效样本的5.04%，相比上一年调查的流动人口比例略有下降。从流动人口的结构上看，55.36%是跨省流动（占总样本的2.79%），44.64%是省内流动（占总样本的2.25%）；农业转移人口占比为79.73%（占总样本的4.02%）。

二、民生关切点的基本特征

（一）日常生活方面最关心的因素分析

在就业状况、收入水平、子女教育、医疗、养老、住房、食品安全、环境污染等日常生活的八个方面中，收入水平和医疗依然是受访者最关心的方面。2019年度的调查结果显示，受访者最关心的方面首选项选择收入的比例最高，为26.60%，较2008年升高3.39个百分点，受访者最关心的前三个选项选择收入水平的比例为40.73%。受访者最关心的方面首选项选择医疗的比例为20.90%，较2008年下降2.95个百分点，受访者最关心的前三个选项选择医疗的比例为44.10%。受访者最关心的方面首选项选择子女教育的比例为17.21%，与2018年基本持平，受访者最关心的前三个选项中选择子女教育的比例为31.01%。受访者最关心的方面首选项选择养老的比例为10.80%，同样与2018年基本持平，受访者最关心的前三个选项选择养老的比例为35.19%。另外，受访者最关心的日常生活方面选择食品安全和环境污染的比例分别为3.52%和1.67%（见图3-1）。

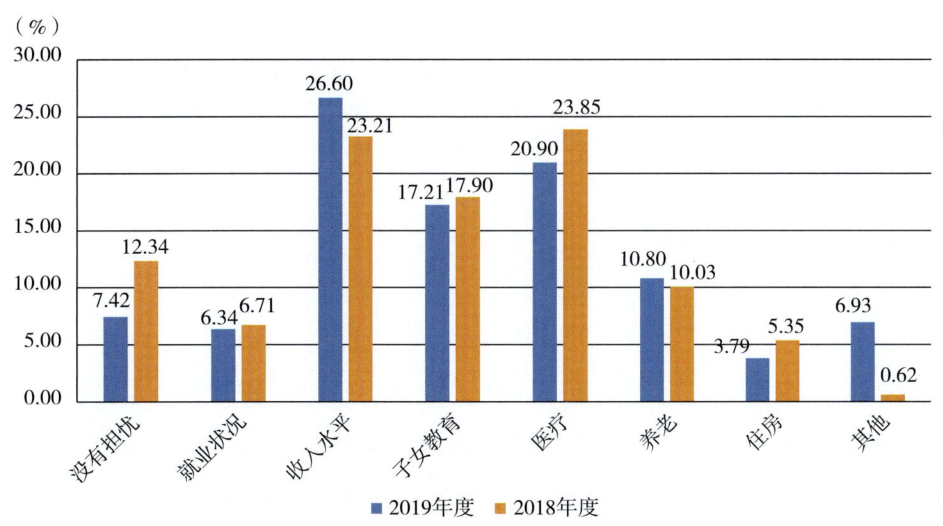

图3-1 受访者日常生活最关心和焦虑的方面

注：在进行2019年和2018年比较时，为了统一选项，将2019年比2018年多出的“食品安全”“环境污染”等选项并入2019年“其他”选项中，从而表中数据为选择收入水平、医疗、住房、养老、子女教育、就业状况、其他以及都很满意者的占比。

从城乡来看，城乡受访者对日常生活最关切的因素排名有较强的一致性，首选项选择比例最高的前三位均是收入水平、医疗和子女教育。城镇中心区受访者、城乡接合部受访者和农村受访者最关心的日常生活方面，首选项选择收入水平的比例依次为 24.41%、27.28% 和 28.48%；选择医疗的比例依次为 22.02%、18.94% 和 20.46%；选择子女教育的比例依次为 18.55%、17.10% 和 15.96%（参见图 3-2）。

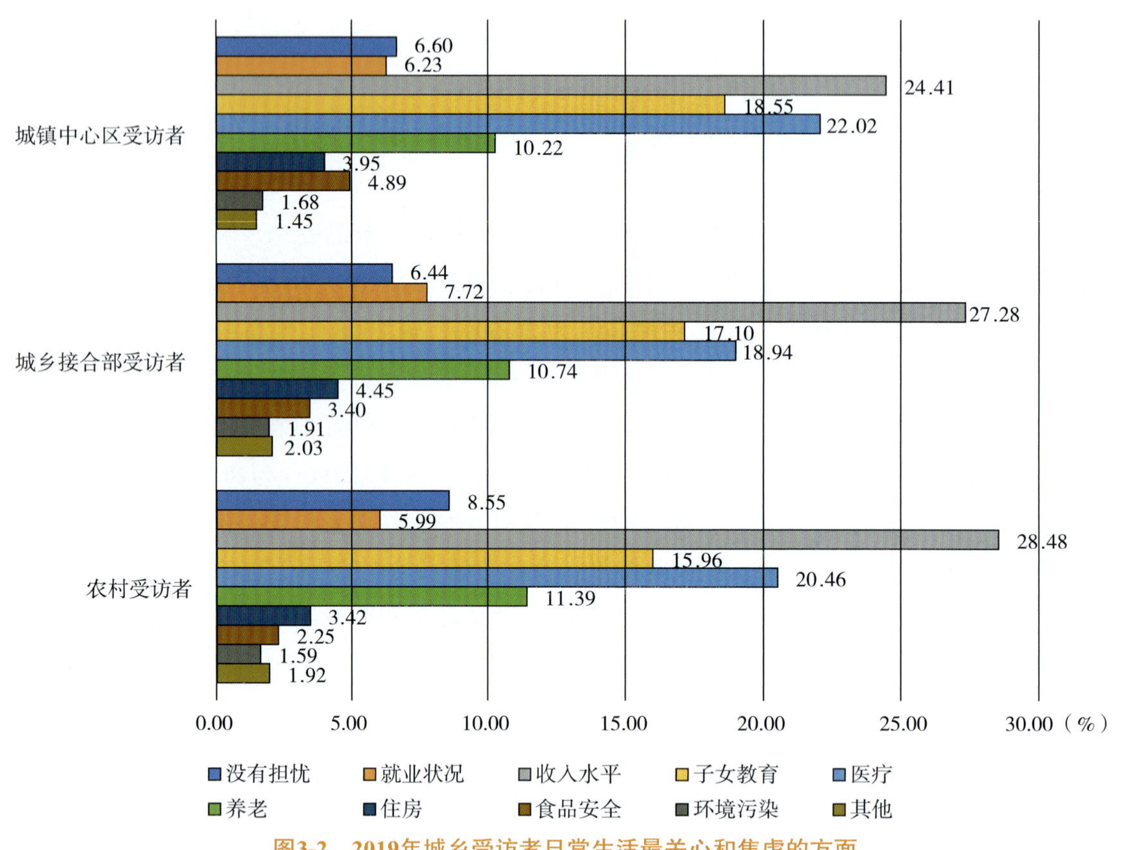

图3-2 2019年城乡受访者日常生活最关心和焦虑的方面

（二）不同人群家庭关切点的比较分析

1. 不同收入阶层的日常生活关切点比较

低收入者日常生活最关心的方面集中于收入水平、医疗、养老和子女教育。在日常生活诸方面中，家庭年收入 5 万元以下的受访者最关心因素首选项选择收入水平、医疗、养老和子女教育的比例分别为 30.06%、24.63%、14.13%、11.61%，而选择其他方面的比例则明显较少（见图 3-3）。受访者家庭收入水平越低，其对收入的关切程度越高。随着家庭收入的上升，受访者对收入水平的关切程度逐渐下降，家庭年收入 5 万元以下的低收入受访者最关切收入水平的比例比家庭年收入 15 万元及以上的高收入者高 12.03 个百分点。

高收入受访者日常生活关切点多样化和分散化的特征更为突出，对医疗、养老、食品安全、环境污染和住房的诉求都相对较高。家庭收入 15 万元及以上的高收入者前三位最关切的因素占比之和为 55.92%，而这一比例在家庭年收入 5 万元以下低收入者中为 68.82%，在家庭年收入 5

万～10万元的受访者中为66.40%，在家庭年收入为10万～15万元的受访者中为64.95%。进一步计算不同收入群体日常生活关切点的赫芬达尔指数[①]可以发现，家庭年收入15万元及以上的高收入者关切点的赫芬达尔指数为0.13，而家庭年收入5万元以下、5万～10万元和10万～15万元受访者这一指数分别为0.19、0.17和0.16，这说明高收入者的关切点更为分散。

高收入者对子女教育、食品安全和环境污染的关切程度更高。家庭年收入15万元及以上的受访者最关心方面选择子女教育的比例为22.61%，较家庭年收入5万元以下和5万～10万元的受访者分别高11.00个和3.78个百分点，家庭年收入15万元及以上的受访者最关心方面选择食品安全的比例为8.58%，较家庭年收入5万元以下和5万～10万元的受访者分别高7.13个和5.15个百分点。此外，高收入群体对日常生活的整体满意度相对较高，家庭年收入15万元及以上的受访者对日常生活没有担忧的比例为10.74%，较家庭年收入为5万元以下和5万～10万元的受访者分别高3.55个和4.61个百分点。

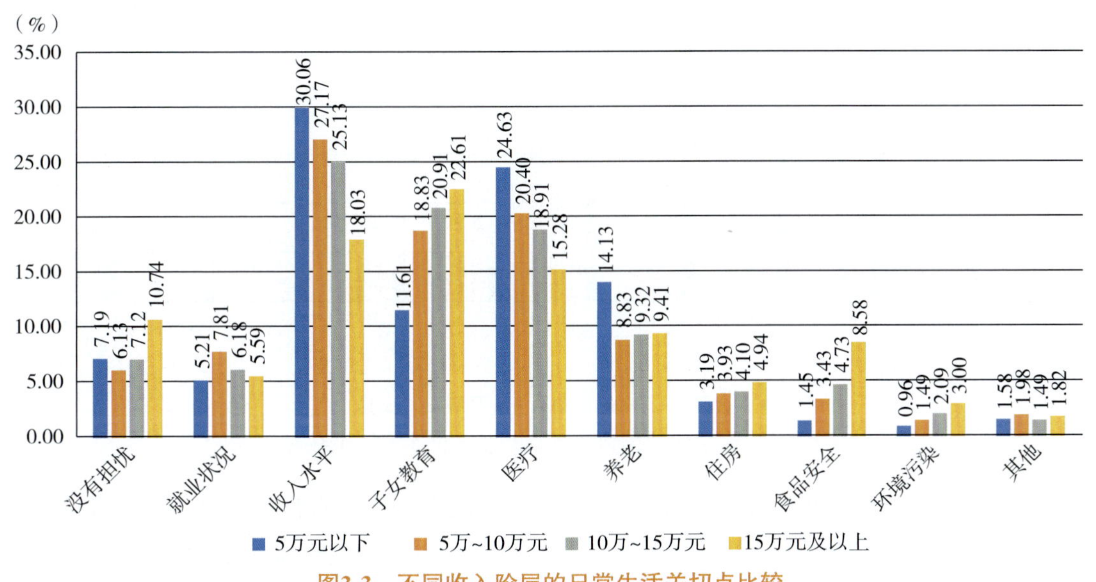

图3-3 不同收入阶层的日常生活关切点比较

2. 不同行政区域的日常生活关切点比较

在省、市、县等不同行政层级区域内，受访者最关切的日常生活方面基本一致，排在前三位的依次为收入水平、医疗和子女教育，但就具体的各个方面而言，不同行政层级区域呈现出了不同特点。一是县级市受访者对收入水平关切的程度明显更高。县级市受访者对收入水平最为关切的比例为30.01%，较总体高出3.41个百分点。二是地市城区受访者对医疗的关切程度是最高的，最关心的方面选择医疗的比例为23.74%，比总体高2.84个百分点。三是省会城区受访者关切点较为多样化。省会城区的受访者最关切的前三个因素比例之和为61.96%，在四类行政

① 赫芬达尔指数（HHI）是用某特定总体中所有类型的占有份额的平方和来表示，是测量集中度的一种指标，HHI越大，表明集中程度越高。其计算公式为：$HHI=\sum_{i=1}^{N}S_i^2$，其中，S_i为第i类的总体占有率，N为总体中的类型数量。

层级区域中最低，比县级市低了 4.51 个百分点。进一步计算赫芬达尔指数也可以发现，省会城区受访者最关切因素的赫芬达尔指数为 0.15，而县级市受访者最关切因素的赫芬达尔指数则为 0.18，说明省会城区受访者对日常生活的关心因素更为分散和多样。

省会城区日常生活关切点具有偏离总体的特征。即对于总体受访者最为关切的日常生活因素，其关切比例低于总体，而对于总体受访者不太关切的日常生活因素，其关切比例则高于总体。如对总体而言，关切比例最高的因素是收入水平，而省会区域受访者选择收入水平作为最为关心因素的比例比总体低了 4.46 个百分点；对于总体关切比例较低的因素，如环境污染、食品安全和就业状况，省会城区受访者选择这三者作为最为关心因素的比例则比总体分别高了 0.81 个、1.84 个和 0.73 个百分点（见图 3–4）。

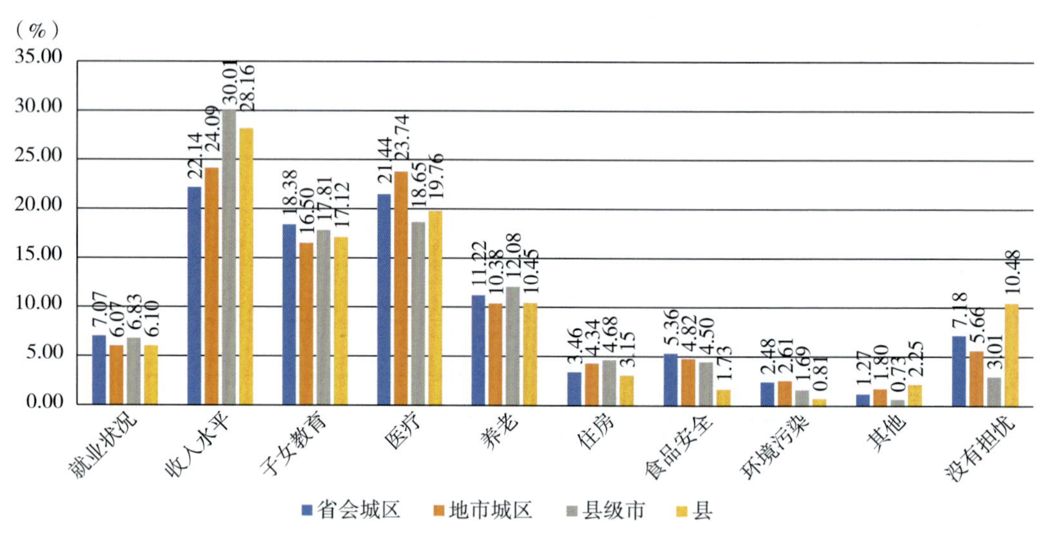

图3-4 不同行政区域受访者日常生活关切点的比较

日常生活关切点也呈现出明显的地区差异。在所调查的 8 个省份中，黑龙江省和福建省受访者对收入的关切程度更高，两省最关心收入水平的受访者占比分别为 35.14% 和 32.74%；黑龙江省和江苏省受访者对医疗的关切程度更高，两省最关心医疗的受访者占比分别为 28.20% 和 25.24%；安徽省和福建省受访者对子女教育的关切程度更高，两省最关心子女教育的受访者占比分别为 21.41% 和 20.76%（见表 3–1）。

表3-1 各省受访者日常生活关切点比较 单位：%

	就业状况	收入水平	子女教育	医疗	养老	住房	食品安全	环境污染	没有担忧	其他
河北	2.92	18.91	15.52	22.94	15.63	2.84	4.66	2.94	11.78	1.86
黑龙江	3.85	35.14	13.86	28.20	10.70	1.32	3.32	1.08	2.28	0.24
江苏	4.63	22.31	16.04	25.24	12.48	4.70	3.90	1.95	7.31	1.45
浙江	8.31	26.95	16.78	18.74	10.94	7.36	6.66	2.29	1.60	0.36
安徽	6.81	22.44	21.41	18.73	9.98	1.77	2.81	1.04	13.10	1.91
福建	10.90	32.74	20.76	14.64	9.46	4.00	4.72	1.75	0.79	0.24

续表

	就业状况	收入水平	子女教育	医疗	养老	住房	食品安全	环境污染	没有担忧	其他
广西	6.92	25.56	18.45	17.67	7.55	4.27	1.56	0.86	12.35	4.80
陕西	6.00	27.19	14.62	21.60	10.34	4.30	0.67	1.63	10.68	2.97

3. 流动人口和本地人口的日常生活关切点比较

流动人口更加关心子女教育、收入水平、就业状况和住房，本地人口则更关心医疗和养老。其中跨省流动的受访者最关心方面首选项选择子女教育、就业状况和住房的比例分别为31.87%、2.34%和7.96%，分别较总体高14.68个、6.01个和4.18个百分点。省内流动的受访者最关心方面首选项选择收入水平、子女教育和住房的比例分别为33.87%、23.85%和7.31%，分别较总体高7.28个、6.66个和3.53个百分点。本市县受访者最关心方面首选项选择医疗和养老的比例分别为21.40%和11.15%，分别较总体高0.46个和0.33个百分点（见图3-5）。

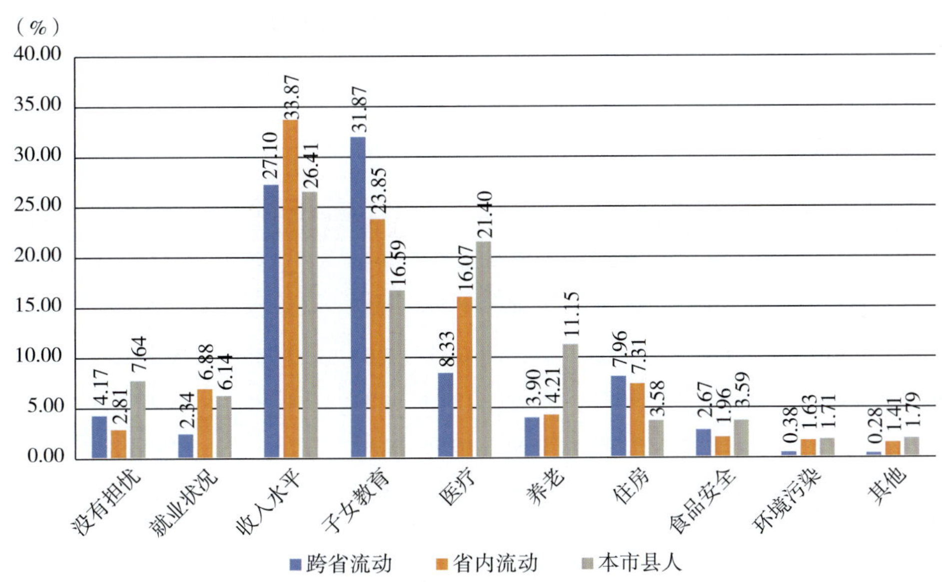

图3-5　流动人口和本地人口的日常生活关切点比较

4. 不同就业类型的日常生活关切点比较

非正式就业者更为关切必需层面因素，如养老、收入水平和医疗，而稳定就业者[①]更为关切发展层面因素，如子女教育、食品安全。非正式就业者最关心养老、收入水平和医疗的比重依次为9.29%、31.11%和14.98%，比稳定就业者最关心养老、收入水平和医疗的比重依次高出3.80个、3.76个和1.14个百分点。稳定就业者最关心子女教育、食品安全的比重分别为26.68%、5.19%，比非正式就业者最关心子女教育、食品安全的比重分别高出5.68个、2.09个百分点。在就业状

① 非正式就业者和稳定就业者的区分主要依据受访者是否与劳动单位签订了正式的劳动合同。稳定就业者包括已签订无固定期限劳动合同或者有期限劳动合同的劳动者、不需要签订劳动合同（如公务员或国家机关、事业单位编内人员）的劳动者、已签订以完成一定工作任务为期限的劳动合同的劳动者。非正式就业者指未签订正式劳动合同的就业者。

况、环境污染方面，非正式就业者和稳定就业者的关切程度相差不大（见表 3–2）。

表3-2　不同就业类型受访者的日常生活关切点比较　单位：%

	就业状况	收入水平	子女教育	医疗	养老	住房	食品安全	环境污染	没有担忧	其他
非正式就业者	8.33	31.11	21.00	14.98	9.29	4.00	3.10	2.02	5.01	1.16
稳定就业者	7.94	27.35	26.68	13.84	5.49	5.78	5.19	2.10	4.92	0.70

5. 不同年龄段的日常生活关切点比较

随着年龄的增长，受访者对于就业状况、收入水平、住房等领域的关注度不断降低，对医疗和养老的问题则更为关注，对于子女教育的关注则随年龄呈现出先增加而后下降的趋势。在未满 30 周岁的年轻受访者日常生活最关心方面选择就业状况、收入水平和住房的比重在所有年龄段都是最高的，分别为 15.09%、35.32% 和 7.44%，比 60 岁及以上群体分别高出 11.76 个、16.04 个和 4.57 个百分点。60 岁及以上群体中分别有 31.99% 和 16.56% 的受访者最关注的问题是医疗和养老，比未满 30 周岁的受访者分别高 22.37 个和 12.21 个百分点。对子女教育关切主要集中在 30 ～ 39 岁的人群，该群体最关心方面选择子女教育的占比为 40.80%，比总体高出近 23.58 个百分点（见表 3–3）。

表3-3　不同年龄受访者的日常生活关切点比较　单位：%

	就业状况	收入水平	子女教育	医疗	养老	住房	食品安全	环境污染	没有担忧	其他
未满30岁	15.09	35.32	17.48	9.62	4.35	7.44	2.35	0.24	6.77	1.34
30～39岁	6.85	29.59	40.80	8.40	2.82	3.48	2.41	1.30	3.69	0.66
40～49岁	7.70	31.60	27.22	12.76	6.35	3.84	2.98	1.60	4.74	1.21
50～59岁	7.10	28.79	9.89	21.69	12.23	4.37	4.29	1.97	7.13	2.52
60岁及以上	3.33	19.28	7.48	31.99	16.56	2.87	3.83	1.85	10.86	1.94
合计	7.42	26.58	17.22	20.92	10.80	3.79	3.51	1.67	7.42	1.74

6. 不同受教育程度者的日常生活关切点比较

随着受教育程度的增加，对子女教育和食品安全的关切程度逐步提升，而医疗和养老的关切程度则逐步下降。在没上过学、小学、初中、高中 / 中专 / 技校、大专 / 高职、本科及以上的受访者中，日常生活最关心方面选择子女教育的比重依次为 10.33%、13.04%、18.50%、18.59%、24.92%、27.03%，选择食品安全的比重依次为 0.94%、2.09%、3.05%、5.74%、6.62%、7.36%，均呈现出十分明显的上升趋势。与此相反，在没上过学、小学、初中、高中 / 中专 / 技校、大专 / 高职、本科及以上的受访者中，日常生活最关心方面选择医疗的比重依次为 26.18%、23.90%、19.65%、20.33%、16.16%、13.10%，选择养老的比重依次为 18.32%、11.81%、10.04%、9.61%、6.28%、6.94%，均呈现出十分明显的下降趋势。在没上过学、小学、初中、高中 / 中专 / 技校、大专 / 高职、本科及以上的受访者中，对日常生活各方面都很满意的比重依次为 8.10%、8.70%、7.16%、7.44%、5.53%、4.08%，呈现出明显的下降趋势（见表 3–4）。

表3-4　　不同教育水平受访者的日常生活关切点比较　　单位：%

	就业状况	收入水平	子女教育	医疗	养老	住房	食品安全	环境污染	没有担忧	其他
没上过学	3.37	26.62	10.33	26.18	18.32	2.81	0.94	0.87	8.10	2.46
小学	5.70	28.33	13.04	23.90	11.81	3.15	2.09	1.19	8.70	2.09
初中	7.26	27.33	18.50	19.65	10.04	3.77	3.05	1.71	7.16	1.53
高中/中专/技校	6.20	23.10	18.59	20.33	9.61	4.97	5.74	2.43	7.44	1.58
大专/高职	7.25	25.25	24.92	16.16	6.28	3.28	6.62	3.22	5.53	1.48
本科及以上	7.44	26.62	27.03	13.10	6.94	5.71	7.36	0.68	4.08	1.03
合计	6.32	26.61	17.20	20.91	10.81	3.79	3.51	1.67	7.43	1.74

注：各受教育水平都含肄业，如小学文化程度含小学肄业群体。

（三）生活压力来源与关切点的比较分析

1. 城乡居民对支出压力的感受状况

城乡居民认为家庭支出压力最大方面主要是医疗、子女教育和食品。在日常生活 9 个主要方面中，2019 年城乡受访者支出压力最大的首选项选择比例由高到低依次为医疗、子女教育、食品、住房（贷款月供、房租）、人情送礼、赡养老人、婚丧嫁娶、交通通信、缴纳社保，选择这些项目的比重依次为 26.98%、26.76%、20.50%、9.82%、4.21%、2.25%、2.24%、1.31%、1.02%，仅有 1.50% 的受访者选择了其他因素。

与 2018 年相比，城乡受访者生活支出压力有所升高。在所调查的 8 个省份中，认为生活支出没有压力的受访者占比在 2018 年和 2019 年分别为 6.79% 和 3.40%（见表 3–5 和表 3–6）。就具体生活压力来源看，认为最大生活支出压力来自食品的受访者占比上升了 5.62 个百分点，认为最大生活支出压力来自住房（贷款月供、房租）的受访者占比下降了 2.35 个百分点；而其他方面的生活支出压力与 2018 年持平，比例变动在 1 个百分点内。

表3-5　　2019年城乡受访者最大生活支出压力来源

	城镇中心区		城乡接合部		农村		合计	
	频次（人）	百分比（%）	频次（人）	百分比（%）	频次（人）	百分比（%）	频次（人）	百分比（%）
食品	838	20.01	277	19.34	935	21.35	2051	20.50
住房（贷款月供、房租）	557	13.29	149	10.39	277	6.32	983	9.82
子女教育	1187	25.94	389	27.12	1201	27.42	2676	26.76
交通通信	50	1.20	22	1.53	59	1.35	131	1.31
医疗	1108	26.46	368	25.68	1222	27.91	2699	26.98
人情送礼	128	3.07	71	4.97	221	5.05	421	4.21
婚丧嫁娶	65	1.54	47	3.31	112	2.56	224	2.24
赡养老人	95	2.26	24	1.68	107	2.43	225	2.25

续表

	城镇中心区		城乡接合部		农村		合计	
	频次（人）	百分比（%）	频次（人）	百分比（%）	频次（人）	百分比（%）	频次（人）	百分比（%）
缴纳社保	54	1.29	14	0.96	34	0.79	102	1.02
没有压力	159	3.79	43	3.00	138	3.16	340	3.40
其他	48	1.14	29	2.02	73	1.67	150	1.50
合计	4190	100.00	1433	100.00	4380	100.00	10002	100.00

表3-6　2018年城乡受访者最大生活支出压力来源

	城镇中心区		城乡接合部		农村		合计	
	频次（人）	百分比（%）	频次（人）	百分比（%）	频次（人）	百分比（%）	频次（人）	百分比（%）
食品	597	14.74	270	15.49	639	14.76	1516	14.88
住房（贷款月供、房租）	611	15.10	204	11.73	416	9.60	1242	12.17
子女教育	1088	26.89	478	27.44	1199	27.70	2770	27.33
交通通信	56	1.38	31	1.76	69	1.58	161	1.53
医疗	1100	27.18	420	24.09	1281	29.59	2772	27.68
人情送礼	148	3.66	108	6.17	167	3.86	427	4.18
婚丧嫁娶	45	1.12	44	2.53	115	2.65	203	2.02
赡养老人	97	2.39	35	1.98	97	2.16	225	2.25
缴纳社保	13	0.31	6	0.37	16	0.37	35	0.35
没有压力	278	6.86	136	7.79	274	6.33	686	6.79
其他	15	0.37	11	0.64	57	1.32	83	0.82
合计	4047	100.00	1742	100.00	4329	100.00	10118	100.00

相对于城镇中心区受访者，农村和城乡接合部受访者的生活支出压力更大。2019 年度城镇中心区受访者认为没有生活支出压力的比例为 3.79%，而农村受访者和城乡接合部受访者认为没有生活支出压力的比重分别为 3.16% 和 3.00%。

就具体生活压力来源而言，农村受访者在医疗方面支出的压力较大，但是住房压力则比较小。2019 年，农村受访者认为支出压力最大为医疗的比重为 27.91%，比城镇中心区和城乡接合部受访者分别高出 1.45 个和 2.23 个百分点。城市高昂的房价和房租提高了城镇受访者的居住成本，相当一部分的城镇中心区受访者面临着很大的住房（贷款月供、房租）支出压力，而农村购房和租房压力相对较小。城镇中心区受访者认为最大生活压力来自住房支出的比重为 13.29%，比城乡接合部和乡村受访者的比例分别高 2.90 个和 6.97 个百分点。另外，城镇中心区受访者在人情送礼方面支出的压力相对较小，认为支出压力最大为人情送礼的比重为 3.07%，比城乡接合部和农村受访者分别低 1.90 个和 1.98 个百分点（见表 3–5）。

相比 2018 年度，随着物价指数提高，消费者对于食品的支出压力明显增加。城镇中心区受访者家庭支出压力最大首选项选择食品的比重从 14.74% 上升至 20.01%，城乡接合部受访者家庭支出压力最大的一项选择食品的比重从 15.49% 上升至 19.34%，农村受访者家庭支出压力最大的一项选择食品的比重从 14.76% 上升至 21.35%（见表 3–5 和表 3–6）。

在食品支出压力方面，低收入者食品支出压力最为突出。随着受访者收入水平的提高，对食品支出压力的感受逐步下降。在家庭年收入为 1 万元以下、1 万～ 3 万元、3 万～ 5 万元、5 万～ 10 万元、10 万～ 15 万元、15 万～ 25 万元、25 万～ 50 万元、50 万元及以上的受访者中，认为消费支出压力最大为食品的比例依次为 33.43%、24.56%、22.21%、19.22%、18.50%、16.79%、13.87%、10.76%，呈现出十分明显的下降趋势（见图 3–6）。

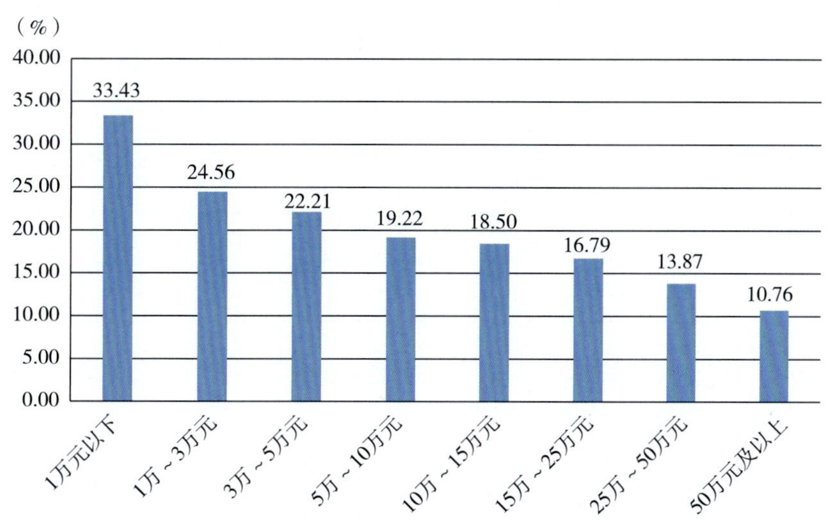

图3-6　不同收入组对食品支出压力的比较

2. 支出压力与日常生活关切点的相关分析

支出压力与对日常生活关切点之间有明显的正相关关系，支出压力感受程度强对在日常生活中的担忧就比较多。在 9434 个有效样本中，没有生活支出压力的受访者在日常生活各方面均没有担忧的比例为 61.20%，而认为家庭支出有压力的群体在日常生活各方面存在担忧的比例为 93.59%，比无压力者高出了 32.39 个百分点。可见，生活压力是造成城乡受访者生活担忧的重要原因。

受访者日常生活最关切的方面往往也是其支出压力最大的方面。如，对子女教育最关切的受访者最大支出压力选择子女教育的比例为 66.23%，远远高于住房（10.99%）、食品（9.45%）、医疗（6.53%）等其他方面；对医疗最关切的受访者最大支出压力选择面临医疗的比例为（55.48%），远远高于食品（16.67%）、子女教育（12.42%）、住房（5.40%）等其他方面；对食品安全最关切的受访者最大支出压力选择食品安全的比例为 27.02%，远远高于医疗（21.45%）、子女教育（17.06%）和住房（13.23%）等其他方面；对住房最关切的受访者最大支出压力选择住房的比例为 26.99%，远远高于对子女教育（21.47%）、食品（18.47%）和医疗（14.86%）等其他方面（见表 3–7）。

表3-7 对日常生活不满意的群体面临的生活压力来源

受访者 \ 不满方面		食品安全	住房（贷款月供、房租）	子女教育	交通通信	医疗	人情送礼	婚丧嫁娶	赡养老人	缴纳社保	没有压力	其他	合计
就业状况	频次	146	91	171	9	100	19	16	17	8	10	8	596
	百分比	24.57%	15.28%	28.71%	1.59%	16.76%	3.17%	2.72%	2.89%	1.34%	1.60%	1.36%	100.00%
收入水平	频次	583	275	647	45	551	134	88	73	30	47	37	2510
	百分比	23.23%	10.96%	25.78%	1.79%	21.95%	5.35%	3.51%	2.92%	1.19%	1.86%	1.46%	100.00%
子女教育	频次	153	178	1074	14	106	29	14	14	11	19	9	1622
	百分比	9.45%	10.99%	66.23%	0.87%	6.53%	1.80%	0.85%	0.87%	0.65%	1.18%	0.58%	100.00%
医疗	频次	329	107	245	29	1096	67	22	22	16	30	12	1975
	百分比	16.67%	5.40%	12.42%	1.47%	55.48%	3.37%	1.12%	1.10%	0.83%	1.54%	0.58%	100.00%
养老	频次	248	70	127	10	401	46	22	50	15	18	12	1018
	百分比	24.37%	6.89%	12.43%	0.97%	39.35%	4.47%	2.13%	4.95%	1.48%	1.77%	1.18%	100.00%
住房	频次	66	97	77	3	53	10	18	10	8	10	6	358
	百分比	18.47%	26.99%	21.47%	0.78%	14.86%	2.73%	5.16%	2.90%	2.19%	2.92%	1.54%	100.00%
食品安全	频次	90	44	57	3	71	21	11	12	6	13	4	333
	百分比	27.02%	13.23%	17.06%	1.02%	21.45%	6.29%	3.33%	3.63%	1.77%	3.99%	1.21%	100.00%
环境污染	频次	31	16	33	1	37	16	5	5	3	12	1	157
	百分比	19.61%	9.96%	20.90%	0.35%	23.25%	10.08%	3.21%	3.01%	1.63%	7.41%	0.58%	100.00%
其他	频次	30	21	21	4	38	7	11	1	1	21	8	164
	百分比	18.20%	12.76%	13.01%	2.38%	23.38%	4.41%	6.46%	0.82%	0.44%	13.04%	5.09%	100.00%
没有担忧	频次	208	37	114	5	136	36	9	8	3	115	31	700
	百分比	29.68%	5.25%	16.20%	0.70%	19.35%	5.10%	1.30%	1.21%	0.47%	16.35%	4.39%	100.00%
合计	频次	1885	935	2566	123	2588	384	216	214	100	295	127	9434
	百分比	19.98%	9.92%	27.20%	1.30%	27.43%	4.07%	2.29%	2.27%	1.06%	3.13%	1.35%	100.00%

（四）外部环境方面最关切的因素分析

随着社会环境整体的持续改善，受访者对外部环境的关切相对较少。在外部环境的 7 个方面，17.71% 的受访者表示“都很满意”，26.70% 的受访者没有明确关切的因素。在外部环境的 7 个方面中，受访者选择了三项最关切的因素，按关切程度最高的首选项排序，依次为交通出行、社会治安、社区服务、政府办事效率、文化生活、绿化（地）不足、司法公正（见图 3–7）。

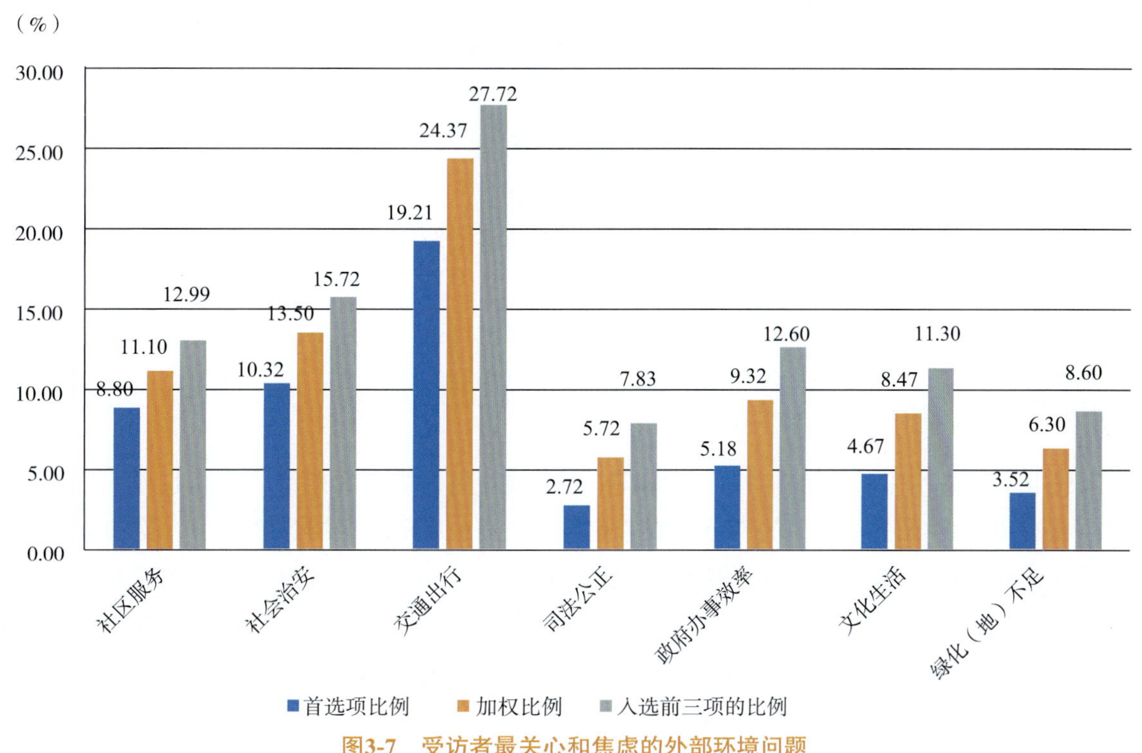

图3-7 受访者最关心和焦虑的外部环境问题

受访者在外部环境最关切的首选项中，选择交通出行的比例为 19.21%，最关切的前三项选择了交通出行的比例达到 27.72%，关切的程度和关切的影响面都是最高的。社会治安在受访者最关切的外部环境因素中排在第二位，受访者首选项选择该项的比例为 10.32%，在前三个选项中选择了社会治安的比例为 15.72%。社区服务在受访者最关心的外部环境因素中排在第三位，为 12.99%，受访者首选项选择该项的比例为 8.80%（见图 3–7）。

分城乡看，2019 年农村受访者对社会环境各方面都很满意的比重为 17.66%，比城镇受访者低了 0.09 个百分点。就社会各方面的关切程度而言，农村受访者对于交通出行的关切程度明显高于城镇受访者，达到了 23.16%，较城镇受访者高了 7.03 个百分点。此外，农村受访者对于社会治安和绿化（地）不足的关切程度明显低于城镇，较城镇受访者分别低了 5.45 个和 3.05 个百分点。在社区服务、司法公正、文化生活方面，城乡受访者关切程度差异不大（见图 3–8）。

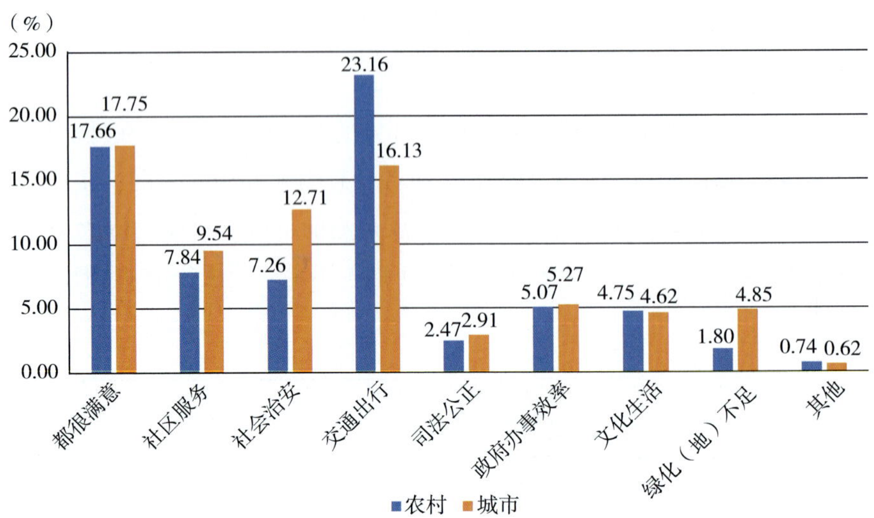

图3-8 城乡受访者外部环境最关切的方面

（五）不同人群外部环境关切点比较

1. 不同收入受访者外部环境关切点比较

人民群众收入水平的提高带来了对外部环境改善的更多需求和期待。中高收入人群对外部环境改善有更多的需求和更高的期待。在家庭年收入15万元以下的各区间中，受访者收入越高，其在外部环境上都很满意的比例越低，家庭年收入在10万～15万元的受访者对外部环境都很满意的比例为20.62%，低于其他各个收入阶层。受访者家庭年收入超过25万元的受访者对外部环境都很满意的比例出现明显的回升，年收入在25万～50万元、50万元以上的受访者，外部环境都很满意的比例分别为22.36%、38.89%（见图3–9）。

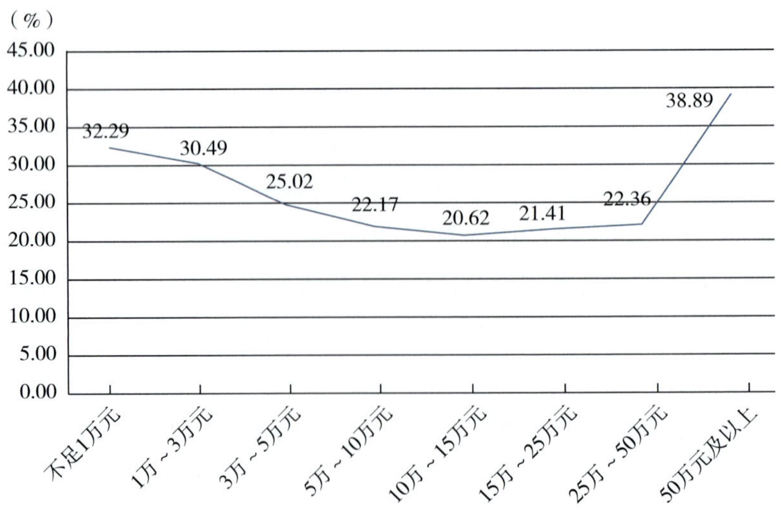

图3-9 2019年不同收入阶层对外部环境都很满意的比例

高收入者与低收入者对于社会环境各方面的关切程度有明显差异。年收入在 10 万元以上的高收入者对社会环境各方面都很满意的比重为 22.84%，较年收入在 5 万元以下的低收入者低了 5.30 个百分点。高收入者对于社区服务、社会治安、司法公正、政府办事效率、文化生活以及绿化（地）不足等方面的关切程度均高于低收入者，依次达到了 12.81%、15.69%、4.35%、7.13%、6.87% 和 5.73%，比年收入在 5 万元以下的低收入者分别高了 1.04 个、4.86 个、1.32 个、0.78 个、0.95 个和 1.75 个百分点。此外，低收入群体对于交通出行的关切程度明显高于高收入群体，达到了 28.66%，较高收入受访者相比高了 4.75 个百分点（见图 3-10）。

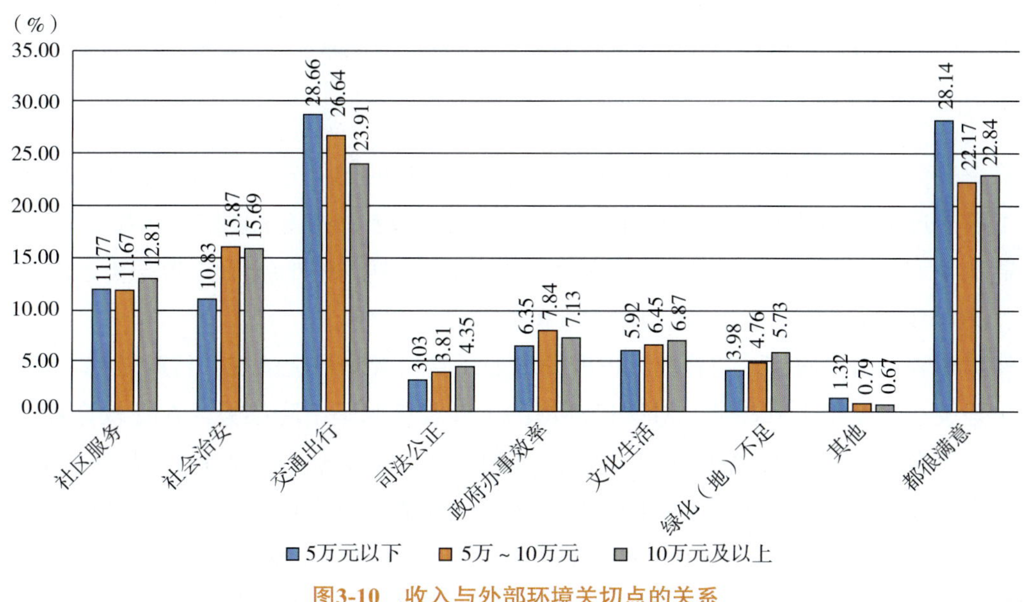

图3-10　收入与外部环境关切点的关系

2. 不同年龄受访者外部环境关切点比较

不同年龄受访者对外部环境关切点存在差异，年轻的受访者对外部环境有更高的要求。随着年龄的增长，受访者对外部环境各方面都很满意的比例明显提高。在 30 岁以下、30 ～ 39 岁、40 ～ 49 岁、50 ～ 59 岁、60 岁及以上年龄组中，对外部环境都很满意的比重依次为 14.78%、18.04%、23.06%、24.37%、29.47%，呈现出明显的上升趋势。

随着年龄的增加，对社会治安和交通出行的关切程度呈下降趋势，而对文化生活的关切程度则呈上升趋势。中年人更加关注司法公正、行政效率和环境绿化，老年人更加关注社会服务。在 30 岁以下、30 ～ 39 岁、40 ～ 49 岁、50 ～ 59 岁、60 岁及以上等年龄组中，最关切社会治安的比重依次为 27.48%、19.62%、13.77%、13.23% 和 10.51%，呈现出明显的下降趋势；最关切交通出行的比重依次为 27.38%、29.16%、27.5%、26.26% 和 24.45%，其中，最高和最低的比重相差了 4.71 个百分点。中年人对于司法公正、行政效率和环境绿化的关切程度明显高于其他群体，呈现出倒 U 形关系。在各个年龄段中，最关切司法公正的是 40 ～ 49 岁的受访者，最关切环境绿化的也是 40 ～ 49 岁的受访者，最关切行政效率的是 30 ～ 39 岁的受访者。老年人对社区服务和文化生活的关切程度明显高于其他年龄段，分别达到了13.26%和7.95%(见表3–8)。

表3-8　不同年龄外部环境方面满意状况的比较　单位：%

年龄	社区服务	社会治安	交通出行	司法公正	行政效率	文化生活	绿化（地）不足	其他	都很满意
未满30岁	11.53	27.48	27.38	4.11	5.72	4.77	3.49	0.75	14.78
30～39岁	11.52	19.62	29.16	4.00	7.82	4.07	5.08	0.69	18.04
40～49岁	10.48	13.77	27.5	5.06	7.62	5.94	5.73	0.84	23.06
50～59岁	12.21	13.23	26.26	3.63	7.46	6.54	5.03	1.27	24.37
60岁及以上	13.26	10.51	24.45	2.86	6.48	7.95	4.20	0.83	29.47

3. 不同受教育程度受访者外部环境关切点比较

随着受教育程度的提高，受访者对外部环境都很满意的比例先上升而后下降，呈倒U形变化。对于没上过学、小学（含肄业）、初中（含肄业）、高中/中专/技校（含肄业）、大专/高职（含肄业）和本科及以上（含肄业）六个不同的群体中，对外部环境都很满意比重依次为24.92%、26.65%、26.69%、23.47%、16.31%和11.25%。

就外部环境关切点而言，随着教育程度的增加，受访者对社会治安、行政效率、司法公正、环境绿化等关注程度呈上升趋势；对交通环境的关注程度则呈下降趋势。在受教育程度分别为没上过学、小学（含肄业）、初中（含肄业）、高中/中专/技校（含肄业）、大专/高职（含肄业）和本科及以上（含肄业）六个不同的群体中，受访者将社会治安选为外部环境最关切因素的比例分别为10.34%、10.34%、13.99%、15.97%、18.99%和25.46%；选择行政效率为最关切因素的比例分别为5.25%、6.14%、7.17%、8.21%、8.55%和8.49%；选择司法公正为最关切因素的比例，没上过学的受访者为1.29%，而本科及以上受访者这一比例提高到6.67%；选择环境绿化为最关切因素的比例，没上过学的受访者为2.48%，本科及以上受访者这一比例提高到了7.12%。此外，上述六个年龄段的受访者选择交通出行为最关切因素的比例分别为31.65%、30.75%、24.45%、23.73%、22.85%和25.83%，总体上呈现出下降的趋势（见表3–9）。

表3-9　不同受教育水平受访者外部环境方面满意状况的比较　单位：%

受教育水平	社区服务	社会治安	交通出行	司法公正	行政效率	文化生活	绿化（地）不足	其他	都很满意
没上过学	16.10	10.34	31.65	1.29	5.25	7.01	2.48	0.96	24.92
小学	10.5	10.34	30.75	2.93	6.14	7.56	3.57	1.56	26.65
初中	11.44	13.99	24.45	3.98	7.17	6.24	5.21	0.83	26.69
高中/中专/技校	12.63	15.97	23.73	3.86	8.21	5.71	5.72	0.71	23.47
大专/高职	14.97	18.99	22.85	5.43	8.55	6.95	5.58	0.37	16.31
本科及以上	11.76	25.46	25.83	6.67	8.49	3.2	7.12	0.22	11.25

注：各受教育水平都含肄业，如小学文化程度含小学肄业群体。

（六）不同地区受访者外部环境关切点比较

1. 不同经济发展水平地区的受访者外部环境关切点比较

经济发展水平高的地区受访者对外部环境改善有更多的需求和期待。在人均 GDP 5 万～ 8 万元和 8 万元及以上的区县中，受访者对外部环境各方面都很满意的比重分别为 22.96% 和 9.08%。而人均 GDP 为 3 万元以下和 3 万～ 5 万元的区县中这一比例分别为 33.41% 和 31.49%。人均 GDP 为 8 万元及以上区县的受访者对外部环境各方面都很满意的比重比人均 GDP 为 3 万元以下的区县低了 24.33 个百分点。

地区经济发展水平越高，受访者对交通出行和社会治安的关注度就越高。在人均 GDP 为 5 万～ 8 万元和人均 GDP 为 8 万元及以上的区县中，受访者外部环境最关切的方面选择交通出行的比例分别为 24.94% 和 26.87%，较人均 GDP 为 3 万元以下的区县分别高了 2.06 个和 3.99 个百分点。在人均 GDP 为 5 万～ 8 万元和人均 GDP 为 8 万元及以上的区县中，受访者外部环境最关切方面选择社会治安的比例分别为 14.86% 和 19.68%，较人均 GDP 为 3 万元以下的区县分别高了 4.86 个和 9.68 个百分点（见图 3–11）。

地区经济发展水平与对文化生活以及绿化的焦虑呈现 U 形关系。即随着经济发展水平的提高，居民对文化生活和绿化的关切程度先下降而后上升。受访者外部环境最关切方面选择文化生活的比例在人均 GDP 为 3 万元以下区县中为 8.32%，在人均 GDP 为 3 万～ 5 万元和 5 万～ 8 万元区县中则分别下降至 5.07% 和 5.68%，但是到人均 GDP 为 8 万元及以上的区县这一比重则又上升为了 6.32%；受访者外部环境最关切方面中选择绿化不足的比例在人均 GDP 为 3 万元以下区县中为 6.64%，在人均 GDP 为 3 万～ 5 万元和 5 万～ 8 万元区县中则分别下降至 2.81% 和 4.54%，但是到人均 GDP 为 8 万元及以上的区县这一比例则又上升为了 4.94%。

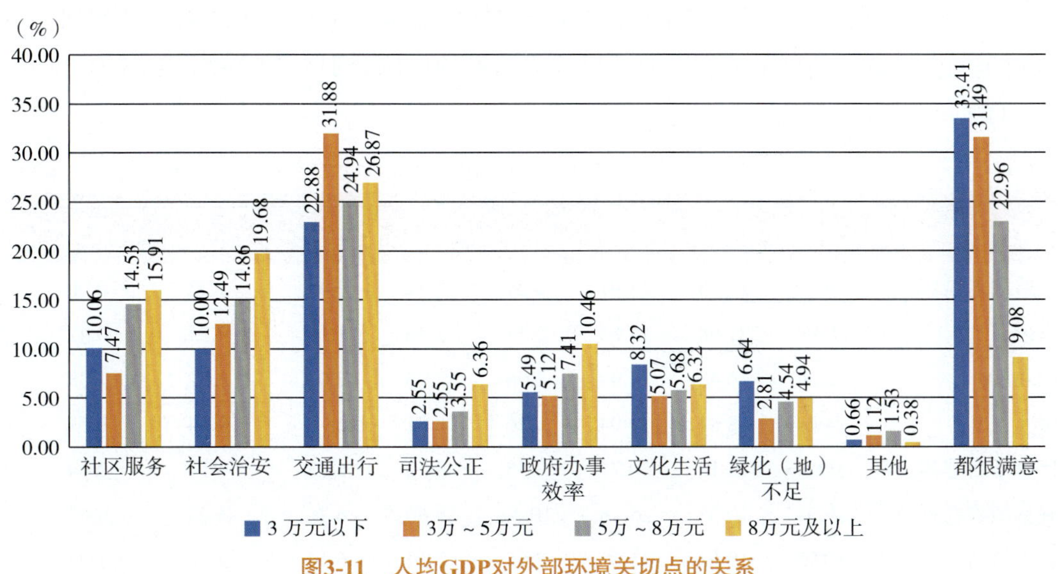

图3-11　人均GDP对外部环境关切点的关系

2. 不同类型行政区受访者外部环境关切点比较

省会城区和县级市受访者对外部环境的关切度较低，县级市对外部环境的关切度最高。省会城市和县区域内受访者对外部环境各方面都很满意的比例分别为24.25%和32.57%，比地市城区和县级市都高，比县级市分别高15.49个和23.81个百分点。

县级市受访者对交通出行、社会治安的关注度最高。县级市受访者最关心交通出行的比重为30.56%，这一比例比省会城区、地市城区和县级市受访者分别高7.41个、8.64个和1.96个百分点。县级市受访者最关心因素选择社会治安的比重为19.04%，比省会城市、地市城区和县级市分别高2.19个、3.03个和9个百分点（见表3-10）。

表3-10　不同区县类型外部环境方面满意状况的比较　单位：%

区县	社区服务	社会治安	交通出行	司法公正	行政效率	文化生活	绿化（地）不足	其他	都不担忧
省会城市	13.84	16.85	23.15	3.27	8.17	4.34	5.63	0.50	24.25
地市城区	13.82	16.01	21.92	4.11	7.94	6.41	7.22	0.59	21.98
县级市	14.28	19.04	30.56	7.30	7.39	7.51	4.34	0.82	8.76
县	9.43	10.04	28.60	2.12	6.13	6.61	3.18	1.32	32.57

3. 不同类型居住区受访者外部环境关切点比较

在外部环境各个方面中，最关切社区服务的是居住在保障房社区和统一规划的农村社区的受访者，他们最关切因素选择社区服务的比例分别为23.2%和19.31%；居住保障性住房的受访者最关切社区服务的比例较居住商品房的受访者高8.56个百分点，农村居住统一规划社区的受访者最关切社区服务的比例较居住自然村落的受访者高8.36个百分点。最关切交通出行的是居住农村自然村落和未经改造的老城区的受访者，他们最关切因素选择交通出行的比例分别为31.67%和28.97%。最关切社会治安的受访者分别是居住单位宿舍、居住商品房和居住城乡接合部自建房的受访者，他们最关切因素选择社会治安的比例分别为21.68%、18.81%和18.18%。（见表3-11）。

表3-11　不同社区受访者对外部环境面关切的比较　单位：%

居住类型	社区服务	社会治安	交通出行	司法公正	行政效率	文化生活	绿化（地）不足	其他	都不担忧
未经改造的老城区	13.29	17.25	28.97	2.84	5.41	7.45	7.42	0.00	17.37
单位宿舍	7.55	21.68	14.65	2.77	3.36	1.16	7.35	0.42	41.04
保障性住房	23.2	16.48	14.99	4.06	7.95	2.01	5.52	1.38	24.41
商品房	14.64	18.81	19.94	5.26	6.82	6.76	9.54	0.61	17.61
城乡接合部自建房	9.85	18.18	20.71	3.45	8.22	6.78	6.11	0.64	26.08
统一规划的农村社区	19.31	10.65	25.48	10.42	5.66	6.76	4.24	0.63	16.87
农村自然村落	10.95	10.61	31.67	2.65	7.34	6.64	2.32	1.23	26.6
其他	11.79	18.83	26.26	13.66	6.01	5.15	6.34	1.38	10.57

三、对收入关切的分析

（一）总体收入状况和家庭收支状况均有所好转

就收入变动的主观感受而言，受访者减收面收窄，增收面扩大。根据表 3–12 和表 3–13，有 20.53% 的受访者认为家庭收入“明显减少”和“有些减少”，减收面比 2018 年收窄 2.78 个百分点。同时，有 26.90% 的受访者认为其家庭年收入“显著增长”和“有些增长”，增收面比 2018 年扩大 3.80 个百分点。从不同收入层次来看，家庭年收入 5 万元以下的受访者减收面收窄的程度和增收面扩大的程度均高于其他收入层次，其减收面同比收窄 4.96 个百分点，增收面同比扩大 5.40 个百分点；家庭年收入 5 万～ 10 万元的受访者增收面同比扩大 4.12 个百分点，扩大程度仅次于家庭年收入 5 万元以下的受访者；家庭年收入 10 万～ 15 万元的受访者增收面和减收面分别为 31.03% 和 17.97%，均与 2018 年度差别不大。而家庭年收入 15 万元及以上的受访者减收面仅比 2018 年收窄 1.95 个百分点。

表3-12　2019年度不同收入层次增收面和减收面　单位：%

	5万元以下	5万～10万元	10万～15万元	15万元及以上	总体
显著增长	0.87	1.06	1.42	2.64	1.27
有些增长	19.27	26.92	29.61	35.65	25.63
和去年差不多	56.50	51.32	51.00	46.45	52.56
有些减少	17.68	16.80	13.60	10.86	15.85
明显减少	5.67	3.90	4.37	4.40	4.68

注：剔除“不回答”和“不清楚”的样本。

表3-13　2018年度不同收入层次增收面和减收面　单位：%

	5万元以下	5万～10万元	10万～15万元	15万元及以上	总体
显著增长	0.63	1.13	0.98	2.51	1.06
有些增长	14.11	22.73	29.54	36.52	22.04
和去年差不多	56.95	53.97	51.54	43.76	53.59
有些减少	20.75	17.73	13.89	12.91	17.74
明显减少	7.56	4.44	4.05	4.30	5.57

注：剔除“不回答”和“不清楚”的样本。

家庭收支状况明显改善。近一年来稳定就业、个人所得税改革等一系列举措促进了居民增收政策的出台，改善了居民的收支情况。40.8% 的受访者认为家庭能“存上不少钱”和“存上一点钱”，比 2018 年增加了 4 个百分点。分城乡来看，农村受访者能“存得上钱”的比例提升幅度最大，所占比例为 37.63%，同比提高了 18.45%；城镇中心的受访者认为家庭能“存得上钱”的比例最高，所占比例为 43.58%，同比提高了 7.74%（见图 3–12）。

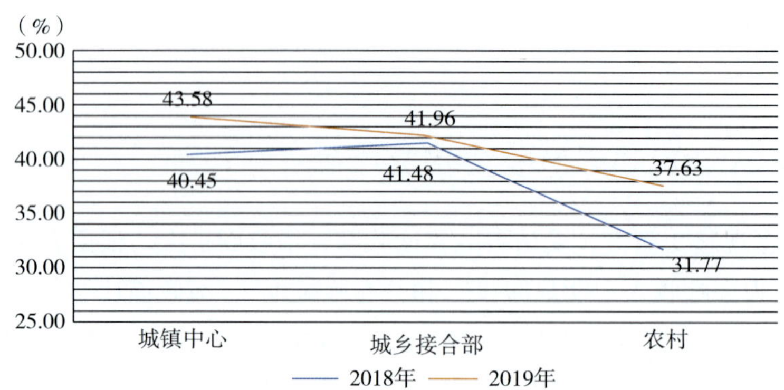

图3-12　2018—2019年家庭能存得上钱的比例

（二）农村和低收入受访者对收入的焦虑没有缓解

相对于其他群体，农村和低收入受访者对收入的焦虑程度更高。2019 年度的调查结果显示，农村受访者在日常生活中最担忧方面首选项选择收入的受访者比例为 28.48%，较城镇中心区和城乡接合部受访者分别高 4.07 个和 1.20 个百分点。受访者收入状况与其收入的关切程度呈明显的负相关关系，家庭年收入 5 万元以下的低收入受访者最关切收入的比例比家庭年收入 15 万元及以上的高收入者高 12.03 个百分点（见图 3–2）。

纵向来看，农村和低收入受访者对收入的焦虑程度明显上升。相比于 2018 年，农村受访者选择收入水平作为日常生活最关切方面的比例增加了 4.12 个百分点，增幅为 16.91%；家庭年收入 5 万元以下的低收入受访者日常生活中最关切方面选择收入的比例增加了 5.51 个百分点，增幅为 22.44%（参见图 3–13 和图 3–14）。相比于其他群体，农村和低收入受访者在日常生活最关切的方面选择收入水平的比例增幅最大。农村受访者这一增幅比城镇中心受访者高 5.4 个百分点；家庭年收入 5 万元以下的低收入受访者这一增幅比家庭年收入 5 万～ 10 万元的受访者高出 7 个百分点。

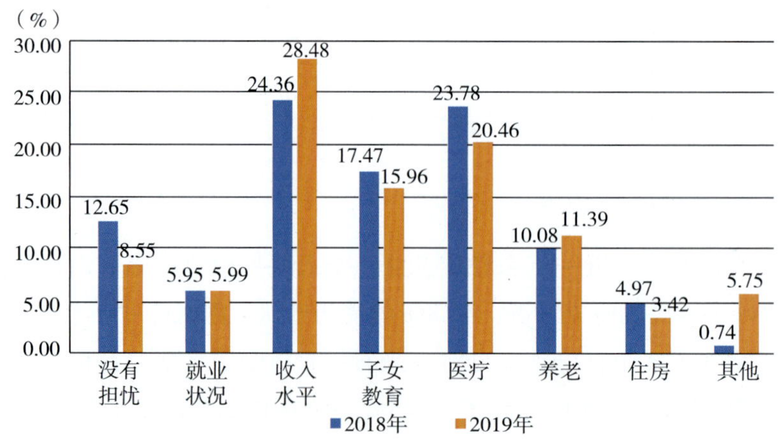

图3-13　农村受访者对家庭生活最为关切的方面

注：在 2019 年和 2018 年进行比较时，为了统一选项，将 2019 年比 2018 年多出的“食品安全”“环境污染”选项并入 2019 年“其他”选项中，从而图中数据为选择收入水平、医疗、住房、养老、子女教育、就业状况、其他以及没有担忧者的占比。

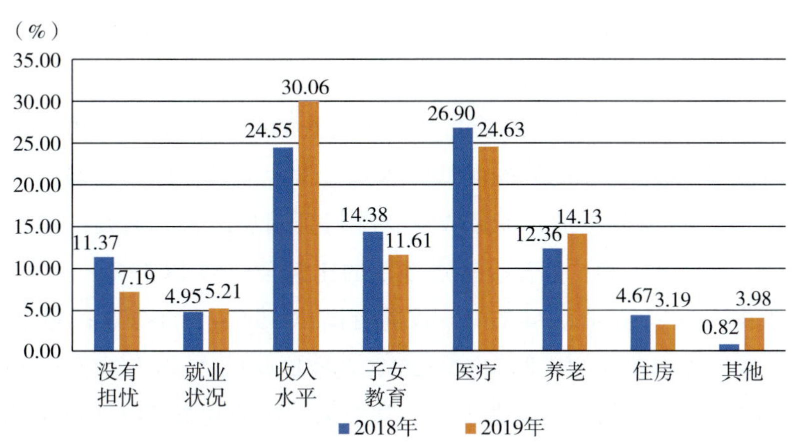

图3-14 低收入受访者对家庭生活最为关切的方面

注：在2019年和2018年进行比较时，为了统一选项，将2019年比2018年多出的“食品安全”“环境污染”选项并入2019年“其他”选项中，从而图中数据为选择收入水平、医疗、住房、养老、子女教育、就业状况、其他以及没有担忧者的占比。

收入水平低、增长乏力是农村和低收入受访者对收入焦虑的重要原因。农村受访者家庭年收入为32216元，城镇中心区受访者家庭年收入为49002元，城乡接合部受访者家庭年收入为50099元。可见农村受访者收入基点较低，并且城乡间存在很大的差距，这一差距也体现在收入增长方面。根据表3-14，受访者认为家庭总收入会“显著增长”和“有些增长”的比例，城乡不同类型受访者选择的比例由低到高依次为农村（23.82%）、城乡接合部（25.63%）、城镇中心区（30.57%），农村受访者预计家庭总收入会“显著增长”和“有些增长”的比例只有城镇中心区的77.92%，收入增长较为乏力。

与农村受访者相似，低收入者收入增长能力有限。根据表3-12，在家庭年收入5万元以下的受访者中，认为家庭总收入会“显著增长”和“有些增长”方面的比例为20.14%，年收入较5万～10万元、10万～15万元、15万元及以上的受访者分别低7.84个、10.89个、18.15个百分点。

表3-14 不同城乡地区的家庭总收入变化 单位：%

	农村	城镇中心	城乡接合部
显著增长	1.04	1.57	1.13
有些增长	22.78	29.00	24.50
和去年差不多	53.43	51.70	52.42
有些减少	17.60	13.78	16.63
明显减少	5.16	3.95	5.33

（三）刚性支出压力加大，支出增长快于收入增长

从家庭收支状况来看，受访者认为全年家庭支出增加的比例为61.95%，认为家庭总收入增加的比例为26.97%，认为家庭支出增长者比家庭总收入增长者占比高出了34.98个百分点。支出增长快于收入增长，整体上看，受访者家庭收支盈余状况趋紧。51.08%的受访者表示“收入

都花光了，存不上钱”，5.48% 的受访者表示“当年收入不够花，主要靠以前积蓄”，2.71% 的受访者表示“当年收入不够花，主要靠借钱”。

低收入者的家庭收支压力尤其值得关注。在所调查的受访者中，家庭年收入 5 万元以下的低收入者所占比例达到 34.20%，30.06%的低收入者日常生活最焦虑的因素选择了收入水平。从表 3–15 可以看出，随着收入的增加，家庭收支状况得到明显改善。家庭年收入 5 万元以下的低收入者选择“能存上不少钱”和“能存上一点钱”的比例合计为 18.56%，而家庭年收入在 15 万元及以上的受访者中，这一比例为 74.37%，较前者高出 55.81 个百分点；超过半数的低收入者家庭收支相抵，其选择基本花光的比例为 66.52%，比家庭年收入 15 万元及以上的高收入者高出 42.97 个百分点。并且 24.42%的低收入者表示，其未来一年的收支情况会有所恶化。

表3-15　　2018～2019年家庭收支状况　　单位：%

	能存上不少钱	能存上一点钱	基本花光	不够花且靠积蓄	不够花且靠借钱
5万元以下	0.56	18.00	66.52	9.23	5.69
5万 ~ 10万元	2.44	39.68	52.32	4.24	1.33
10万 ~ 15万元	6.29	52.89	36.89	3.10	0.82
15万元及以上	17.85	56.52	23.55	1.14	0.93

低收入者家庭刚性支出压力大，也是导致其收支状况紧张的一个重要原因。在家庭消费支出的各个方面中，受访者最大支出压力排名前三的依次为医疗、食品、子女教育，均属于刚性支出。家庭年收入 5 万元以下的受访者选择这三项的比例之和达到了 83.12%，高出家庭年收入在 15 万元及以上受访者 26.53 个百分点。具体而言，低收入家庭消费的最大支出压力主要集中在医疗，家庭年收入 5 万元以下受访者选择医疗的比例为 36.47%，较家庭年收入 15 万元及以上受访者高 22.71 个百分点，比总体平均水平高出 9.74 个百分点；其次是在食品方面，家庭年收入 5 万元以下受访者选择食品的比例比家庭年收入 15 万元及以上的受访者高出 9 个百分点，比总体高出 4.3 个百分点（见表 3–16）。

表3-16　　收入水平与家庭消费最大支出压力的关系　　单位：%

	5万元以下	5万 ~ 10万元	10万 ~ 15万元	15万元及以上	总体
医疗	36.47	25.37	19.74	13.76	26.73
食品	24.97	19.22	18.50	15.97	20.67
子女教育	21.68	30.54	29.56	26.86	26.84

四、对医疗关切的分析

（一）医疗报销比例和医疗服务明显改善

医保参保率稳步提升，城乡接合部地区居民基本实现医保全参与的目标。2019 年的 8 个调查省份中，城镇中心区、城乡接合部地区和农村地区的医疗参保率分别达到了 98.34%、98.84%

和 98.92%。根据 2017—2019 年的调查数据，在未变化的 7 个调查省份中，城镇中心区受访者中享有各类医疗保险的比重从 2017 年的 97.36% 稳步提升至 2019 年的 98.34%，增长速度快于城乡接合部和农村。但由于流动人口的医保衔接仍存在不畅的问题，城镇中心区受访者各年度的医疗参保率仍低于城乡接合部和农村；城乡接合部受访者中享有各类医疗保险的比重从 2017 年的 98.70% 提高到 2019 年的 98.92%；农村受访者中享有各类医疗保险的居民比重从 2017 年的 98.76% 提高到 2019 年的 98.84%（见图 3-15）。

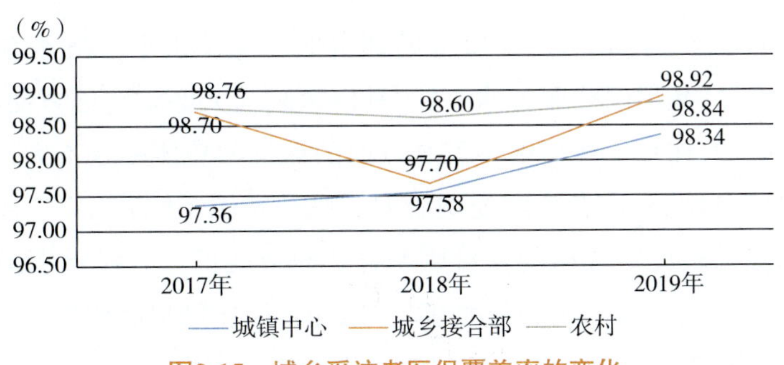

图3-15　城乡受访者医保覆盖率的变化

注：数据对比时只保留了 3 个年度都进行调查的 7 个省份的样本，不包括广西（2018 年、2019 年）、四川（2017 年）；医保指的是涵盖城镇职工基本医疗保险、城镇居民基本医疗保险、公费医疗、新型农村合作医疗、商业医疗保险、儿童 / 学生 / 老人专门保险等在内的各种保险。

医疗报销比例有所上升。2019 年受访者家庭实际支付的平均医疗总费用为 24532 元，其中，各类医保平均报销金额为 10392 元，占各类医疗支出总额的 42.36%。在 2018—2019 年未变化的 8 个调查省份中，2019 年受访者医疗报销比例比 2018 年增加了 9.4 个百分点。

医疗机构服务明显改善。在对医疗服务中大医院挂号、药品费用下降、家庭医疗负担、基层医疗服务水平、社区医院转诊、医保报销比例、网上挂号预约、老年人挂号等八个方面的评价中，绝大多数受访者认为“大医院挂号”“基层医疗服务水平”“社区医院向大医院转诊方便程度”“网上挂号预约方便程度”“老年人挂号方便程度”五个方面明显改善，在这些方面选择了“明显改善”的比例分别为 58.38%、62.43%、58.17% 、66.42%、54.93%（见表 3-17）。

（二）医疗是低收入者和慢性病患者家庭最焦虑的首位因素

医疗负担对于低收入者和慢性病患者家庭依旧沉重，是其日常生活最关切的首位因素。年收入在 1 万元以下的低收入者日常生活最关切的前三位的因素选择了医疗的比重达到 51.60%，排在第一位，明显高于包括收入（45.73%）在内的其他各项。具体而言，不同收入层次最关切的前三项日常生活因素中，选择医疗的比重由高到低依次为 5 万元以下（51.98%）、5 万～ 10 万元（42.74%）、10 万～ 15 万元（41.12%）、15 万元及以上（34.25%）。类似地，对于慢性病患者家庭而言，最关切的前三项日常生活因素中，选择医疗的比重达到了 55.63%，排在第一位，明显高于包括收入（36.63%）在内的其他各项。并且，这一比例在没有慢性病患者的家庭中仅为 34.48%。

（三）住院患者和慢性病患者家庭医疗负担重的问题依然突出

住院患者家庭和慢性病患者家庭的医疗负担依旧沉重，医疗费用支出高。2019 年慢性病患者家庭各项医疗费用支出总额为 26864.57 元，住院病人家庭各项医疗费用支出总额为 25849.06 元。对于住院患者和慢性病患者家庭而言，日常生活最关切因素选择医疗的比重分别为 28.88% 和 29.97%，均高于其他各项，排在第一位；而家庭无人住院和无慢性病患者的受访者这一比例分别为 13.45% 和 18.42%，明显低于前者。

家有慢性病患者的受访者对于医疗服务的评价低于总体水平。虽然有慢性病患者家庭对“大医院挂号难易程度”“基层医疗服务水平”“社区医院向大医院转诊方便程度”“网上挂号预约方便程度”和“老年人挂号方便程度”五个方面的评价与总体相差不大，即认为明显改善的比例相差不大，但是有慢性病患者家庭受访者对“医药费用下降程度”“家庭医疗负担下降程度”“医保报销比例提高程度”方面的评价则明显比总体更低。有慢性病患者家庭受访者认为“医药费用下降程度”“家庭医疗负担下降程度”“医保报销比例提高程度”方面“明显改善”的比例依次为 24.88%、23.37% 和 45.06%，较没有慢性病患者家庭分别低 7.6 个、6.94 个和 6.72 个百分点，较总体受访者分别低 6.67 个、5.98 个和 4.26 个百分点（见表 3–17）。

家有住院患者的受访者对于医疗服务的评价低于总体水平。虽然家有住院患者的受访者对“大医院挂号难易程度”“基层医疗服务水平”“社区医院向大医院转诊方便程度”“网上挂号预约方便程度”和“老年人挂号方便程度”五个方面的评价与总体相差不大，但是家有住院患者的受访者对“医药费用下降程度”“家庭医疗负担下降程度”“医保报销比例提高程度”方面的评价则明显比总体更低。家有住院患者的受访者认为“医药费用下降程度”“家庭医疗负担下降程度”“医保报销比例提高程度”方面“明显改善”的比例依次为 25.22%、23.55% 和 46.62%，较家无住院患者的受访者分别低 4.99 个、4.81 个和 2.78 个百分点，较总体受访者分别低 6.33 个、5.8 个和 2.7 个百分点（见表 3–17）。

表3-17　　2019年医疗服务各方面评价情况　　单位：%

	评价	大医院挂号	医药费用下降	家庭医疗负担	基层医疗服务水平	社区医院转诊	医保报销比例	网上挂号预约	老年人挂号
总体	明显改善	58.38	31.55	29.35	62.43	58.17	49.32	66.42	54.93
	没有变化	35.14	48.86	51.01	34.82	38.76	43.86	31.31	40.64
	明显变差	6.49	19.6	19.64	2.75	3.07	6.82	2.26	4.44
慢性病患者家庭	明显改善	58.5	24.88	23.37	62.64	60.18	45.06	66.63	56.1
	没有变化	32.84	44.98	45.97	34.02	35.71	46.01	30.23	38.45
	明显变差	8.66	30.14	30.66	3.34	4.11	8.93	3.14	5.45
住院患者家庭	明显改善	61.52	25.22	23.55	59.58	58.92	46.62	69.11	57.53
	没有变化	29.91	44.36	41.8	36.4	36.54	43.92	27.83	38
	明显变差	8.58	30.42	34.65	4.02	4.55	9.46	3.06	4.47

医疗费用高是慢性病患者最希望解决的问题。在最希望解决的问题上，有慢性病患者家庭受访者选择比例最高的是“长期患病，医疗费用高”，选择该项的比例达到了 40.57%；其他选项按照选择比例由高到低排序依次为“看病及定期检查不方便”（18.01%）、“治疗效果不好”（14.79%）、“报销比例低”（10.87%）、“开药存在困难”（5.71%）、“医疗服务不方便（3.07%）”、“难以得到专业的健康指导”（3.06%）、“药品信息难辨真伪”（2.46%）。

（四）城乡医保并轨取得成效，但城乡医疗服务和保障水平仍存有较大差距

城乡医疗保障并轨工作取得了较大进展。截至 2019 年调查时，在调查的区县中有 94.19% 的区县已经实现或正在推进城乡医保缴费标准的统一，其中有 89.89% 的区县已经实现了城乡医保缴费标准的统一；有 95.69% 的区县已经实现或者正在推进城乡医保可报销病种的统一，其中有 89.55% 的区县已经实现了城乡医保可报销病种的统一；有 86.57% 的区县已经实现或者正在推进城乡医保在各级医疗机构报销标准的统一，其中有 77.48% 的区县已经实现了城乡医保在各级医疗机构报销标准的统一（见图 3-16）。

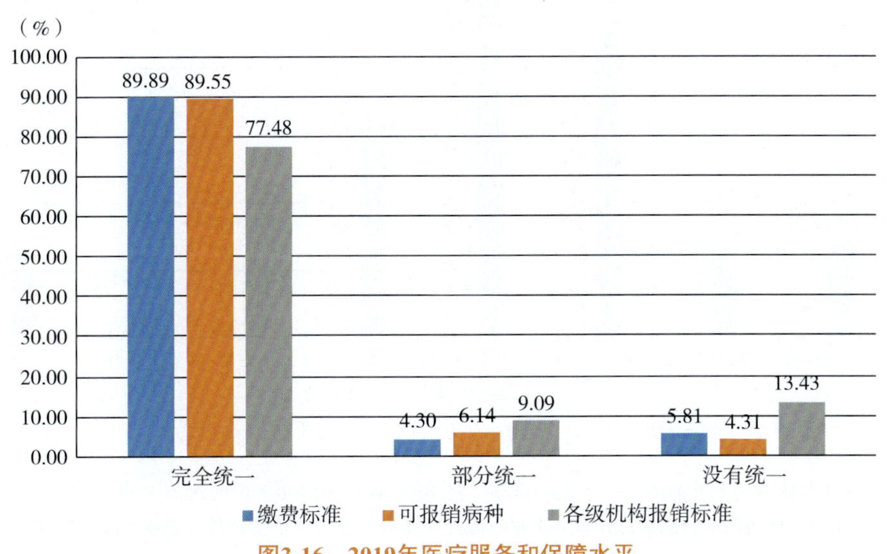

图3-16　2019年医疗服务和保障水平

农村受访者医疗参保率的比例高于城市，对于医疗服务水平总体评价高于城市，但报销比例低于城市。调查结果显示，农村受访者有医疗保险的比例为 98.63%，较城镇高 0.13 个百分点。农村受访者医保报销金额占各类医疗支出总额的 40.13%，较城镇受访者低 1.17 个百分点。在医疗服务评价方面，农村受访者对于“医疗负担下降程度”“基层医疗服务水平”“社区医院转诊方便程度”“医保报销比例提高程度”“老年人挂号方便程度”的评价高于城市，其认为“明显改善”的比例分别比城镇高出 1.41 个、3.11 个、1.88 个、8.71 个和 2.78 个百分点；而对于“大医院挂号难易程度”“药品费用下降程度”以及“网上挂号预约方便程度”的评价低于城镇受访者，其认为“明显改善”的比例分别比城镇低了 0.75 个、3.58 个和 7.96 个百分点。

五、对子女教育关切的分析

（一）教育状况有所改善，但有子女家庭教育焦虑程度加深

64.25% 的受访者认为当地教育状况有所提升，认为当地教育状况“明显改善”和“略有改善”的比例分别为 9.64% 和 54.61%。但教育改善程度尚难以满足城乡居民的教育需求，有子女家庭对教育的焦虑程度依旧保持较高水平且呈现增加趋势。从图 3–17 可以看出，在有子女家庭的受访者中，其日常生活最关心的方面选择子女教育的比例从 2018 年的 29.73% 增加到 2019 年的 30.56%；在日常生活诸方面的关切程度排序中，子女教育关切程度所占比例依旧为第一位，明显超过收入水平、医疗等所占的比例，成为有子女家庭最担忧和焦虑的因素。

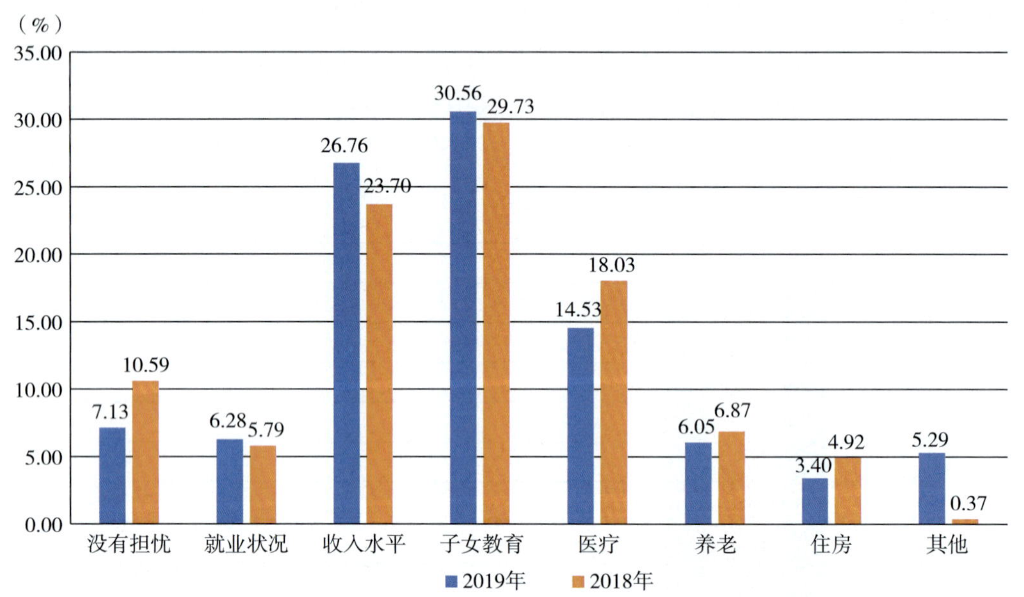

图3-17　2018年和2019年有子女家庭日常生活关切点

注：在 2019 年和 2018 年进行比较时，为了统一选项，将 2019 年比 2018 年多出的选项“食品安全”“环境污染”并入 2019 年“其他”选项中，从而图中数据为选择收入水平、医疗、住房、养老、子女教育、就业状况、其他以及没有担忧者的占比。

分子女不同学段来看，有高中阶段适龄子女的家庭对子女教育的焦虑程度最高。在家有学前、义务教育、高中、大学四个教育阶段上学孩子的家庭中，受访者将子女教育选为其日常生活最为焦虑因素的比例依次 27.62%、33.41%、34.12% 和 23.26%，呈现出倒 U 形的特征。有高中阶段适龄子女的受访者在该方面的焦虑程度明显高于其他阶段适龄子女家庭，比有大学阶段适龄子女的受访者高出 10.86 个百分点（见图 3–18）。

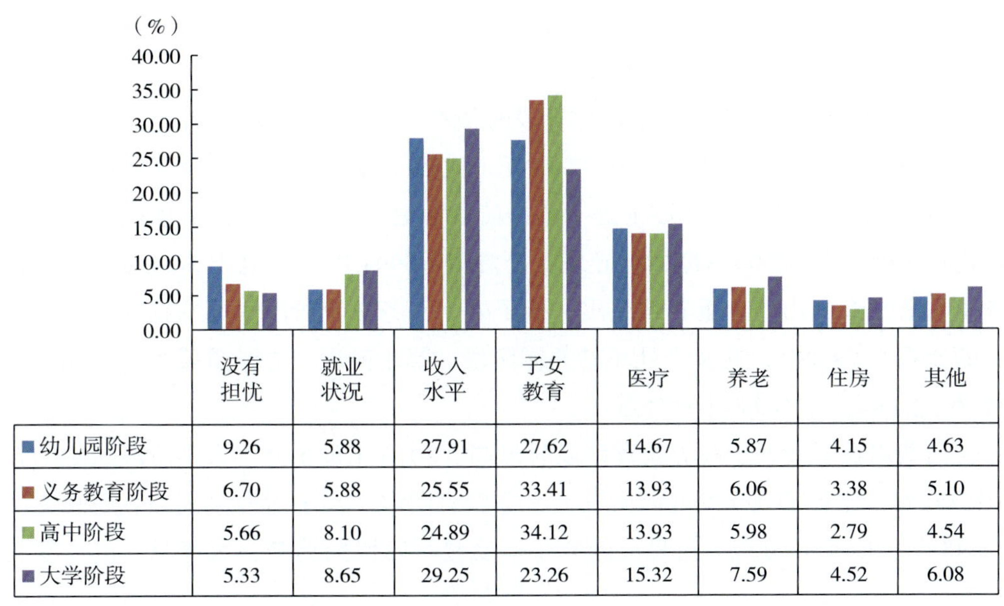

图3-18　四种学段家庭最为关心的日常生活因素比较

（二）教育支出压力大且有所增加

1. 不同教育阶段的教育压力状况

大多数有孩子家庭面临着较高的教育支出压力。在有孩子的家庭中，认为教育支出压力“非常高”和“比较高”的比例分别为14.9%和39.4%，二者合计达54.3%。

随着子女的升学，教育支出压力不断上升。孩子处于幼儿园阶段、义务教育阶段、高中阶段和大学阶段家庭的教育支出压力依次升高。从表3–18可以看出，孩子处于幼儿园阶段、义务教育阶段、高中阶段、大学阶段的家庭中，受访者认为教育支出压力“非常高”的比例依次为10.33%、12.46%、21.37%、24.76%，呈现出上升的趋势。子女由义务教育阶段上升到高中阶段时，认为教育支出压力“非常高”的比例递增趋势十分明显，增幅达到71.51%，而当子女由高中阶段上升至大学阶段时，家庭的教育支出压力持续增加，增幅为15.86%。而且，有大学阶段子女的家庭认为教育支出“非常高”的比例是有义务教育阶段子女家庭的近两倍。

表3-18　有孩子家庭四种教育阶段和总体的教育支出压力　单位：%

	非常高	比较高	一般	比较低	非常低
幼儿园阶段	10.33	38.20	42.65	7.71	1.12
义务教育阶段	12.46	36.70	39.76	9.03	2.04
高中阶段	21.37	40.73	33.36	3.74	0.79
大学阶段	24.76	42.73	26.97	4.88	0.66
总体	13.51	38.56	38.14	8.26	1.53

2. 不同教育阶段的教育支出状况

辅导班支出费用在子女处于义务教育阶段时最高。从表 3–19 可以看出，孩子处于义务教育阶段家庭的辅导班支出费用平均为 9377.93 元，比孩子处于幼儿园阶段家庭的辅导班支出费用（7678.48 元）高出 22.13%，比孩子处于高中阶段家庭的辅导班支出费用（8485.49 元）高出 10.52%，比孩子处于大学阶段家庭的辅导班支出费用（5994.12 元）高出 56.45%。与此同时，其辅导班支出占总教育支出的比重非常突出。孩子处于义务教育阶段家庭的辅导班支出占家庭教育总支出的比重为 79.88%，比孩子处于幼儿园阶段、高中阶段、大学阶段家庭的相应比重依次高出 6.52 个、23.44 个、44.68 个百分点。

教育支出费用在子女处于高等教育阶段时最高。2019 年孩子处于大学阶段家庭的教育总支出为 17028.70 元，比孩子处于幼儿园阶段、义务教育阶段、高中阶段家庭的教育总支出依次高出 63 个、45 个、13 个百分点。可见，随着子女受教育阶段的提升，教育总支出也呈逐步增加的趋势。

表3-19　　四种教育阶段家庭家庭教育总支出、课外辅导占比

	幼儿园阶段	义务教育阶段	高中阶段	大学阶段	总体
课外辅导支出（元）	7678.48	9377.93	8485.49	5994.12	8730.08
教育总支出（元）	10466.34	11740.56	15035.80	17028.70	11984.95
课外辅导占比（%）	73.36	79.88	56.44	35.20	72.84

纵向来看，各教育阶段的教育支出与课外辅导支出均呈现明显的增长趋势。与 2018 年相比，2019 年孩子处于幼儿园阶段、义务教育阶段、高中阶段、大学阶段家庭的课外辅导支出分别增加了约 7 个、29 个、19 个、47 个百分点，教育总支出分别增加了约 11 个、16 个、8 个、14 个百分点（参见表 3–20）。

表3-20　　2019年与2018年有孩子家庭辅导与教育支出增长比

	课外辅导支出（元）		教育总支出（元）		辅导支出增幅（%）	教育支出增幅（%）
	2019年	2018年	2019年	2018年		
幼儿园阶段	7678.48	7175.84	10466.34	9428.76	7.0	11.0
义务教育阶段	9377.93	7263.95	11740.56	10136.55	29.1	15.8
高中阶段	8485.49	7155.80	15035.80	13913.09	18.6	8.1
大学阶段	5994.12	4087.70	17028.70	14947.97	46.6	13.9

3. 教育支出与教育压力间的相关分析

教育支出与教育支出压力具有很明显的相关关系，教育支出对教育支出压力具有很强的解释力。由表 3–18 和表 3–19 可以看出，教育支出较低的学段其教育支出压力也相对较低，与此同时，教育支出较高的学段其教育压力也较高。总之，对于不同教育阶段而言，随着教育支出

的增加，教育压力也不断增加。教育支出和教育支出压力间具有较强的相关关系（见图 3–19）。

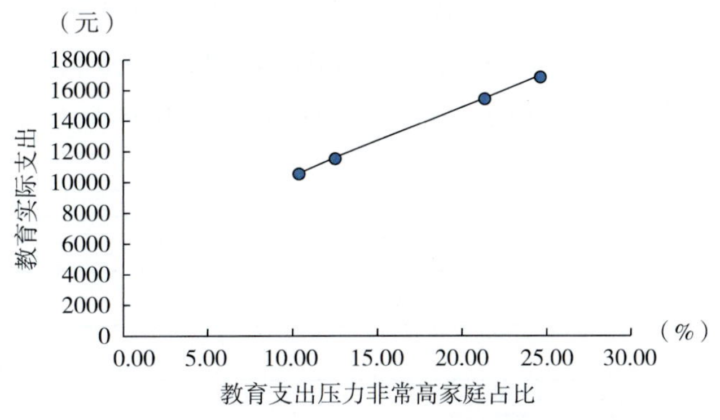

图3-19　教育实际支出与教育压力相关关系

注：教育压力为认为教育支出压力非常高家庭占比，教育实际支出为相应家庭类型的平均教育支出，二者相应数字参见表 3–18 和表 3–19。

六、对养老关切的分析

（一）对养老的担忧突出表现为经济担忧

1. 养老担忧情绪普遍存在且所担忧的问题非常集中

养老担忧较为普遍且明显表现为经济担忧。55.08% 的受访者对养老表示“非常担心”或者“比较担心”，对养老“完全不担心”的受访者比例仅有 16.39%，并且对养老的经济来源表示“非常担心”或者“比较担心”的比例为 59.24%，高出对养老经济来源“完全不担心”的受访者比例 48.36 个百分点，可见对养老担忧的情绪是较为普遍的，尤其是在养老的经济来源方面。

在所担忧的具体养老问题中，选择的比例由高到低依次为“养老的钱不够”（50.60%）、“身体不好”（24.10%）、“生活上没人照顾”（15.32%）、“就医不方便”（3.24%）、“生活不方便”（2.95%）、“精神孤独”（1.63%）、“其他”（2.16%）。选择排在第一位的“养老的钱不够”较排在第二位的“身体不好”高出了 26.50 个百分点。

无论是小于 60 岁的非老年人还是大于 60 岁的老年人，在所担忧的具体养老问题中，排在前三位的仍为“养老的钱不够”“身体不好”和“生活上没人照顾”。担忧“养老的钱不够”的比例，在非老年人和老年人中分别为 51.04% 和 49.71%；担忧“身体不好”的比例，在非老年人和老年人中分别为 24.18% 和 24.08%；对于“生活没人照顾”的担忧，老年受访者的比例为 17.57%，高出非老年人 3.36 个百分点（见图 3–20）。

2. 不同群体对养老担忧的程度有所差别

与其他就业类型相比，企事业单位工作者的养老担忧程度最低。根据图 3–21，在不同就业类型中，对养老“非常担心”的比例由低到高依次为企事业单位（13.04%）、自由职业者

（16.79%）、非营利组织（17.10%）、个体工商户①（17.35%）、农业从业者②（19.36%）、临时务工人员（22.75%）。企事业单位工作的受访者"非常担心"养老的比重比自由职业者低了3.75个百分点，比临时务工人员低了9.71个百分点。与此同时，在企事业单位工作的受访者选择对养老"不太担心"的比例最高，为29.90%，比农业从业者高了10.54个百分点。

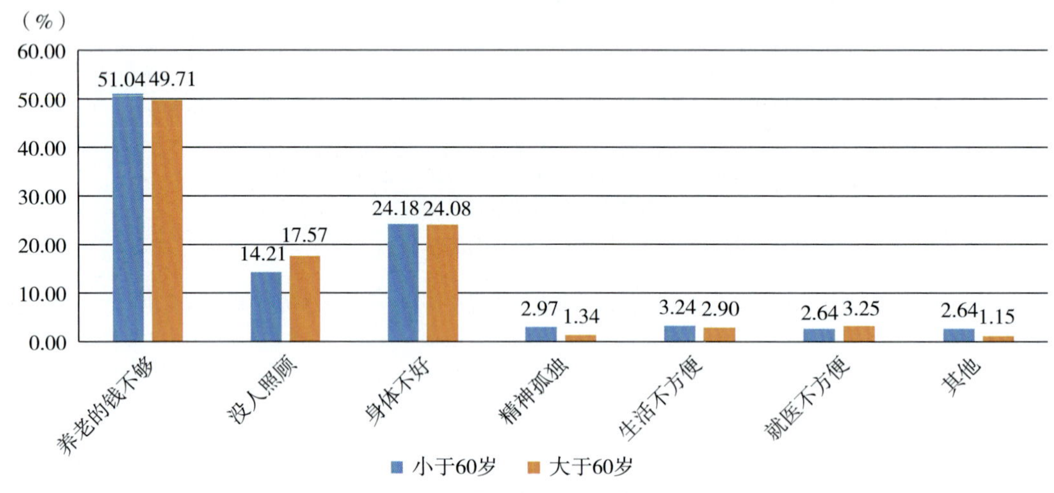

图3-20　老年人与非老年人担忧养老的具体因素

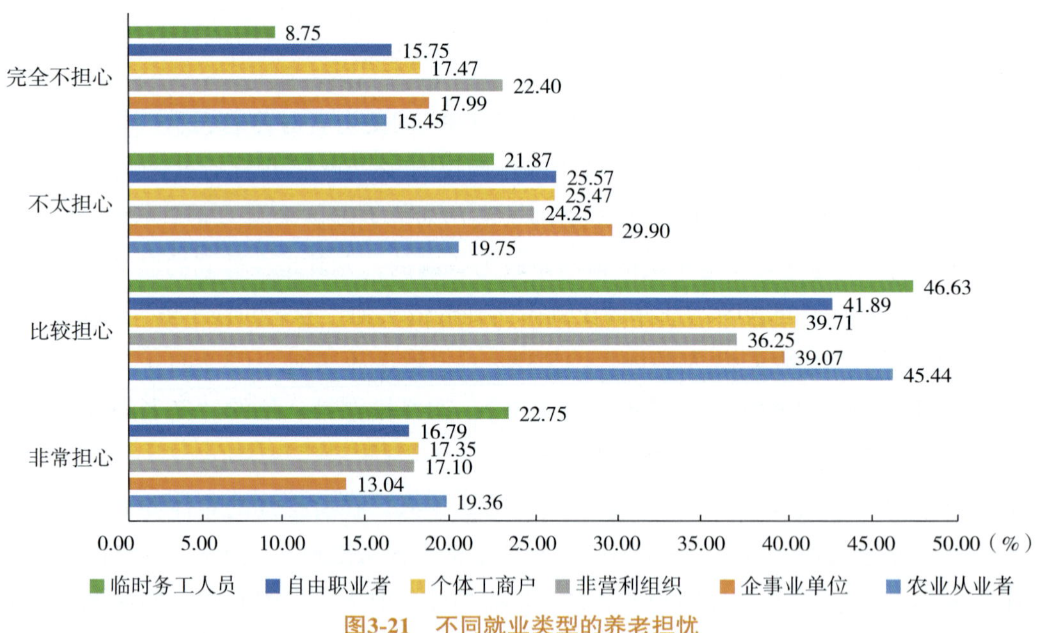

图3-21　不同就业类型的养老担忧

城乡居民基本养老保险缓解养老担忧的作用有限。在没有参加任何养老保险的受访者中，

① 个体工商户包括个体工商户（含开网店 / 微店）雇主和个体工商户（含开网店 / 微店）雇员。

② 农业从业者包括专业务农且大部分时间都从事农业生产的劳动者、兼业农民（农闲期间打各类定期、不定期零工）、农村自营业者（包括小卖部、代销点、小作坊、手工艺品制作贩卖等人员）和农村专业管理人员（包括村医、村教、技术服务人员以及专职的村干部等）等。

对养老"非常担忧"的占比达到了29.73%，高于参加养老保险的受访者12.5个百分点，可见参加养老保险对养老担忧有一定的缓解作用。在参加城乡居民基本养老保险的受访者中，养老保险正常缴费的受访者对养老担忧的比例比中断缴费的低7.70个百分点，可见连续参加城乡居民基本养老保险能够降低人们对养老的担忧程度。

但是与其他类型的养老保险相比，其缓解养老担忧能力最低，发挥的养老保障作用有限。根据表3-21，从不同养老保险类型来看，参加城乡居民基本养老保险的参保者对养老"非常担忧"的比重最高，高出城镇职工养老保险参保者5.23个百分点。而就参加和没有参加不同类型养老保险选择"非常担心"养老比例的比较来看，缓解养老担忧能力由高到低依次为机关事业单位养老保险（12.68个百分点）、城镇职工基本养老保险（6.70个百分点）、同时参加城镇职工基本养老保险和新型农村社会养老保险（1.76个百分点）、商业养老保险（0.48个百分点）、城乡居民基本养老保险（0.13个百分点）。

表3-21　不同养老保险类型非常担心养老的比例　单位：%

参加养老保险类型	参加	没有参加
城镇职工基本养老保险	13.15	19.85
城乡居民基本养老保险	18.38	18.51
机关事业单位养老保险	5.85	18.53
同时参加城镇职工基本养老保险和新型农村社会养老保险	16.67	18.43
参加过城镇职工基本养老保险，但已中断缴费	20.71	18.40
参加过城乡居民基本养老保险，但已中断缴费	26.08	18.38
参加过新型农村社会养老保险，但已中断缴费	24.37	18.24
商业养老保险	17.95	18.43

注：企业年金参保者样本量过小，因此不进行分析。

随着收入水平的提高，对养老担忧程度逐步降低。在家庭年收入为5万元以下、5万～10万元、10万～15万元、15万元及以上的受访者中，对养老"非常担忧"的占比分别为25.60%、17.59%、13.87%、8.92%，呈现出明显的下降趋势。家庭年收入5万元以下的受访者对养老"非常担忧"的比例比15万元及以上的受访者高出了16.68个百分点，而家庭年收入由5万元以下上升到5万～10万元时，受访者对养老"非常担忧"的比例下降幅度最大，达到了8.01个百分点。

（二）农村社会养老保障不充分，对家庭养老依赖程度高

1. 城乡养老金差距明显，农村养老保障水平较低

受访者认为养老金水平低是养老保障的突出问题。在对养老保障评价的问题中，受访者选择"养老金水平太低"的比重为53.18%，排在各选项的第一位（见图3-22）。

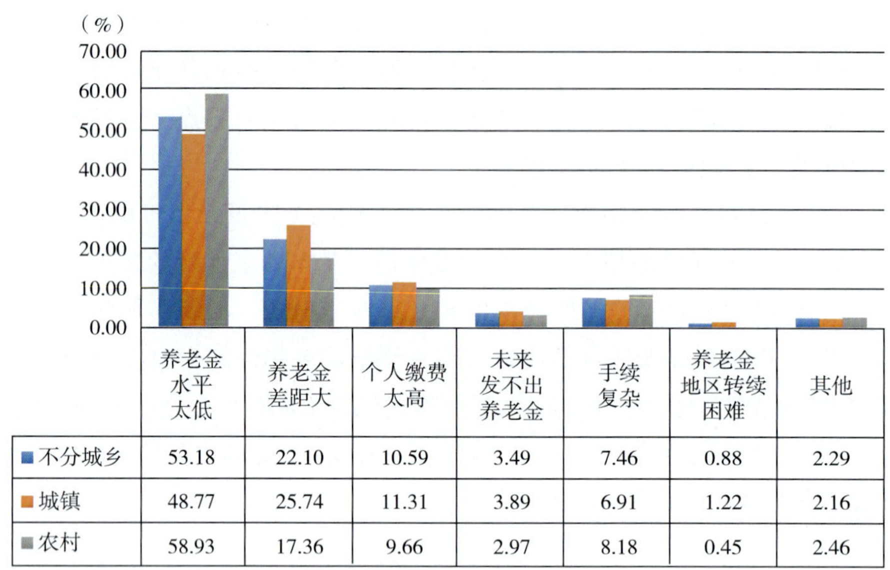

	养老金水平太低	养老金差距大	个人缴费太高	未来发不出养老金	手续复杂	养老金地区转续困难	其他
不分城乡	53.18	22.10	10.59	3.49	7.46	0.88	2.29
城镇	48.77	25.74	11.31	3.89	6.91	1.22	2.16
农村	58.93	17.36	9.66	2.97	8.18	0.45	2.46

图3-22　城乡受访者对养老保障问题的评价

养老金城乡差距显著，农村受访者养老金水平远低于城镇受访者。2019 年农村受访者的养老金收入平均为 376 元 / 月，仅为城镇受访者的 22.83%。农村养老金水平较低，使得农村居民难以依靠养老金养老，农村受访者依靠养老金养老的比重比城镇受访者低了 25 个百分点。在对养老保障问题的评价中，农村受访者选择“养老金水平太低”的比重比城镇受访者高出 10.16 个百分点（见图 3–22）。

2. 养老金水平低影响养老担忧、养老方式、老年贫困，并且存在较大城乡差距

养老金水平低是影响养老担忧的重要因素。由图 3–23 和图 3–24 可以看出，养老金水平高的受访者对养老经济来源以及养老整体担忧程度明显更低。当受访者养老金月收入为 0 元时，“完全不担心”养老经济来源的比例仅为 10.18%，“完全不担心”养老问题的比例为 14.30%；当受访者养老金月收入为 0 ～ 500 元时，“完全不担心”养老经济来源的比例为 10.76%，“完全不担心”养老问题的比例为 18.11%。当受访者养老金月收入为 500 ～ 1000 元时，“完全不担心”养老经济来源的比例上升为 18.05%，“完全不担心”养老问题的比例为 26.50%；当受访者养老金月收入为 1000 ～ 1500 元时，“完全不担心”养老经济来源的比例为 16.94%，“完全不担心”养老问题的比例为 25.41%；当受访者养老金月收入大于 1500 元时，“完全不担心”养老经济来源的比例上升为 22.05%，“完全不担心”养老问题的比例为 28.95%。在农村地区，养老金月收入为 0 元、0 ～ 500 元、500 ～ 1000 元、1000 ～ 1500 元、大于 1500 元的受访者，“完全不担心”养老经济来源的比例分别为 9.11%、10.06%、22.48%、24.25%、27.87%；“完全不担心”养老问题的比例分别为 13.67%、19.70%、28.13%、24.42%、37.66%。在城镇地区，上述养老金水平的受访者，“完全不担心”养老经济来源的比例分别为 11.10%、11.85%、16.11%、14.37%、21.91%；“完全不担心”养老问题的比例分别为 16.83%、15.63%、25.77%、25.81%、27.87%。

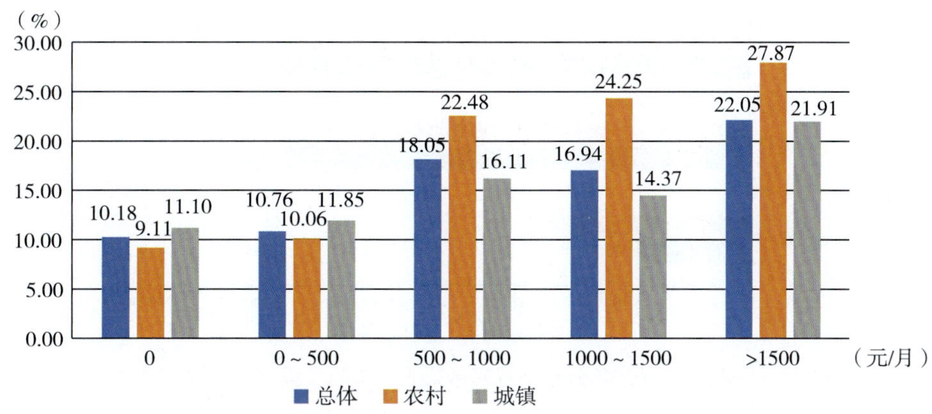

图3-23　养老金水平与完全不担心养老经济来源问题的关系

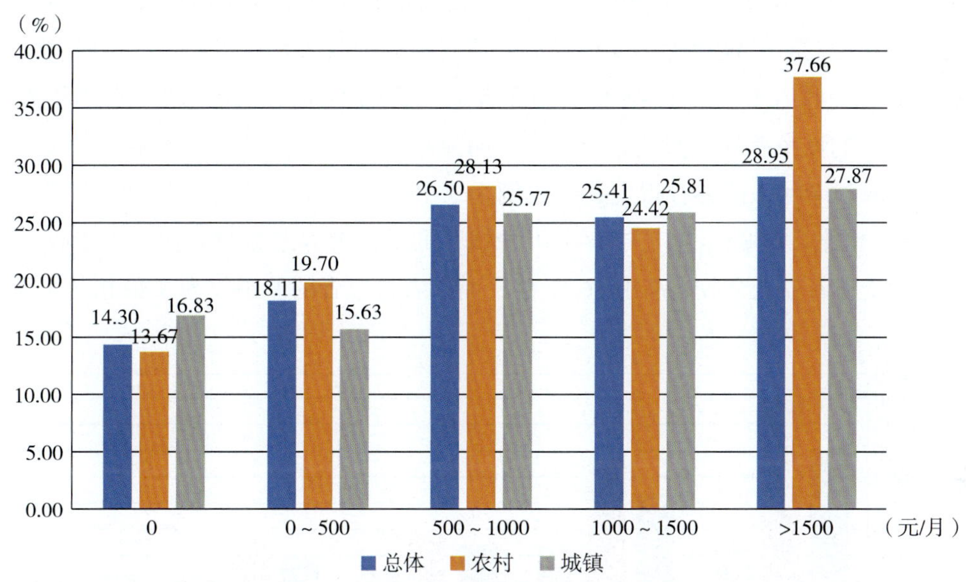

图3-24　养老金水平与完全不担心养老问题的关系

养老金水平低下是导致对家庭养老依赖程度高、社会养老方式发展迟缓的重要原因。对于“老了以后主要依靠谁对您进行生活照顾”的问题，选择子女、亲属等作为主要照料者（即以家庭养老为主）的受访者养老金收入平均为 1730 元 / 月，而选择雇用保姆、社区养老照料中心、公办养老机构等（即以社会养老为主）的受访者的养老金收入则平均为 1953 元 / 月，较前者高出 223 元 / 月。并且，由于社会养老供给以及家庭文化存在较大的城乡差异，因此城镇养老金对家庭养老方式的替代效应以及对社会养老的促进效应要大于农村。在城镇中，采取社会养老方式的受访者的养老金收入平均为 1923 元 / 月，而农村仅为 472 元 / 月；城镇采取家庭养老方式的受访者的养老金收入为 1974 元 / 月，而农村为 923 元 / 月（见图 3–25）。

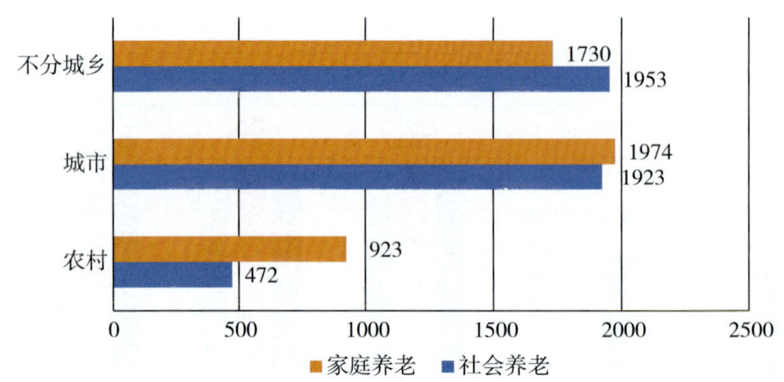

图3-25　养老金水平与养老方式的关系（元/月）

养老金水平低是老年人收支压力大的一个主要原因。2019 年的受访者“能存上不少钱”的受访者养老金收入为 2607 元 / 月，而 2019 年当年“收入不够花且主要靠借钱”的受访者的养老金收入水平仅为 180 元 / 月。“能存上不少钱”的受访者养老金收入是“当年收入不够花且主要靠借钱”的受访者养老金收入水平的 14.48 倍。由于养老方式的不同，养老金水平对老年人生活压力的影响也存在很大的城乡差异。城镇养老金水平明显高于农村，所以城镇老年人的收支状况明显好于农村老人。农村老年人能够存得上钱的比例为 33.90%，低于城镇老年人能够存得上钱的比例约 10 个百分点。此外，在城镇中，“能存上不少钱”的受访者养老金收入比“当年收入不够花且主要靠借钱”的受访者养老金收入高出 16.12 倍，而在农村二者的差距仅为 3.80 倍（见图 3–26）。

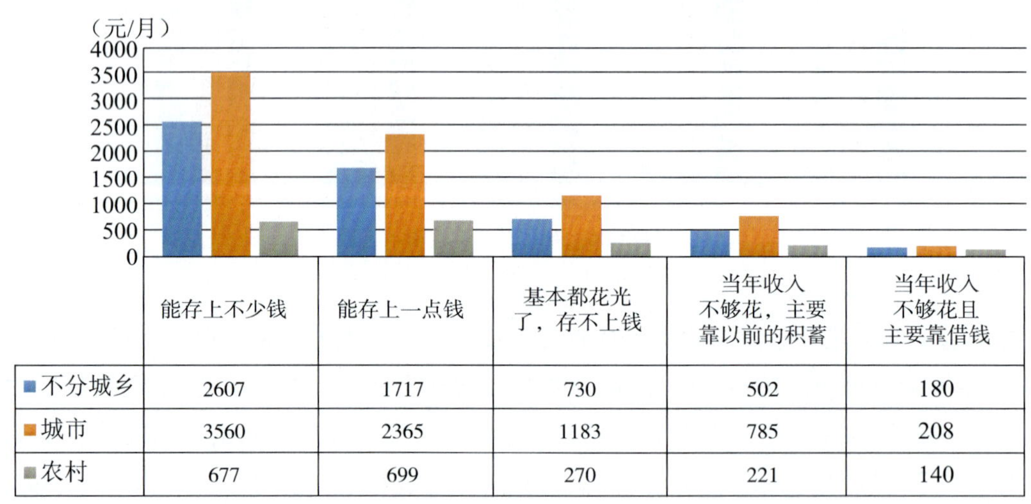

	能存上不少钱	能存上一点钱	基本都花光了，存不上钱	当年收入不够花，主要靠以前的积蓄	当年收入不够花且主要靠借钱
不分城乡	2607	1717	730	502	180
城市	3560	2365	1183	785	208
农村	677	699	270	221	140

图3-26　养老金水平与老年人生活压力的关系

养老金水平低也是老年人贫困发生的重要原因之一。需要靠政府救助的受访者其养老金收入水平明显更低。获得政府经济援助的受访者的养老金收入为 456 元 / 月，比没有获得政府部门经济援助的受访者低了 64.09%。并且，农村地区获得政府经济援助的受访者的养老金收入仅有 251 元 / 月，较总体水平低了 205 元 / 月，与城镇地区获得政府经济援助的养老金收入（709 元 / 月）差距明显。由此可看出，即便政府部门施以经济援助，农村地区的养老金“兜底”保障力度有限，老年人贫困发生率可能高于城市（见图 3–27）。

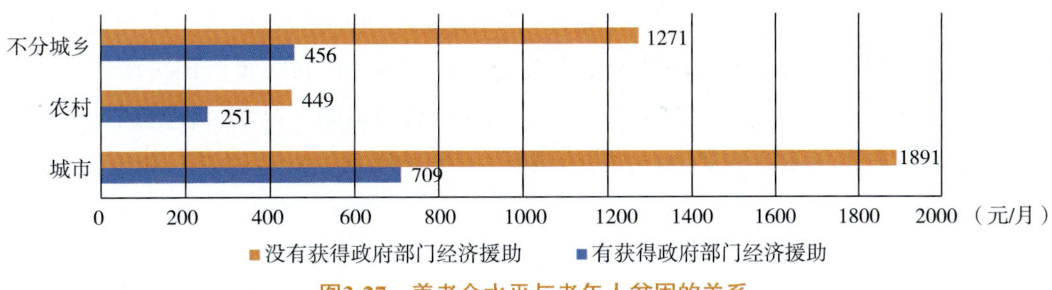

图3-27　养老金水平与老年人贫困的关系

七、对交通出行关切的分析

（一）农村地区受访者反映的交通出行问题突出

交通出行问题仍是困扰群众的主要问题，农村地区受访者对交通出行的关切程度明显更高。居住在农村自然村落的受访群众最为关心的外部环境方面选择交通出行的比例为 31.67%，比总体高出 5.31 个百分点，明显高于其他居住社区群众的比例。纵向来看，不同居住社区对交通出行的关切程度均有所上升，而农村地区的关切程度上升更为明显。居住在农村自然村落和统一规划建设的农村社区受访者，2019 年最关切因素选择交通出行的比例比 2018 年高出 16.77 个和 14.28 个百分点（见图 3–28）。

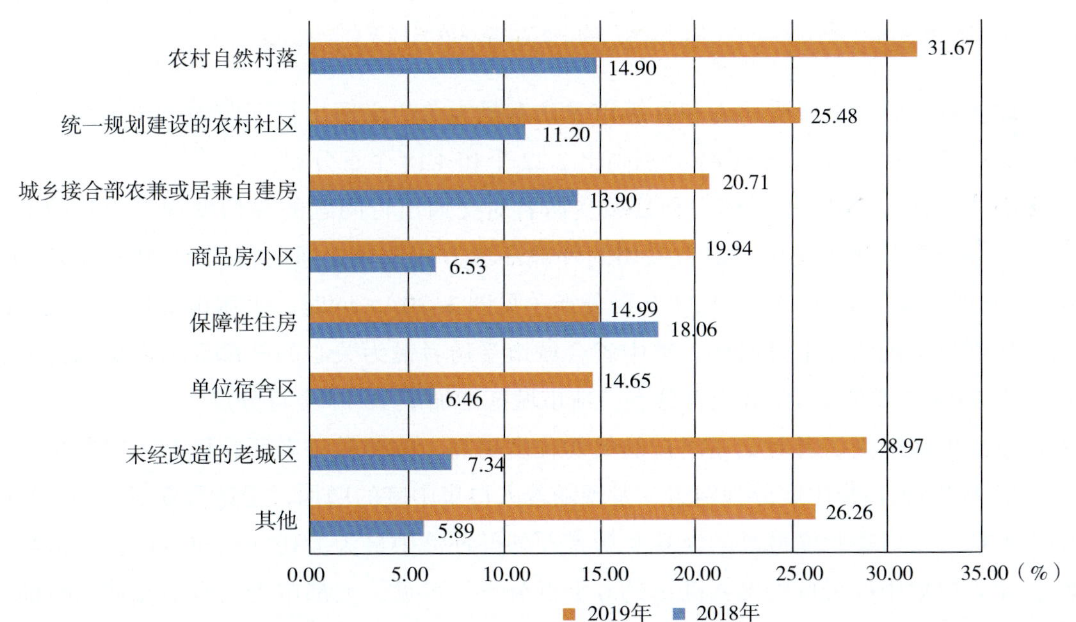

图3-28　不同类型居住社区受访者最焦虑交通出行的比较

交通不便制约农村地区的发展，道路不通影响农村居民的日常生活。在调查的行政村中，平均有 2 个村民小组（或自然村）没有通硬化路，平均有 160 户的入户道路仍不是硬化路，尚未通行客运班车（包括有客运班车经过）的比例达到 36.96%，而这一比例在城镇中仅为 13.54%，城乡差异明显，农村道路基础设施不够健全。并且，在制约农村住房居住生活舒适度的评价中，“进出道路”对农村地区的影响最大。认为“进出道路”是农村住房居住生活最为不方便方面的受访者所占比重达到了 30.52%，比第二大影响因素“没有路灯”高出了 10.15 个百分点（见图 3–29）。

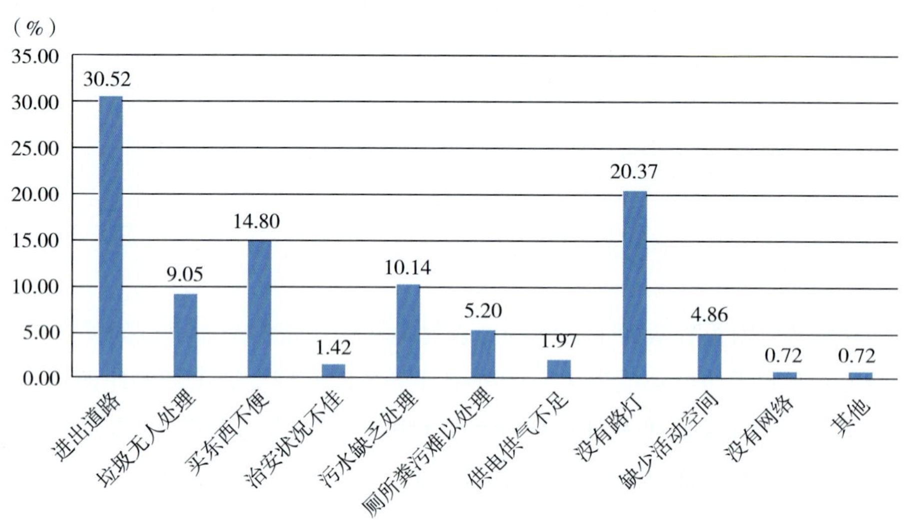

图3-29　农村受访者在居住上感觉最不方便的因素

（二）大都市和县城受访者均反映出对交通出行的焦虑

从行政区划上看，县级受访者和县级市受访者最为关心交通出行问题的占比最高。二者占比分别为 28.60% 和 30.56%，较总体分别高出 2.22 个和 4.18 个百分点。

与 2018 年相比，2019 年大都市和县城受访者对交通出行问题的关切度均呈明显的上升趋势。其中，县级和县级市受访者最为关切的外部环境方面选择交通出行的比例增长幅度更大，比 2018 年分别增加了 17.77 个、11.34 个百分点（见图 3–30）。同时，大城市受访者对交通出行问题的关切度也呈现明显上升趋势。其中省会城市受访者最为关心的外部环境方面选择交通出行的比例比 2018 年增加了 10.58 个百分点，地市城区增加了 10.71 个百分点。

人口密集的地区受访者对交通出行的关切程度更高。按照受访者所在区县人口数量的 1/4、1/2、3/4 百分位将人口集中度分为四组，发现随着人口集中度的增加，受访群众对交通出行的关切也随之增加。人口集中度最高的区县受访者在外部环境中最为关切交通出行的比例最高，为 29.60%，比人口集中度最低的区县高出约 6 个百分点。可见，大都市受访者对交通出行的关切一定程度上源自人口拥挤。与 2018 年相比，人口密度不同地区的受访者对交通出行的关切程度均有较大幅度增长，人口集中度最低、人口集中度较低、人口集中度较高、人口集中度最高地区受访者外部环境最关切方面选择交通出行的比例分别增加了约 7 个、9 个、10 个和 8 个百分点（见图 3–31）。

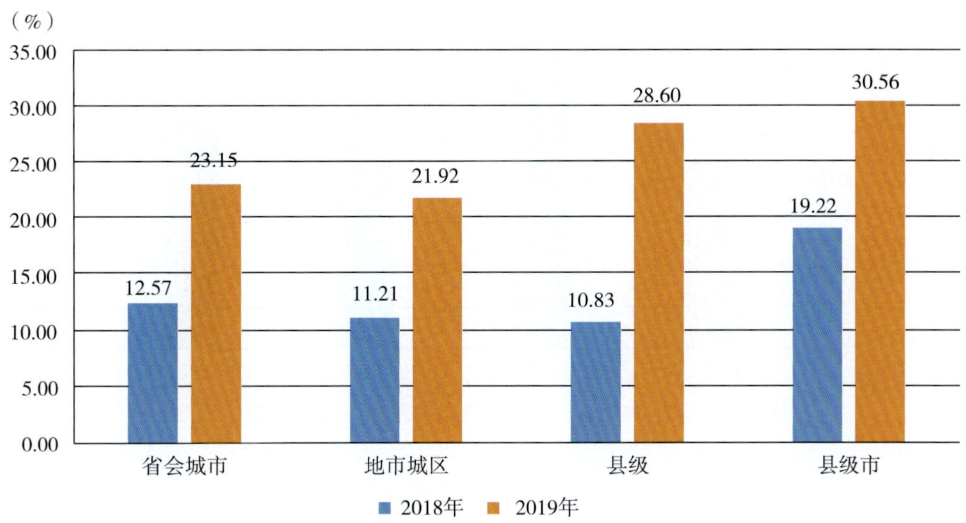

图3-30　各行政区域对交通出行的关切程度

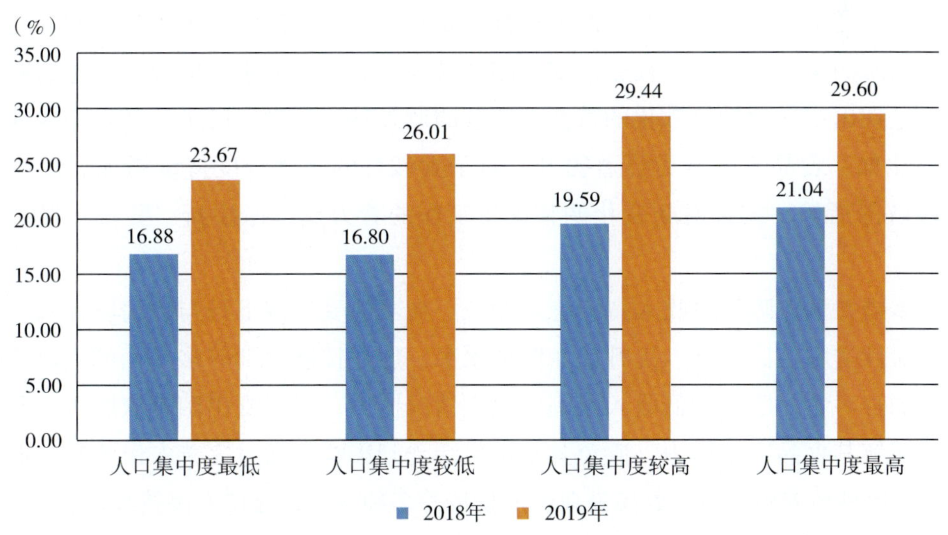

图3-31　不同人口集中度地区交通出行关切程度

（三）经济发展水平与交通出行关切程度呈现出倒 U 形关系

随着经济发展水平的提高，居民对交通出行焦虑的程度先上升后下降。外部环境最关切的因素选择交通出行的比例在人均 GDP 为 3 万元以下区县中为 22.88%，在人均 GDP 为 3 万～ 5 万元的区县中上升到 31.88%，而这一比例在人均 GDP 在 8 万元及以上的区县中又下降为 26.87%。可见，经济发展水平与交通出行的关切程度大致呈现出倒 U 形关系。其中，人均 GDP 为 3 万～ 5 万元的区县对交通出行的关切程度最高，比人均 GDP 在 3 万元以下以及人均 GDP 在 8 万元及以上的区县分别高约 9 个和 5 个百分点（见图 3–32）。

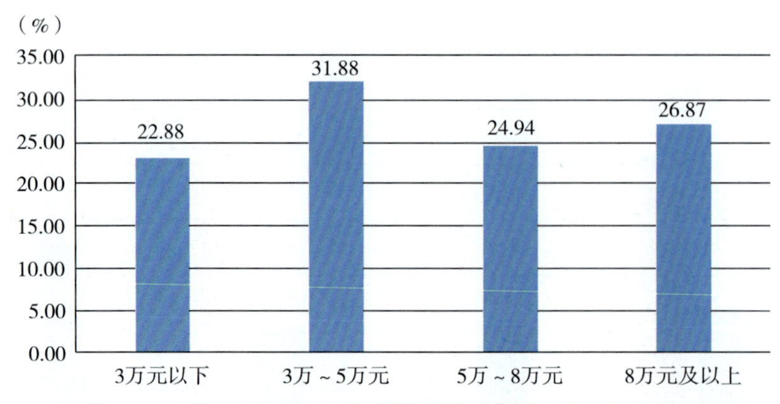

图3-32　不同人均GDP水平区县居民对交通出行的关切程度

八、结论与建议

总体来看，受访者在日常生活方面最担忧的是收入水平、医疗、子女教育和养老，在外部环境方面最担忧的是交通出行和社会治安。随着经济发展和收入水平的提高，受访者对日常生活的关切点呈现出多样化和分散化的特征。持续的调查观测发现，民生关切点的表现特征出现了新变化，比如，食品支出压力显著提升、对子女教育的焦虑程度持续增加、慢性病患者的医疗负担缓解滞后等，需针对新变化调整民生工作的着力点，抓住新“要害”强化民生工作重点。

第一，多措并举保障居民收入持续稳定增长。在当前受经济下行与疫情防控双重影响的形势下，应针对性实施稳岗补贴、提升就业服务水平、加强技能培训等多方面的应对措施，保持就业稳定；加强对农村家庭和低收入家庭的收支情况监测，对于支出困难家庭可以及时发放食物消费券，缓解其食品支出压力，避免其基本生活受到影响；通过完善农民流转土地增值收益分配机制、农民种植养殖支持、农民就业创业扶持等多种方式，保持农民持续增收。

第二，完善基本药物用药保障机制，进一步加强慢性病患者健康管理。促进基本药物优先配备使用和合理用药，扩大医保对基本药物的保障范围，简化慢性病患者常规检查与开药流程，减轻患者用药负担。针对慢性病患者进行健康教育和指导、随访等服务，做好慢性病管理，减少患者并发症。

第三，以需求为导向全面增强各学段教育的普惠性。由于义务教育资源配置仍不够均衡，家长对子女“学习成绩”和“升学”充满焦虑，参加课业课外辅导、培训班或请家教成为部分家庭无奈之举，进一步加剧其教育支出压力。在义务教育阶段，除了要严格落实“就近入学”“校长教师交流轮岗”“学校标准化建设”等既有政策外，通过教育信息化、在线教育等手段，扩大优质资源供给和覆盖面，促进教育资源均衡配置；进一步优化课程设置，充分利用“三点后”时间，探索拓展培训引入校的机制，更好满足学生和家长对高质量、多元化教育的需求，切实减轻学生和家长教育负担。在非义务教育阶段，还需要进一步提高学生资助精准化水平，采取更为合理的资助方式，有效减轻低收入家庭子女教育负担。

第四，进一步推进城乡养老统筹，提高城乡居民基本养老保险基础养老金最低标准。加快提升农村养老金水平，缩减城乡养老金收入差距助力城乡统筹。构建完善的多层次养老保障体系，提高社会养老保障，提升老年人的幸福感和获得感。

第五，切实改善农村、县城和大城市的交通出行问题。加快补齐交通供给短板，合理优化路网布局，启动县域公路升级工程，重点解决部分县域路网不完善、公路等级低等问题。启动农村道路“毛细血管”疏通工程，聚焦当前农村“通组入户”通行困难问题，将农村公路建设要求延伸至通自然村、通村小组，采用财政资金补助、社会捐赠支持、村民自筹与投工自建等多种方式，解决人口稀少的边远村庄道路建设和出行难问题。提高发达地区交通管理水平，开发智能交通管理系统，创新运力调配机制，合理引导市民出行需求，改善大城市交通拥堵问题。

第六，改善保障性住房社区、统一规划的农村集中居住的社区环境，提升社区治安和社区服务水平。完善社会管理服务工作考核评价指标体系，明确社区公共服务事项，落实好工作人员待遇，尽力增加社区运行经费。在此基础上，拓展服务内容，为社区群众提供就业、社会救助、环境卫生等方面的信息和服务。

（执笔：程　郁　阮荣平）

第四章
民生指数 2020 分析报告

主要发现：

1. 整体来看，2018 年不同区域民生指数仍然存在较大差异：东部地区居民生活和公共服务民生指数要显著高于其他地区；东北地区和中部地区公共安全民生指数要明显高于西部和东部地区；西部地区生活环境民生指数要显著高于其他地区。

2. 动态比较来看，居民生活和生活环境方面的民生状况改善程度要明显高于公共服务和公共安全；居民生活方面和公共服务方面区域之间差距继续呈现缩小趋势；在公共安全方面，西南地区改善要明显快于其他地区；在生活环境方面，相对较为稳定，不同年份之间变化趋势不太明显。

3. 居民生活方面：居民收入、消费和就业等指标均持续不断改善，但居民生活压力持续上升，多数省份内部的差距呈现扩大趋势。

4. 公共服务方面：数字服务、医疗服务和教育等领域公共服务指标改善较为明显；但公共服务供给的改善正面临财政收入增速大幅放缓的挑战。

5. 公共安全方面：灾害风险下降较为突出，但公共卫生安全和社会安全风险值得持续重点关注。

6. 生活环境方面：植被环境和城乡居住环境方面改善较为明显，但空气质量和水环境质量改善仍然不够理想。

2020 年是决胜全面建成小康社会的关键之年。突如其来的新冠肺炎疫情给全球和中国经济社会的发展造成了巨大的冲击，也增加了全面建成小康社会任务的艰巨性。确保人民在民生领域获得感和幸福感的提升是应对疫情不利影响、决胜全面建成小康社会的重中之重。2020 年将继续采用近两年改进的指标体系，收集最新的数据，编制民生指数[①]，分析各地区民生领域的发展状况和存在的问题，为决胜全面建成小康社会提供参考。具体来讲，本报告主要包括以下几个部分：第一部分简要介绍采用的民生指数指标体系；第二部分从不同角度对中国民生发展状

---

① 需要指出的是，由于统计数据通常要滞后一年左右，因此本报告编制的民生指数均采用的是 2018 年数据。另外，诸多与民生相关的领域或者缺乏相关的统计数据或者由于各种主客观因素的影响，数据未必能反映真实状况。因此，本报告对不同区域在不同民生领域发展状况的分析和判断仅供有关方面发现问题和研究改善对策时参考，而不应作为评判区域民生状况好坏的绝对标准。

况进行评估；第三部分对分析的内容进行总结，探寻相关的政策启示。另外，在附录部分给出了具体的民生指数评估结果。

一、民生指数简介

现有的民生指数指标体系主要从居民生活、公共服务、公共安全和生活环境等四个方面选取了 37 个指标来考察各个省份的民生发展状况。关于民生指数的具体指标参见表 4–1。在对每一个方面民生发展状况进行评估时，本报告首先对指标体系涉及的子指标通过阈值法（与最大值、最小值比较）进行无量纲化处理，然后给各个子指标赋予相等的权重，最后利用线性加权法得到各个方面的民生指数（参见表 4–2）。最终得到的各方面民生指数都介于 0~1。需要强调的是，这里测算的民生指数仅供有关方面发现问题和研究改善对策时参考，而不应作为评判区域民生状况好坏的绝对标准。

表4-1 民生指数指标体系

	二级指标	三级指标		数据来源
（一）居民生活	收入	1	全体居民人均可支配收入①	《中国统计年鉴》
	消费	2	全体居民人均消费支出	《中国统计年鉴》：数据调整方法同收入指标
	就业	3	城镇职工基本养老（医疗）保险参保人数 / 城镇就业总人数②	《中国统计年鉴》
		4	城镇调查失业率	
	分配	5	城乡居民人均可支配收入之比	《中国统计年鉴》
		6	省内各地区人均GDP加权变异系数	《中国城市统计年鉴》
		7	省内城镇居民高收入户人均可支配收入/低收入户人均可支配收入	各省统计年鉴、部分省份调查年鉴
	生活压力	8	房价收入比③	《中国统计年鉴》
（二）公共服务	教育	9	义务教育阶段生均教育财政支出	《中国教育经费统计年鉴》
		10	平均受教育年限（年）	《中国统计年鉴》
	医疗卫生	11	每万人拥有执业（助理）医师数（人）	国家统计局网站数据
		12	卫生总费用中个人支出比例	《中国统计年鉴》《卫生计生年鉴》
	社会保障	13	职工基本养老保险养老金平均水平 / 城镇居民人均可支配收入	《中国统计年鉴》
		14	城乡居民基本养老保险养老金平均水平 / 全体居民人均可支配收入	《中国统计年鉴》
		15	农村居民最低生活保障标准 / 农村居民人均可支配收入	国家统计局提供

① 利用消费价格指数和 2010 年地区间价格差异指数调整为地区间价格可比的收入数据。

② 城镇职工基本养老（医疗）保险参保人数采用参与基本医疗保险和基本养老保险在岗职工人数的平均值；城镇就业总人数缺乏直接的统计数据，采用城镇单位就业人员数和城镇私营、个体就业人数之和替代。

③ 每平方米住宅平均售价与城镇居民人均可支配收入之比。

续表

	二级指标		三级指标	数据来源
（二）公共服务	社会服务	16	每千人口社会服务床位数（张）	《中国统计年鉴》
		17	每百万人口社工助工师（人）	《中国统计年鉴》
		18	社区服务机构覆盖率（%）	《中国统计年鉴》
	数字服务	19	移动宽带用户普及率（%）	《中国互联网普及状况报告》
		20	移动宽带平均下载速度（Mbit/s）	《中国宽带速率状况报告》
	交通服务	21	每万人拥有公共交通车辆（标台）	国家统计局网站
		22	人均铁路、公路、水路客运总量	《中国交通年鉴》
		23	主要城市高峰拥堵延时指数①	高德公司《年度中国主要城市交通分析报告》
（三）公共安全	自然灾害	24	每百万人自然灾害死亡人数	《中国统计年鉴》
	事故灾难	25	每百万人突发环境事件次数②	《中国统计年鉴》
		26	每百万人重大生产安全事故死亡和失踪人数	国家应急管理部网站
	公共卫生	27	甲乙类法定报告传染病发病率	《中国卫生统计年鉴》
		28	万人食源性疾病患者数	《中国卫生统计年鉴》
	社会安全	29	每万人罪犯人数	各地方高院年度工作报告
（四）生活环境	空气质量	30	空气质量达到及好于二级的天数	《中国统计年鉴》
	水环境	31	各省涉及流域重点断面水质状况	《中国统计年鉴》
	植被环境	32	森林、草原覆盖率	《中国统计年鉴》
	城乡居住环境	33	建成区绿化覆盖率	国家统计局网站分省年度数据
		34	城市生活垃圾无害化处理率	国家统计局网站分省年度数据
		35	室内厨房普及率	全国1%人口抽样调查资料
		36	室内厕所普及率	全国1%人口抽样调查资料
		37	农村无害化卫生厕所普及率	《中国统计年鉴》

表4-2　2018年民生分项指数

	居民生活	公共服务	公共安全	生活环境
北京	0.648	0.743	0.883	0.630
天津	0.579	0.460	0.738	0.432
河北	0.486	0.318	0.950	0.445
山西	0.408	0.302	0.840	0.293
内蒙古	0.471	0.343	0.803	0.567
辽宁	0.595	0.331	0.955	0.614
吉林	0.417	0.287	0.882	0.556
黑龙江	0.444	0.263	0.934	0.499
上海	0.684	0.511	0.921	0.516
江苏	0.462	0.496	0.891	0.466
浙江	0.574	0.495	0.842	0.743
安徽	0.373	0.333	0.890	0.414

① 省内多个城市采用人口进行加权。

② 本指标根据四类事件死亡人数的认定标准进行加权之和。

续表

	居民生活	公共服务	公共安全	生活环境
福建	0.428	0.365	0.848	0.824
江西	0.414	0.258	0.860	0.765
山东	0.548	0.318	0.811	0.447
河南	0.475	0.265	0.914	0.386
湖北	0.372	0.333	0.891	0.691
湖南	0.488	0.307	0.832	0.698
广东	0.428	0.458	0.896	0.736
广西	0.375	0.287	0.829	0.889
海南	0.273	0.368	0.807	0.798
重庆	0.375	0.298	0.803	0.745
四川	0.499	0.288	0.908	0.771
贵州	0.359	0.389	0.769	0.733
云南	0.301	0.235	0.707	0.700
西藏	0.219	0.351	0.668	0.644
陕西	0.345	0.368	0.868	0.395
甘肃	0.276	0.350	0.684	0.501
青海	0.326	0.382	0.726	0.335
宁夏	0.480	0.335	0.763	0.555
新疆	0.393	0.360	0.472	0.512

注：分项民生指数是根据表 4–1 中三级指标合成而得的，指数数值都介于 0~1。

二、各地区民生发展状况分析

对各地区民生发展状况的分析主要是通过横向和纵向比较找出各地民生发展的积极进展和面临的挑战。这里首先介绍民生发展的整体状况，然后从民生指数的四个方面分别介绍不同方面的具体情况。

（一）整体状况分析

整体来看，2018 年不同区域民生状况存在较大差异（见表 4–2）。其中，东部地区居民生活和公共服务状况要显著好于其他地区。东部地区居民生活和公共服务民生指数分别比全国平均水平高 17% 和 25% 左右。东北地区和中部地区公共安全风险要明显小于西部和东部地区。东北地区和中部地区公共安全民生指数分别比全国平均水平高 12% 和 6% 左右。西部地区生活环境方面民生状况要相对好于其他地区。西部地区生活环境民生指数比全国平均水平高 4% 左右。

与上年相比，居民生活和生活环境方面的民生状况改善程度要明显高于公共服务和公共安全。居民生活和生活环境两方面除了 1 项三级指标外，其他指标超过 2/3 的省份都好于上年。其中，所有省份的收入和消费、植被环境等三级指标都得到了改善，平均改善幅度分别达到 9.0%、

9.1% 和 3.6%。而对于公共服务和公共安全领域而言，都存在 2 项及 2 项以上三级指标超过 50% 的省份都未改善的现象，其中公共安全领域的每万人食源性疾病患者数和每万人罪犯人数等指标平均分别提升 30.7% 和 6.8%。

从不同区域来看，不同民生方面改善程度也存在较大差异。居民生活方面区域之间的差距继续呈现缩小趋势，欠发达地区居民生活状况改善的速度要明显快于发达地区。其中，西部地区居民收入、消费和就业等指标平均改善幅度要比东部地区高 0.8 个、0.7 个和 4.9 个百分点。公共服务方面继续呈现均等化的趋势，一些欠发达地区公共服务改善的幅度要快于发达地区，如中西部地区平均受教育年限提升幅度要比东部分别快 1.2 个和 0.6 个百分点。在公共安全方面，西南地区改善要明显快于其他地区，如西南 5 省公共安全民生指数比上年平均提升 20% 左右，相对位次明显提升。在生活环境方面，相对较为稳定，短期内变化趋势不太明显。

（二）四大民生方面发展状况分析

1. 居民生活

如图 4–1 所示，整体来看，2018 年的民生生活指数与前几年的空间分布大致相同，即长三角和环渤海地区整体要好于其他地区。测算结果显示，这两大区域的民生生活指数要比全国平均水平高 30% 左右。从民生生活指数的不同方面来看，差异比较明显。在收入和消费方面，沿海地区除了个别省份外其他省份表现均好于内陆省份，沿海地区收入和消费的平均水平要比全国平均水平高 30% 左右。在就业方面，珠三角、环渤海地区多数省份表现要好于其他省份，就业保障程度相对较高的就业人员占比分别比全国平均水平高 5 ～ 15 个百分点。从发展差距来看，东部沿海地区和东北地区的省份内部发展差距相对要小于其他地区。从生活压力来看，东部沿海的绝大多数省份的生活压力要明显大于内陆省份，东部地区房价收入比要比全国平均水平高 20% 以上。

从动态变化的角度来看，居民生活指数中的收入、消费和就业等方面持续不断改善。一方面，各地区收入和消费继续较快增长，居民收入的省际间差距继续缩小。统计数据显示，2018 年大多数地区居民可支配收入实际增速超过 6%。而且中西部经济欠发达地区居民可支配收入多数要快于东部经济发达地区。如西藏、贵州、云南、安徽等地居民可支配收入增速均超过 7.5%。另一方面，就业质量持续提升。虽然国内经济增长受内外部环境的影响不断放缓，但区域就业市场整体保持稳定，就业保障程度相对较高的就业人员比例继续呈现上升趋势。

与此同时，在居民生活方面，也存在两个突出问题值得关注。

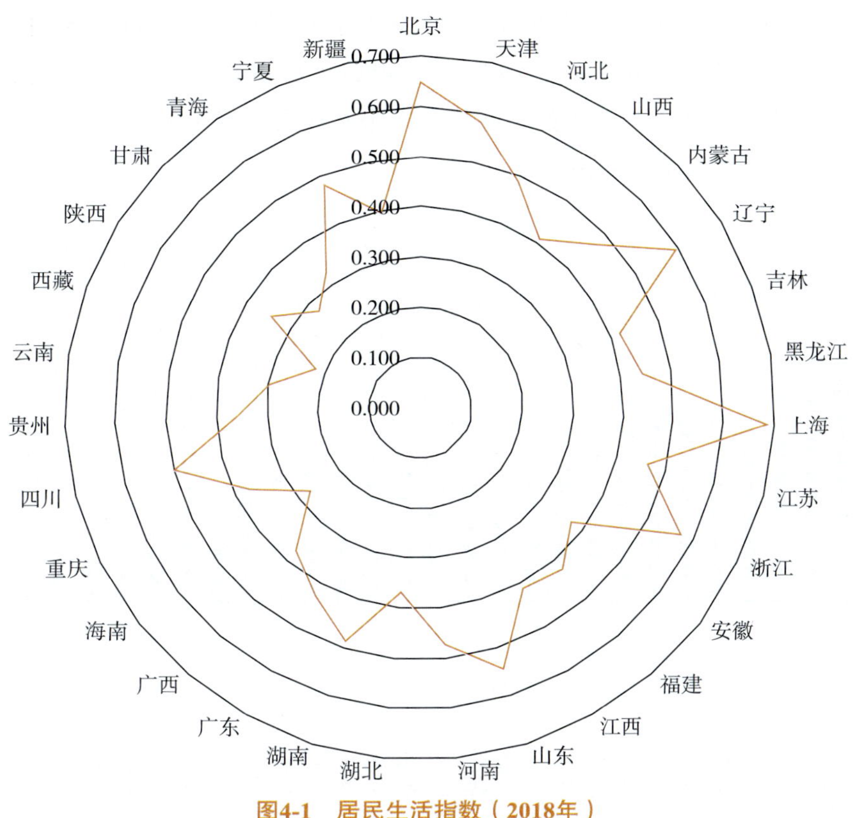

图4-1 居民生活指数（2018年）

数据来源：作者计算。

一是绝大多数地区房价的上涨速度超过收入的增长速度，居民生活压力持续上升。比2017年更加严重的是，2018年更多的省份房价的上涨速度超过了收入的增长速度。数据显示，2018年31个省份中，只有北京、天津、上海和浙江4个省份房价收入比下降，其他27个省份的房价收入比都是上升的。其中特别值得强调的是，西部地区房价普遍上涨过快，房价上涨幅度平均要比收入上涨幅度高17个百分点。36个重要城市的商品房平均销售价格的变化更是直接反映了这一现象（见图4－2）。房价上涨最快的5个城市中除了南京，其他全部属于西部省份。房价的上涨在一定程度上是城市化的内生产物，但是过快上涨的房价会影响城市化潜力的释放。今后降低居民生活压力需要进一步落实中央提出“房子是用来住的，不是用来炒的”的房地产市场的定位和调控举措。

二是省份内部的差距呈现扩大趋势。过大的发展差距直接影响民生的改善。从三大差距（城乡、区域和人群）来看，城乡差距整体来看持续不断缩小，但各省内部的市、区之间差距以及不同人群之间的收入差距呈现扩大趋势。2018年，除了天津、辽宁和吉林3个省份城乡居民收入差距出现微弱提升外，其他所有省份的城乡差距都是缩小的。但31个省份中，2/3的省份内部区域差距是扩大的，而且呈现持续扩大的趋势。这在一定程度上与近些年产业转型和转移、新技术的应用等存在较大关系。这与全球不少国家近10年来内部区域差距变化趋势是一致的。

另外，已经公布最新收入分配数据的省份中绝大多数省份城镇居民内部收入差距也有所扩大。特别值得强调的是，一些省份城镇低收入户的可支配收入与2017年相比是下降的。城镇居民收入差距的扩大，特别是低收入户收入的下降使得未来不仅要继续关注农村贫困问题，也需要关注城镇贫困问题（包括绝对贫困和相对贫困）。

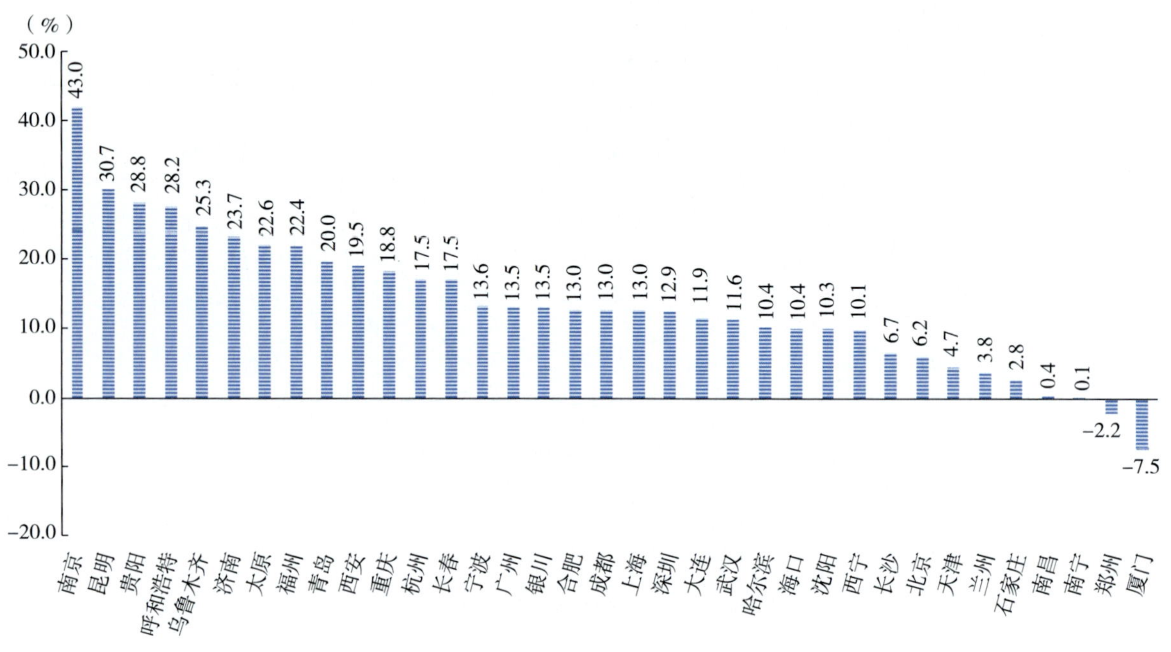

图4-2　部分城市商品房销售价格变化（2017~2018年）

数据来源：国家统计局 。

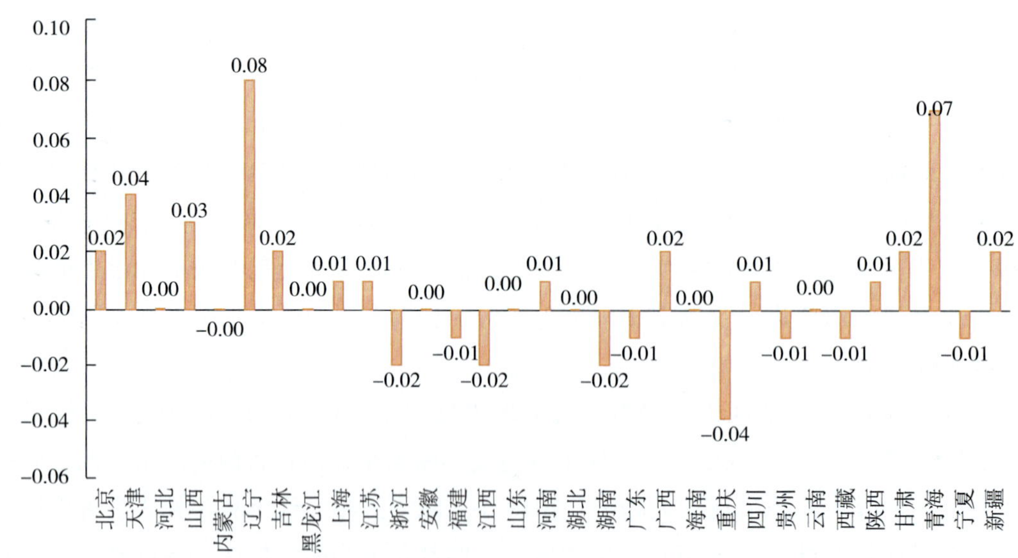

图4-3　各省（自治区、直辖市）内部（市、区）之间的人均GDP加权变异系数变化（与2017年相比）

数据来源：国家统计局，作者计算。

2. 公共服务

整体来看，公共服务指数水平与经济发展水平存在较强的相关性：沿海经济发展水平较高的三大城市群地区整体的公共服务水平要高于其他地区，京津冀、长三角和珠三角地区公共服务指数水平要比全国平均水平分别高 40%、38% 和 27% 左右；而发展水平相对较低的华北地区部分省份和西南地区的部分省份公共服务水平较低，西南地区公共服务指数平均水平要比全国平均水平低 14% 左右。具体来看，不同的公共服务领域表现出不同的空间特征。其中，在“教育”和“数字服务”方面，北方地区的表现要略好于南方地区，东部沿海发达地区要好于内陆地区，如东部地区平均受教育年限要比中西部地区高 1 年左右。在“交通服务”方面，处于交通枢纽的省份普遍要好于其他地区，经济发达的沿海地区表现也比较好。在其他公共服务方面，经济发达的地区和部分西部地区表现要好于其他地区。

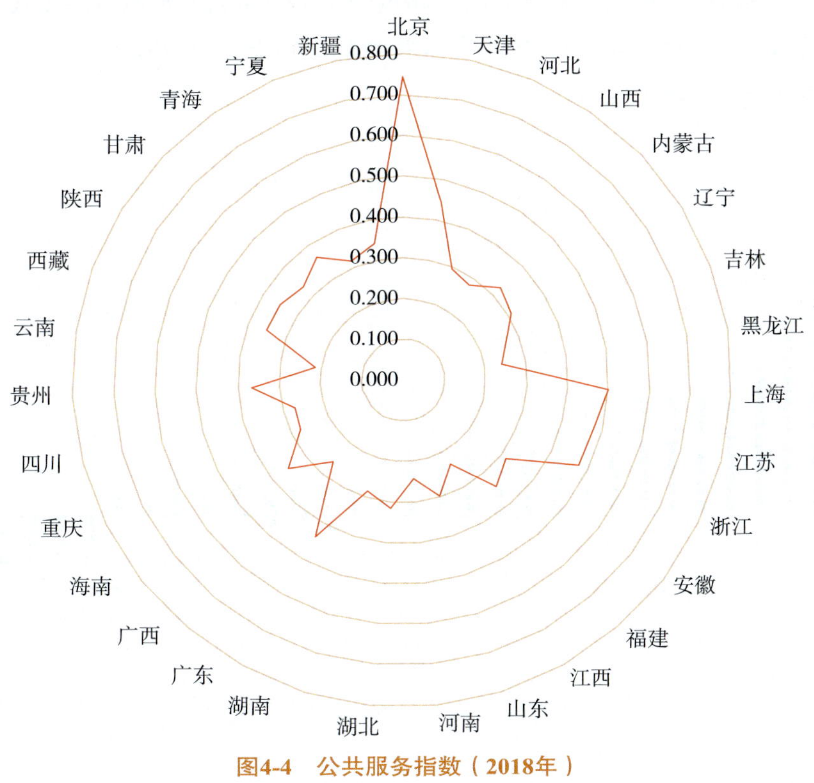

图4-4 公共服务指数（2018年）

数据来源：作者计算。

如图 4–4 所示，与 2017 年相比，2018 年公共服务领域部分指标与上年相比持续改进。其中，数字服务、医疗服务和教育等领域公共服务指标改善较为明显。2018 年，数字服务方面所有省份“移动宽带用户普及率”和“移动宽带平均下载速度”两项指标都得到了较大幅度的提升，分别平均提升 20% 和 30% 左右。而且公共服务发展较为落后的省份改进得更加明显，这有利于缩小欠发达地区和发达地区之间的“数字鸿沟”。在医疗服务方面，几乎所有的省份医疗服务条件都得到不同程度的改善，“每万人拥有执业（助理）医师数”增长较为明显，平均达到 5% 左右。在教育服务方面，尽管经济下行导致财政收入增速明显放缓，但绝大多数省份的义务教育阶段生均教育财政支出继续保持一定的增长速度，平均增速达到 3.5% 左右。其中，中部地区生均教育财政支出增长最为明显，如安徽增长幅度达到 10% 左右。

与此同时，也需要看到经济下行压力加大，公共服务供给的改善正在面临越来越严峻的挑战。其中，最值得重点关注的是，财政收入增速大幅放缓，公共服务供给的资金保障面临越来越大的压力。过去很长一段时期内，经济持续高增长带来中央财政和地方财政收入持续高增长。这是各地公共服务水平快速提升的直接保障。然而近些年来，受经济增速下滑的影响，无论是中央财政还是地方财政收入增长速度都大幅放缓，由之前的两位数增长下滑至一位数增长。近两年来财政收入下滑的压力更加凸显：一方面，经济下行的压力继续加大；另一方面，为促进经济增长而采取减税降费的力度和规模明显加大。2019 年各地一般公共预算收入下滑幅度更加明显。从地方公共财政收入的增速数据来看，超过一半的省份公共财政收入增速低于 3%，其中有 6 个省份的增速为负（见图 4–5）。2020 年在疫情的影响下，财政收入增长的压力更大。这也给民生改善的资金保障提出了挑战。

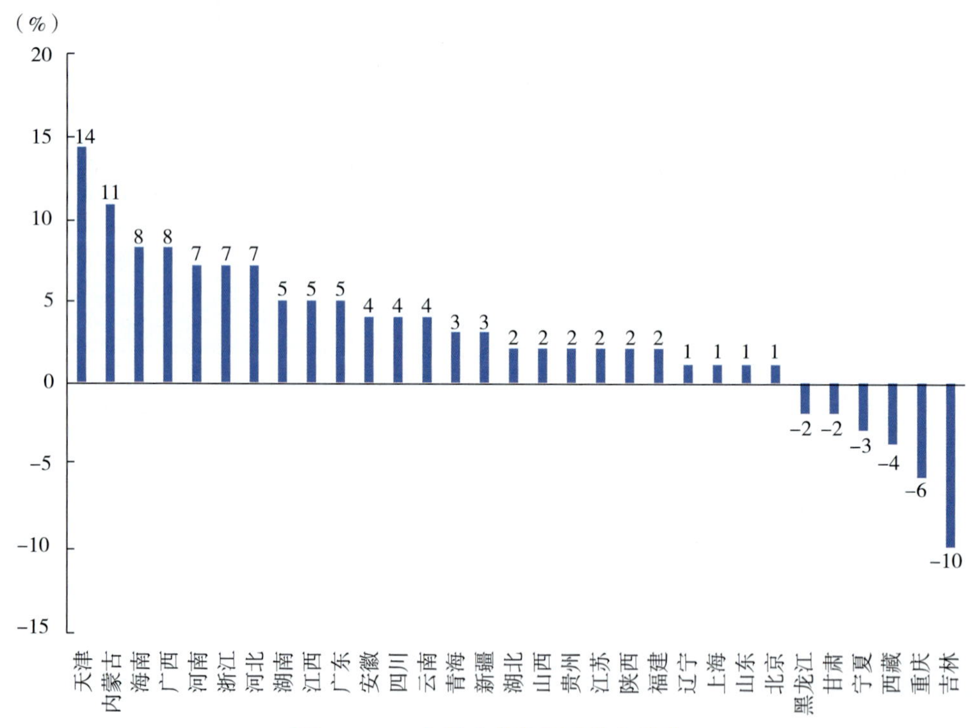

图4-5　2019年地方公共财政收入增速

数据来源：Wind。

3. 公共安全

从空间角度来看，东北地区、环渤海地区和中部地区多数省份公共安全的风险小于其他地区，而西北和西南的部分省份公共安全风险相对较大。指数测算结果显示，西部地区公共安全民生指数要比全国平均水平低 10% 左右。不同公共安全指标的空间特征也存在非常大的差异。在自然灾害方面，绝大多数沿边、沿海以及山区较多的省份受自然条件的影响，爆发自然灾害的可能性更大，因而这些地区自然灾害风险也相对更高，西北和西南的部分省份尤为突出。数据显示，西部地区每百万人自然灾害死亡人数要比全国平均水平高一倍以上。在事故灾害方面，北方地区整体风险要小于南方地区，东北地区整体风险要小于西南地区。而且值得一提的是不少经济较为发达的地区事故灾害风险相对较高，超过 1/3 的突发环境事件发生在东部发达地区。在公共卫生方面，一些欠发达地区（如西南和西北的部分省份）受公共卫生条件等因素的限制相对风险较高，如西部地区甲乙类法定报告传染病发病率要比全国平均水平高 22% 左右。在社会安全方面，很多内陆省份表现要明显好于沿海地区，东部沿海地区每万人罪犯人数要比全国平均水平高 7% 左右（见图 4–6）。

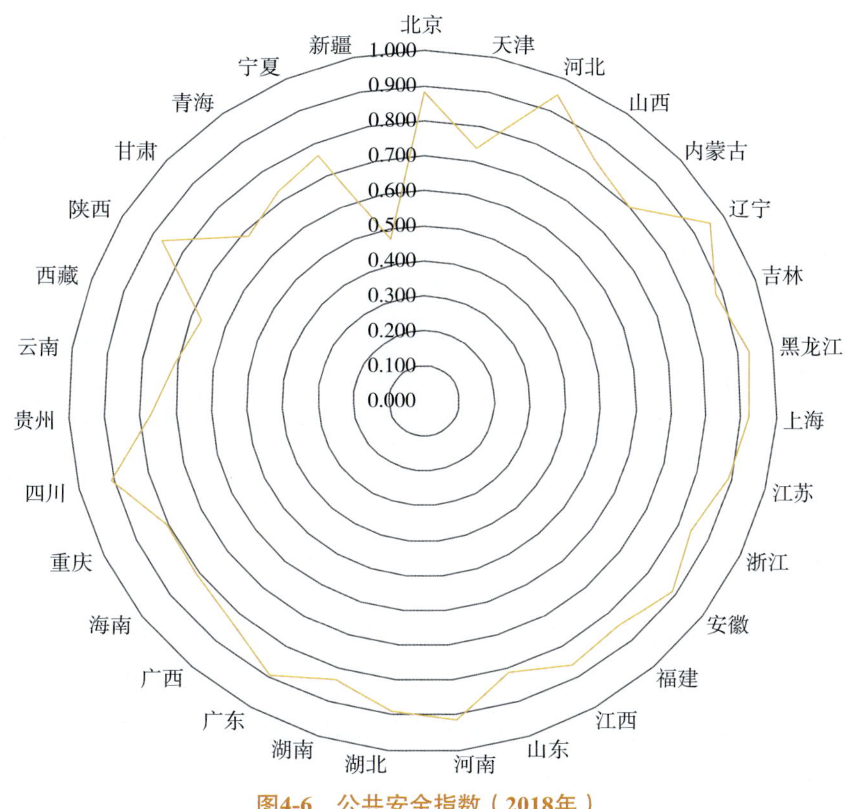

图4-6　公共安全指数（2018年）

数据来源：作者计算。

与 2017 年相比，2018 年公共安全方面的部分指数改进还是比较明显的。其中自然灾害和事故灾害风险下降较为突出。在自然灾害方面，受多方面因素的影响，2018 年自然灾害爆发的频次明显下降，自然灾害死亡的人数大幅下降，比 2017 年下降了 40% 左右；31 个省份中 19 个省份的自然灾害风险指标得到了改善。在事故灾害方面，2018 年突发环境事件的爆发次数也明显低于 2017 年，31 个省份中 19 个省份事故灾害风险指标得到了改善。尽管如此，也需要看到公共安全风险依然值得高度重视，尤其值得关注如下两方面的问题。

一是公共卫生安全风险值得持续关注。公共卫生安全与人民群众的日常生活息息相关，也反映了公共卫生服务的水平。然而近些年来的数据显示，公共卫生安全方面的指标呈现持续恶化的趋势（见图 4–7）。2017 年 31 个省份中，18 个省份“每万人食源性疾病患者数”较 2016 年出现较大幅度上升，平均提高了 63%；2018 年 31 个省份中，22 个省份“每万人食源性疾病患者数”较 2017 年有所上升，平均提高了 50% 左右（见图 4–7）。对于“甲乙类法定报告传染病发病率”指标而言，也可以观察到一半以上的省份出现持续提升的态势。公共卫生安全方面多数省份指标持续恶化为公共卫生安全风险敲响了警钟。2019 年疫情的暴发为进一步防范公共卫生领域的风险提出了更高的要求。

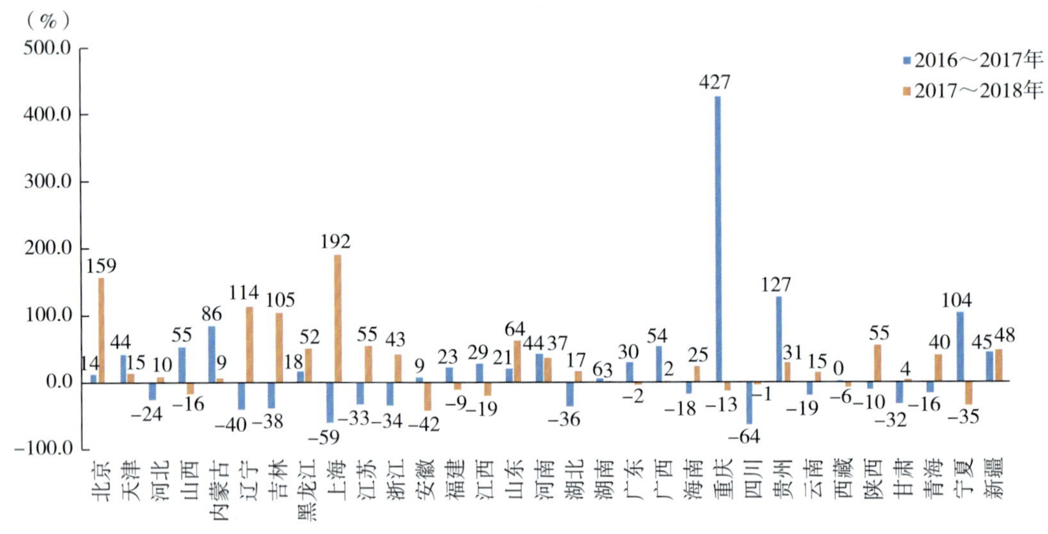

图4-7 万人食源性疾病患者数的变动（2016～2018年）

数据来源：作者计算。

二是应密切关注经济社会转型中积累的社会安全风险。公共安全方面另一个值得关注的指标就是“每万人罪犯人数”。与公共卫生安全类指标类似，这一指标也出现了持续提升的态势。2017 年 31 个省份中，接近 2/3 的省份“每万人罪犯人数”较前一年有所上升；2018 年 31 个省份中，超过一半的省份“每万人罪犯人数”较上年有所上升。持续上升的社会安全指标，一方面与近些年法治建设的不断推进密切相关，另一方面也警示社会安全风险值得更加关注。近些年来，中国经济社会发展进入重大转型阶段，由转型引发的社会矛盾也不断积累，这些社会矛盾如果不能及时有效地化解，容易引发社会矛盾和社会安全风险。从这个角度来看，在应对社会安全风险时，既要不断加强法制建设，也要改革经济发展和社会治理等方面可能引发社会矛盾的体制机制，共同降低社会安全风险。

4. 生活环境

从空间角度来看，生活环境民生指数相对稳定，长江以南地区的生活环境状况整体要好于长江以北地区，西部地区的生活环境状况整体要好于东部地区（见图 4-8）。指数测算结果显示，西部地区的生活环境民生指数要比全国平均水平高 4% 左右。从生活环境的分项指标来看，大致可以分为两类。一类与生态环境密切相关，包括空气质量、水环境和植被环境。对于这类指标，南方省份整体表现好于北方省份，流域上游省份好于下游省份。以“空气质量达到及好于二级的天数”为例，南方省份平均要比北方省份多 60 天左右，长江流域上游省份平均要比下游省份多 50 天左右。另一类与居民自身生活直接相关，涉及城乡居住环境。对于这类指标，经济发达地区整体表现要好于经济欠发达地区，下游省份好于上游省份。

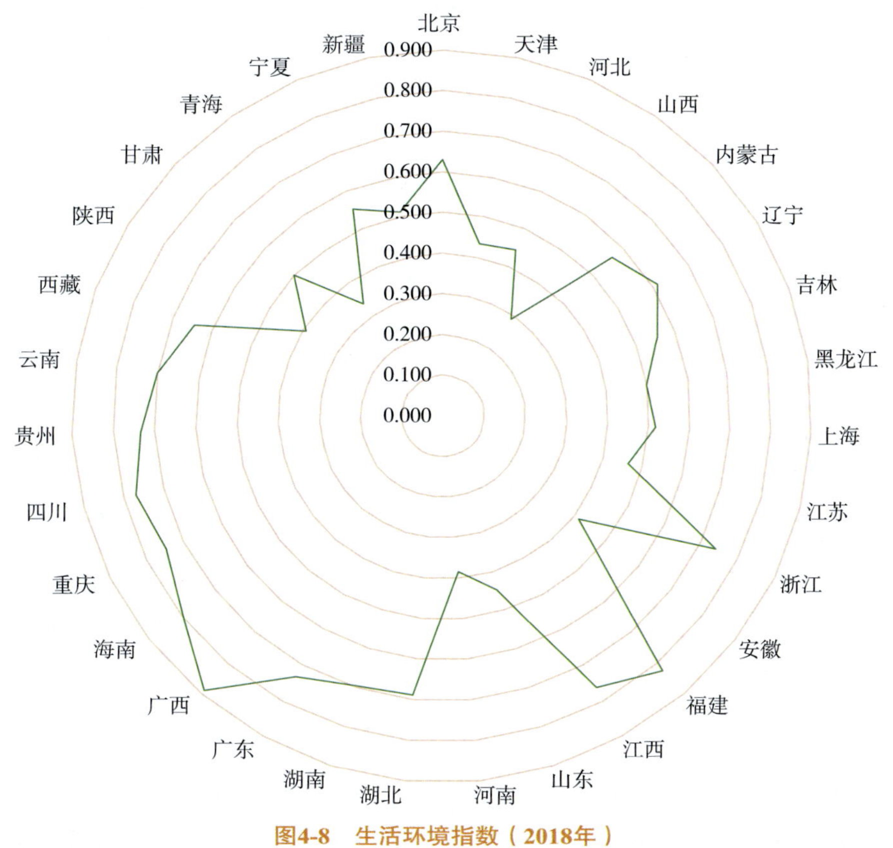

图4-8　生活环境指数（2018年）

数据来源：作者计算。

从动态比较的角度来看，生活环境方面多数省份的多数指标都得到了不同程度的改善。其中，植被环境和城乡居住环境方面改善最为明显。从具体指标来看，2018 年这两方面几乎所有的指标绝大多数省份都得到了改进。当然，从横向和纵向比较来看，生活环境领域也存在值得特别关注的问题。

一是一些空气质量不佳的地区空气质量改善较慢。虽然整体上看，2018 年空气质量改善非常明显，31 个省份中 26 个省份的“空气质量达到及好于二级的天数”较上一年明显提升。但值得关注的是，一些空气质量不佳的地区“空气质量达到及好于二级的天数”较上年相比改善较小甚至出现恶化现象，主要涉及黄河流域的部分省份（见图 4-9）。这些省份多数属于能源大省或严重依赖重化工业的省份。能源结构和重化工业转型较慢使得这些省份空气质量改善不甚理想。以能源为例，2017 年以来，虽然煤炭消费在能源整体消费中的比重有所下降，但煤炭消费的增速却呈现出不断提升的态势。2018 年煤炭消费量增长 1.1%，明显高于 2017 年。只有加快能源结构和重化工业转型，推动这些省份经济增长与能源特别是非清洁能源消费之间的“脱钩”，才能真正带来空气质量的根本改变。

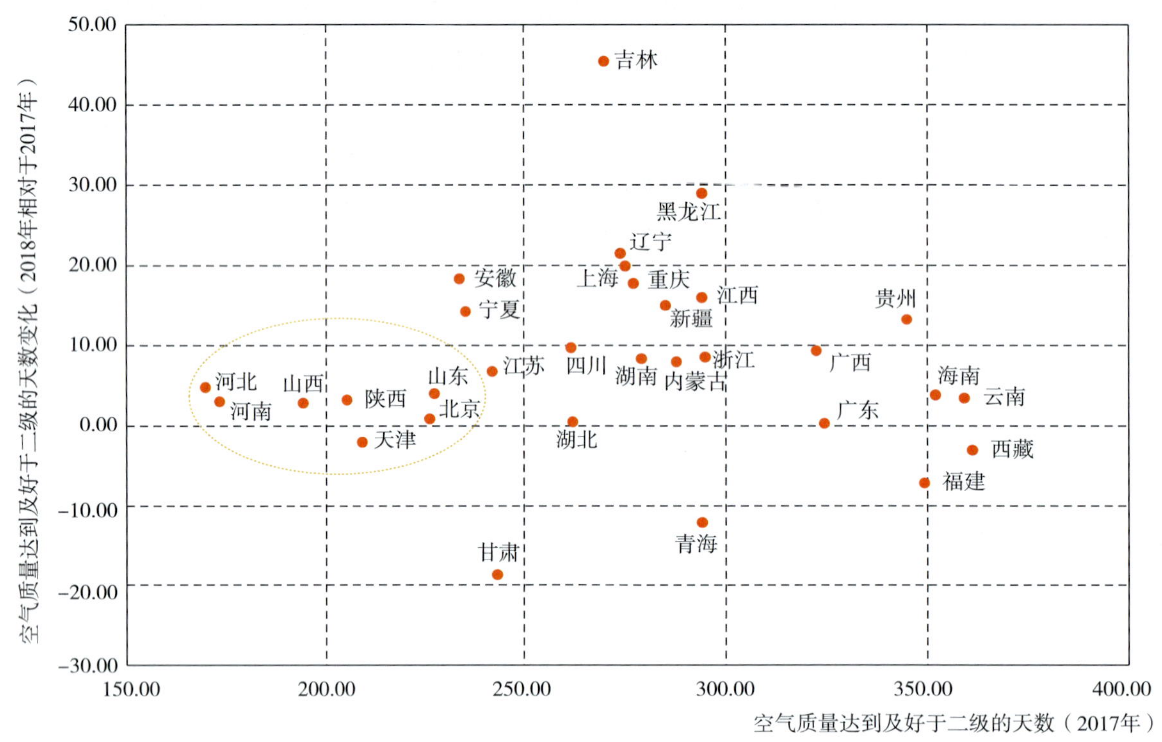

图4-9　空气质量达到及好于二级的天数变化（2017～2018年）

数据来源：《中国统计年鉴》。

二是部分省份涉及流域重点断面水质持续恶化值得关注。与其他生活环境方面的指标不同的是，2018 年多数省份水环境质量没有得到改善。19 个省份涉及流域重点断面水质出现恶化，尤其是不少处于流域上游的省份。与空气质量类似，水环境质量的变化与产业结构密切相关。数据显示，造纸、石化、电力和煤炭开采等重污染（废水）行业所占比重居高不下（见图 4－10）。推动水环境质量的改善，需要加快这些重污染行业的转型。另外，更加值得关注的是，近些年随着东部沿海地区各类生产要素成本快速提升和环境监管更加严格，不少污染密集型行业开始向中西部转移，其中部分转移至流域的上游省份，这对整个流域水环境质量带来了更大的挑战。

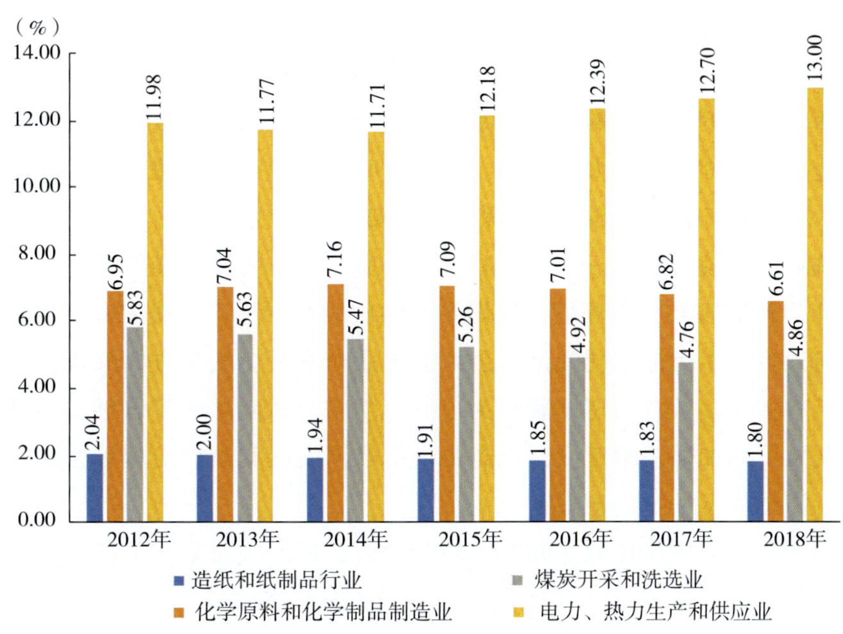

图4-10　主要废水排放行业资产占比（2012～2018年）

数据来源：《中国统计年鉴》。

三、主要结论及政策启示

在近年来改进的民生指数框架基础上，本报告对2018年各省份的民生发展状况进行了系统的评估和分析。基于这些分析，可以梳理总结出以下五点主要发现。

一是不同区域和不同领域民生状况改善差异仍然较大。整体来看，居民生活和生活环境方面的民生状况改善程度要明显好于公共服务和公共安全。其中，与上一年相比，居民生活和生活环境领域多数省份的多数指标得到改善；对于公共服务和公共安全领域而言，都存在部分指标多数省份未改善的现象。另外，从不同区域来看，居民生活方面和公共服务方面区域之间差距继续呈现缩小趋势；在公共安全方面，西南地区改善要明显快于其他地区；在生活环境方面，相对较为稳定，不同年份之间变化趋势不太明显。

二是居民收入、消费和就业等指标均持续不断改善，但居民生活压力持续上升，省份内部的差距呈现扩大趋势。2018年各地区收入和消费继续较快增长，居民收入的省际差距继续缩小。虽然国内经济增长受内外部环境的影响不断放缓，但区域就业质量持续改善。值得关注的是，绝大多数地区房价的上涨速度超过收入的增长速度，居民生活压力持续上升；不少省份内部的区域发展差距和人群收入差距呈现扩大趋势。今后降低居民生活压力需要进一步落实中央提出的“房子是用来住的，不是用来炒的”房地产市场定位和调控举措。另外，未来不仅要继续关注农村贫困问题，也需要关注城镇贫困问题（包括绝对贫困和相对贫困）。

三是数字服务、医疗服务和教育等领域公共服务指标改善较为明显；但公共服务供给的改善正面临财政收入增速大幅放缓的挑战。与2017年相比，2018年公共服务领域部分指标得到了改进。其中，数字服务、医疗服务和教育等领域公共服务指标改善较为明显。最值得重点关注的问题就是：随着经济下行压力的加大和减税降费力度的加大，财政收入增速大幅放缓，公共服务供给的资金保障面临越来越大的压力。在财政收入增速不断放缓甚至部分地区收入出现负增长的情形下，需要落实中央提出的"六保"战略安排。

四是灾害风险下降较为突出，但公共卫生安全和社会安全风险值得持续重点关注。与2017年相比，2018年自然灾害和突发环境事件爆发的频次明显下降，自然灾害和事故灾害风险下降较为突出。但与很多民生指标不同的是，公共卫生安全和社会安全方面的指标持续恶化。公共卫生安全方面所有指标多数省份持续恶化为公共卫生安全风险敲响了警钟。另外，在应对社会安全风险时，既要不断加强法制建设，也需要改革经济发展和社会治理等方面可能引发社会矛盾的体制机制，共同降低社会安全风险。

五是植被环境和城乡居住环境方面改善较为明显，但空气质量和水环境质量改善仍然不够理想。从动态比较的角度来看，生活环境方面的植被环境和城乡居住环境方面改善最为明显。但是值得关注的是，一些空气质量不佳的地区空气质量改善较慢；部分省份涉及流域重点断面水质持续恶化，尤其是不少处于流域上游的省份。只有加快实现能源结构、工业结构的根本转型，推动这些省份经济增长与非清洁能源消费和重污染行业发展之间的"脱钩"，才能真正带来环境质量的根本改变。

（执笔：何建武　吴三忙）

第二部分

专题报告

第五章
就业专题研究报告

2019 年，在世界经济增长低迷、中美经贸摩擦加剧、国内经济下行压力增大的背景下，党中央坚持稳中求进总基调，统筹稳增长、促改革、调结构、惠民生、防风险、保稳定，深化供给侧结构性改革，坚持把就业摆在突出位置，将就业优先政策置于宏观政策层面全面发力，成功维持了就业形势的整体稳定，全国没有发生大面积失业或隐性失业问题。中国民生调查结果显示，受访者中就业人员所占比重有所上升，就业人员的收入状况和对当前就业状况的评价普遍有所改善。需要注意的是，2019 年我国城镇调查失业率有所上升，受访者中因单位倒闭、经营困难或转型等原因失去工作的比例有所增加，担忧失业的就业人员比例较高，做好稳就业工作特别是保障重点群体的就业仍面临较大压力和挑战，必须以更加积极的宏观政策和更加突出的就业优先政策做好应对。

一、2019 年总体就业形势和就业评价

（一）就业形势基本保持稳定

2019 年以来，受中美经贸摩擦不断升级影响，世界经济增长前景充满不确定性，我国内部经济结构调整、人口结构变化等因素也带来较大的下行压力，给稳就业工作带来较大挑战。党中央、国务院高度重视稳就业工作，把就业放在比往年更加突出的位置来抓，采取多方面措施确保就业形势稳定。中共中央政治局先后于 2019 年 2 月 22 日、4 月 19 日、7 月 30 日、12 月 6 日召开会议研究经济工作，部署实施就业优先政策，做好重点群体就业工作。《2019 年政府工作报告》提出“要正确把握宏观政策取向，继续实施积极的财政政策和稳健的货币政策，实施就业优先政策”，这是我国首次将就业优先政策置于宏观政策层面，以强化各方面重视就业、支持就业的导向。5 月 14 日，国务院成立就业工作领导小组，进一步加强对就业工作的组织领导和统筹协调，凝聚就业工作合力，更好实施就业优先政策。5 月 18 日，国务院印发《职业技能提升行动方案（2019—2021 年）》，把开展大规模职业技能培训作为保持就业稳定、缓解结构性就业矛盾的关键举措来实施。12 月 13 日，在国内外风险挑战增多、稳就业压力显著加大的情况下，国务院印发《关于进一步做好稳就业工作的意见》，坚持创造更多就业岗位和稳定现有就业岗位并重，突出重点、统筹推进、精准施策，全力防范化解规模性失业风险，全力确保就业形势总体稳定。总体上看，在就业优先政策全面发力下，2019 年我国仍成功维持了就业形势总体稳定，

没有发生大规模失业或大面积劳动者收入下降的问题。

国家统计局数据显示，2019 年我国就业人员 77471 万人，其中城镇地区就业人员 44247 万人，比 2018 年增加 828 万人；全年城镇新增就业 1352 万人，与 2018 年基本持平。2019 年城镇调查失业率全年平均值为 5.15%（见图 5-1），位于 5.5% 的预期目标以下；31 个大城市城镇调查失业率全年平均值为 5.08%。中国人民银行储户调查数据显示，2019 年各季度储户的就业感受和就业预期整体比较平稳（见图 5-2）。人力资源和社会保障部对全国 89 个城市的公共就业服务机构市场供求监测数据显示，劳动力市场岗位空缺数与求职人数比率处于 1.2 以上，表明我国劳动力市场保持需求略大于供给的局面。中国人民大学中国就业研究所与智联招聘联合发布的就业景气指数（CIER）也显示，就业市场景气指数[①]均高于 1.00，平均值达到 1.92（见图 5-3），表明就业市场中劳动力需求大于市场劳动力供给，就业市场竞争趋于缓和。

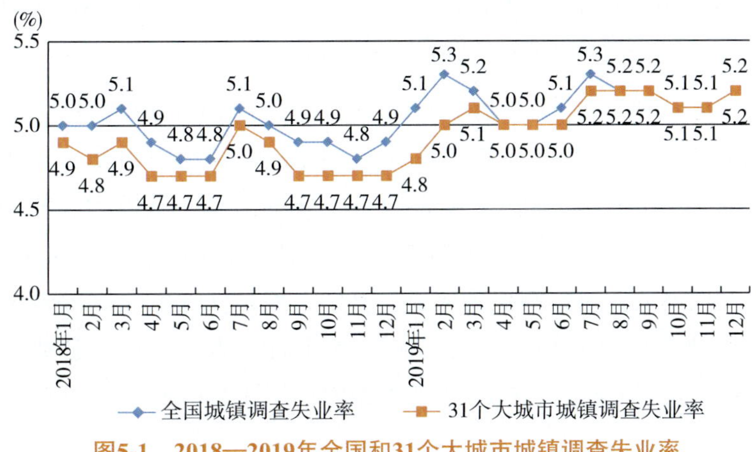

图5-1 2018—2019年全国和31个大城市城镇调查失业率

数据来源：国家统计局。

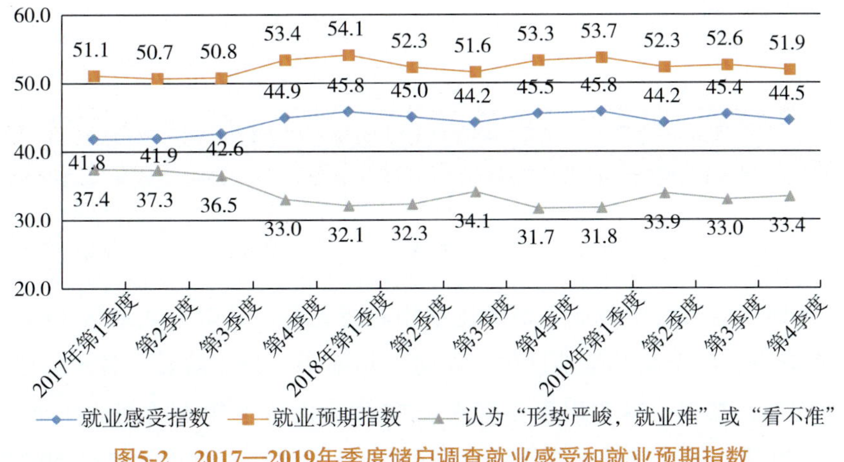

图5-2 2017—2019年季度储户调查就业感受和就业预期指数

数据来源：中国人民银行。

① CIER 指数计算方法是 CIER 指数 = 市场招聘需求人数 / 市场求职申请人数。当 CIER 指数大于 1 时，表明就业市场中劳动力需求多于市场劳动力供给，就业市场竞争趋于缓和；当 CIER 指数小于 1 时，说明就业市场竞争趋于激烈。

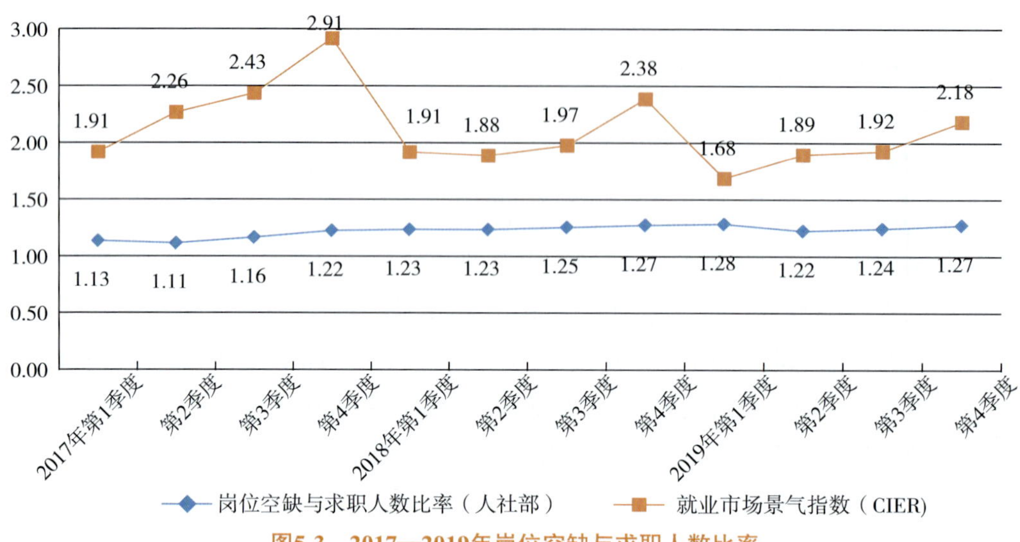

图5-3　2017—2019年岗位空缺与求职人数比率

中国民生调查的电话调查显示，受访者中就业人员的比重有所上升。在51609名18～74岁的电话调查受访者中，有工作的占73.7%，比上年提高3.4个百分点，其中18～59岁受访者中有工作的占77.5%，比上年提高2.7个百分点。分城乡看，城镇和农村地区18～74岁受访者中就业人员所占比重分别为75.0%和71.5%，各比上年提高了3.1个和4.0个百分点（见表5-1）。分性别看，女性就业比重提高更为明显。其中，城镇女性就业比重为69.8%，提高了4.7个百分点；农村女性就业比重为61.9%，提高了5.8个百分点。女性的就业人员比重（67.4%）整体提高了5.1个百分点，与男性（79.1%）的差距缩小了3.2个百分点（见表5-2）。

表5-1　分城乡受访者中就业人员比重（电话调查）　单位：%

	城镇	农村	全国
2018年	71.9	67.5	70.3
2019年	75.0	71.5	73.7

表5-2　分性别受访者中就业人员比重（电话调查）　单位：%

	城镇		农村		合计	
	男性	女性	男性	女性	男性	女性
2018年	78.5	65.1	75.1	56.1	77.2	62.3
2019年	80.4	69.8	77.5	61.9	79.1	67.4

分地区看，各地区受访者中就业人员的比重均有所上升，其中东北地区（69.0%）上升幅度最大，为5.1个百分点，与全国其他地区的差距进一步缩小。分年龄看，各年龄段受访者的就业人员占比均有所增加，其中，24岁以下年轻人及55岁以上中老年人的就业比重上升最为明显。18～19岁、20～24岁年轻人就业比重分别上升了7.3个、4.7个百分点，55～59岁人群就业比重上升6个百分点，60岁及以上人群就业比重上升超过10个百分点。分受教育水平看，初中以下学历、中专学历人群的就业比重上升较大。其中，不识字或识字很少人群的就业比重上升11.9个百分点，小学、初中、中专学历人群的就业比重增长均超过4个百分点（见图5-4、图5-5、图5-6）。

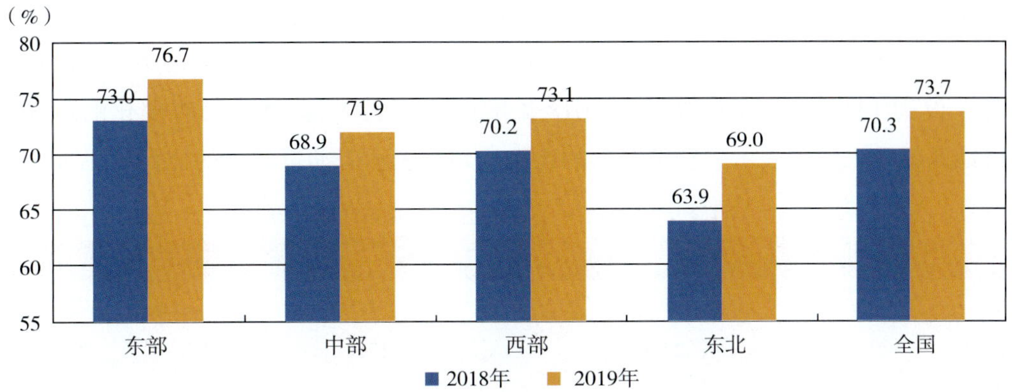

图5-4 分地区受访者中就业人员比重（电话调查）

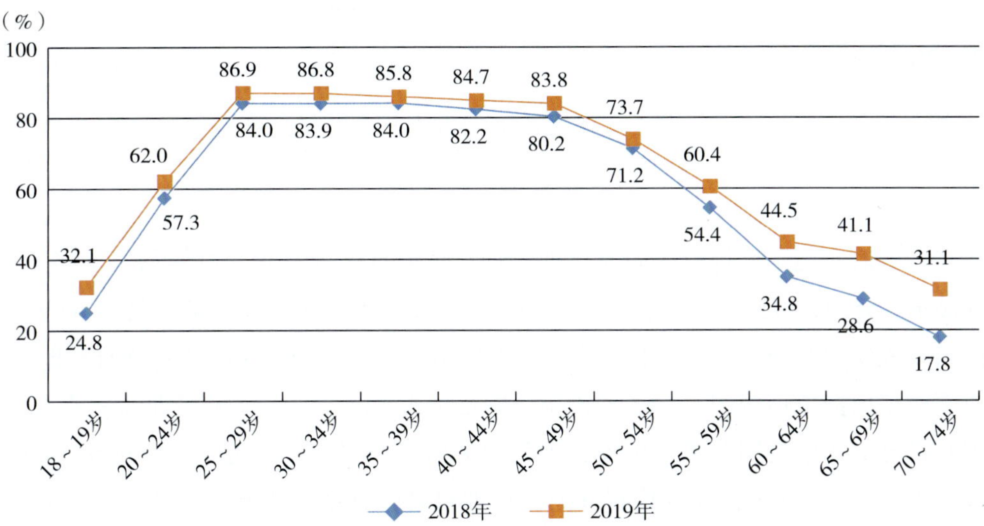

图5-5 分年龄段受访者中就业人员比重（电话调查）

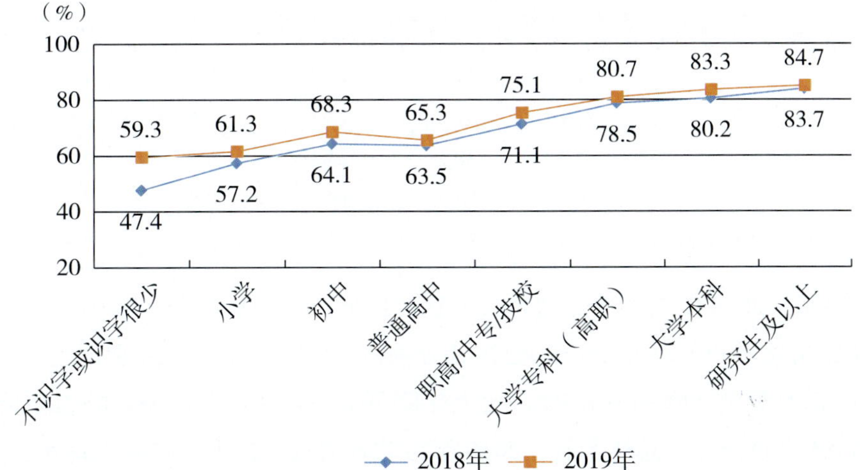

图5-6 分学历受访者中就业人员比重（电话调查）

入户调查显示，受访者中就业人员的比重保持基本稳定的同时，没有发生大规模就业人员劳动量减少、收入下降的隐性失业现象。其中，受访的就业人员中表示劳动量比 2018 年下降的比例较低，仅为 12.0%，表示劳动量比 2018 年增加的占 22.5%，基本没有变化的占 64.2%。城镇和农村地区就业人员中表示劳动量增加的比例均超过表示劳动量减少的比例（见表 5-3）。

表5-3　入户调查2019年上半年受访就业人员的劳动量变化情况　单位：%

	城镇	农村	合计
大幅增加	2.5	1.5	2.0
略有增加	22.5	17.9	20.2
没有变化	61.8	66.5	64.2
略有减少	10.1	10.4	10.2
大幅减少	1.9	1.7	1.8
不知道/不清楚/不适用	1.3	2.0	1.7

（二）过半数非农就业人员接受过相关培训，劳动收入状况普遍比 2018 年有所改善

近年来，政府实施了大规模的职业培训计划，越来越多的就业人员参与了不同类型的培训。电话调查显示，55.7% 的就业人员表示近两年曾接受过与工作相关的培训，其中 62.9% 的培训由所在单位出资提供，22.6% 的培训由受访者本人负担费用，13.2% 的培训由政府资助，由其他组织负担或不清楚由谁负担费用（自己未负担）的培训占 11.6%。参加过培训的就业人员中，75% 表示培训对自己“非常有用”或“比较有用”，19.9% 表示作用“一般”，仅有 5.2% 表示“不太有用”或“很没有”。其中，表示政府资助的培训对自己有用的比例高达 83.5%，比总体平均水平高 8.5 个百分点（见表 5-4）。

表5-4　不同出资类型培训对培训对象的帮助程度（电话调查）　单位：%

	非常有用	比较有用	一般	不太有用	很没用	样本数（个）
所在单位出钱	35.3	41.7	18.9	2.7	1.4	13216
政府出钱	52.1	31.4	12.1	2.5	1.9	2774
自己出钱	30.0	38.2	25.3	4.2	2.3	4746
其他组织出钱	38.1	38.4	16.7	4.0	2.8	544
不清楚谁出钱，但自己没有出钱	33.3	36.1	22.1	5.1	3.3	1887

电话调查显示，2019 年上半年劳动者收入状况比上年有明显改善。其中，表示 2019 年上半年劳动收入同比明显增长、略有增长的受访者分别占 9.5%、34.5%，分别比上一年提高 2.7 个、8.5 个百分点；表示明显下降的占 8.5%，比上年降低 5.5 个百分点，表示略有下降的占 10.6%，比上一年增加 0.5 个百分点。总体上看，2019 年劳动者增收面扩大、减收面缩小。

分城乡看，农村地区劳动收入改善情况比较明显。其中，受访的农村劳动者中表示收入明显增长的占 12.0%，比上一年提高了 5.4 个百分点，表示略有增长的占 29.8%，比上一年上升了 9.1 个百分点，

表示略有下降、明显下降分别为10.7%、11.5%，分别比上一年下降了0.9个、9.1个百分点（见表5–5）。

分地区看，各地区劳动者增收面均有明显扩大、减收面有所缩小。其中，东北地区劳动者收入状况改善最明显，增收面（38%）比上一年扩大了12.9个百分点，减收面（21.7%）比上一年缩小了11.5个百分点，扭转了2018年减收面大于增收面的情况（见图5–7）。

分性别看，男性劳动者收入改善程度较大。2019年，受访的男性劳动者中表示收入明显增长、略有增长的比例分别比上年增加了3.6个、9.4个百分点；表示明显下降的占10.3%，比上一年降低了7个百分点，表示略有下降的占11.6%，比上一年增加0.4个百分点（见表5–6）。

表5-5　电话调查受访就业人员的劳动收入变化情况　单位：%

	2018年			2019年		
	城镇	农村	全国	城镇	农村	全国
明显增长	6.9	6.6	6.8	8.2	12.0	9.5
略有增长	28.7	20.7	26.0	37.2	29.8	34.5
没变化	43.2	38.0	41.5	37.3	35.9	36.8
略有下降	9.3	11.6	10.1	10.6	10.7	10.6
明显下降	10.7	20.6	14.0	6.8	11.5	8.5
不清楚	1.2	2.5	1.6			

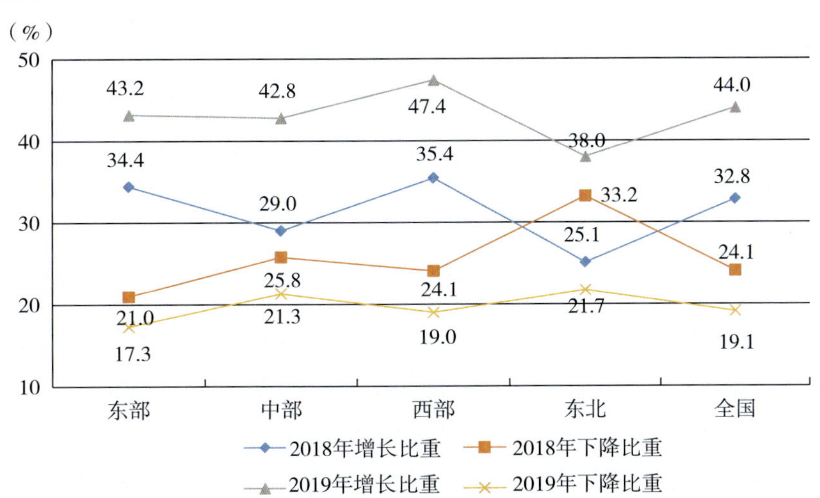

图5-7　分地区受访就业人员的劳动收入变化情况（电话调查）

表5-6　分性别受访就业人员的劳动收入变化情况（电话调查）　单位：%

	2018年			2019年		
	男性	女性	总体	男性	女性	总体
明显增长	6.9	6.7	6.8	10.5	8.3	9.5
略有增长	23.8	29.2	26.0	33.2	36.4	34.5
没变化	39.1	44.9	41.5	34.5	39.9	36.8
略有下降	11.2	8.4	10.1	11.6	9.4	10.6
明显下降	17.3	9.4	14.0	10.3	6.1	8.5
不清楚	1.7	1.6	1.6	—	—	—

分年龄看，各年龄段劳动者增收面都有明显扩大、减收面也都有所缩小，其中 40 岁以上人群的减收面平均下降约 10 个百分点（见图 5-8）。

分受教育水平看，各类学历的劳动者增收面都有明显扩大、减收面有所缩小。其中，初中及以下学历劳动者收入改善最为明显，增收面比上年扩大了 12 个百分点以上，减收面缩小了约 10 个百分点。初中学历就业人群扭转了上年减收面大于增收面的局面，小学及以下学历就业人员的增收面与减收面的差距也大幅缩小。

分就业类型和单位性质看，农民、个体工商户及农村自营业者雇主、自由职业者和临时务工劳动收入改善最为明显，增收面均扩大 10 个百分点以上，减收面缩小幅度也大于其他类型就业人员，并扭转了 2018 年减收面大于增收面的情况。

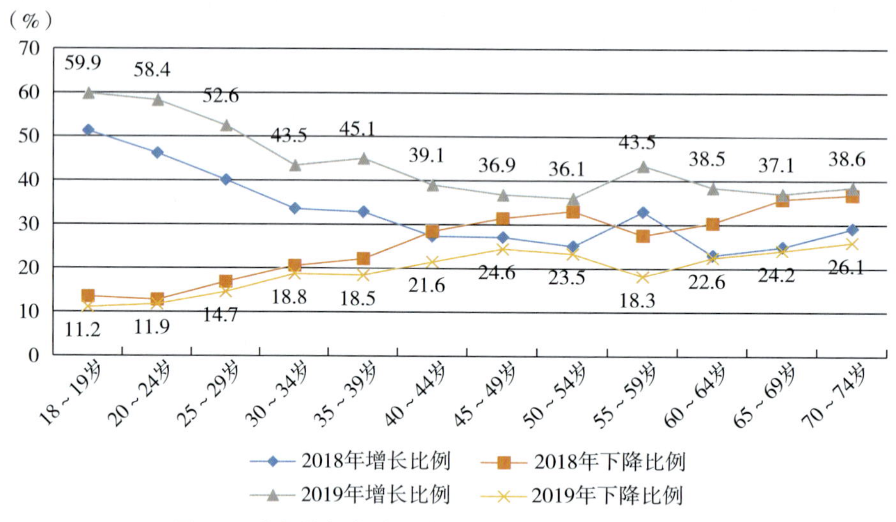

图5-8 分年龄段劳动者收入变化情况（电话调查）

中国民生调查的入户调查结果也显示，就业人员的劳动收入状况相比上年有所改善，其中农村地区就业人员改善幅度更大，并扭转了增收面小于减收面的局面。分年龄段看，44 ～ 64 岁中老年就业群体劳动收入比上年改善更为明显。分受教育水平看，除中专、大专就业群体劳动收入增收面略有收窄，其他学历就业群体增收面都有所扩大，各学历就业群体减收面基本没有变化。

（三）就业评价比往年有明显改善

在中美经贸摩擦持续升级带来宏观经济下行压力下，国内对 2019 年就业预期普遍不乐观，但经过政府一系列稳就业、促增收措施，国内没有发生大规模失业和大面积收入下降现象，就业人员对当前就业状况的满意度也有了上升。电话调查显示，2019 年有工作的受访者对当前就业状况表示“非常满意”“比较满意”“一般”的比例分别为 23.7%、35.5%、31.5%，总体满意比例达到 90.7%，比 2018 年提高了 6.1 个百分点，为 2015 年以来最高水平；表示不满意（包括“不太满意”和“非常不满意”）的受访者占 8.4%，比上一年降低了 6.3 个百分点。与上一年相比，各类人群的就业评价都有所提高（见图 5-9）。

分就业群体看，东部地区、城镇地区、20～39岁、大专以上学历的劳动者总体满意比例较高，均达到92%以上。相较而言，东北地区、农村地区、60～74岁、初中以下学历就业群体对当前就业状况评价较低。分就业类型和单位性质看，党政机关、社会团体、事业单位职工的总体满意比例最高（97.4%），其次是国有企业和集体企业职工（94.9%）、外资、合资和港澳台企业员工（94.9%），而自由职业者和临时务工（82.9%）、农民（81.8%）的评价最低。非农就业人员中，金融业、房地产业、科学研究技术服务和地质勘查业的从业人员对当前就业状况评价最高，其总体满意比例分别达到了96.8%、95.5%和94.7%，从事公共管理和社会组织（86.5%）、建筑业（88.1%）、交通运输、仓储和邮政业（88.2%），采矿业（89.7%）的就业人员总体满意比例则相对较低。

图5-9　2015—2019年电话调查就业人员对当前就业状况的评价

二、失业问题和就业质量

（一）因单位原因失去工作的人员比重有所上升

虽然2019年城镇调查失业率低于政府控制目标，但相比2018年有所上升，表明稳就业工作压力仍然较大。电话调查也显示，因单位倒闭、经营困难或转型等原因失去工作的人员占全部未就业人员的比重为8.2%，比上一年增加1.6个百分点，其中，城镇地区该比重为8.6%，增加了0.5个百分点（见表5-7）。分年龄段看，35～59岁受访者人群中因单位原因失去工作的占12.2%，其中45～49岁、50～54岁人群均超过了16%，显著高于其他年龄段群体（见图5-10）。分学历看，初中和高中（职高、中专、技校）学历人群因单位原因失去工作的比例

---

* 本书图表中涉及百分比的数据，因为要求保留小数点后一位或两位，所以每组都是四舍五入后的数值，最后各组百分比加起来有时为99.9%或100.1%。特此说明，编者注。

最高（9.8%、9.6%，见图 5-11）。调查显示，因单位原因失业人员主要来自制造业（18.4%）、建筑业（12.4%）、批发和零售业（10.9%）、住宿和餐饮业（9.4%）、交通运输、仓储和邮政业（9.2%）。

表5-7　电话调查未就业原因分析　单位：%

	城镇	农村	总计
因单位倒闭、经营困难或转型等原因失去工作后，尚未找到新的工作	8.6	7.6	8.2
对工作不满意或不能胜任而离职后，尚未找到新的工作	3.7	4.8	4.1
因身体原因（疾病、怀孕等）离职后尚未找到新的工作	5.5	9.5	7.0
不愿意、不需要或因为身体原因（疾病、怀孕等）目前无法工作	5.9	14.2	9.1
毕业后或退役后一直未落实工作	3.5	5.7	4.3
料理家务及照料家庭成员不能工作	16.4	25.2	19.8
在校学生	18.3	11.6	15.7
离退休	31.7	14.7	25.1
准备自主创业	3.8	4.5	4.1
准备继续读书/考资格证/参军等	2.7	2.1	2.5
样本数（个）	8296	5264	13560

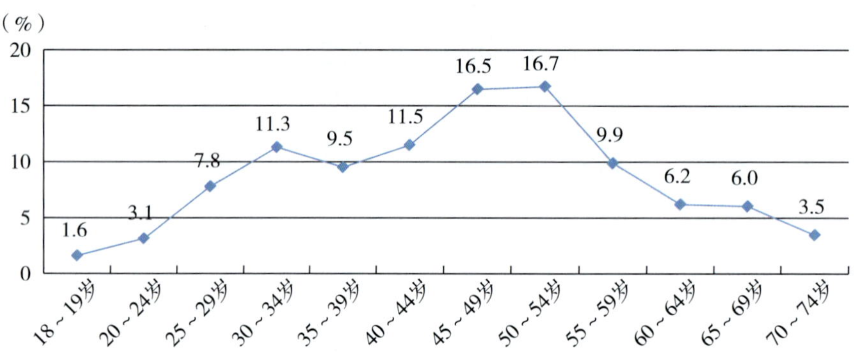

图5-10　分年龄段因单位原因失业人员占比

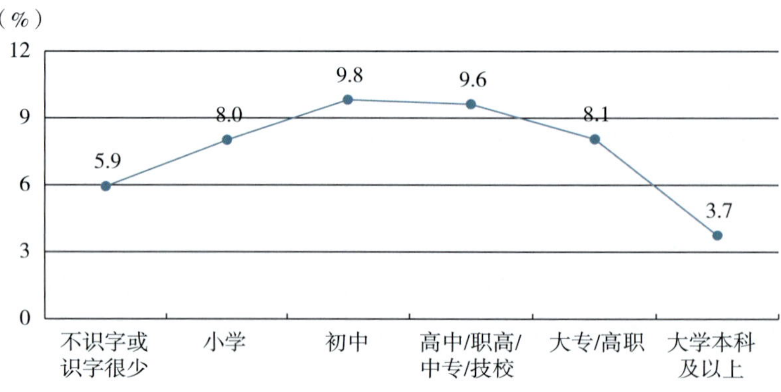

图5-11　分学历因单位原因失业人员占比

（二）无工作人员再就业困难，享受政府创业就业政策和服务的比例较低

电话调查显示，有就业意愿的无工作人员中，43.6% 为 40 ～ 59 岁人群，59.2% 为初中和高中（职高、中专、技校）学历，70.8% 已经没有工作半年以上，49.5% 认为自己找工作“非常困难”或“比较困难”。关于找工作困难的原因，45.6% 认为是“年龄增大或健康状况变差”，23.7% 认为是“文化水平或技能不够”，13.7% 认为是“经济形势不好”。仅有 18.6% 的有就业意愿的无工作人员表示在找工作过程中曾享受政府提供的就业创业政策和服务。

（三）在业人员担心失业的比例较高，失业承受能力普遍较弱

根据电话调查，33.9% 的在业人员担心未来一两年内可能会失业，其中，30 ～ 49 岁人群（36%）、高中及以下学历人群（40.4%）担心失业的比例较高。分就业类型看（见图 5–12），自由职业者和临时务工人员、合资外资和港澳台资企业员工、个体工商户雇员担心失业的比例最高。分行业看（见图 5–13），交通运输、仓储和邮政业、批发和零售业、建筑业的从业人员担心失业的比例最高，均超过 40%。分岗位类型看，生产运输设备操作、后勤保障和服务等非技术岗担忧失业比例较高。

担心失业的在业人员在回答“如果万一失业，您认为在多长时间内找到新工作不会对您和您家庭的生活带来明显影响”时，其中 34.7% 选择 1 个月以内，31.0% 选择 1 ～ 3 个月，两者合计占 65.7%，选择 3 个月及以上的占 34.3%。对于“最有可能导致其增加失业风险的因素”，37.2% 选择“行业不景气，工作机会少”，其次是“整体经济状况变化，经济增长放缓”（19.9%）和“年龄增加或健康状况下滑”（18%）。

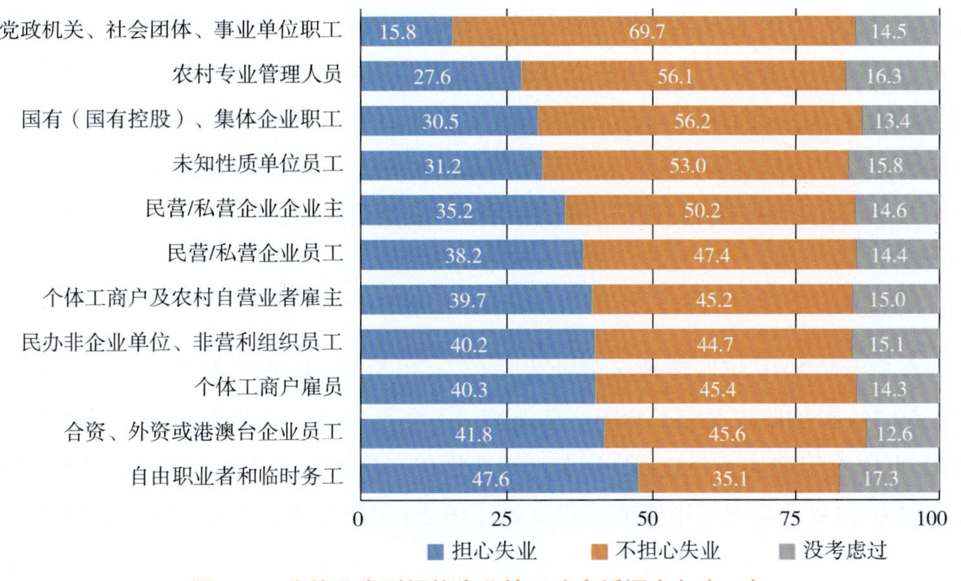

图5-12 分就业类型担忧失业情况（电话调查）（%）

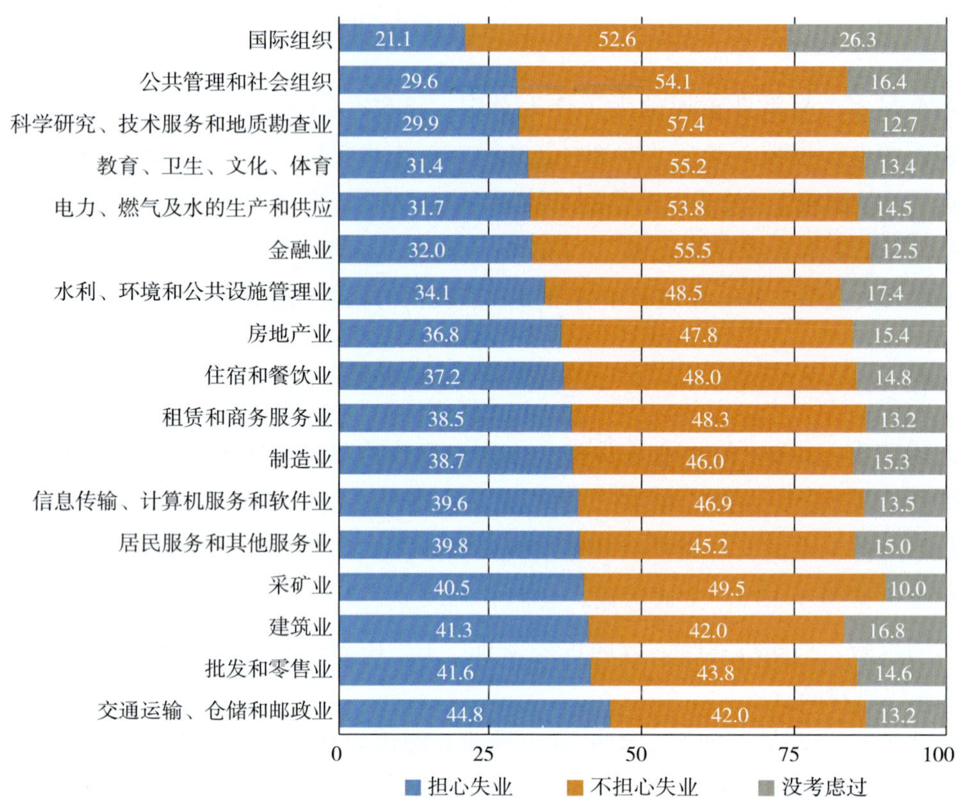

图5-13　分行业类型担忧失业情况（电话调查）（%）

（四）高校毕业生就业压力仍然较大

根据电话调查，2019 年夏季高校毕业生中，63.4% 已落实工作，14.7% 准备继续读书、不打算找工作，17.0% 尚未落实工作、正在找工作，另有 4.9% 未开始找工作。总体上看，24.7% 的 2019 年高校毕业生认为找工作“非常困难”或“比较困难”，43% 认为难度“一般”，32.3% 认为“非常容易”或“比较容易”。对于找工作困难的原因，41.2% 认为是自己“缺乏工作经验”，24.4% 认为是自己“文化或技能不足”，16.9% 认为是“经济形势不好”。

（五）就业质量有下降趋势

入户调查显示，2019 年城镇地区就业人员仅有 29.5% 参加职工养老，比上年下降 1.7 个百分点；仅有 29.7% 参加职工医疗，比上一年下降 0.4 个百分点。就业人员没有签订劳动合同的比例（34.2%）也比上年增加了 3.5 个百分点。遭遇拖欠工资的就业人员占 3.2%，其中农民工被拖欠工资的比例为 4.5%，与上一年持平。建筑业（10.2%）仍是拖欠工资问题最严重的行业。

三、政策建议

2019 年，在稳就业各项措施持续发力下，我国基本保持了就业形势稳定，但是失业问题比上年有所上升，稳就业工作面临更大挑战。2020 年 1 月暴发的新冠肺炎疫情对我国的经济和就业带来了前所未有的冲击，2020 年 2 月以来城镇调查失业率处于 5.5% 以上的高位，农村外出打工人数显著下降，中国就业市场景气指数（CIER）、中国人民银行储户调查就业感受指数等各类就业指标明显恶化，特别是中小微企业、个体户、生活服务业和出口行业从业人员的就业、收入和基本生活面临较大困难。2020 年，我国发展面临的内外部环境更复杂更严峻，可以预料和难以预料的风险挑战更多更大，实现全年城镇新增就业 1100 万人以上、城镇调查失业率 5.5% 左右、城镇登记失业率 4.5% 以内的预期目标，需要付出更为艰巨的努力。面对前所未有的困难和挑战，必须强化底线思维，把就业工作放在做好“六稳”工作、落实“六保”任务首位，全面落实就业优先政策，千方百计稳定和扩大就业，兜牢基本民生底线。

（1）持续抓好疫情常态化防控，在有效控制疫情的前提下，做好经济社会秩序恢复，适应边生产生活、边防控疫情的新常态，最大限度地减轻疫情对经济活动的不利影响。

（2）积极扩大国内需求，实施更加积极有力的财政政策和更加灵活的货币政策，积极扩大国内需求和有效投资，加强传统基础设施和新型基础设施投资，加大减税降费增信力度，帮助民营中小微企业和个体户、生活服务业行业和出口企业纾难解困，以稳增长促进保就业。

（3）落实党中央、国务院《关于构建更加完善的要素市场化配置体制机制的意见》《关于新时代加快完善社会主义市场经济体制的意见》，加快推进要素市场等领域的重大改革，激发全社会创造力和市场活力，提高市场运行和要素配置效率，增强内生增长动力，为长期就业稳定和提高就业质量打下坚实基础。

（4）扎实做好高校毕业生、农民工、退役军人、就业困难人员等群体的就业工作。落实对招用农村贫困人口、城镇登记失业半年以上人员的各类企业税费减免政策。支持企业通过临时性、季节性、弹性工作等灵活多样形式吸纳就业。适度扩大研究生招生规模，以扎实优惠政策引导大学生到乡村基层就业。加强就业困难人群的技能培训和就业帮扶，支持依托互联网平台就业，全面放开城镇无固定场所摊贩经营。

（5）完善社会保障，兜牢失业人员基本生活保障。进一步扩大失业保险的保障范围，优化线上失业登记、线上失业保险申领平台，及时发放失业保险金、失业补助金，加强与低保、社会救助的衔接，切实保障失业人员特别是无就业家庭的基本生活。

（执笔：沈俊杰 马 磊）

第六章
收入专题研究报告

调查数据显示，一年来，受经济平稳增长以及政府实施了一系列促进居民增收举措的影响，居民收入保持稳定增长，家庭收支状况有所改善，但同时，受访者对收入水平仍然十分焦虑，仍有相当比例受访者反映家庭收入有所减少，收支压力较大，这直接关系到居民生活水平的持续提升，并对经济社会运行产生影响，需要引起高度关注。

一、2019 年城乡居民家庭收支总体情况

调查显示，2019 年居民收入较上年保持稳定增长，家庭收支状况有所改善。其中，79.6% 的入户调查[①]受访者认为家庭年收入有所增加或变化不大，高出上次调查 2.9 个百分点。80.8% 的电话调查[②]受访者认为收入有所增加或变化不大，比上次调查高出 6.5 个百分点。40.8% 的入户调查受访者认为家庭收支有盈余，高出上次调查 4.0 个百分点。

第一，受访者认为收入增长的比重有所增加。入户调查数据显示，家庭总收入方面，26.2% 的受访者认为全年家庭总收入会有所增长，高出上次调查 3.7 个百分点。月收入方面，20.0% 的受访者认为月平均收入较上年同期有所增加，高出上次调查 1.2 个百分点（见图 6–1）。电话调查显示，44.0% 的受访者认为劳动收入有所增长[③]，高出上次调查 11.2 个百分点。其中认为“明显增长”和“略有增长”的比重分别为 9.5% 和 34.5%，分别高出上次调查 2.7 个和 8.5 个百分点（见表 6–1）。

第二，大多数传统行业的受访者认为收入增长的比重有不同幅度提升。以采矿业、制造业、农林牧渔业、批发和零售业、建筑业、住宿和餐饮业为例，除了制造业的受访者认为收入增长的比重与 2018 年基本持平以外，其他行业的受访者认为收入增长的比重均有所提升。其中，采矿业、农林牧渔业、批发和零售业、建筑业、住宿和餐饮业的受访者认为收入增长的比重分别达到 39.1%、16.7%、20.1%、22.7%、23.7%，分别比上次调查高出 19.6 个、5.4 个、0.5 个、5.2 个、5.0 个百分点（见表 6–2）。

---

① 课题组主要在河北、黑龙江、江苏、浙江、安徽、福建、广西、陕西 8 省区开展民生关切点入户调查，共获得 10026 份有效调查问卷，本报告若无特殊说明，调查数据均为入户调查数据。

② 在进行入户调查的同时，课题组采用电话调查方式，对全国 31 个省份的 18 ~ 74 周岁的城乡居民进行了民生问题满意度调查，实际完成样本量 51609 个。

③ 电话调查中的劳动收入指劳动取得报酬，不包括股票、分红、赠与等。

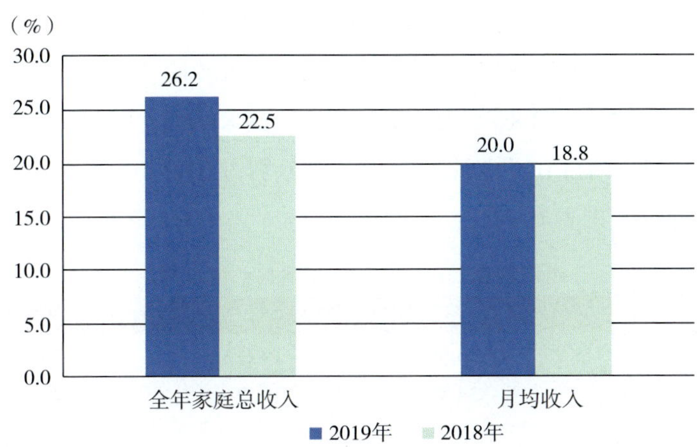

图6-1　入户调查受访者反映收入增长情况对比

表6-1　电话调查受访者反映收入变化情况对比

	明显增长	略有增长	没变化	略有下降	明显下降	前两项合计	前三项合计
2018年调查	6.8%	26.0%	41.5%	10.1%	14.0%	32.8%	74.3%
2019年调查	9.5%	34.5%	36.8%	10.6%	8.5%	44.0%	80.8%

表6-2　六类行业受访者认为收入增长比重对比

行业分类	2019年调查			2018年调查		
	大幅增加	略有增加	合计	大幅增加	略有增加	合计
采矿业	—	39.1%	39.1%	2.8%	16.7%	19.5%
农林牧渔业	0.5%	16.2%	16.7%	0.4%	10.9%	11.3%
批发和零售业	0.8%	19.3%	20.1%	0.5%	19.1%	19.6%
建筑业	—	22.7%	22.7%	0.2%	17.3%	17.5%
制造业	0.7%	26.3%	27.0%	0.8%	27.1%	27.9%
住宿和餐饮业	1.9%	21.8%	23.7%	0.9%	17.8%	18.7%

第三，更高比例的受访者反映家庭收支状况有所改善。如表6–3所示，受访者回答“家庭近一年以来能够存上钱”的比重为40.8%，高出上次调查4.0个百分点。其中，受访者认为“能存上不少钱”和“能存上一点钱”的比重分别为4.4%和36.4%，分别比上次调查高出1.0个百分点和3.0个百分点。受访者认为“基本都花光了，存不上钱”的比重为50.9%，低于上次调查2.9个百分点。

表6-3　受访者认为一年来家庭日常收支变化情况对比

回答选项	2019年调查		2018年调查	
	样本数	百分比（%）	样本数	百分比（%）
不回答	20	0.2	20	0.2
能存上不少钱	441	4.4	347	3.4
能存上一点钱	3648	36.4	3386	33.4
基本都花光了，存不上钱	5102	50.9	5454	53.8
当年收入不够花，主要靠以前的积蓄	545	5.4	445	4.4
当年收入不够花，主要靠借钱	270	2.7	482	4.8
合计	10026	100.0	10134	100

第四，较大比例的受访者预期收支会持续改善或稳定。入户调查显示，针对“您对未来一年（2020 年）您家的收支变化状况怎么看”的问题，受访者回答“显著变好”“有所改善”“没有变化”的比重分别为 2.7%、33.8%、45.5%，合计达到 81.9%。同时，电话调查显示，受访者对未来生活信心表示“非常有信心”“比较有信心”分别占 37.2%、35.5%，合计为 72.7%，比上次调查高出 3.8 个百分点（见表 6–4）。

表6-4 电话调查受访者对未来生活信心情况对比

	非常有信心	比较有信心	一般	信心不足	没有信心
2019年调查	37.2%	35.5%	19.6%	3.1%	4.5%
2018年调查	34.4%	34.5%	19.8%	4.2%	6.0%

二、2019 年城乡居民家庭收支变化的主要影响因素

2019 年居民家庭收支方面出现了较多积极变化，既得益于经济保持较为平稳增长的影响，也与政府实施的稳定就业、个人所得税改革、加大社会保障力度等一系列促进居民增收的举措直接相关。

一是经济实现平稳增长为居民收入保持平稳增长奠定了坚实基础。经济发展是带动居民收入增长的根源。2019 年，面对国内外风险挑战明显增加的复杂局面，经济增长速度尽管略有放缓，仍维持了平稳增长态势，国内生产总值（GDP）同比增长 6.1%。同时，供给侧结构性改革持续深化推进，一些传统行业的产能利用率保持平稳水平，带动了这些行业收入水平的增长。据国家统计局统计，2019 年全国工业产能利用率为 76.6%，比 2018 年提高 0.1 个百分点。其中，黑色金属冶炼和压延加工产能利用率为 80.0%，比 2018 年提高 2.0 个百分点；煤炭开采和洗选业产能利用率为 70.6%，与 2018 年持平。

二是国家切实实施了一系列积极就业政策，就业水平与质量的提升带动了居民收入的稳步增长。稳就业是实现收入稳定增长的重要保障。为了强化各方面重视就业、支持就业的导向，2019 年政府工作报告首次将就业优先政策置于宏观政策层面，实施更加积极的就业政策。同时，国务院升格成立了就业工作领导小组，全国人大开展了就业促进法执法检查，就业优先导向愈加鲜明，为就业工作打下坚实基础。另外，稳就业政策持续发力。其中，援企稳岗“降、返、补”政策全面发力，失业保险全年向 114.8 万户企业稳岗返还 551.7 亿元，惠及职工 7289.5 万人。职业技能提升行动扎实开展，国务院办公厅印发《职业技能提升行动方案（2019 ～ 2021 年）》，明确 2019 ～ 2021 年，3 年共开展各类补贴性职业技能培训 5000 万人次以上，全面提升劳动者职业技能水平和就业创业能力。电话调查也显示，55.7% 的就业人员表示近两年曾接受过与工作相关的培训。就业服务全面升级，全年共提供免费职业介绍、职业指导近 1 亿人次。在这些政策的推动下，就业保持了较高水平。城镇地区就业人员 44247 万人，比 2018 年增加 828 万人，有 546 万城镇失业人员实现再就业，就业困难人员就业 179 万人。电话调查显示，受访者有工作的占 73.7%，比 2018 年提高 3.4 个百分点。

三是政府更大力度推进企业和个人的减税缴费，对居民收入增长起到了重要促进作用。2019年国家实施了更大规模的减税降费政策，大大激发了主体的活力，带来了就业和收入增长。据统计，全年减税降费超过2.36万亿元，其中新增减税1.93万亿元，所有行业税负均不同程度下降，微观主体活力不断增强。全年新登记市场主体2377万户，日均新登记企业2万户，年末市场主体总数达1.2亿户。同时，积极推行降低社保费率、减轻企业负担成效明显。2019年5月1日起，企业职工基本养老保险单位缴费比例高于16%的29个省份和新疆生产建设兵团，以及机关事业单位基本养老保险单位缴费比例全部降至16%。各省份延续阶段性降低失业保险费率政策，符合降费条件的26个省份延续阶段性降低工伤保险费率。据统计，2019年企业职工基本养老保险、失业保险、工伤保险减费4252亿元，超额完成年初预计3100亿元的目标。此外，深入实施个人所得税改革，实施个人所得税专项附加扣除政策，加上2018年10月1日提高个人所得税基本减除费用标准和优化税率结构翘尾因素，合计减税4604亿元，使2.5亿纳税人直接受益，人均减税约1842元，带来了居民收入的直接增长。

四是国家持续推进扶贫攻坚，为低收入家庭的收入增长创造了有利条件。2019年，各级政府深入贯彻落实《中共中央 国务院关于打赢脱贫攻坚战三年行动的指导意见》要求，在扶贫方面继续发力，除了继续落实既有政策之外，还陆续出台了一些针对性的支持政策。例如，《国务院办公厅关于深入开展消费扶贫助力打赢脱贫攻坚战的指导意见》提出大力推进消费扶贫；中央网信办等四部门联合印发要求，深入推进网络扶贫；中国银保监会等四部门提出进一步规范和完善扶贫小额信贷管理等。国家统计局统计，2019年年末，农村贫困人口比2018年年末减少1109万人，贫困发生率比2018年下降1.1个百分点。贫困地区农村居民人均可支配收入11567元，比2018年增长11.5%，扣除价格因素，实际增长8.0%，高出同期全国农村居民人均可支配收入实际增速1.8个百分点。

五是社会保障政策的不断完善有力促进了家庭收支状况改善。通过完善政策，提升社会保障水平可直接带来居民家庭的增收节支。例如，持续提高退休人员月人均基本养老金5%左右，加大失业保险支持企业稳定就业岗位，同时，提高社会保障的覆盖范围，持续加大对于困难群体的社会救助范围。入户调查数据显示，受访者家庭获得过政府或有关部门经济援助的占13.6%。根据国家统计局统计，2019年年末全国共有861万人享受城市最低生活保障，3456万人享受农村最低生活保障，439万人享受农村特困人员救助供养，全年临时救助918万人次；全年资助7782万人参加基本医疗保险，实施门诊和住院救助6180万人次；全年国家抚恤、补助退役军人和其他优抚对象861万人。

三、城乡居民家庭收支方面值得关注的几个问题

尽管居民收入水平较上年保持稳定增长，但调查显示，受访者对收入水平仍然十分焦虑，部分家庭仍有较大收支压力，值得高度关注。

（一）收入水平是居民日常生活中最焦虑的因素，且仍有相当比例的受访者反映家庭收入有所减少

入户调查显示，针对“在您日常生活中，目前最让您焦虑（操心、担忧、忧虑）的是（可多选，最多选三项，按关心或焦虑的程度排序）”问题，25.1% 的受访者将收入水平列为首要焦虑因素，领先于排名第二位的医疗 5.6 个百分点（见图 6–2），四成受访者将收入水平列为三项之一。其中，中低收入家庭的受访者认为收入减少的比重仍然较高，1 万～ 2.99 万元、3 万～ 4.99 万元年收入家庭的受访者认为家庭总收入减少的比重分别为 25.4%、24.6%，明显高出其他年收入水平家庭的受访者（见表 6–5）。

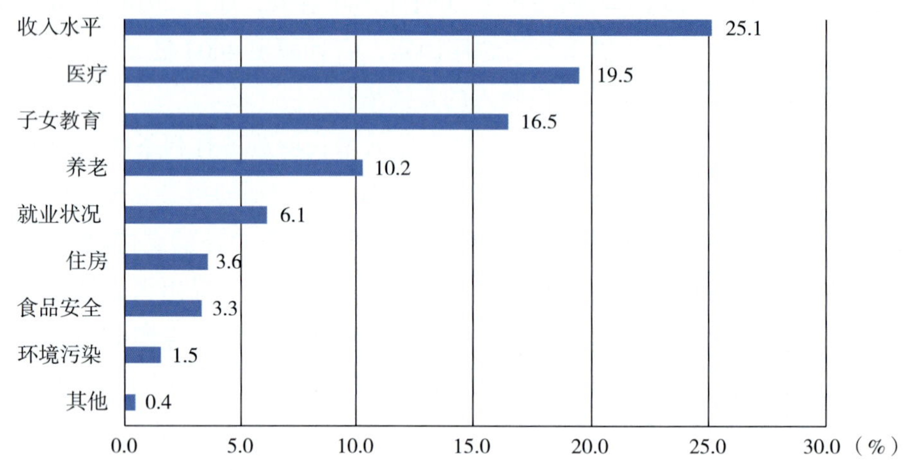

图6-2 目前最让受访者焦虑（操心、担忧、忧虑）的因素占比情况

表6-5 不同收入水平家庭受访者反映的家庭收入变化情况

家庭年收入	显著增长	有些增长	和去年差不多	有些减少	明显减少
1万元以下	0.7%	13.7%	65.6%	13.1%	6.8%
1万～2.99万元	0.8%	17.7%	56.1%	19.1%	6.3%
3万～4.99万元	0.9%	21.2%	53.3%	19.7%	4.9%
5万～9.99万元	1.0%	26.9%	51.5%	16.6%	4.0%
10万～14.99万元	1.6%	30.1%	50.3%	13.6%	4.4%
15万～24.99万元	2.0%	34.3%	48.1%	11.5%	4.1%
25万～49.99万元	5.6%	39.1%	41.6%	7.7%	6.0%
50万元及以上	9.3%	42.6%	29.6%	11.1%	7.4%

（二）医疗、子女教育、食品、住房等支出压力较大，食品价格上涨对于部分中低收入家庭的消费支出影响明显

入户调查显示，受访者针对“您感觉消费支出压力最大的是什么？”的问题，第一选择是

医疗、子女教育、食品、住房的比重较高。其中，选择医疗和子女教育的分别占 26.8%、26.7%，均与 2018 年变化不大，选择住房的占 9.8%，比 2018 年略有降低，但选择食品的占到 20.5%，比 2018 年提高了 5.6 个百分点。特别是家庭年收入在 5 万元以下的受访者反映食品支出压力大的比重上升幅度较大。其中，1 万元以下、1 万～ 2.99 万元、3 万～ 4.99 万元年收入家庭的受访者选择食品的比重分别为 34.2%、25.2%、22.8%，分别比 2018 年提高了 12.0 个、9.5 个、8.1 个百分点。同时，由于本次入户调查普遍在 2019 年 8 月前后开展，此后几个月食品价格仍然有明显上涨，势必会对家庭支出产生更为显著的影响，需要加强关注。

（三）家庭年收入 10 万元以下的受访者反映收支压力较大，仍有不少家庭当年收不抵支

尽管受访者反映家庭收支盈余的比重比上年有所提高，但仍有较高比例的中低收入家庭受访者反映收支压力较大。如表 6–6 所示，1 万元以下、1 万～ 2.99 万元、3 万～ 4.99 万元、5 万～ 9.99 万元年收入家庭的受访者认为“基本都花光了，存不上钱”的比重较高，分别达到 69.5%、68.4%、63.3%、52.4%。同时，这部分受访者反映“当年收入不够花，靠以前积蓄或者借钱维持开支”的比例也不低，分别为 23.2%、16.1%、10.4%、5.6%。

表6-6　不同收入水平家庭受访者反映的家庭收支情况

家庭年收入	能存上不少钱	能存上一点钱	基本都花光了，存不上钱	当年收入不够花，主要靠以前的积蓄	当年收入不够花，主要靠借钱
1万元以下	0.4%	6.8%	69.5%	15.1%	8.1%
1万～2.99万元	0.4%	15.0%	68.4%	9.6%	6.5%
3万～4.99万元	1.1%	25.3%	63.3%	6.5%	3.9%
5万～9.99万元	2.2%	39.8%	52.4%	4.3%	1.3%
10万～14.99万元	6.3%	52.8%	37.0%	3.0%	0.8%
15万～24.99万元	14.6%	56.1%	27.0%	1.4%	0.9%
25万～49.99万元	24.8%	60.5%	12.6%	1.3%	0.8%
50万元及以上	46.4%	46.4%	7.1%	—	—

（四）从调查时点反映的情况看，未来一年（2020 年）居民家庭收支预期总体稳定，但仍有部分低收入家庭预期收支变差

入户调查显示，针对“您对未来一年（2020 年）您家的收支变化状况怎么看”的问题，尽管超过 80% 的受访者认为收支持续改善或稳定，但同时，仍有 16.5% 的受访者回答“担心会有所变差”，1.6% 的受访者回答“明显变差”。其中，1 万元以下、1 万～ 2.99 万元、3 万～ 4.99 万元、5 万～ 9.99 万元年收入家庭的受访者担心未来一年（2020 年）收支变差或者明显变差的比重分别为 30.1%、26.1%、21.5%、17.0%，明显高出其他年收入水平家庭的受访者（见表 6–7）。

表6-7　　不同收入水平家庭受访者预期未来一年（2020年）收支情况

家庭年收入	显著变好	有所改善	没有变化	担心会有所变差	明显变差
1万元以下	0.6%	12.3%	56.9%	25.1%	5.0%
1万～2.99万元	1.7%	20.1%	52.0%	24.5%	1.6%
3万～4.99万元	2.3%	27.6%	48.7%	19.5%	2.0%
5万～9.99万元	2.4%	34.9%	45.6%	15.6%	1.4%
10万～14.99万元	3.5%	42.8%	41.0%	12.1%	0.6%
15万～24.99万元	3.6%	51.7%	34.0%	9.9%	0.8%
25万～49.99万元	6.2%	48.2%	37.2%	7.5%	0.9%
50万元及以上	22.6%	43.4%	26.4%	5.7%	1.9%

四、相关政策建议

收入问题直接关系到家庭抗拒经济风险的能力，影响较为广泛。针对目前调查反映的一些问题，必须采取综合措施加以应对。

第一，多措并举夯实居民收入增长的基础。一是通过有序推进复工复产、加大财政政策和货币政策调节支持力度、加快培育新的经济增长点、进一步深化推进要素市场化改革等多种举措，全面降低疫情对经济增长的影响，推进实体经济的恢复和稳定发展。二是密切关注一些新情况对就业的影响，通过尽力帮扶受疫情影响明显的中小企业渡过难关、针对性实施稳岗补贴、提升就业服务水平、加强技能培训等多方面应对措施，保持就业稳定。三是通过完善土地、住房、金融等方面制度，拓宽城乡居民财产性收入渠道。另外，通过稳步提升养老金水平、进一步深化精准扶贫等，保障老年人、低收入人群收入的稳定增长。

第二，强化差别化政策支持，针对性促进收入较为困难家庭收入的稳定增长。在夯实收入增长基础的同时，应加强对收入较为困难家庭的重点关注，采取差别化的支持政策。一是对有就业能力、就业困难的家庭，着重通过技能培训、就业帮扶、以工代赈、提供公益性岗位等方式，促使其通过就业获得稳定收入。二是对无就业能力、生活困难家庭，进一步完善最低生活保障等社会救助政策，加强不同政策间的有效衔接，提升救助政策的力度与精准度。三是对一些从事农业种植、农产品销路较为困难的家庭，应重点在农产品销售方面提供帮助。

第三，不断完善医疗、教育、住房相关制度，针对性缓解居民家庭支出压力。针对近年来受访者一直反映较为突出的医疗、教育、住房支出压力，需有针对性地加强医疗、教育、住房领域的制度建设。一是在医疗领域，建议建立既定保障范围内的医保个人自付封顶制度，同时，完善大病保险制度，更大力度实施医疗救助，切实降低居民的医疗支出。二是在教育领域，进一步改革中小学教育教学内容、方式及考试评价制度，规范公立教育机构办学科类培训，并加强培训的收费管理，完善非义务教育阶段的教育资助体系，真正缓解家庭教育支出压力。三是在住房领域，针对住房困难群体，应进一步完善廉租房制度以及提供租住房的货币化补贴等，确保其以合理价位实现住有所居。

第四，密切关注家庭食品支出的变化趋势，进一步完善与物价上涨相挂钩的补贴支持政策。针对近期食品价格上涨带来的家庭支出压力，在采取综合措施稳定食品供应体系的同时，需加强物价上涨对低收入家庭收支情况的影响监测，进一步完善社会救助和保障标准与物价上涨挂钩联动机制，及时启动对享受国家定期抚恤补助的优抚对象、城乡低保对象、特困人员、领取失业保险金人员等低收入群体发放临时价格补贴，适当扩大补贴发放范围与力度，提升补贴的精准度和及时性，避免困难家庭基本生活受到影响。

第五，需要高度关注新冠肺炎疫情对未来一年（2020年）部分居民家庭收支的影响。入户调查结束以后，2020年初突然暴发的新冠肺炎疫情对我国经济社会发展造成了巨大冲击，经济增速有所放缓，居民收入持续增长也会面临较大挑战，进而可能会导致居民家庭的收支压力显著上升。下一步需要在做好疫情防控，稳步推进复工复产，尽快实现经济复苏的同时，加强对疫情影响较为明显的重点人群和重点家庭收支情况的监测与关注，防止居民生活水平受到显著影响。

（执笔：张 亮）

第七章
教育专题研究报告

2019年是中华人民共和国成立70周年，是全面建成小康社会、实现第一个百年奋斗目标的关键之年，是深入贯彻落实全国教育大会精神开局之年。这一年，党中央、国务院重点围绕加快推进教育现代化建设教育强国、城镇小区配套幼儿园治理、全面提高义务教育质量、推进普通高中育人方式改革、减轻中小学教师负担等方面，出台了一系列指导意见和政策举措并取得初步成效。

国务院发展研究中心“中国民生调查”课题组2019年在河北、黑龙江、江苏、浙江、安徽、福建、广西、陕西8省区开展了民生关切点入户调查，共获得10026份有效调查问卷。同时，课题组采取电话调查方式，在全国31个省份进行了民生满意度调查，实际完成样本量51609个。调查结果显示，一年来，教育总体满意度明显提升，但家庭子女教育支出压力仍然较大，基础教育领域仍存在一些值得关注的问题。对此，建议认真贯彻党中央、国务院决策部署，落实全国基础教育工作会议精神，着力在提高质量、促进公平上下功夫，攻坚克难、狠抓落实，有效缓解家庭子女教育支出压力，切实减轻中小学生校内外课业负担，鼓励中小学校发挥好课后服务主渠道作用，多渠道扩大普惠性幼儿园供给。

一、城乡居民对教育的满意度及教育事业改革进展情况

（一）教育总体满意度明显提升

党的十八大以来，党和政府高度重视教育事业，坚持把教育摆在优先发展的战略位置，教育领域各项改革进一步深化，教育事业取得历史性成就、发生历史性变革。

从入户调查看，有子女正在上学（或幼儿园）的受访者中，认为最近一年来居住地总体教育状况有所改善的占比为64.3%，较2018年提高7.2个百分点；其中，认为“明显改善”和“略有改善”的占比分别为9.7%和54.6%。此外，认为“没有变化”“略有恶化”和“明显恶化”的占比分别为33.8%、1.7%和0.2%。

从电话调查看，2019年教育总体满意度为86.1%，较2018年提高10.8个百分点，但在12项民生问题满意度的排位仍然靠后。其中，对目前居住地教育状况表示“非常满意”“比较满意”和“一般”的占比分别为22.3%、34.5%和29.3%。此外，表示“不太满意”和“非常不满意”的占比分别为8.2%和5.7%。

（二）教育民生事业攻坚克难、狠抓落实

2019年发布的《中国教育现代化2035》及其实施方案明确提出到2020年教育现代化取得重要进展，2035年总体实现现代化、迈入教育强国行列的总体目标，为今后一个时期教育民生事业发展指明了方向。

2019年，我国基础教育紧盯重大民生关切，补短板、强弱项，学前教育、义务教育、高中阶段教育在进一步普及中不断提高质量和水平。6月，国务院办公厅印发《关于新时代推进普通高中育人方式改革的指导意见》，中共中央、国务院印发《关于深化教育教学改革全面提高义务教育质量的意见》。7月，全国基础教育工作会议召开。11月，教育部先后出台《关于加强初中学业水平考试命题工作的意见》《关于加强和改进新时代基础教育教研工作的意见》和《关于加强和改进中小学实验教学的意见》等系列配套文件。基础教育事业保障和改善民生的力度进一步加大，人民群众获得感进一步增强。

一是推进学前教育规范发展。紧盯“管理乱”问题，2019年1月，国务院办公厅印发《关于开展城镇小区配套幼儿园治理工作的通知》，要求城镇小区严格依标配建幼儿园、确保小区配套幼儿园如期移交、规范小区配套幼儿园使用。同年，教育部等七部门出台《关于做好城镇小区配套幼儿园整改工作的实施意见》，推动各地按照“一事一议”“一园一案”的原则，切实解决治理工作中摸排范围“窄”、移交“难”、补建“慢”、保障“弱”等问题。

二是巩固义务教育普及成果。紧盯“水平低”问题，2019年7月，教育部等部门印发《关于切实做好义务教育薄弱环节改善与能力提升工作的意见》，将消除城镇学校大班额、加强乡村小规模学校和乡镇寄宿制学校建设、推进农村学校教育信息化建设列为重点工作任务。10月，教育部在浙江省海盐县召开现场会，部署启动全国县域义务教育优质均衡发展督导评估认定工作。12月，又有7个省份69个县通过均衡发展评估认定，义务教育城乡一体化水平不断提高。

三是提升高中阶段教育普及水平。紧盯“普及难”问题，继续实施教育基础薄弱县普通高中项目建设和普通高中改造计划。推动30个省份建立健全普通高中生均公用经费拨款标准。部署和指导各地结合实际制定消除普通高中大班额专项规划，加快化解普通高中大班额，为深化普通高中课程改革和高考综合改革奠定良好基础。

四是深化基础教育关键领域改革。紧盯“负担重”问题，课程教材建设不断加强，启动义务教育课程方案修订，加强义务教育课程与高中课程的衔接和一体化设计。招生入学改革不断深化，明确提出“推进义务教育免试就近入学全覆盖”，强调严禁以各类考试、竞赛、培训成绩或证书、证明作为招生依据，不得以免试、评测等名义选拔学生。课堂教学改革不断加强，倡导互动式、启发式、探究式、体验式等课堂教学方式，强调有序推进选课走班，深化课堂教学改革和优化教学管理。评价体系改革不断深化。2019年4月，河北等第三批高考综合改革八省市改革方案公布并稳妥推进。学生减负持续发力，7月，教育部等六部门印发《关于规范校外线上培训的实施意见》，第一次从国家层面对面向中小学生的学科类校外线上培训进行系统规范管理。

五是加强教师队伍建设。紧盯“队伍弱”问题，2019 年，教育部办公厅印发《关于深入做好新时代教师职业行为十项准则系列文件贯彻落实工作的通知》，实行师德违规情况报告制度。12 月，中共中央办公厅、国务院办公厅印发《关于减轻中小学教师负担进一步营造教育教学良好环境的若干意见》，明确要求“从源头上查找教师负担，大幅精减文件和会议”“严格清理规范与中小学教育教学无关事项”，鲜明提出要“确保中小学教师潜心教书、静心育人”。

六是强化教育督导评估。紧盯“约束松”问题，2019 年 6 月，教育部出台《幼儿园责任督学挂牌督导办法》，要求责任督学应对幼儿园安全管理情况、规范办园情况、师德师风建设情况进行监督指导。11 月，中央全面深化改革委员会第十一次会议审议并通过《关于深化新时代教育督导体制机制改革的意见》，提出建设“全领域、全口径、全支撑、全保障”的督导新体系。12 月，国务院督导办向各省级人民政府办公厅下发通知，明确 2020 年要把义务教育教师平均工资收入水平不低于当地公务员作为督导检查重点。

此外，职业教育和高等教育在服务经济社会发展的同时，也着力提高人才培养水平。2019 年 1 月，国务院印发《国家职业教育改革实施方案》，提出从 2019 年开始，在职业院校、应用型本科高校启动“学历证书 + 若干职业技能等级证书”制度试点工作。3 月，教育部、财政部印发《关于实施中国特色高水平高职学校和专业建设计划的意见》，提出要集中力量建设 50 所左右高水平高职学校和 150 个左右高水平专业群。4 月，全国深化职业教育改革电视电话会议召开，部署推动职业教育大改革大发展；教育部等四部门印发《关于在院校实施“学历证书 + 若干职业技能等级证书”制度试点方案》，从 10 个左右领域启动制度试点工作。5 月，教育部等六部门印发《高职扩招专项工作实施方案》，落实 2019 年《政府工作报告》关于高职大规模扩招 100 万人的有关要求。8 月，教育部等四部门印发《深化新时代职业教育“双师型”教师队伍建设改革实施方案》，提出用 5 ～ 10 年时间，构建政府统筹管理、行业企业和院校深度融合的教师队伍建设机制，健全中等和高等职业教育教师培养培训体系，打通校企人员双向流动渠道。9 月，教育部印发《关于深化本科教育教学改革全面提高人才培养质量的意见》，围绕学生忙起来、教师强起来、管理严起来、效果实起来，深化本科教育教学改革。

二、教育领域值得关注的主要问题

虽然教育总体满意度明显提升，但也要看到，教育仍然是人民群众最关切的重要民生领域。受多方面因素影响，教育发展还存在不少突出问题和薄弱环节，有的改革举措尚未完成，有的甚至需要相当长的时间去落实，距离人民日益增长的美好教育生活需要还存在一定差距，办好人民满意的教育没有休止符。从数据更为详细的入户调查结果来看，主要表现在以下三个方面。

（一）教育支出压力仍然较大，且呈现逐年扩大的趋势

从入户调查看，回答“家庭消费支出压力最大的三个选项”时，有上学子女的受访者中，

把子女教育作为首选项的占比最高，为 51.9%，较 2018 年提高 4.7 个百分点，较 2017 年更是提高 9.7 个百分点。从对子女教育支出压力的评价看，54.3% 的受访者认为子女教育支出压力大，认为“比较高”和“非常高”的占比分别为 39.4% 和 14.9%。

如图 7–1、图 7–2 所示，从过去五年入户调查看，无论是“子女教育总支出”还是“子女教育总支出占家庭总支出的比重”，都呈现出支出扩大的变化趋势。而且，“子女课外辅导班总支出”也呈逐年扩大的趋势。2014 ～ 2018 年，子女教育总支出超过 1 万元的占比从 28.5% 扩大到 51.8%，超过 2 万元的占比从 8.9% 扩大到 29.4%，超过 3 万元的占比从 3.1% 扩大到 15.8%。子女教育总支出占家庭年总支出的比重超过 25% 的占比从 2014 年的 32.6% 扩大到 2018 年的 40.3%，超过 50% 的占比从 6.9% 扩大到 17.0%。

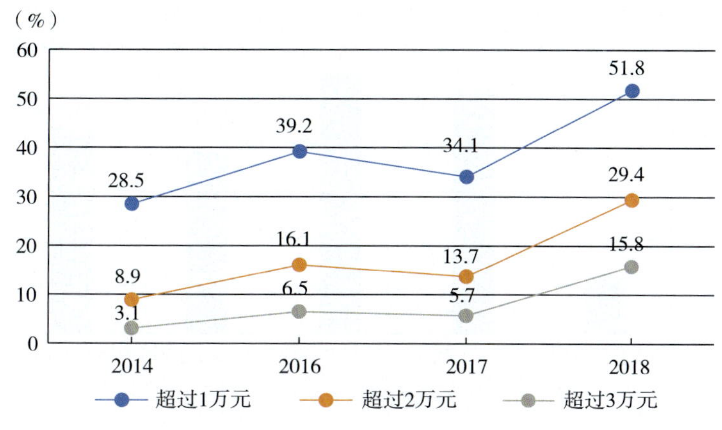

图7-1　子女教育总支出变化情况

2014 ～ 2018 年，子女课外辅导班总支出超过 1 万元的占比从 9.6% 扩大到 35.5%，超过 2 万元的从 4.5% 扩大到 17.3%，超过 3 万元的从 1.7% 扩大到 9.3%。

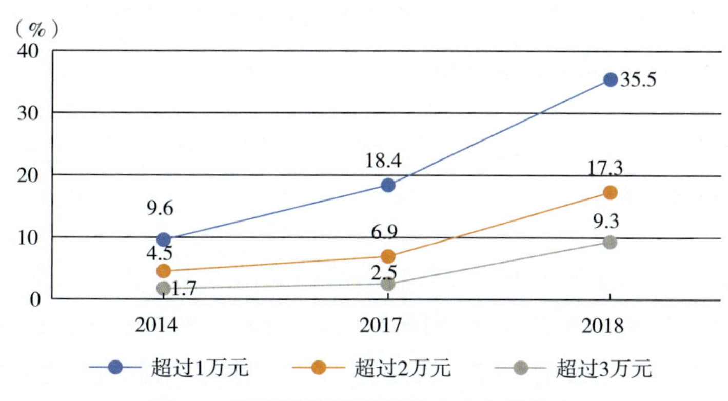

图7-2　子女课外辅导班总支出变化情况

（二）中小学生学习压力较大，校内外课业负担仍然较重

从入户调查看，子女处于义务教育阶段的受访者中，“学习成绩”和“升学”排在其对孩子学习和校园生活明确表示最担忧（或最焦虑）的前两位，占比分别为 67.2% 和 10.4%。在回答

“为了让孩子上学，做过以下哪些事情”时，选择“为更有利于孩子顺利入学，上课外辅导、培训班或请家教”的占比最高，为9.3%，较2018年略有下降（1.5个百分点）。孩子实际参加课业课外辅导、培训班或请家教的占比为40.5%，较2018年上升8.8个百分点。主城区这一占比最高，为57.3%，高出农村25.6个百分点。从参加课外辅导班的原因看，“学习还行，但想进一步巩固提高”和“学习不好，需要参加”排在前两位，占比分别为48.6%和23.2%。农村这两项占比分别为50.2%和26.3%，分别高出主城区4.2个百分点和5.7个百分点。

从入户调查看，孩子平时每天完成作业（包括学校布置的，以及课外辅导、培训班或家教以及家长自己安排的）所需时间在“1～1.5小时”的占比最高，为27.3%；而“0.5小时以内”“0.5～1小时”“1.5～2小时”和“2小时及以上”依次为6.0%、26.0%、19.1%和21.7%。

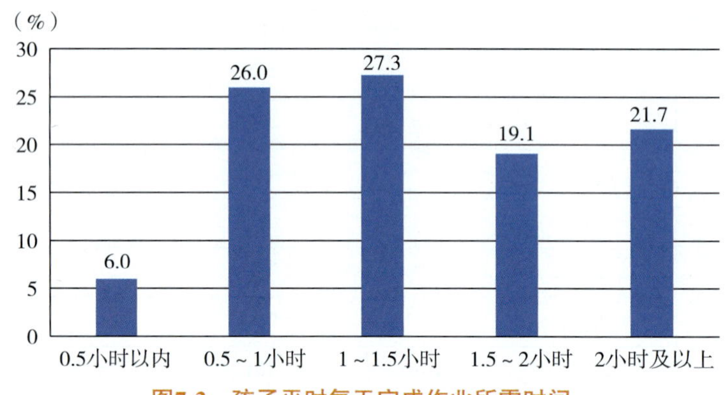

图7-3　孩子平时每天完成作业所需时间

如不区分年级，完成作业所需时间在1.5小时以上的占比为40.8%。这表明，有四成多的中小学生作业时长超过“减负”上限的要求①。主城区这一占比最高，为48.9%；农村相对最低，为36.7%。从对“学校布置的作业对孩子的负担重不重”的评价看，约三成的受访者认为学校布置的作业负担重。认为“比较重”和“非常重”的占比分别为27.5%和5.4%；有53.6%的家长认为“一般”，另有13.5%的认为作业负担轻。

（三）教育资源配置仍不够均衡，中小学校课后服务开展仍不够充分，普惠性幼儿园供给仍然不足

从入户调查看，子女处于学前或义务教育阶段的受访者中，孩子没有在离家最近或比较近的地方上学的占比为23.0%，较2018年下降2.4个百分点。农村这一占比为22.6%，高出主城区11.9个百分点。“为了上更好的学校（或幼儿园）”仍排在未就近入学的原因首位，占比为35.9%。“附近（方圆5公里范围内）没有学校（或幼儿园）”和“为了自己的方便（例如，在离工作单位近，能住校，离父母近的地方上学）”在农村更为突出，占比分别为34.3%和25.0%，分别高出主城区26.8个百分点和17.5个百分点。

① 2018年12月教育部等九部门关于中小学生减负措施中明确规定：小学一、二年级不布置书面家庭作业，三年级至六年级家庭作业不超过60分钟，初中家庭作业不超过90分钟。

子女处于义务教育阶段的受访者中，“教学质量差”和“学校之间办学条件差距大”排在“最希望改善的一项”前两位，占比分别为23.2%和16.6%，较2018年均有所提升（2～3个百分点）。农村受访者更关切“教学质量差”和“上学距离较远，就学不便”，占比分别为26.4%和14.7%，分别高出主城区8.5个百分点和6.8个百分点。从入户调查看，学校开展了放学后的课后服务的占比仅为13.2%。主城区这一占比最高，为22.7%，高出农村13.6个百分点。“每天课后照管的时间太短”排在“最希望改善的一项”的首位，占比为24.8%；而“课后服务（或活动）的收费太高”和“活动内容单一、质量不高，孩子没有收获”分列第二、第三位，占比分别为19.1%和18.5%。

从入户调查看，“入园贵”仍排在子女处于学前教育阶段的受访者“最希望改善的一项”首位，占比为38.8%，且在镇（街）和农村更为突出，占比分别为46.8%和40.7%，分别高出城乡接合部（36.4%）和主城区（32.1%）多个百分点。子女所上幼儿园的类型中，公办园的占比为35.6%，普惠性民办园为19.4%，商业性民办园为45.0%。这表明，仍有超过四成的孩子没能进入普惠性幼儿园，与中央提出的“到2020年，全国普惠性幼儿园覆盖率（公办园和普惠性民办园在园幼儿占比）达到80%”的目标还有差距。

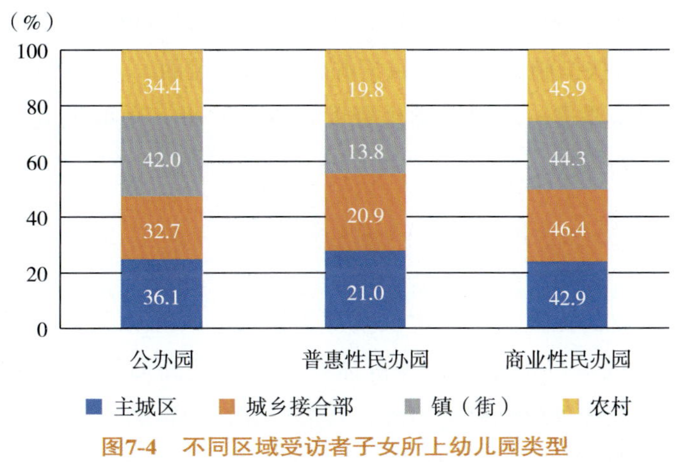

图7-4 不同区域受访者子女所上幼儿园类型

如图7–4所示，镇（街）受访者子女上公办园的占比最高，为42.0%；城乡接合部相对最低，为32.7%。主城区上普惠性民办园的占比最高，为21.0%；镇（街）相对最低，为13.8%。城乡接合部上商业性民办园的占比最高，为46.4%；主城区相对最低，为42.9%。

三、若干建议

2019年是我国基础教育具有重要标志性意义的一年。在“两个百年”交汇的重要关头，我国基础教育已站在新的历史起点并迈向全面提高质量的新阶段。全国教育大会召开后，党中央、国务院先后出台了关于学前教育、义务教育和普通高中教育的三个重要文件，并以国务院名义召开了新中国成立以来第二次全国基础教育工作会议，把基础教育摆在了优先发展的重要战略地位，对基础教育改革发展作出了全面系统部署，充分体现了党中央、国务院对基础教育的高度重视，对于动员全党全社会共同办好基础教育具有重大意义。而 2019 年初发布的《中国教育现代化 2035》及其实施方案更是充分反映了中国特色社会主义进入新时代以后对教育提出的新要求，特别是与党的十九大提出的国家现代化目标相衔接，与全球 2030 年可持续发展议程相呼应（2030 年可持续发展目标之四），针对当前教育领域人民日益增长的美好生活需要和不平衡不充分的发展之间的矛盾，实际上提出了教育现代化的总体战略和行动方案。

下一步，必须认真落实全国基础教育工作会议精神，对标《中国教育现代化 2035》及其实施方案提出的各级各类教育的发展思路，尤其是普及有质量的学前教育、实现优质均衡的义务教育、全面普及高中阶段教育等基础教育领域的发展思路，着力回应公众关切，有效解决热点难点问题，努力办好人民满意的教育。

（一）有效缓解家庭子女教育支出压力

由于义务教育资源配置仍不够均衡，家长对子女“学习成绩”和“升学”充满焦虑，参加课业课外辅导、培训班或请家教成为部分家庭无奈之举，进一步加大其教育支出压力。除了要严格落实“就近入学”、校长教师交流轮岗、学校标准化建设等既有政策外，也要通过教育信息化等手段，采取针对性帮扶措施，扩大优质资源供给和覆盖面，真正办好每一所义务教育学校。在非义务教育阶段，则需要进一步提高学生资助精准化水平，采取更为合理的资助方式，有效减轻低收入家庭子女教育负担。

（二）切实减轻中小学生校内外课业负担

中小学生校内外课业负担重，既与学校教育教学水平密切相关，又深受社会环境影响。一方面，要深化教育教学改革、构建科学评价体系，通过提高质量、优化课程、完善评价“减负”；另一方面，也要深化校外培训机构治理、营造良好社会氛围，通过规范校外线上线下培训、加强政策宣传解读、促进家长树立正确教育观念“减负”。

（三）鼓励中小学校发挥好课后服务主渠道作用

通过“政府购买服务”“财政补贴”等方式完善经费保障机制，积极探索服务的有效形式，着力培养学生兴趣，增加德、体、美育及劳动实践，因地制宜化解“3 点半难题”。落实国家有关文件规定，进一步完善中小学课后服务经费的保障政策，建立健全政府、学校、社会、家庭共同承担的多元化经费筹措机制，保障课后服务普遍开展。

（四）多渠道扩大普惠性幼儿园供给

强化政府统筹，坚持不懈继续抓好城镇小区配套幼儿园治理工作。在前期全面摸底排查基础上，考虑历史成因，“一事一议”“一园一案”，通过规范城镇小区配套幼儿园建设使用，增加普惠性学位供给。与此同时，充分预测区域人口出生和流动的变化趋势，通过大力发展公办园，加快建设乡村幼儿园，“真金白银”扶持普惠性民办园，鼓励支持街道、村集体、机关和有实力的国有企事业单位等办园，挖掘扩大普惠性学位增量。逐步建立以公共财政投入为主的学前教育成本分担机制，切实保障普惠性幼儿园正常运转和教师工资正常发放，将家庭负担控制在合理范围。

（执笔：佘　宇）

第八章
医疗卫生专题研究报告

2019 年是我国卫生健康事业发展的重要一年。2017 年以来，党的十九大和十九届三中全会部署了党和国家机构改革为医药卫生体制改革增加了新的动力，改革步伐明显加快。从最新的"中国民生调查"结果来看，患者对医疗改革带来的积极变化感受明显。

一、2019 年城乡居民对医疗卫生服务的总体感受

根据 2019 年度"中国民生调查"入户调查询问的居民对医疗卫生服务的评价，群众对医疗改革带来的积极变化感受明显。

一是医疗服务的公平性和效率明显改善。当询问"您认为过去一年来医疗服务的以下方面有什么变化"时，患者对于大医院挂号难易程度、基层医疗服务水平、社区医院向大医院转诊的方便程度、网上挂号预约方便程度、老年人挂号的方便程度改善的感受都很明显（见图 8–1）。

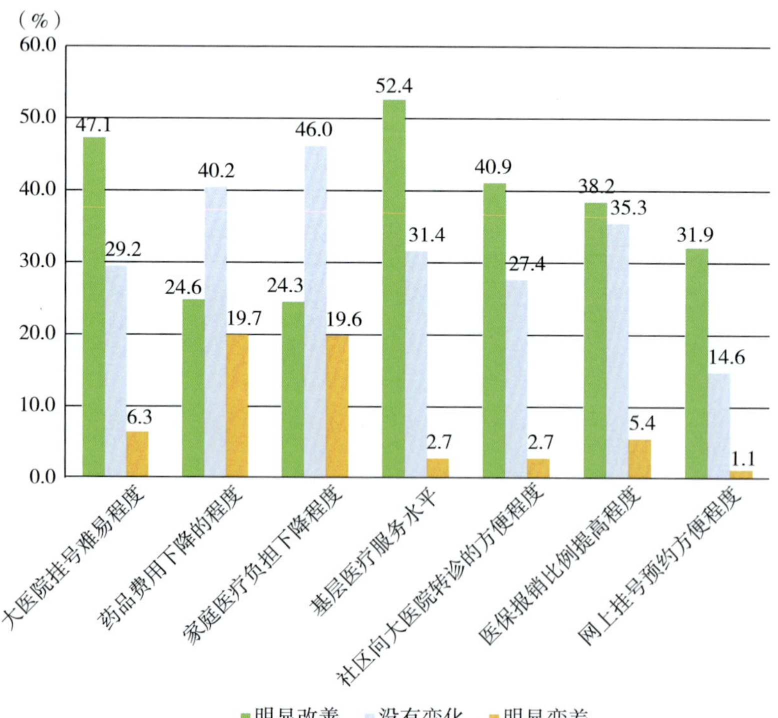

图8-1　居民对"您认为过去一年来医疗服务的以下方面有什么变化"的评价

其中，认为“基层医疗服务水平”明显改善的比例最高，为52.4%。其次依次是“大医院挂号难易程度”占47.1%，“社区向大医院转诊的方便程度”，占40.9%。医保报销比例提高程度，占38.2%。

从居民的户籍来看，城镇居民依次对基层医疗服务水平、网上挂号预约方便程度、社区向大医院转诊的方便程度的改善情况评价较高。农村居民依次对基层医疗服务水平、大医院挂号难易程度、社区向大医院转诊的方便程度、医保报销比例提高程度评价较高。且总体看，农村居民对医疗服务改善情况的评价高于城市（见表8–1）。

表8-1　各类户籍居民对医疗服务变化情况的评价

询问项目	评价	户籍类型						
		城镇	农村	本省外地城镇	本省外地农村	外省外地城镇	外省外地农村	合计
大医院挂号难易程度	明显改善	45.9%	47.6%	45.5%	46.7%	43.2%	43.9%	47.1%
	没有变化	31.6%	28.3%	30.3%	25.7%	32.4%	31.1%	29.2%
	明显变差	7.7%	5.7%	9.1%	6.6%	5.4%	3.9%	6.3%
药品费用下降的程度	明显改善	24.4%	24.9%	31.8%	27.6%	16.2%	16.7%	24.6%
	没有变化	42.2%	39.1%	48.5%	39.5%	40.5%	48.2%	40.2%
	明显变差	19.0%	20.6%	9.1%	11.8%	18.9%	11.8%	19.7%
家庭医疗负担下降程度	明显改善	22.2%	25.4%	25.8%	23.7%	24.3%	17.1%	24.3%
	没有变化	48.7%	44.5%	56.1%	48.7%	54.1%	52.6%	46.0%
	明显变差	19.0%	20.5%	12.1%	13.8%	16.2%	9.6%	19.6%
基层医疗服务水平	明显改善	46.6%	55.6%	31.8%	42.1%	45.9%	38.2%	52.4%
	没有变化	31.9%	31.1%	48.5%	28.3%	32.4%	33.8%	31.4%
	明显变差	2.4%	2.6%	4.5%	3.3%	2.7%	5.3%	2.7%
社区向大医院转诊的方便程度	明显改善	36.8%	43.2%	34.8%	33.6%	37.8%	26.3%	40.9%
	没有变化	26.6%	27.5%	43.9%	27.0%	35.1%	31.1%	27.4%
	明显变差	2.7%	2.7%	0	3.3%	0	2.6%	2.7%
医保报销比例提高程度	明显改善	32.7%	41.0%	33.3%	34.9%	29.7%	26.8%	38.2%
	没有变化	39.6%	33.5%	40.9%	30.3%	35.1%	39.9%	35.3%
	明显变差	6.1%	5.2%	7.6%	3.3%	2.7%	2.2%	5.4%
网上挂号预约方便程度	明显改善	39.7%	27.8%	42.4%	47.4%	45.9%	43.4%	31.9%
	没有变化	16.5%	13.8%	22.7%	11.8%	21.6%	16.7%	14.6%
	明显变差	1.3%	1.0%	3.0%	0.7%	2.7%	1.3%	1.1%

表8-2　各类健康状况居民对医疗服务变化的评价

		健康	有疾病	丧失劳动能力	生活部分不能自理	生活不能自理	合计
大医院挂号难易程度	明显改善	46.5%	51.1%	45.7%	42.0%	57.1%	47.1%
	没有变化	30.0%	26.0%	28.9%	29.5%	14.3%	29.2%
	明显变差	5.8%	7.1%	8.1%	6.8%	21.4%	6.3%

续表

		健康	有疾病	丧失劳动能力	生活部分不能自理	生活不能自理	合计
药品费用下降的程度	明显改善	26.1%	21.0%	19.8%	19.3%	35.7%	24.6%
	没有变化	40.6%	38.7%	39.3%	44.3%	35.7%	40.2%
	明显变差	16.5%	29.2%	28.2%	28.4%	28.6%	19.7%
家庭医疗负担下降程度	明显改善	25.8%	22.0%	17.8%	18.2%	35.7%	24.3%
	没有变化	47.5%	42.5%	41.0%	38.6%	21.4%	46.0%
	明显变差	15.3%	29.0%	34.6%	37.5%	35.7%	19.6%
基层医疗服务水平	明显改善	52.1%	55.3%	50.5%	48.9%	57.1%	52.4%
	没有变化	31.9%	27.8%	32.5%	34.1%	42.9%	31.4%
	明显变差	2.5%	4.0%	2.1%	4.5%	0	2.7%
社区向大医院转诊的方便程度	明显改善	40.9%	42.5%	38.0%	42.0%	64.3%	40.9%
	没有变化	28.3%	24.3%	26.1%	27.3%	14.3%	27.4%
	明显变差	2.5%	3.3%	2.7%	3.4%	0.0%	2.7%
医保报销比例提高程度	明显改善	39.2%	37.0%	33.3%	38.6%	42.9%	38.2%
	没有变化	34.5%	35.7%	40.4%	33.0%	21.4%	35.3%
	明显变差	4.6%	7.7%	7.1%	6.8%	7.1%	5.4%
网上挂号预约方便程度	明显改善	36.3%	21.3%	18.1%	19.3%	14.3%	31.9%
	没有变化	15.7%	10.3%	13.8%	8.0%	14.3%	14.6%
	明显变差	1.0%	1.1%	1.5%	1.1%	7.1%	1.1%

从各类健康状况居民对医疗服务变化的评价看，健康的居民对基层医疗服务水平、大医院挂号难易程度、社区向大医院转诊的方便程度评价较高。生活部分不能自理和不能自理的居民对大医院挂号、基层医疗服务水平、社区向大医院转诊方便程度的改善体会更为明显（见表 8–2）。

二是医保报销比例明显提高。调查近一年时间有住院行为的城镇基本医保参保家庭中，平均每次手术扣除各类医保报销后家庭实际支付的诊疗总费用为 12318 元，各类医保报销 10566 元，平均报销比例为 46.1%。其中，城镇职工医保参保者自负总费用平均为 12546 元，平均报销 15388 元，平均报销比例为 55.1%。城乡居民医保参保者自负总费用平均为 12278 元，平均报销 9689 元，平均报销比例为 44.2%。显著高于前 4 年 41%、39%、44%、37% 的水平。

三是家庭医生签约率明显上升。当问到本人家庭是否有签约家庭医生时，回答“有”的占 19.1%，显著高于上年调查的 13.6%。其中，城镇户籍和农村户籍人口回答的签约率分别为 13.8% 和 22.2%（见表 8–4），均显著高于上年（城镇 10.2%、农村 16.7%）。城乡居民的家庭医生签约率均明显上升。其中，生活不能自理、有疾病和丧失劳动能力人群的家庭医生签约率明显高于平均水平（见表 8–3）。农村户口居民签约率显著高于城市。但值得注意的是，流动人口的家庭医生签约率只有 3.1% ～ 7.6%，显著低于全国平均水平（见表 8–4）。

表8-3　各类健康状况居民家庭医生签约情况

	健康	有疾病	丧失劳动能力	生活部分不能自理	生活不能自理	合计
有	17.8%	23.8%	21.5%	15.9%	28.6%	19.1%
没有	74.6%	66.8%	71.3%	77.3%	64.3%	73.1%

表8-4　各类户籍居民家庭医生签约情况

	城镇户口	农村户口	本省外地城镇户口	本省外地农村户口	外省外地城镇户口	外省外地农村户口	合计
有	13.8%	22.2%	7.6%	6.6%	5.4%	3.1%	19.1%
没有	79.6%	69.4%	86.4%	87.5%	83.8%	91.7%	73.1%

二、居民对医疗服务期待改善的方面

从入户问卷调查结果看，居民对医疗服务不够满意的原因主要体现在如下三个方面。

一是医疗费用负担缓解程度还不明显。在询问“您认为过去一年来医疗服务的以下方面有什么变化”时，扣除回答“说不清”的居民，49% 的群众认为医保报销比例提高程度为“明显改善”，29% 的居民认为药品费用明显下降，27% 的居民认为家庭医疗负担明显下降。同时，24% 的居民认为药品费用明显上升，22% 的居民认为家庭医疗负担明显上升。调查结果表明，虽然近年来我国医保投入增长较快，报销比例特别是政策范围内报销比例逐步提高，但从绝对水平看，参加基本医疗保险的患者，住院费用平均报销比例为 46.1%，同国际上中高收入国家相比仍有明显差距，群众仍然希望继续降低看病就医的负担和不安全感。

二是基层、老龄卫生健康服务还有短板。近年来，我国增加的卫生费用主要进入大型医院和治疗环节，但基层医疗卫生服务、老龄人口照护、慢性病等领域的供需缺口仍然很大，这是导致居民对医疗服务不满的重要原因。从家庭医生签约情况看，调查发现城乡居民家庭医生签约率只有 19.69%，其中城镇 13.8%，农村 22.0%，离家家都有家庭医生的目标还有很大距离。2018 年，我国每万人只有 1.51 名全科医师，即使按照国务院办公厅《关于改革完善全科医生培养与使用激励机制的意见》规划，到 2030 年实现每万人 5 名全科医师，离世界上先进国家仍然有明显差距（如古巴每万人有 12 名全科医师，其基本医疗服务和预期寿命在发展中国家处在领先水平），仍难以满足居民日益增长的健康促进需要。全科医生缺口大，成为制约保基本、强基层措施落实和形成分级诊疗格局的障碍，建议尽快采取更有力措施予以突破。

三是慢性病患者迅速增长的需要尚未充分满足。从慢性病患者的诉求看，慢性病患者在医疗费用负担、治疗便利等方面仍希望继续改进。当询问“针对您家慢性病患者，您最希望解决下列哪些问题”时，回答比例靠前的依次为：“长期患病，医疗费用高”，“常用药医疗保险不能报销或报销比例低”，“治疗效果不好”，“看病及定期检查不方便”，“难以及时、方便地得到专业的健康指导”等（见表 8-5、图 8-2）。

表8-5　各类户籍居民对“慢性病患者最希望解决下列哪些问题”的回答

	城镇户口	农村户口	本省外地城镇户口	本省外地农村户口	外省外地城镇户口	外省外地农村户口	合计
看病及定期检查不方便	10.0%	11.3%	7.6%	5.3%	5.4%	3.1%	10.6%
开药存在困难	6.0%	5.4%	0	2.6%	0	0.9%	5.3%
治疗效果不好	10.8%	11.7%	7.6%	5.9%	0	3.5%	11.1%
长期患病，医疗费用高	25.6%	30.8%	16.7%	13.8%	2.7%	6.6%	28.3%
常用药医疗保险不能报销，或报销比例低	18.1%	17.1%	10.6%	7.9%	5.4%	2.6%	16.9%
难以及时、方便地得到专业的健康指导	6.7%	5.9%	6.1%	3.3%	8.1%	3.9%	6.0%
市面上的药品、保健品和健康信息难辨真伪	6.7%	3.6%	1.5%	2.0%	5.4%	2.6%	4.4%
家中病人出行不便，没有上门的医疗服务	5.5%	5.4%	6.1%	1.3%	2.7%	1.3%	5.3%

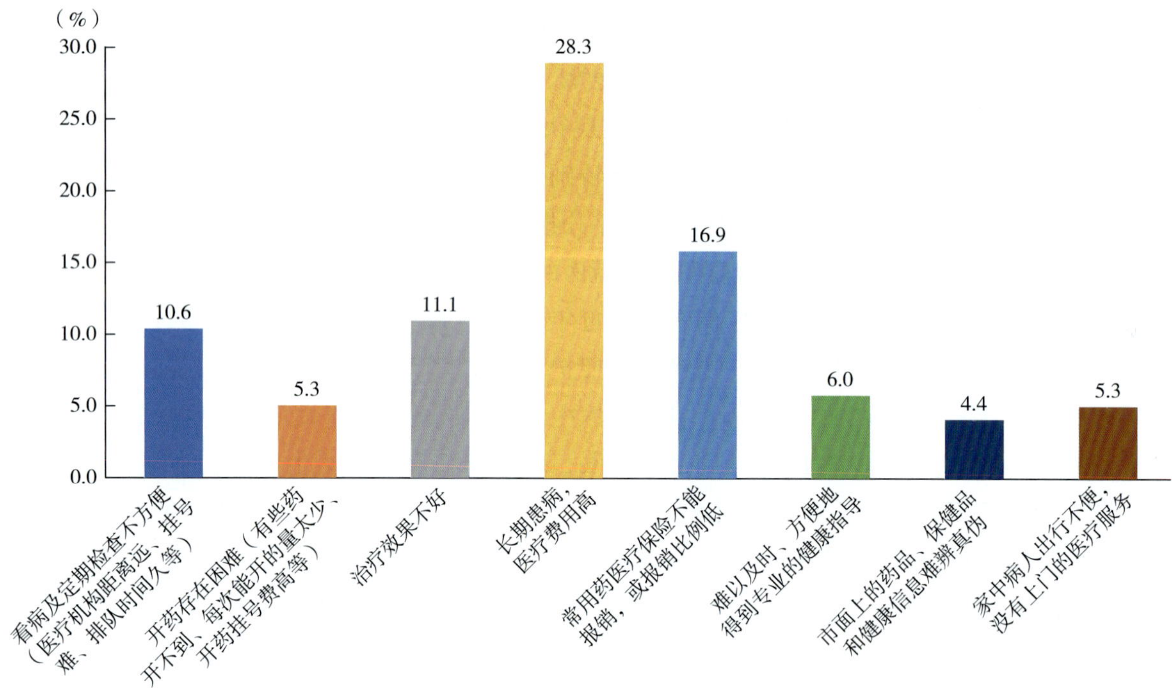

图8-2　对“慢性病患者最希望解决下列哪些问题”的回答

当询问居民近3年内参加体检的情况时，有46.4%的居民能够做到每年体检至少1次；17.2%的居民在过去3年参加过体检，但不到每年1次；13.6%的居民只在看病就医时进行过体检；21.7%的居民从未参加过体检。也就是说，有53.6%的居民还做不到每年定期进行体检。建议进一步加大医联体建设以及基层医疗卫生机构财政投入、薪酬改革力度，更好地满足慢性病患者的需要。从老龄健康服务来看，问卷显示，有48.3%的社区（村）不能为老年人提供上门诊疗服务，有 48.8% 的社区（村）不能为患高血压、糖尿病的老年人提供定期上门检查。这些都不适应快速老龄化的需要，可能引起居民的不满意（见表 8–6、表 8–7、图 8–3、图 8–4）。

表8-6　各类户籍居民体检情况

	城镇户口	农村户口	本省外地城镇户口	本省外地农村户口	外省外地城镇户口	外省外地农村户口	合计
每年进行2次以上	4.7%	6.3%	3.0%	2.6%	0	2.2%	5.6%
每年进行1次	47.8%	38.4%	39.4%	28.9%	35.1%	37.3%	40.8%
进行过体检，但不到每年1次	21.8%	15.0%	27.3%	22.4%	27.0%	19.3%	17.2%
只有治病时进行过体检	11.0%	14.7%	7.6%	14.5%	5.4%	14.0%	13.6%
从未进行体检	13.5%	24.7%	21.2%	30.9%	32.4%	26.8%	21.7%

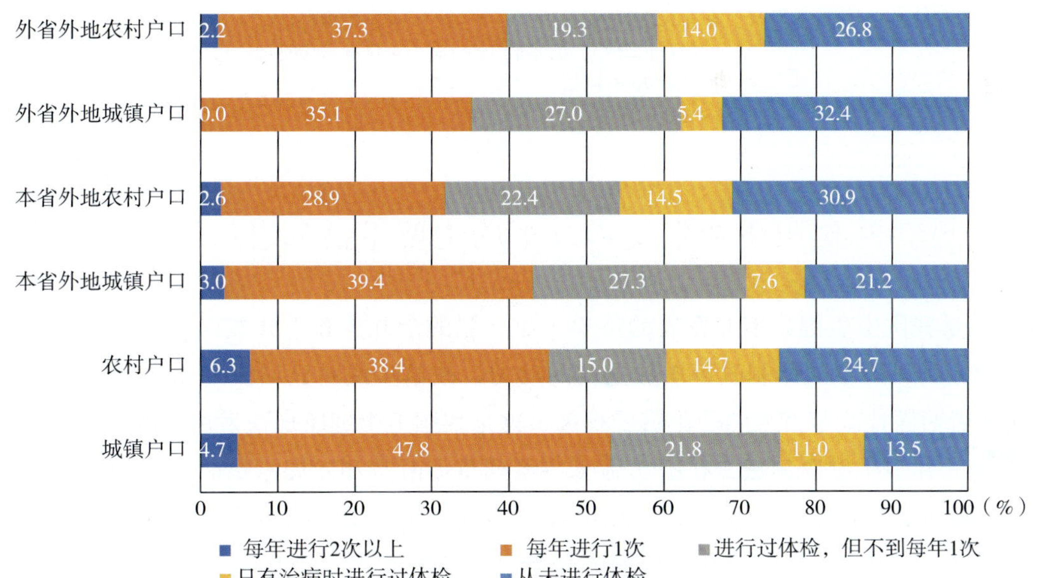

图8-3　各类户籍居民体检情况

表8-7　各类健康状况居民体检情况

	健康	有疾病	丧失劳动能力	生活部分不能自理	生活不能自理	合计
每年进行2次以上	4.1%	9.4%	10.5%	8.0%	14.3%	5.6%
每年进行1次	40.1%	42.5%	44.3%	30.7%	42.9%	40.8%
进行过体检，但不到每年1次	18.7%	13.2%	12.9%	11.4%	7.1%	17.2%
只有治病时进行过体检	12.3%	15.5%	17.8%	30.7%	21.4%	13.6%
从未进行体检	23.5%	19.1%	14.0%	18.2%	14.3%	21.7%

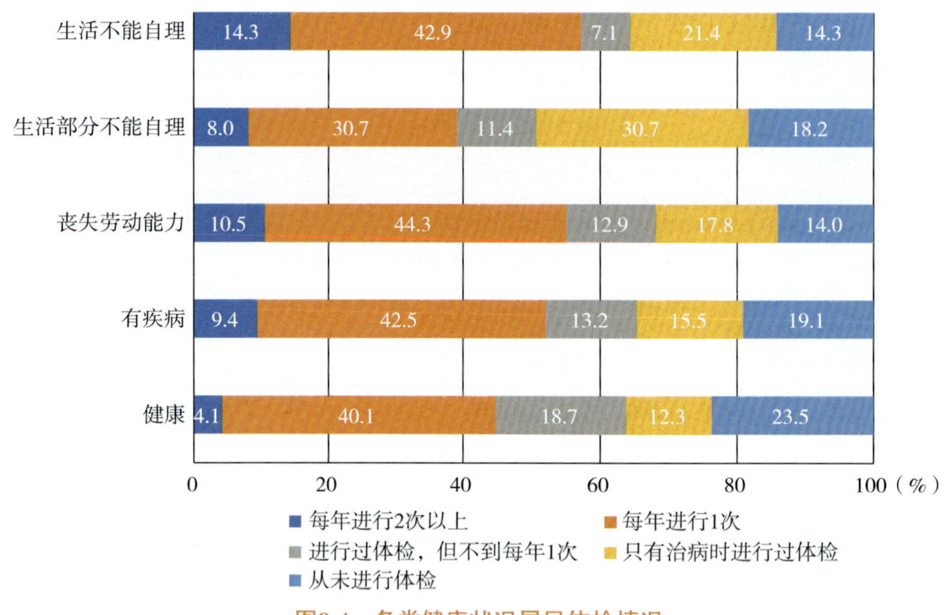

图8-4 各类健康状况居民体检情况

三、2019 年卫生健康事业发展和改革的主要举措和进展

2019 年是我国卫生健康事业发展的重要一年。党的十九大和十九届三中全会部署了党和国家机构改革，为医药卫生体制改革增加了新的动力，改革步伐明显加快。2019 年“中国民生调查”表明患者对医疗改革带来的变化感受积极，这是我国卫生健康加快发展和改革的结果。

2019 年，在卫生健康领域，我国实施了一系列重大改革和发展举措。一是继续加强国家基本公共卫生服务，实施健康中国行动。2019 年，根据《医疗卫生领域中央与地方财政事权和支出责任划分改革方案》，基本公共卫生服务包括主要由基层医疗卫生机构承担的建立居民健康档案等 12 类项目以及从原重大公共卫生服务和计划生育项目中划入的地方病防治等 19 类项目（不限于基层医疗卫生机构实施）。基本公共卫生服务项目人均财政补助标准从 2018 年的 55 元提高至 2019 年的 69 元。2019 年，孕产妇产前检查率 96.8%，产后访视率 94.1%。与 2018 年比较，产前检查率和产后访视率均有提高。2019 年 6 月 24 日国发〔2019〕13 号《国务院关于实施健康中国行动的意见》提出，为坚持预防为主，把预防摆在更加突出的位置，积极有效应对当前突出健康问题，必须关口前移，采取有效干预措施，细化落实《“健康中国 2030”规划纲要》对普及健康生活、优化健康服务、建设健康环境等方面的部署，聚焦当前和今后一段时期内影响人民健康的重大疾病和突出问题，实施疾病预防和健康促进的中长期行动，健全全社会落实预防为主的制度体系，持之以恒加以推进，努力使群众不生病、少生病，提高生活质量。二是继续深化公立医院改革。国办发〔2019〕4 号《国务院办公厅关于加强三级公立医院绩效考核工作的意见》提出，强化绩效考核导向，推动医院落实公益性，实现预算与绩效管理一体化，提高医疗服务能力和运行效率；强调，通过绩效考核，推动三级公立医院在发展方式上由规模扩张型转向质量效益型，在管理模式上由粗放的行政化管理转向全方位的绩效管理，促进收入分配更科学、更公平，实现效率提高和质量提升，促进公立医院综合改革政策落地见效。国家卫生健康委员会办公厅和国家中医药管理局办公室制定了《关于开展制定医院章程试点工作的指导意见》(国卫办医发〔2018〕12号)。2019年12月3日国卫办医函〔2019〕871号《国家卫生健康委办公厅关于印发公立医院章程范本的通知》下发。三是推进县域紧密型医共体建设。根据《国务院办公厅关于推进医疗联合体建设和发展的指导意见》(国办发〔2017〕32号)等文件要求，2019年5月15号国卫基层函〔2019〕121号《关于推进紧密型县域医疗卫生共同体建设的通知》明确提出，通过紧密型医共体建设，进一步完善县域医疗卫生服务体系，提高县域医疗卫生资源配置和使用效率，加快提升基层医疗卫生服务能力，推动构建分级诊疗、合理诊治和有序就医新秩序。到2020年底，在500个县(含县级市、市辖区，下同)初步建成目标明确、权责清晰、分工协作的新型县域医疗卫生服务体系，逐步形成服务、责任、利益、管理的共同体。2019年8月29日国卫办基层函〔2019〕708号《关于印发紧密型县域医疗卫生共同体建设试点省和试点县名单的通知》公布，确定567个县为紧密型县域医共体建设试点县。四是组织药品和耗材集中采购和使用试点。国办发〔2019〕2号《国务院办公厅关于印发国家组织药品集中采购和使用试点方案的通知》、医保发〔2019〕56号国家医疗保障局等九部门《关于国家组织药品集中采购和使用试点扩大区域范围实施意见》提出，通过试点逐渐挤干药价水分，改善用药结构，降低医疗机构的药占比，为公立医院改革腾出空间。医保发〔2019〕73号《国家医保局 国家卫生健康委关于做好2019年国家医保谈判药品落地工作的通知》要求，各地医保、卫生健康等部门要根据职责对谈判药品的配备、使用等方面提出具体要求，指导各定点医疗机构根据功能定位、临床需求和诊疗能力等及时配备、合理使用，不得以医保总额控制、医疗机构用药目录数量限制、药占比等为由影响谈判药品配备、使用。2019年5月29日，中央深改委第八次会议审议通过《关于治理高值医用耗材的改革方案》，国办发〔2019〕37号《国务院办公厅关于印发治理高值医用耗材改革方案的通知》强调，完善高值医用耗材临床应用管理，并将其纳入公立医疗机构绩效考核评价体系；明确，健全监督管理机制，严肃查处违法违规行为。2019年底前实现全部公立医疗机构医用耗材“零差率”销售，高值医用耗材销售价格按采购价格执行。

2019年，在这些举措推动下，卫生健康事业加快发展，看病难、看病贵问题继续缓解。一是居民健康状况继续改革。2016年到2019年，人均预期寿命从76.5岁上升到77.3岁，孕产妇死亡率从2016年的19.9/10万下降到17.8/10万，婴儿死亡率从7.5‰下降到5.6‰。2019年，5岁以下儿童死亡率7.8‰，其中：城市4.1‰，农村9.4‰；婴儿死亡率5.6‰，其中：城市3.4‰，农村6.6‰。与上年相比，5岁以下儿童死亡率、婴儿死亡率均有不同程度的下降。二是医疗资源继续增加和优化。与2018年比较，乡镇卫生院床位增加3.6万张，人员增加5.4万人。2019年，每千农村人口乡镇卫生院床位达1.48张，每千农村人口乡镇卫生院人员达1.56人。2019年底，医疗卫生机构床位已达880.7万张，其中，医院686.7万张(占78.0%)，基层医疗卫生机构163.1万张(占18.5%)，专业公共卫生机构28.5万张(占3.2%)。与2018

年相比，总床位数增加 40.3 万张，医院床位增加 34.7 万张（公立医院增加 17.4 万张，民营医院增加 17.3 万张），基层医疗卫生机构床位增加 4.8 万张，专业公共卫生机构床位增加 1.1 万张。2019 年，我国医院每千人口医疗卫生机构床位数已达到 6.3 张，已超过高收入国家标准。截至 2019 年底，我国卫生人员总数达 1292.8 万人，比 2018 年增加 62.8 万人，增长 5.1%。三是医疗费用涨幅平稳。2019 年，医院次均门诊费用 290.8 元，按当年价格比上年上涨 6.1%，按可比价格上涨 3.1%；人均住院费用 9848.4 元，按当年价格比上年上涨 6.0%，按可比价格上涨 3.0%。2019 年，医院次均门诊药费（118.1 元）占 40.6%，比 2018 年（40.9%）下降 0.3 个百分点；医院人均住院药费（2710.5 元）占 27.5%，比 2018 年（28.2%）下降 0.7 个百分点。2019 年各级公立医院中，三级医院次均门诊费用上涨 4.8%，人均住院费用上涨 2.7%，低于公立医院病人费用涨幅。

同时，卫生健康工作还有一些短板和不足。坚持公益性改革方向的思想还不统一，"预防为主"落实不到位。公共卫生经费、疾控人员数等指标还有短板，全科医师队伍缺乏，分级诊疗体系尚未建立，医院之间的协作配合不够。

四、对继续改善卫生健康服务的建议

从国内外经验来看，公益性、公平性的医疗卫生制度，是经济增长的动力。医疗卫生领域的投入对 GDP（国内生产总值）有巨大带动效应。世界卫生组织在 2018 年 6 月发布的报告《用较少的花费拯救生命》中指出，每投资 1 美元在疾病预防上，就将在增加就业、提高生产率以及延长寿命方面为社会带来至少 7 美元的回报。国外学者研究指出，医学研究的投资回报率高达 25%①，对 20 世纪 90 年代拉丁美洲的研究表明，人均预期寿命每增加一年，可以实现人均 GDP 的 0.8% 的增长②。1980 年我国预期寿命达到 68 岁，为当时发达国家水平，人民健康水平迅速改善是"中国经济奇迹"的重要原因。当前我国经济增速下降，一定程度上和人口红利下降、人力资源水平不高有关，要转到依靠劳动者素质的轨道，就要大幅提高医疗卫生投入，深化医药卫生体制改革，提高全民族健康素质。

一是进一步加强对卫生健康工作的领导。加强党的领导，实现"三医"由一位领导分管，统筹协调推进卫生健康领域全局性工作，要求各级党委、政府定期专题研究卫生健康工作，把健康中国建设纳入地方党委政府考核指标，对卫生健康投入等重要指标可以设置为一票否决。打造一支既懂政治，也懂业务的卫生健康管理队伍。对于在卫生健康工作中做出突出贡献的干部，予以表彰和激励，在全党形成你追我赶抓健康的氛围③。

二是抓住医务人员薪酬制度这个核心进行公立医院改革攻坚。党的十八大以来，中央全面

---

① 《医学研究的健康和经济回报：在英国经济回报率达 25%》，参见：https：//www.iyiou.com/p/64490。

② Pan A H O. Investment in health：social and economic returns. Scientific and technical publication No.582.

③ 李玲、江宇：《推进健康中国需要一场根本变革》，《经济导刊》，2016（10），第 48 ～ 53 页。

深化改革委员会多次专题部署公立医院改革，目前改革的思路已经比较明确了，那就是推广福建三明等地的成功经验，通过全面落实政府对公立医院的办医和管医的责任、建立公益性的新制度、建立符合医疗行业特点的薪酬制度、用“两票制”等办法减少药品流通环节、净化流通环境，实现“堵后门、开前门”，扭转医院和医务人员行为目标，让他们主动维护人民健康、控制医疗费用。医疗卫生体制恢复公益性的核心制度是医务人员薪酬制度。当前，薪酬制度在全国大部分地方还没有启动，主要原因是缺乏可操作性的指导意见，也没有明确医务人员薪酬支出的来源。建议明确规定：在严格核定编制的基础上，按照医务人员平均年薪达到当地社平工资 2.5 倍、医师和药师达到 3.5 倍的水平，确定医务人员平均年薪。医务人员年薪由财政支出和医保基金共同承担。同时建立竞争性的人事和分配制度。按照三明的经验，医务人员薪酬提高之后，只要加强管理，消除药品使用和诊疗环节的浪费、腐败等费用，可以实现“腾笼换鸟”“堵后门、开前门”。但在改革的过渡阶段，应准备必要资金确保医院正常运转。

三是推动实现全国医联体全覆盖，并组建全国性公立医院集团。建立医联体有两个目的：一是实现分级诊疗、患者下沉基层，二是实现全流程、全周期的卫生健康服务。这两个目的是相互关联的，必须统筹实现。当前，大部分医联体是松散型而不是紧密型的，并没有实现分级诊疗和全流程全周期服务的内生动力。主要原因：①公立医院尚未实现公益性，各级医院之间没有连起来的动力。②行政体制、隶属关系复杂，难以实现人、财、物等要素的联合。建议在全国开展流行病学调查，根据居民实际需要确定公立医院布局和结构，打破现有行政隶属关系，以市、县级医院为龙头，组建普遍组建紧密型医联体。一个医联体为一个法人，实现人事、财务、业务的统一管理。医联体承担所辐射地区居民的公共卫生、基本医疗、专科医疗、康复等全流程全周期服务，财务实行预算制，以鼓励医联体主动履行预防为主，把资源下沉到基层和公共卫生。

四是培养一支宏大的家庭医生队伍。建设健康中国，实行预防为主，落实分级诊疗，关键都在基层。但是，目前基层医疗卫生队伍的数量、素质和积极性，都远远难以满足上述要求。关键的制约条件，一是编制，二是待遇。建议借鉴我国当年开展爱国卫生运动和赤脚医生运动的经验，突破现有编制限制，打造一支专群结合的基层卫生队伍。我国每万人全科医师数仅为 2.16，是美国的 1/7、英国的 1/3。在发展中国家里，古巴在预期寿命、儿童死亡率等方面优于美国，人均医疗成本却只是美国的 5%，成为全世界的样板，一个重要原因是有健全的基层医疗卫生体系和全科医师队伍。古巴给每 120 ～ 150 个的家庭配置一个家庭医生诊所，设在这些家庭附近。家庭医生上午在诊所看病，下午到病人家里走访出诊[①]。按照古巴这种配置水平，我国大约需要 300 万名家庭医生，按照非私营单位职工工资两倍（每年 16.5 万元）为全科医师发年薪，一年需要 5000 亿元费用，仅相当于目前每年卫生总费用的增量，通过取消药品加成、压缩增加政府投入，财力完全足够。实现这一目标，不仅将成为基层公共卫生的铜墙铁壁，可以应对重大公共卫生风险和各种社会风险，让每个群众感受到党和政府的温暖，而且将带动大量就业和

① 尹伊文：《“逆市场化”的古巴医疗凭什么成功？》，http：//m.sohu.com/a/123390969_425345。

消费。建议大幅调整现有目标，提高家庭医生的数量和质量，力争2030年全国家庭医生存量达到300万人（目前的规划是达到50万人），实现每500人一名家庭医生。为此，需要采取一系列超常规措施：①新建和扩建医学院校，每个省至少设置一所全科医师大学，并充分挖掘现有医学院校资源。实行符合全科医师特点的教学和学位制度，缩短学制、突出实际操作能力，达到每年新培养20万全科医师的能力。其余部分可通过现有医务人员、退休医生转任实现。②按照居民实际需要，大幅提高基层医疗卫生机构的额定编制，并根据编制增加投入，全科医生薪酬提高到非私营单位职工工资两倍，使之成为有吸引力和社会地位的职业。③完善家庭医生执业机制。居民社区和住宅小区应利用公共空间无偿为家庭医生提供工作和居住空间，基层党组织、社区卫生服务中心和家庭医生建立联动机制。

五是建设全国统一的医疗卫生信息系统，并实现覆盖全部居民和实现各级医疗机构信息互联互通。信息不联通，患者找不到医生、医生找不到患者，不利于应对重大公共卫生突发事件。覆盖全民的医疗卫生信息系统，不仅是调配医疗卫生资源和方便群众就医的有力工具，也是维护国家安全和生物安全的有力武器，还是拉动经济增长和就业的有力武器。当前，我国医疗卫生信息系统的突出问题是互联互通程度低、缺乏顶层设计。当前之所以分级诊疗难以落实，一个重要原因是各级医疗机构信息、业务互不连通。信息系统的软件开发需要大量初始投入。建议由一些企业集中力量研发全国通用的医疗信息系统，实现全国各地以及各医疗机构的信息互联互通。打破各部门、各系统、各地区的界限，打通预防、治疗、预约挂号、药品流通、医保收支信息系统之间的藩篱，实现信息系统的互联互通。加强公立医院药品招标、采购、配送、使用和付费过程的信息公开，规范药品购销和使用行为。

六是重建爱国卫生运动制度，形成“健康融入一切政策”的局面。按照党的十九大关于增强党的群众组织力的要求，把建设健康社区、健康企业、健康单位融入党的基层组织建设，把基层党组织建成促进健康优先发展的战斗堡垒，充分发挥基层党组织和基层群众自治组织在宣传健康政策、听取群众呼声、推动健康创建、团结动员群众方面的作用，试点实行党团员担任健康创建志愿者的制度。充分发挥工会、妇联、共青团在联系基层群众中的作用，壮大群众性基层卫生健康群众工作队伍。

（执笔：江　宇）

第九章
住房专题研究报告

国务院发展研究中心“中国民生调查”课题组2019年在8个省（自治区）[①]开展包括住房情况在内的民生关切点入户调查，共获得10026份有效问卷；同时，采用计算机辅助电话调查（CATI）方式，对覆盖全国31个省份51609位居民进行电话调查[②]。其中，住房调查专题包括住房基本状况、住房质量情况、住房配套设施、住房支出压力等方面的问题。延续2018年住房调查问题的设置，此次问卷还根据城镇和农村住房特点进行了有针对性的调查。

一、住房基本状况

住房自有率继续上升。在2019年“中国民生调查”的受访家庭中，住房属性可分为八种，分别为自建住房、自购商品住房、拆迁安置房、购买房改房、购买的保障性住房、市场租赁住房、廉（公）租房、单位租住房（见图9-1）。其中，前五种住房为自有住房。2019年受访家庭的住房自有率为92.7%，比2018年（92.0%）提高了0.7个百分点。

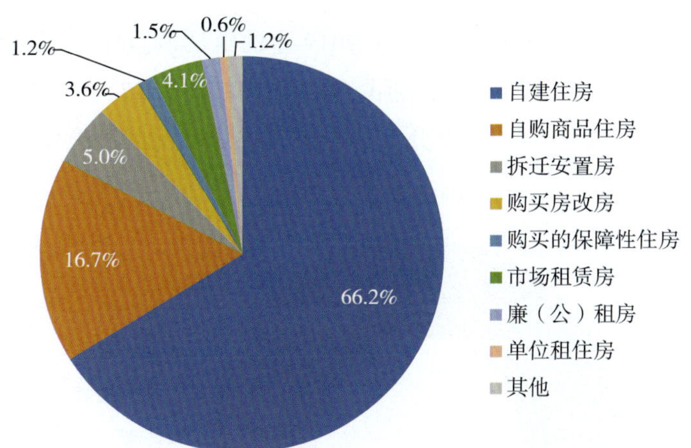

图9-1 2019年样本中不同属性住房的比重

① 2019年民生调查在河北、黑龙江、江苏、浙江、福建、安徽、广西、陕西等8个省份开展入户调查访问。我们对样本进行了分层设计、多阶段PPS抽样的加权。

② 电话调查对象为18～74周岁的城乡居民，其中，手机样本比例为79.7%，固定电话样本比例为20.3%；城镇居民占63.2%，农村居民占36.8%。

住房成套率继续明显上升。随着城镇化建设和新农村建设的不断推进以及城乡基础设施配套不断完善，我国居民的住房成套率水平得到极大提升，同时有独立厨房和卫生间的家庭比例在 2019 年有了明显提高。2019 年，样本户中 88.3% 的家庭住房拥有独立的卫生间和厨房，成套率比 2018 年（82.9%）高出 5.4 个百分点。另外，6.1% 的受访者住房中仅有独立厨房，1.7% 的居民住房中仅有独立卫生间，仍有 3.9% 的居民住房中两者都没有。

受访家庭选择合租的比例比上年有所提高。作为家庭活动的空间载体，住房具有一定的私密性，因此当家庭选择合租共享空间时，则降低了其居住的质量。2019 年，有 19.6% 的受访家庭选择合租，这一比例比 2018 年（18.7%）提高了 0.9 个百分点。合租比例较快提高，既与近年来我国房价租金较快上涨、中小户型租赁住房供给不足有很大关系，也与我国居民生育年龄推迟、家庭规模下降有一定关联。

住房支出压力有所下降。从整体来看，受访家庭为目前居住的这套房每年平均需要花费 4216 元，在消费支出压力最大的事项中排在第四，住房相关支出压力并不大。其中，有房贷家庭每月平均房贷负担为 3396.9 元，租赁住房家庭每月平均负担房租 1097.4 元。2019 年只有 10.4% 的家庭将住房支出列为支出压力最大的事项，比 2018 年（12.3%）低了 1.9 个百分点。进一步的分析表明，在扣除农村自建房的受访家庭之后，有 16.8% 的城镇受访家庭将住房支出列为支出压力最大的事项，比全样本高出 4.5 个百分点。另外，由于近年来房价上涨幅度较大，新购房家庭和新市民家庭的房贷和房租支出压力，会高于平均值所反映的水平。

二、城乡居民对住房状况的满意度

受访者对住房状况的满意度有所提高。在 2019 年的电话调查中，对目前住房状况表示“非常满意”“比较满意”和“一般”的居民分别占 24.7%、37.2%、27.4%（见图 9–2），三者合计为 89.3%, 比 2018 年（84.6%）高出 4.7 个百分点，居民对住房状况的满意度有所提高。

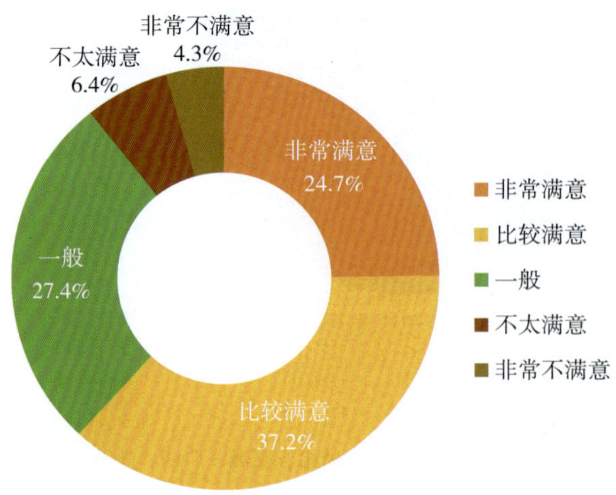

图9-2　2019年电话调查中对目前住房状况的总体评价

各收入群体满意度出现分化。电话调查反映出各个收入群体对住房的满意度差异较大，收入中等偏下及以下群体对住房状况的满意度较低。如表 9–1 所示，收入处于中等偏下群体的受访者，对目前住房状况表示“非常满意”和“比较满意”的比重分别仅为 11.9% 和 29.6%，比总体平均水平分别低了 12.8 个和 7.6 个百分点（见表 9–1）。

表9-1 2019年不同生活水平对目前居住地住房状况的总体评价 单位：%

	非常满意	比较满意	一般	不太满意	非常不满意	前三项合计
非常好	70.1	19.1	7.4	1.6	1.8	96.6
中等偏上	42.3	40.0	13.9	2.5	1.3	96.2
中等	23.8	41.5	27.6	4.7	2.3	92.9
中等偏下	11.9	29.6	37.9	12.7	7.9	79.4
非常差	12.4	16.9	31.5	14.7	24.5	60.8
总体	24.7	37.2	27.4	6.4	4.3	89.3

与其他事项相比，2019 年受访家庭对住房的焦虑有所下降。在入户调查中，最让受访家庭焦虑（操心、担忧、忧虑）的事项中，只有 4.1% 的家庭选择了“住房”，在继 2018 年（5.2%）下降 5.3 个百分点的基础上，2019 年又下降了 1.1 个百分点，在所有选项中排在第 6 位，位于收入（28.7%）、医疗（22.6%）、教育（18.6%）、养老（11.7%）和就业（6.8%）之后。这表明住房状况并不是受访家庭当前生活中面临的主要矛盾。

农民工家庭对住房的焦虑程度最高。在最让城镇户籍家庭焦虑（操心、担忧、忧虑）的事项中，只有 3.5% 的家庭选择了“住房”。拥有自建房的农民家庭的满意度次之，只有 3.8% 的家庭将最焦虑的事放在了住房上。相对而言，农民工对住房的满意度最低，有 5.6% 的农民工家庭将“住房”作为最焦虑的事项。

三、城镇居民对住房状况的关切情况

如图 9–3 所示，城镇受访者对老旧小区改造的意愿较为迫切。在城镇受访家庭最希望改善的住房事项中，有 19.3% 的家庭选择了安装电梯，比 2018 年（7.6%）大幅提高了 11.7 个百分点。另外，17.8% 的受访者最希望改造污水排放设施，17.3% 的受访者最希望改造安全用电设施，这都比 2018 年提高了 10 个百分点左右，表明城镇居民对改造老旧小区的意愿更加迫切。

城镇住房的电梯拥有率虽有提升，但仍然明显偏低。在入户调查中，73.6% 的城镇受访者表示所住房屋并未安装电梯，另外还有 7.3% 的居民表示所住房屋为平房而不需安装电梯。安装电梯的家庭比重仅为 19.1%，虽然比 2018 年（15.2%）提高了 3.9 个百分点，但比重仍然偏低。

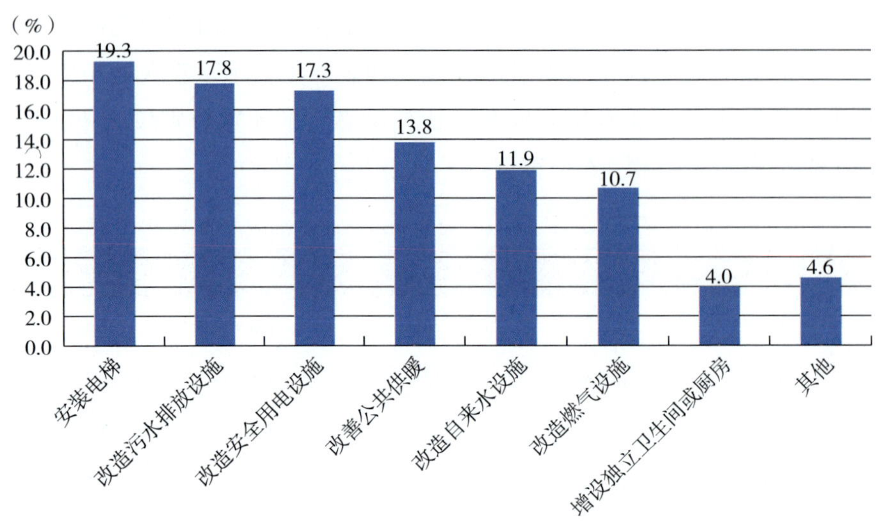

图9-3 2019年城镇受访家庭最希望改善的住房事项比重

城镇住房小区的无障碍设施略有提升，但仍无法满足居民需求。根据调查，76.5 % 的城镇受访者表示所居住的小区没有方便老人 / 残疾人使用的无障碍设施，有 0.8% 的居民表示小区内虽建有无障碍设施，但却被占用或无法使用。无障碍设施普及的比重仅为 22.7%，虽比 2018 年提高了 2.5 个百分点，但由于中国有 8000 万残疾人，加上人口老龄化加速，无障碍设施偏少的问题日益突出。

汽车拥有量增加继续对城镇小区车位造成压力。在城镇受访者中，有 26.1% 的家庭表示所居住的小区车位很充足，停车很方便，这一比例比 2018 年下降了 3 个百分点。另外，19.1% 的城镇受访者表示车位较充足，但有时不好停；28.7% 的城镇受访者表示车位很紧张，停车很困难；18.6% 的城镇受访者表示小区内没有停车位，只能停路边；7.5% 的城镇受访者表示小区和路边均无停车位（见表 9–2）。

表9-2 城镇住房小区停车位情况

	有效百分比（%）
车位很充足，停车很方便	26.1
车位较充足，但有时不好停	19.1
车位很紧张，停车很困难	28.7
小区内没有停车位，只能停路边	18.6
小区和路边均无停车位	7.5
总计	100

受访者对小区物业的满意度不高且有所下降。在城镇住房受访家庭中，仍有 27.2% 的家庭处于没有物业服务的社区环境中，这一比重比 2018 年（21.8%）高出 5.4 个百分点。在小区有物业公司的受访家庭中，只有不到半数（45.8%）的家庭对物业服务质量非常满意或比较满意，满意度比 2018 年（47.2%）有所下降。另外，有 20.6% 的受访家庭对物业服务质量不满意，另外

有 33.7% 的家庭认为物业服务质量一般。

城镇住房社区管理水平与受访者的需求差距有所拉大。在城镇住房社区管理中，停车混乱导致道路堵塞（28.1%）、垃圾清理不及时（22.8%）以及物品乱堆放导致公共空间被占用（22.5%）是受访户反映最突出的前三大问题，且都比 2018 年提高了 10 个百分点以上，反映了城镇住房社区的管理水平与居民的要求差距拉大了。在众多事项中，最值得关注的是与安全相关的事项，有 14.7% 的受访家庭最希望消除小区消防安全隐患，有 7.1% 的家庭反映小区的治安状况不佳，都比 2018 年有所上升（见表 9–3）。

表9-3　城镇住房小区改善需求

事项	百分比（%）
乱停车，堵塞道路	28.1
垃圾清理不及时	22.8
乱堆放，占用公共空间	22.5
道路坑洼不平	17.4
绿化	15.6
消防安全隐患	14.7
治安状况不佳	7.1
无障碍设施	6.5
其他	3.8

四、农村居民对住房状况的关切情况

农村住房质量有所改善，但整体住房质量仍然偏低。砖混结构（60.7%）仍然是农村住房材质的主流。只有 14.7% 的受访者（包括在城镇居住但农村老家有房的受访户，下同）的农村住房属于钢筋混凝土结构，这一比重虽然比 2018 年（12.8%）提高了 1.9 个百分点，但仍然偏低。如图 9–4 所示，仍有 19.7% 的农村住房为使用寿命和抗震强度较低的砖瓦房，另有 4.5% 为材质结构更差的危旧房（土坯房 2.8%、木竹房 0.9%、土石房 0.7%、茅草房 0.1%）。

对农村自建房居住感到不便的家庭比重上升。根据调查，超过两成（20.2%）的受访者表示在农村冬季取暖存在问题，比 2018 年（13.3%）大幅提高了 6.9 个百分点，成为农村住房居住环境反映最集中的问题。同时，15.5% 的受访者表示农村房屋比较破旧，12.1% 的受访者表示在农村居住上厕所不便，9.9% 的受访者表示生活用水不便，分别比 2018 年提高了 2.1 个、3.5 个和 1.0 个百分点。另外，还有 10.2% 的受访者表示洗澡不便，9.5% 的受访者表示房屋需要加固（见图 9–5）。

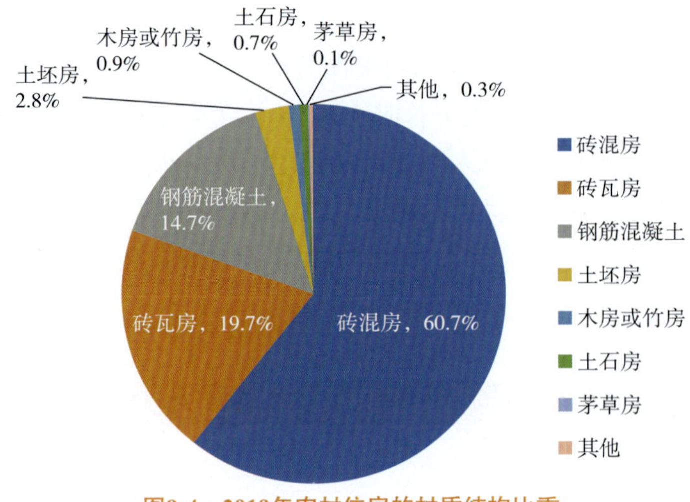

图9-4 2019年农村住房的材质结构比重

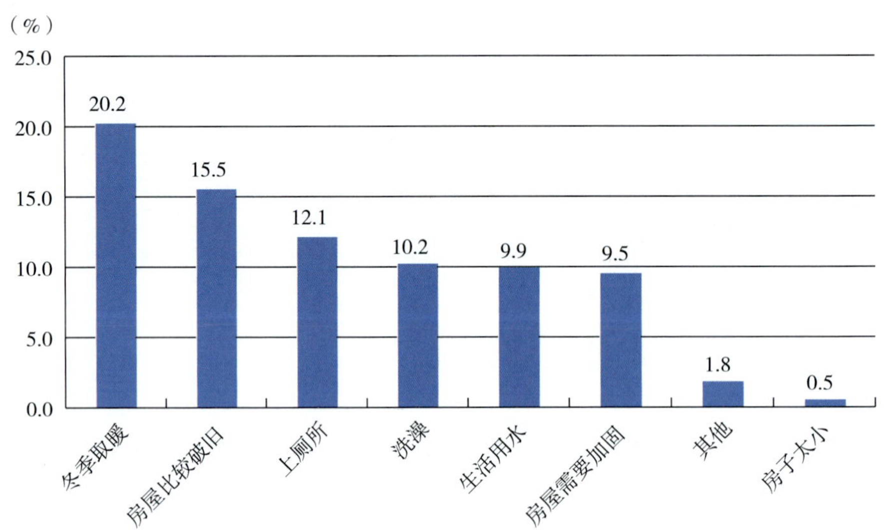

图9-5 2019年农村家庭认为不方便的事项

农村社区基础设施配套质量不高成为受访家庭关注的焦点。在回答农村住房配套和管理方面的不方便之处时，有 20.7% 的受访者表示进出道路不便，比 2018 年（17.3%）提高了 3.4 个百分点，这反映了农村道路建设速度未能跟上农村家庭乘用车普及率提高的步伐。调查中，12.2% 的受访者表示污水缺乏处理，9.2% 的受访者表示垃圾无人清理，分别比 2018 年提高了 4.8 个和 4.4 个百分点，还有 8.2% 的受访者表示厕所粪污难以处理，这既表明农村垃圾和污水集中处理能力仍然存在较明显的短板，也反映出农村家庭对住房环境关注度的上升。另外，有 19.4% 的受访者反映住房周边没有路灯，反映缺少活动空间的受访者比重也很高（11.3%），表明农村居民对日常文化娱乐空间的关注度在提高（见表 9–4）。

表9-4　农村住房配套和管理方面的不方便之处

事项	百分比（%）
进出道路不便	20.7
没有路灯	19.4
买东西不方便	12.7
污水缺乏处理	12.2
缺少活动空间	11.3
垃圾无人清理	9.2
厕所粪污难以处理	8.2
治安状况不佳	3.0
供电、供气不足	2.4
没有网络	2.0
其他	1.0

农村家庭出现较为明显的多套住房情况。除了拥有农村老家的自建房之外，有近 1/6（16.5%）的农村和农民工受访家庭还在城镇中买房。超过七成（71.3%）是在农村老家的城镇购房，其中在农村老家所在县城购房的比重最高（35.5%），在农村老家所在城市次之（25.9%），乡镇中心区的比重为 9.9%。另外，有 25.8% 的农民工受访家庭在工作地所在城市购房。对于在城镇购买住房的目的，自住是最大的需求动因，49.5% 的家庭将其列为第一需求。子女或孙子女上学（39.4%）和结婚（21.1%）的需求比重也比较大。另外，方便就业在第二需求（23.6%）和第三需求（47.6%）中，分别列第二位和第一位，表明一些农民和农民工在陪读和带孙子女的时候，也会有就业的需求。

五、政策建议

根据国务院《“十三五”推进基本公共服务均等化规划》，结合此次住房专题调查中反映的问题，我们提出以下三个方面的政策建议。

一是加快城镇老旧小区改造。根据住房和城乡建设部的测算，目前我国需要改造的 2000 年以前建成的老旧小区约有 30 亿平方米，2020 年各地计划改造城镇老旧小区 3.9 万个，涉及居民近 700 万户。在今年抗击新冠肺炎疫情的背景下，加大城镇老旧小区改造力度，既体现了惠民生的内在要求，也是扩内需的重要途径。从本课题调查的情况来看，我国老旧小区改造的重点应放在“保基本”（如水电气热等市政基础设施以及消防、垃圾处理等配套设施）和“提质量”（如加装电梯、配建停车场、完善无障碍设施等）两方面。因此，与一般的建设项目不同，老旧小区改造要建立政府、居民、社会力量合理共担改造资金的机制，政府资金应重点支持“保基本”设施的改造，对加装电梯、停车设施等“提质量”设施，则要鼓励社会资本和社会力量共同参与改造和运营。

二是加大农村危房改造力度。2020 年是决战决胜脱贫攻坚的关键之年，农村危房改造则是脱贫攻坚“两不愁三保障”的重中之重。针对本课题调查中发现的农村自建房质量不高的情况，应将深度贫困地区中自然条件差、经济基础弱、贫困程度深、住房不安全的群体作为工作重点，按照精准扶贫、精准脱贫要求，优先帮助住房最危险、经济最贫困农户解决最基本的住房安全问题。在资金统筹方面，对于自筹资金和投工投料能力极弱、无力自建的特困农户，各地可根据实际情况选取统建农村集体公租房、修缮加固现有闲置公房、置换或长期租赁村内闲置农房等低成本、集约化的保障方式，并通过因地制宜采取适宜改造方式、开发推广低造价农房建造技术、鼓励农户投工投劳和互帮互助等措施，努力降低改造成本，避免农户因建房而致贫返贫。

三是提高小区物业的管理水平。针对本课题调查中反映出的住房物业服务质量不佳、社区管理水平不高的问题，要提高城镇住宅小区特别是老旧小区的软件配套水平。应创新物业管理模式，将物业管理纳入社区治理的工作格局，完善业主自治组织的建立和运行机制，引入小区管理规约、居民议事规则等制度。应优化服务市场和发展环境，规范服务标准，提升物业管理从业人员素质，加快培育一批综合实力强的物业服务企业。应鼓励物业管理单位利用物联网、大数据等信息技术手段管理人员、车位、消防、上下水等各类小区信息，为居民提供智能化、网络化、人性化的便捷式服务。

（执笔：卓　贤）

第十章
环境保护专题研究报告

公众对生态环境质量的满意率和获得感是我国生态文明建设目标评价和考核的重要指标。国务院发展研究中心“中国民生调查”课题组近年连续开展生态环境质量满意率专题调查，及时发现群众最关切的生态环境问题，为加快满足公众生态环境质量诉求提供了决策支撑。

2019 年，课题组在河北、黑龙江、江苏、浙江、安徽、福建、广西、陕西 8 个省区继续开展入户调查，共获得 10026 份有效问卷。调查发现，受访者对总体生态环境质量的满意率在加快提升，大多数受访者表示支持所有或者大部分污染治理措施。但同时也发现，受访者对生活饮用水质量以及周边水体环境质量的满意率偏低，周边河流断水、水质差、水漂垃圾等问题突出。受访者生活垃圾分类意识较薄弱，垃圾分类的基础设施配套尚不足。农村粪污、生活污水处理设施不完善，农村环境污染治理机制不健全。

一、2019 年城乡居民对我国生态环境状况的评价

（一）受访者对总体生态环境状况的满意率继续提升，认为生态环境质量加快改善

受访者对总体生态环境状况的满意率继续提升。2019 年受访者对总体生态环境质量表示“满意”的比重为 65.7%，较 2018 年增加 3.7 个百分点；表示“不满意”的比重为 4.8%，2018 年这一比重为 6.5%。农村受访者对总体生态环境状况表示“满意”的比重为 70.1%，较城镇受访者的这个比重高出 7.7 个百分点。

受访者认为生态环境质量加快改善。受访者认为总体生态环境质量“有所改善”的比重为 63.7%，较 2018 年增加 4.4 个百分点，近年这一比重总体在上升。受访者认为总体生态环境质量“有所变差”的比重仅为 2.1%，自 2017 年以来连续处于较低水平（见图 10–1）。

农村受访者对总体生态环境质量表示“有所改善”的比重为 67.2%，比城镇受访者的这个比重高 6.2 个百分点。连续 4 年的调查数据显示，农村受访者认为生态环境质量有所改善的比重均高于城镇受访者的这个比重（见图 10–2），这显示近年我国农村环境质量在不断加快改善，农村环境治理取得显著成效。

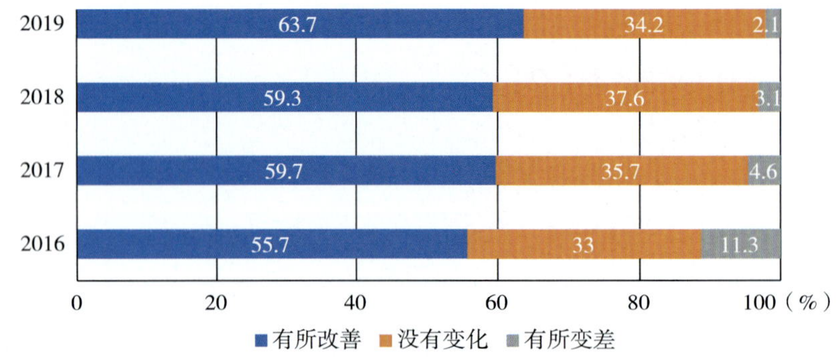

图10-1　受访者对总体生态环境质量改善情况的感受

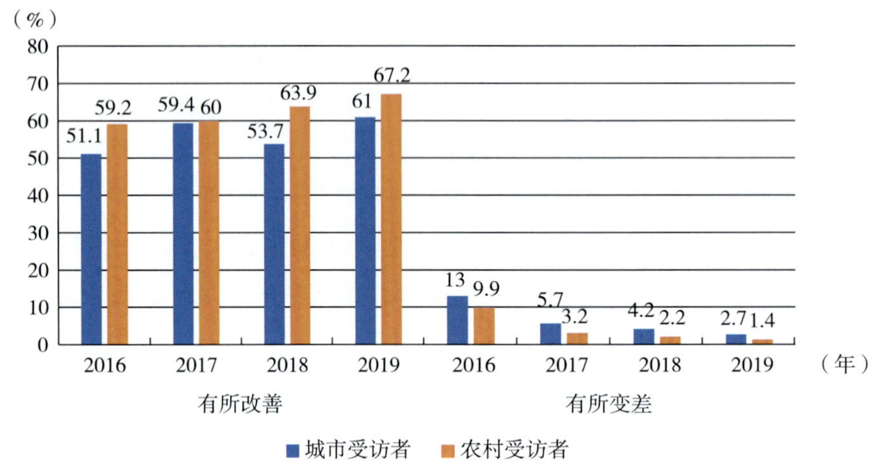

图10-2　受访者对总体生态环境状况变化的主观感受

（二）受访者对空气质量的满意率继续提升，蓝天保卫战成效进一步显现

受访者对空气质量的满意率连续两年位居首位。受访者对空气质量表示“满意”的比重为67.1%，较2018年增加5.4个百分点。对比调查所涉及的生活饮用水质量、周边水体质量、生活垃圾处理三类环境关切点，受访者对空气质量的满意率连续两年位居首位。

受访者认为空气质量有所改善的比重进一步增加。受访者认为周边空气质量“有所改善”的比重为59.1%，较2018年增加5.4个百分点，较2017年增加9.4个百分点。受访者认为周边空气质量“有所变差”的比重为3.3%，2018年这一数值为4.7%。我国大气污染防治工作进展显著，空气质量总体趋势向好。

农村受访者对空气质量状况表示“满意”和“有所改善”的比重高于城镇。农村受访者对空气质量状况表示“满意”的比重为72.6%，比城镇受访者高9.7个百分点。农村受访者认为空气质量状况“有所改善”“没有变化”“有所变差”的比重分别为61.9%、35.8%、2.3%，而城镇受访者的这几个比重分别为57.0%、39.0%、4.0%。总体上看，农村受访者对空气质量状况改善的获得感高于城镇（见表10-1）。

表10-1 受访者对空气环境状况变化的主观感受

	有所改善				有所变差			
	2016	2017	2018	2019	2016	2017	2018	2019
所有受访者	44.4%	49.7%	53.7%	59.1%	17.8%	9.1%	4.7%	3.3%
城镇受访者	38.1%	48.3%	49.0%	57.0%	22.9%	11.5%	6.4%	4.0%
农村受访者	49.2%	51.5%	57.5%	61.9%	13.9%	6.1%	3.4%	2.3%

（三）受访者对生活饮用水质量的满意率继续提高，农村生活饮用水质量提升取得一定成效

受访者对生活饮用水质量的满意率继续提高。受访者对生活饮用水质量表示“满意”“一般”“不满意”的比重分别为63.1%、28.6%、8.4%，满意率较2018年提高4.6个百分点。分城乡来看，城镇和农村受访者对生活用水质量的满意率分别为62.0%和64.4%，城乡满意率差距不大。

受访者认为生活饮用水质量有所改善的比重连续上升。受访者认为生活饮用水质量“有所改善”“没有变化”“有所变差”的比重分别为54.0%、42.1%、3.9%。对比2018年调查数据，认为生活饮用水质量“有所改善”的比重较2018年提高5.3个百分点。从城乡变化来看，城镇和农村受访者认为生活饮用水质量“有所改善”的比重分别为52.2%和56.5%，2018年这一比重分别为44.8%和52.0%，城镇受访者对于生活饮用水水质提升的获得感较高，比重提高7.4个百分点，农村受访者认为生活饮用水质量“有所改善”的比重也上升4.5个百分点，表明生活饮用水质量提升取得一定成效（见表10–2）。

表10-2 受访者对生活饮用水质量变化的主观感受

	有所改善				有所变差			
	2016	2017	2018	2019	2016	2017	2018	2019
所有受访者	41.4%	48.5%	48.7%	54.0%	14.7%	18.4%	5.2%	3.9%
城镇受访者	34.0%	47.4%	44.8%	52.2%	15.6%	18.0%	4.8%	3.8%
农村受访者	47.0%	49.6%	52.0%	56.5%	14.0%	18.8%	5.5%	3.9%

（四）受访者对周边水环境质量满意率有所提升，但仍处于低位，对周边水环境质量改善的获得感有所减少

受访者对周边水环境质量的满意率仍偏低。受访者对周边水体质量表示“满意”的比重为49.5%，较2018年增加了6.4个百分点，但在调查所涉及的4类环境关切点中已连续4年位居末位。在被调查的8个省区里，有5个省的受访者对周边水体质量表示“满意”的比例低于50%，最低的满意率仅为32.9%。分城乡看，城镇和农村受访者对周边水体质量表示“满意”的比重差别不大，分别为51.3%和47.4%。与2018年相比，城镇受访者的满意率提高了11.3个百分点，农村受访者的满意率则没有明显提升，城镇周边水体质量提升取得的效果较为明显。

受访者认为周边水环境质量“有所改善”的比重较2018年有所增加。受访者认为周边水体质量“有所改善”“没有变化”“有所变差”的比重分别为51.1%、42.0%、6.9%。与2018年比，

受访者认为周边水体质量“有所改善”的比重提高了 7.7 个百分点（见表 10–3）。分城乡看，城镇和农村受访者认为周边水体质量“有所改善”的比重基本相当，分别为 51.0% 和 51.2%，分别较 2018 年增加了 8.9 个和 6.9 个百分点。公众对周边水环境质量改善的获得感继续增加。

表10-3　受访者对周边水环境质量变化的主观感受

	有所改善				有所变差			
	2016	2017	2018	2019	2016	2017	2018	2019
所有受访者	33.4%	39.9%	43.4%	51.1%	24.0%	14.2%	9.4%	6.9%
城镇受访者	30.7%	43.0%	42.1%	51.0%	22.7%	12.7%	9.1%	6.8%
农村受访者	35.4%	36.2%	44.3%	51.2%	24.8%	15.9%	9.7%	7.0%

（五）受访者对生活垃圾处理的满意率和获得感变化不大

受访者对生活垃圾处理情况的满意率稳中略降。受访者对生活垃圾处理情况表示“满意”“一般”“不满意”的比重分别为 58.9%、32%、9.1%，而 2018 年满意率为 61.2%。

受访者认为生活垃圾处理情况“有所改善”的比重与 2018 年基本持平。受访者表示生活垃圾处理情况“有所改善”“没有变化”“有所变差”的比重分别为 60.0%、35.9%、4.1%，2018 年这一对应比重依次为 59.2%、37.4%、3.5%，总体变化不大。

农村受访者对生活垃圾处理情况的满意率和改善评价均高于城镇。农村受访者对生活垃圾处理情况表示“满意”的比重为 61.8%，较城镇受访者的这个比重高 5.1 个百分点；认为生活垃圾处理情况“有所改善”的比重为 65.1%，较城镇受访者的这个比重高 8.9 个百分点。农村生活垃圾处理情况改善的速度比城镇更快。

（六）受访者支持环境污染治理措施的比重处于高位

受访者积极支持环境污染治理措施。75.7% 的受访者表示“支持所有污染治理措施”。家庭年收入水平越高，选择“支持所有污染治理措施”的比重越大（见图 10–3），对总体生态环境状况改善情况评价越高的受访者越“支持所有污染治理措施治理污染”（见图 10–4）。

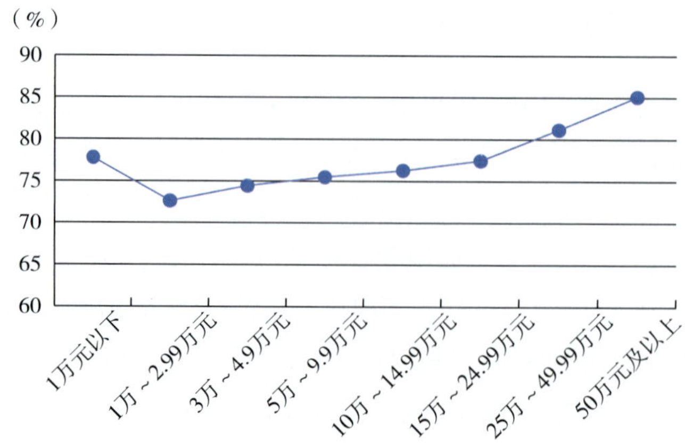

图10-3　不同收入水平受访者支持所有治污措施的比重

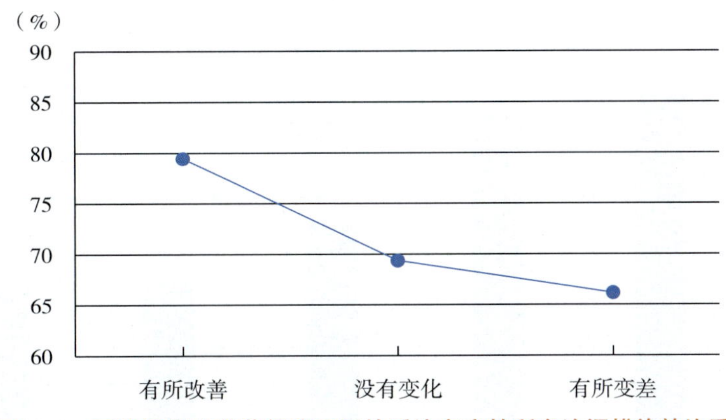

图10-4　环境质量改善获得感不同的受访者支持所有治污措施的比重

二、城乡居民对我国生态环境状况仍存在多方面关切

（一）日常生活饮用水安全供应存在薄弱环节

受访者日常生活饮用水的类型包括市政自来水、桶装水、井水、河流、湖泊、山泉水等，其中较为安全的饮用水类型为自来水。调查发现，受访者使用自来水的比重为77.8%，而农村受访者使用自来水的比重仅为61.1%，比城镇受访者低29.3个百分点，与2018年相比变化不大，比2017年提高27.5个百分点（见表10-4）。

表10-4　受访者表示生活饮用水为自来水的比重

	2017	2018	2019
所有受访者	57.9%	74.7%	77.8%
城镇受访者	77.9%	90.2%	90.4%
农村受访者	33.6%	62.0%	61.1%

日常生活饮用水的供应和质量存在不少问题。受访者反映最多的日常生活饮用水问题是停水和水垢多，其比重分别为17.6%和16.4%。此外，有10.7%的受访者反映水浑浊或有漂浮物（见图10-5）。城镇受访者反映最多的问题是停水，农村受访者反映最多的问题是水浑浊或有漂浮物。课题组在广西南宁入户调查发现，一些城镇受访者反映社区自来水管道陈旧，有铁锈等浑浊物，并且经常停水；一些农村受访者表示生活饮用水来自井水，水里偶尔出现小虫子等漂浮物；农村地区饮用水供水管道设施质量较差，容易出现破裂、生锈等情况。

日常生活饮用水来源为自来水的受访者反映停水的比重为19.9%，高于其他饮水来源的受访者，自来水尚未实现连续供应。饮用水来源为河流、湖泊、山泉的受访者反映停水的比重为13%，饮用水来源为水井的受访者反映停水的比重最低，为7.1%。

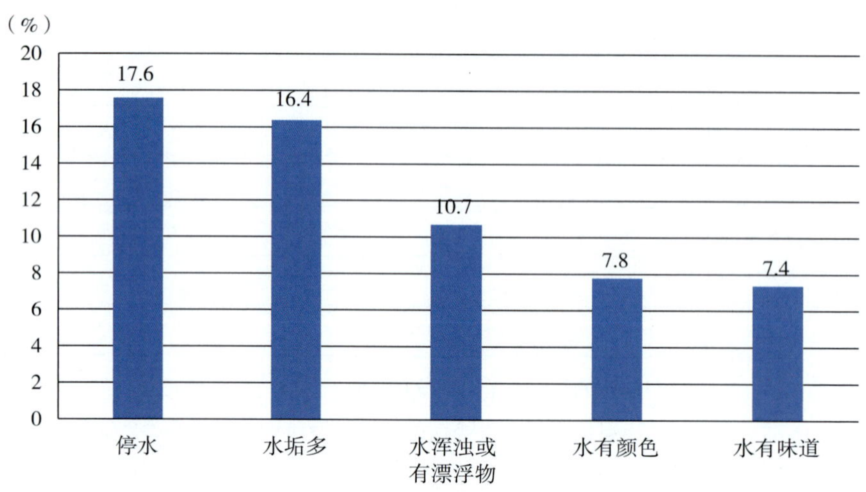

图10-5　受访者反映生活饮用水存在问题的比重

（二）周边水环境质量不高的问题仍突出

周边水环境质量存在各种问题。受访者在回答周边河流、湖泊等水环境状况时表示水边和水面堆有垃圾、水体发黑发臭、水少断水的比重依次为13.8%、12.1%、10.7%。目前周边水体环境质量已成为公众最为关切，最迫切需要解决的生态环境问题。

农村受访者反映周边水环境问题的比重明显高于城镇受访者。农村受访者反映周边的河流水少断水、水发黑发臭、水边和水面堆有垃圾的比重分别为15.8%、14.9%、15.9%，分别比城镇受访者的这些比重高9个、4.8个和3.6个百分点（见图10-6）。农村地区水环境存在问题比城镇地区更为普遍。

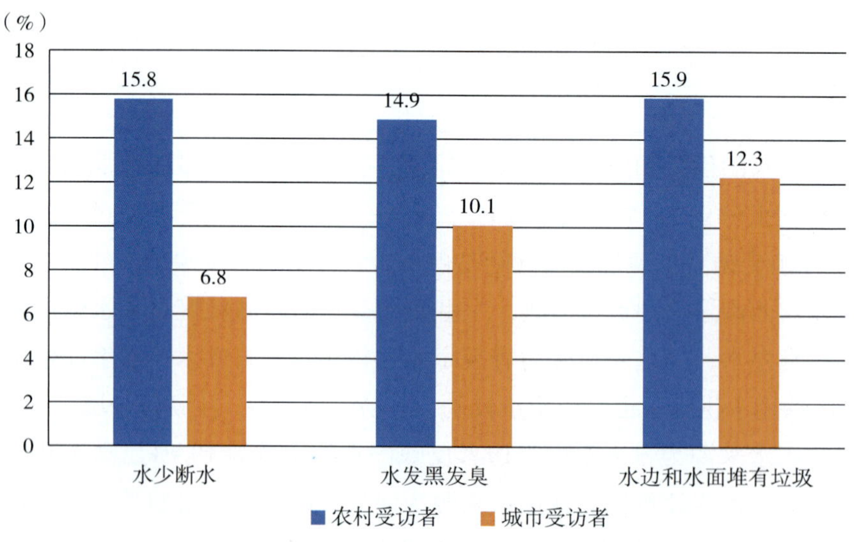

图10-6　城乡受访者反映周边水体存在问题的比重

（三）垃圾分类比重较低，垃圾分类基础设施有待完善

受访者进行垃圾分类的比重较低。受访者表示家里收拾垃圾时“每次都分类”“经常分类”“偶尔分类”“从来不进行垃圾分类”的比重分别为 7.8%、10.3%、13.8%、68.1%（见图 10–7）。由此可见，垃圾分类远未成为受访者的日常行为。

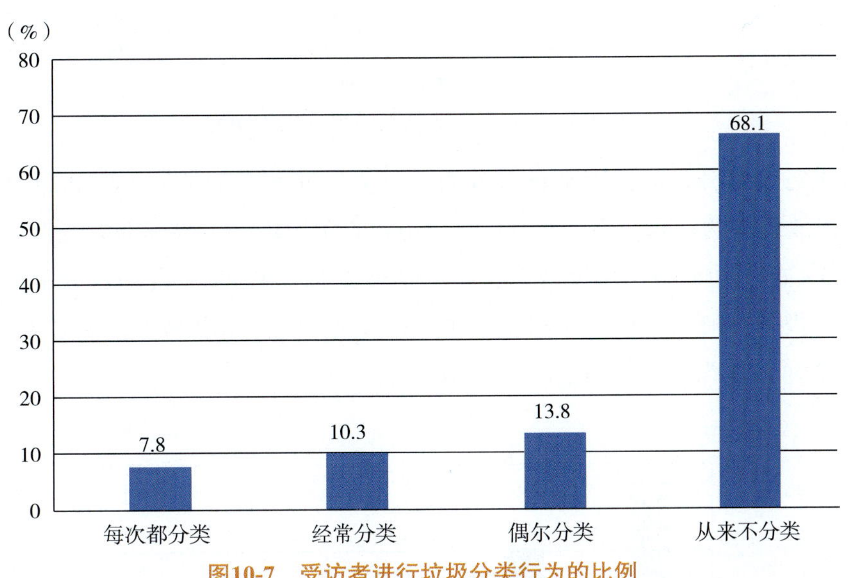

图10-7　受访者进行垃圾分类行为的比例

受访者能够相对容易对可回收物和厨房垃圾进行分类。27.7% 的受访者表示“对可回收物进行分类收拾”，21.2% 的受访者对厨房垃圾进行分类收拾，14.5% 的受访者对有毒有害垃圾进行分类收拾（见表 10–5）。

表10-5　受访者垃圾分类比例

	全部受访者	城镇受访者	农村受访者
对可回收物进行分类	27.7%	29.8%	25.0%
对厨房垃圾进行分类	21.2%	25.2%	16.0%
对有毒有害垃圾进行分类	14.5%	18.5%	9.2%

城镇受访者的垃圾分类做得更好。平时扔垃圾时，城镇受访者表示不对垃圾进行分类收拾的比重为 67.4%，较农村受访者的这个比重低 9.3 个百分点。进一步分析发现，在能够单独分出有毒有害垃圾（比如废电池、废药品、废荧光灯管、废杀虫剂和消毒剂等）的受访者中，城镇受访者占 72.75%；在能够单独分出厨房垃圾（比如剩饭、剩菜、果皮等）的受访者中，城镇受访者占 67.64%；在能够单独分出可回收物（比如废纸、废塑料、废旧衣服、废弃电器电子产品、废玻璃等）的受访者中，城镇受访者占六成多、农村受访者占近四成（见图 10–8）。

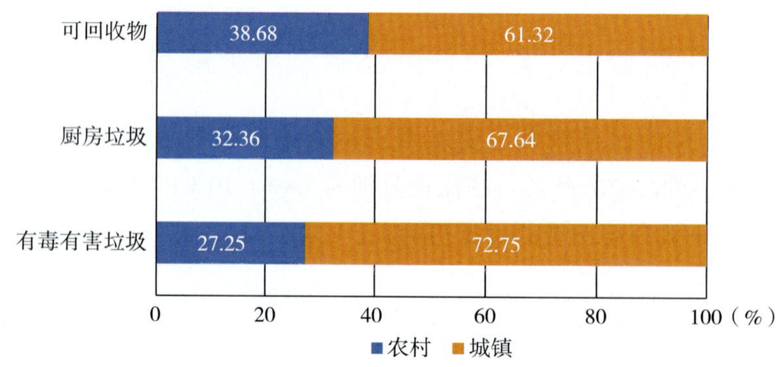

图10-8 城乡受访者进行垃圾分类的比重

受访者未进行垃圾分类的原因来自多方面，分类标准太复杂是最主要的原因。对于妨碍公众分类收拾、投放垃圾的首要原因，33.0% 的受访者表示垃圾分类的标准太复杂，不会按照分类标准去分；25.5% 的受访者表示垃圾桶无法满足分类要求；20.3% 的受访者表示垃圾分类没有奖惩机制，缺乏垃圾分类的动力；11.6% 的受访者表示现在生活水平高了，没必要进行垃圾分类；5.8% 的受访者表示垃圾没有分类清运（见图 10–9）。

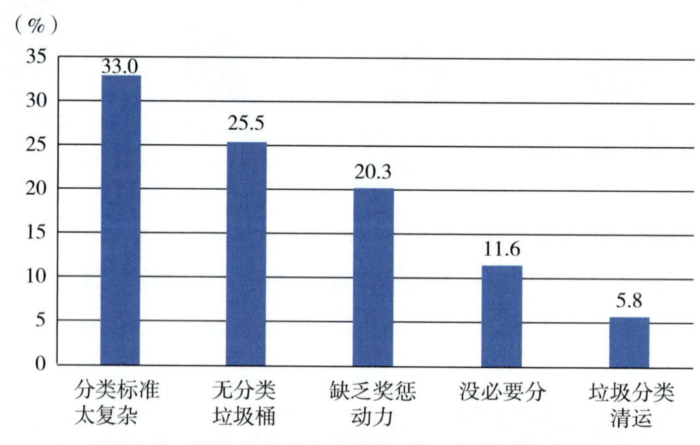

图10-9 受访者未落实垃圾分类工作的首要原因

分类垃圾桶的数量不足，垃圾桶的标识也不够清楚。86.7% 的受访者表示所在的小区或者村庄有垃圾桶，但垃圾桶上标注投放哪种垃圾的比重仅为 24.9%，城镇受访者的这一比重为 28.6%，比农村受访者高 8.7 个百分点。对于有标识的垃圾桶，受访者表示单独标注可回收物（比如废纸、废塑料、废旧衣服、废弃电器电子产品、废玻璃等）的比重最高，为 90.7%（见表 10–6）。

表10-6 受访者对垃圾桶的评价

	全部受访者	城镇受访者	农村受访者
有垃圾桶	86.7%	90.4%	81.8%
有带标识的垃圾桶	24.9%	28.6%	19.9%
标注有毒有害垃圾的垃圾桶	78.1%	80.9%	71.6%
标注可回收物的垃圾桶	90.7%	93.8%	84.3%
厨余垃圾标识	78.3%	81.4%	72.1%

（四）农村生态环境治理仍需加快推进

约 1/4 的村庄未进行厕所改造。本次调查总共包含 225 个村[①]，进行过厕所改造的村的比重为 74.4%，从未进行过厕所改造的村的比重为 25.6%。

各地因地制宜发放厕所改造补助。对于进行过厕所改造的村子，其受访者反映普通户平均每户补助 906 元，贫困户平均每户补助 1023 元。大多村民反映目前的厕所改造补助基本能覆盖改造建设成本。调查还发现，各地开展厕所改造的形式也多样（专栏 1）。

专栏1　广西厕所改造情况

在广西调研期间发现，其厕所改造情况主要有三方面。一是厕所改造的技术标准并未完全统一，通常的标准是便盆+冲水（阀门式）+化粪池，管网设施较好的地区则采取入网式冲水厕所。二是厕所改造补助标准通常为1200元/户，但各地也有区别。例如，武鸣区为贫困户提供每间400元的厕所改造额外补助。政府只对厕所改建进行补贴，不对后续维护提供补贴。三是各地厕所改造的实施机制也不同，可以选择自建后申领补贴；也可以请统一委托的第三方公司改建，政府直接付费，但这一方式优先服务贫困户。

农村厕所改造技术有待提升。对于改造农户厕所的方式，采取水冲厕所的村子比重为 88.1%，其中超过半数采取简易水冲厕所方式，29.7% 采取由管网收集到生活污水处理设施的方式。此外，仍有 7.4% 的村子使用旱厕。

农村厕所粪污收集方式仍较落后，超半数的村民要依靠自行抽（淘）粪。改造后厕所粪污纳入管网的比重为 35.5%，其中纳入城镇管网、由城镇集中处理的村占 21.9%；纳入村级管网和处理设施（村自建或合建）、由村集中处理的村占 13.6%。未纳入管网的比重为 64.5%，其中有 51.3% 的村要由农户自行抽（淘）粪。

超过 1/4 的农村生活污水直接排放。生活污水通过管网收集并集中处理的比重为 44.1%。其中，由城镇污水处理厂处理的比重占 30.5%，由村内污水处理设施处理的比重占 13.6%。23.5% 的村不统一收集生活污水，由农户自己通过沼气池、净化槽等直接处理。26.8% 的农村生活污水没有处理，经由房前屋后直接排放。调研组在入户调查时发现多种现实情况制约污水管网建设（专栏 2）。

专栏2　村民反映的生活污水管网建设情况

课题组在黑龙江入户调查期间，发现海江镇各村屯基本没有地下排水管网，生活污水大多直接倒入自家院内浇灌还田和自然蒸发，村中道路在雨后也泥泞不堪。村民反映各村屯分布比较分散，地广人稀，基础设施难以在合适的位置安放。在塔溪乡，有受访者反映由于农

① 选取样本中村 / 村委会的数量计算。

村地区没有上、下水设施，改造厕所可能更不实用，因此有村民不愿意改造。地方政府表示资金压力大，厕所、垃圾、污水处理工程实施进程慢。在广西入户调查期间，调研组发现有些村民不赞成铺设下水管网，因为担心铺设管网开挖道路影响农产品运输，进而影响收入。

生活污水处理资金不足。99.5% 的村子没有向村民收取生活污水处理费，而表示生活污水处理的管护运营资金存在缺口的村占比 31.2%。

农村生活污水治理尚未充分引进社会资本。86.9% 的村未引入企业参与农村生活污水治理，引入企业参与农村生活污水治理的村占比仅为 13.1%。其中，由政府购买服务引入企业的村的比重为 10.0%，政府与企业共同投资建设、运营（PPP 模式）的比重为 3.1%（见图 10–10）。调研组在广西南宁农村入户调研时发现，部分村庄地域范围跨度较大，农户密度不高，污水产生量和处理量达不到规模化水平，企业进行投资建设运营的投资回报率不高，限制了企业投资运营生活污水处理的积极性。

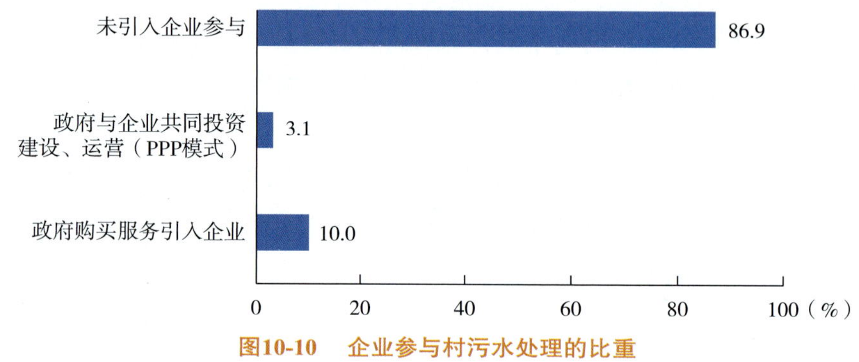

图10-10　企业参与村污水处理的比重

三、我国生态环境保护政策年度进展

上述调查结果显示，2019 年受访者对周边生态环境质量改善的获得感继续增强，我国生态环境保护政策开始逐步见成效。本部分内容重点梳理 2018 年至 2019 年上半年[①] 我国在大气、水、垃圾、农村环境等领域的生态环境保护政策出台和实施情况。

（一）习近平生态文明思想确立，中央持续对生态环境保护实施部署

2018 年全国生态环境保护大会在北京召开，习近平总书记出席会议并发表重要讲话，正式确立习近平生态文明思想。中共中央、国务院印发《关于全面加强生态环境保护坚决打好污染防治攻坚战的意见》，明确打好污染防治攻坚战的路线图、任务书、时间表。十三届全国人大一次会议表决通过宪法修正案，把新发展理念、生态文明和建设美丽中国的要求写入宪法。在党

① 2019 年问卷调查的开展时间为该年三季度，询问受访者近一年来对周边生态环境状况的主观评价。因此，本部分内容重点梳理 2018 年到 2019 年上半年的生态环境政策实施进展。

和国家机构改革中，对组建生态环境部以及生态环境保护综合执法队伍进行部署。

（二）全面推进蓝天保卫战

2018 年 6 月，国务院印发实施《打赢蓝天保卫战三年行动计划》，提出“经过 3 年努力，大幅减少主要大气污染物排放总量，协同减少温室气体排放，进一步明显降低细颗粒物（PM2.5）浓度，明显减少重污染天数，明显改善环境空气质量，明显增强人民的蓝天幸福感”。

生态环境部制定《2018—2019 年蓝天保卫战重点区域强化督查方案》，进一步改善京津冀及周边地区、汾渭平原及长三角地区等重点区域环境空气质量，持续开展大气污染防治强化督查。重点区域大气污染联防联控机制不断健全，成立了京津冀及周边地区大气污染防治领导小组，建立汾渭平原大气污染防治协作机制，完善长三角区域大气污染防治协作机制，并实施重点区域 2018—2019 年秋冬季大气污染综合治理攻坚行动。

2018 年 7 月，生态环境部常务会议审议并原则通过了《柴油货车污染治理攻坚战行动计划》，建立健全最严格的机动车全防全控环境监管体系，大力实施清洁柴油车、清洁柴油机、清洁运输、清洁油品行动，促进城市和区域空气质量明显改善。2018 年我国可再生能源规划和产业政策体系进一步完善，可再生能源装机突破 7 亿千瓦，能源行业大气污染防治工作持续推进，清洁取暖工作全面启动。

（三）着力推进碧水保卫战

继续深入实施《水污染防治行动计划》，全面控制水污染物排放。2018 年我国全面建立河（湖）长制，全国共明确省、市、县、乡四级河长 30 多万名、湖长 2.4 万名。打好水源地保护攻坚战。2018 年 3 月，生态环境部联合水利部制定了《全国集中式饮用水水源地环境保护专项行动方案》，要求地方各级人民政府组织做好本辖区饮用水水源地环境违法问题排查整治工作，确保饮用水源安全。

打好城市黑臭水体治理攻坚战。2018 年 9 月，住房和城乡建设部和生态环境部联合印发《城市黑臭水体治理攻坚战实施方案》，进一步扎实推进城市黑臭水体治理工作，主要目标为“到 2018 年底，直辖市、省会城市、计划单列市建成区黑臭水体消除比例高于 90%，基本实现长制久清”。

打好长江保护修复攻坚战。2018 年 1 月，《中央财政促进长江经济带生态保护修复奖励政策实施方案》出台。2018 年 6 月，生态环境部常务会议审议并通过《长江保护修复攻坚战行动计划》，2018 年 11 月，《长江流域水环境质量监测预警办法（试行）》出台，建立长江经济带水环境监测预警机制。

农村污水治理政策加快完善。生态环境部印发《关于推进农村黑臭水体治理工作的指导意见》《农村生活污水处理设施水污染物排放控制规范编制工作指南（试行）》等。

（四）垃圾处理取得新进展

2018 年，全国人大常委会将《中华人民共和国固体废物污染环境防治法》（简称“固废法”）修订列入立法工作计划和常委会工作要点，2020 年 4 月 29 日，该法由第十三届全国人大常委会第十七次会议修订通过。

2018 年 3 月，生态环境部推进禁止洋垃圾进口工作，审议并原则通过《关于全面落实〈禁止洋垃圾入境推进固体废物进口管理制度改革实施方案〉2018—2020 年行动方案》《进口固体废物加工利用企业环境违法问题专项督查行动方案（2018 年）》和《垃圾焚烧发电行业达标排放专项整治行动方案》。

生态环境部开展长江经济带 11 省市沿江沿岸固体废物大排查和“清废行动 2018”专项执法行动，严厉打击固体废物及危险废物非法转移和倾倒行为。

2019 年 1 月，国务院办公厅印发《“无废城市”建设试点工作方案》，通过“无废城市”建设试点，统筹经济社会发展中的固体废物管理，大力推进源头减量、资源化利用和无害化处置。

（五）农村环境整治持续推进

2018 年生态环境部和农业农村部联合印发《农业农村污染治理攻坚战行动计划》，提出“一保两治三减四提升”的目标，深入推进农村人居环境整治和农业投入品减量化、生产清洁化、废弃物资源化、产业模式生态化。2018 年全国开展农村环境综合整治的村庄累计达到 16.3 万个。

2019 年各部门合力推进农村人居环境整治工作。中央农村工作领导小组、农业农村部等 18 个部门联合印发《农村人居环境整治村庄清洁行动方案》，提出开展以“三清一改”（清理农村生活垃圾、清理村内塘沟、清理畜禽养殖粪污等农业生产废弃物、改变影响农村人居环境的不良习惯）为主要内容的村庄清洁行动。住房和城乡建设部印发《关于建立健全农村生活垃圾收集、转运和处置体系的指导意见》。中央农村工作领导小组办公室（中央农办）等 9 部门印发《关于推进农村生活污水治理的指导意见》。中央农办、农业农村部、自然资源部、国家发展改革委、财政部 5 部门印发《关于统筹推进村庄规划工作的意见》，指导各地扎实推进“多规合一”的实用性村庄编制规划工作，加快农村人居环境整治。

（六）生态环境保护执法和改革措施继续推进

中央生态环境保护督察工作深入推进。2018 年中央对全国 20 个省开展中央生态环境保护督察“回头看”，推动解决一大批长期难以解决的流域性、区域性突出环境问题。2019 年 6 月，中共中央办公厅、国务院办公厅印发《中央生态环境保护督察工作规定》，规范生态环境保护督察工作。

生态环保机构改革顺利推进。2018 年完成生态环境部组建工作，整合 7 部门环境污染监管职责。中共中央办公厅、国务院办公厅印发《关于深化生态环境保护综合行政执法改革的指导意见》，整合生态环境保护领域执法职责和队伍，强化生态环境保护综合执法体系和能力建设。

生态文明重大制度加快落实。2018 年全面落实《生态环境损害赔偿制度改革方案》。全面推行领导干部自然资源资产离任审计工作。开展自然资源资产负债表编制试点。全面推开省以下生态环境机构监测监察执法垂直管理制度改革工作。生态环境部印发《生态环境监测质量监督检查三年行动计划（2018—2020 年）》，坚决遏制环境监测数据造假行为。

四、改善公众生态环境质量获得感的若干对策

一是贯彻落实习近平生态文明思想，持续推进污染防治攻坚战。坚定不移地贯彻落实习近平生态文明思想，坚持和完善生态文明制度体系，继续加快生态环境保护和生态文明建设，持续推进污染防治攻坚战，巩固生态环境质量改善成果，力争在水污染、生活垃圾处理等薄弱环节取得新成绩。

二是加强生活饮用水管理，提升农村自来水普及率。完善城镇自来水供应基础设施管护体制，保障生活饮用水稳定供应。加强自来水供应全过程精细化管理，定期加强生活饮用水检测，提升生活饮用水水质。加快农村生活饮用水基础设施建设，提高农村自来水普及率。建立生活饮用水安全预警机制。

三是着力清除水边和水面垃圾，适当增加景观用水。继续推进水污染防治，加强水边和水面垃圾的综合清理整治。健全城镇污水处理体系，提高污水处理率，加强黑臭水体治理。加强河道清淤疏通和补水，适当增加人居环境景观用水。

四是精准提高公众的生活垃圾分类水平。继续推行生活垃圾分类制度。加强生活垃圾分类宣传和知识教育，普及公众生活垃圾分类知识。采用简单易学的生活垃圾分类标准，起步阶段不宜采用复杂的分类标准，由易到难，循序渐进，逐步增强公众正确开展生活垃圾分类的信心和能力。加快配备标示明确、易于看懂的生活垃圾分类垃圾桶，建立生活垃圾分类清运和处置设施。建立多样化的生活垃圾分类激励和约束机制，提高公众生活垃圾分类的动力。

五是加强农村污染处理基础设施建设。继续落实厕所革命，提高厕所改造普及率和现代化程度。加大农村粪污和生活污水处理设施建设，通过管网建设、村污水处理站、统一转运清理等方式提高处理能力。鼓励农村污染治理模式创新，因地制宜解决农村治理污染的资金缺口问题，在具备人口较多、密度较高等特点、适合社会化投资运营的村，积极引进社会化投资运营公司参与污染治理，拓宽农村治污资金渠道。

（执笔：王海芹　黄俊勇[①]　陈　迪[②]）

① 黄俊勇为国务院发展研究中心资源与环境政策研究所挂职干部，其工作单位为福建省平潭综合实验区自然资源服务中心。

② 陈迪为清华大学环境学院博士生。

第十一章
食品安全专题研究报告

2019 年“中国民生调查”的电话调查显示，受访者对食品安全的满意率环比上升，入户调查也反映出约六成的受访者对食品安全的改善程度表示满意。虽然 2019 年的满意率在 2018 年小幅回落后重拾上升态势且大幅提高，但受到直播等新业态存在监管空白等问题影响，2020 年食品安全满意率有可能会回落。要使这个满意率继续攀升、摆脱在民生各领域中绝对值落后的局面，在继续完善食品安全治理体系的同时还需要特别强化风险防控体系。

一、民生调查反映的食品安全总体状况

从 2019 年民生调查（入户调查和电话调查）的结果看，公众对食品安全的焦虑程度降低，满意率上升；食品安全满意率的提高程度显著高于民生领域的整体水平，但绝对值仍然靠后。

（一）食品安全满意率明显提高

电话调查显示，对目前居住地食品安全状况表示“非常满意”“比较满意”的分别占 20.3%、36.9%，两项合计为 57.2%。2019 年的食品安全满意率首次过半，较 2018 年的 46.0% 有了显著提高（见图 11-1）。近几年食品安全满意率整体呈现高速提升状态（过程略有波折），2019 年的食品安全满意率较“十三五”初年（2016 年）的 40.3% 提高了 16.9 个百分点，提高比例达 41.9%，且 2019 年食品安全满意率提高程度大幅高于民生领域整体水平（8%）。在电话调查的 12 个专题中，食品安全满意率排在第九位，摆脱了“十三五”初年排名垫底的局面。

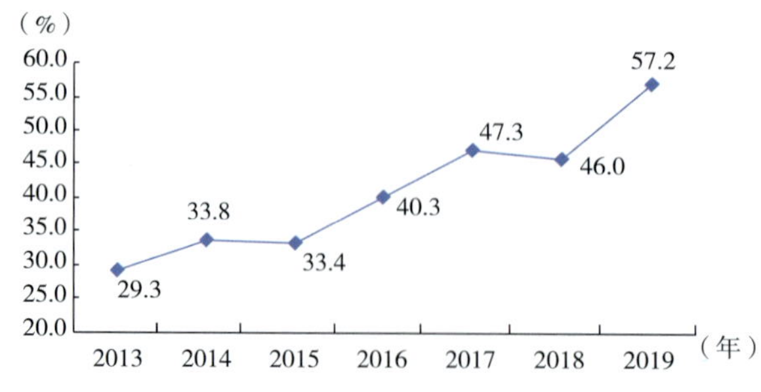

图11-1　电话调查食品安全满意率年度变化

与电话调查相呼应的是，入户调查显示受访者选择食品安全为最关心的日常生活问题的比例较 2018 年大幅度下降。受访者普遍表示食品安全有所改善，入户调查显示，有 9.7% 的受访者对 2018 年至今的食品安全改善状况非常满意，有 48.7% 的受访者表示比较满意，两项合计共 58.4%。入户调查还显示，近八成受访者相信未来 3 年食品安全状况能够改善。

对比各年龄段的受访者的食品安全满意率，发现 18~29 岁青年的食品安全满意率较高，与"十二五"期间中老年人的食品安全满意率[①]通常较高的现象出现了明显区别（见图 11-2）。

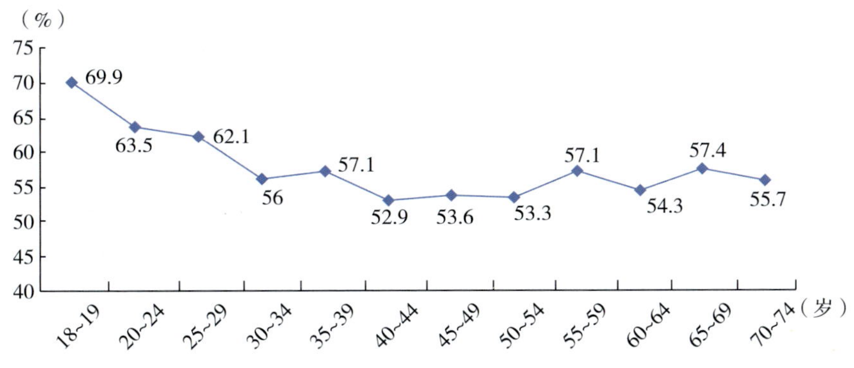

图11-2　不同年龄段的食品安全满意率变化趋势

从受访者的学历背景看，大学本科学历的受访者对居住地食品安全状况的评价最高，为 61.9%，研究生学历的受访者满意率较 2018 年提升幅度最明显，提高幅度为 16.4 个百分点。教育水平较高的受访者的食品安全满意率在"十三五"期间显著提高，已经基本改变了"十二五"期间教育水平越高的人群食品安全满意率越低的情况：本科学历受访者的满意率较 2015 年的 30.0% 提高到 61.9%，研究生学历的受访者的满意率则由 2015 年的 28.0% 提高到 58.2%，均提高了一倍有余（见图 11-3）。

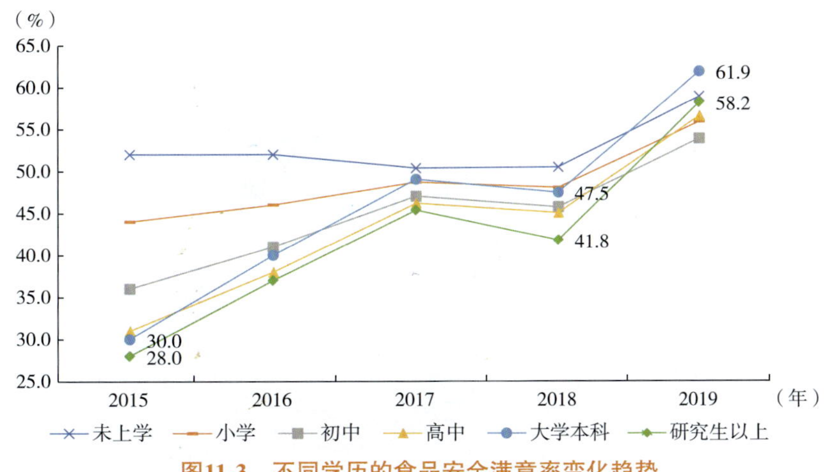

图11-3　不同学历的食品安全满意率变化趋势

从城乡角度看，2019 年城镇食品安全满意率为 56.5%，农村食品安全满意率为 58.4%，二者

① 数据来源：2011 ～ 2015 年国务院发展研究中心的"中国民生调查"的电话调查结果。

差距大幅缩小，已不明显（见图 11–4）。

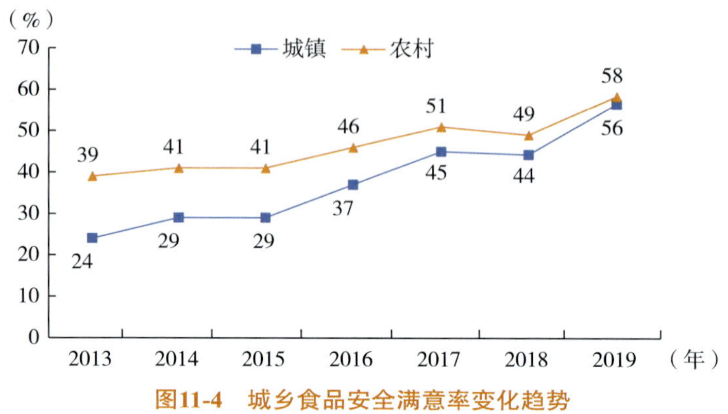

图11-4　城乡食品安全满意率变化趋势

从既往几年的数据看，高学历受访者的满意率显著提升，城乡满意率差距明显缩小，这都说明了食品安全水平有了突破性提高，食品安全工作的“久久为功”开始体现。

（二）调查发现的其他情况

虽然食品安全满意率大幅度提升，但在全部民生领域的排名仍然靠后，这一方面说明食品安全的底子薄弱、好形势出现的时间不长，另一方面说明工作还有短板，这些短板仍然不能让大多数人放心。

例如，根据入户调查结果，受访者最担心的食品安全问题仍然是农兽药、抗生素、重金属等高残留，为 21.7%；其次是非法添加的非食用物质（如苏丹红）为 16.0%。有 15% 的受访者担心疫病肉等食品流入市场，其中农村地区的受访者对此问题更为担心，农村地区首选疫病肉等食品流入市场为最担心食品安全问题的比例为 12.65%，高于城镇的 8.99%。

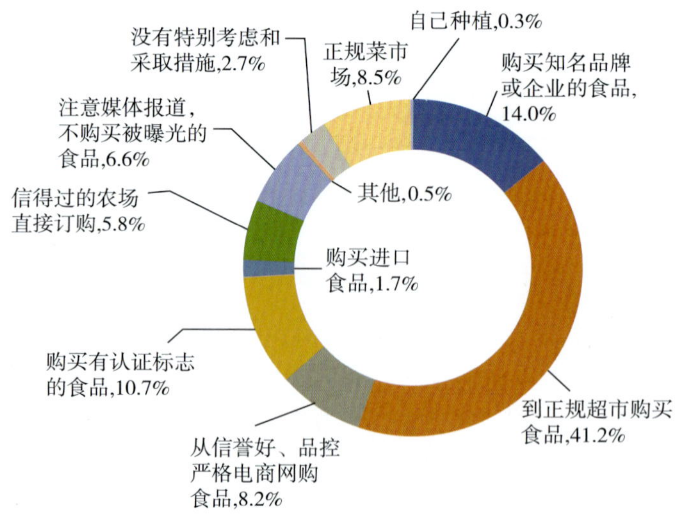

图11-5　入户调查反映的城市购买安全食品的方式

城市和农村地区均将到正规（有品牌、连锁的）超市购买食品为获取放心食品的首位渠道，分别为 41.2% 和 28.7%，和往年数据基本相同。城市网络购物、农场订购等销售模式逐渐成熟，新兴业态的食品安全保障将是今后一段时间的工作重点和难点。从 2019 年调查反映出的数据看，城市有 8.2% 的受访者选择从信誉好、品控严格的电商网购食品，5.8% 的受访者选择从信得过的农场直接订购（见图 11-5、图 11-6）。这一方面说明网购、订购虽非主流销售渠道，但公众对其的信任程度尚可，另一方面也反映了隐忧：必须加强网络渠道的监管，否则这个渠道出现重大食品安全事件后整体的食品安全满意率可能会大退步。

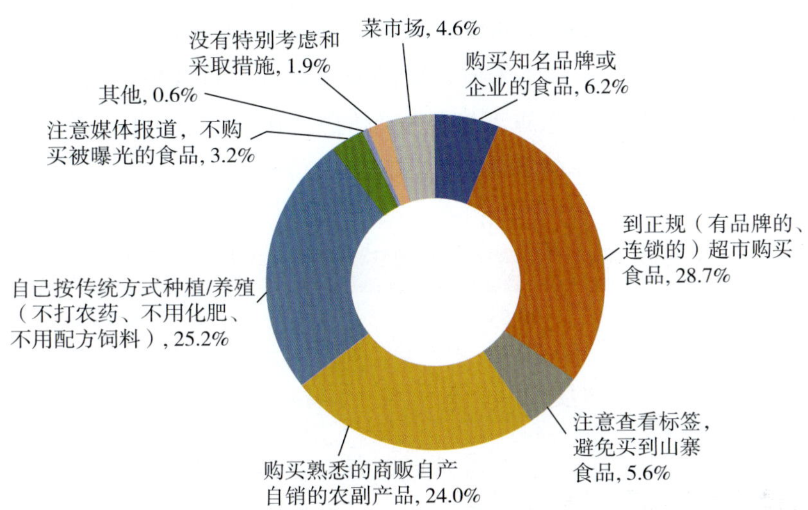

图11-6 入户调查反映的农村购买安全食品的方式

在信息反馈交流方面，根据入户调查，30.3% 的受访者首选需要及时调查并公布结果，综合来看选择需要对调查属实的相关企业及责任人严肃处理的比例最高为 33.6%（见图 11-7）。这反映出公众对信息公开透明和对肇事者及渎职者追责的期望。

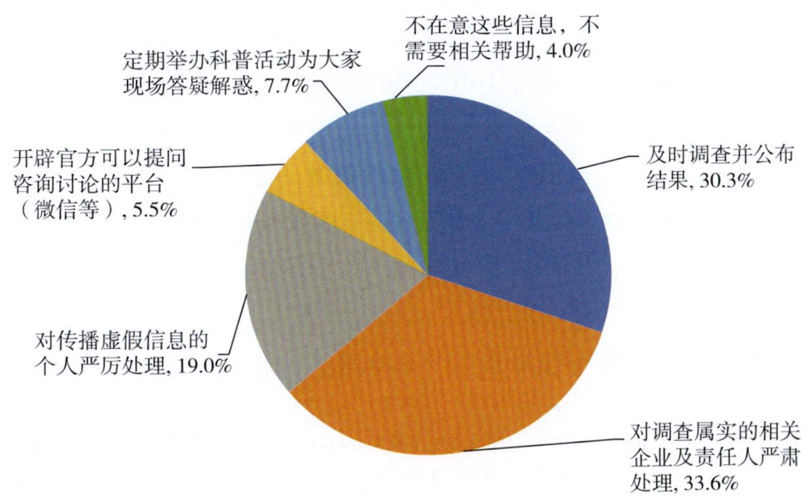

图11-7 公众收到负面信息期待的解决方式（综合数据）

二、食品安全工作阶段性进展总结

“十三五”期间食品安全满意率的大幅度提高，是食品安全质量基本有保障的反映，这与食品安全管理的体系化、制度化建设密不可分，也说明了长期以来对食品安全工作的持续加强已经初显成效。

（一）食品安全质量基本有保障

从国家市场监管总局的相关检测来看，2019 年食品安全呈现“持续稳中向好”状态：平均食品总体抽检合格率为 97.8%，乳制品抽检合格率达 99.9%。自 2014 年以来，食品安全抽检合格率始终高于 96%（见表 11–1）。整体来看，食品安全呈现“持续稳中向好”状态，国际评价也大体如此。英国《经济学人》杂志旗下智库发布的《2019 年全球食品安全指数报告》显示，中国食品安全排名第 35 位，较上年的第 46 位上升了 11 位[①]。

表11-1　2014—2019年食品安全抽检合格率

2014年	2015年	2016年	2017年	2018年	2019年
98.5%	96.8%	96.8%	97.6%	97.6%	97.8%

（二）食品安全工作的制度化和体系化显著增强

食品安全满意率近年大幅度提高，其根本原因是对食品安全工作常抓不懈和法律、制度建设全面推进。政府对食品安全工作的重视在“十三五”期间前所未有，这从法律、文件、治理体系建设、制度建设、机构建设等多方面综合体现出来。这样，不仅特大食品安全问题明显减少，即使出现了食品安全舆情风险后也能及时化解。

在法律方面，为进一步细化和落实 2015 年修订的《食品安全法》，解决实践中存在的问题，2019 年 3 月修订通过了《中华人民共和国食品安全法实施条例》（以下简称《条例》）细化了食品安全监管体制机制，有力推动了我国食品安全执法。同时，《条例》还对公众关切的网络食品交易、特殊食品及食品广告等管理问题作出了回应，完善了食品安全社会共治并加大了食品安全处罚力度。在具体操作层面，2019 年 8 月国家市场监督管理总局审议通过了《食品安全抽样检验管理办法》，严加规范了抽检程序，明确了监测各方的法律责任。

2019 年 5 月，中央印发《中共中央　国务院关于深化改革加强食品安全工作的意见》（中发〔2019〕17 号），这是第一个以中共中央、国务院名义出台的食品安全工作纲领性文件，具有里程碑式重要意义。

2019 年 6 月，为提升食品安全保障水平，推动建立食品安全现代化治理体系，国务院食品

---

① 该指数依据食品承受能力（Affordability）、供应充足程度（Availability）和质量与安全（Quality and Safety）、自然资源及复原力（Natural resources & Resilience）四个指标来计算各个国家的食品安全指数。在跟踪的全球 113 个国家和地区中，中国在历经多年在 42 ～ 46 全球排名间的游动后，于 2019 年中国首次进入 30 ～ 39 的区间，排名第 35 位。

安全委员会印发了 2019 年食品安全重点工作安排，共包括 21 个方面内容：实施食品安全放心工程建设攻坚十大行动、对违法行为“处罚到人”、落实食品生产企业主体责任、提高食用农产品质量安全水平、加强食品抽检和核查处置、防范重点区域食品安全风险等（见表 11–2）。与“十三五”初年（2016 年）相比，食品安全重点工作更加细化（2016 年仅有 11 项重点工作）、更有可操作性，增加了信息交流的相关工作内容，反映出国家对食品安全工作的高度重视以及工作思路由管理向治理的转变。

表11-2　　2016年与2019年食品安全重点工作

	2016年	2019年
完善政策法规	完善食品安全法规制度	加强法律法规“立改释”
完善体制机制	完善统一权威的监管体制； 加强食品安全监管能力建设落实食品安全责任制； 严格落实生产经营主体责任； 推动食品安全社会共治	简化准入审批流程； 创新市场监管方式； 落实食品安全责任制； 落实食品生产企业主体责任； 加强食品抽检和核查处置
提高食品质量	加大食用农产品源头治理力度； 突出重点问题综合整治	实施农药兽药使用减量和产地环境净化行动； 实施国产婴幼儿配方乳粉提升行动； 实施校园食品安全守护行动； 实施餐饮质量安全提升行动； 实施“优质粮食工程”行动； 实施进口食品“国门守护”行动； 实施“双安双创”示范引领； 提高食用农产品质量安全水平
风险防控	健全食品安全标准体系； 强化风险防控措施	防范重点区域食品安全风险； 实施风险评估和标准制定专项行动
信息交流		加强科技支撑和信息化建设； 加强科普宣传和教育引导
打击犯罪	保持严惩重处违法犯罪高压态势	实施农村假冒伪劣食品治理行动； 实施保健食品行业专项清理整治行动； 对违法行为“处罚到人”行动

在制度建设方面，2019 年 2 月出台了《地方党政领导干部食品安全责任制规定》，要求落实食品安全的属地责任和首长责任，抓住了食品安全工作的“牛鼻子”；在组织机构方面，机构改革后，不仅国家市场监督管理总局专门成立了食品安全协调司和特殊食品安全监督管理司，公安部也整合多个业务局相关职责，专门组建了食品药品犯罪侦查局，统一承担打击食品、药品和知识产权、生态环境、森林草原、生物安全等领域犯罪职责。

食品安全信息公开、社会共治、应急处置等工作也取得了突出成果：全国校园“明厨亮灶”超过 90%，利用“互联网 + 明厨亮灶”工程，形成了“家长—监管部门—食堂”三方互通、三方共治的机制，处理突发事件的应急和双向互动方面也有突出成效[①]。

① 如 2019 年 3 月成都七中实验学校小学部食堂食品质量有关问题的处理，及时公布调查结果，回应社会舆论，很大程度上提高了公众的信心，也呼应了受访者对信息公开的希望。

三、食品安全工作仍然存在的短板

虽然食品安全满意率有了明显的提升，但满意率的绝对值并不高，在民生领域中排名仍靠后。这说明短板和漏洞依然存在，其中既有已经弥补但尚未补齐的食品安全体系内的短板，也有突发公共卫生事件和新兴经济模式下暴露出来的风险隐患。

（一）老问题还需常抓不懈

一是食品安全水平还需要提升，公众仍然在关心农兽药残留、非法添加的非食用物质（如苏丹红）问题。2019 年的抽检数据也显示，这些确实是食品安全的主要问题，在抽检的不合格产品中，微生物污染、超范围超限量使用食品添加剂和农兽药残留超标占不合格总数的 2/3 以上[①]。二是监管手段不足、监管力量分配不合理，基层、经济基础差地区的监管力量相对薄弱。基层食品安全工作存在人员数量不足，业务素质、检测设备和技术水平无法满足需要等问题。三是食品安全信息的交流互动机制仍不完善。2019 年入户调查显示，对食品安全的负面信息，48.8% 的受访者首选需要及时调查并公布结果（2018 年的入户调查数据显示有 43.69% 的受访者认为食品安全事件处理及时）。这反映出公众对信息公开透明和肇事者追责的期望，以及信息交流工作需要进一步加强。四是公众参与监管的渠道仍然不多，没有形成相对完善的社会治理体系。舆情反馈与互动方面的工作不足，舆情应对和媒体管理存在漏洞[②]。

（二）新风险必须及时应对

食品安全是人类社会永恒的主题和主角——民以食为天，随着社会进步以及科技发展，食品安全总有新风险要应对。

首先是科技创新带来的新风险。近年来被广泛关注的“人造肉”[③]、自热食品、功能食品等，已经对现有管理方法和标准产生挑战。以“人造肉”为例，其出现一方面是为满足消费者快速增长的肉品需求，另一方面为有效减少畜牧业占地、水资源使用和温室气体排放，解决环保和可持续发展问题提供了一种途径。目前相关产品品类已经比较成熟，但现有的法规标准与产品创新及行业发展不相适应，“人造肉”生产中添加的新组分、新生产工艺的系统安全评估尚未完成，亟待开展相关标准的制定工作。

然后是新业态带来的新风险。“网上购物”已成为越来越多的消费者购物的首选渠道，消费重心在逐渐下沉，60% ～ 70% 来自三、四、五线城市及农村[④]。外卖、直播、代购、定制等新

---

① 《2019 年食品安全持续向好 仍需直面挑战》，人民网，https：//www.sohu.com/a/364962407_114731。

② 例如，部分媒体（尤其是自媒体）的断章取义、虚假失实报道对主观认知影响很大，加大了公众对食品安全现状的焦虑。

③ “人造肉”是指非自然生产、有类似肉品口感食品的代名词，通常分为植物蛋白肉和细胞培育肉两大类。目前，植物基人造肉等已经进入商业化阶段，但相关标准属空白。

④ 数据来源：http：//dc.sanhaostreet.com/guonei/202001/062706.html。

业态已经逐步普及，但相应的标准、监管规范尚未完善，管理明显薄弱。2019 年中国生鲜电商市场规模保持 29.2% 的稳定增长，达到 1620.0 亿元，预计到 2020 年将升至 2638.4 亿元，同比增长 62.9%①。网售食品纠纷已经是网购纠纷事件的“主角”②，主要暴露出来的问题有假冒伪劣产品充斥、进口食品来源不明、自制食品质量难以保障、食品包装标识不规范、生鲜运输存在问题等。

造成这些问题的原因，一方面是电商平台存在对商家资质审核不严的问题，社交平台（非《食品安全法》和《网络食品安全违法行为查处办法》规定的进行网络交易的第三方平台）销售食品的现象也屡禁不止。另一方面是面对颠覆式的网络经营销售模式，当前的食品安全法规、标准和监管体系明显不适合。

总体来看，目前的食品安全管理体系基本可靠、仍不完备，应继续完善食品安全监管体系和社会治理体系，尤其是在下一步工作中应把确保食品风险防控体系全覆盖作为重点。

四、政策建议

（一）通过新技术、新方法、新机制提高食品安全领域的治理能力和提供更多的社会参与渠道

一是重视新技术应用，如通过区块链、云计算等技术完善质量追溯体系。二是完善食品安全监管体系与公众的交互方式，开辟直播、抖音等受众量巨大的渠道，使公众监管更容易，也使公众能有权威、及时、易接受的信息获得和互动方式。三是探索以信用为核心的新型监管体系，建立“严重失信者名单”制度。四是积极开展农业品牌塑造培育，切实做到优质优价，通过价格信号引导生产者发展高品质农产品生产，通过品牌信号巩固消费者的食品安全满意率。

（二）确保食品安全监管体系全覆盖

一是消除长期存在的风险隐患，加快相关法律法规的修订，设立“特种养殖动物”管理名录（即白名单），建立多部门联合建立野生动物和“特种养殖动物”检疫机制，加大对动物饲养经营和动物产品生产经营主体的监管，同时强化地方政府的属地管理责任、各部门间衔接配合的监管责任，构建统一、规范、高效的野生动物市场监管体系。二是加大新风险的研判和管理，加大直播、外卖等新业态的监督管理，严格资格准入、加强对经营性网站的监管、强化网络市场日常巡查、支持消费者投诉举报，制定并完善相应的法规、标准和制度。

（执笔：苏　杨　赵鑫蕊）

---

① 数据来源：https://www.iimedia.cn/c1020/70862.html。

② 自 2018 年 9 月 9 日成立到 2019 年 6 月 21 日，北京互联网法院受理的 3100 余件网购纠纷案件中，食品类案件占比高达七成。https://baijiahao.baidu.com/s?id=1638022292543781812&wfr=spider&for=pc。

第十二章
养老保障专题研究报告

2019年，中国的人口老龄化程度进一步加深，老年人内部的高龄化趋势逐步显现。政府进一步加大了对人口老龄化问题的重视，相关部门在提升老年经济保障水平、完善养老服务体系建设、推进老年健康服务发展、促进老年社会参与等领域做了大量工作，各领域发展水平进一步提升。同年8月至10月，国务院发展研究中心“中国民生调查”课题组对8省10026户居民实施的入户问卷调查结果显示，居民对老年经济保障存在担心的比例有所下降，但整体依然处在较高水平。养老金水平不高，第二、三支柱发展滞后，劳动收入不足等问题的存在，制约着居民养老经济安全感的提升。要降低居民对老年经济保障的担忧，近期需要从推进养老金制度改革、创造适宜老年人劳动参与的宏观环境、提升家庭养老经济支持三方面入手，系统性推动相关改革。

一、2019年民生调查结果及揭示的主要问题

2019年8月到10月，国务院发展研究中心“中国民生调查”课题组在全国8个省份针对10026户家庭进行了入户问卷调查，其中受访者为老年人的为3495户，占有效受访样本的34.9%。

（一）调查结果反映出近些年我国在养老领域工作取得了显著进步

10026户受访家庭中的家庭成员有效样本数量为37252人。在这37252人中，没有任何养老保险的人数为4451人，占11.9%。在医疗保险方面，参加过城镇居民基本养老保险或新型农村社会养老保险，但现在已经中断缴费的比例合计为2%，没有任何医疗保险的比例为2.2%。这表明，近些年社会保障工作不断夯实，居民中养老保险的参保水平持续巩固在90%左右，医疗保险的参保率保持在95%以上。

对于养老服务，定期为老年人举办活动的社区/村庄为54.4%，每年为老年人提供免费体检的社区/村庄达到了81%，提供老年送餐/就餐服务的社区/村庄比例为11.2%，为老年人提供打针、问诊等上门服务的社区/村庄占到了41.6%，为患有高血压、糖尿病等慢性病定期上门检查的社区/村庄占到39.6%。上述结果表明，虽然整体状况仍有待完善，但近些年中国在夯实老年服务方面确实取得了明显进展。与此相对应，居民对于现有的养老服务表示“非常满意”或

“基本满意”的比例合计占到了54.3%，远高于“不太满意”或“很不满意”的合计9.9%的比例。和非老年人相比，老年人对养老服务呈现了更高的满意度，表示“非常满意”或“基本满意”的比例合计占到60.4%。

在对当前家庭生活方面，受访者中老年人比非老年人展现出了更高的满意度。老年人中对当前家庭生活表示“非常满意”或“基本满意”的比例为70.0%，比非老年人高出5.7个百分点。老年人中表示“很不满意”或“不太满意”的比例为8.9%，比非老年人低3.1个百分点。

（二）当前我国老年人收入中七成来自养老金，城乡间差异明显

2019年调查中，60岁以上以及虽未年满60岁但已退休人员的月均收入为1590元，其中来自养老金的收入为1139元，占71.6%。分户籍状况看，城镇户口老年人月均收入3150元，其中来自养老金的收入为2762元，占87.7%；农村户口老年人月均收入808元，其中来自养老金的收入为383元，占47.4%。城乡老年人收入水平和收入中的养老金占比存在明显差异。

（三）2019年居民对老年经济保障的担心程度有所下降

自2014年起，居民对老年经济保障的担忧程度一直是中国民生调查的内容。2019年调查中，居民对老年经济保障存在担心的比例为59.2%，比2018年的69.2%下降了10个百分点；对老年经济保障没有担心的比例从2018年的27.3%上升至33.3%，增加了6个百分点。这一变化表明，近年来国家出台的一系列改革政策对改善居民预期发挥了积极作用，居民对老年经济保障的担忧程度有所下降。

（四）居民对老年经济保障的担忧程度总体仍处于较高水平

从连续六年调查结果看，居民对自己老年经济保障存在担忧的比例一直在五成以上，2019年虽明显下降，但仍然接近六成，对老年经济保障不存在担忧的比例仅为三成（见图12-1）。这表明，总体上，我国居民对老年经济保障担忧的比例仍然较高，需要尽快采取措施，降低这一担忧。

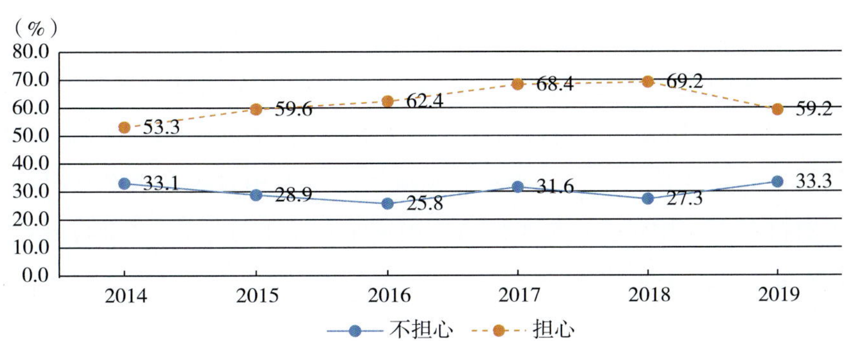

图12-1 是否对自己的老年经济保障存在担忧

（五）中年人和低龄老年群体的担心程度更高

2019 年民生调查显示，居民对老年经济保障的担忧，在城乡之间高度相似，差异主要体现在不同年龄组之间（见表 12-1）。总体上，居民对老年经济保障的担忧呈现“中间高两头低”的特征。40 ～ 49 岁、50 ～ 59 岁和 60 ～ 69 岁这三个年龄组对老年经济保障的担忧比例均超过六成，既高于更年轻的年龄组，也高于更年长的年龄组。值得注意的是，30 ～ 39 岁年龄组的担忧比例也接近六成。

表12-1　不同年龄层对老年经济保障的担忧情况　单位：%

	非常担心	比较担心	不太担心	完全不担心	说不准	没想过
20～29岁	11.5	34.2	25.3	10.5	4.4	14.2
30～39岁	16.1	43.0	20.6	7.8	3.3	9.1
40～49岁	20.8	41.2	20.5	8.4	2.4	6.7
50～59岁	20.8	41.7	21.1	9.8	1.7	4.9
60～69岁	19.6	41.0	22.7	13.2	1.1	2.3
70～79岁	16.6	36.1	27.5	16.6	1.3	1.9
80岁及以上	13.9	30.5	36.9	15.5	2.7	0.5

二、制约居民老年经济保障安全感提升的因素

（一）总体看居民的养老金水平不高，老年人收入相对不足

自 2005 年开始，我国已连续 16 年上调城镇职工的养老金标准，并不定期地提升了城乡居民的养老金水平。但总体上，养老金水平依然不高。国家统计局及人社部等部门资料计算显示，2018 年，城乡居民养老金月均水平只有 150 多元，而同期全国居民每月人均可支配收入为 2352 元。企业退休人员月均养老金水平虽远高于居民养老金水平，但其占城镇单位就业人员平均工资的比例近些年不断下降，从 2014 年的 44.7% 下降到 2018 年的 38.4%。较低的养老金水平，制约着老年经济安全感的提升。

国际上常用老年人收入同全体居民收入之比衡量老年人收入的相对状况。2018 年，OECD（经济合作与发展组织，简称经合组织）国家 65 岁以上老年人收入为全体居民可支配收入的 87%[①]。根据 2019 年民生调查结果的测算，2019 年我国老年人月均收入占同期居民月均可支配收入的 62.1%。分户籍状况看，城镇户口老年人月均收入为同期城镇居民月均可支配收入的 89.2%，农村户口老年人月均收入为农村居民月均可支配收入的 60.5%。从这一比较看，以老年人收入同全体居民收入之比衡量，虽然当前我国城镇老年人相对收入水平已超过 OECD 国家平均水平，但由于农村老年人相对收入水平比这些国家平均水平低出近 27 个百分点，整体上我国居民老年期的收入处于相对不足状态。

---

① 不同国家老年人收入相对水平不尽相同。在韩国等国家，65 岁老年人收入不到全体居民可支配收入的 70%，但在以色列、法国和卢森堡等国，65 岁老年人收入高于全体居民的可支配收入水平。详情参照：OECD, Pension At A Glance 2019。

（二）居民的养老金收入主要源于基本养老金，第二、三支柱发展滞后

在多数发达国家，除基本养老保险外，以自愿形式参加的补充养老保险在居民老年经济保障中也发挥着重要作用。当前，在比利时、加拿大、德国、爱尔兰、日本、新西兰、英国和美国等国，以自愿形式加入的补充养老保险使居民的养老收入替代率提升了 26 个百分点①。相比之下，我国养老保险体系中补充养老保险的作用发挥十分不足。

2019 年民生调查中，60 岁以上老年人月均收入中来自基本养老金的比例为 71.6%，作为第一支柱的基本养老保险在居民老年经济保障中发挥着主导作用。相比之下，作为第二、三支柱的补充养老保险发展水平依然很低，作用发挥严重不足。人社部的数据显示，截至 2018 年末，我国企业职工中参加企业年金的比例只有 6.5%。2019 年民生调查结果显示，城镇居民有商业养老保险的比例仅为 1.3%，在农村地区，养老金第二、三支柱基本处于空白状态。

（三）城镇地区的居民过度依赖养老金收入，源于劳动的收入明显不足

在多数发达国家，除养老保险外，源自劳动的收入也是居民老年期的重要收入来源。近些年，65 岁以上老年人收入中源自继续工作的份额，欧洲之外的发达经济体约为 30%，日本、韩国、新加坡则占到 40% 以上。2018 年，日本 60 ～ 64 岁、65 ～ 69 岁、70 ～ 74 岁、75 岁以上这几个年龄段的老年就业率分别为 68.8%、46.6%、30.2% 和 9.8%②。相比之下，我国城镇老年人劳动参与率过低，源于劳动的收入过低成为导致老年期收入不足的又一重要因素。

2019 年民生调查中，我国城镇老年人月均收入中近九成来自基本养老金收入。进入 50 岁后，城镇居民的劳动参与率迅速下降，50 ～ 59 岁城镇居民中从事有收入的比例仅为 51.8%，进入 60 岁后，这一比例降至不足 10%（见表 12-2）。

表12-2 城乡各年龄段人群从事有收入工作的比例 单位：%

年龄	农村居民	城镇居民	年龄	农村居民	城镇居民
20～29岁	71.7	68.2	50～59岁	69.3	51.8
30～39岁	85.9	87.0	60～69岁	40.8	7.4
40～49岁	84.8	84.7	70～79岁	18.9	2.4

导致当前我国城镇老年人劳动参与率过低的原因，可归结为两个方面。

一方面，退休年龄过低。当前我国城镇职工的法定退休年龄是男 60 周岁，女干部 55 周岁，女工人 50 周岁。实际生活中，部分居民的退休年龄往往更低。相比之下，目前 OECD 国家平均退休年龄为 64.2 岁，依据当前规则设定，到 2060 年这些国家退休年龄将进一步增长至 66.1 岁③。此外，在 OECD 的 22 个国家中，18 个国家已废除了性别差异，当前只有匈牙利、以色列、

① 资料来源：OECD，Pension At A Glance 2019。

② 资料来源：日本国立社会保障与人口问题研究所。

③ 资料来源：OECD，Pension At A Glance 2019。

波兰、瑞士 4 个国家在退休年龄上存在性别差异。需要指出的是，我国居民的当前法定退休年龄，是依据 1978 年的相关条例确定的[①]。但过去 40 年间，我国人均预期寿命从 1978 年的 67.5 岁增长至 2018 年的 77 岁，增长了近 10 岁。因此，即便不同 OECD 国家相比，我国当前实施的法定退休年龄也没有反映过去 40 年间人均预期寿命的变化。受此影响，与当前 OECD 国家居民成年后 2/3 的时间用于工作、1/3 的时间用于养老的安排不同，我国居民成年后用于养老的时间普遍偏长，部分居民用于养老的时间等于甚至高于其用于工作的时间。

另一方面，适宜老年人劳动参与的经济社会环境尚待完善。按照现行《劳动法》规定，达到退休年龄的老年人无法签订劳动合同，这影响着老年人再就业时的收入获取及相关权益的保障。基于对生产效率及用工成本等方面的考虑，当前企业普遍缺乏雇用老年人的积极性。此外，在意识层面，无论家庭还是社会，对老年人再就业也多持消极态度。

（四）农村老年人的养老金水平过低，劳动所提供的现金收入也相对有限

2019 年民生调查中，农村 60 岁以上老年人月均现金收入中来自基本养老金的比例为 47.4%。在养老经济来源上，主要依靠承包田地、依靠儿女或其他亲属赡养的比例，分别占 7.2% 和 35.1%。这表明，同城镇居民主要依靠养老金获取老年经济保障不同，农村居民的养老经济来源更为多元，家庭成员赡养和承包土地收入也为老年期的经济保障提供着重要支持。

需要注意的是，无论是养老金收入还是家庭赡养或是土地收入，当前都存在一些挑战，影响着农村老年人经济保障水平的提升。2018 年，中国农村居民养老金月均水平仅为城镇职工养老金月均水平的 4.8%。在绝对数额上，当前除北京、上海等少数地区农村居民养老金月均收入达到 1000 元以上外，多数农村地区的养老金月均水平仅有 100 多元，无法为老年人的生活提供充分支持。在家庭赡养上，随着相关意识的变化以及近些年生活成本的上升，总体上家庭子女对老年人提供的经济支持不断弱化，农村地区也不例外。在劳动收入上，虽然 60 ～ 69 岁和 70 ～ 79 岁农村老年人的劳动参与率分别为 40.8% 和 18.9%，但由于农业劳动获取的现金收入相对有限，往往无法为老年人的经济生活提供充分支持。与此同时，随着土地流转、城镇化过程中土地被征用等情况的发生，近些年多数农村老年人源于土地的实物收入基本没有增长甚至还有下降趋势。

（五）经济社会环境的变化推升了低龄老人及中年人对老年经济保障的担忧

低龄老人及中年人之所以担忧比例较高，很大程度上同经济和社会环境变化有关。在城镇地区，目前高龄老人的就职单位绝大多数为国有企事业单位，退休待遇总体较好。改革开放以

① 现行法定退休年龄是根据 1978 年 5 月第五届全国人大常委会第二次会议批准，国务院 1978 年 6 月颁发的《国务院关于安置老弱病残干部的暂行办法》和《国务院关于工人退休、退职的暂行办法》文件所定。

来随着非公有制经济发展及非正规部门就业占比的增长，相当一部分居民未被城镇职工基本养老保险覆盖，就业稳定性也较差，且子女为独生子女的比例更高，老年经济保障受到较大影响。在农村，随着集体经济逐步失去保障功能，家庭养老功能明显弱化，农村居民基本养老保险对收入支持有限，加上近些年生活成本的逐步上升，也严重影响到农村低龄老人及中年群体老年期经济保障的安全感。

三、2019 年应对老龄化的相关举措

2019 年，中国的人口老龄化程度进一步加深，老年人口中高龄化趋势逐步显现。截至 2019 年末，60 岁及以上老年人达 2.54 亿人，占全国总人口的 18.1%。其中，65 岁及以上老年人达 1.76 亿人，占总人口的 12.6%。相比 2018 年末，60 岁及以上老年人增加了 439 万人，占比增加了 0.2 个百分点，65 岁及以上老年人增加了 945 万人，占比增加了 0.7 个百分点。

面对日趋严重的人口老龄化，政府进一步加大了对人口老龄化问题的重视，在强化顶层设计的同时，围绕提升老年经济保障水平、完善养老服务体系建设，推进老年健康服务体系发展、促进老年社会参与等领域，相继出台了多项措施。

在提升老年经济保障水平方面，在继续保持较高水平的养老保险覆盖率的同时，进一步提升了养老金水平。2019 年 3 月 20 日，人力资源和社会保障部与财政部联合下发了《关于 2019 年调整退休人员基本养老金的通知》，提出按照 2018 年退休人员月人均基本养老金的 5% 左右的水平，从 2019 年 1 月 1 日起调整企业和机关事业单位退休人员的基本养老金水平。这是自 2005 年后连续 15 年上调企业职工退休人员的养老金水平。2019 年，城镇职工基本养老金收入月均水平达到 3333 元，比 2018 年增加了 180 元；城乡居民基本养老金收入月均水平 162 元，比 2018 年增加了 10 元。此外，为减轻基本养老保险基金收支的区域不平衡，为实现基本养老保险全国统筹进一步夯实基础，2019 年，企业职工基本养老保险基金中央调剂比例提高到 3.5%，基金调剂规模为 6303 亿元。

在完善养老服务体系建设方面，进一步推进居家、社区和机构三种类型的养老服务设施建设，建设重点更聚焦居家和社区，床位建设中加大了对护理功能床位的重视。2019 年 2 月，国家发改委举行城企联动普惠养老专项行动启动专题会议，旨在以城企合作形式推动普惠养老的发展，提出到 2022 年形成支持社会力量发展普惠养老的有效合作新模式，参加城市每千名老年人养老床位数达到 40 张，护理型床位占比超过 60%，医养深度融合。南昌、郑州、武汉、成都、秦皇岛、许昌、宜兴等 7 个城市成为首批试点城市。2019 年 4 月，国务院办公厅印发《关于推进养老服务发展的意见》，从六个方面提出了 28 条具体政策措施，并明确建立由民政部牵头的养老服务部际联席会议制度，推动养老服务发展。

在推动老年健康服务体系建设方面，2019 年成为关键的一年。2019 年 5 月，国家卫生健康委办公厅联合民政部办公厅等部门，联合下发《关于做好医养结合机构审批登记工作的通知》，在前期试点基础上进一步推动医养结合工作的开展。6 月，国家卫生健康委老龄健康司召开全国

安宁疗护试点工作推进会，总结交流第一批安宁疗护试点工作的经验做法，就启动第二批试点工作提出了相关要求。2019 年 10 月，国家卫生健康委会同国家发改委、教育部等八部门联合印发了《关于建立完善老年健康服务体系的指导意见》，成为中国第一个关于老年健康服务体系的指导性文件。12 月，国家卫生健康委老龄健康司组织专家队伍对医养结合国家示范省的工作进展进行了中期评估。

在促进老年社会参与方面，一方面，相关部门加快推动老年大学、老年协会等专业组织和平台的发展；另一方面，在制度建设中也进一步强化了相关顶层设计。2019 年 1 月，新修订的《中华人民共和国老年人权益保障法》公布实施，从九个方面对促进老年人社会参与，进一步强化老年人的权益保障做了要求。在实践中，一些地区开始探索旨在促进老年人再就业的服务平台。在另一些地区，激励年轻老年人为年长老年人提供服务的“时间银行”制度也在积极探索。

除上述各领域措施外，2019 年 11 月，中共中央、国务院印发了《国家积极应对人口老龄化中长期规划》，为近期至 2022 年、中期至 2035 年、远期展望至 2050 年的不同时期如何积极应对人口老龄化，提出了战略性、综合性、指导性的意见。这意味着，应对人口老龄化已上升为国家战略。

四、提升老年经济保障水平的政策建议

降低居民对老年经济保障的担忧是一项系统工程。针对当前凸显的突出问题，近期的制度改革可从三方面入手，协同推进。

一是以提升城乡居民基本养老保险待遇水平和发展二、三支柱养老保险为核心，进一步完善养老保险制度设计。依托 2018 年 3 月颁布的《关于建立城乡居民基本养老保险待遇确定和基础养老金正常调整机制的指导意见》，尽快出台可操作的办法，落实城乡居民基本养老保险待遇年度调整机制。通过加大财政补贴、实施税收优惠等办法，提升缴费水平，逐步做大城乡居民基本养老保险基金规模。结合促进农村居民转移就业、推动人口城镇化等过程，将更多就业人员纳入城镇职工基本养老保险范围。在不加大企业负担前提下，通过降低其他险种费率，实施税收优惠等激励措施，进一步推动企业年金和商业养老保险的快速发展。

二是以改革退休年龄和完善老年人再就业相关制度为核心，尽快提升城镇地区老年人经济参与水平，增加老年人劳动收入。建议分两步改革退休年龄制度：第一步，尽快将退休年龄统一至 60 岁，消除当前各类人群退休年龄差异；第二步，尽快出台延迟退休年龄方案，鼓励退休年龄逐步提升至 65 岁。要注意的是，延迟退休年龄方案应采取适当灵活方式，根据退休年龄、工作时间长短等，调整养老金待遇水平，鼓励居民延迟退休。加强宣传引导，转变家庭和社会对老年人再就业的认识，为老年人参与经济活动创造适宜氛围。以税收优惠、定向补贴等方式，鼓励企业等各类主体为老年人提供就业机会。加大老年人再就业的服务平台建设，为老年人再就业提供更多渠道支持。针对 60 岁以上就业无法签订劳动合同等制约老年人就业的法律和相关

制度进行改革，确保老年人的就业权益得到更好保障。

三是以完善家庭政策为核心，提升家庭对老年人的赡养支持水平。一方面，针对部分居民不进行养老经济规划的问题，以多种方式增强居民在养老问题上的主体责任意识，提升自我进行老年经济保障规划的能力；另一方面，加大宣传教育，辅以税收优惠等激励措施，强化家庭和子女的经济赡养功能。在农村地区，还可考虑进一步结合土地制度改革，探索增加农村家庭财产性收入的相关办法，提升土地对养老的经济保障功能。

要注意的是，除上述三方面措施外，由于收入不足或患有疾病等原因，一部分老年人往往面临更大的贫困风险。这需要进一步完善城乡居民最低生活保障制度，做到应保尽保。同时，低保还要做好同医疗救助、针对失能老年人照护服务等各类专项救助的有效衔接，实现救助中的统筹考虑。

（执笔：冯文猛）

第十三章
政府服务专题研究报告

随着放管服改革深入推进，民生领域的政府服务不断改善。为此，国务院发展研究中心“中国民生调查”课题组 2019 年在河北、黑龙江、江苏、浙江、安徽、福建、广西、陕西 8 省（区）开展了民生关切点入户调查（以下简称“入户调查”），共获得 10026 份有效调查问卷。其中，近一年来实际前往政府部门办理过业务[①]的受访者比例为 38.7%，较 2018 年略有上升。与此同时，针对民生满意度在全国 31 个省份开展了中国民生电话调查（以下简称“电话调查”），共获得 51609 个样本。调查结果表明，政府服务满意度显著提升，尤其是群众长期反映的一些“堵点”“痛点”已有明显好转，但仍需加快推动改革政策有效落地，特别是针对一些高频公共事项要逐步扩大“异地通办”范围，进一步提升民生领域政府数字化转型水平。

一、2019 年政府服务明显改善的主要特点

近年来，各级政府把改善政府服务作为践行以人民为中心发展理念的重要抓手，相继出台一系列政府便民服务举措，努力做到“只进一扇门、最多跑一次”。2019 年电话调查结果表明，对政府服务表示满意（含“非常满意”和“比较满意”，下同）的受访者达到 61.7%，比 2018 年提高 14.5 个百分点。在涉及民生工作的 12 个选项[②]中，“政府服务”排名从 2018 年的第 8 位上升到 2019 年的第 5 位，是改善最快的选项之一。2019 年入户调查结果也显示，在 3873 名实际办理过业务的群体中，分别有 82.6% 的现场办理受访者和 71.9% 的网上办理受访者对政府服务改善情况表示满意。政府服务满意度大幅改善，薄弱地区和短板事项明显加强。

（一）薄弱地区政府服务满意度评价明显高于平均水平

2019 年电话调查结果显示，以往得分相对较低的省份政府服务满意度评价显著提升。2018 年排位靠后的河北、吉林、黑龙江、辽宁等地受访者对政府服务表示满意的比例分别提高了

---

① 比如，户口（身份证）、居住证（暂住证）、出国护照、婚姻生育、入学信息审核、不动产登记、工商登记注册、社保低保、交通违章、车辆年检、个人纳税等事项。

② 12 个选项排名及总体满意率：社会治安（96.3）、公正执法（91.0）、就业（90.7）、居住地环境（90.5）、政府服务（90.1）、住房（89.3）、社区公共服务（89.2）、食品安全（88.5）、社会保障（88.5）、交通（87.6）、教育（86.1）、医疗（83.5）。单位为“分”。

20.9 个、20.9 个、14.2 个、13 个百分点。2019 年排名靠前的宁夏、湖南、贵州、上海等地政府服务满意度也不断提升，区域之间总体评价差异不断缩小，平均收窄 3 个百分点。

（二）人民群众长期集中反映的部分诉求有所改善

从入户调查总体看，近五年来反映最为突出、老百姓最希望改善的选项中，排列首位的“来回跑路开具各种烦琐证明”，占比已由 2018 年的 20.3% 下降到 2019 年的 15.7%，这表明 2019 年政府工作报告部署的“减证便民”改革行动取得显著成效。现场实际办理过业务的群体中，72.7% 的受访者认为需要提供的证明材料减少了，而且不同省份、不同群体之间的感受判断大体一致。81.2% 的受访者表示在材料齐全前提下办理业务只需来一次。77% 的受访者表示现场办理业务不需要重复填写多张表格。“办事程序太复杂和不公开”“部门之间相互推诿、效率低”等群众意见较大的问题也有所改善。

（三）网上服务大厅办理业务数量和质量均稳步提升

2019 年入户调查结果显示，选择在网上办理业务的受访者（含“现场办理”和“网上办理”两种都办理过，此项占比 6.1%）比例由 2018 年的 5% 提高到 2019 年的 7.3%。其中，85% 的受访者对自己或家人在网上办理业务政府服务改进情况表示满意（含“非常满意”和“比较满意”）。尤其值得注意的是，网上业务办理方式更加多元化，政务服务网（31.5%）、政务服务 App（23.3%）、服务大厅自助机（20.6%）成为主要渠道，获得受访者较高评价，认为“操作流程简单”“在线回复及时”“提交材料便捷”的占比分别为 71.2%、66%、73.9%。此外，还有 11.6% 的受访者选择使用微信小程序办理业务，但大多属于简单的业务事项。

二、落实既定改革工作部署仍需提升的几个方面

虽然群众长期反映的一些“堵点”“痛点”已有明显改善，但涉及具体工作落实和长期改革的事项还有待加强，“只进一扇门、最多跑一次”的目标没有完全实现。2019 年入户调查结果显示，49.2% 的受访者认为尚未完全实现“只进一扇门、最多跑一次”，还有 20.4% 的受访者对此不十分了解。不同区域、层级政府之间实现程度尚有差距，这也是今后政府服务改进的努力方向。从落实既定改革工作部署看，主要体现在以下方面。

（一）政务服务“好差评”制度尚未全面落实

2019 年政府工作报告明确提出，建立政务服务“好差评”制度，服务绩效由企业和群众来评判。目前，上海、深圳等城市在“一网通办”网上办理业务中已经实施“好差评”制度，但在政务服务大厅等现场办理业务中，许多地方尤其是基层单位还没有全面落实。2019 年入户调查结果显示，50% 的受访者反映没有对大厅窗口工作人员服务进行评价打分，包括办理柜台现

场评价、热线回访评价、问卷调查评价等。42.3% 的受访者表示已经推行评价打分，主要集中在福建、浙江、江苏、安徽等地[①]。还有 7.7% 的受访者对此不清楚。由此可见，“好差评”制度在网上办事和现场办理业务中落实程度不一，一些地方的政府服务网站、App 和服务大厅自助机已在窗口界面提示用户进行评价打分，但并非业务办理的必需程序。现场政务服务大厅普及不到一半，特别是在市县一级还有较大改进空间。

（二）全国异地通办事项有待进一步拓宽

近年来，国家部委、省级系统之间的数据贯通取得积极进展，但公共服务事项在全国范围内实现“一网通办”还有较大差距。2019 年入户调查结果显示，在 664 名流动人口中，分别有 58.8%、44.8% 和 31.4% 的受访者表示可以在异地直接“办理身份证”“居住登记”和“交通违章”。“出国护照”“户籍迁移”“婚姻登记”事项实现异地通办的比例分别仅为 12.6%、10.1%、9.9%。这些公共服务事项涉及范围广、业务数据归集相对简单，但受制于各地信息化水平差距，以及纵横系统数据贯通的进度，亟待加快推进异地通办步伐。此外，可能也与各地宣传不到位、受访者没有亲自经历体验等因素有关。比如，2019 年 4 月 1 日，国家移民管理局已经推出个人护照可实现“全国通办”，但实际受访者感受占比较低。相比之下，分别有 35.6%、29.9%、23.9%、23.3%、20.8% 的受访者反映“医保异地结算”“随迁子女入学”“社保登记转移”“低保办理”“生育登记”事项仍需要回户籍所在地办理。其中，医保异地结算目前仅限于住院报销，门诊报销还在部分地区试点中。这些公共服务事项集中在特定群体，除了数据贯通因素外，还与各地基本公共服务水平和财政负担能力有关。

（三）个别地区政务服务软环境短板亟待补齐

2019 年入户调查结果显示，在现场实际办理过业务的受访者中，认为“在材料准备齐全前提下，部分业务还不能实现一次办结”的比例为 16.9%，“需要来回跑几个窗口”的比例为 28.9%，“需要重复填多张表格”的比例为 19%。在网上实际办理过业务的受访者中，分别有 12.4% 和 11.2% 的受访者认为网上操作流程还比较烦琐、在线客户回复不够及时。这些情况虽然已大有改观，但政务服务环境提升步伐并没有止境。从某种程度上表明，近年来优化营商环境的典型经验在全国尚未完全推广。调研中也了解到，一些地方政务服务专厅分布较散，办理个人退休社保、医保报销等还需前往实体大厅。部分服务窗口人员属于机构改革后的转隶人员，对综合业务办理不熟悉，主动学习和靠前服务意识有待进一步提升，放管服改革来之不易的成效还需不断巩固。

---

① 从 2019 年入户调查分省情况看，已对大厅窗口工作人员开展服务评价的占比分别为：福建（59.2%）、浙江（56.2%）、江苏（52.2%）、安徽（51.9%）、广西（32.6%）、河北（30.8%）、陕西（30.5%）、黑龙江（28.5%）。

三、优化政府服务的政策转型与基层实践

自“互联网+政务服务”提出以来，国家层面各项政策法规不断完善，各级政府服务显著提升，覆盖全国的整体联动、部门协同、省级统筹、一网办理的“互联网+政务服务”体系已初步形成。随着《优化营商环境条例》正式出台，有关政务服务的改革经验上升为法规，各地实践探索与国家顶层设计互为促进，将更好地推动政府服务提质升级。

（一）政府服务的政策重点更加聚焦执行环节

从2016年的“一号、一窗、一网”，到2018年的“一网、一门、一次”，再到2019年的“一平台、一清单、一评价”，优化政府服务的顶层设计逐步由战略规划转向窗口末端，更加注重小前端、微服务、富生态的一线政务生态。

2019年底，以国家政务服务平台为总枢纽的全国一体化在线政务服务平台上线运行，直接关系群众办事、应用频次高的央地数据共享范围进一步扩大，政务服务大厅“一站式”功能不断完善。与此同时，《政府信息公开条例》修订后为全面推进基层政务公开标准化提供了制度遵循，也更好地保障了群众的知情权、参与权、监督权。为此，国务院常务会议专门部署推进基层政务公开标准化工作，要求在2020年底前编制完成本级政务公开事项标准目录，确保目录清单的编码、名称、依据和类型统一，这也成为继权力清单、责任清单、市场负面清单之后的全国性通用目录。为进一步推动各级政府增强服务意识，提升群众办事便利度和获得感，国务院办公厅印发了《关于建立政务服务“好差评”制度提高政务服务水平的意见》，实现政务服务事项、评价对象、服务渠道全覆盖。

（二）数字技术在基层政府服务中的应用拓展

近年来，互联网等技术手段为优化政府服务提供了智能化、多样化渠道，各地在推进数字政府建设中不断拓展应用场景，促进数字技术为基层赋能、为政府增效、为群众服务，主要以浙江、广东为主要代表。

浙江省打造的“浙里办”App，通过新上线的人证合一功能，用户可以关联自己的驾驶证、行驶证、社保卡等生成电子证件。各级政府部门以后台数据推送精减办事材料，通过共享获取、网络核验，对前序流程已收取的材料不再要求重复提交。2018年底，已推出了公共支付、生育登记、诊疗挂号、社保证明打印、公积金提取、交通违法处理等17个类别、300余项便民应用，提供省级掌上办事168项、市级平均452项、县级平均371项，并逐步实现对全省1400余个乡镇街道试点的改版升级。

广东省打造的“粤省事”小程序，是全国首个集成民生服务的微信小程序，通过“实人+实名”身份认证核验后，可以通办多项与群众生活密切相关的政务服务事项，实现服务个性化、

精准化和一站式“指尖办理”。2018年底，已上线747项服务以及居民身份电子凭证、出生证、居住证、社保卡、住房公积金、出入境证件、驾驶证、行驶证、结婚证等62种电子证照（凭证），其中654项实现“零跑动”。此外，“粤省事”小程序还面向残疾人、外来务工人员、老年人三类特殊群体提供专项服务。

四、聚焦民生“最后一公里”持续深化“放管服”改革

2019年是政府服务改善最为显著的一年，但也暴露出一些政策落实不到位、相关改革推进缓慢的问题，与《优化营商环境条例》的有关要求和人民群众的期待还有不小差距。下一步，深化“放管服”改革应更加聚焦民生“最后一公里”，并逐步向公用事业领域拓展，不断提供更加优质高效的公共服务。

一是抓好既定改革政策的有效落地。全面落实政府服务实体大厅工作人员服务“好差评”制度。加大对个人护照、户口迁移“一站式”办理的政策宣传力度，全面推广“一表套用”“一件事情套餐办理”、综合窗口统一受理等典型经验。依托国家政务服务平台，加快推进电子证照在全国范围内共享互认。在已有政务公开标准化规范化试点基础上，有序拓展到市、县、乡和街道办事处等基层部门。

二是进一步扩大跨省事项“异地通办”范围。一方面，要在数据贯通和系统对接上加大整合力度。以高频公共事项数据为导向，借鉴公安部门政务服务推出的改革举措，进一步扩大其他垂直业务部门向地方政务服务需求提供共享范围。尽快出台国家数据标准规范，整合各类网上政务服务系统，做好地方平台、部门专网和独立信息系统的接入。另一方面，要从异地承接公共服务能力上统筹考虑事项办理后的接续事宜。尤其是在医保门诊报销、低保领取、随迁子女入学等涉及地方财力事项上，应同步做好有关制度性保障安排。

三是不断优化公用事业服务。水、电、气、热、网等公用事业与人民群众密切相关，许多地方办理事项已进驻政务服务大厅，属于政府服务的延伸范畴。建议参照《中国营商环境评价指标体系》（试评价），进一步拓展优化服务的范围，规范水电气热网等行业收费、管理和服务，大力推行App办事、移动支付等，确保实现“减环节、减时间、减费用、减材料”的优化目标。

（执笔：龙海波）

第三部分

省域民生发展报告

第十四章
河北省民生发展报告

一、2019 年民生发展总体情况

近年来，河北省委、省政府高度重视民生问题，以人民对美好生活的向往为奋斗目标，以造福人民为最大政绩，坚持多谋民生之利、多解民生之忧，秉持安排好“基本民生”、保障好“底线民生”、解决好“热点民生”的理念，持续推出改善民生的政策举措，不断加大民生投入，加快民生工程建设，着力解决人民群众最关心、最直接、最现实的利益问题，织密民生保障网。同时，坚持精准扶贫、精准脱贫，重点攻克深度贫困地区脱贫任务。在就业、教育、医疗、养老、住房、环境、食品安全和公共服务等领域取得了较大成绩，全省居民收入水平和生活水平逐年提高，城乡差距持续缩小，居民生活满意度不断提高，社会大局保持和谐稳定。

（一）持续加大财政对民生支持力度，民生保障能力不断增强

多年来，河北省为扎实办好惠民利民实事，先后出台了一系列惠民利民政策，财政对民生投入力度持续增加，国家和省各项民生政策得到较好保障。2019 年，河北省财政民生支出 6714.2 亿元，较上年增长 8.9%，快于河北省地区生产总值增长速度 2.1 个百分点，2015 ～ 2019 年，河北省财政用于民生支出年均增长 12.8%；2019 年，河北省财政民生支出占一般公共预算支出的 80.8%，民生支出占财政支出的比重连续 5 年达到 80% 及以上（见图 14–1）。由此看出河北省财政支出中民生财政较为突出。

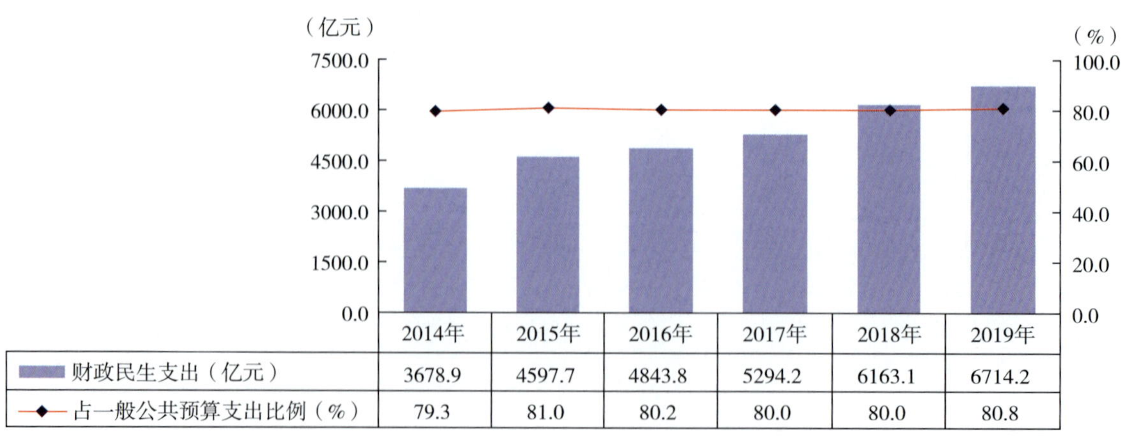

	2014年	2015年	2016年	2017年	2018年	2019年
财政民生支出（亿元）	3678.9	4597.7	4843.8	5294.2	6163.1	6714.2
占一般公共预算支出比例（%）	79.3	81.0	80.2	80.0	80.0	80.8

图14-1　2014～2019年河北省财政民生支出及占一般公共预算支出比例

在强有力的财政支持下，河北省民生保障能力也明显增强。2019 年，河北省坚决贯彻以人民为中心的发展思想，从群众的实际需求出发，科学规划、合理布局，有序推进基础设施建设，多渠道筹措资金 829 亿元，精心打造了 20 项群众看得见、摸得着的民心工程，进一步提升了河北省人民群众的幸福指数。

（二）就业创业规模持续扩大，城乡居民收入稳定增长

民生之本，就业优先。河北省委、省政府高度重视人民群众就业问题，不断出台、完善一系列就业政策，动用全社会力量，大力支持居民就业创业，千方百计为广大民众提供就业岗位。2019 年河北省筹集就业补助资金 29.8 亿元，较 2018 年增长 24.0%，促进高校毕业生、农民工、退役军人等重点群体就业创业。新建省级示范就业创业孵化基地 50 家、首批创业大学 10 家，新发创业担保贷款 23.0 亿元，拨付贴息资金 1.3 亿元，直接扶持 2.0 万人自主创业，带动 5.6 万人实现就业。省退役军人事务厅在全国率先探索开发出河北省退役军人网上招聘平台，推动退役军人教育培训工作，帮扶 2.6 万余名退役军人实现了就业创业。2019 年，河北省城镇新增就业 89.6 万人，比 2018 年增加 2.6 万人，失业人员再就业 27.7 万人，比 2018 年增加 1.2 万人。困难人员实现再就业 11.7 万人，比 2018 年增加 6905 人，年末城镇登记失业率为 3.12%。2015 ～ 2019 年，河北省城镇新增就业持续增长，年均增长 4.4%（见图 14–2）。截至 2019 年 10 月底，农村劳动力转移就业新增 60.4 万人。

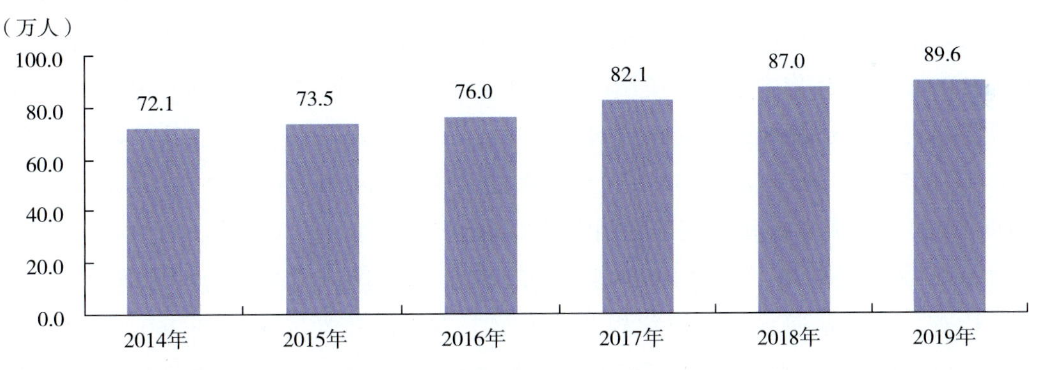

图14-2　2014～2019年河北省城镇新增就业

居民就业的扩大带来了收入的增长和生活水平的提高，2019 年，河北省居民人均可支配收入 25665 元，比 2018 年增长 9.5%。按常住地分，城镇居民人均可支配收入 35738 元，比 2018 年增长 8.4%；农村居民人均可支配收入 15373 元，比 2018 年增长 9.6%，河北省城乡居民人均可支配收入增速均高于地区生产总值 6.8% 的增速。全省居民人均消费支出 17987 元，同比增长 7.6%。按常住地分，城镇居民人均消费支出 23483 元，同比增长 6.1%；农村居民人均消费支出 12372 元，同比增长 8.7%。全省居民恩格尔系数为 26.0%，比 2018 年上涨 0.5 个百分点，其中城镇为 25.7%，农村为 26.7%（见图 14–3）。

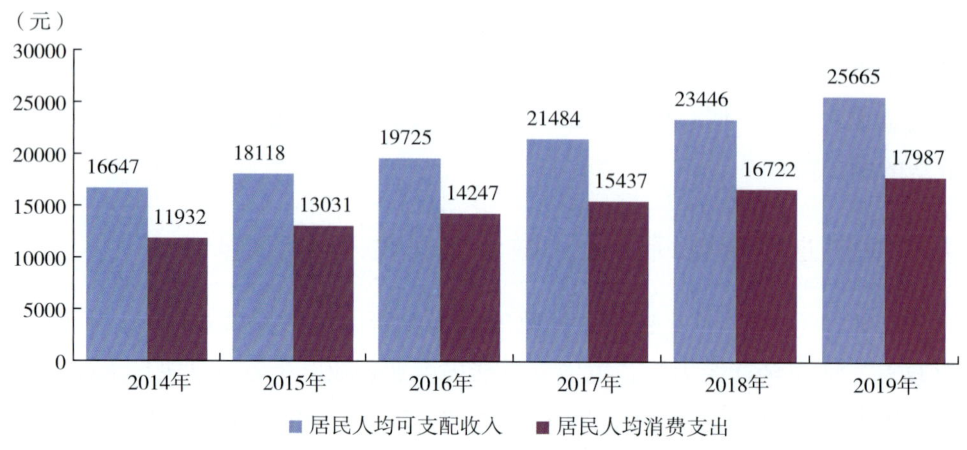

图14-3 2014～2019年河北省居民人均可支配收入和人均消费支出

（三）深入推进医疗卫生改革，教育事业不断取得新进展

2019 年，河北省进一步推进医疗卫生改革，组建医联体 255 个，633 家乡镇卫生院与村卫生室实现一体化管理，疾病防控取得积极成效。统一全省异地就医备案政策，同步开发部署“河北省异地就医备案平台”，截至 2019 年底，全省网上备案 12.5 万人次。签署京、津、冀三地《京津冀医疗保障协同发展合作协议》，133 家省内医疗机构与 278 家京津医院实现检验结果互认，京津 18 家医院优质医疗资源纳入河北省医保定点，实现了与河北同级别医院报销比例相同，使河北参保群众真正享受到了京津优质医疗资源。2019 年，河北省跨省异地就医定点医疗机构达到 1109 家。药品集中采购和使用试点工作全面落地实施，25 种中选药品平均降幅 63%。

2019 年，河北省加快推进学前教育普及普惠发展，新改扩建公办幼儿园 245 所，全省幼儿园总量达到 16559 所，在园幼儿 239.0 万人，学前三年毛入园率达到 87.4%。推进义务教育均衡发展，加强乡村小规模学校和乡镇寄宿制学校（简称“两类学校”）建设，河北省全年新建、改扩建校舍面积 58 万平方米，全省 168 个县（市、区）通过国家义务教育发展基本均衡县（市、区）督导检查。推动普通高中多样化规范化发展，省级示范性高中达到 260 所，全省 60% 的高中学生享受到优质高中教育。11 所职业院校被教育部认定为国家优质高职院校。河北工业大学先进装备工程与技术学科群入选国家世界一流学科建设序列，燕山大学机械工程学科在教育部学科评估中达到 A 类标准。着力推进教育扶贫工作，资助家庭经济困难学生 247 万人。农村小学生营养改善计划实现全覆盖，受益学生为 393 万人。将乡村教师生活补助标准由每人每年 3000 元增至 3600 元，6.3 万名教师受益。

（四）养老、文化等社会公共事业快速发展，冬奥会、冬残奥会筹办扎实推进

2019 年，河北省加快推进养老服务体系建设，继续实施社区和居家养老民心工程，新改扩建 122 家居家养老服务中心，新增社区养老服务床位 2200 余张，居家社区养老服务设施覆盖

90% 以上的城市街道和 75% 以上的县城。培育二星级以上示范养老院 289 家，完善各类制度 3204 项，整治消除各类隐患 1467 个，养老机构服务质量、服务能力得到提升。改造提升 40 家特困供养机构，提升供养特困人员的敬老院的保障能力，全省共有特困人员供养服务设施（敬老院）460 余家，床位 7.4 万张，入住 3.2 万人。推进农村公益性养老院建设，提升农村互助幸福院服务功能，让老年人的生活更有尊严、更加幸福。

2019 年，河北省制定大运河文化保护传承发展规划。《塞罕长歌》等多部作品获文华大奖、“五个一工程”奖。李延年荣获“共和国勋章”，李保国荣获“人民楷模”国家荣誉称号，河钢塞尔维亚公司管理团队荣获“时代楷模”，吕玉兰等 7 人和塞罕坝林场先进群体入选“最美奋斗者”，15 个集体和 20 名个人获全国民族团结进步表彰。国防动员和双拥共建扎实开展，在全国率先设立退役军人关爱基金，退役军人服务保障工作不断加强。民族宗教、新闻出版广电、外事侨务、人防海防、气象地震、援藏援疆、妇女儿童、老龄、残疾人、红十字、关心下一代等工作取得新进步。

2019 年，河北省冬奥会、冬残奥会筹办扎实推进，坚持“四个办奥”理念，高质量推进场馆和配套基础设施建设，赛会服务保障工作不断深化，76 个冬奥项目全部开工建设、36 个完工。出台促进冰雪产业发展专项支持政策，张家口冰雪装备产业园落地项目 32 个。冰雪运动加快发展，成功举办首届全省冰雪运动会，广泛开展群众性冰雪活动，参与人次达到 1300 万，带动了更多群众感受冰雪魅力、追逐冬奥梦想。

（五）社会保障制度和体系日臻完善，社会保障水平稳步提高

河北省不断完善社会保障制度，加快社会保障体系建设，推进社会保障体系扩面提标。2019 年年末，全省城镇参加基本养老保险人数 1661.5 万人，比 2018 年末增加 111 万人，其中在岗职工参保人数 1187.8 万人，离退休人员参保人数为 473.6 万人。参加失业保险的人数 554.1 万人，增加 8.1 万人。参加工伤保险的人数 951.4 万人，增加 71.1 万人，其中参加工伤保险农民工 326.9 万人。2019 年年末，河北省基本医疗保险参保人数 6937.3 万人，比上年末增加 23 万人；职工基本医疗保险基金收入 481.9 亿元，同比增长 9.6%；城乡居民基本医疗保险基金收入 479.9 亿元，同比增长 11.2%。完善困境学生救助和保障体系，投入项目资金 926 万元，用于资助已被认定为孤儿身份、年满 18 周岁后就读中专、大专、本科和攻读硕士的学生上学，每人每学年资助 1 万元。

随着社会保障制度和体系的完善，河北省居民社保待遇水平稳步提高。2019 年，全省社会保障支出 1199.4 亿元，增长 8.7%。连续 15 年提高企业职工基础养老金水平，人均达到 2784 元，高于全国平均水平 44 元。城乡居民基本医疗保险补助标准由每人每年 490 元提高到 520 元。全省城乡低保指导标准分别提高到每年 7260 元和 4000 元。落实困难群众基本生活救助补助资金 78 亿元，支持解决困难群体“两不愁”问题。筹集省以上资金 67.3 亿元，推进棚户区改造开工 12.7 万套，基本建成 5.6 万套；统筹省以上资金 17.3 亿元，支持改造老旧小区 2779 个。

（六）精准推进扶贫工作，脱贫攻坚成效显著

党的十九大以来，省委、省政府坚决贯彻习近平总书记重要指示和党中央决策部署，坚持五级书记抓脱贫，组织动员方方面面的力量，统筹产业扶贫、就业扶贫、科技扶贫和易地搬迁扶贫。2019 年，河北省率先出台实施《关于建立健全脱贫防贫长效机制的意见》，加大对深度贫困县、村扶持力度，着力解决“两不愁三保障”突出问题，推动贫困地区经济社会发展明显加快、基本生产生活条件明显改善、贫困群众收入水平明显提高。河北省继 2018 年国家考核进入“好”的行列后，到 2019 年底全省 7746 个贫困村已全部出列，62 个贫困县已全部“摘帽”，历史上首次消除区域性整体贫困。“十三五”提出的 30.2 万人易地扶贫搬迁任务提前完成。支持劳动密集型企业在贫困村设立就业扶贫工厂，2019 年，全省扶持发展扶贫车间 1517 个，带动 7.4 万人就地就近就业。通过公租房保障解决了 3247 户建档立卡贫困户住房困难问题；2018 ～ 2019 年度农村“四类重点对象”危房改造 49255 户，2019 ～ 2020 年度“四类重点对象”危房改造 21335 户，有效助力了脱贫攻坚战，扶贫脱贫成效显著。

（七）平安河北建设稳步推进，社会大局和谐稳定

2019 年，河北省全面推进平安河北建设。市场监管局等多部门联合开展食品药品安全问题整治行动，多部门联动守护群众“舌尖上的安全”。省市场监管部门出动检查人员 244815 人次，检查食品生产经营主体、药品经营使用单位 23 万余户次，查办案件 13860 件，罚没 6044.2 万元，捣毁“黑工厂”“黑作坊”“黑窝点”224 处，销毁假冒伪劣食品 61.8 吨。受理食品药品方面投诉举报 1805 件，办结率 95.0% 以上。食品药品合格率达到 99% 以上。

2019 年，河北省应急管理系统集中攻坚克难，采取坚决有效措施，严格落实安全生产主体责任，深入开展“五大重点行动”，筑牢安全生产“基本盘”“基本面”，各类事故起数和死亡人数保持双下降，安全生产形势总体向好。2019 年 1 ～ 11 月，全省共发生各类生产安全事故 1171 起、死亡 936 人，同比减少 207 起、152 人，下降 15.0%、14.0%。其中，重大事故 1 起，与 2018 年同期持平，没有发生特别重大事故，安全生产形势总体平稳。

2019 年，河北省圆满完成新中国成立 70 周年系列庆祝活动等重大保障任务。全面推动信访各项工作落实落地，实行省、市、县三级领导包联，一批信访积案得到化解。持续开展扫黑除恶专项斗争，严厉打击各类违法犯罪，依法稳妥处理矛盾问题，着力防范化解重大风险，增强人民群众安全感，社会大局保持和谐稳定。

（八）深入开展蓝天、碧水、净土行动，加快美丽河北建设

2019 年，河北省进一步加大生态环境治理力度，生态环境联建联防联治持续深化，做好大气污染防治，全省 5152 个建筑工地实行视频监控和 PM10 在线监控。城市道路保洁继续加大水洗机扫、以克论净力度。对 5.6 万家涉气企业建立排放数据库，实行差异化定量。2019 年，累

计清洁取暖改造759万户，散煤治理取得新突破。整治城市黑臭水体48条、城市易涝积水点532个，近岸海域水质优良比例达100%，还老百姓清水绿岸、鱼翔浅底自然美景。实施生态保护修复工程，河湖生态补水17.7亿立方米，压减地下水超采量7.3亿立方米，治理水土流失2119平方公里。有序推进垃圾分类，51座垃圾焚烧处理设施开工建设，其中9座已建成，为构建“工艺先进、布局合理、全面覆盖”的生活垃圾处理体系打下坚实基础。到2019年年底，各地已建成垃圾分类示范小区277个、示范单位177个。

2019年，生态环境明显好转。PM2.5平均浓度下降5.8%，大气质量达到6年来最好水平。74个地表水国考断面Ⅲ类以上水质比例提高4.1个百分点，近岸海域水质优良比例达100%。城市和县城机械化清扫率分别达到83%、80%，扬尘污染得到有效控制。单位生产总值能耗下降4%左右，化学需氧量、二氧化硫、氨氮、氮氧化物减排均已完成国家下达的目标任务。营造林1026万亩，森林覆盖率达到35%，唐山、廊坊、保定获“国家森林城市”称号。天蓝、地绿、水秀的美丽河北正加速呈现。

（九）大力实施乡村振兴战略，农村人居环境实现新改善

2019年，河北省大力实施“乡村振兴”战略，根据《河北省农村人居环境整治三年行动实施方案（2018—2020年）》要求，落实资金23亿元，扎实有序推进农村人居环境整治。改造卫生厕所200.1万座，卫生厕所普及率达69.7%，4.4万个村完成清洁行动任务。新增农村生活污水有效管控的村1.8万个。实施高铁高速沿线环境集中整治专项行动。落实补助资金46.9亿元，支持建成农村公路9741公里。筹集省级以上资金4.9亿元，支持农村危房改造。投入资金6.8亿元，支持366万农村人口稳定实现饮水安全。推进农村生活垃圾收集转运体系建设，全省4.8万个村庄建立了“村收集、乡镇转运、县集中处理”的城乡一体化垃圾处理机制，占村庄总数的95.3%。启动15个省级、64个市级乡村振兴示范区创建，打造农村人居环境整治升级版，有效发挥示范引领作用，率先建成一批美丽宜居村庄。乡村振兴战略的实施，使河北省村容村貌显著改善，农民环境卫生意识普遍增强，农村人居环境得到了明显改善。

二、民生领域存在的主要问题

长期以来，河北省高度重视民生保障工作，民生事业不断取得新进展。但目前河北省民生领域中仍存在着诸多短板。

（一）部分劳动者工作收入低、强度大和不稳定，非固定单位临时工薪酬拖欠率相对较高

工作收入是广大劳动者最关心最直接最现实的利益问题，也是党和政府以及全社会高度关注的民生问题。近年来河北省劳动者收入逐年增加，但目前仍有一部分劳动者收入水平较低，

特别是与全国发达省份相比存在明显的差距。河北省民生问题入户抽样调查数据显示，2019 年上半年河北省就业人员月均收入为 2658 元，其中月均收入在 2000 元以下就业人员占 34.9%，这部分劳动者不仅工作收入水平低，而且工作劳动强度大、收入不稳定。调查数据显示，超过六成的劳动者希望改善当前工作“收入水平低、工作辛苦和收入不稳定”的状况。因此，河北省各级政府要采取措施，努力提高低收入劳动者的工作收入，减轻其工作强度和保持其收入的稳定性，以提升这部分劳动者生活的幸福指数。

调查数据显示，2018 年以来，河北省非农就业人员中，除民办非企业单位、非营利组织员工，合资、外资或港澳台企业员工没有薪酬拖欠现象外，其他就业类型均不同程度地存在着薪酬拖欠问题，其中，非固定单位的临时工薪酬拖欠率最高，为 11.3%，是河北省非农就业人员平均薪酬拖欠率（4.9%）的 2.3 倍。因此，政府有关部门要重视和保护非固定单位临时工的合法权益，采取有效措施避免和解决用人单位对非固定单位临时工薪酬拖欠问题。

（二）学前教育入园贵、义务教育课业负担重、教学质量差和大班额问题影响民众教育满意度的提升，子女教育投入增加导致家庭支出压力增大

调查数据显示，2019 年，分别有 18.8% 和 15.4% 的农村和城镇居民认为“入园贵”是当前学前教育方面最突出的问题（见图 14-4）。当前河北省学前教育幼师匮乏，民办幼儿园收费较高，定价欠规范，普惠性资源教育资源供给明显不足，致使“入园贵”问题突出。调查数据显示，2019 年，从河北省居民家庭学前教育适龄子女进入各类幼儿园的比例看，价格较高的商业性民办园（私立园）占比超过一半，其次是公办园占 28.7%，而价格相对较低的普惠性民办园仅占两成。

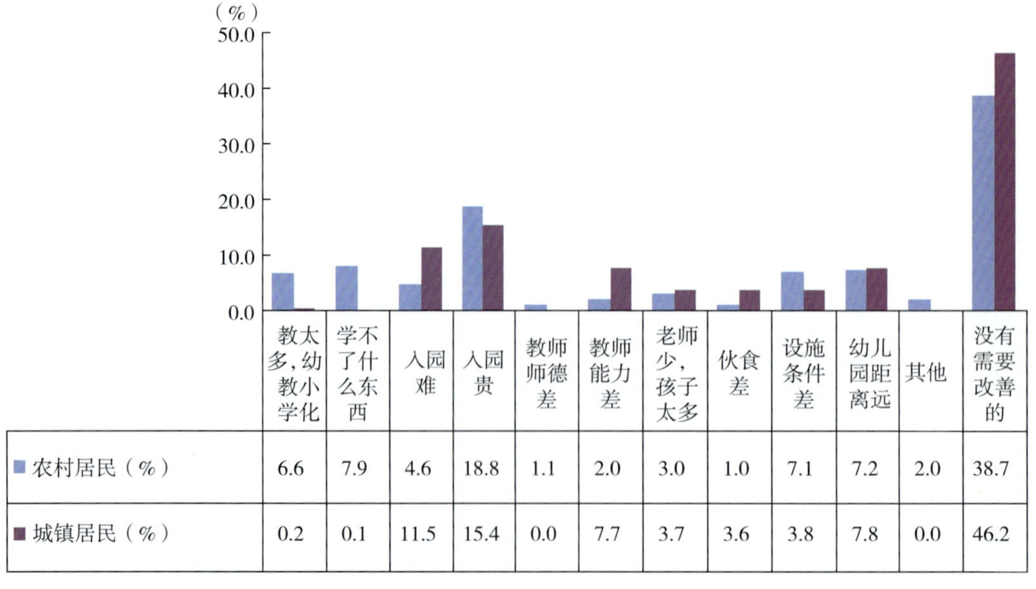

	教太多，幼教小学化	学不了什么东西	入园难	入园贵	教师师德差	教师能力差	老师少，孩子太多	伙食差	设施条件差	幼儿园距离远	其他	没有需要改善的
农村居民（%）	6.6	7.9	4.6	18.8	1.1	2.0	3.0	1.0	7.1	7.2	2.0	38.7
城镇居民（%）	0.2	0.1	11.5	15.4	0.0	7.7	3.7	3.6	3.8	7.8	0.0	46.2

图14-4 2019年河北省城乡居民认为学前教育最突出的问题所占比例

调查数据显示，2019 年，超过 1/3 的城乡居民认为当前河北省义务教育最突出的问题是学生课业负担重、教学质量低和大班额（班级容量大）。第一，学生课业负担重问题主要是由一些中小学校教学评价中过分追求分数和注重升学率造成的，这在城镇中表现尤为突出。调查数据显示，城镇居民将课业负担重排在城镇义务教育最突出问题之首。课业负担过重，给中小学生的身心健康带来了不利影响，也不利于创新型人才的培养，受到城乡居民广泛关切。调查数据显示，超过四成（城镇 56.4%，农村 39.9%）的居民认为学校给孩子布置作业负担过重，热切希望改变这种状况。第二，教学质量差问题在城镇和农村义务教育中均有存在，但农村更加突出。调查数据显示，农村居民将教学质量差排在义务教育最突出问题之首。一方面，农村许多中小学教师的教学方式 / 手段落后，课堂教学质量和效率不高，且随着河北省城镇化进程加快以及农村学生向城镇的快速集中，农村义务教育的学校数、生源数大大减少，导致农村优秀教师流失严重，这使农村教学质量更是雪上加霜。另一方面，教学质量差的问题也凸显了当前河北省教育资源的分配不均衡。第三，大班额问题主要发生在城镇义务教育中。调查数据显示，在城镇义务教育最突出的问题中大班额问题排在课业负担重问题之后，居第 2 位。大班额问题主要是由于学校建设与城市发展不同步，城镇的学校“生多校少”，使城区学校每个班的人数剧增，出现班级“过饱和”现象。同时，教育发展不均衡和盲目择校的“羊群效应”也是导致大班额问题出现的重要因素。大班额情况不仅会影响学生身心健康的发展和教育教学质量的提高，还会带来一系列的安全隐患。综上所述，入园贵、课业负担重、教学质量差和大班额等问题已成为严重阻碍教育发展的短板，影响着人民群众对教育满意度的提升（见图 14–5）。

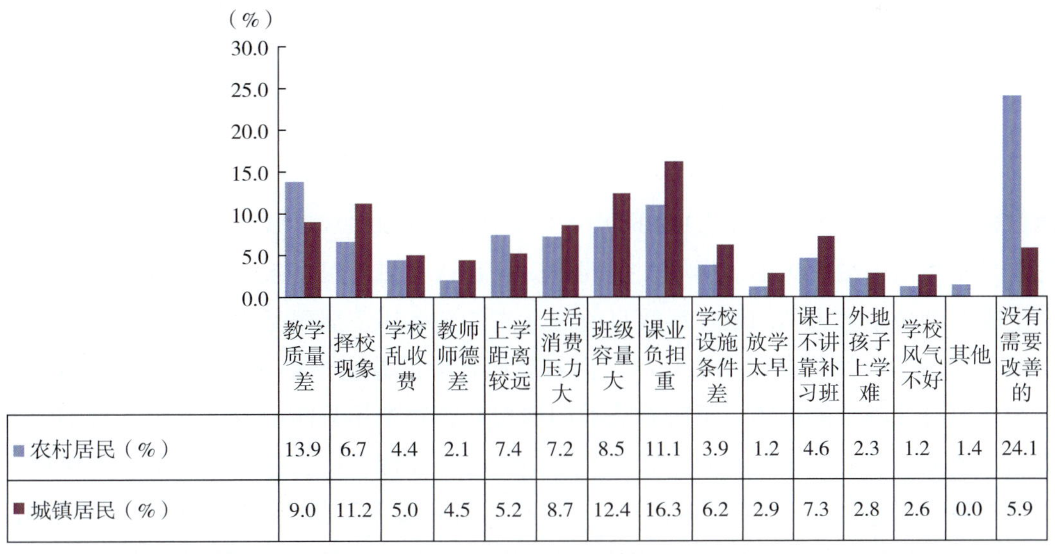

	教学质量差	择校现象	学校乱收费	教师师德差	上学距离较远	生活消费压力大	班级容量大	课业负担重	学校设施条件差	放学太早	课上不讲靠补习班	外地孩子上学难	学校风气不好	其他	没有需要改善的
农村居民（%）	13.9	6.7	4.4	2.1	7.4	7.2	8.5	11.1	3.9	1.2	4.6	2.3	1.2	1.4	24.1
城镇居民（%）	9.0	11.2	5.0	4.5	5.2	8.7	12.4	16.3	6.2	2.9	7.3	2.8	2.6	0.0	5.9

图14-5　2019年河北省城乡居民认为义务教育最突出的问题所占比例

调查数据显示，2018 年，居民家庭子女教育平均支出为 11285 元（农村 10561 元，城镇 16525 元）。与 2017 年相比，居民家庭子女教育平均支出增加 2516 元（农村增加 3094 元，城镇增加 714 元），其中，中小学生参加课外辅导、培训班或请家教费用支出增加 2338 元（农村增加 1684 元，城镇增加 5264 元）（见表 14–1）。

表14-1 2017～2018年河北省城乡居民家庭子女平均教育支出及课外辅导等费用支出

指标	2017年			2018年		
	农村	城镇	总体	农村	城镇	总体
平均教育支出（元）	7467	15811	8769	10561	16525	11285
其中：参加课外辅导、培训班或请家教费用支出	2002	8817	3372	3686	14081	5710

教育投入的增加也带来了居民家庭子女教育支出压力的增大。调查数据显示，2018 年，在有适龄在校（幼儿园）子女的居民家庭中，近五成的居民家庭感到子女教育支出压力大，仅有 14.4% 的家庭感到压力较小。与上年相比，居民家庭感到子女教育支出压力大的比例提高了 4.3 个百分点（见图 14–6）。

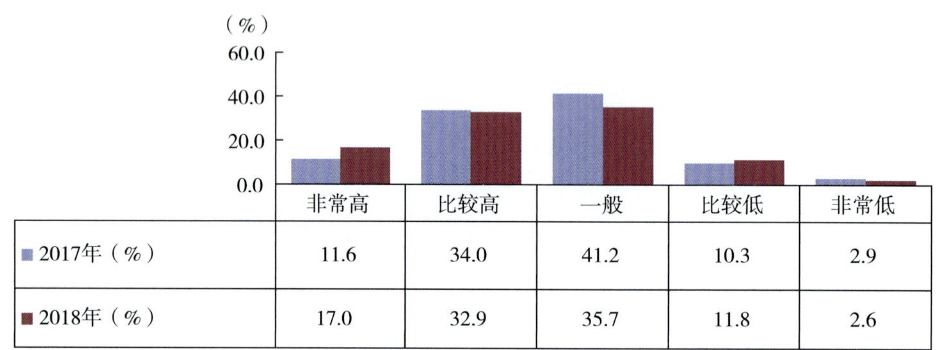

图14-6 2017～2018年河北省居民家庭子女教育支出压力状况

（三）医保报销比例低、看病贵问题依然存在，医疗保障制度有待进一步完善

调查数据显示，2019 年，超过 1/4 的居民（其中农村占 25.3%，城镇占 28.0%）反映“医疗”是他们在日常生活中最感焦虑（操心）的问题，并且认为目前医保报销比例低和看病贵问题是医疗卫生服务领域中最大的问题。尽管目前河北省的覆盖城乡居民基本医疗保险服务体系已经建立，城乡居民医疗保险参保率也较高，但对就医住院的花销报销条件和比例仍有诸多限制，如看一些病只有住院才能报销，平时看病的门诊费和药物费用只能由自己支付，无形中提高了看病费用，造成了看病贵难题。而当居民住院治疗时，在现有社会保障政策下，医保目录所列项目和药物均为最基本治疗方式和药物，一些疑难杂症用药和部分住院费用并不在报销之列，要由个人付费，从而降低了居民就医的实际报销比例。调查数据显示，2018 年 7 月至 2019 年 6 月，河北省居民住院平均医保报销比例为 44.2%（其中农村为 40.9%，城镇为 52.2%），居民住院平均实际支付诊疗费用 13956 元（农村为 12611 元，城镇为 19879 元），由此看出，医保报销比例与居民家庭成员承担的高额医疗费用相比明显偏低，使居民各类医保报销额度较少，个人承担的医疗费用较高，造成部分居民家庭特别是低收入群体家庭就医困难。因此，河北省必须

要加快医疗卫生综合改革，破解群众实际报销比例低和看病贵的难题。

调查数据显示，2019 年，70.7% 的居民表示担心自己和家人未来生病后没钱看病，与 2018 年相比，这一比例提高 11.4 个百分点，说明民众对未来医疗保障状况担忧程度较高（见图 14–7）。所以，进一步完善医疗保障制度，提高人民群众的医疗保障水平，是重大的民生问题。

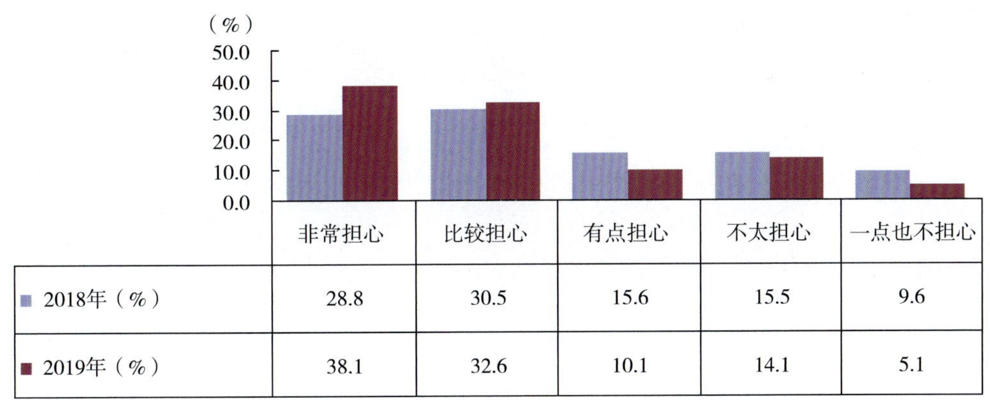

图14-7　2018～2019年河北省居民对未来生病后没钱看病担心状况

（四）养老金水平较低且在不同分类人群间差距较大，老龄人口增长过快使家庭负担增大，社会养老保障能力需进一步提高

虽然河北省社会养老保障能力在不断提高，居民养老金水平也逐年增加，但河北省当前居民养老金水平仍然较低，特别是与全国发达省份相比尚有较大差距。调查数据显示，2019 年，河北省老龄人口月均养老金为 864 元（农村为 570 元，城镇为 2182 元）。同时，58.4% 的居民（农村 62.4%，城镇 39.6%）认为“养老金水平太低”是在当前养老保障方面存在的最大问题，养老金水平低引发居民养老担忧。另外，调查数据显示，57.0% 的居民最担心养老钱不够。因此，河北省老龄人口，特别是农村老龄人口养老金水平较低无疑会成为制约老龄人口生活水平的瓶颈。

河北省养老保障另一个较大问题是不同分类人群之间养老金差距较大。调查数据显示，2019 年，分城乡看，河北省城镇与农村老龄人口月均养老金水平差别明显，城镇为农村的 3.8 倍；分职业看，不同职业退休人员养老金存在较大差别，党政机关、事业单位、社会团体和央企退休人员等养老保障待遇较高，而一般企业、社会基层单位退休人员等养老保障待遇较低。所以，调查数据显示，14.7% 的居民（其中农村 11.1%，城镇 32.1%）认为“不同人之间养老金差距太大”是当前养老保障存在的最大问题，排在“养老金水平太低”之后，居第 2 位。

调查数据显示，2019 年，全部受访者中，60 岁及以上老龄人口占 27.2%（农村 25.7%，城镇 30.6%）。居民家庭户均老龄人口为 1.10 人（农村为 1.08 人，城镇为 1.20 人），其中，有 2 位老龄人口的家庭占 41.9%（农村占 40.7%，城镇占 47.6%），与 2018 年相比，提高了 2.9 个百分点（农村提高了 1.5 个百分点，城镇提高了 9.6 个百分点）（见表 14–2）。人口老龄化进程加快导致家庭养老压力日益增大。调查数据显示，受访者中被医生诊断患有心脏病、高血压、糖尿病、关节炎等各种慢性疾病中的老龄人口占2/3。因此，许多老龄人口身体状况较差，疾病缠身，家庭医疗支出较高，给家庭生活带来较大的负担和压力。

表14-2　2018～2019年河北省户均老龄人口、老龄人口比例及家庭老龄人口构成

指标	2018年			2019年		
	农村	城镇	总体	农村	城镇	总体
家庭户均老龄（60岁及以上）人口（人）	—	—	—	1.08	1.20	1.10
60岁及以上老龄人口比例（%）	23.0	25.8	23.5	25.7	30.6	27.2
家庭60岁以上老龄人口数量（人）	2018年			2019年		
	农村（%）	城镇（%）	总体（%）	农村（%）	城镇（%）	总体（%）
0	38.8	42.0	39.5	37.6	32.1	36.5
1	20.4	16.9	19.7	19.3	17.9	19.1
2	39.2	38.0	39.0	40.7	47.6	41.9
3	1.5	2.0	1.6	2.1	2.4	2.2
4	0.1	1.2	0.3	0.3	0.0	0.3
合计	100.0	100.0	100.0	100.0	100.0	100.0

调查数据显示，2019年，从养老方式上看，96.0%的居民选择居家养老，仅有2.3%的居民选择社会养老，这一方面反映当今人们养老观念还较落后，对社会养老认识不足；同时也说明目前河北省社会养老机构和服务人员偏少，以及养老服务质量还难以满足老龄人口增长对社会养老的需求。调查数据显示，近六成居民认为当前养老服务方面最需要改善的是老龄人口所需的“上门医疗服务（打针、问诊等）”“健康监测紧急救助”以及“政府、社会要修建更多养老机构”，还有居民提出要对老龄人口所需的娱乐活动、打扫卫生等家政服务以及房屋、居住小区适老化改造等方面进行大力改善。综上所述，河北省政府和全社会应加快养老设施建设，不断增加社会养老机构及服务人员的数量，提高养老服务质量，以实现老龄人口“老有所居”“老有所养”和“老有所需”。

（五）部分河流、湖泊等水体污染较重，民众垃圾分类意识淡薄、缺乏分类指导及垃圾设施欠完善成为制约垃圾分类的瓶颈

长期以来，河北省高度重视生态文明建设，先后出台了一系列保护、治理和改善生态环境的政策、措施和条例，生态环境质量有了较大提高，但当前河北省水体污染问题仍较为严重。调查数据显示，过去一年，河北省近1/4的居民反映居住地附近的河流、湖泊、海洋、水库、池塘、水泡子、井水等水体出现过“水发黑、发臭”现象、“水边堆着垃圾，水面漂着垃圾”现象以及周边有工厂、餐馆、酒店、民宿、养殖场等向水体直接排放污染物现象（见图14-8）。所以，民众在对各类生态环境质量状况评价中，19.1%的居民（农村17.1%，城镇38.8%）对居住地附近水体质量状况不满意，不满意率居各类生态环境质量状况之首。

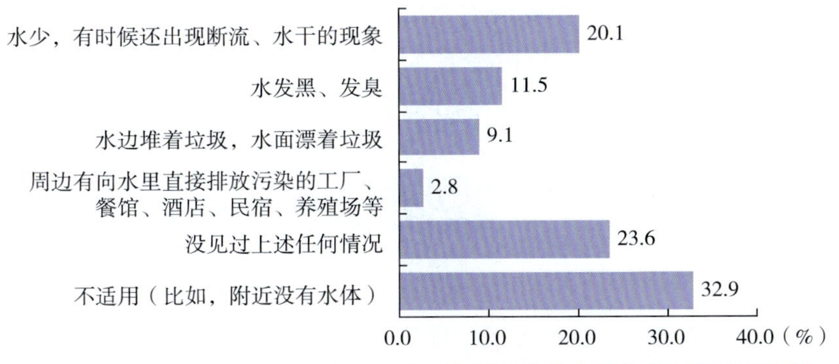

图14-8　过去一年河北省河流、湖泊、海洋等水体出现各种问题所占比例

自河北省农村实施人居环境整治三年行动以来，生活垃圾分类正在有序进行，但目前在生活垃圾分类中仍存在一些问题。一方面，民众垃圾分类意识淡薄的问题较为突出。调查数据显示，2019 年，河北省超过七成的居民扔垃圾时不分类，随便将垃圾扔进垃圾桶或者随便扔到小区里或路边、池塘、沟渠里。另一方面，当前垃圾分类设施不够完善和民众缺乏垃圾分类指导问题也较为突出。调查数据显示，超过七成的居民认为当前阻碍分类投放垃圾的最主要原因是“垃圾桶无法满足垃圾分类的要求”（即小区或者村庄里垃圾桶上没有标注存放的垃圾类型）、“人们不会分”和“垃圾没有分类清运”。

（六）部分农村居民家庭厕所较为简陋、粪污处理负担较重，“厕所革命”步伐尚需进一步加快

《河北省农村人居环境整治三年行动实施方案（2018—2020 年）》实施一年以来，农村家庭厕所改造蔚然成风，粪污无害化处理也加快进行。但调查数据显示，2019 年，河北省农村居民家庭平时使用的厕所中，简易茅坑超过四成，冲水蹲厕占 1/3，抽水马桶和改造后的旱厕分别占 13.4% 和 6.0%，由此看出，目前河北省仍有部分农村居民家庭日常使用的厕所较为简陋，从而影响农村居民住房的生活质量（见图 14–9）。因此，本次调查问及农村居民住房感觉最不方便的一项时，近 1/10 的居民表示上厕所最不方便。

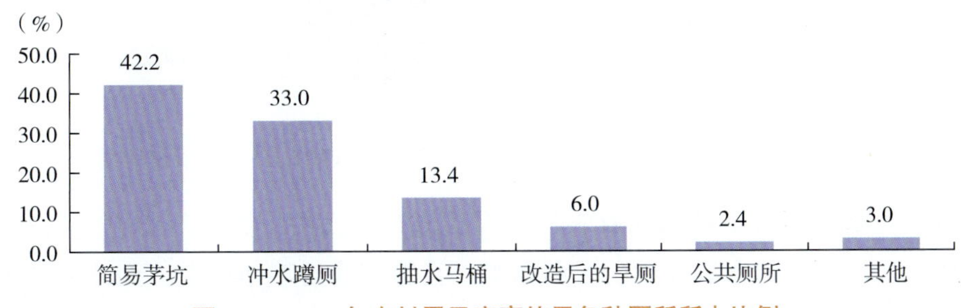

图14-9　2019年农村居民家庭使用各种厕所所占比例

调查数据显示，在家庭厕所粪污处理中，近六成家庭厕所有化粪池或储粪罐但无排出口，靠自家（或自己请人）清淘；13.8% 的家庭厕所粪污冲入下水道，管网收集后集中处理；近 1/10

的家庭厕所粪污没有任何收集处理和防渗漏措施，自然暴露（见图 14–10）。由此看出当前农村居民住房厕所粪污主要靠自己处理，负担较重。因此，本次调查问及农村居民在住房配套和管理方面目前感觉最不方便的一项时，10.0% 的居民反映厕所粪污难以处理。

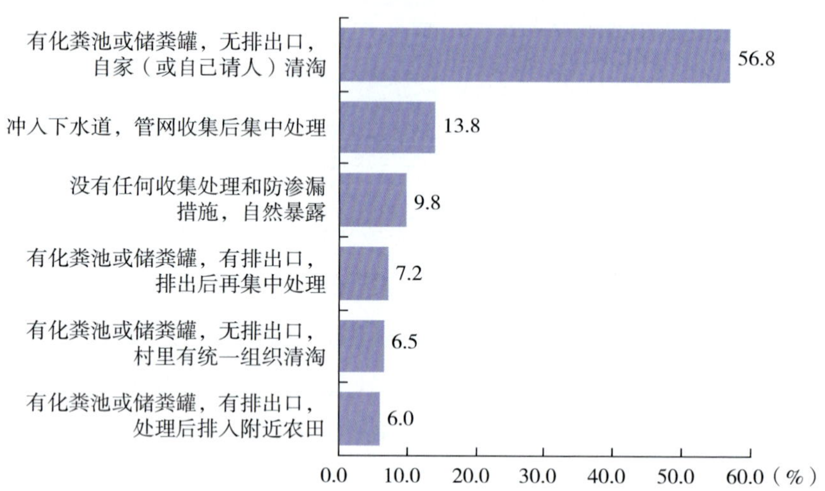

图14-10　2019年农村居民家庭住房厕所粪污各种处理方式所占比例

从农村居民家庭住房厕所改造获政府资助情况看，调查数据显示，2018 年以来，家庭住房厕所改造获得过政府支持的占 25.8%，厕所在以前已经改造过的占 16.6%，而厕所改造从未获得过政府支持的超过五成。另外，还有 4.6% 的家庭一直没有厕所，所以，政府应加大对农村居民厕所改造帮扶力度，加快厕所改造进程（见图 14–11），持续推进美丽宜居乡村建设，使农村生态环境和人居环境得到明显改善。

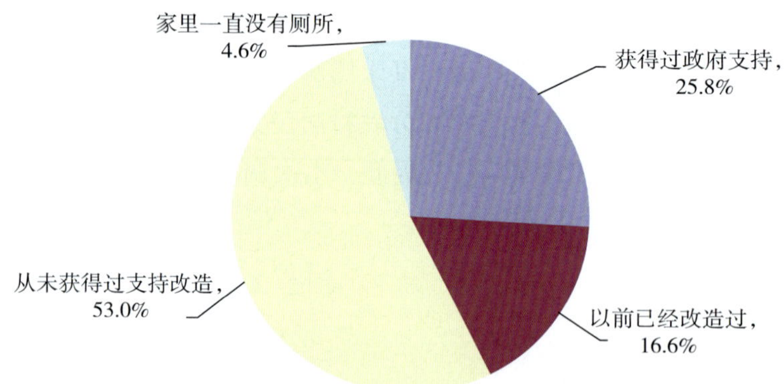

图14-11　2018年以来农村居民家庭住房厕所改造获政府支持所占比例

进一步调查发现，目前虽然河北省农村中大部分厕所已由旱厕改成水厕，但新改的水厕仍存在一些问题，如冲厕所的水装在厕所旁的桶里，且管道暴露于地面上，而北方冬天天气寒冷，桶里的水及管道容易上冻从而影响使用，这些问题必须要妥善解决。因此，河北省农村要加快“厕所革命”步伐，进一步因地制宜地改善农村居民的居住条件。

三、进一步改善民生的政策建议

（一）多渠道增加就业岗位，提高居民收入水平

一是推进就业促进工程，建立覆盖城乡的公共就业服务体系和城乡平等的就业制度，加强人力资源市场建设，强化创业就业培训，做好结构调整中企业稳岗转岗和失业人员再就业工作。二是继续抓好高校毕业生、下岗失业人员、农民工、退役军人等重点群体就业，加大就业援助力度，扶持城镇困难人员、残疾人就业，确保零就业家庭动态清零。三是完善创业扶持政策，鼓励创业带动就业，提高大学生创业就业比例，积极发展互联网创业就业模式，推进电子商务领域创业就业，支持农民工返乡创业就业。四是加快扶持中小微企业和服务业发展，增强其吸纳城乡居民新增就业能力。五是建立就业政策与经济政策衔接机制，坚持在经济增长的同时实现居民收入同步增长、在劳动生产率提高的同时实现劳动报酬同步提高。六是稳定增加企业职工收入，深化绩效工资改革，提高机关事业单位工资收入水平，加快各行业均匀发展，缩小行业收入差距。七是履行好政府再分配调节职能，加快推进基本公共服务均等化，缩小收入分配差距，提高城镇低收入家庭就业率和收入水平，根据经济的发展水平和市场物价变化及时调整最低生活保障标准。八是着力增加农民收入，加强农民财产性权益保护，做好农民工工资清欠保支工作。

（二）加快完善社会保障体系，织牢民生保障网

一是深入实施全民参保计划，进一步完善城镇职工和城乡居民基本养老保险制度，实现养老保险全国统筹，继续提高退休人员基本养老金，确保按时足额发放。二是加快完善统一的城乡居民基本医疗保险制度和大病保险制度，深化医保支付方式改革，推进异地就医直接结算，鼓励发展补充医疗保险、商业健康保险，满足民众多样化医疗保障需求。三是完善失业、工伤保险制度，建立健全失业保险费率调整与经济社会发展的联动机制，完善失业保险金标准调整机制，实施工伤保险基金省级统筹。四是加快养老服务体系建设，完善养老设施，培养养老服务人才，提高养老服务质量，加快城镇街道居家养老服务中心新建扩建，培育星级养老机构。五是促进房地产市场平稳健康发展，加快推进城中村、老旧小区改造，大力发展租赁房，加大城市困难群众住房保障力度。六是加紧实施棚户区改造工程，推进农村危房改造工程实施，全部启动四类重点对象农村危房改造，改善农村人居环境。七是开展城乡特困人员救助工程建设，进一步完善最低生活保障制度以及社会救助、社会福利、慈善事业、优抚安置等制度，提高特困人员救助供养基本生活标准，建立健全残疾人基本福利制度，全面提升儿童福利服务水平。

（三）推进教育事业全面发展，提升教育质量

一是落实立德树人根本任务，贯彻《新时代爱国主义教育实施纲要》，推动学生德、智、

体、美、劳全面发展。二是促进学前教育普及普惠发展，加快发展公办幼儿园、民办普惠园，加强幼儿教师队伍建设，提高办园质量。三是加强义务教育标准化学校建设，实施城镇义务教育扩容增位工程，基本消除城镇大班额，进一步新改扩建城镇和农村义务教育学校校舍，着力破解义务教育“乡村弱”问题，有效保障进城务工人员子女上学。四是推进普通高中多样化特色化发展。五是促进职业教育产教融合、校企合作，支持高水平高职学校和专业建设，推行“双师制”，培育一批优质高职院校和骨干专业群。六是推进高校“双一流”建设，推动高等教育内涵式高质量发展，构建高水平、优质均衡的现代化教育体系。七是加强幼师、医护和家政职业培训。八是规范和支持民办教育发展，办好特殊教育、继续教育。

（四）加快健康河北建设，构筑安全和谐的社会环境

一是落实健康中国战略，加强传染病、慢性病、职业病、地方病防控，开展免费婚检、孕检，做实做细家庭医生签约服务，加大全科、儿科医生培养力度，推广“互联网＋医疗”远程医疗卫生服务，提高城乡基层医疗卫生服务能力。二是深化“四医联动”改革，全面推开现代医院管理制度，推进医联体建设和乡村医疗机构一体化管理，扩大药品集中采购和使用品种范围，提升医药卫生服务能力，支持社会力量提供多样化医疗服务。三是促进中医药传承创新发展，加快中医药强省建设。四是统筹推进竞技体育、群众体育和全民健身，建设全民健身场地设施。五是强化安全生产责任落实，严格监管执法，加强化工、矿山、交通运输、建筑施工、消防、燃气、旅游等领域排查整治，坚决杜绝重特大安全事故发生。六是完善食品药品监控监测体系，深入开展食品药品隐患排查和专项整治，落实“四个最严要求”，严厉打击食品药品制假售假等违法行为。七是践行“两个坚持、三个转变”理念，加强应急救援力量和应急管理工程建设，扎实做好防灾减灾救灾工作。八是建立治安防控和城乡社区治理体系，推进市域社会治理现代化试点，全力做好社会矛盾排查调处和信访维稳工作。九是深入推进扫黑除恶专项斗争，依法打击各类违法犯罪，保持社会大局稳定。

（五）加大环境污染综合治理力度，改善生态环境质量

一是大力调整产业、能源和运输结构，推进重点污染企业退城搬迁，加快重点行业超低排放改造，深化燃煤锅炉、扬尘、机动车、挥发性有机物等专项整治，持续加力治理“散乱污”企业，严厉打击环境违法行为，积极稳妥推进安全清洁取暖，落实应急减排差异化定量管控。二是严格落实河长制、湖长制，加强饮用水水源安全保障，深化渤海综合治理，推进工业污水治理和城镇雨污分流工程建设，开展国考断面达标整治行动。三是深化土壤污染综合防治先行区建设，深入开展农村面源污染治理，严厉打击非法转移、处置和倾倒危险废物，全面禁止洋垃圾入境，推进山水林田湖草生态系统修复。四是加强大气污染综合治理，有效应对重污染天气，扩大京津冀重点区域联防联控范围，强化预警和应急措施。五是完善政府、企业、社会多元化环保投融资机制，多渠道筹集社会资金，增加环保资金投入，鼓励各类所有制经济积极参

与污染治理设施的投资和运营，广泛募集社会资金投资建设污染治理设施。

（六）加强农村人居环境整治，加快推进深度贫困和特殊贫困群体脱贫攻坚

一是坚持全域推进、示范打造、专项整治相结合，深入开展农村清洁行动，加快农村厕所改造，推进村庄生活污水治理、村庄生活污水管控。二是健全农村环境整治长效机制，面向农村居民开展垃圾分类宣传教育，提升基层群众垃圾分类意识和实践能力，加快垃圾分类基础设施建设，推动农村垃圾处理体系基本全覆盖，抓好“四好农村路”建设。三是在巩固“两不愁”基础上着力做好“三保障”工作，对特殊贫困人口兜底保障，确保完成剩余贫困人口脱贫任务。四是深化产业、就业、科技、教育和健康扶贫，做好易地扶贫搬迁后续工作，全面完成“空心村”治理任务。五是推动“千企帮千村”结对帮扶全覆盖，及时做好返贫人口和新发生贫困人口的监测和帮扶。六是坚持“四个不摘”[①]，巩固脱贫成效，强化工作责任，统筹推进脱贫攻坚与乡村振兴。

（河北省人民政府研究室课题组
组　长：刘　智
副组长：高岚华
成　员：焦中方　孙增杰　田学斌　鲁勇兵
赵伟超　申　博　武　星）

① “摘帽”不摘责任，“摘帽”不摘政策，“摘帽”不摘帮扶，“摘帽”不摘监管。

第十五章
黑龙江省民生发展报告

2019年全省地区生产总值13612.7亿元，排全国第24位，增速为4.2%，排全国第30位。预计城镇和农村居民人均可支配收入分别增长6%和8.5%左右。全省落实减税降费政策，一般公共预算收入下降1.6%，在财政收支矛盾突出的情况下，财政支出仍坚持向民生领域倾斜，民生支出占一般公共预算支出比重达到86.1%，同比提高0.1个百分点。总的来看，全省民生保障水平稳步提高，但短板依然突出，民生建设任重道远。

一、2019年民生发展总体情况

（一）就业情况

2019年全省城镇新增就业59.69万人，灵活就业人员失业再就业14.9万人；城镇登记失业率3.53%，较2018年下降0.46个百分点。高校毕业生就业率达97.6%，实现稳中有升；扎实推进就业援助，帮助15.03万名就业困难人员实现就业，零就业家庭始终保持月动态清零。在鼓励创业方面，黑龙江省出台了《就业创业工作十二条》《就业失业登记管理暂行办法》等创新性文件，利用1亿元创业专项资金重点扶持高校毕业生等群体创业，对创业孵化基地给予奖补，重点群体创业给予3000～15000元的一次性创业补贴，全省2019年为1.25万人发放创业贷款13.8亿元，贷款人数和额度同比分别增长18%和57%；扶持创业孵化基地129个，孵化创业实体3791家，创业带动就业1.82万人。

（二）教育医疗情况

教育方面。新建改扩建公办幼儿园108所，基本消除义务教育阶段大班额，所有县域均通过国家义务教育基本均衡发展评估认定。义务教育巩固率（99.3%）、高中阶段毛入学率（95.2%）、高等教育毛入学率（55.7%）及毕业生初次就业率（81%）均高于国家平均水平（94.2%、88.8%、48.1%和78.5%）。6所高职院校入选国家“双高”计划，实施职业技能提升培训三年行动计划，高职、技工院校分别实现扩招4万人和3万人。以“头雁行动”留住科教领域“四梁八柱”，首批支持92个团队，集聚各类高层次人才873人。新晋4位院士，在黑龙江工作的两院院士达42位。优化教书育人环境，查处113起师德失范行为，曝光1823家校外培训机构黑名单。

医疗方面。城乡居民基本医疗保险政府补贴标准、基本公共卫生人均经费标准分别提高 6.1% 和 25.5%；统一全省城乡居民大病保险政策并提高报销比例；25 个品种、38 个规格常用药品平均降价 59%；深化公立医院改革；扎实做好食品药品安全监管，食品、药品抽检合格率分别达到 98.5% 和 99.4%。家庭医生签约服务覆盖所有县区，完成全科医生转岗培训 1645 人，为社区卫生中心招聘 1000 名执业医师，远程医疗已覆盖到全部贫困县。全省三级医院全部开通了 24 小时问诊电话，291 家医院实现了网上挂号和网上预约，2019 年与 2018 年全年相比，全省二级以上公立医院网上预约挂号人数增长了两倍，网上预约检查人数增长了 58%，患者平均候诊用时从 30 分钟减少到 15.6 分钟以内。

（三）社会保障情况

自 2019 年 5 月 1 日起，黑龙江省将企业职工和机关事业养老保险单位缴费比例从 20% 降至 16%，大大降低了企业负担；在个人缴费方面，降费的同时还调整了费基，使用城镇非私营单位就业人员与城镇私营单位就业人员平均工资加权计算的全口径社会平均工资，作为核定个人基本养老保险缴费基数，这一举措将为参保者减负近 4 亿元。政府多措并举强化基金征缴，并积极争取国家支持，2019 年 10 月底比 2019 年年初征缴预算超收 52.2 亿元，确保养老金按时足额发放。全省养老服务机构共计 1850 个，新增养老床位 1.5 万张；特困人员集中供养标准达到上年度城乡居民人均消费支出的 80%。低保标准“十三连增”，惠及 150 万低保对象，实现 18 个边境县低保城乡一体化，县区集中供养特困居民城乡均等化。

（四）扶贫开发情况

脱贫攻坚扎实推进，聚焦“两不愁、三保障”，完成 10.6 万贫困人口脱贫，超额完成与国家签责任状的 9 万脱贫任务，贫困人口由上年的 11.8 万人减少到 1.2 万人左右；贫困发生率由 0.65% 降至 0.07%。剩余 100 个贫困村全部脱贫出列，剩余 5 个国贫县达到脱贫摘帽条件，至此，全省 20 个国贫县、1778 个贫困村全部实现脱贫出列。全省将 27 万建档立卡贫困人口纳入低保特困救助范围。

（五）住房保障情况

全年新建预销售商品房 15.5 万套；城镇供水、供气、供热保持平稳，普及率分别达到 98.5%、87.8%、90.5%；完成城市棚户区改造 2.8 万套、农村危房改造 7.8 万户，开工率 103.2%，竣工 7.7 万户、竣工率 102.3%；解决棚改逾期未回迁安置 17423 户；改造开工城镇老旧小区项目 113 个、448 万平方米、54622 户。改造城镇老旧供热管网 1212.8 公里，开展哈尔滨智慧供暖试点。

（六）基础设施建设和新型城镇化情况

基础建设方面。玉米加工、煤电、铜冶炼、燃料乙醇等一批重要项目投产；牡佳高速铁路、三江平原14灌区田间配套工程、石化、汽车、食品等一批重要在建项目加快建设；会展、旅游、生物制药等一批大项目签约落地；佳鹤铁路、京哈高速哈尔滨—拉林河段改扩建、哈尔滨机场第二跑道附属工程等开工建设；交工一二级公路975公里，新改建农村公路5509公里；哈尔滨地铁1号线三期工程投入运营；中俄东线天然气管道投产输气；同江铁路大桥、黑河公路大桥即将通车，黑河跨江索道开工建设。

新型城镇化方面。2018年末全省常住总人口3773.1万人，其中城镇人口2267.6万人，乡村人口1505.5万人；常住人口城镇化率60.1%，比2017年提高0.7个百分点；户籍人口城镇化率50.05%，比2017年提高0.13个百分点。2018年5月黑龙江省印发《黑龙江省2018年推进新型城镇化建设重点任务》的通知，进一步放宽哈尔滨市主城区落户条件。

（七）环境保护情况

新增生活垃圾无害化处理能力1000吨/日、城市处理率86.94%、县城处理率65.42%；新增污水处理能力14万吨/日、城市处理率93%、县城处理率88%。秸秆综合利用率达到83.2%；淘汰县级城市建成区10蒸吨/小时及以下燃煤锅炉1137台，燃煤电厂1362兆瓦机组完成超低排放改造；空气优良天数比例达到93.3%；四大水系改善向好，优良水体比例同比上升16.1个百分点；城市黑臭水体消除比例达到80%以上。农村环境整体水平明显提升，80个村实施整村改厕，惠及群众9.43万户；189个行政村开展垃圾治理试点；对11个水源地保护区共8800户居民实行生活污水收集处理；建成秸秆压块站1049个。

二、民生调查问卷的分析

按照给定的抽样原则，此次调查问卷共访问了黑龙江省7个地级市[①]10个县（市、区）的1278户居民（被访者1278名，其他家庭成员2132名，共3410名），农村户籍占55.5%，城镇户籍占44.5%。

（一）就业方面

1. 受访者感觉收入水平与2018年基本持平

本次问卷访问对象及其家庭成员中，16周岁以上（包括16周岁）有就业能力的人口为3049名，占总数的89.4%；正在从事有收入工作的共1573人，占被调查人口总数的46.1%。除

① 分别为：哈尔滨市、齐齐哈尔市、大庆市、牡丹江市、双鸭山市、鹤岗市、绥化市。

专业务农外，就业类型相对集中的分别为民营 / 私营企业职工、个体工商户雇主，分别占比 11.6%、9.3%。分城乡看，城镇户籍就业类型主要集中在民营 / 私营企业职工、个体工商户、教科文卫等事业单位，分别占比 18.5%、14.5% 和 13.0%；农村户籍 57.1% 为专业务农，其次为非固定单位的临时务工及兼业农民。

将问卷中收入变化情况（主要是受访者主观感受）五阶自然数正向赋值（大幅增加 =100，略有增加 =80，没有变化 =60，略有减少 =40，大幅减少 =20，中间值 =60）测算后，发现 2019 年度从业人员收入变化平均得分为 62.2，表明受访对象普遍认为本年度收入与 2018 年相比没有太大变化。

2. 从业人员平均月工资略有下降，2000 ～ 4000 元收入群体规模不断扩大

2019 年所有行业平均月工资①为 2260.2 元，较 2018 年的 3488.5 元下降幅度较大，主要原因是统计口径发生了变化，2018 年及之前统计的是全年预期收入，2019 年则统计的是实际收入。由于黑龙江农业生产周期较长，截至调查时点绝大多数农作物还未收获，所以收入较 2018 年有大幅下降；剔除农业就业后其他行业平均工资为 3332.4 元，较 2018 年的 3576.4 元略有下降。月收入位列前三位的行业分别是文化、体育和娱乐业，信息传输、计算机服务和软件业，教育业；收入最低的三个行业分别为农、林、牧、渔业，批发和零售业，水利、环境和公共设施管理业。

2019 年，全部被访者中月平均收入在 1000 元以下的从业人员占比较 2018 年增加 4.4%，主要是农村占比增加较大，较 2018 年增加了 14.2%，主要原因是统计口径发生变化；月收入在 1001 ～ 2000 元的群体占比较 2018 年减少 5.8%；收入在 2001 ～ 4000 元的群体占比较 2018 年增加 2.4%。

（二）基本民生方面

1. 家庭生活方面，城乡居民对收入水平、养老和医疗问题最关注

2019 年的城乡被访者最关心、最希望改善的前 4 项问题与 2018 年一致，收入水平、医疗、养老、子女教育仍然是居民关注的焦点。城镇居民对医疗、养老的关心程度高于农村居民，而农村居民对于收入水平的关心程度高于城镇居民。城镇居民对食品安全的关注程度排在第 5 位，说明城镇居民对食品安全问题比农村居民更关心，更迫切需要解决。

2. 在外部环境方面，交通出行成为城乡居民最关注的焦点

2019 年城镇居民对交通出行、绿化不足、文体生活等方面较为关注；而农村居民对交通出行、文体生活、社会治安等方面较为关注。交通出行问题一直以来都是城乡居民关注的热点问题，且关注程度逐年增长。随着人们生活水平的提高，城乡居民越来越关注文体生活和周边生

---

① 农业从业人员月工资计算方法为：根据 2019 年 1 月 1 日起至调查时点的实际收获情况估算填写。

态环境。近年来居民对于政府办事效率和司法公正方面一直保持着相对较高的满意度。

（三）收入与消费方面

1. 中高收入家庭占比逐年扩大

从家庭收入看，2018 年收入低于 1 万元的低收入家庭占全部样本的 9.4%，城镇户籍被访户占 5.5%，农村户籍被访户占 14.3%；年收入处于 1 万～ 5 万元的中低收入家庭占全部样本的 39.0%，其中城市占 33.6%，农村占 45.6%。从变化趋势上看，与 2014 年相比，2018 年城镇户籍被访户低收入和中低收入家庭所占比例都在缩小，5 万～ 10 万元的中等收入家庭所占比例迅速扩大，家庭收入整体呈上升趋势。家庭收入在 10 万元以上 25 万元以下的较高收入群体占比有所增加，较 2017 年增加了 2.9%，而家庭收入在 25 万元及以上的高收入群体变化则不明显。

2. 受访群体医疗、食品和子女教育支出压力最大

医疗、食品和子女教育支出是被访户支出压力最大的前三项，分别占总数比例的 29.7%、28.1% 和 13.3%。按家庭收入组别计算，收入 1 万元以下的困难群体医疗支出压力最大，有 37.7% 的困难群体家庭医疗负担很重，其次是食品支出，选择比例达到了 35.1%。家庭收入在 1 万～ 10 万元的群体医疗负担也很重，同时在子女教育上的投入明显增加。家庭收入在 10 万～ 25 万元的较高收入群体中，支出压力同样主要集中在医疗、食品方面和子女教育。除前三项外，城镇居民认为住房和人情送礼压力较大，分别为 7.6% 和 7.4%，农村居民认为人情送礼压力较大，达到了 6.3%。

（四）教育方面

1. 大多数家庭选择就近入学

本次问卷共有 386 个被访家庭有正在就读的子女。按教育阶段分，19.7% 为学前教育，53.4% 就读于小学或初中，26.7% 为高中及以上。有 76.9% 高中以下教育阶段的子女选择就近入学，23.1% 的子女就读学校离家较远，其原因有 67.9% 的被访家庭表示附近无学校，有 18.9% 是主观上为了让孩子上更好的学校。

2. 被访群体希望教育环境和教育条件能有所改善

有 7.7% 的受访者对学前教育阶段满意度相对较高；35.7% 的受访者认为入园贵、入园难；13.3% 的受访者认为幼儿教育小学化；9.8% 的受访者认为学不了什么东西。有 10.8% 的受访者对义务教育和高中阶段满意度相对较高；主要不满集中在办学差距大，很多内容课上不讲，教学质量差，课业负担重，占比分别为 15.0%、15.0%、10.8%、10.0%。

（五）医疗方面情况

1. 被访群体希望医疗服务能进一步改善

调查中发现半数左右的被访者认为大部分医疗服务没有明显变化，其中农村居民占比高于城镇居民。分别有 47.8% 和 59.1% 的城镇居民认为在大医院挂号难易程度、网上挂号预约方便程度有明显改善，高于认为没有变化的比例；但有 40% 左右的居民认为药品费用下降程度和家庭医疗负担下降程度明显变差。药品贵、家庭医疗负担重、医保报销比例低仍是困扰城乡居民的一大难题。

2. 未来医疗保障仍然是城乡居民关注的重点

有 37.2% 的城镇居民和 27.7% 的农村居民非常担心未来生病没钱看病，较 2018 年有所降低；有 35.5% 的城镇居民和 47.0% 的农村居民比较担心未来生病没钱看病；有 11.5% 的城镇居民和 3.0% 的农村居民表示不太担心未来生病没钱看病；仅有 2.2% 的城镇居民和 1.8% 的农村居民表示一点也不担心未来生病没钱看病。慢性病患者最希望解决的前三项问题依次为长期患病医疗费用高、常用药医疗保险不能报销或报销比例低、治疗效果不好，分别占比为 32%、21.4% 和 15.1%。

（六）养老保障方面情况

1. 60 岁以下居民未来养老收入来源主要为退休金和承包土地，大多数居民担心未来养老收入来源

60 岁以下的被访者共 846 名，其中，城镇户籍分别有 24.3% 和 35.1% 的被访者表示非常担心和比较担心今后的养老问题；分别有 29.9% 和 7.6% 的被访者不太担心和完全不担心养老问题。而农村户籍则有 34.3% 和 46.9% 的被访者非常担心和比较担心今后的养老问题；分别有 15.0% 和 2.7% 的被访者不太担心和完全不担心养老问题，均低于城镇水平。在养老收入来源方面，城市居民的首要养老来源为社保养老金或退休金，比例为 65.1%，其次是依靠储蓄，占比为 9.9%；农村居民则主要靠承包田地，占比为 32.0%，其次依靠储蓄，占比为 24.2%。可见，城乡居民依靠儿女或其他亲属赡养的观念有淡化趋势。

2. 60 岁及以上居民生活上主要是自己照顾自己，城镇居民养老收入相对稳定

60 岁及以上被访者共 432 名，在生活方面，60 岁及以上被访者自己照顾自己占总数的比例为 55.9%，配偶互相照顾的占 23.4%，由子女照顾的仅为 15.9%。在养老收入方面，46.2% 的城镇被访者当前养老收入来源为退休金或者社保养老金，其次为低保或社会救济，占 23.1%；农村被访者养老收入来源主要为承包田地，占 39.5%，再次为储蓄，占 22.1%。城乡居民最需要改善的养老服务前五项均为上门医疗服务（打针、问诊等）、健康监测紧急救助、修建更多养老机

构、居住小区适老化改造、娱乐活动。

（七）住房保障情况

城镇社区基础设施不能满足需求，农村居民家中绝大多数厕所未经改造，城乡居民均希望改善公共供暖。仅 8.6% 住楼房的城镇居民有电梯，91.4% 的都没有电梯；8.1% 的城镇居民表示自己居住的小区有方便老人 / 残疾人使用的无障碍设施，而 91.9% 的居民表示小区并没有相关设施。有 68.3% 的农村居民厕所为茅坑，88.5% 的厕所未获得过政府支持改造。农村居民对居住的住房生活感觉最不方便的前三项为上厕所、洗澡、冬季取暖，分别为 29.2%、22.7%、17.8%。在住房最希望改善方面，城镇居民最希望在公共供暖、安装电梯、改造污水排放设施、改造安全用电设施四方面得到改善，而农村居民最希望在公共供暖、改造自来水设施、改造安全用电设施三方面得到改善。可见，改善公共供暖是城乡居民的共同愿望。

（八）生活环境情况

六成以上小区或村庄设有分类垃圾桶，妨碍居民垃圾分类的主要原因是“不会分”。平常丢弃生活垃圾时，32.2% 的受访者表示会对垃圾进行分类，67.8% 的居民表示不会进行垃圾分类；64.9% 的小区或者村庄里有分类的垃圾桶，其中标注了具体分类说明的垃圾桶占比 8.9%，没有标注的占比 58.0%，没有垃圾桶的小区或村庄占比 31.9%。妨碍大家分类收拾垃圾、分类投放垃圾的主要原因是不会分（垃圾分类标准太复杂，不会按照分类标准去分）、垃圾桶无法满足垃圾分类的要求、没动力（垃圾不分类没惩罚，分了也没奖励），而认为没必要分的仅占 9.5%。说明居民认为对垃圾分类很有必要，但诸多因素妨碍了居民进行垃圾分类，可见，应进一步科普垃圾分类知识和强化居民垃圾分类意识。

三、民生方面的突出问题

综合全省实际以及问卷中城乡居民反映的焦点问题，当前黑龙江省民生方面存在如下突出问题。

（一）城乡收入差距进一步缩小，但农民收入仍然较低

2019 年黑龙江省城乡居民收入比为 2.07 ∶ 1，较 2018 年有所降低，城乡收入比有缩小趋势，且小于全国平均水平（2.64 ∶ 1），说明黑龙江省城乡收入差距在不断缩小，城乡发展逐步由二元向一元结构转变。但与此同时，城乡居民人均可支配收入绝对值小于全国平均水平，且增速分别低于全国 1.9 个和 1.1 个百分点。

问卷调研结果显示：2019 年黑龙江省城镇居民从业人员月收入小于 1000 元的占比为 6.4%，而农村居民这一占比高达 52.7%；城镇居民从业人员月收入大于 4000 元的占比为 19.8%，而农

村居民这一占比仅为 6.8%。可见，城乡收入差距仍然较为明显。另外，从 2019 年起至调查时点的各行业收入来看，农林牧渔业从业人员的平均月收入仅为 561.4 元，远远低于各行业的平均值 2260.2 元。

（二）就业再就业任务依然繁重，创业就业培训开展困难

一是结构性矛盾越来越突出。劳动力市场供给与需求不相匹配、劳动者技能与岗位需求不相适应、劳动者就业期望值与用人单位待遇差距较大。二是大学生和外出务工人员返乡创业率低。大学生由于受创业政策的局限性影响，大部分创业者无从下手，找不到适合的创业项目，而务工者自主创业观念落后。三是创业就业培训工作开展困难。不论是城镇下岗失业人员还是农村劳动力，普遍缺乏培训意愿和要求；就业培训层次较低，质量不高，培训内容与就业岗位对接不够，培训时效性不强；大学生创业培训发挥不够充分，无法有效解决大学生创业能力不强的问题。

（三）农村人居环境整治工作面临困难，一些深层次问题还未得到解决

一是进展不平衡。乡镇与乡镇之间、村与村之间工作进展不平衡，少数乡镇、村工作推进力度不大，部分乡村干部存在敷衍、短期突击的侥幸蒙混过关心理，及时跟进抓整治的力度还不够大。二是整治标准不高。环境整治存在死角，村屯内农机具占道堆放、柴草垛乱堆放、违章建筑等问题依然存在。破旧危房和残垣断壁清除不到位，绿化带修剪管护不到位。三是整治覆盖面不宽，整片推进还没形成。有些乡镇只重视公路沿线、重点村屯和观摩点的整治，做表面文章，偏远村屯脏乱差问题还比较突出。四是环卫基础设施建设差、慢。垃圾中转站、垃圾池（屋）等环卫基础设施建设滞后，城乡环卫一体化建设进展不平衡。五是群众参与意识不强。农民群众对人居环境整治的理解不够全面，村民自觉参与美丽乡村建设的积极性未能充分调动起来。

（四）教育、医疗资源有待进一步完善，且家庭支出压力大

教育方面的突出问题主要有三个。一是教育资源分布不均衡。乡镇中心学校学生数量逐年减少，城内学校则呈现逐年增多态势，特别是中心城市学校学位紧张，幼儿园、小学、初中学位严重不足。二是教师结构不合理，教师老龄化严重。音体美教师、职业生涯规划教师和心理健康教育等新兴学科教师数量不足；学科结构不合理，教师总量有较大缺口，农村教师素质较低。三是体制机制存在短板。存在教师待遇不高、职称晋升难、绩效工资不灵活等问题，严重挫伤了教师工作积极性。

医疗方面的突出问题主要有三个。一是基层医院信息化建设滞后。“互联网 + 健康医疗”进展不快，公共卫生、医疗服务、医疗保障、综合管理等业务信息系统尚不能进行数据交换、信息共享和业务协同。二是资源共享程度较低。各级各类医疗卫生机构分级诊疗、急慢分治服务

模式和农村医疗卫生机构乡村一体化运作模式还没有真正形成，人员、技术、设备、信息等资源共享程度较低。三是存在基层医疗机构与三级医院部分药物目录类别不一致现象。自 2018 年实行城乡医保政策以来，居民在三级医院诊疗过程中使用的常用药品，不在乡镇卫生院医保目录范围内，存在药品衔接不上的问题。

（五）多数居民对养老缺乏信心，农村养老问题日益突出，养老服务质量不高

一是多数居民对养老缺乏信心。调研发现，有 59.4% 的 60 岁以下城镇户籍被访者表示非常担心和比较担心今后的养老收入来源，而农村这一比例高达 81.2%；有 54.7% 的 60 岁以上城镇户籍被访者表示非常担心和比较担心今后养老收入来源，而农村这一比例高达 84.1%。二是农村养老问题日益突出。家庭养老功能逐渐弱化，而社区养老和机构养老发展严重滞后，农村社会福利、政府救济和低保投入并不能从根本上解决养老问题。三是养老机构发展缓慢。机构养老是一种投入大、效益低、风险高的产业，支持民办养老机构的政策尚不完善，因此，社会力量对兴办养老机构积极性不高，从事养老服务业的机构很少。四是养老服务质量不高。调查发现，城乡居民对上门医疗服务、健康监测紧急救助、修建更多养老机构等养老服务需求十分迫切。

（六）高房价使居民倍感压力大，住房条件急需改善

一是住房压力大。城市商品房价格居高不下，持续上涨，而居民收入增长相对缓慢，住房问题成为低收入家庭，特别是一些工薪阶层的“老大难”问题，高额的供房开支不得不靠压缩其他支出来维持。二是住房条件急需改善。老旧小区普遍存在着设施老化、供暖不达标、无电梯等问题；农村无害化卫生厕所普及率较低，改厕与农村生活污水治理尚未完全衔接，部分镇村垃圾收集转运等长效管护缺乏资金来源。三是棚户改造难度大，信访矛盾突出。补偿条件达不到许多居民的心理预期，导致征拆工作推进较慢，难度很大。

（七）社会救助工作信息化程度不高，扶贫工作存在短板与弱项

一是社会救助工作信细化程度不高。城乡低保审核、审批以及后期动态管理手段仍然单一落后，救助对象比对信息平台不完善。虽然省民政厅已经建立了家庭状况信息核查平台，但部门之间数据没有共享，缺少金融、保险、耕地、不动产等其他一些核查家庭经济状况的重要数据，还不能为社会救助提供及时准确的信息，导致低保户认定存在一定程度不公平现象。二是低保救助水平偏低，且城乡存在差别。2019 年城镇低保标准 556 元 / 月，农村为 325 元 / 月，不能满足基本生活需要，且城乡差距较大。

四、改善民生的对策建议

（一）优化自主创业环境、服务环境，确保优惠政策落实

一是引导城乡失业人员、大学生自主创业，鼓励外出务工人员回乡创业。重点对有创业意愿和能力的大学生简化创业审批手续；对已享受创业扶持政策的大学生，搞好后期跟踪服务，确保惠民和扶持政策落实到位；对于失业人员积极开展职业技能提升行动，不断完善培训政策，增加职业技能培训。二是鼓励发展劳动密集型中小企业，多渠道、多方式增加就业岗位。创新服务方式，加大财政、税收、金融等方面对创业就业的支持力度。为创业就业创造良好的服务环境，特别是针对就业困难群体、复员转业退役军人、农民工给予适当的优惠政策。三是强化公共服务。积极做好失业保险、就业援助工作，加强就业服务体系建设，提升公共服务能力，确保劳动者的合法权益得到充分保障。

（二）稳步推进农村人居环境整治行动，着力改善农村人居环境

一是建立健全行之有效的农村人居环境长效监管、管护机制。明确财政、住建、卫建、交通等部门建设和后续维护管理责任，做好项目设计、设备采购、工程监管、资金管理、运行管护等工作，确保农村人居环境日常管理落实到位、设施维修养护到位。二是加大财政投资力度。由于各村屯自身投入能力差，需要国家、省市加大农村人居环境整治投资，特别是垃圾的收集、转运、终端处理，牲畜粪便的收集、处理，生活污水的收集处理等。三是深化村民环境整治意识，鼓励群众参与。制定村规民约和环境卫生公约，引导村民树立生态意识、环境意识，利用报纸、电视、广播手机等媒介加大宣传力度，多举办活动，调动农户积极性，广泛参与，共同治理。

（三）稳步推进教育、医疗体制改革，让民众能“上好学、看起病”

教育方面。一是大力推进教育事业均衡化发展。重点解决“城挤乡弱”“减负提质”等问题，特别是要解决留守儿童和贫困子女的入学问题，让每一个孩子都能得到良好的教育。二是加强师资队伍建设。根据人口变化趋势，进一步优化配置学校布局，补充各学科教师缺口，特别是要加强农村教师队伍培训，提高心理辅导和就业指导的能力和水平。三是加大政府补贴力度。减轻中低收入家庭教育支出压力，特别是针对农村低收入家庭，应适当加大政府补贴力度。

医疗方面。一是深化公立医院综合改革。巩固取消药品和耗材加成成效，开展公立医院综合改革效果评价考核，完善补助资金分配与评价考核结果挂钩机制，建立医疗服务价格动态调整机制。二是要大力完善乡镇卫生院和社区卫生中心等基层医疗机构建设。进一步优

化医疗资源布局，加强医疗卫生队伍建设，抑制药价虚高，让群众看病方便，治病便宜。三是以构建整合型医疗服务体系为目标，推进分级诊疗制度建设。四是持续推进“看病不求人”行动。改进看病就医流程、推进智慧医院建设，完善预约诊疗、远程医疗、结果互认三项制度，加大远程医疗服务覆盖面，使其逐步向社区卫生服务机构、乡镇卫生院、村卫生室延伸。

（四）加强养老保障体系建设，提升养老服务能力和质量

一是加强养老保障体系建设。积极争取企业职工基本养老金基金中央调剂制度对黑龙江省的支持，全力做好缺口资金筹集工作，确保养老金按时足额发放；完善以统收统支为核心的省级统筹制度，为全国统筹奠定基础；规范企业职工养老保险缴费政策；加大社会保险扩面征缴力度，提高城乡居民最低生活保障标准。二是提升养老服务能力和质量。针对居家养老，引导养老服务机构进一步开发和完善服务内容和项目，强化上门医疗、健康监测、紧急救助等服务项目；针对社区养老，重点建设老年人日间照料中心、托老所、老年人活动中心等，使日间照料服务基本覆盖城市社区和半数以上的农村社区；落实各项优惠扶持政策，鼓励社会力量兴办养老机构。还应注重农村养老服务能力的提升，以乡镇为中心，建立具有综合服务功能、医养相结合的养老机构，与农村基本公共服务、农村特困供养服务、农村互助养老服务相互配合，形成农村基本养老服务网络。

（五）加大保障性住房建设力度，改善老旧小区、农村住房条件

一是加快保障性住房建设。抓好城镇公租房、廉租房、新农村建设、农村危旧房改造等工作，逐步改善群众居住条件。二是推进棚户区和老旧小区改造。继续推进主城区、国有林区和垦区棚改，完成中央巡视反馈的剩余 1.21 万户棚改逾期未回迁安置整改。加快推进城镇老旧小区改造，加快设施建设和老旧管网改造。争取国家在老旧小区的改造上给予更多政策和资金支持。三是着重关注农村危房精准改造。建立改造后房屋安全维护机制；深入推进农村生活垃圾、污水治理、厕所改造。四是推进清洁供暖。利用俄气入省提升燃气使用比例，提高供热质量、减少空气污染。

（六）进一步完善社会救助动态管理机制，全力打赢脱贫攻坚战

一是进一步完善社会救助动态管理机制。加强精准识别，对在册低保家庭、特困供养对象定期复核，到期审核，定期比对救助对象基础数据，对可疑数据进行跟踪反馈，对核查中出现的问题要妥善处理化解；进一步促进社会救助工作公开透明、廉洁高效。二是全力打赢脱贫攻坚战。坚决攻克深度贫困堡垒，全面补齐贫困人口义务教育、基本医疗、住房和饮水安全短板；持续巩固脱贫成果，防止脱贫人口再次返贫，持续强化扶贫举措落实；建立多维的贫困认定标

准和科学的识别程序，激发贫困对象的内生力量，构建扶贫专项资金的监督体系和完善贫困人口退出机制，创新监督考核机制，查处扶贫中出现的违法违纪行为。

[黑龙江省社科院（省政府发展研究中心）课题组
负　　责　　人：刘国会
课　题　组　长：雷景贵
课题组副组长：李　微
成　　　　　员：刘海川 郑丽娟　徐　涛]

第十六章 江苏省民生发展报告

2019 年，江苏省以习近平新时代中国特色社会主义思想为指导，深入贯彻以人民为中心的发展思想，切实加大民生领域投入，教育、医疗、养老等与人民群众生活息息相关的民生工作取得新进展，城乡居民生活满意度保持较高水平。同时也发现，当前的民生工作与人民群众期待还存在不小差距，部分民生领域和环节还有短板和弱项。下一步，要对照人民生活高质量的目标要求，坚持问题导向，抓重点补短板强弱项，着力破解民生工作中堵点痛点问题，推动民生建设不断迈上新台阶，确保高水平全面建成小康社会。

一、2019 年民生发展总体情况

民之所望，政之所向。2019 年，江苏省各级各部门坚持以习近平新时代中国特色社会主义思想为指导，按照“守住底线、突出重点、完善制度、引导预期”的工作思路，着力解决人民最关心最直接最现实的利益问题，民生福祉持续改善，人民群众获得感、幸福感、安全感稳步提升。

（一）民生领域改革深入推进

省委、省政府高度重视民生领域改革，坚持以改革促发展、以改革惠民生。在收入分配制度改革方面，深入实施“富民增收 33 条”，积极做好宿迁市、睢宁县参与国家城乡居民增收专项激励试点工作，进一步完善困难群众增收机制。2019 年全省城乡居民人均可支配收入达 41400 元，其中城镇常住居民人均可支配收入 51056 元，农村常住居民人均可支配收入 22675 元，分别增长 8.2% 和 8.8%；城乡居民收入相对差距从 2014 年的 2.30：1 下降为 2019 年的 2.25：1，连续 6 年缩小，是全国城乡居民收入差距较小的省份之一。

在教育领域综合改革方面，颁布全国首部职业教育校企合作领域的省级地方性法规《江苏省职业教育校企合作促进条例》，研究出台《中共江苏省委、江苏省人民政府关于学前教育深化改革规范发展的意见》《江苏省教育厅关于加快培养一流人才建设一流本科教育实施意见》《江苏省深化普通高校考试招生制度综合改革实施方案》等政策文件，不断推进教育改革向纵深发展，进一步提升教育现代化水平。

在医药卫生体制改革方面，深化公立医院综合改革，积极做好现代医院管理制度试点工作，

4 个国家级、38 个省级医院试点扎实开展；推进薪酬制度改革，114 家公立医院试行年薪制，81 家公立医院试行高层次人才协议工资制；不断完善分级诊疗制度，全省共建有医联体 430 个，其中城市医疗集团 89 个、县域医共体 114 个、专科联盟 140 个、远程协作网 87 个。

（二）就业形势保持良好态势

坚持把稳就业摆在民生工作的突出位置，不断拓宽就业渠道，2019 年全省城镇新增就业 148.32 万人，年末城镇登记失业率为 3.03%。一是完善积极的就业政策。把稳定和扩大就业作为宏观调控的重要目标，针对经济社会发展对就业工作的深刻影响，密集制定并实施一批含金量较高的政策措施，加大对灵活就业和新就业形态的支持。二是深入推进创新创业行动。大力实施《全民创业行动计划（2017—2020 年）》，推动创业担保贷款等一系列支持创新创业的优惠政策落地，激励更多群体投身创新创业，以创业带动就业。三是扎实做好大学生、农民工等重点群体就业工作。2019 年高校毕业生年末就业率达 95.9%。突出抓好农民工就业指导和帮扶，持续做好城镇零就业家庭和农村零转移家庭持续“动态清零”工作。四是积极开展职业技能提升行动。制定《江苏省职业技能提升行动实施方案》，把职业技能培训作为保持就业稳定、缓解结构性就业矛盾的关键举措，支持更高质量就业。2019 年全省计提失业保险基金 87.7 亿元，统筹用于支持全省各地开展职业技能提升行动。

（三）教育质量稳步提升

坚持教育优先发展战略，统筹推进教育事业改革发展。一是推进学前教育普惠健康发展。进一步完善学前教育体制机制，优化布局结构，2019 年全省开工建设幼儿园 443 所，学前三年幼儿毛入园率达 98% 以上，公办园和普惠性民办园覆盖率保持在 77% 左右。二是解决义务教育阶段群众反映强烈的问题。开展面向中小学生的校外培训机构集中整治，教育教学秩序和整个教育生态环境出现积极转变。扎实做好中小学课后服务，全省 71.4% 义务教育阶段学校开展课后延时服务，受益学生达 260.4 万。三是调整优化高中教育和中职教育结构。扩大并优化高中招生计划，2019 年比 2018 年增长 10.08%，给更多学生提供多样化选择机会。四是提升职业教育质量。启动中等职业学校领航计划，7 所高职院校和 13 个专业入选中国特色高水平高职学校和专业建设计划，入选数量居全国之首。五是深化高等教育内涵式发展。大力开展“双一流”建设，全省 15 所“双一流”建设高校全部进入部省共建行列。推进高校优势学科建设，启动一流本科专业建设。加强高等教育实验实践教学，推动在校大学生创新创业，共立项大学生创新创业训练计划 9057 项。

（四）健康江苏建设取得新成效

始终把人民健康摆在重要位置，深入推进健康江苏建设，努力实现与高水平全面小康社会相适应的全民健康。江苏省基本公共卫生服务项目人均最低补助标准从 2014 年的 35 元提高到

2019年的75元，服务内容从2014年的11类增加到2019年的31类；人均预期寿命达78岁，居民健康水平位居全国前列；医疗机构总数达3.4万个，其中三级医院184家，较2018年增加18家；36家县级公立医院达到县级医院综合服务能力推荐标准，达标率为92%；55个国家临床重点专科建设项目中有52个评估合格，位居全国第6位。强化基层医疗卫生服务能力和水平建设，南京市、扬州市被确定为国家级社区医院建设试点，同时配套遴选21个县（市、区）作为社区医院建设试点县。全省新建成76个省示范乡镇卫生院、894个省示范村卫生室，建成率分别为63.2%和22.6%。

（五）覆盖城乡的社会保障体系日益健全

以社会保险为支柱、困难群体为重点，积极实施全民参保计划，统筹城乡的社会保障体系不断完善。一是社会保险覆盖范围和待遇水平稳步提高。基本养老保险、失业保险参保率保持在95%以上，基本医疗保险参保率保持在98%以上。连续8年提高城乡居民基本养老保险基础养老金省定最低标准，从2012年的每人每年70元增至2019年的每人每年148元。2019年退休人员养老金人均增长5%，其中企业退休人员人均增长5.5%。医疗保险待遇稳步提高，包括17种抗癌药在内的309个药品纳入医保支付范围，职工医保、城乡居民医保政策范围内住院医疗费用基金支付比例分别稳定在85%和70%左右。截至2019年10月底，全省跨省异地就医备案达31.82万人，跨省联网定点机构3189家，数量居全国第一。二是困难群体住房保障扎实推进。全省棚户区改造新开工26.89万套、基本建成15.55万套，共发放城镇住房保障家庭租赁补贴2.58万多户。加快苏北农民住房条件集中改善，各地先后开工750个项目，省财政拨付苏北五市省级专项资金101亿元，省定10万户年度改善任务如期完成。三是特殊困难群体救助保障不断加强。目前全省共有特困供养人员20.87万人，城市集中供养、分散供养平均标准分别提高至每人每年18267元、17170元，农村集中供养、分散供养平均标准分别提高至每人每年13609元、9856元。孤儿集中养育和分散供养标准分别提高至每人每月2158元、1470元。全面实施残疾人“两项补贴”，困难残疾人生活补贴惠及约62万人，重度残疾人护理补贴惠及约47.4万人。全省城乡低保平均保障标准提高至每人每月721元、720元，均位居全国各省区前列。

（六）城乡人居环境不断改善

以改善生态环境为核心，以解决突出问题为关键，全力打好污染防治攻坚战，持续开展“降尘治车”“溯源提质”“溯源增优”“江河碧空”等蓝天保卫行动。2019年全省PM2.5平均浓度为43微克/立方米，同比下降8.5%。强化水环境防治，全省国考断面水质优Ⅲ类比例达77.9%，同比上升8.7个百分点。城市建成区黑臭水体治理加快推进，基本完成148个黑臭水体治理任务，实现设区市及太湖流域全部县城建成区基本消除黑臭水体的目标。实施老旧小区综合整治320个，建设省级宜居示范居住区130个，整治改造建筑面积2497万平方米，惠及居民25.3万户。完成既有多层住宅加装并投入使用电梯405部，累计完成加装并投入使用1047部。

扎实开展垃圾分类，新增垃圾分类小区6306个，新增分类单位7811个。实施城市公厕提标便民工程，2019年全省新建、改扩建城市公厕1191座，其中二类以上公厕超过60%。加快城市公园绿地建设，2019年，全省完成新增便民型公园绿地项目100个、老旧公园绿地改造提升项目39个，各设区市城市绿化覆盖率均达到40%以上。推进农村体育健身工程提挡升级和城市社区“10分钟体育健身圈”建设，全省新建健身步道500公里、体育公园200个，90%的乡镇（街道）和行政村（社区）建有健身小公园。全省新辟、优化城市公交线路438条，新增105个乡镇开通镇村公交，镇村公交开通率达95.8%，城乡居民出行更加便利。

二、民生调查分析

（一）工作与就业

1. 工作方面，受访居民最希望改善收入水平低和工作辛苦、时间长的现状

为了解受访居民对工作方面的期待，问卷询问“对您当前的工作，最希望改善的地方是什么”，如图16–1所示，35.1%受访居民选择了“收入水平低”，22.7%的受访居民选择了“工作辛苦、时间长”，反映希望改善“收入不稳定”“工作不稳定，失业风险大”的受访居民占比分别为15.5%和10.7%，此外分别有9.3%和6.7%的受访居民表示希望能够改善“福利待遇较差”和“劳动安全条件恶劣”的问题。

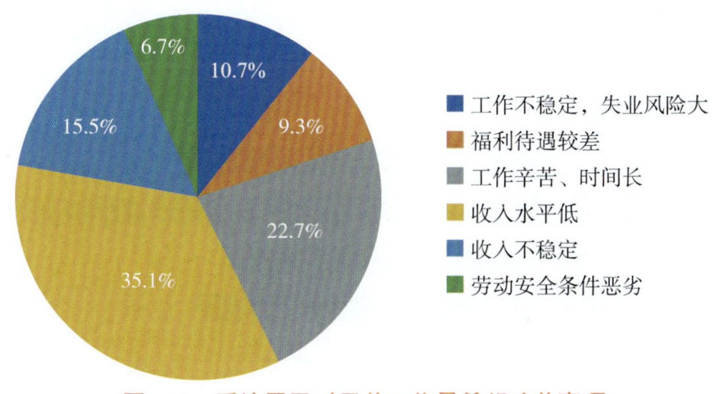

图16-1 受访居民对目前工作最希望改善事项

2. 收入方面，2/3的受访居民表示与上年同期相比没有变化，近1/7的表示有所减少

为了解当前经济增速放缓对居民收入的影响，问卷询问受访居民“与2018年同期相比，2019年上半年月平均收入有什么变化”，66.9%的受访居民认为自己的月平均收入与2018年同期相比没有任何变化，认为月平均收入较2018年略有增加的受访居民占16.2%，另有13.8%的受访居民表示自己的收入较2018年同期相比略有减少，仅分别有2.3%和0.9%的受访居民认为自己的月均收入较2018年“大幅增加”和“大幅减少”（见图16–2）。

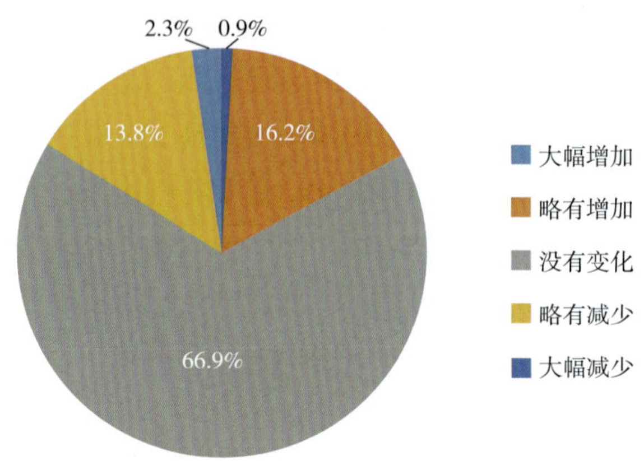

图16-2 受访居民月平均收入变化情况

（二）基本民生问题

1. 医疗依然是受访居民最焦虑事项，其次为养老、收入和子女教育

当询问受访居民“在您日常生活中，目前最让你焦虑的是什么”时，如图 16–3 所示，排在第一位的是医疗，占比为 25.8%，与 2018 年调查数据相比变化不大；其次是养老，占比为 18.9%；对收入水平、子女教育焦虑的受访居民占比也较高，分别为 18.4% 和 17.6%。

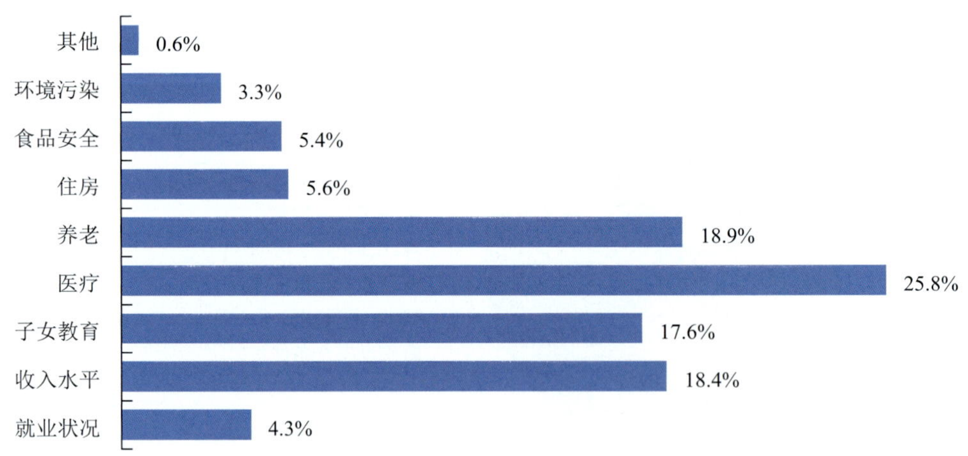

图16-3 受访居民日常生活焦虑事项

分城乡来看，医疗都是城乡居民最焦虑的事项，占比分别为 25.1%、27.3%，农村居民占比略高于城市居民比例。农村居民对养老的焦虑占比高于城市居民 5.4 个百分点。但城市居民在住房、食品安全等方面焦虑的占比高于农村居民 3 个百分点左右。从区域来看，苏北地区居民在收入水平、子女教育方面焦虑的比例要比苏南、苏中地区要高，其中在子女教育方面，苏北地区居民焦虑占比分别比苏南、苏中高 4 个和 5.6 个百分点。苏中地区居民焦虑点集中在养老方面，占比分别比苏南、苏北地区高 3.2 个和 5 个百分点（见表 16–1）。

表16-1　　被访对象生活焦虑事项分布情况　　单位：%

	城乡		地区			合计
	城市	农村	苏南	苏中	苏北	
就业状况	4.9	3.2	5.1	3.1	4.7	4.3
收入水平	18.0	19.1	17.1	16.9	21.6	18.4
子女教育	17.2	18.2	16.9	15.3	20.9	17.6
医疗	25.1	27.3	25.4	26.7	25.3	25.8
养老	17.2	22.6	18.1	21.3	17.3	18.9
住房	6.8	3.2	6.7	4.0	6.0	5.6
食品安全	6.3	3.6	6.8	7.0	1.9	5.4
环境污染	3.9	2.2	3.6	4.8	1.6	3.3
其他	0.6	0.5	0.3	0.9	0.6	0.6

2. 交通出行是受访居民最关注的外部环境事项，其次是社区服务、社会治安

表 16–2 显示，在外部环境问题的所有事项中，受访居民最关注的是交通出行问题，占比达 25.4%，其次为社区服务和社会治安，分别占 15.1% 和 11.3%。分城乡来看，农村居民对交通出行问题最为关注，占比达到 33.7%，比城市居民高 11.8 个百分点。城市居民对社会治安和绿化（地）不足问题的关注，要显著高于农村居民，分别高 5.6 个和 6.1 个百分点。分区域来看，苏北地区居民更加关注交通出行问题，占比为 34.9%，比苏南、苏中地区分别高 14.7 个和 9.7 个百分点。苏南地区居民对社区服务关注度要高于苏中、苏北地区，分别高 6.8 个和 9 个百分点。苏中地区居民对政府办事效率方面的关注较高，达 12.6%，分别比苏南和苏北地区高 3.5 个和 5.5 个百分点。

表16-2　　被访对象外部环境焦虑事项分布情况　　单位：%

	城乡		地区			合计
	城市	农村	苏南	苏中	苏北	
社区服务	15.5	14.2	19.4	12.6	10.4	15.1
社会治安	12.9	7.3	11.9	11.8	9.4	11.3
交通出行	21.9	33.7	20.2	25.2	34.9	25.4
司法公正	4.3	3.3	5.2	4.7	0.9	4.0
政府办事效率	9.4	10.2	9.1	12.6	7.1	9.6
文化生活	7.9	10.2	7.8	13.4	4.2	8.6
绿化（地）不足	8.1	2.0	6.7	5.5	6.6	6.3
其他	20.0	19.1	19.7	14.2	26.4	19.7

（三）家庭收入与消费

1. 近六成受访居民表示家庭年收入与 2018 年相比没变化，但家庭支出有所增加

从家庭总收入变化情况来看（见图 16–4），59.5% 的受访居民表示家庭总收入与 2018 年差

不多，这一比例与 2018 年调查相比提高了 7.5 个百分点。另有 15.3% 的受访居民表示家庭年收入与 2018 年相比会“有些减少”或会“明显减少”，这一比例较 2018 年下降 5.7 个百分点。25.2% 的受访居民表示家庭年收入较 2018 年会“有些增长”和“显著增长”，这一比例与 2018 年调查相比变化不大。

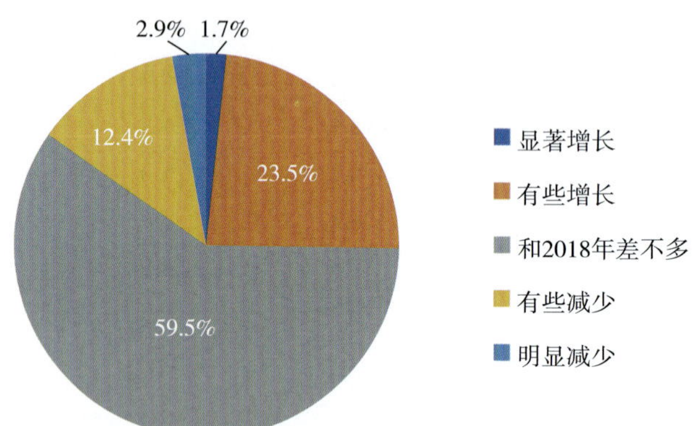

图16-4 受访居民家庭年收入与上年相比变化情况

问卷调查受访居民“您感觉与去年相比，预计今年全年您家各方面花费是否有所增加”，56.3% 的受访居民认为较 2018 年增加（“明显增加”和“略有增加”），41.4% 的受访居民认为没有变化，仅有 2.3% 的受访居民认为较 2018 年有所减少（“略微减少”和“明显减少”）（见图 16–5）。

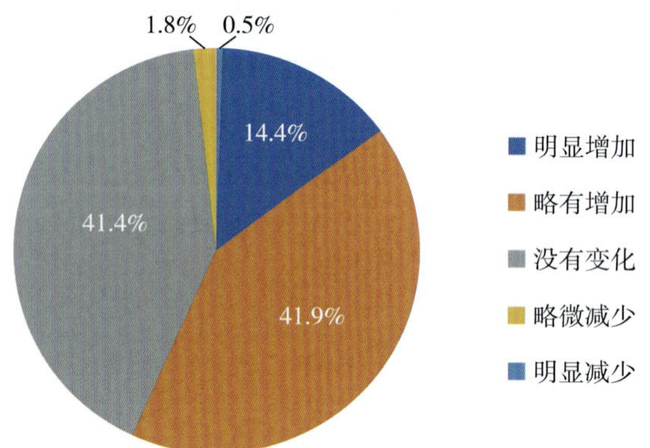

图16-5 受访居民与上年相比花费增减情况

2. 医疗、子女教育和食品依然是家庭消费最大支出事项，其中食品支出占比有明显上升

当询问受访居民“目前，您感觉您家庭消费支出压力最大的是什么”，表示支出压力较大的前三项分别是医疗、子女教育和食品，分别占 26.4%、25.0% 和 21.0%（见图 16–6）。与 2018 年调查相比，虽然家庭消费支出排名前三位的次序没有变化，但是占比存在变化，特别是食品占比由 2018 年的 15.9% 上升为 21.0%，这可能与当年以猪肉价格为代表的食品价格上涨有一定的关系。

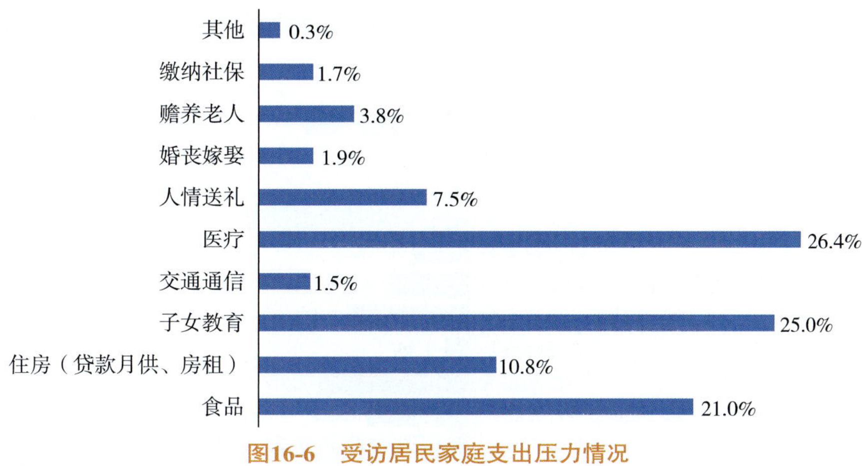

图16-6　受访居民家庭支出压力情况

（四）子女教育

1. 入园贵和课业负担重分别是受访居民最希望学前教育和义务教育改善事项，1/3 的家长焦虑孩子的学习成绩

如图 16–7 所示，对家中有孩子正在上幼儿园的被访者询问，“在学前教育方面，您最希望改善的是什么”，其中 23.1% 的居民认为是入园贵问题。另分别有 8.1%、7.5%、7.0% 的受访者认为，学前教育阶段还存在幼儿园上学距离远、学不了什么东西、幼儿教育小学化等问题（见图 16–7）。

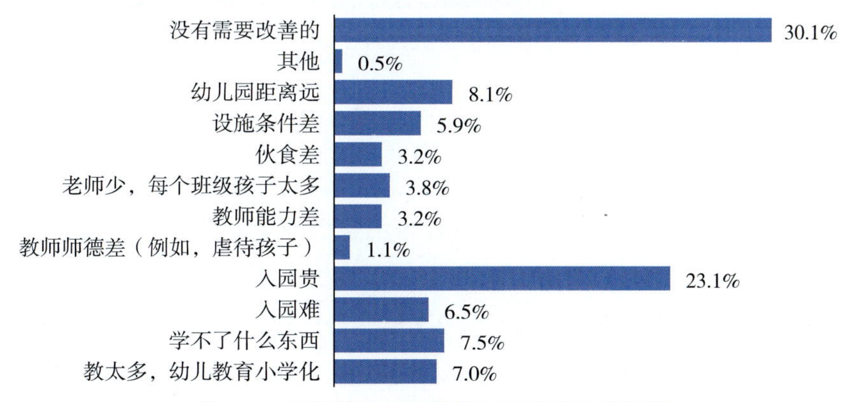

图16-7　受访居民对学前教育最希望改善事项

在义务教育阶段，13.2% 的家庭认为最大的问题是课业负担重，其次是教学质量差，占 12.1%。“很多内容课上不教，不得不上补习班或请家教”“学校乱收费”“上学距离较远，就学不便”等也是受访居民反映较为强烈的问题，占比分别为 9.6%、8.8% 和 7.1%（见图 16–8）。

家中有学生在学校就读的，家长或多或少都存在不同程度的焦虑，调查显示（见图 16–9），1/3 受访居民表示最焦虑孩子的学习成绩，其次是升学问题、占 18.8%。同时，受访居民对孩子在学校的人身安全、学校伙食不够健康营养等表示焦虑和担心，其占比分别为 8.5% 和 7.0%。

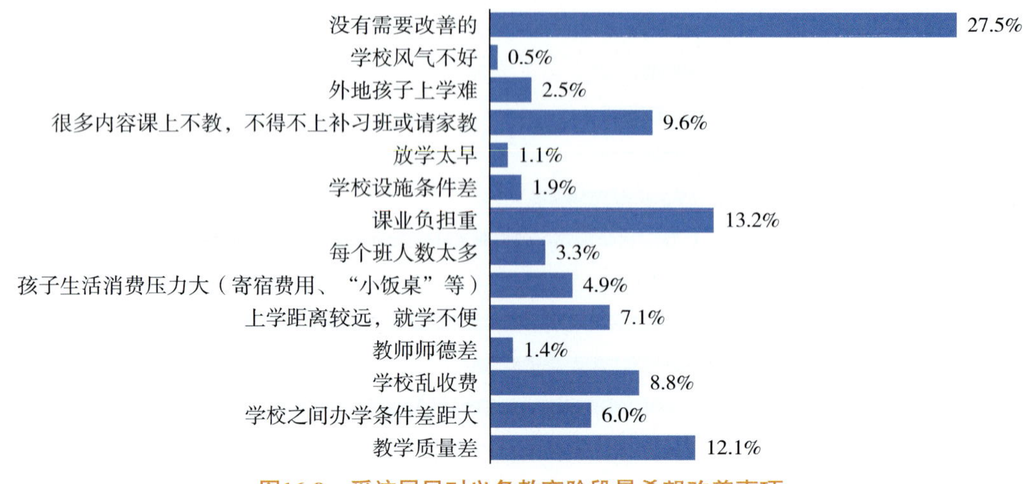

图16-8　受访居民对义务教育阶段最希望改善事项

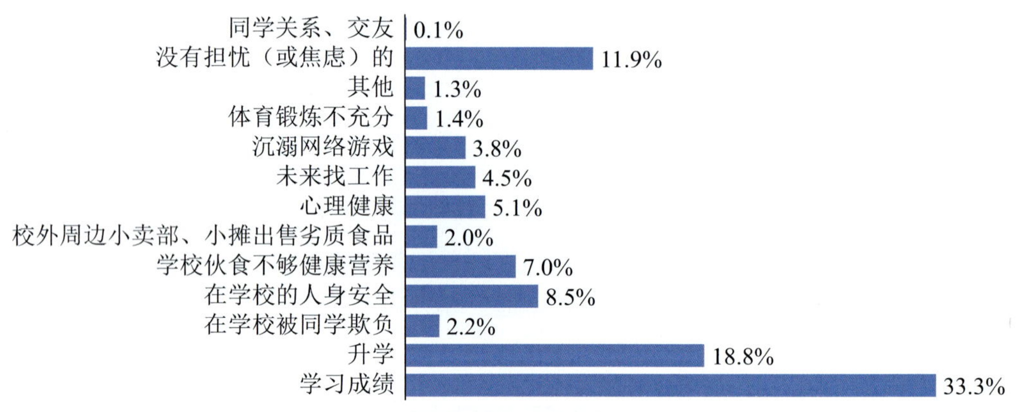

图16-9　对于家中子女在校就读期间焦虑事项

2. 上课外辅导班现象比较普遍，城市参与率和费用均为农村的 2 倍多，“巩固成绩”是上辅导班的主要原因

调查显示（见表 16-3），共有 44.5% 受访者表示自己家的孩子参加了课外辅导班，平均每个家庭每年花费在课外辅导班上的费用大约为 11159.74 元。从城乡上看，城市孩子参加辅导培训班是农村地区的 2 倍，费用则是农村地区的 2.5 倍。分区域来看，苏南、苏中地区参加课外辅导班积极性较苏北地区要高，占比分别为 54% 和 54.5%，分别比苏北地区高 18 个百分点左右，在培训费用上，苏南地区分别高出苏中 2713.47 元、苏北 4662.62 元。总体而言，江苏居民家庭每年花费在课外辅导班上的费用较高。

表16-3　课外辅导培训班参与率及费用统计

	城乡		地区			合计
	农村	城市	苏南	苏中	苏北	
参与率（%）	33.1	69.4	54	54.5	36.2	44.5
费用（元）	6386.33	16187.73	13820.37	11106.9	9157.75	11159.74

进一步追问受访居民孩子上辅导班原因，如图 16–10 所示，32.8% 的受访居民选择了“学习还行，但想进一步巩固提高”；16.2% 的受访居民因为“周边同学都参加（或请）了，不参加（或不请）不行”；还有 14.7% 受访居民的原因是“为了升学或能上想去的学校”。

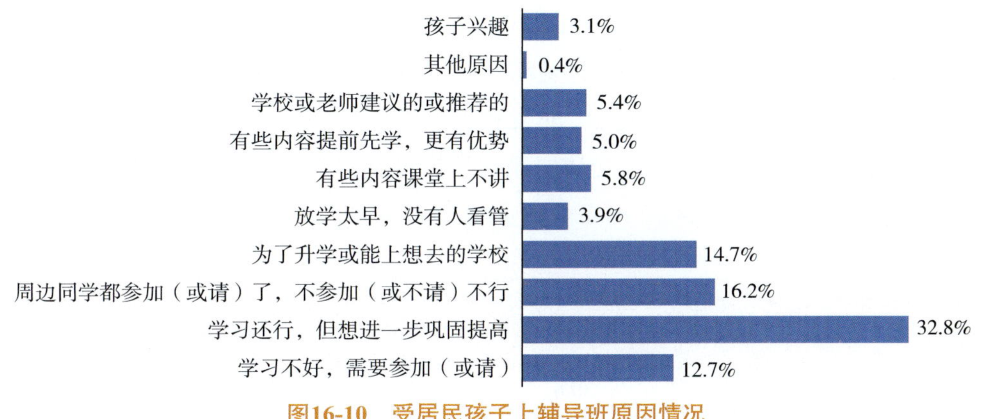

图16-10　受居民孩子上辅导班原因情况

（五）医疗卫生

1. 基层医疗服务水平提升比较明显，但在药品费用下降、家庭医疗负担方面，有 1/5 左右的居民认为状况变差

图 16–11 显示，多数受访者认为在家庭医疗负担下降、药品费用下降、医保报销比例提高等方面没有变化，其占比分别为 51.4%、44.3% 和 44.0%。医疗服务明显变差的，突出表现在药品费用和家庭医疗负担方面，其中 23.1% 的受访居民认为药品费用下降程度明显变差，21.6% 受访居民表示家庭医疗负担下降程度明显变差。医疗服务明显改善的，主要体现在大医院挂号、基层医疗服务水平、社区医院向大医院转诊等方面，其中，基层医疗服务水平提升最为明显，高达 46.4%；其次是大医院挂号难易程度，明显改善占 39.7%，而社区医院向大医院转诊方便程度以 37% 紧随其后。

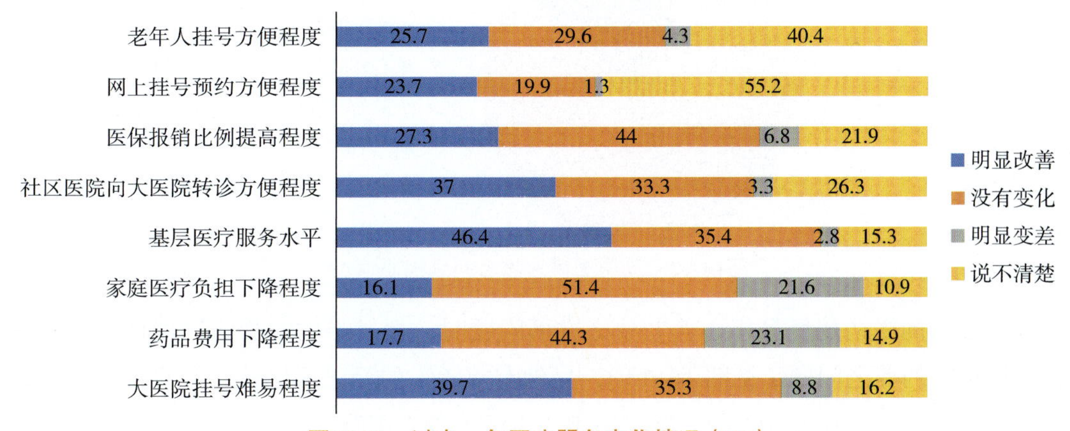

图16-11　过去一年医疗服务变化情况（%）

2. 超八成的受访居民对未来没钱看病表示担心，比上一年提高近 4 个百分点

当询问受访居民“是否担心将来看病没钱”时，如表 16–4 所示，83.5% 的受访居民表示担心（“非常担心”“比较担心”和“有点担心”），与 2018 年数据相比，对未来看病表示担心的比例提高了近 4 个百分点。与此同时，表示对未来看病不担心（“不太担心”和“一点儿也不担心”）的受访居民仅有 16.1%，表明大部分受访居民对未来看病存在担忧情绪。从城乡来看，农村有 86% 的家庭担心未来的看病问题（“非常担心”“比较担心”和“有点担心”），高出城市 3.9 个百分点。从区域来看，苏中地区受访居民对未来没钱看病，表示非常担心的比例最高，达到 37.9%，分别比苏南、苏北地区高 16.9 个和 14.8 个百分点。

表16-4　对未来就医的经济保障担心程度　单位：%

	城乡		地区			合计
	城市	农村	苏南	苏中	苏北	
非常担心	24.9	30.6	21.0	37.9	23.1	27.0
比较担心	42.9	37.6	48.6	28.8	44.4	40.9
有点担心	14.3	17.8	15.2	16.7	15.0	15.6
不太担心	12.8	8.3	9.4	9.1	14.4	11.2
一点儿也不担心	4.4	5.7	5.8	6.1	3.1	4.9
说不准	0.7	0.0	0.0	1.5	0.0	0.5

（六）养老保障

1. 超半数的受访居民对未来养老表示担忧，主要担心养老钱不够

当询问受访居民“您是否担心自己的养老问题”时，51.2% 的受访居民表示对自己未来的养老感到担心（“非常担心”和“比较担心”）。明确表示对自己未来养老完全不担心的仅占 22.2%，表明大多数受访居民对自己未来养老是比较担忧的（见图 16–12）。

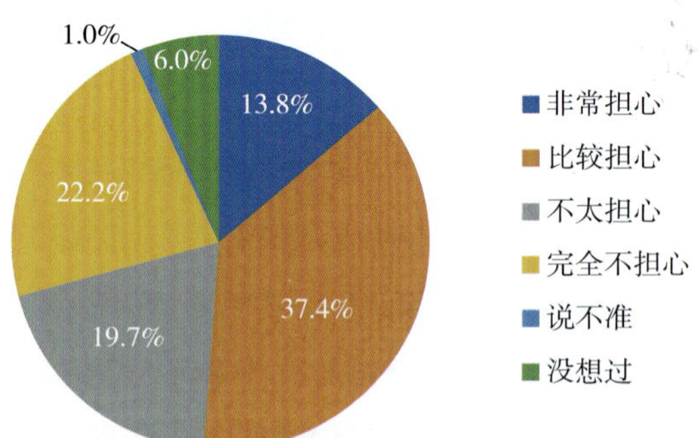

图16-12　受访居民对养老问题担心情况

当进一步询问受访居民最担心养老什么方面问题时，超过半数的受访居民认为养老的钱不够是自己最担心的养老问题（见图 16–13），另外有 20.9% 的受访居民认为“身体不好”是自己最担心的养老问题，还有 13.1% 的受访居民担心生活上没人照顾。

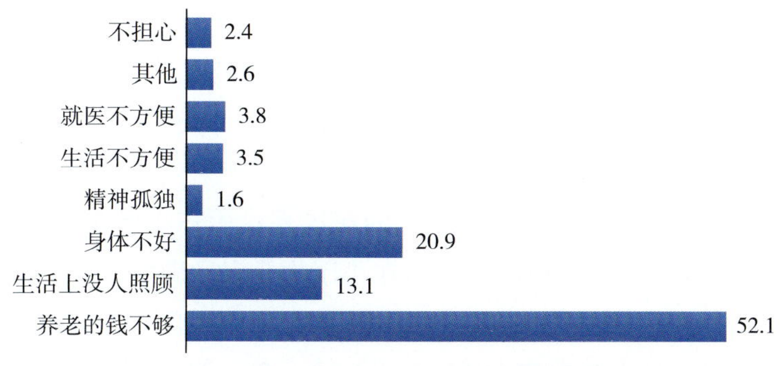

图16-13 受访居民最担心养老问题事项（%）

2. 受访居民对养老保险状况总体比较满意，但也表示其待遇低、公平性差

如图 16-14 所示，有 47.3% 的受访居民对我国的养老保险状况表示满意（“非常满意”和“基本满意”），其中有 7.5% 的受访居民表示非常满意。对养老保险状况表示不满意（“不太满意”和“很不满意”）的受访居民不足两成，为 18%，而明确表示很不满意的为 3.2%。总体来看，大多数居民对我国当前的养老保险现状还是持满意态度的。

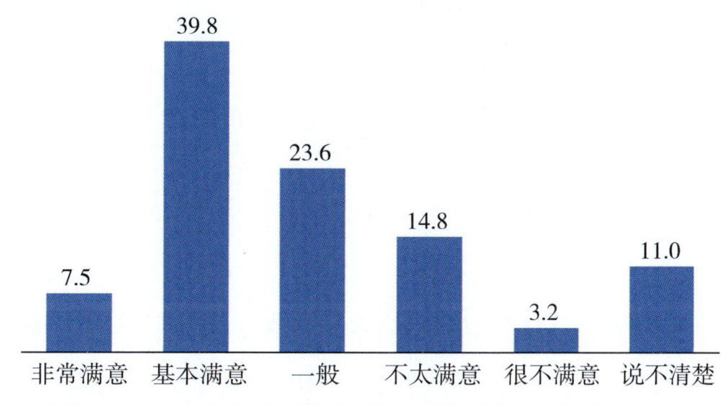

图16-14 受访居民对我国养老保险现状的态度（%）

当询问受访居民，“您感觉目前养老保障（养老保险）最大问题是什么”时，近五成的受访居民认为养老金水平太低是最大问题，另有 21.8% 的受访居民认为不同人之间养老金水平差距太大是当前养老保险的最大问题，两者共占受访居民的 67.5%（见图 16-15）。

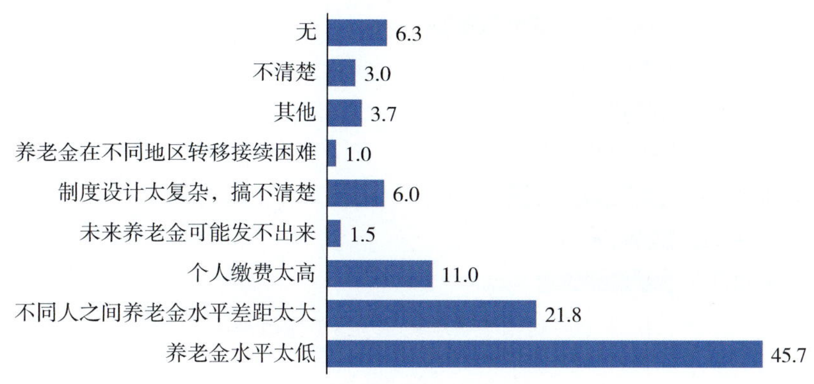

图16-15 受访居民认为养老保险存在最大问题的分布情况（%）

（七）住房保障

1. 超 1/4 城镇小区无物业服务，有物业的 1/4 居民对其服务表示不满意

调查数据显示，在城镇受访家庭中，25.7% 的居民表示所在小区没有物业服务。在有物业服务的小区受访家庭中，44.5% 的受访居民对所在小区物业表示满意（“非常满意”和“比较满意”），仍有 25% 的受访居民对所居住小区的物业服务表示不满意（“比较不满意”和“非常不满意”），此外有 30.4% 的受访者觉得所在小区物业服务一般（见图 16–16）。

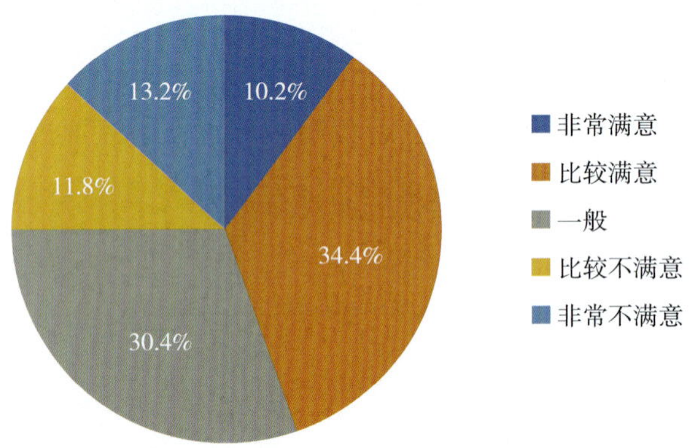

图16-16　受访居民物业满意度情况

2. 住房改善方面城镇居民最希望安装电梯，农村居民最希望旧房翻新和冬季取暖

对城乡居民分别询问，最希望住房需要改善的方面，如图 16–17 所示，15.1% 城镇居民最希望改善的是“安装电梯”，“改造污水排放设施”和“改造安全用电设施”也是城镇居民较为关心的问题，占比分别为 10.8% 和 8.2%。对于农村居民来说，“房屋比较破旧”和“冬季取暖”是最希望改善的事项，两者占比分别为 11.9% 和 10.8%（见图 16–18）。

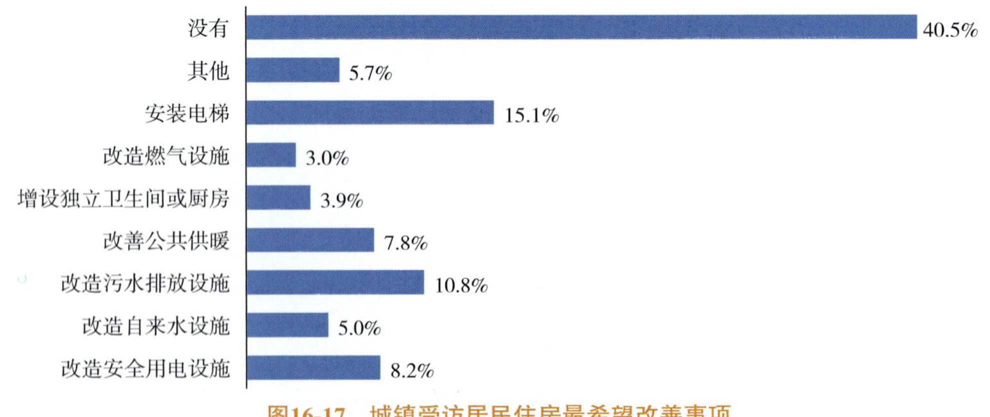

图16-17　城镇受访居民住房最希望改善事项

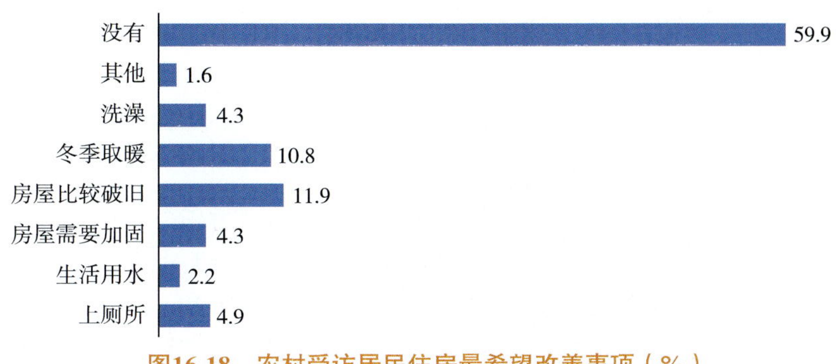

图16-18 农村受访居民住房最希望改善事项（%）

（八）生活环境

1. 受访居民对周边生态环境质量满意度，较上年有新的提升，但仍有近 1/7 对周边水体质量表示不满意

如图 16–19 所示，调查数据显示，受访居民对于目前所居住的社区（或村庄）周边环境质量总体生态环境满意度较高，69.4% 受访者表示满意，较 2018 年提高 5.7 个百分点，不满意的受访者仅占 5.3%。从不同环境事项来看，受访居民对空气质量、生活饮用水质量、生活垃圾处理情况满意度都较高，占比分别为 71.6%、72.7% 和 66.6%。对于周边河流、湖泊、池塘、水泡子、井水等水体质量，受访居民表示满意的仅有 53.5%，不过这一比例较 2018 年提高了 10 个百分点；相应地，表示不满意的比例由 2018 年的 22.2% 下降为 13.9%，表明受访居民对周边水体质量的改善持肯定态度。

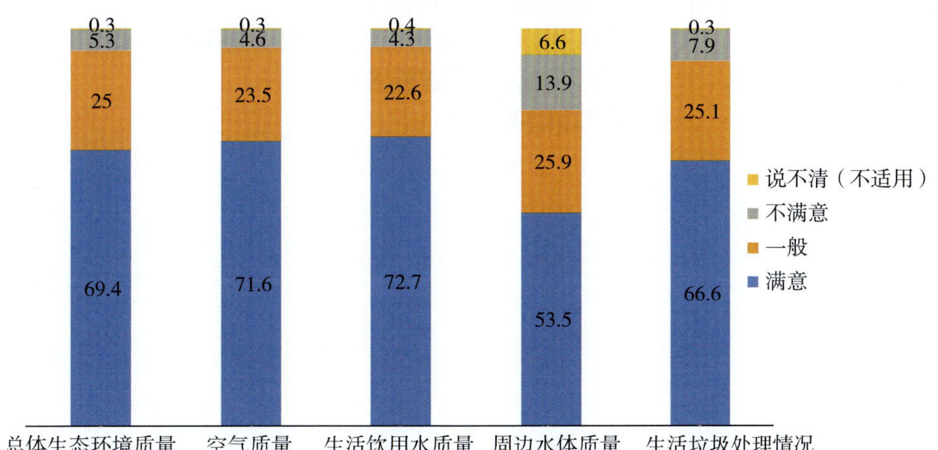

图16-19 受访居民对居住地周边环境满意度情况（%）

2. 近八成受访居民表示从来不进行垃圾分类，分类标准太复杂、居民不会分是主要原因

当询问居民“平时收拾垃圾时，是否会对其进行分类”时，仅有 23.3% 的居民表示会对垃

圾进行分类，且表示每次都分类的仅占 8.5%，有 76.6% 的受访居民表示从来都不对垃圾进行分类（见图 16–20）。

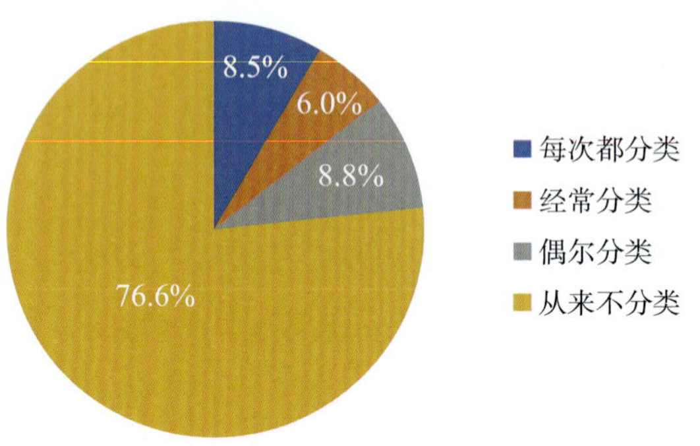

图16-20　受访居民垃圾分类情况

当进一步追问“您认为目前妨碍大家分类收拾垃圾、分类投放垃圾的主要原因是什么”时，（见图 16–21），39.9% 的受访居民表示不会分，这主要体现在垃圾分类的标准太复杂，不会按照分类标准去分。没有分类动力也是居民不去垃圾分类的一个原因，这主要表现在不做垃圾分类没有惩罚，分了也没奖励，这部分占比为 21.9%。同时 17.1% 的受访居民认为垃圾桶无法满足垃圾分类要求，是制约和妨碍他们垃圾分类的主要原因。

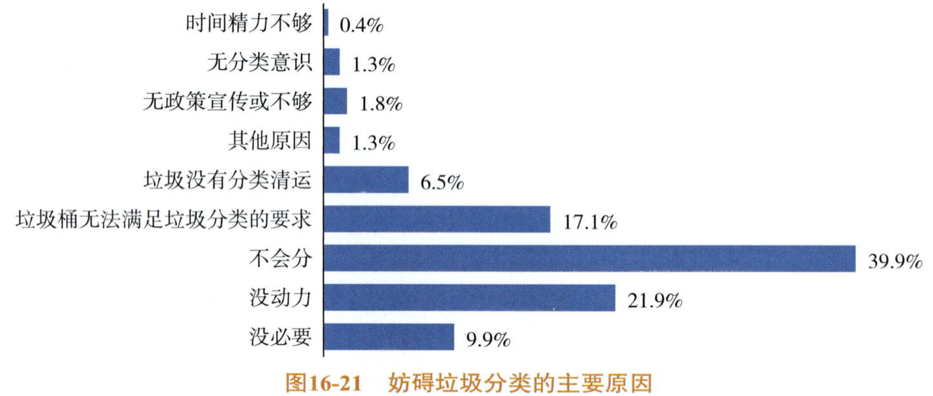

图16-21　妨碍垃圾分类的主要原因

（九）食品安全

1. 受访居民对食品安全改善情况满意度较上年有明显提高，但仍有近 1/7 的居民表示不满意

调查数据显示，受访居民对过去一年里食品安全改善情况的满意度有所提高。如图 16–22 所示，表示满意（“非常满意”或“比较满意”）的受访居民占比为 57.4%，较 2018 年提高了近 13.6 个百分点；22.2% 的受访居民认为 2018 年食品安全改善情况“一般”；13.3% 的受访居民对食品安全状况表示不满意（“比较不满意”和“非常不满意”），较 2018 年下降了近 8 个百分点。

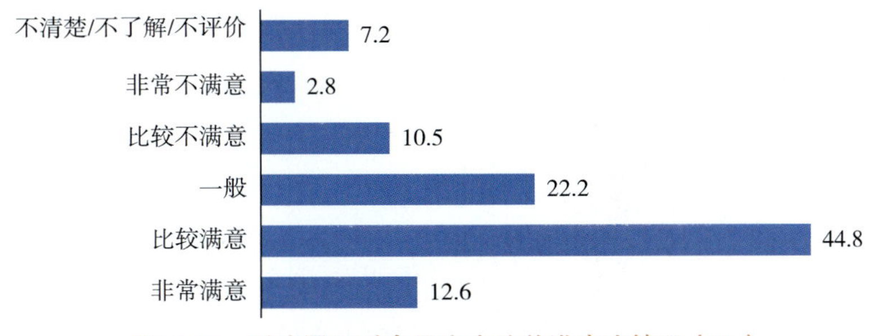

图16-22　受访居民对食品安全改善满意度情况（%）

2. 农药兽药、抗生素、重金属残留以及有疫病的肉流入市场，是受访居民最担心的食品安全问题。

当询问受访居民“您最担心的食品安全问题是什么”时，如图 16–23 所示，受访居民最担心的食品安全问题是农药兽药重金属等残留，占比达 19.5%；其次是担心有疫病的肉及其他食品流入市场，占比为 19.4%。非法添加的非食用物质以及合法的食品添加剂超量使用，也是受访居民比较担心的食品安全问题，占比分别为 16.1% 和 13.0%。

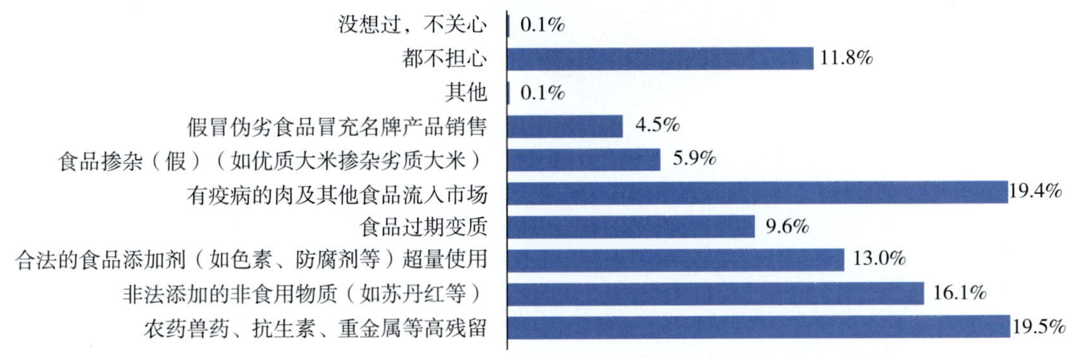

图16-23　受访居民担心的食品安全事项

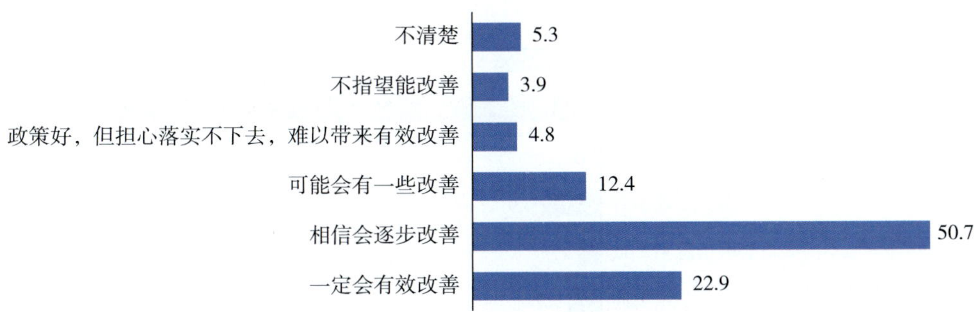

图16-24　受访居民对未来食品安全改善信心（%）

3. 近九成受访居民对未来食品安全状况改善有信心

当询问受访居民“您对我国未来三年内食品安全状况的改善是否有信心”时，如图 16–24 所示，86% 的受访居民表示有信心（“一定会有改善”“相信会逐步改善”和“可能会有一些改善”），而持悲观态度的仅占 8.7%，其中“不指望能改善”的占比为 3.9%，“政策好，但担心落实不下去，难以有效改善”的占比为 4.8%。

（十）政府服务

1. 超八成受访居民对政府服务改进情况表示满意，较上一年有新的提升

调查数据显示，受访居民对政府服务总体改进情况满意度较高，对政府服务表示“很满意”和“基本满意”的比例达 83.2%，较 2018 年提高了 3.2 个百分点；对政府服务总体改进情况表示不太满意和很不满意的占比为 6.8%，明确表示不满意的占受访居民占比仅为 2.4%。

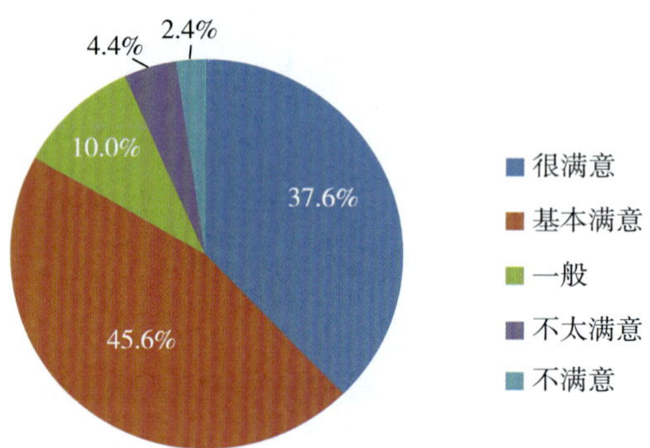

图16-25 受访居民对政府服务改进情况评价

2. 政府服务最需改进的是简化烦琐证明，近 1/3 居民表示无法通过“一个窗口、一次办结”

总体来看，受访居民与政府打交道最希望政府改善的问题中，“来回跑开具各类烦琐证明”“部门之间相互推诿、效率低”“办事程序太复杂和不公开”等 选项占比最高，均超过 10%（见图 16-26），其中“来回跑开具各类烦琐证明”达到 15.9%，是受访居民最希望改善的事项。

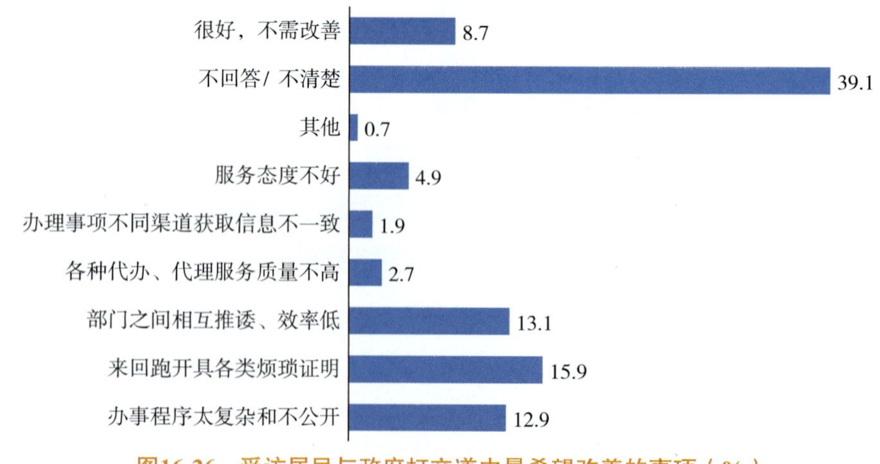

图16-26 受访居民与政府打交道中最希望改善的事项（%）

当询问受访居民“根据您的个人经历和了解，您认为现在到政府部门办事是否就去一个窗口、一次就能办完”，如图 16–27 所示，48.2% 的受访居民认为“可以”，这一比例较上一年提高 11.8 个百分点；但仍有 27.9% 的受访居民表示无法通过只去一个窗口、一次就能办完事，尽管这一比例较 2018 年下降 15.9 个百分点。总体来看，江苏省在推进“放管服”改革过程中，在服务群众办事方面成效明显（见图 16–28）。

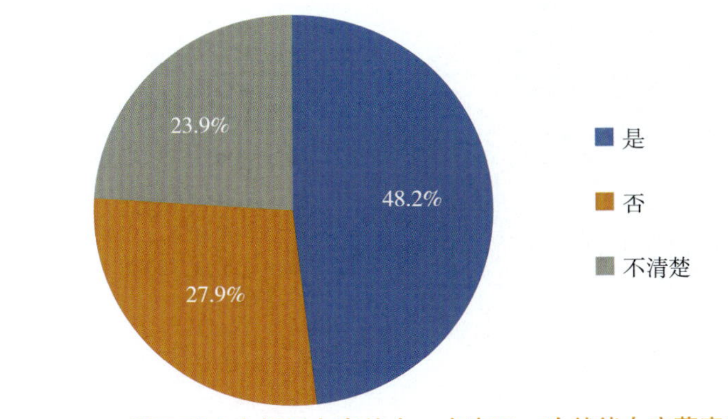

图16-27 居民到政府部门办事就去一个窗口一次就能办完落实情况

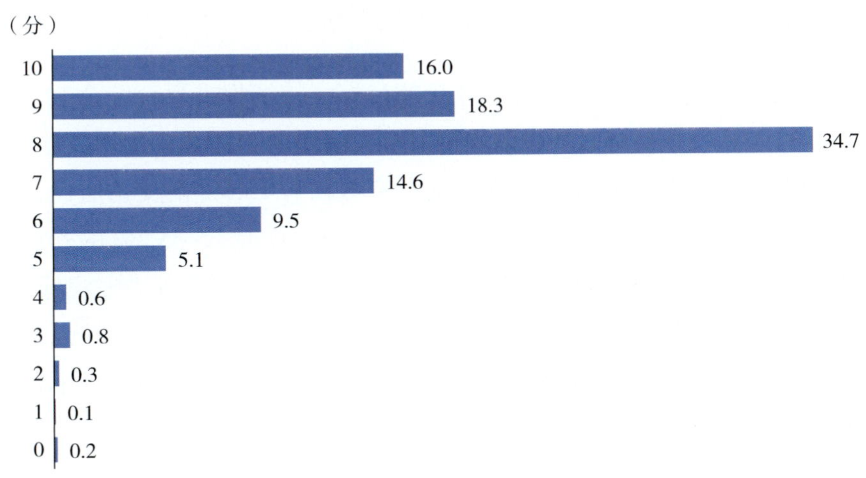

图16-28 受访居民对民生工作评分情况（%）

三、民生领域存在的突出问题

尽管江苏省民生工作成效明显，但与人民群众对美好生活的向往相比，依然存在不少短板和弱项。本次问卷调查群众反映的突出问题，集中表现在以下四个方面。

（一）居民增收压力还比较大

调查数据显示，无论是从个人角度，还是家庭角度出发，都显示居民增收压力加大的情况。从个人收入看，67% 的受访居民认为自己 2019 年的月均收入与 2018 年相比没有变化，15% 的居民表示收入“大幅减少”或“略有减少”；从家庭收入看，59.5% 的受访居民表示 2019 年家庭收入和 2018 年差不多。在增收难的同时，56.3% 的受访居民认为 2019 年家庭各方面花费，较 2018 年“明显增加”或“略有增加”。此外，当询问受访居民，“您家近一年来收支状况怎么样”时，43.0% 的受访居民表示“基本都花光了、存不上钱”（见图 16–29）。

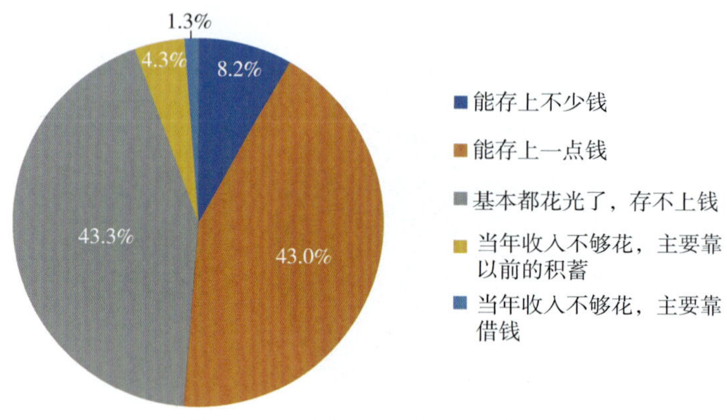

图16-29 受访居民家庭收支情况

（二）基础教育领域的矛盾和问题依然突出

虽然近年来，江苏省对照办好人民满意教育的目标，持续推进教育综合改革，加大教育事业投入，但是在教育领域特别是基础教育领域依然存在一些薄弱环节。调查数据显示，有 1/4 的受访居民表示家庭最大支出是教育支出，在学前教育方面有 23.1% 的受访居民认为存在入园贵的问题。当询问受访居民，“您觉得子女教育支出压力怎么样时”，55.7% 的受访居民表示“非常高”或“比较高”，仅有 10.3% 的受访居民觉得子女教育支出压力“比较低”或“非常低”（见图 16–30）。在义务教育阶段，课业负担重、教育质量差是家长反映比较强烈的问题，占比分别为 13.2% 和 12.1%。此外，学生课外辅导班现象比较突出，44.5% 的受访居民表示家中孩子有上辅导班的情况。

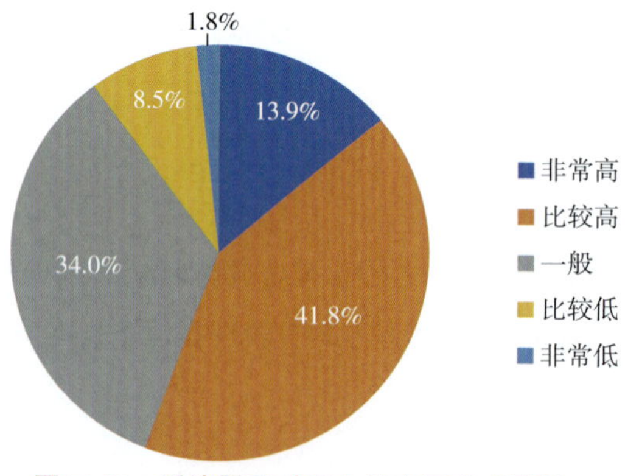

图16-30 受访居民对子女教育压力感受情况

（三）医疗问题依然是受访者最焦虑的问题

询问受访居民“在您日常生活中，目前最让您焦虑的是什么”时，25.8% 的受访居民选择了医疗，这一比例远高于选择子女教育、就业、收入等事项的比例。造成受访居民对医疗最焦虑的主要原因是支出压力较大，26.4% 的受访居民认为家庭消费支出压力最大的是医疗支出。在家庭医疗负担方面，仅有 16.1% 的受访居民认为家庭医疗负担下降程度明显改善，21.6% 的受访居民认为家庭医疗负担明显加重，总体来看，居民家庭医疗负担改善情况效果并不显著。此外，有 83.5% 的受访居民对未来没钱看病表示担心（“非常担心”“比较担心”和“有点担心”），这一比例较 2018 年提高了 4 个百分点。

（四）社会保障功能有待完善

虽然全省各类社会保险覆盖面持续扩大，但也存在保障待遇水平不高、获得感不强等问题。在医疗保险方面，仅有 27.3% 的受访者认为医保报销比例提高程度明显改善，44% 的受访居民则认为医保报销比例没有变化，甚至有 6.8% 的受访居民认为医保报销比例存在下降的情况。在养老保险方面，18% 的受访居民对我国养老经济保障（养老保险）表示不满意（“不太满意”和“很不满意”）。受访居民对于养老保险不满意的主要原因，主要是养老金水平太低，以及不同人之间养老金水平差距太大，两者占比高达 67.5%。

四、持续改善民生工作的政策建议

2020 年是高水平全面建成小康社会和“十三五”规划收官之年。站在“两个一百年”奋斗目标的历史交汇点上，顺应人民群众对美好生活的新期待，努力交出一份人民满意的民生答卷，显得尤为重要。针对本次调查中反映的民生突出问题，提出四个具体建议。

（一）稳步推进城乡居民增收

收入是民生之源，增加居民收入是改善民生、实现发展成果由人民共享最重要、最直接的方式。一是全面实施就业优先政策。就业是民生之本，特别是在当前新冠肺炎疫情防控、经济下行压力增大的情况下，应更加重视就业创业工作，充分发挥就业稳定在居民增收中的基础性作用，建立健全有利于更充分更高质量就业的促进机制，加强就业监测预警和风险防控，切实把失业率控制在合理区间。完善全方位公共就业服务，持续推行终身职业培训制度，深入实施职业技能提升行动，增强劳动者就业技能和水平，克服结构性就业矛盾造成的失业。持续实施全民创业行动计划，着力培育发展“老板经济”，以高质量创业就业实现高水平收入。二是深化收入分配制度改革。完善工资决定和正常增长机制，不断增加劳动者特别是一线劳动者报酬，改革机关事业单位工资和津贴补贴制度，健全由要素市场决定的报酬机制。通过“限高、扩中、提低”多措并举，不断缩小城乡、区域、行业收入分配差距，推动越来越多的低收入群体进入中等收入行列。三是拓宽居民财产收入渠道。扩展投资和租赁服务等途径，保护投资者尤其是中小投资者合法权益，多渠道增加居民财产性收入。四是统筹城乡社会救助体系。完善家庭收入与支出核对机制，探索建立支出型贫困家庭救助支持政策，健全主动发现、快速响应、综合救助的“救急难”长效机制。

（二）持续加强公共服务建设

坚持把解决好教育、医疗、养老等人民群众“急难愁盼”的民生问题，作为改进公共服务的重要抓手，着力加强普惠性、基础性、兜底性民生建设。一是切实办好人民满意的教育。坚持教育优先发展，围绕立德树人目标，深化教育领域综合改革，促进各级各类教育协调发展。基础教育方面，加大财政性教育经费持续向学前教育倾斜，加快提升乡村教育质量，推动缩小区域教育发展差距，不断提高义务教育城乡一体化发展水平。实施普通高中资源建设工程，推进普通高中育人方式改革，落实新课程实施方案，认真做好新高考改革方案落地工作。职业教育方面，提升发展层次和质量，大力发展高职教育，集中力量建设一批高水平高职学校和专业群，支持办学历史较长的职业大学与有条件的高职院校提升办学层次与水平，扩大应用型本科人才培养资源。高等教育方面，全力支持一流大学、一流学科、一流本科专业建设，深入实施高水平大学建设工程，推动江苏高等教育在“高原”上隆起更多“高峰”。二是加快建设现代医疗和公共卫生服务体系。全面落实健康中国行动，实施健康江苏“十大行动”，推进“健康江苏”实践示范区建设，加快形成有利于健康的生活方式、生态环境和经济社会发展模式。加强健康管理，推动全民健身、职业健康保护、健康环境建设，促进体医融合、医养结合，强化全方位、全生命周期的健康服务。聚焦“看病难看病贵”，推进紧密型医联体建设，推动医疗资源布局优化，促进优质医疗资源下沉，加快构建“基层首诊、双向转诊、急慢分治、上下联动”的分级诊疗就医新格局。深化公立医院改革，推动省与市县医疗卫生领域财政事权和支出责任划分，建立有利于理顺比价关系、优化收入结构的医疗服务价格动态调整机制。特别是要针对新型冠状肺炎疫情应对中暴露出来的短板和不足，优化医疗卫生资源投入结构，补齐公共卫生短板，健全公共卫生服务体系，改革完善疾病预防控制体系，完善突发公共卫生事件应急处置机制，推动公共卫生服务与医疗服务高效协同、无缝衔接，健全防治结合、联防联控、群防群治工作机制，提高重大传染疾病防控水平和突发公共卫生事件处置能力。三是促进养老服务高质量发展。按照规划、建设、验收、交付“四同步”要求，加大养老服务设施分区分级规划建设力度，推进适老社区建设、家庭适老化改造和护理型床位建设。促进现有医疗卫生机构和养老机构合作，提升医养结合服务能力。积极探索“物业服务＋养老服务”、志愿养老服务、互助养老服模式，推动居家、社区和机构养老融合发展。研究制定长期照护服务项目清单和服务标准，建立健全长期照护服务体系。

（三）进一步完善社会保障体系

坚持“全覆盖、保基本、多层次、可持续”方针，以增加公平性、适应流动性、保证可持续性为重点，夯实覆盖城乡居民的社会保障体系。一是不断完善养老保险制度。继续实施降低社会保险费率政策，阶段性减免企业社会保险费，规范统一全省企业职工基本养老保险政策。规范企业职工基本养老保险省级统筹，实现企业职工基本养老保险基金省级统收统筹。完善城乡居民基本养老保险待遇确定机制和基础养老金调整机制，积极推进工伤保险省级统筹。二是深化医疗保险改革。完善公平适度的待遇保障机制，健全稳健可持续的筹资运行机制，建立管用高效的医保支付机制，健全严密有力的基金监管机制，优化医疗保障管理服务，加快建立覆盖全民、城乡统筹、权责清晰、保障适度、可持续的多层次医疗保障体系。三是发展以年金和商业保险为重点的补充保障。落实企业年金递延纳税政策，鼓励有条件的企业建立年金制度，积极扩大企业年金制度覆盖范围。推进实施全省统一的城乡居民大病保险，探索建立长期护理保险制度，加快发展商业健康保险，发挥其对基本医疗保险的重要补充作用。四是筑牢以社会救助为重点的兜底保障。强化社会救助制度与扶贫开发政策有效衔接，将部分和完全丧失劳动能力且无法依靠就业创业脱贫的建档立卡低收入人口，全部纳入救助范围实行兜底保障。推进“温情救助”改革，构建“弱有所扶”大救助体系，涵盖各类困难群体，分层分类、阶梯递进，提高社会救助兜底保障能力。

（四）打造美丽宜居的人居环境

更舒适的居住条件、更优美的环境，是民生建设的重要内容，也是民生幸福的重要体现。一是坚决打赢污染防治攻坚战。持续推进环境基础设施建设，加快补齐生态环境短板，突出精准治污、科学治污、依法治污，推动生态环境质量持续好转。二是提升城市居住环境。围绕城市水环境整治、城市供水设施建设与改造、城镇污水处理提质增效、建制镇污水处理设施全面运行、城市生活垃圾分类和治理、城市厕所革命、城市园林绿化建设等重点工作，强化城市市政基础设施建设。三是提升城市管理水平。着力推进城市管理科学化、精细化、智能化，优化城市治理体系，推动城市管理在强化精细管理的基础上向共建共治共享的城市治理方向迈进，提升城市治理能力和治理现代化水平。四是加强乡村环境整治。认真落实农村人居环境整治三年行动工作要求，继续完善“组保洁、村收集、镇转运、县（市）处理”的城乡统筹生活垃圾收运处置体系，进一步加强对农村生活垃圾分类国家示范县（市、区）和省级试点示范乡镇（街道）建设的指导，扎实推进农村生活垃圾治理。加快改善苏北地区农民群众住房条件，做好苏北农房改善公共服务配套和基础设施配套，让农民群众过上与时代同步的现代生活。

（江苏省政府研究室专题组
调研组顾问：郑　焱
调研组组长：沈　和
调研组副组长：金世斌　于　水
调研组成员：陈幼迪　高海龙　卢爱国　邱家林
王自华　赵若言　辛境怡　刘文可
杨　杨　江　宁　郄亚丽　张倩倩
孙华廷　王亚星　朱清源　马智源
汤　瑜　孟伟林　胡卫卫　徐　明
裴　蓓　王昭雅　张玉玲　姜运成
莫　逸　刘诺佳　夏茂胜　陈　喜
刘新超
执　笔：金世斌　于　水　邱家林　赵若言
辛境怡　刘文可　杨　杨
统　稿：金世斌　于　水　邱家林）

第十七章
浙江省民生发展报告

2018 年，浙江省委、省政府深刻学习领会习近平总书记关于保障和改善民生的重要论述，全面贯彻落实党中央的民生工作决策部署，努力推进民生工作上新台阶、出新成绩。

一、民生发展总体情况

2018 年，浙江省委、省政府紧紧围绕民生领域重点问题，从群众最关心的具体事项入手，继续实施一系列惠民举措，让老百姓的生活过得更好。

1. 城乡居民收入稳居前列

始终坚持共享发展理念，以就业再就业工作为重点，着力稳定和扩大就业、促进居民特别是低收入群体普遍增收。2018 年，城乡居民人均可支配收入分别达到 55574 元和 27302 元，分别连续 18 年和 34 年居各省份首位；收入倍差从 2.07 缩小至 2.04，远小于全国 2.69 的平均水平，为各省份最低；全省低保标准实现城乡同标，最低生活保障水平达到 7200 元，低收入群体收入年均增幅超过 10%。

2. 教育普及化水平达到高收入国家水平

坚持教育优先发展战略，大力推进教育事业均衡快速发展，努力提升办学质量和效益。2018 年，全省义务教育入学率、巩固率均达 100%，初中毕业生升入高中段的比例达 99.01%，学龄儿童入园率达 97.8%（从受教育机会看，浙江省儿童预期受教育年限达到 14.4 年，各类教育普及化水平已达到高收入国家平均水平），高等教育毛入学率 60.12%。

3. 人民群众健康保障坚强有力

持续实施“健康浙江”发展战略，扎实推进《健康浙江 2030 行动纲要》实施，不断完善《健康浙江考核办法和指标体系》，着力为人民群众生命健康保驾护航。2018 年，全省孕产妇死亡率降至 4.11 人 /10 万人，5 岁以下儿童死亡率降至 3.76 人 / 千人，婴儿死亡率降至 2.6 人 / 千人，人均期望寿命提高到 78.77 岁，提前实现了联合国千年发展目标，人群主要健康指标达到中高收入国家水平。截至 2018 年年底，全省基本医疗保险参保率达到 98.6%，70 个县（市、区）开展医共体建设，城市大医院挂号排队平均时间从 8.26 分钟缩短到 3.06 分钟，省市级医院门诊智慧结算率达到 75.8%，“看病难”问题得到一定缓解。

4.“老有所养”体系健全

针对浙江省人口老龄化发展趋势，不断完善城乡居民养老保险制度，2018 年基本养老保险参保率达 92%。截至 2018 年年底，全省建成乡镇（街道）示范型居家养老服务中心 333 个，老年配送餐覆盖 12103 个社区，占全省社区总数的 52.6%；共有养老机构 2207 家，机构养老床位 42.86 万张，其中民办养老机构 1344 家、床位 27.1 万张。

5. 居住条件持续改善

紧紧围绕更好满足人民群众安居需求，突出抓好住房市场和保障体系建设，推动住房城乡建设事业高质量、有特色、可持续发展。2018 年，全省销售新建商品房面积 9755 万平方米，开发投资 9945 亿元；拆除违建 2.05 亿平方米、“三改”2.63 亿平方米，其中城中村改造 9287 万平方米、旧住宅区改造 1.25 亿平方米，受益群众 130.93 万户；新开工棚户区改造 40.6 万套，棚户区改造开工率 139%，发放城镇住房保障家庭租赁补贴 43451 户；治理改造农村 C 级危房 12.2 万户、困难家庭危房 1.2 万户，下达困难家庭危房改造补助资金 9385.5 万元；城镇居民人均住房面积达到 40 平方米以上。

6. 环境改善获联合国赞誉

印发并实施《关于高标准打好污染防治攻坚战 高质量建设美丽浙江的意见》及《浙江省生态文明示范创建行动计划》，全面打响蓝天、碧水、净土、清废四大战役，生态环境质量持续改善。2018 年，85 项生态省建设重点任务全部完成，总体达到国家生态省 16 项建设指标要求，提前完成国家大气环境改善目标，经济生态系统生产总值、综合实力与绿色发展水平位居全国前列；空气质量在长三角等全国重点区域率先达标，11 个设区城市 PM2.5 平均浓度为 34 微克 / 立方米，同比下降 12.8%，优良天数比例 85.3%，同比上升 2.6 个百分点；全部消除劣Ⅴ类断面，达到或优于Ⅲ类水质省控断面比例 84.6%，同比上升 2.2 个百分点；“千万工程”获联合国“地球卫士奖”，生态文明建设成就得到国际认可。

7. 食药安全满意度提升

始终坚持“四个最严”总要求，持续加强食品药品安全监管和市场消费环境建设，确保百姓“舌尖上”的安全。2018 年，全省共建设农村家宴放心厨房 1603 个、名特优食品作坊 621 家、放心餐饮单位 3329 家、放心农贸市场 355 家，培育放心消费示范单位超过 1.5 万家、无理由退货承诺单位 1.6 万家；药品、医疗器械、化妆品生产企业主体责任自查报告执行率均达 100%，群众对药品安全满意度为 82.6%，同比提升 7.08 个百分点。

8. 文体惠民扎实推进

出台《浙江省农村文化礼堂建设实施纲要（2018—2022）》，推进公共文化服务“十百千”

工程建设，促进文化事业和万亿元级文化产业发展，完善城乡公共文体服务体系，切实保障群众文体发展权益。2018 年，全省文化产业增加值占 GDP 比重上升到 7.5% 左右；文化企业总数超过 12 万家，其中在沪深两市上市 39 家、在新三板上市 100 余家；基层体育场地设施建设加快推进，公共体育设施和学校体育场地设施免费或低收费向社会开放率达到 100%。

二、民生领域改革情况

浙江坚定不移推进“八八战略”再深化、改革开放再出发，深入推进“最多跑一次”改革，引领撬动各方面各领域改革取得积极进展，为“两个高水平”建设注入了强大动力。

1. 进一步推动“最多跑一次”改革

坚持“认识再深化、内涵再丰富、外延再拓展、质量再提升”，扎实推进“最多跑一次”改革向纵深发展。第三方评估显示，全省“最多跑一次”实现率达到 90.6%，人民群众满意率达到 96.5%。2018 年 5 月，中办、国办联合出台《关于深入推进审批服务便民化的指导意见》，将浙江“最多跑一次”改革经验做法向全国复制推广。

一是“最多跑一次”事项实现标准化全覆盖。持续深化“减事项、减次数、减材料、减时间”，完成省、市、县三级办事事项“八统一”。除“最多跑一次” 6 个主项、9 个子项例外事项清单外，省、市、县三级办事事项可实现“最多跑一次”100% 全覆盖。

二是“一窗受理、集成服务”改革持续深化。推进除车辆、船舶、动植物防疫等需要现场检验检测事项外的办事事项全面进驻行政服务中心，实现政务办事“只进一扇门”“最多跑一次”。市、县、乡、村四级办事网点电子地图上线运行，采集并发布各类办事网点近 4 万个，累计关联事项近 120 万个。深入推进行政服务中心“综合窗口”向乡镇（街道）、村（社区）代办点延伸。

三是“信息孤岛”逐步贯通。印发《浙江政务服务网“一窗受理”平台对接实施指南及技术规范》。完成“一窗受理”平台与 5 套国家系统、85 套省级系统、275 套市县系统对接，建成个人综合库、法人综合库、信用信息库、电子证照库。除法律法规有特殊规定外，全部办事事项开通网上申请。“浙里办” App 上线运行，推出各类便民应用 290 个，实现省级 168 项、设区市平均 452 项、县（市、区）平均 371 项审批服务事项掌上可办。全省 63.64% 的民生事项实现“一证通办”。

四是便民服务领域“最多跑一次”改革深入推进。实现二手房交易登记全流程“最多跑一次”和水电气联动过户，平均 2 个工作日办结，多个市实现 60 分钟“当场领证”。医疗卫生服务领域“最多跑一次”改革不断深化，推出挂号、付费、检查、住院、急救等就医便民惠民十大举措，“看病难、看病烦”问题初步缓解。推进人力社保和公安管理改革，实现个人参保信息、专业技术人员资格电子证书等事项在线验证与打印，普通护照、往来港澳通行证和往来台湾通行证“一表办理”，居民身份证、驾驶证、出入境证件等事项异地可办。大力开展“减证便民”，全省需要办事群众提供的证明目录从860项减少到266项，降幅达69.07%。出生、婚姻状况等15个大项公证事项已实现“最多跑一次”。温州市创新公证模式，开展越洋远程视频取证。

五是“最多跑一次”改革向事中事后监管延伸步伐加快。推进执法监管信息化建设，完成全省县级执法监管清单梳理工作，全省统一行政执法监管平台和掌上执法系统上线试运行。推广应用“双随机”抽查管理系统，实现抽查事项100%全覆盖。在环境保护、市场监管、文化管理、安全生产等4个领域梳理确定跨部门联合“双随机”抽查事项20项，积极探索跨部门联合“双随机”抽查。推进“531X”信用监管体系建设，已建立覆盖5类主体的公共信用评价体系。

2.“最多跑一次”撬动民生领域各项改革

持续放大“最多跑一次”改革撬动效应，民生领域各项改革深入推进。

一是社会体制改革扎实推进。坚持发展新时代“枫桥经验”，实施全科网格规范提升、“三治融合”基层社会治理体系建设推广、社会组织参与社会治理规范提升、“互联网+”社会治理深化提升、社会心理服务体系建设推广、流动人口服务管理提升等新时代“枫桥经验”六大工程。深化公共安全领域改革，高水平推进“雪亮工程”建设，在全省建成252万多个视频监控探头，涉及公共安全83万路。深化教育领域改革，与教育部正式签订合作协议建立共建机制，包括完善大中小幼一体化教育新体系、健全基础教育改革新机制、实现高考综合改革新作为、实施“双一流”高校建设新战略、探索应用型人才培养新模式、开展中外合作办学新实践、探索高教园区转型升级新路径、开创民办教育改革发展新局面、支持教育便民服务新试点、探索深化教育改革新体制等十项重点工作。完成“1+7”的民办教育政策体系构建。出台《健康浙江考核实施方案（试行）》，制定2018年健康浙江考核评分细则。深化公立医院综合改革，县域医疗卫生服务共同体建设由试点转入全省推进阶段。“救急难”综合试点工作全面开展，扩大长期护理保险、智慧医保标准化、药品上市许可持有人制度等试点有序推进。扎实开展运动休闲特色小镇建设、体育场馆运营管理改革、体质测定与科学健身指导等试点工作，群众体育、竞技体育、体育产业“三位一体”整体推进。

二是文化体制改革引向深入。媒体深度融合加速推进，全省已有52个县（市、区）挂牌成立统一的传媒中心或传媒集团。组织实施“万家文化礼堂引领工程”，制定并出台《浙江省农村文化礼堂建设实施纲要（2018—2022年）》，农村文化礼堂“建、管、用、育”一体化推进，新增农村文化礼堂3050家。健全完善文化产业发展专项资金管理办法，省文化产业投资集团和省级文化产业投资母基金组建工作有序推进。印发《省本级文化领域行业组织党建工作实施办法（试行）》，文化领域行业组织建设进一步加强。按照“转制一批、整合一批、撤销一批、划转一批、保留一批”基本思路，省、市、县国有文艺院团全部完成既定改革任务，发展活力得到增强。推动公共文化机构建立以理事会为主要形式的法人治理结构，成立理事会的各级各类公共文化机构110家。

三是生态文明体制改革步伐加快。印发《浙江省生态环境损害赔偿制度改革实施方案》，生态环境损害赔偿制度改革取得突破。领导干部自然资源资产离任审计制度全面推开，全省共开展 128 个自然资源资产离任（任中）审计项目，审计领导干部 210 名。大力推行“区域环评 + 环境标准”改革，改革范围扩大到全省省级以上各类开发区、产业集聚区和省级特色小镇。积极推进钱江源国家公园体制试点，公园内公益林扩面和集体林租赁工作稳步推进。深化林权流转机制改革，开展公益林补偿收益权质押贷款试点工作，推进林业保险工作。在杭州大江东产业集聚区等 9 个园区先行开展区域水资源论证 + 水耗标准改革试点。开展自然生态空间用途管制试点，建立省内流域上下游横向生态保护补偿机制。深入实施湾（滩）长制，全省已有各级湾（滩）长近 2000 名。浙江（衢州）“绿水青山就是金山银山”实践示范区建设顺利推进。

三、民生实事任务完成情况

在浙江省委、省政府统筹谋划和组织领导下，各地各有关部门按照建立健全抓落实的目标体系、工作体系、政策体系、评价体系要求，完善责任机制，健全政策措施，狠抓各项工作落地见效。通过全省上下共同努力，2018 年省政府十方面民生实事工作如期完成。

1. 加强食品安全监管

（1）建设 300 家城乡放心农贸市场。印发《2018 年浙江省放心农贸市场建设实施方案》，完善《浙江省乡村星级农贸市场建设行动实施意见》，与各市签订责任状。全年共建成放心农贸市场 355 家，完成年度目标任务的 118.3%。

（2）整合资源改造提升 1500 个农村家宴放心厨房。印发《浙江省农村家宴放心厨房建设方案》和《浙江省农村家宴放心厨房建设标准》。召开全省现场推进会，推动工作落实。全年共改造提升农村家宴放心厨房 1603 个，完成年度目标任务的 106.9%。

（3）打造 500 家名特优食品作坊。印发《2018 年浙江省食品小作坊整治提升试点工作方案》和《2018 年浙江省名特优食品作坊建设工作方案》，鼓励传统食品作坊做大做精。全年共打造 621 家名特优食品作坊，完成年度目标任务的 124.2%。

（4）涉农县（市、区）全部建成农产品质量安全追溯体系。召开全省工作培训班，印发《“涉农县（市、区）全部建成农产品质量安全追溯体系”工作方案》。全年有 21 个县（市、区）建成农产品质量安全追溯体系，目前全省所有涉农县（市、区）均已建成农产品质量安全追溯体系。

2. 提升学前教育质量

（1）新建、改扩建 200 所幼儿园。召开专题会议研究工作机制，召开现场推进会，有序推进项目建设。全年新建、改扩建 219 所幼儿园，完成年度目标任务的 109.5%。

（2）撤并一批薄弱幼儿园。召开项目推进会，印发《浙江省薄弱幼儿园提升标准》和《浙江省小规模幼儿园和教学点提升标准》。全年共撤并 170 所薄弱幼儿园，完成年度目标任务的

121.4%。

（3）全面整治城镇住宅小区配套幼儿园。召开项目推进会，多次实地督查调研项目进展情况。全年共整治 54 所城镇住宅小区配套幼儿园，完成年度目标任务的 100%。

3. 深入实施城市交通拥堵治理

（1）推进轨道交通建设 500 公里。编制下达 2018 年综合交通建设投资计划，大力推进重大交通项目建设，有序推进轨道交通投资。全年共推进轨道交通建设 514.5 公里，完成年度目标任务的 102.9%；年度总投资 527.64 亿元，完成年度投资计划的 109.7%。

（2）新增停车位 10 万个。加强停车诱导系统开发建设，创新性结合“城市有机更新建设”“海绵城市建设”等工作增加停车位。全年全省主城区共新增停车位 139397 个，完成年度目标任务的 139.4%。

（3）新增 5000 辆公交车增设移动支付功能。印发《关于加快全省城市公交移动支付技术应用的通知》，鼓励蚂蚁金服及其合作伙伴为公交移动支付提供相关支持。全年共新增 24152 辆公交车增设移动支付功能，完成年度目标任务的 483%。

（4）新建绿道 1000 公里。召开全省绿道网建设工作现场会，建立项目进度月报制度。开展第二届“浙江最美绿道”评选活动，在《浙江日报》等主流媒体进行广泛宣传。全年共新建绿道 1286 公里，完成年度目标任务的 128.6%。

4. 加强基层体育场地设施建设

（1）全民健身中心、全民健身广场、游泳池、足球场、社区多功能运动场建设和小康体育村升级。印发《关于做好 2018 年全省基层体育场地设施建设工作的通知》，明确建设项目、建设标准、检查验收要求等。全年共建成 5 个省级全民健身中心，36 个乡镇（街道）全民健身中心和中心村全民健身广场，105 个游泳池，117 个足球场，201 个社区多功能运动场和 1101 个小康体育村升级工程，分别完成年度目标任务的 166.7%、120%、105%、117%、100.5% 和 100.1%。

（2）建设 120 个中小学笼式足球场。召开工作推进例会和现场推进会，确保项目落地见效。全年共建成 133 个中小学笼式足球场，完成年度目标任务的 110.8%。

5. 全面推进城乡生活垃圾分类处理

（1）城镇生活垃圾分类处理。围绕《浙江省城镇生活垃圾分类实施方案》，打好垃圾治理“组合拳”。全年 21 个县（市、区）垃圾分类系统基本建立，完成年度目标任务的 105%。全省设区城市生活垃圾分类收集覆盖面以及城镇生活垃圾回收利用率、资源化利用率、无害化处理率分别达到 81.6%、33.02%、81.2% 和 100%，分别完成年度目标任务的 102%、110.1%、101.5% 和 101%。

（2）农村生活垃圾分类处理。制定农村生活垃圾分类处理“三步走”实施方案，健全农村生活垃圾分类相关法规、规章和标准体系。全省设区市农村生活垃圾分类覆盖面、回收利用率、资源化利用率和无害化处理率分别达到61%、32.05%、82.29%和99.22%，分别完成年度目标任务的122%、106.8%、102.9%和100.2%。

6. 加强城乡社区养老服务机构建设

（1）建成300个兼具日间照料与全托服务功能的示范型居家养老中心。印发《关于开展示范型居家养老服务中心建设的通知》和《示范型居家养老服务中心基本规范（试行）》，明确应具备的服务功能，指导各地做好运行管理。全年共建成示范型居家养老中心333个，完成年度目标任务的111%。

（2）助餐、配送餐服务覆盖50%以上的城乡社区。印发《关于切实做好助餐配送餐服务扩面工作的通知》，确定六种助餐、配送餐服务保障模式，重点解决高龄、孤寡、独居、空巢等家庭做饭困难的老人就餐问题。全年老年配送餐覆盖社区达到12103个，覆盖全省52.6%的城乡社区，完成年度目标任务的105.2%。

7. 新增屋顶光伏发电

新增屋顶光伏装机100万千瓦，其中，家庭屋顶光伏15万户，家庭屋顶装机容量30万千瓦。印发《家庭屋顶光伏电源接入电网技术规范》和《家庭屋顶光伏服务指南》等文件，明确技术规范和核验标准。全年新增屋顶光伏装机267.3万千瓦，新增家庭屋顶光伏19.56万户，新增家庭屋顶光伏装机容量66.38万千瓦，分别完成年度目标任务的267.3%、130.4%和221.3%。

8. 加强市场消费环境建设

（1）培育发展放心消费示范单位1万家以上。修订《浙江省放心消费示范单位建设评估管理办法》及评估标准等制度。召开全省现场会、推进会，与各设区市签订目标责任状。全年共培育发展放心消费示范单位15609家，完成年度目标任务的156.1%。

（2）全省1万家企业主动作出高于或优于法律规定的七日无理由退货承诺。在全国率先制定公布《浙江省线下实体店无理由退货指引（试行）》，引导线下实体店积极推行无理由退货；根据普查回访和交叉回访结果及时公布撤销或更新名单。全年线上线下新发展无理由退货承诺企业14143家，完成年度目标任务的141.4%。

9. 农村文化礼堂建设

新增农村文化礼堂3000个。印发《2018年浙江省农村文化礼堂建设工作要点》，制定《浙江省文化礼堂建设实施纲要（2018—2022年）》。举办农村文化礼堂建设骨干培训班，开展示范县（市、区）、示范乡镇（街道）、五星级农村文化礼堂、“最美文化礼堂人”评定。全年共建成农村文化礼堂3143家，完成年度目标任务的104.8%。

10. 全面推进“厕所革命”

（1）完成农村厕所改造50000座。印发《浙江省农村公厕建设改造和管理服务规范》，召开全省现场推进会，要求各地按照“一厕一档一表一案”原则，建立并落实《全省农村公厕改造作战图》。全年共完成农村公厕改造 52861 座，完成年度目标任务的 105.7%。

（2）新建、改扩建景区厕所 2000 座。印发《浙江省旅游厕所建设管理新三年行动计划（2018—2020 年）》。结合爱国卫生月活动，开展“卫生厕所”健康知识宣传。全年新建、改扩建景区厕所 2278 座，完成年度目标任务的 113.9%。

四、民生调查分析

2019 年 7~8 月，浙江省委政研室委托浙江慧谷经济信息咨询有限公司集中开展了民生问题入户调查。调查样本 1200 个，涉及居民 3442 人，其中男性 1711 人，女性 1731 人，分别占 49.7%和 50.3%；初中（含）以下文化程度 2110 人，高中、中专 603 人，大专以上 729 人，分别占 61.3%、17.5%和 21.2%；非农户口 967 人，农业户口 2475 人，分别占 28%和 72%；本省 3262 人，外省 180 人，分别占 94.7%和 5.3%。

1. 居民家庭消费意愿有所下降

居民家庭中高等、中等收入家庭比重下降，意味着居民家庭收入总体在下降，由此也给居民家庭正常消费带来不利影响，居民家庭消费意愿出现下降趋势。在对“与去年相比，预计今年全年家庭总收入是会增长还是会下降”的调查中，选择会“增加”的占 30.9%，同比提高 1.4 个百分点；会“减少”的占 14.5%，同比提高 2 个百分点。而在对“与去年相比，预计今年全年您家各方面的花费是否有所增加”的调查中，“明显增加”的占 14.8%，同比下降 12.6 个百分点，不少人对花钱多了一份谨慎。

2. 中等收入就业人员比重在下降，低收入就业人员比重提高

在本次调查中，就业人员每个月平均到手收入（包括工资、奖金、经营净收入等，不包括资产性收入，扣除税及“五险一金”之后）3000 元以下人群占比 26.6%，同比提高 3.5 个百分点；3000 ～ 4999 元人群占比 44%，同比下降 3.6 个百分点；5000 元以上人群占比 29.4%，同比提高 0.1 个百分点，总体稳定。3000 ～ 4999 元人群多为一线职工，这表明，当前一线职工是收入下降的主要群体。另外，在对“与去年同期相比，今年上半年月平均收入有什么变化”调查中，选择会“增加”的占 30.6%，同比下降 2.4 个百分点；选择会“减少”的占 11.7%，同比提高 1.4 个百分点。就业人员这一比重的一升一降，反映了当前城乡居民收入因经济下行压力所带来的不安预期。

3. 教育领域各阶段民生诉求各有不同

对于教育领域各阶段中“您最希望改善的是什么”时，学前教育方面从高到低排前两位的依次为入园贵、入园难，义务教育方面从高到低排前两位的依次为学校之间办学条件差距大、教学质量差。此外，义务教育阶段学生参加课外辅导、培训班或请家教的现象依然十分普遍，

在有学生的家庭中，参加的占 53%，没有参加的占 47%。

4. 医疗领域民生反映普遍较好

针对医疗领域多方面调查，受访者对医疗领域发生的变化和对老百姓就医的改变大多呈正面回应。在调查中，问卷提及医疗领域重点环节，如“您认为过去一年来大医院挂号难易程度”有“明显改善”的比重同比提高了 5.7 个百分点，“药品费用下降的程度”有“明显改善”的比重同比提高了 7.9 个百分点，“家庭医疗负担下降程度”有“明显改善”的比重同比提高了 7.3 个百分点，“基层医疗服务水平”有“明显改善”的比重同比提高了 15.3 个百分点，“社区医院（或乡镇卫生院、村卫生室）向大医院转诊的方便程度”有“明显改善”的比重同比提高了 13.1 个百分点，“医保报销比例提高程度”有“明显改善”的比重同比提高了 10.7 个百分点。这充分表明，近年来浙江医疗卫生领域改革成果，让更多群众得到了实惠。

5. 受访者对周边生活环境改善情况予以充分肯定

在“您对您家目前所居住的社区（或村庄）周边的总体生态环境质量是否满意”的调查中，满意率达到 98.3%，同比提高 3.3 个百分点。其中，对空气质量的满意率达到 96.8%，同比提高 4.3 个百分点；对生活饮用水质量的满意率达到 96.3%，同比提高 3.9 个百分点；对周边河流、湖泊、井水等水体质量满意率达到 92.3%，同比提高 2.8 个百分点。

6. 对政府现场办理公共服务的满意度很高

对“在现场办理业务时，您对政府服务的改进情况如何评价”的调查中，整体满意率达 98.1%。相对现场办公而言，网上办理业务的满意度相对低点。对“在网上办理业务时，您对政府服务的改进情况如何评价”的调查中，整体满意率为 89.6%。因此，在大力推进网上办事的过程中，如何提供网上办理的便捷性，仍有进一步完善空间。

五、民生领域存在问题

2018 年，浙江全面改善民生的各项工作取得了明显成效，但对照全省人民日益增长的美好生活需要的目标要求，有些民生工作领域还存在一定的问题和差距，需要重视解决。

1. 优质教育资源供给还不平衡不充分

在中小学领域，优质教育“城镇挤”“乡村弱”的情况仍然存在，一些地方“民强公弱”现象比较突出，民办学校掐尖招生、违规办学的情况还比较普遍。

2. 因病致贫、因病返贫情况有待解决

从有关部门反映的情况看，多年来浙江省贫困人员大部分属于支出型贫困，这其中患大病导致因病致贫、因病返贫的现象较为普遍，所占人数约为支出型贫困人口的 40%，成为重要病根。

3. 易腐垃圾处置任务十分艰巨

2018 年，浙江省生活垃圾生产量大约 2500 万吨，按照易腐垃圾占比四成的保守估算，产生量约为 1000 万吨，而目前实际资源化处理仅为 108 万吨（主要是单位餐厨垃圾），多数居民餐厨垃圾由于与其他垃圾混杂在一起，被直接填埋或焚烧处理，可能带来环境污染的风险隐患。

六、解决民生问题几点建议

1. 加大对优质教育资源的统筹力度

尤其是要加大教育对口支援和省级财政转移支付力度，深入实施“山海协作”“精准帮扶”工作，努力在更高水平、更大范围上实现义务教育的优质均衡发展。

2. 引导各地各尽所能探索完善大病保险和补充医疗保险制度

实行大病保险和补充医疗保险，是从源头上缓解和防范因病致贫、因病返贫的有效手段。要积极引导各地因地制宜完善大病保险和补充医疗保险制度，充分运用市场化方式，探索多渠道、可持续的大病补充医疗保险筹资机制，建立大病补充医疗保险制度，最大限度减轻大病患者负担。

3. 推进易腐垃圾减量化无害化资源化处理

政府层面要率先严格实行生活垃圾强制分类制度，在试点基础上及早全面推开。推进居民餐厨垃圾全过程分类处置工作，严格落实投放、清收、运输、处置的各项要求。加大技术推广和设施建设力度，降低处置成本，提高资源化利用率。

（浙江省委政策研究室课题组
组　　长：朱卫江
副 组 长：童笑柳
课题组成员：刘晓清　郭明忠　涂云海）

第十八章
安徽省民生发展报告

一、2019 年民生发展总体情况

安徽省遵循“顺应形势、把握要求，聚焦关键、突出重点，注重质量、提升绩效，听取民意、回应关切”的原则，全力推进民生工程建设，2019 年累计拨付民生工程资金 1215.3 亿元，33 项民生工程目标任务全面完成。经过 13 年躬耕民生，安徽民生工程从“广覆盖”步入“均等化”，正迈向“高质量”发展。

一是居民收入水平稳步提升，就业工作取得显著成效。2019 年安徽省居民人均可支配收入为 26415 元，相比 2018 年增长了 2431 元。其中，城镇常住居民人均可支配收入增长 9.1%，农村常住居民人均可支配收入增长 10.1%，城乡居民收入增幅均超过全国平均水平。2018 年，全省城镇新增就业 70.5 万人，高校毕业生就业率达 96.83%，建立创业基地 188 家，入驻企业约 1.53 万户，带动就业 32.56 万人，企业户均带动 21.3 人就业。

二是教育事业快速均衡发展，智慧教育承接传统教育。2019 年，安徽省学前三年毛入园率超过 90%，小学学龄儿童入学达 99.98%，初中阶段适龄人口入学率达 99.56%，所有县（市、区）100% 通过全国义务教育均衡发展督导组评估。全省 38 所示范校和 326 所实验校同步推进智慧校园建设，力争 2022 年实现全省中小学校和贫困地区义务教育小规模学校（教学点）智慧学校全覆盖。

三是健康安徽格局加速构建，智慧养老事业快速发展。2019 年年末，全省医疗卫生机构数达 26436 个，医疗卫生机构床位 34.9 万张，卫生技术人员 36 万人。“互联网 + 医疗健康”示范省获批建设，“智医助理”覆盖 55 个县（市、区）所有基层医疗机构，二级以上公立医院中，98.1% 开展了临床路径管理，49.8% 开展了远程医疗服务。2019 年 9 月底，全省城市社区养老服务设施配建总面积达到 178 万平方米，社区居家养老服务信息平台实现市辖区全覆盖，各类养老机构总数 2447 家、床位 37 万张，建成 36 个智慧养老试点机构。

四是农村人居环境持续改善，公共文化服务实现五级覆盖。2016—2018 年完成农村危房改造 40.95 万套，连续 3 年超额完成既定目标。2019 年，全面推进以“三大革命”“三大行动”为重点的人居环境整治，改造农村厕所 70 万户，建设 1200 个中心村污水处理设施，农村生活垃圾无害化处理率达 68%。截至 2019 年 8 月，全省建有公共图书馆 124 个、文化馆 123 个、文化站 1438 个，村级综合文化服务中心和农民文化乐园 12369 个，省、市、县、乡、村五级公共文化服务网络全面覆盖。

五是推进精准扶贫持续发力，决战脱贫攻坚信心坚定。安徽省贫困人口由2014年建档立卡时的484万人降至2019年底的8.7万人，贫困发生率由9.1%降至0.16%，年均下降1.49个百分点。2020年4月，安徽省31个贫困县全部“摘帽”，3000个贫困村全部出列，从此彻底甩掉了贫困县、贫困村的帽子。

二、民生调查分析及民生短板问题

2019年安徽民生调查课题组深入合肥、铜陵、芜湖、宣城、阜阳、蚌埠、宿州、滁州、亳州等9个地市11个区县的40个村居，共完成1200份有效问卷。

（一）调查问卷分析

样本居民以农村户籍为主，受教育水平整体较低，健康状况良好。调查居民集中在36～69岁，农村户口比例为77.2%，75.5%的居民为初中及初中以下学历，83.4%为已婚，75.3%的居民认为自己健康状况良好。

1. 工作就业：就业收入总体向好，职业呈多样化分布

（1）本地就业为择业主要选择，非农就业比重超越农业就业。调查显示，目前有工作收入的居民占比55.3%，0.7%属于离退休但仍继续工作。在就业居民中，89%选择本市（县、区）就业，54.1%集中在非农部门，并且职业类别分布相当广泛，12个就业类型均有分布。

（2）工作总量与工作收入变化平稳，三成居民认可工资收入增加。从工作量来看，有66.4%的居民认为2019年上半年工作量与2018年同期相比没有明显改变，23.5%的认为工作量有所增加；从工资收入来看，与工作总量变动情况分布趋势相似，接近三成的居民认为工资有所增加（见图18-1）。

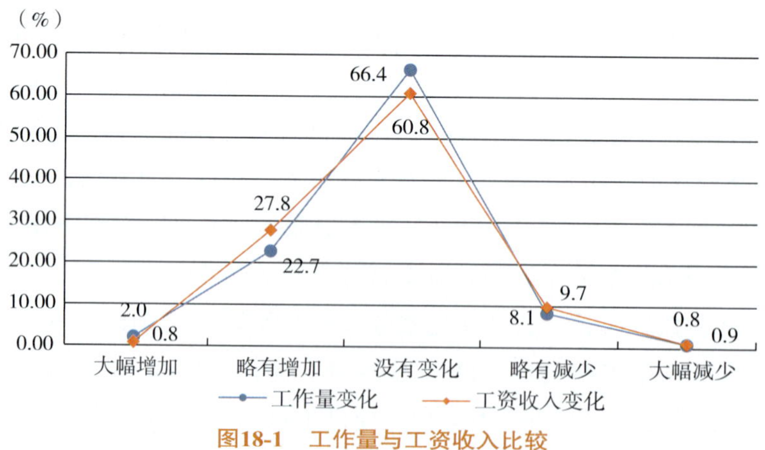

图18-1 工作量与工资收入比较

（3）行业与职位分布呈多样化，中低端劳动密集型行业依然是就业主流。从行业分布来看，农林牧渔业从业者比重最高，达到40.2%，其次是建筑业，为11.4%。从就业者的工作职位来

看，务农人口占据绝对主体（36.9%），其次是一般业务人员，近一半就业者从事以基础性体力劳动为主的工作（见图 18–2）。

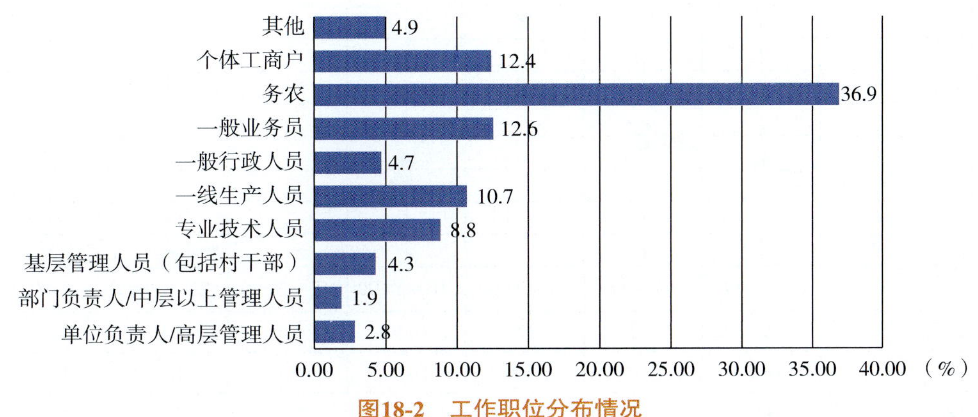

图18-2 工作职位分布情况

（4）家庭照顾是外出务工人员返乡的首要原因，乡村就业机会增加成为返乡次要原因。家里有老人或孩子需要照顾（31.8%）成为牵绊他们离乡的首要因素，25.5% 的受访者认可回乡的工资收入或者存在回乡创业的行为（见图 18–3）。

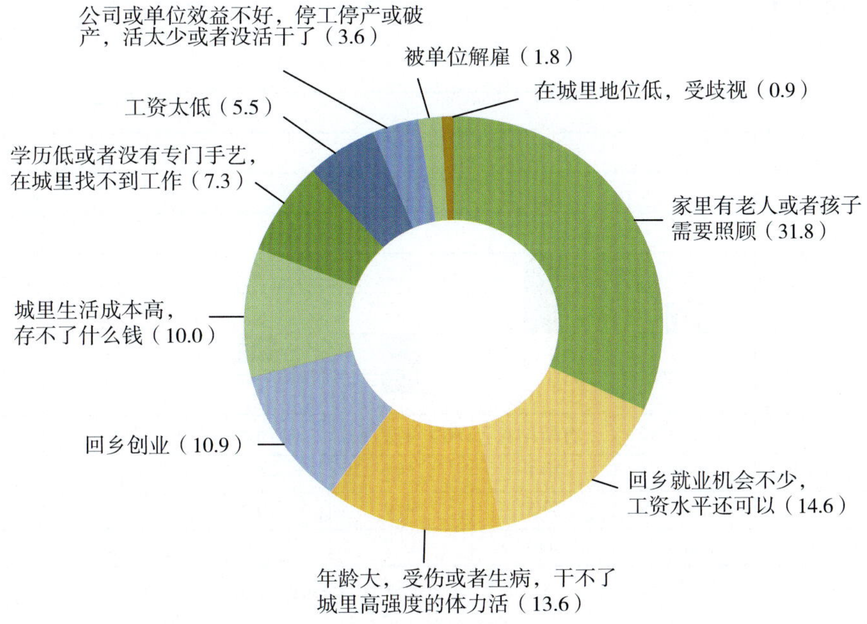

图18-3 农村居民返乡不再出去务工的原因分布（%）

2. 收入与消费：家庭收入水平总体乐观，对未来收支状况信心充足

（1）家庭收入水平总体乐观，但城乡差距依然存在。2018 年，城乡家庭户均总收入为 8.97 万元 / 户。分城乡来看，农村家庭户均总收入为 5.70 万元，城镇家庭户均总收入为 6.83 万元。21.3% 的农村家庭收入在 10 万元以上，23.3% 的城镇家庭收入在 10 万元以上，城乡家庭收入分

布差异最大的是在 1 万元以下和 5 万～ 9.99 万元，各相差约 10 个百分点（见图 18–4）。

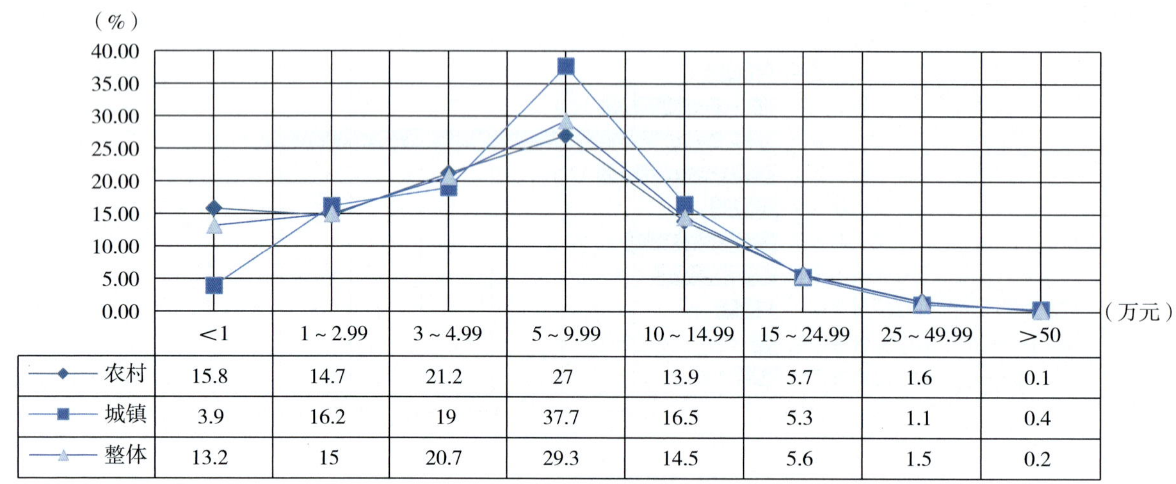

	<1	1 ~ 2.99	3 ~ 4.99	5 ~ 9.99	10 ~ 14.99	15 ~ 24.99	25 ~ 49.99	>50
农村	15.8	14.7	21.2	27	13.9	5.7	1.6	0.1
城镇	3.9	16.2	19	37.7	16.5	5.3	1.1	0.4
整体	13.2	15	20.7	29.3	14.5	5.6	1.5	0.2

图18-4　受访者收入分布情况

（2）居民收入较 2018 年有所增长，但支出则增长更为明显。32.2% 的居民认为收入比 2018 年有明显增长，50.9% 的认为收入与 2018 年相比并无显著变化。60.9% 的居民认为支出将比 2018 年相比有所提升（见图 18–5）。

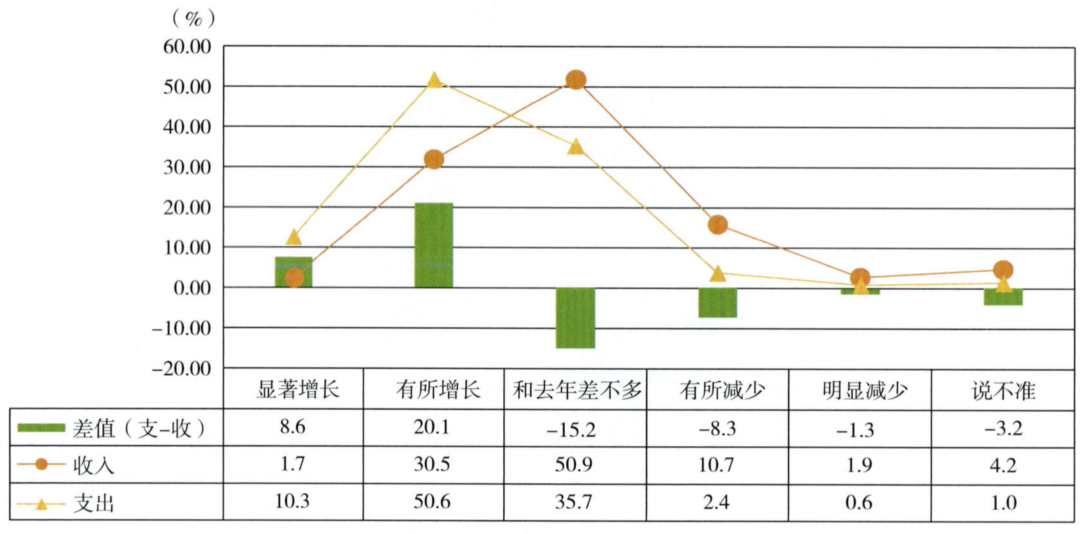

	显著增长	有所增长	和去年差不多	有所减少	明显减少	说不准
差值（支–收）	8.6	20.1	–15.2	–8.3	–1.3	–3.2
收入	1.7	30.5	50.9	10.7	1.9	4.2
支出	10.3	50.6	35.7	2.4	0.6	1.0

图18-5　居民收入与支出状况主观感知对比

从具体支出压力来看，“医食教”成为居民支出主要内容。累计超过 67.4% 居民认为食品、子女教育、医疗成为消费压力最大的三个领域，其次才是人情送礼与婚丧嫁娶（13.7%）、住房消费（9.57%）、赡养老人（5.44%）（见图 18–6）。

（3）居民收支平衡状况总体良好，对未来收支状况信心充足。从全年收支平衡来看，居民普遍认为能够获得平衡且略有结余。调查表明，39.2% 的居民认为全年能够存上钱，54.8% 的居民本认为能够获得收支平衡。51% 的居民认为未来收支会“有所改善（46.8%）”或者“显著变好（4.2%）”（见图 18–7）。

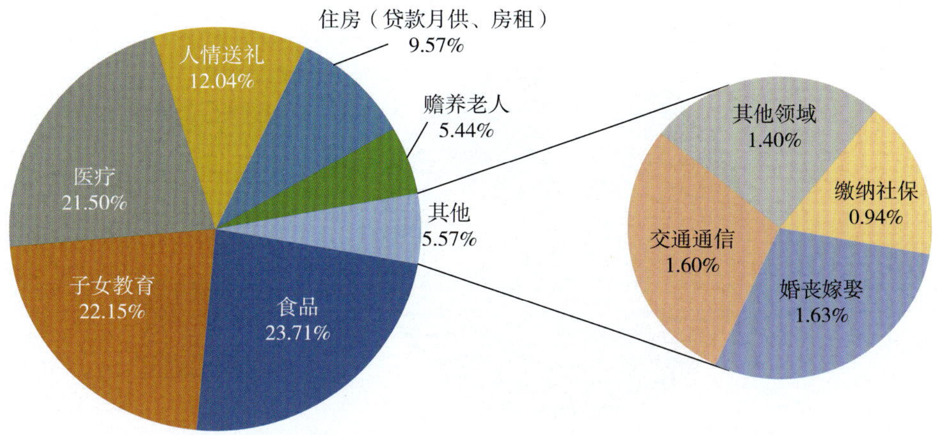

图18-6 家庭支出压力分布情况

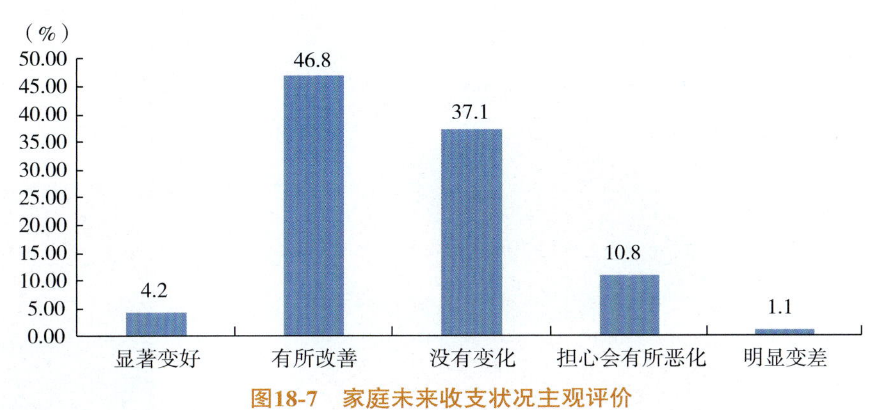

图18-7 家庭未来收支状况主观评价

3. 子女教育：子女教育受到普遍重视，城市家庭教育支出高于农村

（1）居民对不同教育阶段的关注焦点存在差异。第一，学龄前阶段主要是“入园贵”现象。28.3% 的居民将“入园贵”列为首要问题（见图 18–8）。第二，义务教育阶段担心“教育质量”问题。15% 的居民认为“教学质量差”是当前义务教育中存在的突出问题（见图 18–9）。第三，学习成绩超越身心健康成为家长聚焦重点。57.4% 的居民担忧学习成绩问题，6.6% 的居民担忧升学问题，远超过他们对于子女身心健康（1.5%）与体育锻炼（0.4%）的关注（见图 18–10）。

（2）教育事业发展中存在突出问题。一是优质教育资源分布不均衡。17.8% 的家庭并未让子女就近入学（含“都不是”12.6% 和“有的是、有的不是”5.2%），55.1% 的家长为了让子女上更好的学校不得已选择远距离入学（见图 18–11）。二是学习高压下课外辅导仍成常态。面对作业问题，虽然有 32.3% 的家长认为学校布置的作业对孩子来说负担过重（含“非常重”3.2% 和“比较重”29.1%），比认为负担不重的高出 17.6 个百分点，但仍有高达 35.9% 的子女参加了课外辅导（见图 18–12）。三是城乡教育支出差距显著。2018 年城乡家庭子女教育支出占家庭总支出的 21.9%，城市家庭教育支出金额明显高于农村。城市家庭平均每户教育支出为 1.4 万元，农村家庭平均每户教育支出为 0.97 万元，比城市低 30.1%（见图 18–13）。

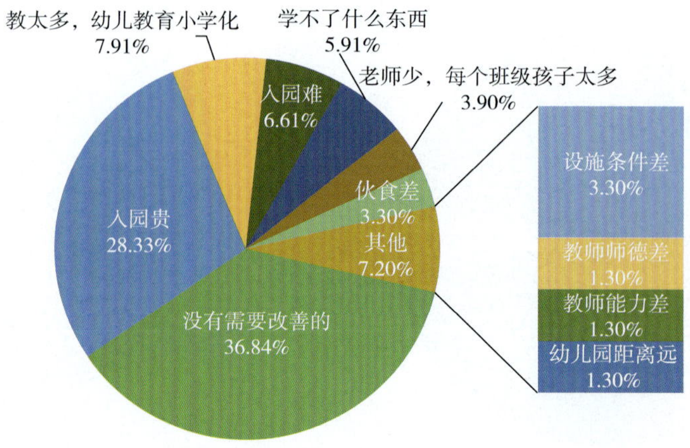

图18-8　学期教育阶段居民最希望改善的问题分布情况

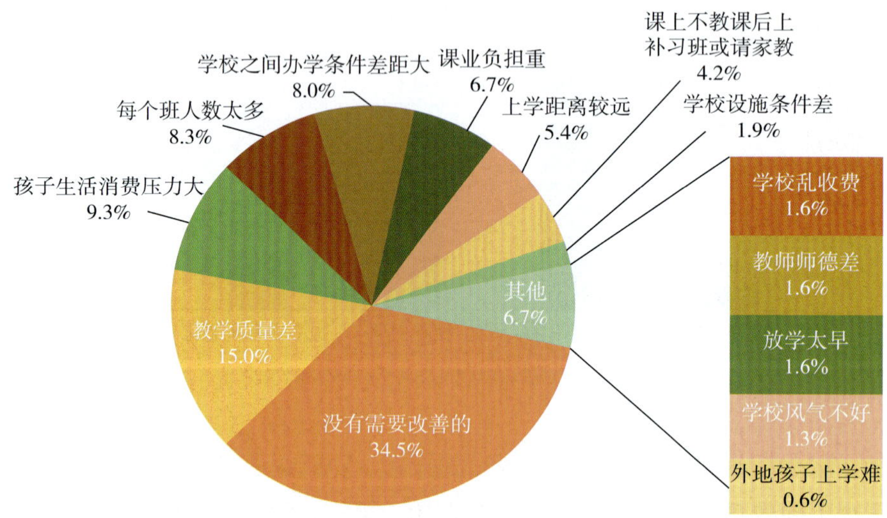

图18-9　义务教育阶段居民最希望改善的问题分布情况

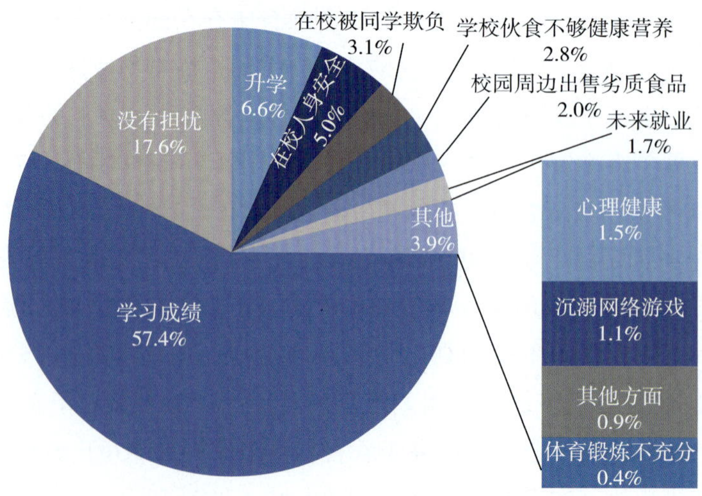

图18-10　居民对于子女学习和校园生活最担忧的问题分布情况

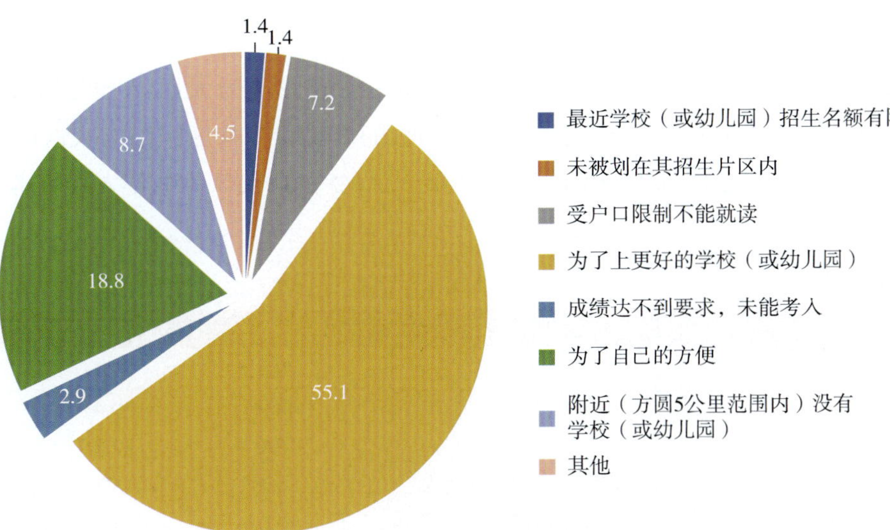

图18-11　居民远距离选择学校原因分布情况（%）

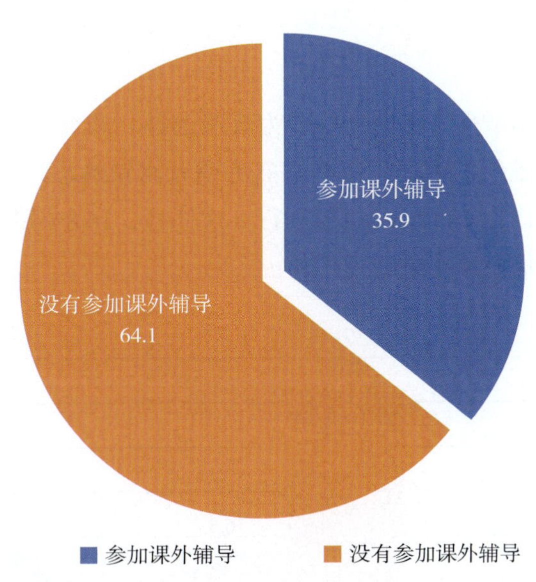

图18-12　居民子女课外辅导分布情况（%）

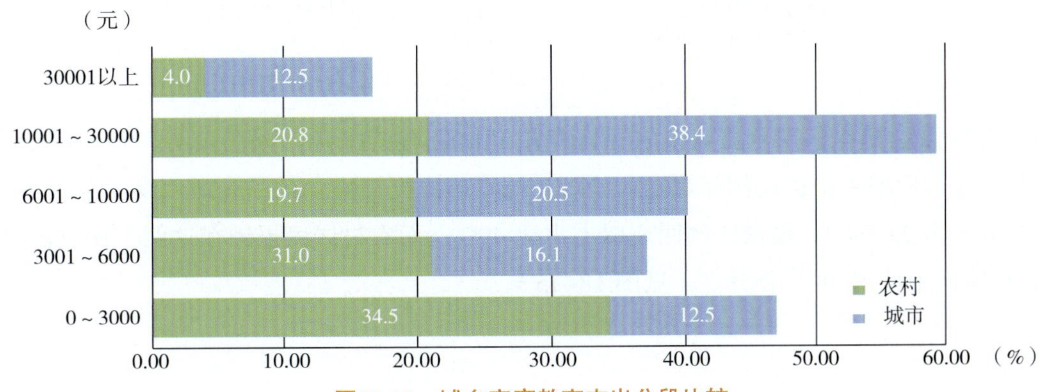

图18-13　城乡家庭教育支出分段比较

4. 医疗卫生：医疗保障服务改善显著，“看病贵”问题仍是焦点

（1）基础医疗服务居民满意度整体较高。70.6% 的居民认为大医院挂号难度明显改善，80.5% 的居民认为基层医疗服务水平明显提升，80% 的居民认为社区医院向大医院转诊明显改善，82.9% 的居民认为网上挂号预约难度明显改善，73.6% 的居民认为老年人挂号难度明显改善（表 18–1）。

表18-1　医疗服务环境评价表　单位：%

评价项目	明显改善	没有变化	明显变差
大医院挂号难易程度	70.6	24.4	4.0
药品费用下降的程度	48.9	39.4	11.7
家庭医疗负担下降程度	46.1	37.8	16.1
基层医疗服务水平（社区医院、乡镇卫生院、村卫生室等）	80.5	18.3	1.2
社区医院（或乡镇医院、村卫生室）向大医院转诊的方便程度	80.0	18.3	1.7
医保报销比例提高程度	66.3	26.1	7.6
网上挂号预约方便程度	82.9	15.7	1.4
老年人挂号的方便程度	73.6	24.4	2.0

（2）居民健康管理意识增强，定期体检成为普遍选择。调查表明，23.9% 的居民签约了家庭医生，有 84.9% 的居民与签约的家庭医生非常熟悉或者比较熟悉。图 18–14 显示，有 4.8% 的居民每年进行 2 次以上体检，53% 的居民每年进行 1 次体检，16.8% 的居民进行过体检但频率不到每年 1 次，只有 18.4% 的居民从未进行过体检。

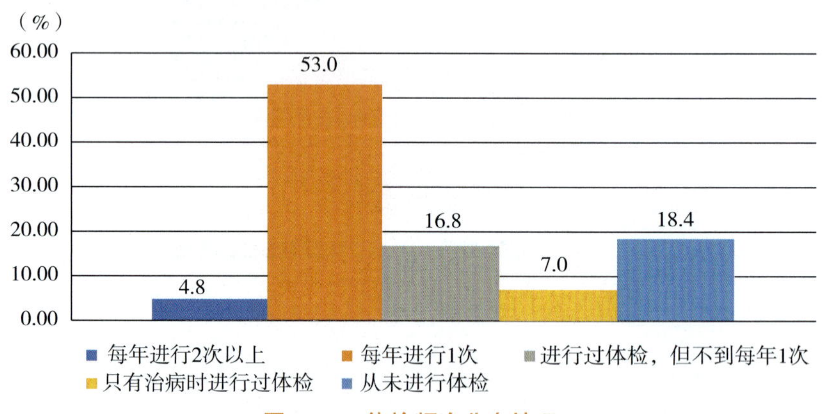

图18-14　体检频次分布情况

（3）医疗保险基本实现全覆盖，农村医疗报销比例有待提升。调查表明，98.7% 的居民购买了医疗保险，但城乡报销比例存在较大差距。城市居民报销集中在四成到六成（占 26.5%）与六成到八成（占 22.5%），报销比例四成以上占比 49%；而农村居民报销在这两个比例段总共为 30.8%，整体低于城市 18 个百分点（见图 18–15）。

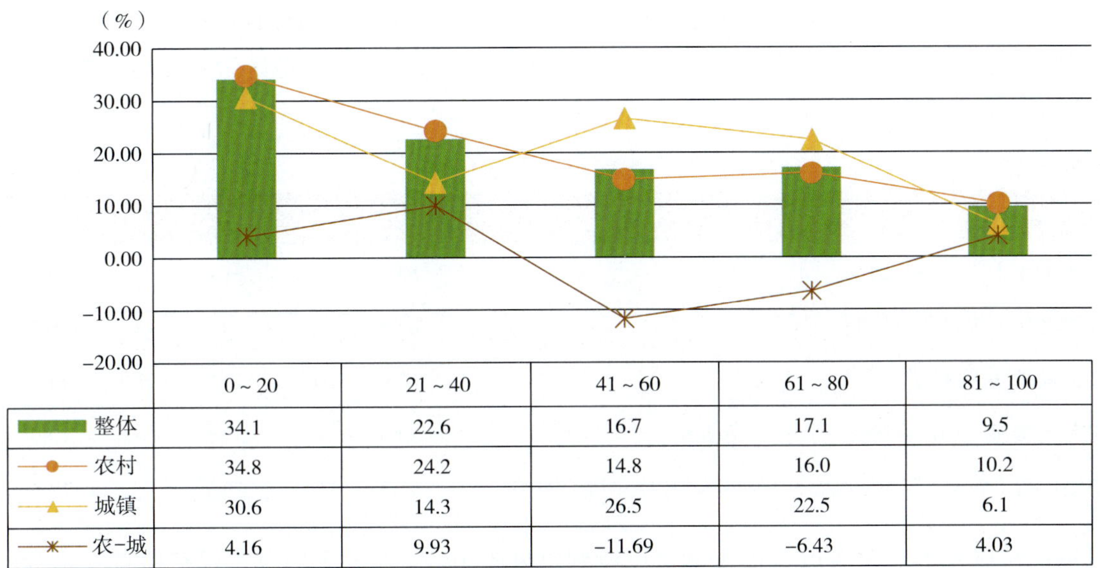

	0～20	21～40	41～60	61～80	81～100
整体	34.1	22.6	16.7	17.1	9.5
农村	34.8	24.2	14.8	16.0	10.2
城镇	30.6	14.3	26.5	22.5	6.1
农-城	4.16	9.93	-11.69	-6.43	4.03

图18-15　医疗报销比例城乡比较

（4）“看病贵”依然是居民的“心病”。调查表明，居民最关心的三大民生问题之一就是医疗问题（21.5%），家庭三大支出压力之一也是医疗支出（21.5%）。33.7% 的居民认为医保报销比例提高有限甚至变差，51.1% 的居民认为药品费用下降程度没有变化或者明显变差。再观察图 18-16，对于过去一年经历过家庭成员住院的样本而言，只有 18% 的居民“不太担心（12.2%）”或者“一点不担心（5.8%）”自己及家人今后没钱看病住院（见图 18-16）。

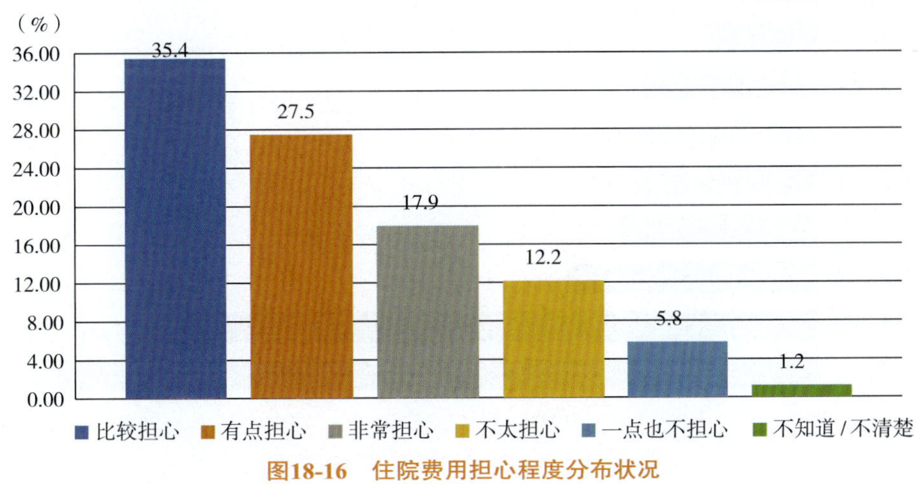

图18-16　住院费用担心程度分布状况

5. 养老保障：高养老服务满意度与高养老焦虑共同存在

（1）养老保险状况总体满意，提高养老金成为普遍诉求。77.7% 的居民对于当前的养老经济保障形势感到满意。从养老保险存在的主要问题来看，“养老金水平过低（47.5%）”“养老金发放人群差距过大（16.2%）”与“制度设计复杂（9.5%）”成为居民最关心的三个方面。

（2）养老服务满意度较高，上门医疗服务需求强烈。85.3% 的居民认可当下养老服务。表

18–2 表明，84.8% 的居民表示所在地区开展了每年为老年人提供免费体检的服务，54.5% 的居民表示所在地区为老年人提供了上门医疗服务，57.3% 的居民表示所在地区为慢性病的老年人提供了定期上门检查。

表18-2 “为老服务”开展情况 单位：%

项 目	有	没有	不清楚
定期为老年人举办各类活动	56.3	31.0	12.7
每年为老年人提供免费体检	84.8	9.0	6.2
老年人就餐/送餐服务	10.9	73.7	15.4
为老年人提供上门医疗服务（打针、问诊等）	54.5	32.6	12.9
为有慢性病（如高血压、糖尿病）的老年人提供定期上门检查	57.3	29.5	13.2

进一步联系养老服务改善需求就可以看到（见图 18–17），“上门基本医疗服务”成为居民最希望改善的养老服务（27.7%）。其次是房屋适老化改造（9.3%）、修建更多养老机构（7.2%）以及健康监测紧急救助（6.7%）也成为居民较为关注的养老服务需求。

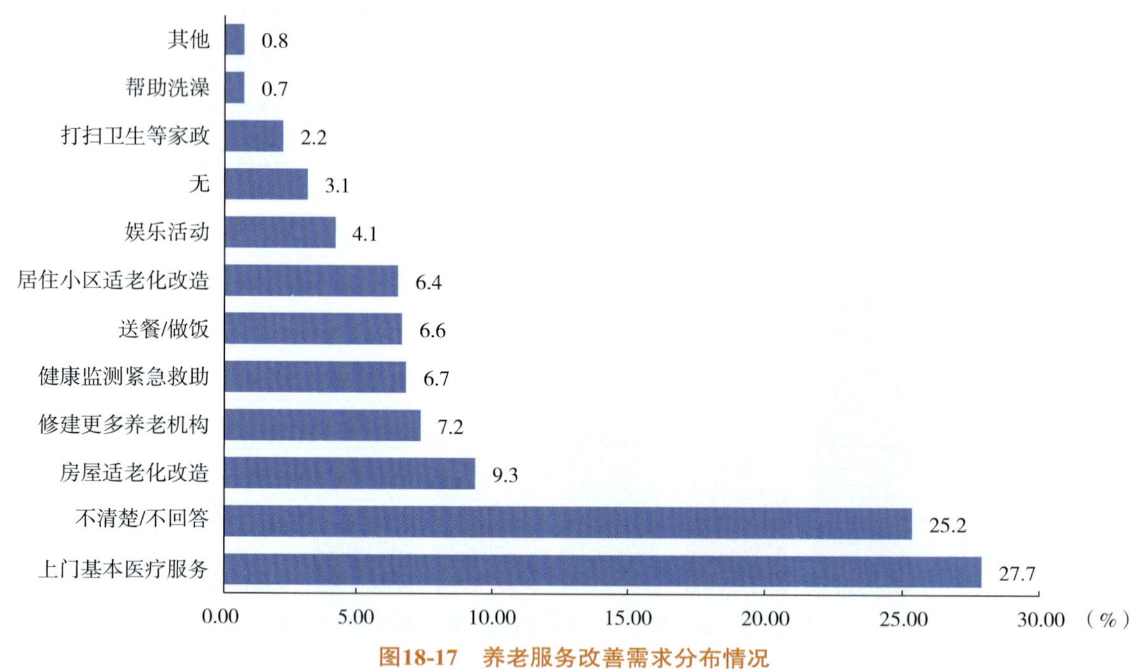

图18-17 养老服务改善需求分布情况

（3）养老焦虑较为普遍，经济来源成为焦虑重点。非常担心与比较担心养老问题的居民占 43.1%，而非常担心与比较担心养老金问题的居民占 50.5%，高出养老问题 7.4 个百分点（见图 18–18）。从具体养老问题来看（见图 18–19），“养老的钱不够（48.7%）”“身体不好（24.0%）”和“生活上没人照顾（13.5%）”成为最受关注的三大养老问题。

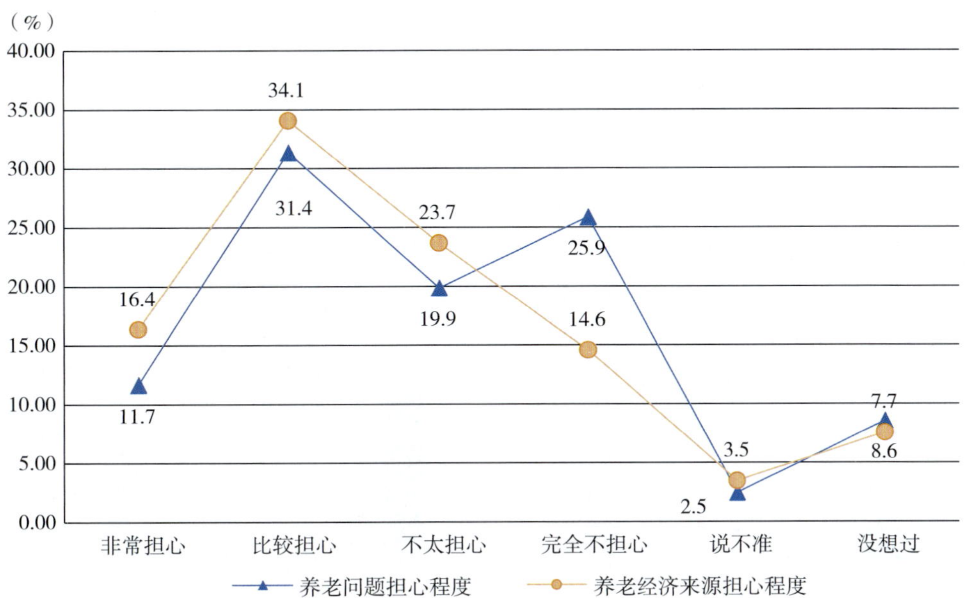

图18-18　养老问题与养老经济来源担心程度分布状况

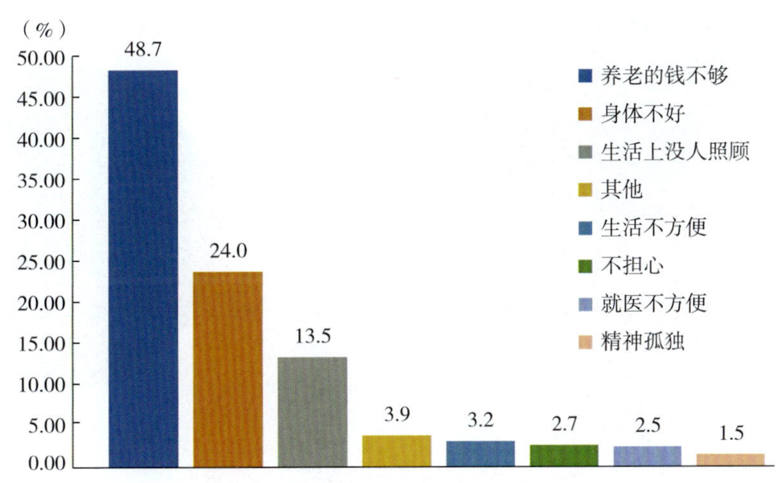

图18-19　各类养老问题担心程度分布情况

6. 住房保障：住有所居问题充分解决，两成农民在城市购房

（1）城乡居民均实现住有所居，住宅类型呈现多样化。调查中没有发现“居无定所”的受访者，95.5% 的城市居民没有与他人合住一套房，99.2% 的农村住房结构为钢混、砖混或砖瓦。从城乡居民住房类型来看，城市居民自购住房比重最高（33.6%），农村居民自建住房比重最高（76.8%）（见图 18-20）。

（2）农民城市购房意愿仍然迫切，子女住房需求成为购房动力来源。调查表明，20.8% 的农村居民在城里购置商品住宅。就近城镇化成为主要选择，80.1% 的居民在农村老家所在乡镇中心区、县城及城区买房（见图 18-21）。从购房原因来看，仅有 35.5% 的居民为了满足自住需求，大部分都出于子女发展的目的，其中，36.2% 为子女或孙子上学，19% 为了子女或孙子女结婚。

（见图 18–22）。

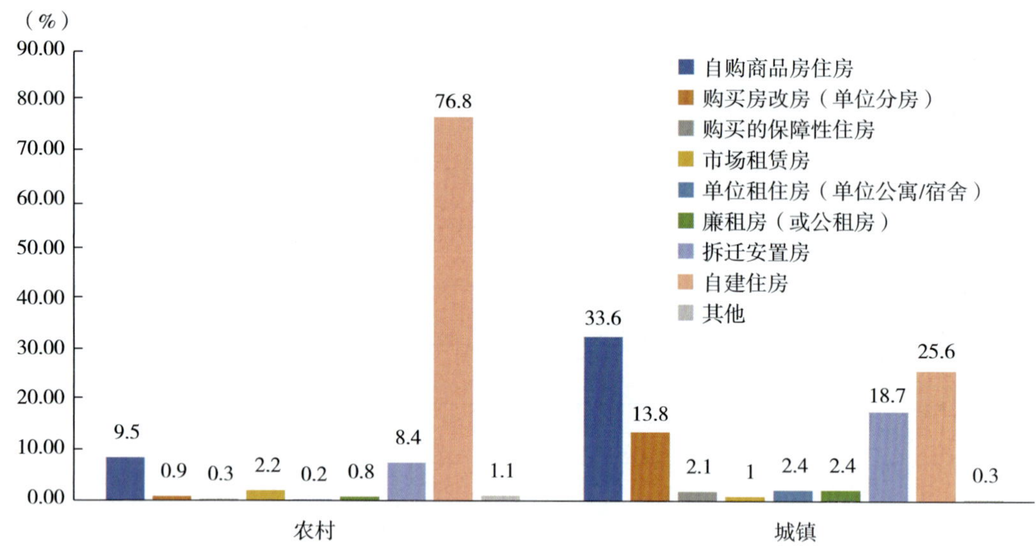

图18-20　房屋性质分布情况

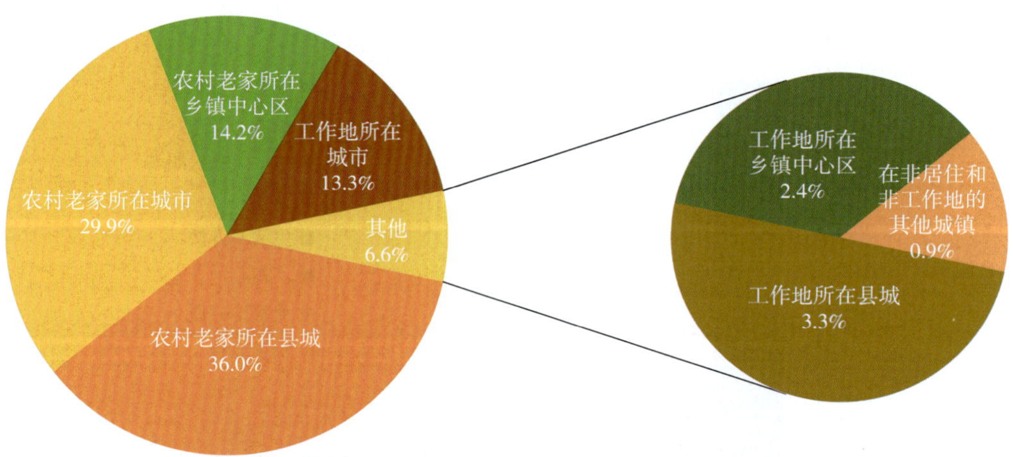

图18-21　农村居民城里购房选址分布情况

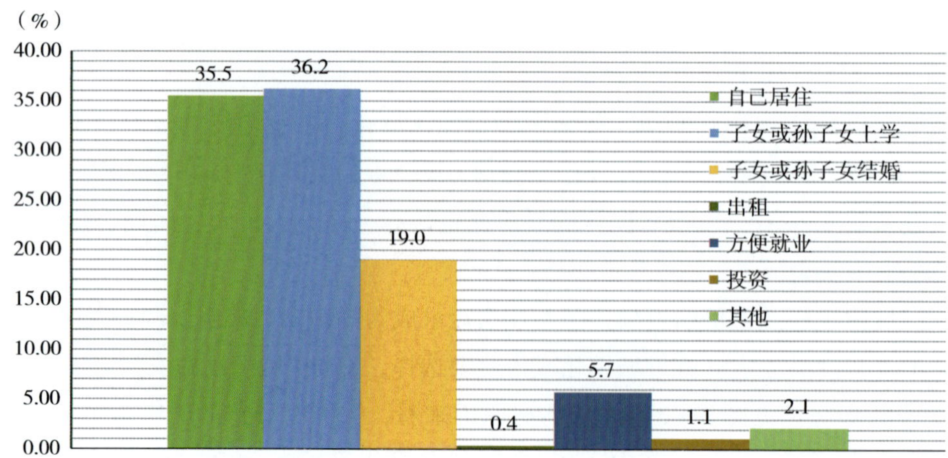

图18-22　农村居民城里购房原因分布情况

7. 生活环境：人居环境改善显著，水体污染成为聚焦重点

（1）生态环境满意度总体较高，水体问题成为聚焦重点。表 18-3 显示，86.8% 的居民认为生态环境总体质量有所改善，但也存在 21.4% 的人认为生活饮用水质量没有变好，30.1% 的人认为周边水体质量改善并不显著。

表18-3 生态环境变化感知分布情况 单位：%

生态环境状况	有所改善	没有变化	有所变差	说不清
总体生态环境质量	86.8	11.8	1.0	0.4
空气质量	82.8	15.5	1.3	0.4
生活饮用水质量	78.6	18.4	2.5	0.5
周边河流、湖泊、海洋、水库、池塘、水泡子、井水等水体质量	69.5	20.0	5.6	4.9
生活垃圾处理情况	84.1	14.3	1.1	0.5

80.3% 的居民对目前所居住的社区或村庄生态环境质量表示满意，但饮用水问题与水体质量问题依然获得了较低的满意度评价，62% 的居民对周边水体质量表示满意（见表 18-4）。对于饮水质量不满主要集中在停水（21.7%）、水垢多（17.9%）、水浑浊或有漂浮物（9.5%）。

表18-4 居住生态环境质量满意度分布情况 单位：%

生态环境状况	满意	一般	不满意	说不清
总体生态环境质量	80.3	15.4	4.0	0.3
空气质量	80.8	15.3	3.7	0.2
生活饮用水质量	78.2	13.5	8.1	0.2
周边河流、湖泊、海洋、水库、池塘、水泡子、井水等水体质量	62.0	18.6	11.9	7.5
生活垃圾处理情况	79.0	16.8	3.9	0.3

（2）“厕所革命”有序进行，粪污排放得到控制。调查显示，一是水厕覆盖率较以往提升幅度较大，34.5% 的农村居民开始使用抽水马桶，19.2% 使用冲水蹲厕；二是厕所改造方便了日常生活，83.6% 的居民认为厕所改造之后生活比之前更加方便；三是粪污处理方式更加科学卫生，19.9% 的农户能够冲入下水道后通过管网收集后集中处理，69.4% 的农户拥有化粪池或储粪罐。

（3）垃圾分类尚未推广，垃圾分类知识缺位。垃圾分类执行力度不大且不严苛。图 18-23 显示，62% 的居民表示从来不进行垃圾分类，在 38% 的进行垃圾分类的居民中（含每次都分类、经常分类和偶尔分类）也只有部分会对不同类型的垃圾单独分类丢弃。

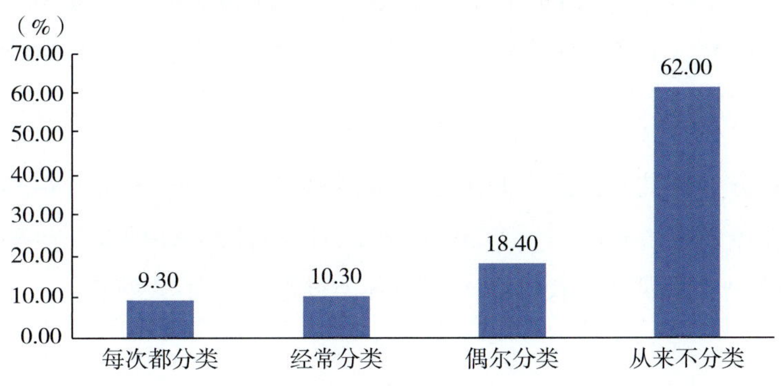

图18-23 居民垃圾分类行为统计

8. 食品安全：食品安全评价满意度较高，对未来食品安全充满信心

（1）食品安全满意度提升，城乡居民主要担心三类食品安全问题。73.65% 的居民对 2018 年以来食品安全改善非常满意或者比较满意。城乡居民主要担心三类食品安全问题。一是食品生产质量控制问题，表现为农药、抗生素、重金属等高残留现象（20.1%），非法添加剂掺入食品（16.4%）以及合法添加剂的过量使用（13.3%）；二是食品销售以次充好问题，比如食品掺杂（9.8%）、假冒伪劣产品流入市场（6.4%）等；三是食品市场监控不严格问题，典型的是疫病肉类食品流入市场（15.4%）。

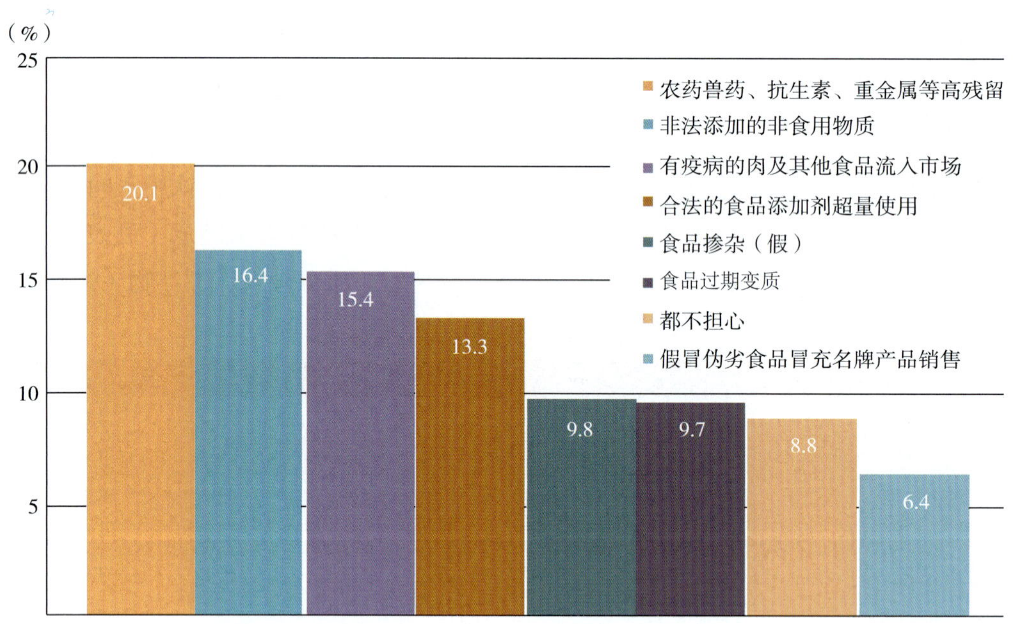

图18-24　城乡居民最担心的食品安全问题

（2）居民多渠道购买放心食品，食品安全信息获取渠道丰富化。城市居民主要通过到正规超市购买食品（65.5%），或者选择购买知名品牌或企业的食品（23.6%）来购买放心食品；而农村居民除了选择购买知名品牌或企业的食品（43.9%）外，21.7% 的人选择按传统方式种植 / 养殖。随着移动互联网的普及，9.6% 的居民选择微信、微博等自媒体来获取食品安全信息。

（3）严肃处理食品安全问题呼声强烈，居民对未来食品安全充满信心。34.2% 的样本希望政府及时调查并公布结果，32.4% 的居民希望政府对调查属实的相关企业及负责人严肃处理，92.9% 的居民对我国未来三年食品安全状况充满信心，相信未来肯定会有所改善。

9. 政府服务：智慧办公逐步推进，政府服务获得普遍认可

（1）线上线下业务办理共同推进，政府服务满意度显著提升。从图 18–25 来看，91.8% 的居民对政府现场办理业务效率表示满意；77.3% 的居民对政府网上办理业务效率表示满意。政府线上服务满意度较低的一个原因是，农村样本对于各类智慧 App 不太熟悉。

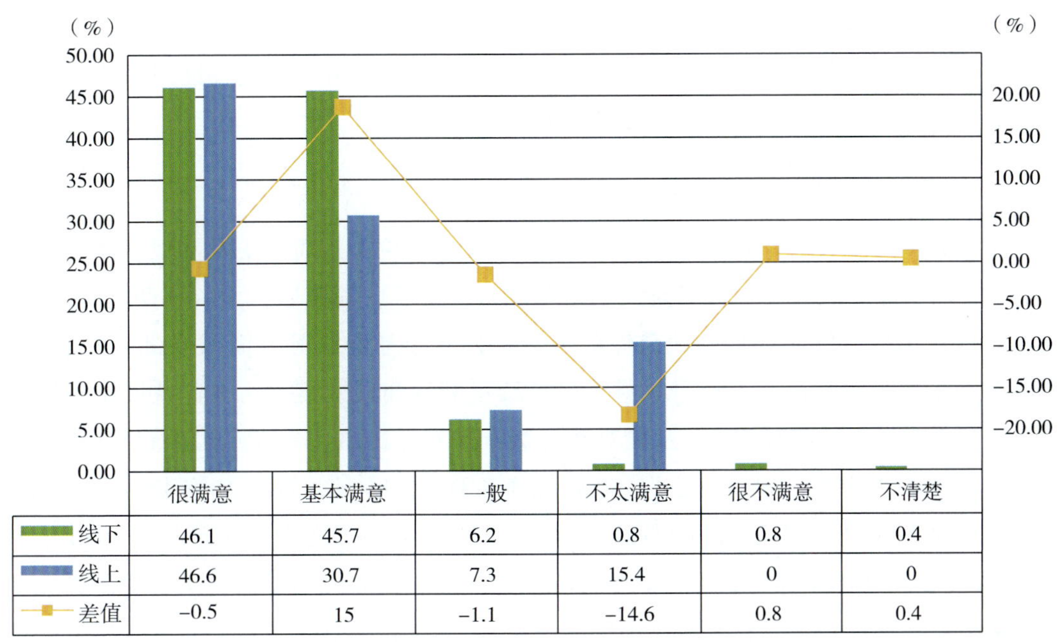

	很满意	基本满意	一般	不太满意	很不满意	不清楚
线下	46.1	45.7	6.2	0.8	0.8	0.4
线上	46.6	30.7	7.3	15.4	0	0
差值	–0.5	15	–1.1	–14.6	0.8	0.4

图18-25　政府线上线下服务满意度比较

（2）政府服务持续优化，打造“只跑一次”的“安徽模式”。调查表明，在材料齐全的情况下，84.9% 的居民表示去政府部门办理业务只需跑一次；77.1% 的居民感受到现在办理业务提供的证明材料减少，52.3% 的流动人口表示办理公共事务已不需要回老家办理。随迁子女入学（31.1%）、医保异地结算（27.9%）、社保登记转移（24.6%）成为回原籍办理的主要项目。

（二）民生短板问题

1. 基础性民生问题仍是焦点，农村低端养老保障资源匮乏

调查表明，就业、医疗、养老等传统民生问题仍是安徽省城乡居民最关心的民生领域。其一，在工作领域主要表现为工作不稳定、收入过低、工作压力大、劳动合同签署率不高等现象，绝大部分城乡居民主观感受收入增长幅度有限。其二，在医疗领域主要表现为看病贵问题，具体表现为医保报销比例浮动问题，以及慢性病的治疗问题，超 82.1% 的居民（含非常担心、比较担心和有点担心）对未来没钱看病表示担心。特别是农村地区，一方面掣肘于个人文化素质对于最新医保报销政策信息获取不及时，另一方面农村居民慢性病治疗过程中的额外成本负担过高。其三，在养老领域表现为，多元化养老互助格局尚未形成，农村社区低端养老资源匮乏，尚未突破以居家养老为主体的“9073”“9064”模式[①]。与城市相比，农村居民养老问题更为严峻，养老能力和养老安全感均不如城市居民，对于子女表现出高度依赖。目前，发展较快的是高端的供养型养老服务机构，绝大多数普通老人需要的中低端养老机构发展极为缓慢。特别是

① “9073”或“9064”的养老服务模式是指：90% 的老人居家养老，7% 或 6% 的老人在社区机构养老，3% 或 4% 的老人在养老院等机构养老。

在农村地区，养老服务发展滞后，养老机构床位结构不合理，医养结合水平偏低，养老服务功能不完善，养老服务质量不高，养老机构、养老设备、养护人员、养老补助严重不足，导致农村养老基本上“没得选”而不得不在“家里解决”。

2. 城乡隔离化发展态势仍然存在，城乡居民收入差距依然突出

虽然强调城乡融合发展，积极推进乡村振兴战略，但事实上城乡发展差距仍体现在各个方面，由于农村底子薄、发展慢、人口流失大，两地差距将不可避免地扩大。从调查结果反馈看，劳动收入、日常消费、优质教育、社会保障水平、公共服务资源等方面城乡都存在较大差距，也正是因为这些差距的存在，才吸引农村人口持续不断地向城镇流动。在这些民生领域中，居民最关心的是收入水平与消费支出。从宏观统计数据来看，2013～2019年，农村居民可支配收入与全国平均水平的差距逐渐缩小，从8098元增长到15416元，较2013年增长了90.4%；城市居民可支配收入从2013年年末的23114元增长到2019年年末的37540元，较2013年增长了62.4%，增长速度显著低于农村居民，但增长幅度却接近农村居民的2倍。从入户调查数反馈来看，城乡居民普遍感觉到家庭收入增长幅度不如家庭支出增长幅度，特别是2020年以来日用消费品价格持续上涨，增加了居民消费焦虑。

3. 优质教育资源区域分布不均衡，城乡家庭教育支出压力增大

其一，农村教育水平普遍偏低，城乡教育质量差距存在扩大趋势。推动城乡义务教育一体化发展，努力让每个孩子都能享有公平而有质量的教育是党的十九大报告重点提出的民生工程。而从调查来看，优质的教育资源仍集中在城镇，农村教育资源有限且水平落后，农村教育的人力、物力、财力投入均不如城市，严重阻碍农村地区教育水平的提高。调查中，为了获得更好的教育资源，一部分生源随父母到城里就读，另一部分则不得不放弃就近入学而前往较远的学校。其二，城乡家庭均面临子女教育消费压力过大的问题。调查表明，平均每个城乡家庭子女教育支出为10639.6元，占家庭总支出的比重超过1/5，57.9%的居民认为目前子女教育压力过高，但依然为了子女学习成绩而报名各类辅导班。

4. 农村生态治理问题已逐渐显现，水体污染问题治理迫在眉睫

农村在完成“三通一硬”之后，生态环境成为制约乡村发展的核心因素。调查中发现，水体污染成为首要突出问题，村居人口生态环境意识薄弱，导致大量生活污水、雨污、粪污及面源污水直接排放，严重影响村庄人居环境和地表地下水环境。概括起来主要存在三个方面的问题。一是村居环境建设重“建”轻“守”，降污设施硬性维护缺乏保障。排污管道、污水处理设备、垃圾处理场所等设施由于缺乏专项资金保障而长期闲置。二是“厕所革命”不彻底，配套服务未建立。具体表现为水厕使用率偏低，粪污管网改造能力不足，没有专门的清粪服务公司，污水自然流入池塘，仅有19.8%的农户建有专门的粪污管道能够实现收集后集中处理；44.4%的农户的化粪池或者储粪罐没有排出口，10.9%的农户没有任何防污措施，直接自然排放降解。三是黑臭水体不治理，动态流通未规划。由于缺乏科学疏导与合理规划，有些村内水体不循环，

无法与外界联通加速水质净化，死水、臭水、黑水、干涸、断流等水体污染现象普遍。

三、民生高质量发展的对策建议

党的十九大报告指出，新时代，我国社会的主要矛盾已经转化为人民日益增长的美好生活需要和不平衡不充分的发展之间的矛盾。“十三五”时期以来，安徽省每年发布年度民生工作要点，各项基本社会公共服务快速发展。未来，安徽民生工程发展的总体目标是，统筹城乡发展均衡配置资源，创新公共服务供给方式，支持社会力量兴办公益事业，进一步促进基本公共服务标准化管理，以标准化进一步促进基本公共服务均等化、普惠化、便捷化，健全幼有所育、学有所教、劳有所得、病有所医、老有所养、住有所居、弱有所扶等方面的基本公共服务制度体系，实质性缩小与发达地区的差距，化解城乡间、区域间、人群间的不均衡现象，进一步提升基本公共服务供给水平和质量，向高质量发展阶段迈进，满足城乡居民多层次多样化需求。

（一）发挥主体作用，推进政府职能转变

解决民生问题，要注重发挥政府的主体作用，同时理顺政府与市场、政府与社会的关系，切实加快政府职能转变，注重解决发展不平衡不充分问题，更好满足人民对美好生活的需要。充分解决好就业、分配、社保这三个直接涉及民生的问题，在这过程中政府是关键。政府要把关注民生、重视民生、保障民生、改善民生作为基本职责，要突出政府行政要为民谋利，逐步提升政府服务水平，实现治理能力和治理水平现代化。

（二）形成保障机制，推动制度化、法治化建设

目前，民生问题的凸显与解决民生问题方面的制度短缺直接相关。随着城镇化水平的不断提升，农村人口面对城市的物价、医疗、教育等方面的高收费，这些弱势群体在客观上对社会保障、社会救助等制度存在较高的依赖性。而与此同时，安徽省社会保障的相关制度和法律缺乏纵向延伸性和横向拓展性，那么解决民生问题，迫切的是建立面向民生的制度和法律。

（三）突出民众利益，建立诉求表达机制

要解决民生问题，要给民众充分表达的权利，尤其要重视弱势群体在公共政策制定过程中的声音。要大力推行政务公开、办事公开，增加政府工作的透明度，加强法律法规和政策的宣传教育，普及法律常识，进行政策解读，引导广大群众采取正确的方式，合理合法有序表达诉求并保证渠道畅通。要特别重视并充分利用网络、电子报刊、移动通信等新媒体的信息表达作用，关注舆情、及时回应。要加强调研，真实反映民情社情，了解民生短板，并据此建立解决机制。

（四）推进城乡一体，构建实际导向解决机制

民生是全体人民的民生。但群体不同，民生问题不一样。要更加重视普通民众，尤其是占相当大比重的农村群体。虽然安徽省经济发展速度很快，但总体来说，城乡一体化发展过程中不均衡现象表现突出，在这种情况下，解决民生问题就要重视城市资源向农村延伸，从安徽省实际出发，发挥农村集体经济优势，注重“三农”问题，在医疗、教育、就业等问题上构建切实有效的解决机制，着力推进城乡协调发展。

（五）助推治理现代化，坚持生态环境与乡村发展同频共生

解决民生问题，需要发挥政府、企业、社会等多元主体作用，现代社会治理，特别是农村治理需要政府力量管理、社会力量服务、群众力量自治，其分别发挥“他治、辅治、自治”作用，形成“政府主导治理、社会参与治理、群众融入治理”新格局，由此促进民生问题的持续性解决路径，同时在治理过程中，要坚持乡村发展、农民富裕、村容整洁、环境优美的绿色乡村建设，从根本上落实乡村振兴战略布局，确保生态环境与乡村发展同频共生。

（安徽省政府发展研究中心课题组
组　　长：孙东海
副 组 长：季　翔
课题组成员：陈干全　沈晓武　丁仁船　薛立勇　蔡　宏）

第十九章
福建省民生发展报告

做好民生工作，要问政于民、问需于民、问计于民，让“民生期待”照亮美好生活的向往。根据国务院发展研究中心统一部署，2019 年 8 月，福建省政府发展研究中心与福建省农村信用社联合社组成联合调研组，深入全省 10 个县（市、区）40 个乡镇（街道）79 个村（居），围绕工作与就业、收入和消费、子女教育、医疗卫生、养老保障、住房保障、生活环境、食品安全、政府服务九个民生关切点，对 1279 户城乡居民家庭的生产生活情况开展入户调查，了解民生民情、收集群众诉求、听取百姓建议。

一、2019 年民生发展总体情况

2019 年福建省继续围绕人民群众最关心、最关注、最迫切的民生期待，不断加大对教育、卫生、文化、体育等各项社会事业投入，着力补齐民生短板，提升民生保障水平，有力推动了全省经济社会协调发展。全省与民生相关支出共 3911.28 亿元，占一般公共预算支出的 76.7%，持续保持在超七成水平。27 项省委省政府为民办实事项目全面如期完成目标任务，全省共投入资金 371.37 亿元，建成了一批与人民群众生活息息相关的民生项目。全年城镇新增就业 64.3 万人，25.3 万名城镇失业人员实现了再就业，均完成年度就业目标任务，年末城镇登记失业率为 3.5%，比 2018 年年末下降 0.21 个百分点。全年居民人均可支配收入 35616 元，比 2018 年增长 9.1%，其中城镇居民人均可支配收入 45620 元，比 2018 年增长 8.3%，农村居民人均可支配收入 19568 元，比 2018 年增长 9.8%。

1. 教育事业稳步发展

福建省教育事业发展主要指标稳中有升、位居全国前列，学前三年入园率 98.6%，九年义务教育巩固率 99%，高中阶段毛入学率 97.2%，高等教育毛入学率 56.7%，主要劳动年龄人口受过高等教育比重达 26.3%。统筹推进县域内城乡义务教育一体化改革发展，制订实施高中教育质量提升计划，扎实推进高考综合改革，深入推进国家和省级“双一流”建设。落实扩大普惠性学前教育资源、推进义务教育质量提升、职业院校基础能力建设工程，完成 200 所公办幼儿园建设任务，增加 4 万个学位，学前教育短板稳步抬升，健全大班额防控长效机制，全省义务教育阶段大班额数占比下降到 1.6%，全面推进乡村小规模学校标准化建设与评估，超过 70% 小规模学校达到省定基本办学标准。

2. 医疗健康服务更加完善

福州滨海新城医院、复旦中山厦门医院列入首批国家区域医疗中心。实施全民健康保障工程，省儿童医院、妇产医院、疾控中心、川大华西厦门医院等医疗卫生项目加快建设。进一步推广三明医改经验，率先全省跟进国家药品集中采购和使用试点，全省半数以上县域组建紧密型医共体。推进县级公立医院能力提升项目，69 个县（市、区）已建成 33 个县域消毒供应中心、37 个县域临床检验中心、45 个县域病理检查中心、46 个县域医学影像中心、55 个县域心电诊断中心和 34 个县域远程会诊中心。新建 130 个基层医疗卫生机构中医馆。积极创建国家“互联网 + 医疗健康”示范省，三级医疗机构 39 项检查检验结果实现网络互认。

3. 养老、文旅事业加快发展

推进居家和社区养老服务改革试点，全面取消养老机构设立许可，实施社会服务兜底工程、城企联动普惠养老专项行动，新增各类养老服务床位 1.5 万张，街道和中心乡镇居家养老服务照料中心覆盖率由上年的 80.1% 提高到 90.7%，建制村养老服务设施覆盖率由 53% 提高到 64.5%。文化公共服务建设迈出新步伐，广播电视业加快发展，福州成功申办 2020 年第 44 届世界遗产大会，厦门成功举办第 28 届金鸡百花电影节。全域生态旅游和优质旅游加快发展，武夷山市、永泰县、武平县列入首批国家全域旅游示范区，平潭国际旅游岛加快建设。

4. 环境质量居全国前列

福建省扎实推进国家生态文明试验区建设，38 项重点改革任务全面组织实施，莆田木兰溪系统治理、南平深化集体林权制度改革等 22 项改革经验在全国复制推广，试验区创新探索实践入选十大“2019 中国改革年度案例”。全省污染防治攻坚战取得明显成效，大气、水环境质量继续保持全优，全省 9 个设区市空气质量优良天数比例 98.4%，全省 12 条主要河流 143 个水质评价断面总体水质为优，Ⅰ~Ⅲ类水质比例 96.5%；全省近岸海域优良水质比例 80%。大力推动绿色发展，全面推开全省区域空间生态环境评价，在 8 个县开展生态产品市场化改革试点，完善环境权益交易体系，全省排污权累计成交金额 13.13 亿元，全面推进生活垃圾分类，厦门市连续六个季度在住建部考评中排名全国第一。

5. 食品安全稳中有进

2019 年福建省继续将“治理餐桌污染、建设食品放心工程”列入全省为民办实事项目，加快创建食品安全放心省。紧盯与群众生活密切相关的重点产品、重点领域，强化监督抽检工作，食品安全各项抽检指标达到年度计划目标要求，主要农产品抽检总体合格率 98.6%，加工食品抽检总体合格率 99%，没有发生较大及以上级别的食品安全事故。深入开展“一品一码”全程可追溯体系建设，全省加工食品可追溯覆盖率达 60%。启动为期一年的校园及周边食品安全专项整治行动，全省学校“明厨亮灶”覆盖率达 94.25%，全年未发生规模较大或者社会影响较大的校园（含幼儿园）群体性食物中毒事件。总的来看，全省食品安全状况稳中向好，有力地守护了人民群众“舌尖上的安全”。

6. 城乡发展更趋协调

深入实施乡村振兴十大行动，推进 50 个重点县（市、区）、100 个特色乡镇、1000 个建制村试点示范建设。实施农村人居环境整治“一革命四行动”，开展村庄清洁行动，农村无害化卫生户厕覆盖率达 95%，83 个村开展生活垃圾干湿分类试点。发布首批 30 个“金牌旅游村”，寿宁县下党村等 11 个村入选全国乡村旅游重点村。农村承包地确权登记颁证全面到户，农村集体产权制度改革覆盖全省。全面实施精准扶贫精准脱贫基本方略，全省建档立卡贫困人口全部脱贫，贫困村全部“摘帽”，剩下的 6 个省级扶贫开发工作重点县全部达到退出标准。做好产业扶贫、就业扶贫、金融扶贫、教育扶贫、医疗扶贫、低保兜底等精准帮扶工作。出台关于做好革命老区中央苏区脱贫奔小康工作的实施意见。理顺对口支援工作机制，加大工作推进力度。

7. 政府服务持续优化

聚焦企业关切，持续减环节减时限减负担，实现开办企业时间、不动产一般登记和抵押登记时间压缩至 5 个工作日以内。切实减轻企业负担，全年新增减税降费超过 600 亿元，企业养老保险缴费费率降至 16%，完成清理拖欠民营企业中小企业账款年度目标任务。推行“政府做得好不好群众来打分”的“好差评”制度。落实市场准入负面清单制度，推动“非禁即入”普遍实现。加快推进“互联网 + 政务服务”，全省依申请审批服务事项网上可办率 97.55%。推进投资项目审批制度改革，企业投资项目前置审批事项从原来的 76 项减少至 40 项。推进工程建设项目审批“四统一”，全面推行“双随机、一公开”监管，行政审批和公共服务事项“一趟不用跑”和“最多跑一趟”占比超过 90%。推进全省政务服务事项“四级四同”“放管服”改革标准化工作走在全国前列。

二、入户调查反映的主要民生诉求

综合 2019 年民生入户调查结果来看，在日常生活中，受访者最关心收入水平（21.9%）、子女教育（18.7%）、医疗卫生（15.9%）、养老服务（17.6%）。随着近年来福建省加大食品安全监管力度、稳步推动住房供需基本平衡，以往群众反映较多的食品安全、住房的满意率上升，不满意率下降。

在外部环境中，受访者最关心的是交通出行（27.2%）、社会治安（17.8%）、社区服务（16.4%）、政府办事效率（12.2%）。分区域看，收入水平高的地方对“社会治安”更为关注。从受访者的访谈中可以感受到，随着人民生活水平不断提高，除了过去人们常说的柴米油盐、衣食住行外，人们对于未来的预期有了明显提高，对美好生活的追求更加渴望，受访者希望收入能更高一点、子女能更有出息、寿命能更长一些、生活能更便利一些，对社会治安和政府服务的期望值也进一步提高。

1. 就业情况基本稳定，但劳动权益保护工作有待完善

在全部1279个受访家庭的共5141个家庭成员中，正在从事有收入工作的家庭成员共有2747人。从工作量变化情况看，超过半数（56.72%）的就业受访者认为2019年工作量没有变化，认为略有增加或大幅增加的占29.81%，比认为略有减少或大幅减少的（13.32%）高16.49个百分点。从收入情况看，有劳动收入（不包括财产性收入和务农收入）的受访者每个月扣除税及“五险一金”后平均拿到手的月平均收入为4951元，55.22%的就业人员认为劳动收入和去年同期相比没有变化，26.10%的认为收入小幅增加，14.60%的认为收入小幅减少。

在劳动权益保障方面，就业受访者签署劳动合同（非雇用劳动者，包括农民等视为签署劳动合同）的比重为64%，但若剔除视同签订劳动合同的农民等非雇用劳动者，就业人员劳动合同签订率仅为28.32%。工资拖欠情况在少部分领域仍然存在，就业受访者的工资拖欠率为1.71%，其中流动人口就业人员的工资拖欠率较高，为4.79%，比非流动人口就业人员高3.54个百分点。从就业期待来看，受访者中最希望得到改善的三个方面是收入水平低（42.81%）、工作辛苦、时间长（38.13%）、收入不稳定（35.12%），尤其是山区和农村的就业人员，对改善收入和劳动强度的期望最为迫切，城镇劳动者的劳动条件优于农村，对福利待遇的要求则远高于农村劳动者。

2. 经济增长惠及城乡居民收入，但群众对未来增收保持谨慎观望态度

调查发现，受访者家庭过去一年的平均收入为11.84万元，呈中等略高水平。家庭年收入主要分布在5万～25万元，其中：处于5万～10万元水平所占比例最高，达到36.8%；处于10万～15万元次之，达到26.8%；15万～25万元的居第三，为17.4%。家庭总收入相比2018年基本持平，30.7%的受访者认为家庭总收入比2018年有些增长，有45.2%的人认为和2018年差不多。家庭消费支出略有增长，有83.3%的受访者认为家庭消费支出在“略有增加”和“没有变化”之间，在被问及“家庭消费支出压力最大的是什么”时，有22.9%的受访者认为是“子女教育”，占比第一；第二是食品支出，占比为19.3%；第三是医疗支出，占比为17%；第四是住房支出，占比为13.1%。

受访者对家庭未来的收支情况均保持中立的态度，谨慎观望。有40.3%的受访者认为来年的收入会“有所改善”。仅有2.4%的受访者认为来年会“显著变好”。但有17.1%的受访者“担心会有所恶化”，这一部分人主要分布在务农、民（私）营企业和个体工商业。

3. 教育状况总体有所改善，但对家庭的传导压力不断加大

近年福建出台的诸多教育改革政策，无论是加快普惠性学前教育资源建设还是加强城镇中小学扩容建设等措施，都夯实了教育基础、惠及了教育公平。从调查数据来看，受访者对当地教育状况的改善还是认可的，有9.1%的受访者认为有“明显改善”，有56.9%的受访者认为“略有改善”。受访者对不同教育阶段关注点各有侧重：在学前教育方面，“入园难、入园贵”

仍然是主要问题，在有孩子上幼儿园的 265 户受访者家庭中，反映入园难、入园贵问题的占 35.1%，反映园内基础条件问题的占 30.7%，反映教学方面问题的占 28%；在义务教育方面，“上好学难”是最主要的问题，在有孩子参加义务教育的 228 户受访者家庭中，有 15.4% 认为“学校之间办学条件差距大”，有 14.9% 认为学校“教学质量差”，有 10.5% 认为学校“课业负担重”，有 10.1% 认为“很多内容课上不教，不得不上补习班或请家教”。

面对当今激烈的社会竞争，“家庭的压力”与“家长的焦虑”越发成为当前教育领域应重点关注的问题。调查中，不少受访者家庭为子女报各种补习班、提高班，用于教育的支出只增不减，给家庭财务带来较大压力，受访家庭的户均教育支出 12191.3 元 / 年，有 8.5% 的受访者认为在子女教育支出方面压力“非常高”，有 37.2% 认为“比较高”，“子女教育支出占家庭总支出的比例为 20% ～ 50%”的家庭占比达到 30.1%。有的受访者家庭为了给孩子提供良好的学校与生活环境，费尽周折地买学区房（24.7%）、就近租房（33.2%）、托熟人找关系（24.3%）、把户口落到学校（或幼儿园）招生范围内（14.7%）等。当受访者被问到“你对孩子学习和校园生活最担忧的是什么”时，有 29.2% 的家长关心“学习成绩”，有 19% 的家长关心将来的“升学”，此外，孩子心理健康、沉溺网络游戏、在校人身安全以及校园欺凌等问题，也都受到家长的较大关注。

4. 医疗服务在总体上有所改善，但家庭医生服务与健康体检服务有待进一步推广与普及

当被问及近一年来医疗服务方面有什么变化时，受访者对医疗服务评价为好中向上。其中明显改善的有：“大医院挂号难易程度”（38.5%），“基层医疗服务水平（社区医院、乡镇卫生院、村卫生室等）”（43%），“医保报销比例提高程度”（36%），“网上挂号预约方便程度”（37.5%）。

需要引起重视的是，家庭医生签约服务在推进过程中还没有达到预期。在调查中，许多受访者对“签约家庭医生”这个名词还很陌生，仅有 9.6% 的受访者有签约家庭医生，从有签约家庭医生的受访者收入分布看，主要集中在中等收入水平上。

此外，受访者防病意识有待增强，“每年进行一次体检”的受访者仅占 28.4%，而“只有治病时进行过体检（22.6%）”和“从未进行体检（27.1%）”这两项累加起来就占比近半。一方面是对平常防病的重视不足，另一方面却是面对未来大额医疗支出的忧心忡忡，“担心未来生病后没钱看病”的受访者占比达 78%，这个比例在近几年的调查中居高不下。今后要广泛宣传防大于治的健康理念，“健康福建”的建设，不仅要治病，更要“治未病”。

5. 受访者对养老保障和养老服务的总体满意度尚可，但对保障养老经济来源和进一步完善养老服务的期待仍然迫切

受访者对目前养老保障（养老保险）状况“满意”的占 41.74%，“一般”的占 38.68%，而“不满意”的仅占 9.63%。超过半数的受访者（56.49%）认为目前养老保障最大问题是“养老金

水平太低”，有 18.54% 的受访者认为“不同人之间养老金水平差距太大”，9.55% 的认为“制度设计太复杂，搞不清楚”。从养老预期来看，有 53.87% 的受访者表示“担心自己的养老问题”，在受访者最担心的前三个养老问题中，“养老的钱不够”占比最高，达 43.71%；其次是“身体不好”，占 15.61%；第三是“生活上没人照顾”，占 15.61%。表明受访者对养老的经济来源最为关注。

受访者对现有的养老服务“满意”的占 40.02%，“一般”的占 42.76%，而“不满意”的仅占 8.38%。近三成的受访者认为所在地的养老设施和服务基本能够满足本地老年人需要，调查显示，59.2% 的受访者所居住社区（村）“每年为老年人提供免费体检服务”，约三成的受访者居住社区（村）有“定期为老年人举办各类活动”“提供上门医疗服务”和“为有慢性病的老人提供定期上门检查”。但需要引起重视的是，仅 4.4% 的受访者认为社区（村）有提供“老年就餐 / 送餐服务”，送餐服务是养老服务由社区向居家延伸的“最后一公里”，还需依托当地社区养老服务中心，加大推广力度，进一步满足高龄老人、独居老人、孤寡老人、空巢老人和生活不能自理老人的就餐需求。在受访者认为最需要改善的养老服务需求中，选择“上门医疗服务（打针、问诊等）”的受访者比重（56.06%）在所有受访者分类中列第一位，而居第二位的是“健康监测紧急救助”（46.13%），两者均属医疗服务类，选择这两项服务的比例远远高于其他服务内容，医疗服务将是今后最值得关注并大力发展的老年服务。“修建更多养老机构”（30.49%）的关注度也较高，说明受访者对社会化养老有较高期盼。

6. 农村居住条件改善明显，城镇住宅配套有待进一步完善

在被调查的 482 个农村居民受访者中，有 33.8% 的住宅是钢筋混凝土结构，有 45.6% 是砖混结构，砖瓦房、土坯房等简易住房仅占少数，居住条件基本得到改善。得益于“农村人居环境整治三年行动”，尤其是在“厕所革命”的大力推动下，农村住房用厕主要以冲水蹲坑为主，占比 65.5%，使用抽水马桶的家庭占比也提高到了 30.4%。受访农户住房的厕所粪污无害化处理率达到 98.8%，让农民居民的生活更加方便。

相对于农村居住条件的逐步改善，城镇居民家庭对加装电梯、增设无障碍设施、缓解停车紧张、提供物业服务等居住配套有较高的期待。从被调查的 534 户城镇居民来看，受访者所居住的小区基础配套设施较差，有 62.8% 的住房没有电梯，有 79% 的住房小区没有无障碍设施，有 66.8% 的小区停车紧张或只能停在路边空地，有 47.4% 的小区没有物业，即使有物业，对其满意度也较低。

7. 居住环境质量满意率较高，但垃圾分类还需加以引导

近年来福建省各级政府和职能部门围绕百姓身边突出生态环境问题，不断加大城乡环境污染治理力度，居民居住区周边的生态环境得到很大的改善。调查结果表明，95.9% 的受访者支持政府实施污染治理措施，其治理成效也获得了广泛认可，全省生态环境质量总体满意率达 62.8%，56.5% 的受访者认为生态环境质量有所改善。

值得关注的是，由于居民对垃圾分类认知度不高、分类知识了解不够全面深入，垃圾分类的实施效果不尽如人意。在调查中，有 68.9% 的受访者从来不对垃圾进行分类，农村情况更为明显，农村居民垃圾不分类比例达 81.5%，高出平均水平 12.6 个百分点。从妨碍垃圾分类的原因来看，有 36.4% 的受访者认为垃圾分类标准太复杂，“不知道怎么分”；22.5% 的受访者认为垃圾桶无法满足垃圾分类的要求，“想分类也没办法分”。不过从受访者对有毒有害、厨余垃圾、可回收物等的认识来看，垃圾分类还是有较为广泛的群众基础，今后只要加强引导与教育、加大分类垃圾桶的投放，假以时日垃圾分类应可以比现在做得更好。

8. 受访者对食品安全状况的改善评价较高，但对无形的、不能直接观察出来的食品安全问题仍然较为关切

经过多年来餐桌污染的治理，福建省食品安全问题逐步得到解决。过半的受访者（51.6%）对食品安全改善情况表示满意。一直以来，农村食品安全问题较为突出，但从此次调查来看，农村居民的评价较高，61.3% 的农村受访者表示满意，高出平均水平的 9.7 个百分点。调查发现，无形的、不能直接观察出来的食品安全问题是最令人担心的，在“最担心的食品安全问题”中，受访者对“农药兽药、抗生素、重金属等高残留（24.1%）、非法添加的非食用物质（如苏丹红等）（19%）、有疫病的肉及其他食品流入市场（17%）”三个选项尤为关注。

无论是传统媒体广告与报道还是互联网时代的智能手机，均是当前人们获取食品安全信息及政策的有效渠道。熟人间的口口相传也具有一定的可信度。将近八成受访者对未来三年的食品安全改善的信心度高，有 21.4% 的受访者认为一定会有效改善，有 56.8% 相信会逐步改善。对于市面上出现有关食品安全的负面消息时，有 33.5% 的认为要对调查属实的相关企业及责任人进行严肃处理，有 32.6% 的受访者最希望政府能及时调查并公布结果。

9. 政府服务改善显著，但仍需进一步提高网上办事事项比重

入户调查显示，受访者对政府部门现场服务满意度较高，达 85.02%。在调查“一个窗口、一次办结”问题时，超过半数（55.78%）的受访者认为“是”，显示近年来福建省改进政府服务成效显著。但需要注意的是，群众到政府部门的办事方式更倾向于到政务服务中心、街道（社区）办事处或村委会“现场办理”，有过现场办理经历的占比高达 95.94%，而完全通过“网上办理”的仅 4.28%。特别是针对流动人口的网上服务还有待进一步推广，这部分受访者认为需要回老家办理事项占比较高的分别为：“随迁子女入学”（32.38%）、“医保异地结算”（30.88%）、“生育登记”（26.47%）。

群众仍然期待政府服务的进一步改进，受访者最希望改进的前三个项目包括：“办事程序太复杂和不公开”（24.53%）、“来回跑开具各类烦琐证明”（21.38%）、“部门之间相互推诿、效率低”（13.76%），表明政府服务在简化程序、提高效率方面还有较大的改进空间。

三、民生高质量发展的政策建议

1. 推进教育从“有学上”向“上好学”转变

一是推动学前教育普惠健康发展。群众普遍反映一些质量较优但收费稍高的民办幼儿园，由于保教费收费规定上限而财政补贴的激励作用不足，主观上缺乏成为普惠性幼儿园的动力；不少愿意转型普惠的民办幼儿园却存在软硬件条件不达标、保教质量较差的先天不足。建议：①加强对普惠性民办幼儿园保教质量的监控。可以借鉴上海市做法，委托教育评估机构每 2 年进行一次普惠性民办幼儿园质量评估认定，从依法办学、保教质量、队伍建设等方面督促和指导民办幼儿园不断改善办园条件、提高办园质量。②探索普惠性民办幼儿园“分级成长”机制，按照不同等级给予相应的补贴，鼓励民办园不断办好幼儿园、提高保教质量，建立完善的竞争淘汰机制。③创新学前教育提供方式，包括适应城市家庭需求，发展 3 岁以下婴幼儿的托育照护服务，将托育服务纳入社区服务体系；适应农村地区生源数量减少、办园规模效益变差的情况，探索季节班、巡回辅导站、游戏小组、流动大篷车等举措。

二是进一步推进义务教育公平且有质量发展。群众提出由于区域、城乡以及校际之间办学条件事实上的差距仍然过大，诸如“电脑派位”“就近入学”等促进域内义务教育基本均衡的政策往往作用不佳。建议：①完善教师轮岗制度。逐步缩小校际间教师待遇差异，引导骨干教师和优秀校长向乡村学校、薄弱学校流动。②按照标准化要求，公共投入优先投向基础薄弱学校。③推动学生资源均等，加快推进“小升初”多校划片招生改革，逐步叫停公办外国语学校和民办初中笔试招生，把热点民办初中纳入电脑派位招生范围，不断提高民办校学位摇号的比例。④扩大借用外省优质基础教育资源的途径。加快与北京、江苏等地各类中小学校深度合作，在福建省设立分校或联合办学，引进先进办学理念和管理模式。

三是加强教育人才的队伍建设。调研中，某山区县一中反映，该校近 8 年来都招不到一个福建师范大学中文专业的本科毕业生，可见山区引进教育人才的难度。建议：①强化山区中小学的教师柔性引才机制。对三明、龙岩、南平、宁德 4 地市具有中高级职称的教师建立专项奖励制度。以两大协同发展区为单位，健全山区与沿海学校的教师定期、规定比例的交流机制，招聘退休优秀教师到乡村和基层学校支教讲学。②加强学前教育人才队伍建设，探索公费培养、初中毕业起点的定向培养等方式，吸引优秀生源从事幼教事业。把民办园幼师纳入教育部门管理、培训工作体系，强化幼儿培训、托管等市场机构相关人员的素质培训提升及监管。③加强现有师资的培训培养。④探索推行校长职级制改革，促进校长专业发展。⑤完善教师专业发展机制，拓宽优秀教师职称晋升的通道。

2. 全面提升基层医疗服务能力

一是推进县域医疗共同体建设和发展。调研中，某山区县专科医院反映，在医共体发展中，出现“虹吸效应”，县医院虹吸基层的医务人员和患者，使得基层医疗“头更重，脚更轻”。建议：

①建立健全医共体内责任共担和利益分配机制。在医共体内部由牵头医院统管实行“八统一”管理，即统一部署落实、统一人事任免、统一人员调配、统一药品采购、统一薪酬分配、统一绩效考核、统一资源共享、统一财务监管，形成优质医疗资源上下贯通的渠道和机制。②施行社区卫生服务中心人均绩效工资总量调控线水平参照新区公立医院调控线标准。允许基层医疗卫生机构在核定的绩效工资总量内，自主进行内部分配。可设立岗位津贴、生活补贴、加班补助、值班补助、夜班补助、下乡补助、全科医生补助、有毒有害特殊岗位补助等项目。

二是做实做细家庭医生签约服务。群众普遍反映家庭医生签约率不高或“签而不约”的现象时有发生。建议：①做实家庭医生签约服务机制，增强签约实效。推广厦门、福州、三明等地试点做法，普及“福建省家庭医生签约服务平台”应用服务，确保居民随时随地享受到家庭医生提供基本的健康评估和监测、健康管理、上门检查等个性化的健康服务。借鉴上海做法，实施“1+1+1”的家庭医生签约服务模式，居民可选择 1 家社区、1 家区级和 1 家市级医疗机构签约，在组合内可任意就诊，如需到组合外就诊的，需由家庭医生（或签约医疗机构）转诊。签约后，居民可享有健康评估、全程健康管理、长处方与延伸处方、优先获取上级医院专科资源等多项优惠。②借鉴北京做法，将家庭医生绩效与签约居民数量服务质量挂钩，签约经费的 70% 用于团队人员奖励，引导家庭医生与居民成为健康共同体。

三是加快基层医疗卫生人才队伍建设。调研发现，县域特别是乡镇医疗机构普遍存在人才总量不足、素质不够高、人才留不住的突出问题。如某山区县医院 4 年招不到 1 名医科大学的毕业生，村医队伍更是面临着不断萎缩的困境。建议：①从培养、晋升等方面提高医学生和村医在基层服务的积极性。实施定向委培医学生计划，借鉴江苏省做法，实行分类培养，选择部分医学专业进行农村订单定向免费医学生招生，为偏远山区、老区和苏区等地农村基层医疗卫生机构培养适宜医学人才。②适度降低村医准入门槛，建立村一级执业资格培训考试常态化机制，给年轻村医职称评聘晋升提供绿色通道。③探索实施村医转正制度，借鉴河北、江苏、甘肃等省的经验，在村卫生室工作年限较长、业务水平高、群众反映好且取得执业助理及以上执业资格的在岗村医，可以优先录用，纳入乡镇卫生院编制，实现乡聘村用，甚至县管乡用。

3. 加快完善养老服务体系

一是完善城乡养老“服务圈”建设。经调研，97.1% 的老年人选择社区居家养老，省民政厅数据显示，城乡社区 500 平方米以上的居家社区养老服务照料中心占比仅 12%，农村养老服务设施覆盖率仅 53%，群众一致反映养老服务设施建设场所仍不足。建议：①加快完善城乡居家养老服务网点建设。城市建设的重点应以社区为节点，根据人口的实际配比，按照 1 个社区养老服务中心覆盖 3 ～ 4 个居家养老服务站的建设方式，逐步推进社区养老服务设施建设。②加快发展集中管理运营的社区嵌入式、分布式、小型化的养老服务设施和带护理型床位的日间照料中心，依托养老服务信息平台整合区域内的为老服务资源，做实“15 分钟生活服务圈”。农村建设可以突破地域界限，建立区域性养老服务中心，以中心乡镇辐射周边乡镇、村老年人入住，避免养老机构四处开花、资源浪费的现象。

二是丰富居家上门服务供给。调研中发现城乡居家养老服务供给规模小、覆盖面小，受益面不充分，部分日照中心、乡镇敬老院存在重“建设”、轻“管理”问题。建议：①强化市场的主体责任，发展多层次、多样化养老服务。②针对普惠和特惠人群，借鉴北京、黑龙江等地做法，加快编制居家和社区基本养老服务项目清单，在满足基本助餐、助洁、助医、助购、助行等生活照料服务基础上，增加精神慰藉、心理疏导和法律援助等服务。③建立清单配套的资金保障制度，采用流量补贴形式，按照不低于服务总收入的50%（不含成本）的比例引导社区居家服务机构提供清单上的服务。服务越多，补助越多，防止社会主体不积极主动开展业务而依靠运营补贴勉强生存。

三是建立健全长照服务制度。受访老年人普遍存在养老金不足以支付长期医疗护理服务的担忧。建议：①贯彻落实《福建省老年人权益保障条例》并出台长期护理保险制度的实施细则。②建立统一规范的老年护理服务分级和失能评估体系，建立护理服务分级与护理险给付相衔接的费用补偿机制，让有长照需求的老人有能力购买服务。

4. 抓紧解决农村人居环境的“痛点”和“难点”

一是切实解决好农村客运“最后一公里”出行难题。一些群众反映受地理位置偏僻、坡陡弯急路况差等自然条件和需求不足等因素的制约，农村还存在出行难的问题。建议：①按照“一村一策”加快推进建制村通客车。对出行需求分散、不足的农村，可采取片区经营、预约响应、农村客运小型化等方式实现通客车。②加快“智慧交通 + 农村客运”智行服务平台建设，利用大数据为农村群众出行提供班车实时查询与呼叫、公交实时查询等服务，实现“公交”与“村民”的数据互联互通。

二是重点抓好农村生活垃圾、生活污水治理工作。群众普遍反映城市垃圾开始分类，农村不仅没有分类，而且垃圾处理存在转运成本大，生活污水集中处理较难等问题。建议：①在农村地区逐步推广垃圾分类和资源化利用。②推进农村生活垃圾的肥料化利用，例如可以采取阳光堆肥房的做法，把农村生活垃圾中的有机物，转化成农业生产中需要的肥料；发挥供销合作社等机构在再生资源回收利用网络方面的优势，建立县域或乡村资源回收利用体系。③坚持生活污水分散式处理。针对居住分散的农户生活污水，采用三格化粪池或四格化粪池进行处理，处理尾水作为灌溉回用于农田菜地；村庄人口相对集中片区，按照“三格净化池 + 人工湿地”模式建设联户简易污水处理设施；人口集中区域如居住小区、学校等，采用集中式人工湿地进行处理。健全农村垃圾污水处理的资金保障机制。④努力形成“本级财政奖补、上级单位争取、部分投入整合、受益群体自筹、集体经济补充、社会捐赠赞助”的多元化格局，着重挖掘社会企业、在外乡贤等资源投入。

三是加强传统村落中的古民居、古建筑的修复与活化利用。调研中，群众对不少传统村落古建筑的修缮特别关注，希望留住乡愁。建议：①以文创和旅游促进传统村落活化与发展，以财政资金奖补等方式引进外来艺术家，积极筹建农村文化礼堂以及竹编、根雕、木艺、陶瓷等各类乡土特色博物馆。②引导群众爱护保护文化遗产、自觉遵守村规民约、积极参与村民自治，组织开展“美丽庭院”“环境卫生光荣榜”等评选活动，增强农民保护人居环境的荣誉感。

5. 进一步夯实食品安全工作

一是强化农村集体聚餐安全保障。群众反映农村群众聚餐场所不固定、相关从业人员缺乏食品安全知识、烹饪加工不规范、食材来源分散等，农村集体聚餐存在较大的安全风险。建议：①进一步推动落实农村“流动厨师”管理培训、农村集体聚餐申报登记和分级指导等制度。借鉴湖南省“移动餐车 + 中央厨房”的农村集体聚餐服务管理模式，根据区域地理位置成立农村集体餐饮服务公司，对农村厨师进行集中系统化管理，并在各街道、各村设立食品安全信息员、协管员，统一负责农村集体聚餐的信息收集、登记、报送、指导和评价。②建设农村家宴服务中心，选择符合房屋质量安全的村（社区）综合办公楼、文化礼堂、居家养老中心、闲置村校（厂房）或其他集体所有建筑等，建设标准化的家宴中心放心厨房，由餐饮服务管理公司统一运营管理。

二是加强校外托管机构“小饭桌”监管。较多家长反映中小学生托管机构的餐饮服务“小饭桌”存在监管盲区，对卫生、场所安全等问题表示担忧。建议：①纳入监管范围。通过街道食安办及社区工作人员定期检查是否存在无证办学、租住房屋开设“小饭桌”等情况并及时上报，督促经营者登记备案，视同普通餐馆监管。②推广泉州市做法，教育行政及市场监管部门每学期组织对学校摸底反馈的校外托管机构开展一次专项检查和评星评级，通过微信推送、公告栏展示等途径，将评定结果向学生家长公示，建立学生家长通过远程视频的实时监督机制。

三是加强对网络电商的信用监管。调研中，群众普遍反映各式各样的网络电商已走进千家万户，但由于网络经营等新业态、新模式不断涌现，传统的监管方式难以奏效，对市场秩序存在担忧。建议将市场监管部门对经营主体的客观评价同时推送消费者。例如，市场监管部门对餐饮服务单位实行量化分级管理，分别用“大笑、微笑、平脸”三种卡通形象来标识“优秀、良好、一般”三个等级，消费者在订餐平台下单前，可以依据系统自动跳出的分级信息选择预订。

（福建省政府发展研究中心课题组
负责人：陈秋平　廖荣天
成　员：朱毅蓉　胡献政　兰晓原　何燊　曾飞凡）

第二十章
广西壮族自治区民生发展报告

2019 年 1 月 26 日，在广西壮族自治区十三届人大二次会议上，提出了针对 2019 年广西民生问题的重要举措。第一，同步调整企业和机关事业单位退休人员基本养老金，确保按时足额发放。第二，持续推进 38 个自治区级农民工创业园建设。第三，实现全区社会保险业务一网通办、一事通办、异地通办。第四，新建幼儿园 200 所、义务教育学校 139 所，新建扩建普通高中 65 所，继续开展中等职业学校达标建设。第五，开工建设广西经济管理干部学院新校区、广西幼儿师范高等专科学校武鸣校区。第六，多途径补充中小学教师 2 万人，启动中小学校教师“县管校聘”改革试点，提高乡村教师生活补助标准。第七，推进广西医科大学附属五象新区医院、中国—东盟医疗保健合作中心、自治区人民医院凤岭医院等项目，支持防城港、崇左、来宾、贺州建设三甲医院。第八，争创国家级健康养老服务业示范区，创建一批自治区级养生养老小镇。第九，建设中国中药桂林产业基地、贺州一曜生物、河池大任产业园药融园等项目。第十，实施桂北长征地区、左右江革命老区等红色革命文物集中连片保护利用工程。第十一，推进广西妇女儿童活动中心、广西群众艺术馆改扩建、广西博物馆改扩建、广西民族剧院广西方志馆二期、广西广播电视台技术业务综合楼等项目。第十二，申报国家级左江花山文化生态保护区。第十三，加快自治区竞技体育训练基地改扩建，筹办好广西第十四届运动会，办好环广西公路自行车世界巡回赛、苏迪曼杯世界羽毛球锦标赛、中国杯国际足球锦标赛等重大赛事。第十四，筹措资金 625 亿元，抓好社保、健康、教育、水利、安居、生态、文化、扶贫、科技等为民办实事项目。立足自治区十三届人大二次会议的重要提议，2019 年广西壮族自治区持续坚持以人民为中心，坚持保障和改善民生，关注人民群众的切身利益，努力解决人民群众面临的重大问题，更好地满足人民群众对美好生活的追求，加快全面建成小康社会。

一、近年来民生发展总体情况

近几年，自治区领导坚持把改善人民生活作为重中之重，深入推进精准脱贫攻坚战，解决了贫困人口的医保、住院报销、危房改造等棘手问题。同时在以习近平同志为核心的党中央领导下，自治区领导认真履行职能，深化供给侧结构性改革，推进改革开放创新，坚持新发展理念，落实高质量发展要求，最终取得了全区经济社会平稳健康发展，就业率平稳增长，全民参保计划工作取得阶段性成果，教育事业得到大力发展，医疗卫生水平稳步提升，养老服务体系建设成效明显，住房安全得到保障，生态环境保护建设成效显著，粮食安全得到改善，政务服务质量持续提升等各项事业全面进步。

（一）就业方面

就业是民生之本。近两年来，广西高度重视“双创”工作，双创环境日益优化，创业带动就业的活力不断显现，目前全区新登记企业达到12.5万户、个体户40.6万户；同时广西借助多个重大民生项目，积极构建劳动者终身职业培训制度、完善现代职业教育体系、探索职业技能培训新思路，帮助广大劳动者能够有更稳定的工作、更满意的收入，努力推动实现更高质量和更充分就业。

2018年全自治区就业人员2848万人，比2017年年末增加6万人；其中城镇就业人员1282万人，比2017年年末增加35万人。2018年年末城镇登记失业人数为16.71万人，年末城镇登记失业率为2.34%。全区农民工总量1273.6万人，比2017年下降0.2%。其中，外出农民工912.4万人，比2017年下降1.1%；本地农民工361.2万人，比2017年增长2.0%。

表20-1　广西2015～2018年末城镇登记失业率

指标	2015年	2016年	2017年	2018年
年末城镇登记失业人数（万人）	18.13	18.13	14.72	16.71
年末城镇登记失业率（%）	2.92	2.93	2.21	2.34

资料来源：《2018年度广西人力资源和社会保障事业发展统计公报》。

2018年来，面对经济下行压力不断加大的局面，自治区党委、政府保持战略定力，制订有效战略计划，保障了全年物价形势稳定、居民收入稳步增长、消费指标增速高于全国平均水平，有力地巩固了全区经济平稳增长的态势。全年全区居民人均GDP为41489元，实际增速为8.89%。其中，城镇居民人均可支配收入32436元，比上年实际增长6.34%。农村居民人均可支配收入12435元，比上年实际增长9.80%。

表20-2　广西城乡居民人均收入水平及人均GDP

指标	绝对数（元）				实际增速（%）			
	2015年	2016年	2017年	2018年	2015年	2016年	2017年	2018年
城镇居民人均可支配收入	26416	28324	30502	32436	7.1	7.22	7.69	6.34
农村居民人均可支配收入	9467	10359	11325	12435	9.0	9.42	9.33	9.80
人均GDP	35330	37977	38102	41489	8.1	7.49	0.33	8.89

资料来源：《2018年广西国民经济和社会发展统计公报》《2019年广西统计年鉴》。

全区城镇居民人均消费支出20159元，实际增长7.3%；农村居民人均消费支出10617元，实际增长10.1%。恩格尔系数为30.4%，比2017年下降2.5个百分点，其中城镇为30.7%，农村为30.1%。

表20-3 广西城乡居民人均消费支出

指标	绝对数（元）			
	2015年	2016年	2017年	2018年
城镇居民人均消费支出	16321	17268	18349	20159
农村居民人均消费支出	7582	8351	9437	10617

资料来源:《2018 年广西国民经济和社会发展统计公报》。

（二）教育、医疗和社保方面

教育方面。为进一步提升广西教育整体发展水平，加快教育现代化，办好人民满意的教育，广西壮族自治区人民政府于 2018 年提出了“广西教育提升三年行动计划”，经过一年多的努力，广西教育资源有效扩大，教育主要指标大幅提升，教育质量稳步提高，教育公平迈出重大步伐。2018 年末研究生教育在校生 3.41 万人，普通高等教育在校生 94.22 万人，各类中等职业教育（不含技工）在校生 67.76 万人，普通高中在校生 103.58 万人，普通初中在校生 212.64 万人，普通小学在校生 476.78 万人，特殊教育在校生 3.36 万人，学前教育在园幼儿 219.80 万人。九年义务教育巩固率为 95%，高中阶段毛入学率为 89.4%。

表20-4 广西在校学生数量 单位：万人

指标	2016年	2017年	2018年
幼儿园	209.64	213.99	219.80
普通小学	451.37	463.75	476.78
普通初中	198.75	203.46	212.64
普通高中	91.89	97.48	103.58
普通中等职业学校	69.86	68.68	67.76
普通高等学校	81.03	86.67	94.22
培养研究生单位	2.77	2.94	3.41
特殊教育	1.59	2.20	3.36

资料来源:《2016 ～ 2018 年广西国民经济和社会发展统计公报》。

医疗方面。为全面推进健康广西建设，广西坚持“三医”联动改革，进一步完善五项基本医疗卫生制度、大力推进医疗保险制度改革、提升医疗卫生服务质量、加强医疗卫生人才队伍建设、积极发展社会办医、加大重大疾病防治力度、加大精准健康扶贫力度、对因病致贫的贫困人口实施大病集中专项救治、推动紧密型医疗联合体和家庭医生签约服务协同发展、推进三级医院对口帮扶贫困县县级医院等举措，调动医务人员积极性与主动性，使人民群众获得更多、更实的健康幸福感，为全区经济社会发展提供更好的健康保障。2018 年，全区医疗服务人员、医疗设施持续快速增长，年末共有卫生技术人员 42.03 万人，比 2017 年年末增加 11.49 万人；医疗卫生机构床位 24.13 万张，增加 1.46 万张。截至 2019 年 4 月底，全区参加基本医疗保险人数为 4954 万人，其中城镇职工参保人数 594 万人，城乡居民参保人数 4360 万人，城镇基本医疗保险参保率稳定在97%以上，基本实现人人享有基本医疗保障目标。此外，广西壮族自治区不断优化经办管理服务，通过开展“互联网+”等行动计划，大力推动医保信息化建设，打造微信“掌上服务厅”，为所有基本医疗保险参保人员提供方便快捷的服务，使群众充分享受到经济上的实惠和服务上的便捷。

社会保障方面。社会保障是保障人民生活、调节社会分配的一项基本制度。建立健全覆盖城乡居民的社会保障制度体系，关乎基本民生改善、社会稳定和公平正义。党中央高度重视社会保障体系建设工作。党的十九大报告明确提出，加强社会保障体系建设，按照兜底线、织密网、建机制要求，全面建成覆盖全民、城乡统筹、权责清晰、保障适度、可持续的多层次社会保障体系，这是确保全民共享社会发展成果、实现基本公共服务均等化的重要举措。目前，广西社会保障体系日益健全，该体系建设的物质保障不断加强，社会保障方面成效显著，且待遇水平大幅度提高。但仍存在不少的困难和问题。第一，财力有限，难以满足社会保障水平逐步提高的需求。第二，政策分散，难以形成社会保障合力。第三，政策覆盖不全，难以满足多样化的社会保障需求。第四，刚性支出大，社会保障基金运行风险加剧。第五，统筹层次低，社会保障基金收支不平衡。第六，缴纳费用高，社保法定参与人群参保意愿不强。第七，政策操作性不强，执行过程中难以实施。

二、民生领域存在的突出问题

根据国务院发展研究中心“中国民生调查”课题组的要求，广西壮族自治区于2019年7月中旬开展广西2019年中国民生问卷调查，历经一个月完成了广西6个目标地市、10个县区、40个村居、1320户问卷调查工作，完成有效问卷1320份。通过对调查结果进行统计和分析，广西2019年中国民生调查问卷结果显示，全区民生领域存在以下突出问题。

（一）收入水平是居民最焦虑的民生问题，相比城镇居民，农村居民更为焦虑

根据《2018年广西国民经济和社会发展统计公报》《2019年广西统计年鉴》得出，2018年全年全区居民人均GDP为41489元，实际增速为8.89%。其中，城镇居民人均可支配收入32436元，比2017年实际增长6.34%；农村居民人均可支配收入12435元，比2017年实际增长9.80%。但从广西2019年中国民生调查问卷结果来看，2019年收入问题超越医疗问题成为居民最焦虑的民生问题，18.48%的城镇居民认为收入水平是目前最焦虑的民生问题，26.19%农村居民认为收入水平是目前最焦虑的民生问题，比城镇居民高7.71个百分点。

（二）学前教育“轻质量重数量，学不到东西”的问题较为突出

从广西2019年中国民生调查问卷结果来看，对于家中有孩子正在上幼儿园的家庭，31.49%

的居民认为学前教育“教太多，幼儿教育小学化”最需要改善，其次是“学不了什么东西”，24.61% 的居民选择该选项。总体而言，尽管广西近期幼儿园办园规模不断扩大，幼儿园办园主体多元化，办园条件也在进一步完善，解决了不少“入园贵”“入园难”的问题，但是由于教育机制还不够完善，教育资源相对短缺等问题，导致目前广西学前教育“轻质量重数量，学不到东西”的问题相对严重，亟须解决。

（三）老龄化严峻的形势下，过半居民担心养老的经济来源，其中农村居民更为担心

老龄化是当今世界人口发展变化的必然趋势。随着生育水平持续下降并稳定在较低水平以及人口预期寿命的延长，未来一段时期内广西人口老龄化程度将呈现进一步加深的态势，养老费用问题成为广西居民家庭相对重视的问题。从广西 2019 年中国民生调查问卷结果可以看出，58.41% 的居民对养老经济来源表示“非常担心”或“比较担心”，16.52% 的居民对养老经济来源“一点也不担心”。从城乡来看，乡村居民的担心比重高过城市居民，其中表示“非常担心”的占 23.70%，高于城市居民 3.20 个百分点；表示“比较担心”的占 35.80%，高于城市居民 1.99 个百分点。

（四）垃圾分类“关键小事”推进工作任务艰巨

在推进垃圾分类这一“关键小事”方面，广西开始大力推行并严格实施垃圾分类，但由于老百姓对垃圾分类重要性和紧迫性的认识不深，想要持续做好垃圾分类工作，彻底改变老百姓的垃圾分类习惯，还需做出很大努力。根据广西 2019 年中国民生调查问卷结果，仅 3.34% 的居民表示“每次都分类”，86.05% 的居民表示“从来不分类”，而 72.88% 的居民认为妨碍垃圾分类的主要原因是“垃圾桶无法满足垃圾分类的要求”。由此可见，广西垃圾分类之路漫长且任务艰巨。

（五）有疫病的肉及其他食品流入市场是居民最担心的食品安全问题

广西猪瘟疫情 2019 年春节前后开始散发（农业部发布的疫情报告中，周边省份云南、贵州、广东、湖南疫情发生都早于广西），集中暴发期在 4 ～ 6 月。生猪存栏同比降幅逐月扩大一直持续到 8 月，最大降幅达到 70% 左右，高于北方省份的最大同比降幅。按照养殖规模划分，散养户（不包括公司 + 农户性质的养殖户）损失比例远大于规模养殖场。据调研对象反馈，散养户 80% ～ 90% 都发生了疫情，规模企业的养殖场（包括自有种猪场和合作养殖户）发生疫情的比率在 50% ～ 60%。同时广西 2019 年中国民生调查问卷结果显示，受 2019 年猪瘟的影响，“有疫病的肉及其他食品流入市场”成为居民最担心的食品安全问题，有 24.88% 的居民表示担心。“农药兽药、抗生素、重金属等高残留”是居民比较担心的食品安全问题，有 21.28% 的居民表示担心。

（六）居民对政府现场办理业务的改进情况满意度较 2018 年有所下降，主要体现在证明烦琐、工作效率、办事程序上

由广西 2019 年中国民生调查问卷结果可以看出，71.4% 的居民对政府的现场办理业务的改进情况表示满意，较 2018 年下降了 5.04 个百分点；5.85% 的居民对政府的现场办理业务的改进情况表示不满意，较 2018 年提高了 0.36 个百分点。14.78% 的受访居民认为来回跑开具各类烦琐证明需要改善，较 2018 年降低 3.12 个百分点；11.98% 的受访居民认为政府部门之间互相推诿、效率低，较 2018 年提高了 3.52 个百分点；还有 11.22% 的受访居民表示办事程序太复杂，不公开，较 2018 年提高了 0.49 个百分点。由此得出，政府在现场办理业务的服务得到民众普遍认可，但较 2018 年不满意度有所提升，主要体现在来回跑开具各类烦琐证明、政府部门之间互相推诿 / 效率低、办事程序太复杂 / 不公开这三个方面。

三、进一步改善民生的政策建议

（一）鼓励回乡创业，同时积极改善收入分配状况，带动农村经济发展

广西壮族自治区应贯彻落实《国务院办公厅关于支持返乡下乡人员创业创新促进农村一、二、三产业融合发展的意见》精神，进一步鼓励和支持农民工、中高等院校毕业生、退役士兵和科技人员、留学回国人员、工商企业主和农村能人等返乡下乡人员到农村创业创新，促进农村一、二、三产业融合发展，为乡村振兴提供新动能、注入新活力、促进新发展。因此，针对广西鼓励回乡创业，积极改善收入分配状况，带动农村经济发展，有以下几点建议。

第一，突出重点领域。自治区政府应鼓励和引导返乡下乡人员结合自身优势和特长，根据市场需求和当地资源禀赋，利用新理念、新技术和新渠道，开发农业农村资源，发展优势特色产业，繁荣农村经济。围绕粮食、糖料蔗、水果、蔬菜、茶、蚕桑、食用菌、水产、休闲农业、有机循环农业、林业等产业，重点发展规模种养业、特色农业、设施农业等特色产业，支持返乡下乡人员在贫困地区发展特色种植、特色养殖等扶贫产业。积极发展休闲农业和乡村旅游、民族风情旅游、传统手工艺、文化创意、养生养老、农村绿化美化、农村物业管理等生活性服务业，以及科技型、文化型、功能型、生态型、服务型创意农业等其他新产业新业态。

第二，丰富创业创新方式。自治区政府还应鼓励和引导返乡下乡人员按照相关法律法规和政策规定，通过承包、租赁、入股、合作等多种形式，创办领办家庭农场林场、农民专业合作社、农业企业、农业社会化服务组织等新型农业经营主体，开展农业适度规模经营。支持全区各市、县（市、区）在承接产业转移、推进产业升级过程中，大力发展相关配套产业，带动返乡下乡人员创业创新。通过聘用管理技术人才组建创业团队与其他经营主体合作组建现代企业、企业集团或产业联盟，共同开辟创业空间。通过发展农村电商平台，利用互联网思维和技术，实施“互联网 +”现代农业行动，支持返乡下乡人员依托农村电子商务开展网上创业。通过发展

合作制、股份合作制、股份制等形式，培育产权清晰、利益共享、机制灵活的创业创新共同体。

第三，推进农村产业融合。自治区政府还应鼓励和引导返乡下乡人员按照全产业链、全价值链的现代产业组织方式开展创业创新，建立合理稳定的利益联结机制，推进农村一、二、三产业深度融合发展，让农民分享二、三产业增值收益。以农牧（农林、农渔）结合、循环发展为导向，发展优质高效绿色农业。大力发展农产品加工业和农业生产性服务业，实行产加销一体化运作，延长农业产业链。推进农业与旅游、教育、文化、健康养老等产业深度融合，提升农业价值链。自治区政府可以引导返乡下乡人员创业创新向粮食生产功能区、重要农产品保护区、特色农产品优势区和现代农业产业园、科技园、创业园及田园综合体"三区三园一体"和特色小城镇等集中，优化产业布局，培育建设产业集群和产业融合先导区。

（二）多渠道扩充学前教育资源，推进城乡义务教育一体化改革发展，办好人民满意教育

2019 年政府工作报告中提出，多渠道扩大学前教育供给，无论是公办还是民办幼儿园，只要符合安全标准、收费合理、家长放心，政府都要支持。报告要求，发展更加公平更有质量的教育。

广西在推进城乡义务教育一体化发展、加快改善乡村学校办学条件和多渠道扩大学前教育供给上，无论是公办还是民办幼儿园，只要符合安全标准、收费合理、家长放心，自治区政府都应支持。重视学前教育，多渠道扩充学前教育资源，在新建、配建、改建一批公办园的同时，采取政府购买服务、减免租金、派驻公办教师等多种方式，鼓励和引导民办园提供更多惠普性学前教育服务。同时，自治区政府应推进城乡义务教育一体化改革发展，实施城镇中小学扩容工程、学区联盟等办法，共享课程、师资、管理、文化等资源，重点加强县级城关所在地中小学校建设。

（三）健全城乡融合发展体制机制，保障精准扶贫效果

建立健全城乡融合发展体制机制和政策体系，是党的十九大做出的重大决策部署。改革开放特别是党的十八大以来，我国在统筹城乡发展、推进新型城镇化方面取得了显著进展，但城乡要素流动不顺畅、公共资源配置不合理等问题依然突出，影响城乡融合发展的体制机制障碍尚未根本消除。

广西在健全城乡融合发展体制机制方面，需推进社会主义新农村建设，加强农业基础地位，走特色农业现代化道路，建立以工促农、以城带乡长效机制，形成城乡经济社会发展一体化新格局。城乡经济和社会协调发展的实现要依赖于城乡互动和工农互补。同时建立健全扶贫动态监测体系，因地制宜地推进广西地区精准扶贫，主要发挥地方优势，突出产业扶贫，强化整合精准扶贫资金，稳步提升精准扶贫开发的效益与效率。

（四）不断完善养老服务政策保障，努力推进制度创新

在不断完善养老服务政策方面，广西壮族自治区应做到以下四点要求。

第一，研究建立符合国情的长期护理保险制度。科学定位，逐步建立形成保基本、可持续、基于广西当地养老实情的长期护理保险制度框架，关注失能、半失能老年人等重点人群，建立完善相配套的管理制度和支付方式。与社会福利、社会救助、慈善帮扶相衔接，发挥社会保险在养老服务方面适度普惠的作用。

第二，自治区政府购买养老服务制度。明确政府的主体责任和政府办养老机构的公益性质，政府主办养老机构对鳏寡孤独、“三无”人员、贫困失能失智老年人等基本养老服务发挥兜底保障作用。

第三，进一步明确和落实养老服务机构建设的土地划拨政策和税收优惠政策。探索成立政府性信贷基金或养老服务机构培育基金，为养老服务机构提供信贷支持，加强与商业银行的合作，拓宽养老服务机构的融资渠道。积极推动移动互联网、云计算、大数据等与养老服务业结合，发展智慧养老服务新业态，创新居家养老服务模式。

第四，构建广西壮族自治区全方位的监督管理体系。加快制定养老服务评估标准，建立健全包括老年照护需求、支付能力等需求方评估和养老服务质量、价格等供给方评估的养老服务评估机制，建立完善政府主导、社会参与的监管制度。

（五）针对疫病的肉及其他食品，要严格建立健全免疫档案、规范实施动物检疫及加强免疫信息报告

根据国务院有关文件规定，广西壮族自治区政府针对辖区内动物防疫工作，落实强制免疫计划，需要做到以下三点要求。

第一，严格建立健全免疫档案。广西各地市要按规定印制免疫档案，严格免疫档案的发放、使用管理。乡（镇）水产畜牧兽医站、村级动物防疫员、养殖场（户）要按各地建立免疫档案，规范填写畜禽存栏、出栏及免疫等情况，特别要做好免疫用疫苗种类、生产厂家、批号、免疫时间等的记录，免疫档案记录畜禽个体信息要与畜禽标识相符。

第二，严格规范实施动物检疫。动物卫生监督机构实施产地检疫、出具检疫证明时，要严格按规定核查畜禽的免疫情况、免疫档案；应进行实验室检测的，要凭检测结果符合规定的检测报告出具检疫合格证明；对调运的种蛋以及未达首免日龄的仔畜雏禽未标明其供体免疫情况的，一律不得出具检疫证明，禁止调运。

第三，加强免疫信息报告。对疫苗采购和免疫情况实行月报告制度，在春、秋两季集中免疫期间，对免疫进展进行周报告制度，出现突发重大动物疫情时，对紧急免疫情况实行日报告制度。广西各地市要明确专人负责收集统计免疫信息，县级兽医主管部门需组织本级动物疫病预防控制中心统计养殖场户自购强制免疫疫苗情况。针对实行月报的有关情况，县、市动物疫

病预防控制机构应在每月月底前将有关情况报自治区动物疫病预防控制中心。自治区动物疫病预防控制中心按时按规定将有关情况报中国动物疫病预防控制中心。突发重大动物疫情时，紧急免疫情况，各市兽医主管部门应在每日向自治区农业农村厅报告，并抄送自治区动物疫病预防控制中心。

（六）聚焦当前影响群众办事的堵点痛点，坚持远近结合、分类施策，持续精准发力推进放管服改革

虽然近年来广西壮族自治区政府服务满意度不断改善，但与人民群众的更高期待相比仍有差距，群众反映突出的诉求尚未彻底解决，有些是需要通过体制机制创新才能解决的，有些则可以通过精细化管理在短期内改善。因此，广西应聚焦当前影响群众办事的堵点痛点，坚持远近结合、分类施策，持续精准发力推进放管服改革。

针对广西壮族自治区政府服务满意度评价相对薄弱的地市应进行重点改进提升，在推进放管改革、优化营商环境上各地出台了相应政策，广西各地市政府必须进一步提升自身服务供给能力，切实将审批服务便民化设施落到实处。特别是要提升政府部门尤其是办事窗口工作人员的服务意识和业务水平，推行“顾客评价导向”的绩效考核制。同时，以服务事项标准化和“集成套餐服务”为抓手深入推进“减证便民”行动。按照《全国一体化政务服务平台建设》有关部署，编制覆盖省、市、县、乡四级的公共服务事项标准，实现同一事项名称、编码、依据、类型等基本统一。广西政府应关注改革“最后一公里”问题，这是人民群众感受最为直接的，需要做好政务服务线上线下的融合，从细节上不断提升人民群众的办事体验，完善权威信息统一渠道发布，实现一次性告知。政务大厅要按照“一门进驻、窗受理”的目标，综合服务窗口设置应坚持“微窗口、大后台、正面坐窗、面对办事人”原则，根据业务办理需要实行动态调整。

（广西壮族自治区人民政府发展研究中心课题组
指　导：杨　丛
组　长：商娜红
副组长：卢　婕
成　员：邢　鹏　阳　晚　廖　锐　陆　华　何庆光
潘修琼　莫东序　黄玉凤　廖珊珧　尹誉铭）

第二十一章
陕西省民生发展报告

一、2019 年民生发展基本情况

（一）就业形势总体稳定，城镇就业人口增长明显

2019 年，陕西省政府及相关厅（局）部门继续落实就业政策，稳就业、促增长工作取得明显进展。全省 2019 年新增城镇就业 45 万人，城镇登记失业率控制在 3.2% 以下。全省登记 2019 届离校未就业高校毕业生 7.33 万人，实现就业 6.47 万人，实现就业比例 88%。累计扶持农村贫困人口实现转移就业 121.8 万人，2019 年当年转移就业 42.98 万人。全省新建社区工厂 526 家，累计达到 1073 家，1.31 万名贫困劳动力实现“楼上居住，楼下上班”。创新实施就业优先政策，下发就业补助资金 28.09 亿元，支持高校毕业生、农民工和退役军人等重点群体就业，实施失业保险稳岗补贴。全年新增发放创业担保贷款 44.5 亿元，全省企业稳岗返还支出 33.94 亿元，7135 户企业 135.98 万职工受益。全年共为 1.08 万名劳动者追发工资等待遇 1.26 亿元。

（二）可支配收入增长较快，消费结构持续性调整

2019 年陕西省通过落实政策强化增收保障，使得居民消费潜力得以进一步挖掘，消费结构持续优化、消费升级日益凸显。2019 年陕西居民人均可支配收入 24666 元（全国 30733 元），同比名义增长 9.5%（全国 8.9%），扣除价格因素，同比实际增长 6.4%（全国 5.8%）。其中，人均工资性收入 13309 元，同比增长 9.4%，占可支配收入的比重为 54.0%。2019 年全省社会消费品零售总额 9598.73 亿元，比上年增长 7.4%。陕西居民人均生活消费支出 17465 元，同比名义增长 8.1%。其中，城镇居民人均生活消费支出 23514 元，增长 7.0%；农村居民人均生活消费支出 10935 元，增长 8.6%。限额以上企业（单位）通过公共网络实现商品销售 535.57 亿元，占限额以上消费品零售额的 10.8%，新兴消费模式带动明显。

（三）基础教育成效显著，特殊人群教育发展较快

2019 年陕西省协调发展各级各类教育。普惠性幼儿园占比超过 80%，义务教育基本均衡发展，通过国家评估认定，标准化高中占比达到 81.7%，8 所职业学院进入国家重点建设计划；启动实施全省义务教育薄弱环节改善与能力提升工程，省财政将筹措不少于 60 亿元的资金，重点

支持扩大城区教育资源供给规模，整体改善义务教育办学条件，提升教育质量；安排资金 43 亿元，支持“四个一流”建设，扩大高职院校奖助学金覆盖面；筹措 3.43 亿元资金用于乡村教师生活补助，惠及乡村教师 8.53 万名，较上年增加 2.76 万名，实现了贫困县（区）乡村教师生活补助全覆盖。

目前，陕西省实现 95% 以上适龄残疾儿童义务教育入学率，并积极开展陕西省特殊教育示范学校复验评估，加强特殊教育教学交流，不断提高特教教师能力水平；通过引导社会资源参与民办教育，支持民办高校内涵建设和质量提升，建立了对违规办学的民办学校严肃问责制度，加强对民办学校办学行为的日常监管和年检工作力度；基本满足外籍人员子女在陕西省接受境外教育的需要，进一步规范外籍人员子女学校的管理。

（四）医疗体系改革创新，智慧医疗助推服务升级

陕西省从群众需求最迫切、最强烈的医疗卫生服务问题入手，采取多种措施加快服务体系改革、增强全省医疗卫生资源优化配置。医疗卫生服务机构能力显著增强，基层医疗服务效率和医疗人员的素质也显著增强，医疗卫生保证能力显著提升。2019 年陕西省分级诊疗覆盖 90% 的县级医院和 70% 的乡镇卫生院。城乡居民基本医保和大病保险制度实现整合，发放高龄补贴 25 亿元、计生扶助金 5.9 亿元。城乡居民基本医疗保险筹资标准提高到每人每年 770 元，支持将高血压、糖尿病门诊用药纳入医保报销目录。基本公共卫生服务补助经费人均补助标准提高到年人均 69 元，17 种抗癌药平均报销比例达到 60%。建立起儿童疾病筛查制度，孕产妇及新生儿可享受重点疾病免费筛查服务，建立健全出生缺陷筛查、治疗、救助和康复信息共享机制。

（五）社会保障平稳运行，养老服务体系基本完善

2019 年陕西省逐步完善社保政策法规体系、加快养老服务设施建设。以推行低保对象应保尽保和普惠型老年优待为重点，着力保基本、抓示范、建机制，落实养老保障等各项配套扶持政策。2019 年陕西省城乡低保标准分别提高 5% 和 8%；养老保险政策也进行了调整，对 70 岁以上的退休人员进行倾斜，随着这部分人员年龄的增加，定额调整的额度也进行了相应的增加；加快建设退役军人服务保障体系，保障政策积极落实。下达中央和省补助资金 57.8 亿元，惠及近 500 万人；完善城乡低保政策，城镇低保平均保障标准达到每人每月 608 元，农村低保最低限定标准提高到每人每年 4310 元；设立省级退役军人关爱基金，出台退役士兵社会保险断保接续等解困政策，提高部分优抚对象人员抚恤和生活补助标准。

在养老服务方面，2019 年重点推进了社区嵌入式养老服务，构建一院（社区小型养老院）、一站（养老服务站点）、一中心（社区日间照料中心）的养老服务网络；并大力推进“互联网 + 养老服务”，支持建设一批智慧养老示范社区。

（六）人居环境质量改善，环境质量整治初见成效

2019 年，陕西省环境质量进一步改善，空气质量综合指数同比改善 2%，国省控断面Ⅰ～Ⅲ类水体上升 3.9 个百分点，治理矿山地质环境 1 万余亩，治理沙化土地 105.39 万亩，完成营造林 806.4 万亩，垃圾分类工作全面启动。持之以恒推进秦岭保护，持续深化违建别墅和“五乱”整治。严格落实重点生态功能区产业准入负面清单，划定秦岭生态保护红线面积 2.23 万平方公里，占秦岭区域总面积的 37.8%，在秦岭北麓率先开展生态保护红线勘界定标试点，扎实开展“绿盾 2019”自然保护地强化监督工作，完成 385 个问题整改，建立全省秦岭生态环境保护信息化、网格化监管平台，配备市、县、乡、村四级网格员 6752 名。基本形成了以海拔为基准、“海拔＋区块＋生态廊道”为特征的分区保护体系。

截至 2019 年 12 月底，陕西省发放城镇住房保障家庭租赁补贴 5.896 万户，占年度计划的 104.18%；全省保障性安居工程完成投资 408.4037 亿元；全省 457 个“城镇老旧小区”和 165 个“城镇老旧小区改造配套基础设施项目”享受到中央补助资金支持。积极开展农村生态环境连片综合整治，改水改厕，治理面源污染，城镇污水处理率达 83.2%，垃圾无害化处理率达 85.4%，新建农村卫生厕所 80.1 万座，创建美丽宜居示范村 640 个。

（七）食品安全形势稳中向好，风险防范整体有效

2019 年陕西省政府将食品安全工作纳入全省年度目标责任考核体系，切实落实“四个最严”要求，提高从农田到餐桌全过程的监管能力，提升食品全链条质量安全保障水平，建立保障食品安全的长效机制。完善农产品产地准出和市场准入制度、实施衔接机制、投诉举报受理机制，每周五定期在新闻媒体公布抽检不合格食品制度。2019 年全省查办食品安全违法案件 8436 件。实施餐饮质量安全提升工程，全省 98% 的学校食堂实现“明厨亮灶”；开展肉制品、食用油、白酒、婴幼儿配方乳粉和保健食品生产企业体系检查，建立特殊食品生产企业质量管理体系运行自查报告制度，完成 34 大类 15.6 万批（次）食品抽检，样品合格率 97.19%；推广使用食品安全监管二维码，陕西阳光食安 App 上线运行。

（八）数字政府建设顺利推进，服务效能明显提升

开展“互联网＋政务服务”，推进政务信息系统整合集成共享，加快构建“互联网＋政务服务”体系，推动政府职能转变，提升政务服务水平，最大限度利企便民。2019 年已初步建成省级政务数据资源平台，各地市市级政务数据资源平台（或资源池）也在加紧建设中。目前，运行的“陕政通”App 等已接入 1455 项省级行政许可事项查询，并实现可查、可看，其中 600 项可在线办理；接入省发改、教育、人社、民政等 4 家省级部门旗舰店，可提供 28 项公共服务应用，涵盖公共信用、社保保障、教育科研、公用事业 4 类高频应用场景。依托省级政务服务网“上联国家、横通部门、下接市县”的功能，将省级行政许可事项拆分为 1166 个办理子项，实

现网上申报、在线审批和全程监管，并公布详细的办事指南。全省各市、县（区）均已建成政务服务中心，乡镇（街道办）和村（社区）服务站点达到1.3万个，基本实现了服务全覆盖。

二、民生调查分析以及反映的主要诉求

随着社会主要矛盾的变化，陕西省城乡居民的民生关切和诉求呈现新的特点。一方面，受访家庭在收入水平和生活条件稳步提升的基础上，对更高水平的教育、更好的医疗、更完善的养老体系、更优美的生态环境、更安全的食品、更加高效的政府服务的需求日益增强。另一方面，城乡之间民生发展不平衡的问题突出，收入水平、食品安全、医疗卫生、环境保护等领域发展不均衡不充分问题依然存在。

（一）就业率稳步提升，家庭收支改善情况不明显

样本家庭中有工作的为2125人，就业率为46.64%。比2018年的43.49%提升了3.15个百分点。除去务农人员，非固定单位临时务工占比23.17%，另有16.27%的样本人口属于民营/私营企业职工。86.25%的样本家庭成员从事基层工作，47.32%的样本家庭工作成员没有签订劳动合同，1.67%的样本家庭工作成员从事兼职工作。未工作家庭成员中，有收入和没有收入比例基本各占一半，对于有收入来源的家庭成员，其收入来源主要是养老金，占比45.96%；7.58%的未工作家庭成员收入来自子女赡养费，7.08%的未工作家庭成员收入来源是父母和亲友资助，仅有0.99%未工作家庭成员收入来自投资理财。

样本家庭平均年收入为8.99万元，相比较2018年的9.75万元下降0.76万元。其中城镇家庭2019年的平均收入为11.60万元，农村家庭2019年的平均收入为5.23万元。较2018年数据，年收入小于1万元的家庭数量由18%降低为6.51%，下降11.49个百分点。有超过半数（52.25%）的受访家庭觉得较2018年相比家庭收入没太大变化。具体见图21–1。

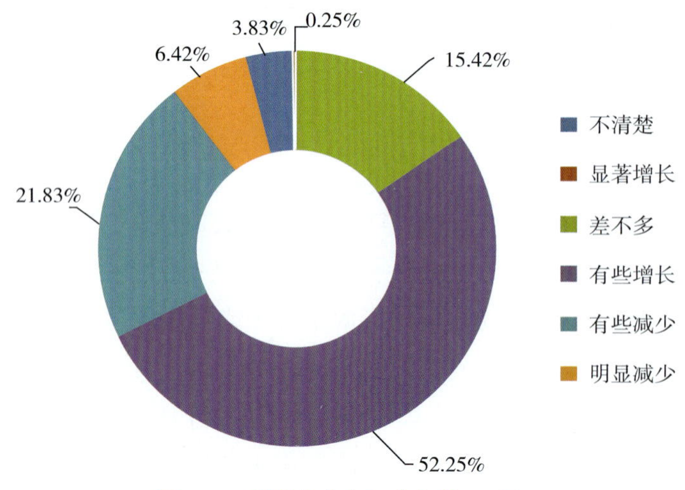

图21-1　受访家庭全年收入情况感知

样本家庭的消费支出压力主要是医疗、子女教育和食品，其中医疗是家庭消费支出最主要的压力来源。有超过六成（62.88%）的样本家庭表示近一年来存不上钱，基本都花光了。近半数（47.02%）样本家庭认为2020年家庭收支情况没有变化。具体见表21-1。

表21-1　不同类型样本家庭消费支出压力情况

	城乡		地区			总体
类别	农村	城镇	陕北	关中	陕南	全省
频数（户）	743	457	240	720	240	1200
比重（%）	医疗 43.67	子女教育 34.27	子女教育 41.70	医疗 42.35	医疗 38.25	医疗 48.33
	子女教育 24.89	医疗 28.87	医疗 24.66	子女教育 25.41	子女教育 24.42	子女教育 34.83
	食品 13.54	住房 19.48	食品 12.11	食品 15.01	食品 20.12	食品 19.17

（二）"入园贵"是学前教育的突出问题，家长对义务教育教学质量最为关注

在1200户被访家庭中，有448户（37.33%）的样本家庭中有处于不同教育阶段的子女。其中166户的样本家庭中孩子在上幼儿园，另外282户的样本家庭有孩子在接受义务教育。

样本家庭对学前教育最不满意的内容主要包括：入园费用较高（12.20%）、学不了什么东西（9.15%）、入园难和伙食差（3.66%）。对于义务教育，最不满意的内容是教学质量差（11.70%）、学校之间办学条件差距大（10.99%）和孩子生活消费压力大（9.57%）。

有23.75%的样本家庭学生未在离家最近或较近的地方上学。未在离家最近的地方上学的主要原因是，35.16%的样本家庭是为了让孩子能上更好的学校；29.67%的样本家庭是为了自己方便；25.27%的样本家庭是因为距离家较近的地方没有学校。具体见图21-2。

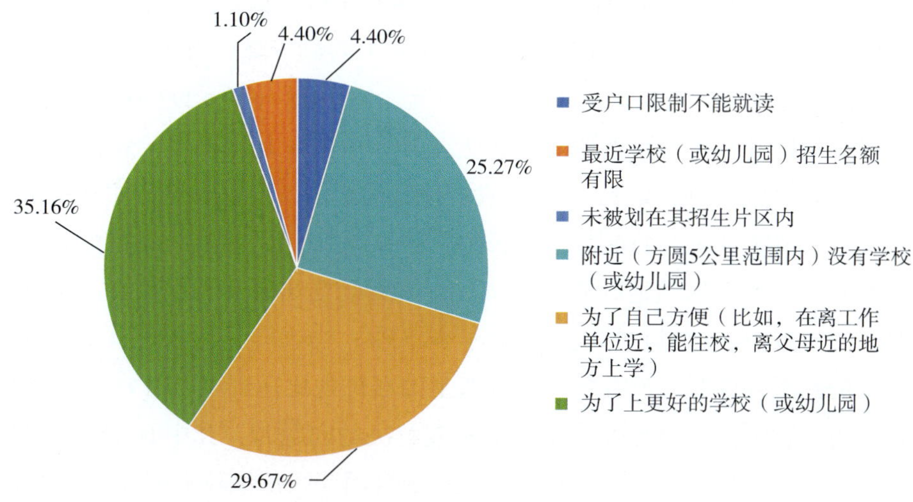

图21-2　未能在离家较近上学的影响因素

2019 年样本家庭用于孩子教育的平均支出为 9345.73 元。其中孩子参加课外班的家庭平均花费为 5707.53 元。近三成受访家庭的家长认为学校布置作业对孩子负担重。有 47.76% 的样本家庭表示非常担心孩子的学习成绩；有 13.01% 的样本家庭表示担心孩子的升学问题；有 3.20% 的样本家庭则是担心孩子未来的就业问题。

（三）医疗保险报销比例城乡差异明显，基层医疗服务体系有待完善

受访家庭普遍感知陕西总体医疗服务水平有所提升，主要表现在大医院挂号难易程度、基层医疗服务水平、社区医院向大医院转诊的方便程度、医疗报销比例提高程度方面均有所提升。具体见表 21–2。

表21-2　2018年7月至2019年6月医疗服务变化情况（地区）　单位：%

医疗服务评价指标	地区											
	陕北（n=240）				关中（n=720）				陕南（n=240）			
	明显改善	没有变化	明显变差	说不清	明显改善	没有变化	明显变差	说不清	明显改善	没有变化	明显变差	说不清
大医院挂号难易程度	55.8	24.6	5.0	14.6	63.6	19.3	7.6	9.5	60.4	22.1	5.8	11.7
药品费用下降程度	44.3	35.8	10.0	9.9	20.4	35.8	34.9	8.9	37.1	37.1	13.3	12.5
家庭医疗负担下降程度	36.7	43.8	10.4	9.1	20.4	40.4	32.4	6.8	36.3	41.3	12.5	9.9
基层医疗服务水平	50.8	35.0	2.9	11.3	52.1	32.1	4.7	11.1	59.2	24.2	1.3	15.3
社区医院向大医院转诊方便程度	30.8	32.9	5.0	31.3	44.6	27.6	2.8	25.0	52.1	21.3	1.7	24.9
医疗报销比例提高程度	50.0	28.7	6.3	15.0	37.1	36.8	7.8	18.3	40.8	31.3	3.8	24.1
网上挂号预约方便程度	24.6	4.6	0.0	70.8	15.7	9.0	1.8	73.5	14.6	13.8	0.4	71.2
老年人挂号的方便程度	27.1	18.3	1.7	52.9	31.5	16.7	3.2	48.6	22.1	15.8	0.8	61.3

2018 年 7 月至 2019 年 6 月，1200 份样本中有 452 份存在家庭成员生病住院的情况，占总样本的 37.67%。其各类医保（包括基本医疗保险、大病医保、商业医疗保险、公费医疗等一次报销和二次报销）平均报销额度为 7805.20 元，扣除各类医保报销，医院结算后实际支付诊疗总费用平均为 10190.40 元，相较于 2018 年（15345.43 元）明显下降。对于生病住院的样本家庭，其他费用中，看护、交通、食宿平均花费为 755.19 元，比 2018 年的 1293.38 元明显减少。

陕西城乡医保报销和相关诊疗费用均有较大差异。从城乡对比来看，农村医保报销平均金额为 6237.01 元，城镇地区（12544.23 元）是农村地区的 2 倍，差距明显；扣除医保报销后实际支付的总诊疗费用，城镇平均为 11604 元，而农村为 9717.70 元；在其他费用的花费中，农村地区平均花费 835.05 元，高于城镇地区的 544.44 元。当询问受访者是否担心自己及家人未来生病后没钱看病时，受访者中表示担心的比例达到了 84.73%；当询问受访者家庭是否有签约家庭医生及与家庭医生的熟悉程度时，没有签约家庭医生的居民占比达到了 75.17%；有 577 户受访家庭存在慢性病患者，在询问针对慢性病患者最希望解决的问题时，其中有 435 个慢性病患者家庭选择了长期患病，医疗费用高，177 个样本家庭反映常用药医疗保险不能报销，或报销比例低，认为治疗效果不好的慢性病患者家庭有 144 个。

（四）养老服务及设施建设相对滞后，养老金水平偏低

居民表示比较担心或非常担心自己养老问题的比例达到 61.67%。在问到担心养老的什么问题时，51.85% 的受访者表示担心养老的钱不够，18.27% 的受访者表示最担心生活上没人照顾。可见，居民对养老问题的担心程度仍然较高，担心的主要方面是家庭或个人的财力和人力不足。

养老服务发展滞后，硬件设施尚不完备，养老设施与服务均需进一步提升。调查结果显示，有近一半（45.67%）的受访者表示目前所在地的养老设施和服务不能满足本地老年人的需求。同时，有 82.84% 的受访者表示所在社区（村子）没有老年就餐 / 送餐服务；反映自己所在社区（村子）没有为老年人提供上门医疗服务、没有为有慢性病的老年人提供定期上门检查的比例分别达到 46.25% 和 47.92%。

养老金水平偏低，养老保障不足。调查结果显示，有 54.92% 的受访者反映目前养老保障（养老保险）的最大问题是养老金水平太低，其中，农村地区有 58.15% 的受访者认为养老金水平太低，城镇地区这一比例为 49.67%。

（五）住房配套设施不完善，居住环境治理需强化

居民自建住房仍然是城乡居民主要的住房类型，占比 65.28%，其次是居民自购商品住房，占比 14.36%。33.42% 的农村受访者表示冬季取暖是农村住房的主要问题，17.65% 的农村受访者表示在目前居住的住房中洗澡很不方便。对于城镇居民来说，停车问题依然突出。在城镇受访者小区停车方便情况调查中，29.39% 的城镇受访者的小区内没有停车位。其中，15.90% 的受访者表示小区内没有停车位，只能将车停在路边；13.49% 的受访者表示小区和路边均无停车位。

近年来，陕西省对环境污染的综合治理力度不断加大，居民对总体环境质量评价向好，但在生活垃圾处理方面不满意度提高。有 4% 的受访者对所居住的社区（或村庄）周边的总体生态环境不满意，12.35% 的受访者对城乡生活垃圾处理情况不满意。对于农村地区来说，污水乱排放现象依然严重，污水随便排到室外的家庭占比 31.64%，污水乱排放监管仍需加强。具体见图 21-3。

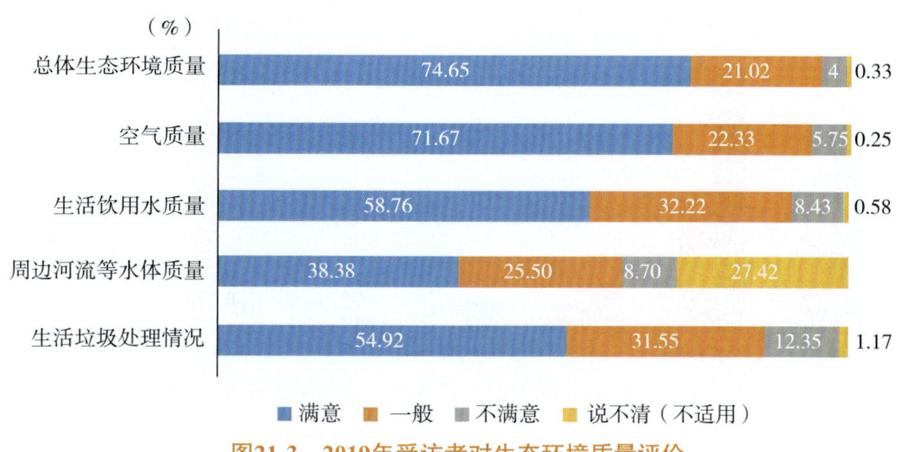

图21-3 2019年受访者对生态环境质量评价

（六）食品安全改善满意程度提升，宣传力度和治理力度需进一步加强

样本家庭受访者对食品安全改善情况的满意程度有所提升。总体上，有88.91%的受访者对食品安全改善情况表示满意，比2018年（74.40%）有所提升。从城乡来看，农村地区对食品安全改善情况满意程度略高于城镇地区，且城乡差距缩小。其中，农村受访者有89.77%表示满意，城镇受访者有87.54%表示满意。从地区来看，关中地区的满意度最高（91.67%），其次为陕南（91.25%）、陕北（90.00%）。受访者最关心的食品安全问题为农药兽药、抗生素、重金属等高残留问题，有336位受访者表示担心食品安全问题。其次，295位受访者表示担心非法添加的非食用物质（如苏丹红等）；245位受访者表示担心食品过期变质的问题；236位受访者表示担心合法的食品添加剂（如色素、防腐剂、香精等）超量使用。居民了解食品安全信息及政策的主要渠道是电视/收音机、手机上的自媒体。通过政府下发宣传来了解食品安全信息及政策的受访者有160位；通过政府网站了解相关食品安全信息及政策的受访者仅有22位。当居民听到食品相关的负面信息并有所担心时，对调查属实的相关企业或负责人严肃处理是受访者最希望政府采取的措施。

（七）受访者网上办理业务满意度偏低，流动人口异地办理业务比例需提升

在选择办理公共事务的途径时，72.57%的受访者选择在现场进行办理，比如政务服务中心、街道（社区）办事处、村委会（部分事项委代为办理）等；2.65%的受访者选择在网上办理公共事务，比如政务服务网、政务服务App、微信公众号等；24.78%的受访者表示现场和网上两种途径都办理过。关于现场办理和网上办理这两种途径，居民对政府服务改进情况的满意程度不同。具体而言，在现场办理公共事务方面，91.52%的居民对政府服务的改进情况表示满意（含很满意、基本满意和一般）；在网上办理公共事务方面，47.99%的居民对政府服务的改进情况表示满意（含很满意、基本满意和一般）。具体见图21-4。

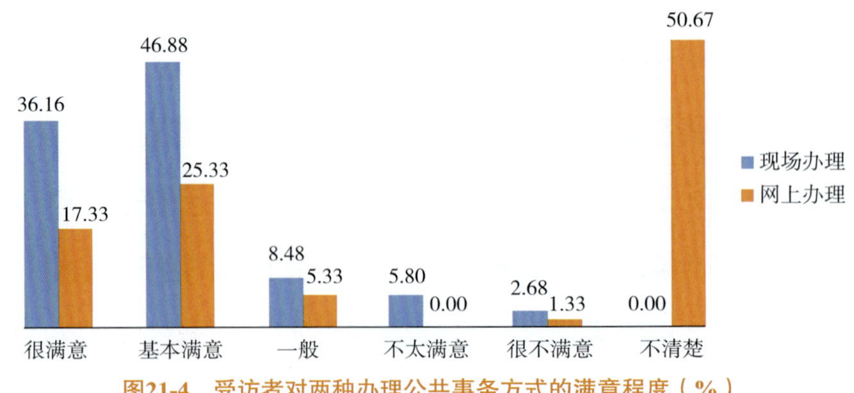

图21-4 受访者对两种办理公共事务方式的满意程度（%）

在关于流动人口办理公共事项中，是否需要回老家办理的调查中，共有40户样本家庭回答

了该问题。其中，21 户样本家庭表示需要回老家办理事项，占比 52.50%；在关于需要回户籍所在地办理的公共事项的调查中，22 位受访者回答了该问题。其中，12 位受访者表示办理低保需要回户籍所在地；4 位受访者表示办理随迁子女入学需要回户籍所在地；2 位受访者表示办理医保异地结算需要回户籍所在地；1 位受访者表示办理社保登记转移需要回户籍所在地。居民最希望政府改善的问题依次是部门之间相互推诿效率低、来回跑开具各类烦琐证明与办事程序太复杂和不公开，占比分别为 13.08%、6.58%、5.83%。

三、进一步改善民生工作的建议

（一）提高就业层次和质量，增加居民收入

完善社会保障，稳定雇用关系，提高就业层次。一是强化社会保障，稳定雇用关系。研究出台专项保障制度，稳定雇用关系，特别是稳定用工单位与农民工的雇用关系。二是加大政策扶持，鼓励提高就业层次。在调整完善就业政策覆盖范围、扶持手段和资金力度等以外，应根据当前陕西省民生保障的迫切要求以及经济社会形势变化，对不同就业方式的政策扶持力度进行调整，在待遇和扶持力度上实现政策间的衔接和配套。

改革收入分配体制机制，增加城乡居民实际收入。增加对贫困地区、贫困人口的转移支付力度，强化转移支付的调节功能，既要扩大转移支付的覆盖范围，又要研究增加转移支付的种类。同时，还要逐渐削减竞争性领域的转移支付，加大一般性转移支付。努力实现公共服务的均等化，特别是针对那些经济发展较为落后的地区，要大力提高其在教育、医疗、公共基础设施方面的投入，尽量避免部分低收入群体无法享受公共服务的问题。

（二）增加学前教育投入，减轻居民教育支出家庭负担

增加学前教育资源投入，鼓励民办幼儿园健康发展。一是增加筹建公办幼儿园，改善幼儿园硬件条件。尽快建立起相适应于基础教育各阶段的教育资源投入保障机制，制定相对统一的资源拨付标准，明确各级政府的权力责任。二是加大对民办幼儿园的财政支持，推进公办、民办幼教资源均衡分配。改变民办幼儿园单一融资模式，政府财政资金适度向民办幼儿园倾斜，提升幼儿园教育教学质量，确保农村地区、偏远地区幼儿全面入园。尽快形成布局合理、配置完善的公办、民办幼儿园协同发展格局。

规范课外辅导机构办学行为，落实中小学减负工作。一是加大课外辅导培训机构整治力度，规范机构办学行为。强化对校外培训机构办学资质、经营范围的资格审查，促进培训辅导机构规范办学、合理办学和健康办学。二是成立工作机制，落实减负工作。由教育部门牵头，成立减负工作领导小组，逐条落实减负工作。杜绝非零起点教学、在职教师校外补课、加大作业量等现象。通过学生减负，实现减轻家庭教育负担的目的。

（三）构建医疗卫生对接帮扶机制，优化医疗资源配置

落实省内帮扶制度，适度调整医疗保险缴纳标准。一是落实区域内部医疗卫生资源的对口帮扶机制。将对口帮扶机制纵向延伸至乡镇（社区）卫生院、村（街道）卫生室，在提升落后地区城市医疗卫生机构综合能力的同时，有效提升基层医疗卫生机构能力。二是调整城乡居民医疗保险缴纳标准，扩大保险保障范围。充分利用医疗保险、合作医疗等医疗保障机制的优势，做好医疗保险资源统筹管理工作；采取适当措施吸引病患向社区公共医疗服务机构转诊，推动社区和医院医疗服务的双向衔接。

创新医疗服务模式，推进智慧医疗服务示范应用。借助新一代信息技术如大数据、5G、物联网等，建设智慧医疗服务体系和服务平台，加快医疗卫生服务与信息技术融合步伐，解决挂号难、看病慢的问题。一是政府牵头，搭建多层级无线医疗平台，提升医疗机构基础设施保障能力，完善移动宽带网络覆盖，促进本省医疗资源充分利用。二是分级分类建立智慧医疗试点示范，在更多有条件的医院扩大 5G 医疗应用试点，重点开展基于 5G 网络的移动急救、远程会诊、机器人超声、机器人查房、医疗无线专网、远程医疗教学等应用研究，实现各种远程医疗技术在 5G 网络的应用，推动 5G 与医疗行业的创新融合。

（四）构建新型养老服务体系，提高养老服务保障能力

分类细化养老金标准，适度上调农村地区养老金。一是按照物价水平，调整基础养老金待遇。按照各市、区县生活标准，调整基础养老金待遇，最基本的要求是使养老金水平能够赶上当地物价增长的水平。在此基础上，适度分享经济增长成果，具体可按城乡居民可支配收入增长率或财政收入增长率的一定比例来调整基础养老金。二是养老金标准调整适度向农村地区倾斜，防止农村失能老年人陷入贫困。巩固脱贫攻坚成果，防止老年贫困发生，结合国家及陕西省精准扶贫计划，将城乡居保基础养老金快速调整到目标待遇水平，保证基础养老金待遇达到农村低保水平，确保领取城乡居保待遇的老年人的基本生活。

强化养老资源供给，探索智慧养老新方式。发挥基层政府主导作用，在农村地区整合当地的卫生室、社区、村委会等资源建立养老服务中，构建养老服务信息资源平台。主要是对于老年人基本信息如身体情况、子女赡养、娱乐文化需求等信息进行采集，建立老年人信息储蓄网，实现养老信息采集全覆盖。同时大力推广“互联网 +”环境下养老服务新模式，如“互联网 + 社区养老 + 家庭养老”“互联网 +PPP+ 社区养老”等模式。利用新一代信息技术整合政府（社区）、社会组织、企业、志愿者等社会各类资源，为老人提供各类养老服务。充分发挥社区在智慧养老服务中的枢纽角色，加强社区服务平台建设，实现家庭、社区、医疗机构、政府等的无缝对接。同时，在具备条件的社区，搭建 5G 基站，提高网络服务支撑能力。

（五）严格落实生态文明和环境保护的相关举措，建设和谐美丽陕西

优化生活环境，强化监督奖惩机制。增强居民对于生活环境治理的自我意识、责任意识，采取一定的奖惩机制和相关的治理措施，对于不按标准处理生活垃圾，以及违反要求乱排放生活污水的居民施行相关的惩罚措施。对于保护生活环境做出贡献的居民，可以评选优秀文明居民或家庭并予以奖励。

建立污水收集系统，治理农村生活污水乱排乱放的现状。根据农村地域特点、自然条件、农村污水排放特点等情况进行污水收集系统的相关建设工作。对农村生活污水收集和处理进行设计，采取住户分散收集的模式，铺设好污水收集管网，建立完善的污水收集系统，实现生活污水的集中收集和达标排放。同时，经过处理后的生活污水可以回收再利用，能够有效优化生活环境。

落实垃圾分类，完善配套设施体系。加强宣传引导，倡导“垃圾分类就是新时尚”的理念。让垃圾分类意识进社区，通过发放公益材料、媒体宣传等多种形式传播垃圾分类知识，同时，对垃圾清洁人员进行培训，确保分类垃圾正确收集运输。完善垃圾分类配套设施。在公共场所、居民小区设置足够的分类回收垃圾箱，垃圾箱设计上更加人性化和科学化，垃圾箱注明分类原则，标注回收垃圾的属性内容，便于指导和引导市民投放。确立合适的垃圾分类方式，既不能让民众觉得过于烦琐而产生抵触情绪，又要便于掌握和实际操作，让市民容易理解和配合执行。

（六）坚持齐抓共管协同治理，做好食品安全综合防范

加强监督检查，保证食品质量安全。严格执行农药兽药、饲料添加剂等农业投入品生产和使用规定，将高毒农药禁用范围逐步扩大到所有食用产品。严厉打击生产过程不合规、非法添加，以及合法食品添加剂超量使用的行为。指导农户严格执行农药安全间隔期、兽药休药期的有关规定，大力实施化肥农药减量增效、兽用抗菌药治理行动，防范农药兽药残留超标。督促各类食品经营者落实主体责任，对调查属实的相关企业或负责人、对传播虚假信息的个人严肃处理，严格执行进货查验记录制度和保质期标识等规定，严查临期、过期食品翻新销售，杜绝假冒伪劣食品冒充名牌产品销售、食品掺假等现象，严禁有疫病的肉及其他不合格食品流入市场，保证食品质量安全。

政府相关部门加强食品安全科普宣传，确保信息及时公开。开辟官方授权的微信公众号、直播平台、手机客户端、热线电话服务等，为民众提供咨询讨论食品安全的渠道。在食品生产、流通和消费领域全面构建食品安全大数据监管平台，建设覆盖省、市、县、乡的四级食品安全监管信息网络平台和执法终端，充分利用大数据技术实现食品安全智慧监管，鼓励食品经营者采用信息化手段采集、留存生产经营者信息，建立食用农产品、食品安全追溯体系，并将追溯体系与食品安全快速预警系统相结合，实现产业链内资源共享。

（七）推动政务服务数字化转型，全面提升政府行政效能

创新融合网上与现场政务服务模式，提升网上办理政务的现场体验感。打破“信息孤岛”，充分运用云计算、大数据、区块链等技术手段实现互联网和政务服务深度融合，将“互联网+政务服务”延伸至全省，建成覆盖省、市、县、乡四级的政务服务体系，形成全省整体联动、部门协同、数据互通、一网办理、高效便捷，跨部门、跨区域、跨层级、一体化的线上线下政务服务系统，为群众办事生活增加便利，让老百姓享受到信息技术带来的便捷。提升政府部门尤其是办事窗口工作人员的服务意识和业务水平，推行“顾客评价导向”的绩效考核机制，提升居民办理业务体验感。

进一步推动跨省（市）之间的数据共享和业务协同，加快推进与不同省市之间“一网通办”工作，不属于该区域受理范围的事项，审批部门应将申请材料推送至对应区域的审批部门，对应区域的审批部门根据属地审批权限，在规定期限内审批办结，并将办理结果通过网络、快递、代办等多种途径送达申请人或受理审批部门。此外，根据办件数量、网络平台建设及数据共享的实现程度，异地受理、属地办理可通过“快递跑、数据跑”两种方式，有序实现申请材料等的异地传送共享。给企业和群众跨地区、跨部门、跨层级办事带去实实在在的便利。

（陕西省人民政府研究室课题组
组　长：杨三省
副组长：孙守平　张　鸿
成　员：朱洞风　杨　霖　侯光文　王雪萍
王　群　刘　瑾　刘启雷　张　媛
杨佩卿　张　强　杨　扬）

第四部分

数据分析报告

第二十二章
2019年民生满意度电话调查数据分析报告

2019年6月至9月，受国务院发展研究中心农村经济研究部委托，北京零点市场调查有限公司在全国范围内组织开展了民生问题满意度调查。本次项目调查目的是科学、动态地掌握我国民生相关方面问题及针对就业情况进行专题调研，为党和政府部门科学决策提供数据支撑。

一、2019年各项民生问题总体评价

调查结果显示，九成居民对社会治安环境（96.4%）、司法机关公正执法（91.0%）、就业状况（90.7%）、政府部门服务（90.1%）、居住地环境（90.5%）五项民生工作表示满意，90.8%居民对2019年自身生活状况表示满意，92.3%居民对未来生活有信心、其中37.2%的居民表示对未来生活非常有信心。

（一）2019年就业状况总体评价

对目前就业状况表示“非常满意”“比较满意”和“一般”的受访者分别占23.7%、35.5%、31.5%，合计为90.7%。从不同群体来看，25～39岁、大学本科学历、党政机关/社会团体/事业单位职工、部门负责人/中层以上管理人员、在国际组织工作、从事金融行业、生活水平在当地处于中等偏上等的群体对就业状况的评价较高。相较而言，65～74岁、不识字或识字很少、小学学历、务农、自由职业者和临时务工者、从事建筑业和交通运输/仓储/邮政行业等的群体对就业状况的评价较低。

表22-1　不同年龄对目前居住地就业状况的总体评价　单位：%

	非常满意	比较满意	一般	不太满意	非常不满意	不适用	前三项合计
18～19岁	18.7	34.3	29.3	5.2	2.7	9.8	82.3
20～24岁	18.7	38.6	34.9	4.2	2.0	1.6	92.2
25～29岁	21.9	38.5	32.8	4.3	2.4	0.1	93.2
30～34岁	21.4	37.9	33.6	4.6	2.3	0.1	92.9
35～39岁	22.0	39.5	31.5	4.4	2.4	0.2	93.0
40～44岁	24.2	35.6	31.4	4.9	3.8	0.1	91.2
45～49岁	25.3	32.7	30.9	6.1	4.9	0.2	88.9
50～54岁	28.3	28.8	30.4	6.7	5.0	0.8	87.5

续表

	非常满意	比较满意	一般	不太满意	非常不满意	不适用	前三项合计
55～59岁	27.1	33.0	29.0	4.7	4.6	1.6	89.1
60～64岁	30.9	26.5	24.8	6.6	6.1	5.0	82.2
65～69岁	33.8	21.8	24.2	6.9	6.0	7.2	79.8
70～74岁	34.2	24.7	20.4	4.6	5.6	10.5	79.3
总体	23.7	35.5	31.5	5.0	3.4	0.9	90.7

表22-2　不同受教育程度对目前居住地就业状况的总体评价　单位：%

	非常满意	比较满意	一般	不太满意	非常不满意	不适用	前三项合计
不识字或识字很少	32.2	14.9	27.8	9.8	14.0	1.3	74.9
小学	25.8	19.9	35.2	8.2	9.3	1.7	80.9
初中	19.9	27.2	38.7	8.2	5.1	0.9	85.8
普通高中	21.9	33.5	33.3	5.5	4.2	1.5	88.7
职高/中专/技校	20.1	35.4	36.2	5.0	2.5	0.8	91.7
大学专科（高职）	23.9	40.2	30.0	3.5	1.8	0.7	94.1
大学本科	27.7	43.5	24.6	2.4	1.2	0.6	95.8
研究生及以上	25.9	46.6	21.3	3.7	2.1	0.4	93.8
总体	23.7	35.5	31.5	5.0	3.4	0.9	90.7

表22-3　不同婚姻状况对目前居住地就业状况的总体评价　单位：%

	非常满意	比较满意	一般	不太满意	非常不满意	前三项合计
未婚	20.6	37.6	33.2	4.4	2.8	91.4
已婚	24.7	35.4	30.8	5.0	3.4	90.9
同居	25.4	28.2	32.3	5.3	8.8	85.9
离异或丧偶独身	20.8	28.3	35.4	8.2	5.5	84.5
总体	23.7	35.5	31.5	5.0	3.4	90.7

表22-4　不同工作性质对目前居住地就业状况的总体评价　单位：%

	非常满意	比较满意	一般	不太满意	非常不满意	前三项合计
务农	25.0	22.5	34.3	9.2	9.0	81.8
农村专业管理人员	41.4	32.8	18.8	4.5	2.4	93.0
个体工商户及农村自营业者雇主	21.8	35.9	34.7	5.1	2.5	92.4
个体工商户雇员	19.0	36.0	37.6	5.1	2.4	92.6
党政机关、社会团体、事业单位职工	39.4	40.7	17.3	1.6	0.9	97.4
国有、集体企业职工	22.7	42.9	29.3	3.1	2.0	94.9
民营/私营企业企业主	22.7	38.3	30.9	4.8	3.2	91.9
民营/私营企业员工	16.4	40.1	37.1	4.4	2.0	93.6
合资、外资或港澳台企业员工	16.0	47.1	31.8	3.9	1.2	94.9
自由职业者和临时务工者	18.9	24.8	39.2	9.6	7.5	82.9
民办非企业单位、非营利组织员工	22.4	39.0	29.3	5.9	3.4	90.7
未知性质单位员工	36.0	29.7	26.5	4.2	3.5	92.2
全日制学生	19.8	39.7	35.3	3.4	1.7	94.8
总体	24.0	35.8	31.8	5.0	3.4	91.6

表22-5 不同工作职位对目前居住地就业状况的总体评价 单位：%

	非常满意	比较满意	一般	不太满意	非常不满意	前三项合计
单位负责人/高层管理人员	36.9	37.3	21.4	2.7	1.6	95.6
部门负责人/中层以上管理人员	28.6	44.8	23.3	2.4	1.0	96.7
基层管理人员	23.6	43.7	28.3	3.1	1.3	95.6
一般员工	22.6	38.2	33.0	4.0	2.1	93.8
总体	24.2	40.1	30.3	3.6	1.8	94.6

表22-6 不同工作行业对目前居住地就业状况的总体评价 单位：%

	非常满意	比较满意	一般	不太满意	非常不满意	前三项合计
采矿业	19.7	34.5	35.5	6.3	3.9	89.7
制造业	14.9	38.2	39.4	5.1	2.5	92.5
建筑业	17.7	33.2	37.2	6.8	5.0	88.1
交通运输、仓储和邮政业	18.0	32.5	37.7	6.5	5.3	88.2
信息传输、计算机服务和软件业	17.9	42.0	33.8	4.5	1.7	93.7
批发和零售业	19.7	37.7	36.8	3.9	1.9	94.2
住宿和餐饮业	18.3	37.5	36.0	5.1	3.1	91.8
金融业	24.4	44.5	27.9	2.2	0.9	96.8
房地产业	18.3	46.5	30.7	3.1	1.4	95.5
租赁和商务服务业	16.3	42.7	34.3	4.3	2.3	93.3
科学研究、技术服务和地质勘查业	15.4	43.3	36.0	3.2	2.0	94.7
教育、卫生、文化、体育	20.8	41.2	31.8	4.7	1.4	93.8
农林牧渔业	22.1	32.6	36.0	4.7	4.7	90.7
电力、燃气及水的生产和供应	25.4	39.8	28.6	3.4	2.8	93.8
水利、环境和公共设施管理业	22.1	35.0	35.7	2.1	5.0	92.8
居民服务和其他服务业	20.7	33.3	36.6	5.8	3.6	90.6
公共管理和社会组织	27.0	37.4	22.1	9.8	3.7	86.5
国际组织	31.6	52.6	15.8	0	0	100.0
总体	18.9	37.7	35.5	5.0	2.9	92.1

表22-7 不同生活水平对目前居住地就业状况的总体评价 单位：%

	非常满意	比较满意	一般	不太满意	非常不满意	不适用	前三项合计
非常好	69.6	17.5	8.6	1.5	1.9	0.9	95.7
中等偏上	39.8	38.7	17.8	1.8	1.2	0.7	96.3
中等	22.6	40.1	31.3	3.4	1.7	0.9	94.0
中等偏下	10.8	25.9	45.6	10.4	6.2	1.1	82.3
非常差	12.7	14.4	31.8	16.6	23.8	0.7	58.9
总体	23.7	35.5	31.5	5.0	3.4	0.9	90.7

（二）相较 2018 年，2019 年收入变化情况评价

与 2018 年收入变化相比较，对目前收入表示“明显增长”“略有增长”和“没变化”的分别占 9.5%、34.5%、36.8%，合计为 80.8%。从不同群体来看，18 ～ 29 岁、大学本科学历、党政机关 / 社会团体 / 事业单位职工、部门负责人 / 中层以上管理人员、在国际组织工作、从事水利 / 环境和公共设施管理行业、从事教育 / 卫生 / 文化 / 体育行业、生活水平在当地处于非常好的群体对“与 2018 年相比收入变化”的评价较高，认为 2019 年的收入没有下降。相较而言，60 ～ 74 岁、45 ～ 54 岁、职高及以下学历、个体工商户及农村自营业者雇主、自由职业者和自由务工者、从事交通运输 / 仓储 / 邮政业和采矿业等的群体对“与 2018 年相比收入变化”的评价较低，认为 2019 年收入有下降情况。

表22-8　不同年龄对收入变化的总体评价　单位：%

	明显增长	略有增长	没变化	略有下降	明显下降	前三项合计
18 ~ 19岁	19.2	40.7	28.9	6.6	4.6	88.8
20 ~ 24岁	14.2	44.2	29.7	6.8	5.1	88.1
25 ~ 29岁	9.9	42.7	32.7	8.8	5.9	85.3
30 ~ 34岁	7.8	35.7	37.8	11.5	7.3	81.3
35 ~ 39岁	8.2	36.9	36.5	10.7	7.8	81.6
40 ~ 44岁	7.3	31.8	39.3	12.3	9.3	78.4
45 ~ 49岁	7.5	29.4	38.5	12.8	11.8	75.4
50 ~ 54岁	9.1	27.0	40.5	12.3	11.2	76.6
55 ~ 59岁	12.3	31.2	38.3	9.2	9.1	81.8
60 ~ 64岁	14.5	24.0	38.9	9.1	13.5	77.4
65 ~ 69岁	15.7	21.4	38.7	11.3	12.9	75.8
70 ~ 74岁	18.2	20.4	35.4	11.1	15.0	74.0
总体	9.5	34.5	36.8	10.6	8.5	80.8

表22-9　不同受教育程度对收入变化的总体评价　单位：%

	明显增长	略有增长	没变化	略有下降	明显下降	前三项合计
不识字或识字很少	14.4	14.2	36.3	11.1	23.9	64.9
小学	11.5	18.4	38.7	11.5	20.0	68.6
初中	10.4	25.3	37.5	13.5	13.3	73.2
普通高中	10.4	32.6	36.3	11.4	9.2	79.3
职高/中专/技校	8.5	34.8	36.6	11.6	8.4	79.9
大学专科（高职）	8.9	39.4	36.7	9.6	5.4	85.0
大学本科	8.6	43.5	36.3	8.4	3.3	88.4
研究生及以上	8.5	41.2	35.0	9.1	6.3	84.7
总体	9.5	34.5	36.8	10.6	8.5	80.8

表22-10　不同婚姻状况对收入变化的总体评价　单位：%

	明显增长	略有增长	没变化	略有下降	明显下降	前三项合计
未婚	11.9	41.4	32.4	8.2	6.1	85.7
已婚	8.9	33.2	38.1	11.2	8.8	80.2
同居	13.8	34.5	24.8	12.9	14.1	73.1
离异或丧偶独身	9.4	26.4	37.1	12.6	14.5	72.9
总体	9.5	34.5	36.8	10.6	8.5	80.8

表22-11　不同工作性质对收入变化的总体评价　单位：%

	明显增长	略有增长	没变化	略有下降	明显下降	前三项合计
务农	12.7	21.8	37.0	12.4	16.1	71.5
农村专业管理人员	22.4	35.3	28.2	7.8	6.3	85.9
个体工商户及农村自营业者雇主	9.8	30.5	29.8	16.4	13.5	70.1
个体工商户雇员	8.3	31.7	39.9	11.6	8.6	79.9
党政机关、社会团体、事业单位职工	10.3	48.9	34.3	4.7	1.8	93.5
国有、集体企业职工	8.2	34.4	39.8	12.1	5.6	82.4
民营/私营企业企业主	12.2	36.7	27.9	12.2	11.0	76.8
民营/私营企业员工	7.5	36.7	40.2	9.7	5.9	84.4
合资、外资或港澳台企业员工	7.6	42.4	34.4	10.2	5.3	84.4
自由职业者和临时务工者	8.3	26.5	35.8	14.0	15.4	70.6
民办非企业单位、非营利组织员工	10.1	36.1	38.9	7.3	7.6	85.1
未知性质单位员工	8.5	25.6	47.3	10.0	8.5	81.4
全日制学生	8.0	34.8	48.2	7.1	1.8	91.0
总体	9.6	34.5	36.8	10.6	8.5	80.9

表22-12　不同工作职位对收入变化的总体评价　单位：%

	明显增长	略有增长	没变化	略有下降	明显下降	前三项合计
单位负责人/高层管理人员	15.6	39.1	27.1	9.8	8.4	81.8
部门负责人/中层以上管理人员	9.9	43.6	34.2	8.6	3.7	87.7
基层管理人员	9.2	43.1	34.4	9.0	4.2	86.7
一般员工	7.6	36.6	41.0	9.1	5.7	85.2
总体	8.5	38.9	38.4	9.0	5.2	85.8

表22-13　不同工作行业对收入变化的总体评价　单位：%

	明显增长	略有增长	没变化	略有下降	明显下降	前三项合计
采矿业	6.6	22.0	46.4	13.2	11.8	75.0
制造业	6.3	33.9	41.9	10.5	7.4	82.1
建筑业	9.4	31.8	37.2	11.5	10.1	78.4
交通运输、仓储和邮政业	6.9	29.3	38.2	14.5	11.2	74.4
信息传输、计算机服务和软件业	7.2	37.8	39.2	10.9	4.9	84.2
批发和零售业	7.0	32.1	39.7	12.7	8.5	78.8
住宿和餐饮业	10.7	35.4	38.3	8.7	6.9	84.4
金融业	8.1	35.9	36.6	13.2	6.2	80.6

续表

	明显增长	略有增长	没变化	略有下降	明显下降	前三项合计
房地产业	8.9	41.6	33.1	9.3	7.1	83.6
租赁和商务服务业	8.8	34.6	39.8	11.0	5.7	83.2
科学研究、技术服务和地质勘查业	12.7	41.6	31.8	10.2	3.7	86.1
教育、卫生、文化、体育	9.4	39.0	38.0	8.9	4.7	86.4
农林牧渔业	12.0	29.8	36.5	10.5	11.1	78.3
电力、燃气及水的生产和供应	9.0	32.5	39.8	11.2	7.5	81.3
水利、环境和公共设施管理业	7.1	44.3	35.0	7.9	5.7	86.4
居民服务和其他服务业	8.0	32.9	40.6	10.5	8.0	81.5
公共管理和社会组织	12.4	38.5	34.2	9.3	5.6	85.1
国际组织	10.5	26.3	52.6	5.3	5.3	89.4
总体	8.2	34.0	39.0	11.1	7.7	81.2

表22-14　不同生活水平对收入变化的总体评价　单位：%

	明显增长	略有增长	没变化	略有下降	明显下降	前三项合计
非常好	55.9	20.9	14.7	2.7	5.8	91.5
中等偏上	20.0	47.1	23.4	6.0	3.5	90.5
中等	7.4	38.0	39.1	9.7	5.8	84.5
中等偏下	3.3	20.6	43.5	17.5	15.2	67.4
非常差	2.4	10.9	35.3	13.7	37.7	48.6
总体	9.5	34.5	36.8	10.7	8.5	80.8

（三）2019 年居住地各级政府服务总体评价

对目前居住地各级政府服务表示“非常满意”“比较满意”和“一般”的分别占 26.2%、35.5%、28.4%，合计为 90.1%。从不同群体来看，18 ～ 29 岁、大学本科学历、党政机关 / 社会团体 / 事业单位职工、基层管理人员、在国际组织工作、从事金融行业等的群体对居住地各级政府服务的评价较高。相较而言，初中及以下学历、务农、自由职业者和临时务工者、从事采矿业和建筑业等的群体对居住地各级政府服务的评价较低。

表22-15　不同年龄对目前居住地各级政府服务的总体评价　单位：%

	非常满意	比较满意	一般	不太满意	非常不满意	前三项合计
18 ~ 19岁	32.7	41.1	22.6	2.4	1.1	96.4
20 ~ 24岁	28.3	40.5	26.5	3.0	1.8	95.3
25 ~ 29岁	25.0	38.6	29.2	3.9	3.3	92.8
30 ~ 34岁	23.4	35.0	31.3	5.6	4.8	89.7
35 ~ 39岁	23.7	37.4	29.7	5.1	4.1	90.8
40 ~ 44岁	25.5	34.2	29.5	5.1	5.6	89.2
45 ~ 49岁	26.4	31.8	29.7	5.8	6.4	87.9
50 ~ 54岁	28.2	29.3	28.8	6.3	7.4	86.3

续表

	非常满意	比较满意	一般	不太满意	非常不满意	前三项合计
55～59岁	27.0	37.7	24.7	5.1	5.5	89.4
60～64岁	27.3	33.1	27.2	5.4	6.9	87.6
65～69岁	30.0	31.7	25.5	6.2	6.7	87.2
70～74岁	30.7	31.7	25.2	5.9	6.5	87.6
总体	26.2	35.5	28.4	5.0	4.9	90.1

表22-16　不同受教育程度对目前居住地各级政府服务的总体评价　单位：%

	非常满意	比较满意	一般	不太满意	非常不满意	前三项合计
不识字或识字很少	34.3	20.0	23.0	8.2	14.4	77.3
小学	29.9	23.5	28.6	7.0	11.0	82.0
初中	23.9	30.0	32.2	6.5	7.3	86.1
普通高中	25.0	35.7	29.6	5.3	4.5	90.3
职高/中专/技校	22.4	38.0	30.2	5.5	3.9	90.6
大学专科（高职）	25.7	38.9	28.4	4.2	2.9	93.0
大学本科	29.2	41.8	24.0	3.0	2.0	95.0
研究生及以上	24.3	41.3	25.2	4.6	4.6	90.8
总体	26.2	35.5	28.4	5.0	4.9	90.1

表22-17　不同婚姻状况对目前居住地各级政府服务的总体评价　单位：%

	非常满意	比较满意	一般	不太满意	非常不满意	前三项合计
未婚	27.4	39.4	26.8	3.4	2.9	93.6
已婚	25.9	35.0	28.7	5.3	5.1	89.6
同居	29.1	27.8	26.3	7.0	9.8	83.2
离异或丧偶独身	24.4	27.6	31.5	7.3	9.2	83.5
总体	26.2	35.5	28.4	5.0	4.9	90.1

表22-18　不同工作性质对目前居住地各级政府服务的总体评价　单位：%

	非常满意	比较满意	一般	不太满意	非常不满意	前三项合计
务农	29.5	24.5	28.9	7.3	9.9	82.9
农村专业管理人员	50.7	24.8	16.9	4.2	3.4	92.4
个体工商户及农村自营业者雇主	23.7	33.6	31.6	6.0	5.1	88.9
个体工商户雇员	21.3	35.9	32.7	5.9	4.2	89.9
党政机关、社会团体、事业单位职工	40.6	38.8	17.0	2.2	1.3	96.4
国有、集体企业职工	22.3	41.3	29.3	4.5	2.6	92.9
民营/私营企业企业主	21.4	35.6	31.8	5.9	5.4	88.8
民营/私营企业员工	18.9	40.3	32.6	5.0	3.2	91.8
合资、外资或港澳台企业员工	14.2	45.5	31.8	5.4	2.9	91.5
自由职业者和临时务工者	22.4	29.0	31.9	7.8	8.9	83.3
民办非企业单位、非营利组织员工	24.4	39.9	26.5	4.9	4.2	90.8
未知性质单位员工	39.6	27.8	24.5	2.9	5.1	91.9
全日制学生	19.5	36.3	39.8	4.4	0.0	95.6
总体	26.2	35.5	28.5	5.2	4.6	90.2

表22-19　不同职位对目前居住地各级政府服务的总体评价　单位：%

	非常满意	比较满意	一般	不太满意	非常不满意	前三项合计
单位负责人/高层管理人员	31.9	33.0	27.3	4.4	3.5	92.2
部门负责人/中层以上管理人员	26.8	41.0	25.2	4.1	2.9	93.0
基层管理人员	24.9	40.1	28.2	4.2	2.5	93.2
一般员工	25.5	39.3	28.2	4.3	2.8	93.0
总体	25.8	39.4	27.7	4.3	2.8	92.9

表22-20　不同工作行业对目前居住地各级政府服务的总体评价　单位：%

	非常满意	比较满意	一般	不太满意	非常不满意	前三项合计
采矿业	16.6	34.6	31.5	9.8	7.5	82.7
制造业	17.4	38.7	34.3	5.7	3.8	90.4
建筑业	18.9	33.9	33.1	7.1	7.0	85.9
交通运输、仓储和邮政业	19.6	35.2	31.8	6.6	6.9	86.6
信息传输、计算机服务和软件业	20.0	40.8	31.6	4.6	2.9	92.4
批发和零售业	19.8	41.2	31.5	4.7	2.8	92.5
住宿和餐饮业	23.2	36.8	30.2	5.5	4.2	90.2
金融业	21.9	43.3	28.8	3.9	2.1	94.0
房地产业	21.7	38.7	32.4	4.7	2.6	92.8
租赁和商务服务业	19.7	42.0	29.8	5.7	2.7	91.5
科学研究、技术服务和地质勘查业	20.4	44.2	27.9	3.3	4.2	92.5
教育、卫生、文化、体育	23.6	38.8	29.3	5.6	2.7	91.7
农林牧渔业	23.4	34.4	35.0	3.0	4.2	92.8
电力、燃气及水的生产和供应	24.9	37.6	28.4	5.3	3.8	90.9
水利、环境和公共设施管理业	28.3	30.4	31.2	5.1	5.1	89.9
居民服务和其他服务业	23.8	35.6	31.7	4.6	4.3	91.1
公共管理和社会组织	32.9	36.0	23.6	5.0	2.5	92.5
国际组织	22.2	50.0	22.2	0.0	5.6	94.4
总体	20.8	38.0	31.6	5.4	4.1	90.4

表22-21　不同生活水平对目前居住地各级政府服务的总体评价　单位：%

	非常满意	比较满意	一般	不太满意	非常不满意	前三项合计
非常好	66.8	17.7	11.4	1.9	2.2	95.9
中等偏上	40.2	35.4	18.7	3.1	2.6	94.3
中等	25.6	39.6	27.8	3.9	3.1	93.0
中等偏下	14.5	30.3	38.4	8.7	8.0	83.2
非常差	15.9	17.5	33.2	11.1	22.3	66.6
总体	26.1	35.6	28.4	5.0	4.9	90.1

（四）2019 年居住地交通状况总体评价

对目前居住地交通状况表示“非常满意”“比较满意”和“一般”的分别占 24.3%、36.1%、

27.3%，合计为 87.7%。从不同群体来看，18 ～ 19 岁、65 ～ 74 岁、普通高中学历、党政机关 / 社会团体 / 事业单位职工、农村专业管理人员、一般员工、在国际组织工作、从事住宿和餐饮行业、从事水利 / 环境和公共设施管理行业、生活水平在当地处于非常好等的群体对居住地交通状况的评价较高。

表22-22　不同年龄对目前居住地交通状况的总体评价　单位：%

	非常满意	比较满意	一般	不太满意	非常不满意	前三项合计
18～19岁	25.1	41.3	25.3	5.9	2.4	91.7
20～24岁	23.0	37.5	28.9	7.4	3.0	89.4
25～29岁	21.3	36.3	29.5	8.0	5.0	87.1
30～34岁	20.7	35.5	29.5	8.9	5.5	85.7
35～39岁	21.1	37.3	28.7	8.3	4.7	87.1
40～44岁	23.1	36.1	27.5	8.5	4.8	86.7
45～49岁	24.8	35.4	26.5	7.8	5.4	86.7
50～54岁	27.7	34.1	25.2	7.3	5.6	87.0
55～59岁	27.5	35.8	26.5	6.6	3.6	89.8
60～64岁	29.5	34.5	23.6	7.2	5.2	87.6
65～69岁	35.8	34.1	20.3	5.4	4.5	90.2
70～74岁	36.1	34.7	19.9	5.4	4.0	90.7
总体	24.3	36.1	27.3	7.7	4.7	87.7

表22-23　不同受教育程度对目前居住地交通状况的总体评价　单位：%

	非常满意	比较满意	一般	不太满意	非常不满意	前三项合计
不识字或识字很少	35.9	21.6	24.7	7.6	10.1	82.2
小学	31.7	27.3	26.1	6.8	8.0	85.1
初中	26.2	32.8	28.3	7.4	5.2	87.3
普通高中	24.4	38.3	26.1	7.1	4.0	88.8
职高/中专/技校	21.1	39.0	28.2	7.8	3.9	88.3
大学专科（高职）	22.3	38.3	27.6	7.9	4.0	88.2
大学本科	22.3	38.9	26.9	8.3	3.6	88.1
研究生及以上	18.5	35.2	29.2	10.3	6.7	82.9
总体	24.3	36.1	27.3	7.7	4.7	87.7

表22-24　不同婚姻状况对目前居住地交通状况的总体评价　单位：%

	非常满意	比较满意	一般	不太满意	非常不满意	前三项合计
未婚	23.1	36.9	28.5	7.5	4.0	88.5
已婚	24.6	36.1	26.9	7.7	4.6	87.6
同居	28.3	30.5	26.8	6.3	8.2	85.6
离异或丧偶独身	24.8	31.8	27.1	8.5	7.8	83.7
总体	24.3	36.1	27.3	7.7	4.7	87.7

表22-25　不同工作性质对目前居住地交通状况的总体评价　单位：%

	非常满意	比较满意	一般	不太满意	非常不满意	前三项合计
务农	31.9	28.2	25.2	7.5	7.2	85.3
农村专业管理人员	44.3	29.4	17.9	4.7	3.7	91.6
个体工商户及农村自营业者雇主	24.0	35.9	27.1	8.5	4.5	87.0
个体工商户雇员	20.4	37.0	30.3	8.1	4.2	87.7
党政机关、社会团体、事业单位职工	31.6	38.8	21.4	5.6	2.6	91.8
国有、集体企业职工	18.8	40.8	27.5	8.7	4.2	87.1
民营/私营企业企业主	19.6	34.3	28.8	10.3	7.0	82.7
民营/私营企业企业员工	18.1	37.0	31.2	9.4	4.3	86.3
合资、外资或港澳台企业员工	13.7	38.9	31.9	10.9	4.6	84.5
自由职业者和临时务工者	23.9	33.8	28.7	7.3	6.3	86.4
民办非企业单位、非营利组织员工	19.7	41.0	26.2	8.6	4.5	86.9
未知性质单位员工	38.4	31.7	21.5	4.2	4.2	91.6
全日制学生	17.1	46.2	27.4	7.7	1.7	90.7
总体	24.3	35.9	27.2	8.0	4.7	87.4

表22-26　不同职位对目前居住地交通状况的总体评价　单位：%

	非常满意	比较满意	一般	不太满意	非常不满意	前三项合计
单位负责人/高层管理人员	27.3	35.3	23.3	8.7	5.4	85.9
部门负责人/中层以上管理人员	22.0	38.5	27.0	8.4	4.2	87.5
基层管理人员	20.1	39.0	28.1	8.9	4.0	87.2
一般员工	22.7	38.0	28.0	7.7	3.6	88.7
总体	22.3	38.1	27.7	8.1	3.8	88.1

表22-27　不同工作行业对目前居住地交通状况的总体评价　单位：%

	非常满意	比较满意	一般	不太满意	非常不满意	前三项合计
采矿业	19.7	38.7	24.9	9.5	7.2	83.3
制造业	18.2	37.9	31.0	8.7	4.2	87.1
建筑业	21.2	35.5	29.3	8.1	6.0	86.0
交通运输、仓储和邮政业	21.4	35.3	28.3	8.7	6.3	85.0
信息传输、计算机服务和软件业	14.6	38.6	29.8	12.4	4.7	83.0
批发和零售业	19.1	36.7	31.8	8.8	3.5	87.6
住宿和餐饮业	21.0	40.0	29.2	6.7	3.1	90.2
金融业	18.6	39.2	28.1	9.6	4.6	85.9
房地产业	18.1	37.1	29.9	6.9	8.1	85.1
租赁和商务服务业	18.4	40.9	29.7	8.5	2.4	89.0
科学研究、技术服务和地质勘查业	17.8	40.5	29.6	7.7	4.5	87.9
教育、卫生、文化、体育	20.0	36.8	29.9	9.3	3.9	86.7
农林牧渔业	24.9	34.2	27.2	8.2	5.6	86.3
电力、燃气及水的生产和供应	19.2	39.0	27.8	10.6	3.4	86.0

续表

	非常满意	比较满意	一般	不太满意	非常不满意	前三项合计
水利、环境和公共设施管理业	22.1	39.3	28.6	6.4	3.6	90.0
居民服务和其他服务业	22.7	35.4	29.7	7.7	4.5	87.8
公共管理和社会组织	29.4	30.1	28.2	8.6	3.7	87.7
国际组织	31.6	36.8	31.6	0.0	0.0	100.0
总体	19.8	37.2	29.7	8.7	4.6	86.7

表22-28 不同生活水平对目前居住地交通状况的总体评价 单位：%

	非常满意	比较满意	一般	不太满意	非常不满意	前三项合计
非常好	62.6	20.0	12.1	2.5	2.8	94.7
中等偏上	34.0	36.8	19.9	6.0	3.2	90.7
中等	23.7	37.9	27.9	7.1	3.4	89.5
中等偏下	15.6	35.0	31.7	10.6	7.1	82.3
非常差	19.0	24.0	31.4	10.5	15.2	74.4
总体	24.3	36.1	27.3	7.7	4.7	87.7

（五）2019 年居住地社会治安环境总体评价

对目前居住地社会治安环境表示“非常满意”“比较满意”和“一般”的分别占 37.2%、41.4%、17.8%，合计为 96.4%。从不同群体来看，35 ～ 44 岁、大学本科学历、党政机关 / 社会团体 / 事业单位职工、学生、单位负责人 / 高层管理人员、在国际组织工作、从事电力 / 燃气及水的生产和供应行业、从事农林牧渔业、生活水平在当地处于中等偏上等的群体对居住地社会治安环境的评价较高。

表22-29 不同年龄对目前居住地社会治安环境的总体评价 单位：%

	非常满意	比较满意	一般	不太满意	非常不满意	前三项合计
18 ~ 19岁	39.0	40.4	16.5	3.2	0.9	95.9
20 ~ 24岁	35.3	42.5	18.6	2.6	1.0	96.4
25 ~ 29岁	37.2	42.4	17.1	2.4	1.0	96.7
30 ~ 34岁	35.0	43.5	17.8	2.6	1.1	96.3
35 ~ 39岁	36.1	43.4	17.3	2.0	1.2	96.8
40 ~ 44岁	37.7	42.3	17.0	1.8	1.2	97.0
45 ~ 49岁	39.6	40.3	16.6	2.0	1.4	96.5
50 ~ 54岁	42.1	36.6	16.9	2.5	1.8	95.6
55 ~ 59岁	35.2	41.2	19.9	2.4	1.3	96.3
60 ~ 64岁	36.6	39.1	19.9	2.2	2.2	95.6
65 ~ 69岁	39.7	37.6	17.9	3.0	1.8	95.2
70 ~ 74岁	38.0	39.3	18.5	2.3	2.0	95.8
总体	37.2	41.4	17.8	2.3	1.3	96.4

表22-30　不同受教育程度对目前居住地社会治安环境的总体评价　单位：%

	非常满意	比较满意	一般	不太满意	非常不满意	前三项合计
不识字或识字很少	45.3	23.8	21.7	3.8	5.4	90.8
小学	39.8	30.5	22.7	3.6	3.4	93.0
初中	35.9	38.1	21.5	2.8	1.7	95.5
普通高中	35.1	42.2	19.0	2.5	1.2	96.3
职高/中专/技校	34.5	43.7	18.3	2.4	1.0	96.5
大学专科（高职）	35.5	45.6	16.3	1.9	0.8	97.4
大学本科	40.9	44.2	12.6	1.7	0.6	97.7
研究生及以上	36.3	48.3	12.9	1.3	1.2	97.5
总体	37.2	41.4	17.8	2.3	1.3	96.4

表22-31　不同婚姻状况对目前居住地社会治安环境的总体评价　单位：%

	非常满意	比较满意	一般	不太满意	非常不满意	前三项合计
未婚	37.4	41.8	17.1	2.6	1.1	96.3
已婚	37.2	41.6	17.7	2.2	1.3	96.5
同居	42.9	33.0	16.2	4.7	3.2	92.1
离异或丧偶独身	34.5	38.7	21.6	3.0	2.3	94.8
总体	37.2	41.4	17.8	2.3	1.3	96.4

表22-32　不同工作性质对目前居住地社会治安环境的总体评价　单位：%

	非常满意	比较满意	一般	不太满意	非常不满意	前三项合计
务农	42.0	32.8	20.3	2.6	2.3	95.1
农村专业管理人员	55.4	29.2	11.0	3.4	1.0	95.6
个体工商户及农村自营业者雇主	38.0	42.3	16.5	2.1	1.2	96.8
个体工商户雇员	31.7	45.0	19.6	2.7	1.0	96.3
党政机关、社会团体、事业单位职工	52.1	37.2	9.1	1.0	0.5	98.4
国有、集体企业职工	36.6	47.6	13.5	1.7	0.6	97.7
民营/私营企业企业主	38.4	43.6	14.6	2.3	1.2	96.6
民营/私营企业员工	30.7	48.0	18.1	2.3	0.9	96.8
合资、外资或港澳台企业员工	30.0	51.0	15.9	2.3	0.8	96.9
自由职业者和临时务工者	34.8	38.7	21.1	3.1	2.3	94.6
民办非企业单位、非营利组织员工	35.1	44.3	16.2	3.8	0.7	95.6
未知性质单位员工	52.5	29.4	14.5	2.1	1.4	96.4
全日制学生	29.9	42.7	25.6	1.7	0	98.2
总体	38.5	41.8	16.4	2.2	1.2	96.7

表22-33　不同职位对目前居住地社会治安环境的总体评价　单位：%

	非常满意	比较满意	一般	不太满意	非常不满意	前三项合计
单位负责人/高层管理人员	43.4	39.8	14.5	0.8	1.5	97.7
部门负责人/中层以上管理人员	40.9	45.0	11.7	1.8	0.7	97.6
基层管理人员	38.7	44.2	14.4	1.9	0.8	97.3
一般员工	36.5	44.6	16.0	2.1	0.7	97.1
总体	37.8	44.4	15.0	1.9	0.8	97.2

表22-34　不同工作行业对目前居住地社会治安状况的总体评价　单位：%

	非常满意	比较满意	一般	不太满意	非常不满意	前三项合计
采矿业	34.4	43.3	18.0	2.6	1.6	95.7
制造业	30.3	47.8	18.7	2.4	0.8	96.8
建筑业	35.9	42.6	17.8	2.1	1.7	96.3
交通运输、仓储和邮政业	36.5	42.2	17.1	2.7	1.5	95.8
信息传输、计算机服务和软件业	33.6	46.8	17.0	1.9	0.7	97.4
批发和零售业	30.4	47.8	18.8	2.2	0.9	97.0
住宿和餐饮业	34.1	41.9	19.2	3.3	1.6	95.2
金融业	34.3	47.2	15.9	2.2	0.5	97.4
房地产业	31.2	48.7	16.9	2.0	1.2	96.8
租赁和商务服务业	33.2	44.4	19.9	1.9	0.5	97.5
科学研究、技术服务和地质勘查业	35.2	49.4	13.0	0.8	1.6	97.6
教育、卫生、文化、体育	29.8	50.0	16.2	3.0	1.0	96.0
农林牧渔业	33.2	47.5	17.2	1.7	0.3	97.9
电力、燃气及水的生产和供应	36.7	48.3	13.9	0.4	0.6	98.9
水利、环境和公共设施管理业	37.9	40.7	18.6	2.1	0.7	97.2
居民服务和其他服务业	34.4	43.9	17.4	3.0	1.3	95.7
公共管理和社会组织	40.1	38.9	16.7	2.5	1.9	95.7
国际组织	42.1	42.1	15.8	0	0	100.0
总体	33.2	45.7	17.6	2.4	1.1	96.5

表22-35　不同生活水平对目前居住地社会治安环境的总体评价　单位：%

	非常满意	比较满意	一般	不太满意	非常不满意	前三项合计
非常好	70.4	18.3	9.0	1.2	1.0	97.7
中等偏上	49.8	36.7	11.5	1.3	0.8	98.0
中等	36.7	43.6	16.9	2.0	0.8	97.2
中等偏下	27.4	44.0	23.2	3.4	1.9	94.6
非常差	27.3	30.6	29.4	5.8	7.0	87.3
总体	37.1	41.5	17.8	2.3	1.3	96.4

（六）2019 年住房状况总体评价

对目前住房状况表示“非常满意”“比较满意”和“一般”的分别占 24.7%、37.2%、27.4%，合计为 89.3%。从不同群体来看，18 ～ 29 岁、大学本科学历、党政机关 / 社会团队 / 事业单位职工、单位负责人 / 高层管理人员、在国际组织工作、从事金融行业、生活水平在当地处于非常好等的群体对居住地住房状况的评价较高。相较而言，不识字或识字很少、自由职业者和临时务工者、从事采矿行业等的群体对居住地住房状况的评价较低。

表22-36　不同年龄对目前居住地住房状况的总体评价　单位：%

	非常满意	比较满意	一般	不太满意	非常不满意	前三项合计
18～19岁	33.6	41.5	20.2	3.4	1.4	95.3
20～24岁	26.0	39.7	27.1	5.0	2.2	92.8
25～29岁	23.6	38.2	28.6	6.1	3.5	90.4
30～34岁	21.8	38.5	27.6	7.4	4.7	87.9
35～39岁	22.0	38.7	29.1	6.2	4.0	89.8
40～44岁	23.4	36.8	28.9	6.3	4.7	89.1
45～49岁	25.6	33.9	28.6	6.6	5.2	88.1
50～54岁	27.5	33.4	26.3	6.9	5.9	87.2
55～59岁	25.3	37.8	26.2	6.5	4.2	89.3
60～64岁	25.7	34.4	26.9	7.4	5.7	87.0
65～69岁	29.6	33.1	25.0	6.9	5.4	87.7
70～74岁	30.5	35.1	22.4	6.9	5.1	88.0
总体	24.7	37.2	27.4	6.4	4.3	89.3

表22-37　不同受教育程度对目前居住地住房状况的总体评价　单位：%

	非常满意	比较满意	一般	不太满意	非常不满意	前三项合计
不识字或识字很少	32.9	22.0	24.5	9.3	11.3	79.4
小学	27.8	24.5	30.2	9.0	8.5	82.5
初中	23.1	31.4	31.4	8.4	5.7	85.9
普通高中	24.5	36.2	28.7	6.2	4.4	89.4
职高/中专/技校	22.6	38.7	27.8	6.4	4.5	89.1
大学专科（高职）	23.6	41.8	26.2	5.5	2.9	91.6
大学本科	26.6	44.0	23.0	4.2	2.1	93.6
研究生及以上	24.3	42.4	23.0	6.1	4.2	89.7
总体	24.7	37.2	27.4	6.4	4.3	89.3

表22-38　不同婚姻状况对目前居住地住房状况的总体评价　单位：%

	非常满意	比较满意	一般	不太满意	非常不满意	前三项合计
未婚	25.2	38.6	27.2	5.7	3.3	91.0
已婚	24.8	37.3	27.2	6.3	4.3	89.3
同居	27.1	27.8	29.3	7.8	8.0	84.2
离异或丧偶独身	21.0	29.9	30.1	10.2	8.8	81.0
总体	24.7	37.2	27.4	6.4	4.3	89.3

表22-39　不同工作性质对目前居住地住房状况的总体评价　单位：%

	非常满意	比较满意	一般	不太满意	非常不满意	前三项合计
务农	29.2	27.5	28.8	7.6	7.0	85.5
农村专业管理人员	43.4	32.4	17.8	3.1	3.4	93.6
个体工商户及农村自营业者雇主	24.7	39.3	26.0	6.1	3.9	90.0
个体工商户雇员	19.7	39.0	30.1	7.2	4.0	88.8

续表

	非常满意	比较满意	一般	不太满意	非常不满意	前三项合计
党政机关、社会团体、事业单位职工	35.3	41.0	18.7	3.5	1.5	95.0
国有、集体企业职工	23.6	42.5	25.8	5.2	2.9	91.9
民营/私营企业企业主	24.2	40.1	27.0	5.4	3.3	91.3
民营/私营企业员工	18.3	40.7	31.1	6.6	3.4	90.1
合资、外资或港澳台企业员工	13.6	41.9	33.1	7.7	3.8	88.6
自由职业者和临时务工者	21.2	31.8	31.0	8.3	7.7	84.0
民办非企业单位、非营利组织员工	23.8	41.4	25.2	5.9	3.8	90.4
未知性质单位员工	37.0	32.4	22.4	5.0	3.2	91.8
全日制学生	20.9	46.1	24.3	8.7	0	91.3
总体	25.0	37.8	27.1	6.1	4.0	89.9

表22-40　不同职位对目前居住地住房状况的总体评价　单位：%

	非常满意	比较满意	一般	不太满意	非常不满意	前三项合计
单位负责人/高层管理人员	33.1	40.2	20.6	4.3	1.9	93.9
部门负责人/中层以上管理人员	26.5	45.1	21.9	4.0	2.5	93.5
基层管理人员	23.0	42.9	26.5	5.1	2.6	92.4
一般员工	23.2	39.1	28.3	6.2	3.1	90.6
总体	24.1	40.7	26.7	5.6	2.9	91.5

表22-41　不同工作行业对目前居住地住房状况的总体评价　单位：%

	非常满意	比较满意	一般	不太满意	非常不满意	前三项合计
采矿业	20.3	36.5	29.6	8.3	5.3	86.4
制造业	18.1	37.5	32.5	7.3	4.5	88.1
建筑业	19.7	36.3	31.8	6.7	5.5	87.8
交通运输、仓储和邮政业	21.4	36.3	29.3	7.4	5.5	87.0
信息传输、计算机服务和软件业	19.0	42.8	28.3	6.1	3.7	90.1
批发和零售业	19.6	40.8	30.4	6.2	3.0	90.8
住宿和餐饮业	21.4	38.4	29.4	6.5	4.3	89.2
金融业	25.1	44.0	24.5	4.9	1.5	93.6
房地产业	20.7	42.4	26.2	7.5	3.2	89.3
租赁和商务服务业	17.8	41.6	32.1	5.4	3.1	91.5
科学研究、技术服务和地质勘查业	17.1	39.6	31.8	7.3	4.1	88.5
教育、卫生、文化、体育	19.6	42.9	28.9	6.1	2.4	91.4
农林牧渔业	24.1	38.4	27.0	6.1	4.4	89.5
电力、燃气及水的生产和供应	23.9	42.8	24.5	4.9	3.9	91.2
水利、环境和公共设施管理业	25.7	39.3	20.0	9.3	5.7	85.0
居民服务和其他服务业	21.3	36.3	30.2	7.8	4.4	87.8
公共管理和社会组织	28.0	43.5	19.3	5.6	3.7	90.8
国际组织	15.8	47.4	31.6	5.3	0	94.8
总体	20.4	39.2	29.7	6.7	4.0	89.3

表22-42　不同生活水平对目前居住地住房状况的总体评价　单位：%

	非常满意	比较满意	一般	不太满意	非常不满意	前三项合计
非常好	70.1	19.1	7.4	1.6	1.8	96.6
中等偏上	42.3	40.0	13.9	2.5	1.3	96.2
中等	23.8	41.5	27.6	4.7	2.3	92.9
中等偏下	11.9	29.6	37.9	12.7	7.9	79.4
非常差	12.4	16.9	31.5	14.7	24.5	60.8
总体	24.7	37.2	27.4	6.4	4.3	89.3

（七）2019 年居住地教育状况总体评价

对目前居住地教育状况表示“非常满意”“比较满意”和“一般”的分别占 22.3%、34.5%、29.3%，合计为 86.1%。从不同群体来看，18 ～ 29 岁、大学本科及专科学历、学生、党政机关 / 社会团体 / 事业单位职工、一般员工、单位负责人 / 高层管理人员、在公共管理和社会组织工作、从事房地产行业、生活水平在当地处于非常好等的群体对居住地教育状况的评价较高。相较而言，小学学历、研究生及以上学历、从事采矿业等的群体对居住地教育状况的评价较低。

表22-43　不同年龄对目前居住地教育状况的总体评价　单位：%

	非常满意	比较满意	一般	不太满意	非常不满意	前三项合计
18～19岁	27.4	38.2	26.0	5.6	2.8	91.6
20～24岁	24.8	39.3	27.8	5.6	2.5	91.9
25～29岁	20.7	36.2	32.5	6.7	3.9	89.4
30～34岁	18.4	32.8	32.4	9.7	6.7	83.6
35～39岁	19.0	35.1	30.6	9.0	6.4	84.7
40～44岁	20.5	33.0	30.2	9.1	7.2	83.7
45～49岁	22.4	33.1	28.8	9.1	6.6	84.3
50～54岁	26.6	30.6	27.8	8.1	6.9	85.0
55～59岁	24.1	36.0	27.5	7.3	5.1	87.6
60～64岁	25.4	34.2	26.3	7.6	6.5	85.9
65～69岁	28.5	33.6	22.9	8.7	6.3	85.0
70～74岁	29.7	32.4	20.9	11.3	5.6	83.0
总体	22.3	34.5	29.3	8.2	5.7	86.1

表22-44　不同受教育程度对目前居住地教育状况的总体评价　单位：%

	非常满意	比较满意	一般	不太满意	非常不满意	前三项合计
不识字或识字很少	37.3	21.1	23.0	9.7	8.9	81.4
小学	29.9	26.0	27.1	8.6	8.4	83.0
初中	23.0	30.9	29.7	9.2	7.2	83.6
普通高中	22.0	36.1	28.0	7.9	6.0	86.1
职高/中专/技校	18.4	36.3	30.5	8.4	6.4	85.2
大学专科（高职）	20.4	37.3	30.1	7.6	4.5	87.8

续表

	非常满意	比较满意	一般	不太满意	非常不满意	前三项合计
大学本科	21.6	37.6	29.6	7.4	3.7	88.8
研究生及以上	17.7	32.4	33.0	11.3	5.7	83.1
总体	22.3	34.5	29.3	8.2	5.7	86.1

表22-45　不同婚姻状况对目前居住地教育状况的总体评价　单位：%

	非常满意	比较满意	一般	不太满意	非常不满意	前三项合计
未婚	24.0	38.0	28.9	6.1	3.1	90.9
已婚	21.8	33.9	29.3	8.7	6.2	85.0
同居	28.4	26.9	28.9	7.2	8.6	84.2
离异或丧偶独身	21.0	29.0	30.3	9.7	9.9	80.3
总体	22.3	34.5	29.3	8.2	5.7	86.1

表22-46　不同工作性质对目前居住地教育状况的总体评价　单位：%

	非常满意	比较满意	一般	不太满意	非常不满意	前三项合计
务农	29.7	28.4	25.5	8.4	8.0	83.6
农村专业管理人员	39.5	31.7	19.8	5.9	3.1	91.0
个体工商户及农村自营业者雇主	20.3	33.4	30.8	8.7	6.8	84.5
个体工商户雇员	18.5	35.7	31.8	7.7	6.2	86.0
党政机关、社会团体、事业单位职工	30.4	37.0	24.1	5.6	2.9	91.5
国有、集体企业职工	18.3	35.9	32.0	9.2	4.6	86.2
民营/私营企业企业主	16.5	35.2	34.2	6.5	7.6	85.9
民营/私营企业员工	16.2	36.2	33.6	9.0	5.0	86.0
合资、外资或港澳台企业员工	12.4	35.4	35.2	11.2	5.8	83.0
自由职业者和临时务工者	21.7	30.5	29.7	9.5	8.6	81.9
民办非企业单位、非营利组织员工	19.7	39.8	28.5	7.0	4.9	88.0
未知性质单位员工	33.3	34.5	21.2	6.4	4.5	89.0
全日制学生	17.2	52.6	22.4	3.4	4.3	92.2
总体	22.4	34.4	29.5	8.1	5.6	86.3

表22-47　不同职位对目前居住地教育状况的总体评价　单位：%

	非常满意	比较满意	一般	不太满意	非常不满意	前三项合计
单位负责人/高层管理人员	24.7	34.3	28.7	6.4	5.9	87.7
部门负责人/中层以上管理人员	20.8	37.2	29.2	7.9	4.9	87.2
基层管理人员	19.4	35.3	32.1	8.7	4.4	86.8
一般员工	21.0	36.4	30.3	7.9	4.4	87.7
总体	20.9	36.3	30.3	8.0	4.5	87.5

表22-48　不同工作行业对目前居住地教育状况的总体评价　单位：%

	非常满意	比较满意	一般	不太满意	非常不满意	前三项合计
采矿业	19.0	27.1	33.6	13.9	6.4	79.7
制造业	16.1	33.0	35.4	9.3	6.1	84.5
建筑业	19.5	33.1	29.9	9.9	7.7	82.5
交通运输、仓储和邮政业	18.0	33.2	31.3	8.7	8.9	82.5

续表

	非常满意	比较满意	一般	不太满意	非常不满意	前三项合计
信息传输、计算机服务和软件业	15.6	36.0	34.0	9.3	5.1	85.6
批发和零售业	17.7	36.4	32.6	8.5	4.9	86.7
住宿和餐饮业	20.2	37.5	28.9	7.7	5.7	86.6
金融业	17.6	36.4	32.3	9.4	4.2	86.3
房地产业	15.9	37.9	35.5	6.4	4.3	89.3
租赁和商务服务业	17.1	38.5	32.3	7.6	4.4	87.9
科学研究、技术服务和地质勘查业	14.5	37.7	32.5	11.0	4.4	84.7
教育、卫生、文化、体育	19.4	37.2	30.9	9.2	3.4	87.5
农林牧渔业	19.2	37.5	30.0	6.3	6.9	86.7
电力、燃气及水的生产和供应	17.7	35.9	29.3	9.8	7.3	82.9
水利、环境和公共设施管理业	24.1	33.1	29.3	9.8	3.8	86.5
居民服务和其他服务业	19.6	35.0	32.2	8.1	5.0	86.8
公共管理和社会组织	28.4	32.3	29.0	6.5	3.9	89.7
国际组织	23.5	29.4	29.4	17.6	0	82.3
总体	18.1	35.1	32.2	8.9	5.7	85.4

表22-49　不同生活水平对目前居住地教育状况的总体评价　单位：%

	非常满意	比较满意	一般	不太满意	非常不满意	前三项合计
非常好	64.0	18.6	12.3	2.4	2.7	94.9
中等偏上	34.7	35.2	21.8	5.2	3.2	91.7
中等	21.3	37.5	29.8	7.3	4.1	88.6
中等偏下	12.4	30.5	34.9	12.7	9.5	77.8
非常差	14.6	21.2	31.8	12.4	20.1	67.6
总体	22.3	34.5	29.3	8.2	5.7	86.1

（八）2019 年居住地医疗服务总体评价

对目前居住地医疗服务表示“非常满意”“比较满意”和“一般”的分别占 19.8%、32.5%、31.2%，合计为 83.5%。从不同群体来看，18 ～ 29 岁、大学本科学历、党政机关 / 社会团体 / 事业单位职工、基层管理人员、从事教育 / 卫生 / 文化 / 体育行业、生活水平在当地处于非常好等的群体对居住地医疗服务的评价较高。相较而言，65 ～ 74 岁、50 ～ 54 岁、自由职业者和临时务工者、务农、从事采矿业等的群体对居住地医疗服务的评价较低。

表22-50　不同年龄对目前居住地医疗服务的总体评价　单位：%

	非常满意	比较满意	一般	不太满意	非常不满意	前三项合计
18 ~ 19岁	27.5	36.3	27.6	6.0	2.6	91.4
20 ~ 24岁	22.1	37.6	30.7	6.8	2.8	90.4
25 ~ 29岁	19.2	34.0	32.8	8.5	5.5	86.0
30 ~ 34岁	16.3	31.1	35.0	10.7	6.9	82.4

续表

	非常满意	比较满意	一般	不太满意	非常不满意	前三项合计
35～39岁	17.4	33.3	33.0	10.1	6.2	83.7
40～44岁	17.7	31.8	32.8	10.3	7.3	82.3
45～49岁	19.5	30.1	31.5	10.9	7.9	81.1
50～54岁	22.4	28.5	28.8	11.2	9.1	79.7
55～59岁	21.3	34.6	28.8	8.8	6.5	84.7
60～64岁	21.9	31.1	27.1	11.6	8.3	80.1
65～69岁	24.5	30.1	25.1	11.9	8.3	79.7
70～74岁	25.0	28.0	24.4	13.3	9.3	77.4
总体	19.8	32.5	31.2	9.9	6.6	83.5

表22-51　不同受教育程度对目前居住地医疗服务的总体评价　单位：%

	非常满意	比较满意	一般	不太满意	非常不满意	前三项合计
不识字或识字很少	33.9	20.7	22.9	10.4	12.1	77.5
小学	26.1	23.3	28.7	11.4	10.5	78.1
初中	19.6	28.5	31.8	11.2	8.9	79.9
普通高中	19.6	33.3	30.3	10.2	6.7	83.2
职高/中专/技校	18.1	33.4	32.0	10.1	6.5	83.5
大学专科（高职）	18.4	34.7	32.9	8.9	5.1	86.0
大学本科	19.2	37.1	31.1	8.5	4.0	87.4
研究生及以上	15.5	37.8	32.0	9.6	5.1	85.3
总体	19.8	32.5	31.2	9.9	6.6	83.5

表22-52　不同婚姻状况对目前居住地医疗服务的总体评价　单位：%

	非常满意	比较满意	一般	不太满意	非常不满意	前三项合计
未婚	21.9	35.7	30.9	7.4	4.1	88.5
已婚	19.2	32.0	31.4	10.5	6.9	82.6
同居	22.9	29.8	27.5	10.2	9.6	80.2
离异或丧偶独身	18.9	26.3	31.1	11.6	12.1	76.3
总体	19.8	32.5	31.2	9.9	6.6	83.5

表22-53　不同工作性质对目前居住地医疗服务的总体评价　单位：%

	非常满意	比较满意	一般	不太满意	非常不满意	前三项合计
务农	26.8	26.3	26.6	10.7	9.7	79.7
农村专业管理人员	40.6	29.8	18.2	7.7	3.5	88.6
个体工商户及农村自营业者雇主	17.4	30.5	34.3	10.0	7.7	82.2
个体工商户雇员	15.5	32.8	34.5	10.1	7.1	82.8
党政机关、社会团体、事业单位职工	27.1	36.4	26.9	6.5	3.1	90.4
国有、集体企业职工	15.8	35.2	33.3	10.1	5.6	84.3
民营/私营企业企业主	15.6	28.7	36.7	11.0	7.9	81.0
民营/私营企业员工	14.0	35.1	34.9	10.8	5.0	84.0
合资、外资或港澳台企业员工	12.0	37.3	34.3	10.9	5.6	83.6
自由职业者和临时务工者	18.7	27.6	32.3	11.7	9.7	78.6

续表

	非常满意	比较满意	一般	不太满意	非常不满意	前三项合计
民办非企业单位、非营利组织员工	20.4	36.0	29.8	8.0	5.9	86.2
未知性质单位员工	33.1	28.7	25.1	7.3	5.8	86.9
全日制学生	16.2	41.9	30.8	6.0	5.1	88.9
总体	19.8	32.6	31.5	9.8	6.3	83.9

表22-54　不同职位对目前居住地医疗服务的总体评价　单位：%

	非常满意	比较满意	一般	不太满意	非常不满意	前三项合计
单位负责人/高层管理人员	22.8	31.6	29.7	9.3	6.6	84.1
部门负责人/中层以上管理人员	17.4	35.6	32.5	9.6	4.9	85.5
基层管理人员	17.2	35.8	33.2	8.9	4.9	86.2
一般员工	18.5	35.1	32.1	9.5	4.9	85.7
总体	18.3	35.1	32.2	9.4	5.0	85.6

表22-55　不同工作行业对目前居住地医疗服务的总体评价　单位：%

	非常满意	比较满意	一般	不太满意	非常不满意	前三项合计
采矿业	13.2	26.5	34.1	15.6	10.6	73.8
制造业	13.1	33.2	35.2	12.3	6.2	81.5
建筑业	17.1	30.2	32.5	11.7	8.4	79.8
交通运输、仓储和邮政业	15.3	31.4	33.2	10.7	9.5	79.9
信息传输、计算机服务和软件业	13.2	37.6	34.7	9.7	4.8	85.5
批发和零售业	15.2	31.3	36.8	11.0	5.6	83.3
住宿和餐饮业	17.6	35.2	31.3	9.8	6.2	84.1
金融业	15.8	34.3	35.2	10.0	4.7	85.3
房地产业	14.1	35.1	34.7	10.1	6.0	83.9
租赁和商务服务业	13.8	36.9	34.9	9.5	4.8	85.6
科学研究、技术服务和地质勘查业	15.8	40.7	29.0	8.3	6.2	85.5
教育、卫生、文化、体育	18.5	37.1	31.5	9.2	3.7	87.1
农林牧渔业	14.5	30.1	38.1	11.5	5.9	82.7
电力、燃气及水的生产和供应	16.5	31.8	33.3	11.0	7.4	81.6
水利、环境和公共设施管理业	13.1	36.5	32.1	10.9	7.3	81.7
居民服务和其他服务业	17.9	34.3	32.8	9.3	5.7	85.0
公共管理和社会组织	22.8	35.8	25.3	11.1	4.9	83.9
国际组织	26.3	31.6	36.8	0	5.3	94.7
总体	15.7	33.6	33.8	10.7	6.2	83.1

表22-56　不同生活水平对目前居住地医疗服务的总体评价　单位：%

	非常满意	比较满意	一般	不太满意	非常不满意	前三项合计
非常好	61.1	19.0	13.0	3.2	3.7	93.1
中等偏上	30.8	35.7	23.4	6.3	3.8	89.9
中等	18.9	35.3	32.3	8.8	4.7	86.5
中等偏下	10.5	26.9	36.4	15.3	10.9	73.8
非常差	13.6	19.5	30.3	14.2	22.5	63.4
总体	19.8	32.5	31.3	9.9	6.6	83.6

（九）2019 年居住地环境状况总体评价

对目前居住地环境状况表示“非常满意”“比较满意”和“一般”的分别占 25.6%、38.0%、26.9%，合计为 90.5%。从不同群体来看，18 ～ 29 岁、大学专科及大学本科学历、党政机关 / 社会团体 / 事业单位职工、在国际组织工作、从事金融行业、生活水平在当地处于非常好等的群体对居住地环境状况的评价较高。

表22-57　不同年龄对目前居住地环境状况的总体评价　单位：%

	非常满意	比较满意	一般	不太满意	非常不满意	前三项合计
18 ~ 19岁	27.8	38.9	25.6	6.0	1.7	92.3
20 ~ 24岁	25.5	39.5	27.3	5.5	2.1	92.3
25 ~ 29岁	25.4	38.8	27.3	5.7	2.9	91.5
30 ~ 34岁	23.5	38.8	28.0	6.2	3.6	90.3
35 ~ 39岁	23.7	39.7	27.7	5.7	3.2	91.1
40 ~ 44岁	25.1	38.5	26.9	5.8	3.7	90.5
45 ~ 49岁	27.2	36.8	26.0	6.1	4.0	90.0
50 ~ 54岁	29.1	34.1	25.4	6.0	5.4	88.6
55 ~ 59岁	25.2	37.8	27.8	5.4	3.8	90.8
60 ~ 64岁	27.3	35.5	26.2	6.2	4.8	89.0
65 ~ 69岁	27.7	36.7	24.1	6.6	4.9	88.5
70 ~ 74岁	29.2	36.4	22.8	5.3	6.3	88.4
总体	25.6	38.0	26.9	5.9	3.7	90.5

表22-58　不同受教育程度对目前居住地环境状况的总体评价　单位：%

	非常满意	比较满意	一般	不太满意	非常不满意	前三项合计
不识字或识字很少	37.2	23.2	25.0	6.5	8.2	85.4
小学	30.9	29.1	27.6	5.7	6.6	87.6
初中	25.7	34.7	28.9	6.0	4.7	89.3
普通高中	24.7	37.6	28.0	6.3	3.4	90.3
职高/中专/技校	23.3	40.4	26.4	6.1	3.8	90.1
大学专科（高职）	24.2	41.3	26.1	5.7	2.6	91.6
大学本科	26.0	41.7	24.9	5.2	2.2	92.6
研究生及以上	21.9	40.7	25.9	7.6	3.9	88.5
总体	25.6	38.0	26.9	5.9	3.7	90.5

表22-59　不同婚姻状况对目前居住地环境状况的总体评价　单位：%

	非常满意	比较满意	一般	不太满意	非常不满意	前三项合计
未婚	25.9	38.3	27.7	5.7	2.5	91.9
已婚	25.5	38.3	26.5	5.9	3.8	90.3
同居	28.0	33.2	28.2	5.0	5.6	89.4
离异或丧偶独身	25.4	33.1	28.6	6.6	6.3	87.1
总体	25.6	38.0	26.9	5.9	3.7	90.5

表22-60　不同工作性质对目前居住地环境状况的总体评价　单位：%

	非常满意	比较满意	一般	不太满意	非常不满意	前三项合计
务农	31.9	30.8	26.2	5.8	5.3	88.9
农村专业管理人员	44.5	31.6	17.1	3.9	2.9	93.2
个体工商户及农村自营业者雇主	25.4	39.6	26.7	5.0	3.3	91.7
个体工商户雇员	21.0	39.6	30.1	6.0	3.2	90.7
党政机关、社会团体、事业单位职工	35.8	39.2	19.4	4.0	1.6	94.4
国有、集体企业职工	22.9	42.1	26.1	6.0	2.8	91.1
民营/私营企业企业主	24.2	38.8	26.7	6.6	3.7	89.7
民营/私营企业员工	20.0	41.6	29.4	6.1	2.9	91.0
合资、外资或港澳台企业员工	15.3	44.6	29.8	7.2	3.1	89.7
自由职业者和临时务工者	24.7	34.4	29.9	5.8	5.2	89.0
民办非企业单位、非营利组织员工	23.4	38.5	28.2	7.2	2.7	90.1
未知性质单位员工	39.1	37.0	15.8	5.3	2.8	91.9
全日制学生	22.2	42.7	27.4	5.1	2.6	92.3
总体	26.3	38.5	26.3	5.6	3.3	91.1

表22-61　不同职位对目前居住地环境状况的总体评价　单位：%

	非常满意	比较满意	一般	不太满意	非常不满意	前三项合计
单位负责人/高层管理人员	30.8	37.3	22.9	5.7	3.3	91.0
部门负责人/中层以上管理人员	26.4	41.0	25.2	5.2	2.1	92.6
基层管理人员	24.2	42.7	25.2	5.4	2.5	92.1
一般员工	24.6	40.3	26.7	5.7	2.7	91.6
总体	25.0	40.7	26.1	5.6	2.6	91.8
总体	30.8	37.3	22.9	5.7	3.3	91.0

表22-62　不同工作行业对目前居住地环境状况的总体评价　单位：%

	非常满意	比较满意	一般	不太满意	非常不满意	前三项合计
采矿业	21.0	39.3	23.0	8.9	7.9	83.3
制造业	18.4	39.9	31.4	7.0	3.4	89.7
建筑业	23.7	37.5	29.5	5.7	3.7	90.7
交通运输、仓储和邮政业	23.6	38.9	27.5	5.6	4.4	90.0
信息传输、计算机服务和软件业	18.4	41.9	30.7	6.4	2.6	91.0
批发和零售业	20.4	41.5	30.0	5.2	2.8	91.9
住宿和餐饮业	25.0	40.3	26.5	5.2	3.1	91.8
金融业	22.4	41.6	28.5	4.8	2.8	92.5
房地产业	21.2	45.4	24.6	5.5	3.3	91.2
租赁和商务服务业	21.4	39.6	30.0	6.5	2.4	91.0
科学研究、技术服务和地质勘查业	19.0	47.8	24.7	6.1	2.4	91.5
教育、卫生、文化、体育	21.8	41.1	26.3	7.3	3.5	89.2
农林牧渔业	23.8	39.5	29.1	5.2	2.3	92.4
电力、燃气及水的生产和供应	22.5	42.5	25.3	5.6	4.1	90.3

续表

	非常满意	比较满意	一般	不太满意	非常不满意	前三项合计
水利、环境和公共设施管理业	25.9	40.3	22.3	5.8	5.8	88.5
居民服务和其他服务业	23.9	38.9	27.9	6.2	3.0	90.7
公共管理和社会组织	27.6	37.4	26.4	5.5	3.1	91.4
国际组织	21.1	52.6	26.3	0.0	0.0	100.0
总体	21.8	40.2	28.7	6.0	3.3	90.7

表22-63　不同生活水平对居住地环境状况的总体评价　单位：%

	非常满意	比较满意	一般	不太满意	非常不满意	前三项合计
非常好	65.4	17.9	12.6	2.2	1.9	95.9
中等偏上	36.4	38.2	19.4	3.9	2.1	94.0
中等	24.9	40.3	26.7	5.4	2.6	91.9
中等偏下	16.9	36.7	32.6	8.2	5.6	86.2
非常差	18.2	24.7	34.8	9.1	13.3	77.7
总体	25.6	38.0	26.9	5.9	3.7	90.5

（十）2019 年居民对所享有社会保障的总体评价

对所享有的社会保障状况表示“非常满意”“比较满意”和“一般”的分别占 23.8%、36.0%、28.7%，合计为 88.5%。从不同群体来看，18 ～ 29 岁、大学本科及以上学历、党政机关 / 社会团体 / 事业单位职工、部门负责人 / 中层以上管理人员、从事金融行业、生活水平在当地处于中等偏上等的群体对所享有的社会保障状况评价较高。相较而言，60 ～ 74 岁、初中及以下学历、自由职业者和临时务工者、务农、从事建筑业和交通运输 / 仓储 / 邮政业等的群体对所享有的社会保障状况的评价较低。

表22-64　不同年龄对所享有的社会保障状况的总体评价　单位：%

	非常满意	比较满意	一般	不太满意	非常不满意	前三项合计
18～19岁	31.1	42.7	22.7	2.3	1.2	96.5
20～24岁	23.4	40.7	30.2	3.9	1.7	94.3
25～29岁	23.6	38.7	29.8	5.3	2.7	92.1
30～34岁	20.4	36.3	31.7	7.3	4.2	88.4
35～39岁	20.4	37.3	31.8	6.4	4.0	89.5
40～44岁	22.2	35.4	29.4	7.5	5.5	87.0
45～49岁	23.3	33.7	29.1	7.6	6.4	86.1
50～54岁	26.0	30.1	26.8	9.8	7.3	82.9
55～59岁	24.6	36.2	25.8	8.1	5.3	86.6
60～64岁	27.6	33.1	25.2	8.6	5.4	85.9
65～69岁	32.5	31.9	21.0	9.3	5.3	85.4
70～74岁	34.5	30.3	20.9	8.0	6.3	85.7
总体	23.8	36.0	28.7	7.0	4.5	88.5

表22-65　不同受教育程度对所享有的社会保障状况的总体评价　单位：%

	非常满意	比较满意	一般	不太满意	非常不满意	前三项合计
不识字或识字很少	38.9	18.7	24.0	8.6	9.8	81.6
小学	28.1	24.6	28.0	10.5	8.9	80.7
初中	22.4	29.0	32.1	9.6	6.9	83.5
普通高中	22.1	36.1	29.0	8.0	4.8	87.2
职高/中专/技校	20.2	37.1	30.9	7.1	4.6	88.2
大学专科（高职）	22.3	39.2	29.6	5.8	3.1	91.1
大学本科	26.5	43.7	24.5	3.7	1.6	94.7
研究生及以上	21.0	45.0	27.2	4.0	2.8	93.2
总体	23.8	36.0	28.7	7.0	4.5	88.5

表22-66　不同婚姻状况对所享有的社会保障状况的总体评价　单位：%

	非常满意	比较满意	一般	不太满意	非常不满意	前三项合计
未婚	24.1	40.0	29.0	4.4	2.5	93.1
已婚	23.7	35.5	28.5	7.5	4.8	87.7
同居	25.7	30.5	29.4	9.1	5.3	85.6
离异或丧偶独身	22.2	26.9	31.1	10.3	9.5	80.2
总体	23.8	36.0	28.7	7.0	4.5	88.5

表22-67　不同工作性质对所享有的社会保障状况的总体评价　单位：%

	非常满意	比较满意	一般	不太满意	非常不满意	前三项合计
务农	29.6	25.7	27.6	9.5	7.5	82.9
农村专业管理人员	42.9	31.4	16.3	5.2	4.2	90.6
个体工商户及农村自营业者雇主	19.9	34.7	33.3	7.8	4.3	87.9
个体工商户雇员	18.3	34.2	35.5	7.5	4.4	88.0
党政机关、社会团体、事业单位职工	39.2	41.6	16.1	2.0	1.0	96.9
国有、集体企业职工	22.8	47.4	23.9	3.9	1.9	94.1
民营/私营企业企业主	19.0	35.7	34.3	6.7	4.3	89.0
民营/私营企业员工	15.5	39.0	34.8	7.2	3.4	89.3
合资、外资或港澳台企业员工	15.0	46.8	30.8	5.0	2.5	92.6
自由职业者和临时务工者	19.6	27.1	34.5	10.4	8.5	81.2
民办非企业单位、非营利组织员工	21.3	38.3	30.3	5.2	4.9	89.9
未知性质单位员工	41.5	28.2	22.0	4.3	4.0	91.7
全日制学生	21.9	45.6	29.8	1.8	0.9	97.3
总体	24.3	36.5	28.7	6.5	4.0	89.5

表22-68　不同职位对所享有的社会保障状况的总体评价　单位：%

	非常满意	比较满意	一般	不太满意	非常不满意	前三项合计
单位负责人/高层管理人员	27.4	36.2	29.1	4.6	2.6	92.7
部门负责人/中层以上管理人员	24.6	43.0	25.7	4.7	2.0	93.3
基层管理人员	23.1	42.1	27.8	5.1	1.9	93.0
一般员工	23.7	39.7	28.1	5.4	3.1	91.5
总体	23.9	40.5	27.7	5.2	2.7	92.1

表22-69　不同工作行业对所享有的社会保障状况的总体评价　单位：%

	非常满意	比较满意	一般	不太满意	非常不满意	前三项合计
采矿业	21.1	36.5	31.4	5.7	5.4	89.0
制造业	15.3	38.8	35.2	6.5	4.2	89.3
建筑业	18.4	32.3	34.6	9.2	5.6	85.3
交通运输、仓储和邮政业	19.0	37.1	29.2	8.0	6.6	85.3
信息传输、计算机服务和软件业	17.1	43.0	32.8	4.4	2.7	92.9
批发和零售业	17.2	37.0	34.6	7.4	3.7	88.8
住宿和餐饮业	19.3	36.1	33.6	6.5	4.5	89.0
金融业	21.0	45.9	26.3	5.0	1.8	93.2
房地产业	16.2	41.8	32.8	6.8	2.4	90.8
租赁和商务服务业	19.2	39.6	32.3	5.9	3.1	91.1
科学研究、技术服务和地质勘查业	16.7	45.8	27.5	5.4	4.6	90.0
教育、卫生、文化、体育	19.4	39.9	31.6	6.7	2.3	90.9
农林牧渔业	22.3	35.4	30.7	7.4	4.2	88.4
电力、燃气及水的生产和供应	26.3	40.0	24.1	7.0	2.6	90.4
水利、环境和公共设施管理业	19.6	40.6	29.7	6.5	3.6	89.9
居民服务和其他服务业	20.6	35.8	31.6	7.5	4.5	88.0
公共管理和社会组织	25.5	42.9	22.4	8.1	1.2	90.8
国际组织	31.6	47.4	21.1	0	0	100.1
总体	18.6	38.2	32.3	6.9	4.0	89.1

表22-70　不同生活水平对所享有的社会保障状况的总体评价　单位：%

	非常满意	比较满意	一般	不太满意	非常不满意	前三项合计
非常好	66.4	19.2	10.0	1.9	2.4	95.6
中等偏上	38.8	38.3	18.6	2.8	1.5	95.7
中等	23.0	40.0	28.9	5.6	2.6	91.9
中等偏下	12.0	29.3	37.4	13.0	8.3	78.7
非常差	12.5	17.0	31.2	14.7	24.6	60.7
总体	23.7	36.0	28.7	7.0	4.5	88.4

（十一）2019 年居民对所在社区公共服务的总体评价

对所在社区公共服务表示“非常满意”“比较满意”和“一般”的分别占 21.8%、34.4%、33.0%，合计为 89.2%。从不同群体来看，18 ～ 24 岁、大学专科及本科学历、党政机关 / 社会团体 / 事业单位职工、基层管理人员、在国际组织工作、从事农林牧渔行业、生活水平在当地处于非常好等的群体对居住地所在社区公共服务的评价较高。

表22-71　不同年龄对所在社区公共服务的总体评价　单位：%

	非常满意	比较满意	一般	不太满意	非常不满意	前三项合计
18～19岁	24.9	36.4	30.3	6.8	1.6	91.6
20～24岁	22.4	37.9	32.2	5.4	2.1	92.5
25～29岁	20.8	35.4	34.8	5.8	3.2	91.0
30～34岁	19.4	33.6	35.5	7.2	4.4	88.5
35～39岁	19.9	35.3	34.5	6.2	4.1	89.7
40～44岁	21.5	32.4	33.4	8.0	4.7	87.3
45～49岁	21.9	33.3	32.4	7.5	4.9	87.6
50～54岁	24.4	30.4	32.2	7.7	5.3	87.0
55～59岁	22.5	36.7	31.5	6.0	3.3	90.7
60～64岁	24.4	34.6	29.2	7.1	4.7	88.2
65～69岁	27.2	31.7	29.4	7.0	4.8	88.3
70～74岁	23.8	34.8	28.9	8.5	4.0	87.5
总体	21.8	34.4	33.0	6.8	4.0	89.2

表22-72　不同受教育程度对所在社区公共服务的总体评价　单位：%

	非常满意	比较满意	一般	不太满意	非常不满意	前三项合计
不识字或识字很少	34.5	21.8	27.7	7.0	9.0	84.0
小学	27.0	26.6	32.6	7.8	6.0	86.2
初中	22.1	31.2	34.0	7.6	5.1	87.3
普通高中	21.2	35.5	32.7	6.7	3.9	89.4
职高/中专/技校	20.5	35.4	33.0	7.1	4.0	88.9
大学专科（高职）	20.2	36.5	34.0	6.3	3.0	90.7
大学本科	21.5	37.9	31.8	5.9	2.8	91.2
研究生及以上	18.6	35.8	34.0	7.0	4.6	88.4
总体	21.8	34.4	33.0	6.8	4.0	89.2

表22-73　不同婚姻状况对所在社区公共服务的总体评价　单位：%

	非常满意	比较满意	一般	不太满意	非常不满意	前三项合计
未婚	21.9	36.5	33.1	5.9	2.7	91.5
已婚	21.8	34.1	32.9	7.0	4.2	88.8
同居	25.9	30.3	30.8	6.9	6.2	87.0
离异或丧偶独身	21.2	29.3	34.8	7.8	6.8	85.3
总体	21.8	34.4	33.0	6.8	4.0	89.2

表22-74　不同工作性质对所在社区公共服务的总体评价　单位：%

	非常满意	比较满意	一般	不太满意	非常不满意	前三项合计
务农	27.7	28.6	30.5	7.6	5.6	86.8
农村专业管理人员	43.8	31.3	16.9	5.7	2.3	92.0
个体工商户及农村自营业者雇主	21.2	34.8	33.2	6.6	4.1	89.2
个体工商户雇员	18.8	34.5	35.4	7.4	4.0	88.7
党政机关、社会团体、事业单位职工	30.8	36.9	25.9	4.4	2.0	93.6
国有、集体企业职工	18.6	37.6	33.3	7.4	3.2	89.5

续表

	非常满意	比较满意	一般	不太满意	非常不满意	前三项合计
民营/私营企业企业主	18.7	34.6	35.4	6.8	4.5	88.7
民营/私营企业员工	15.4	36.6	38.2	6.7	3.1	90.2
合资、外资或港澳台企业员工	11.8	37.2	38.0	8.0	5.1	87.0
自由职业者和临时务工者	20.5	29.5	36.0	8.0	6.1	86.0
民办非企业单位、非营利组织员工	23.2	36.8	31.9	4.9	3.2	91.9
未知性质单位员工	36.8	29.6	25.0	4.3	4.3	91.4
全日制学生	17.5	39.5	34.2	6.1	2.6	91.2
总体	22.1	34.5	33.0	6.6	3.8	89.6

表22-75　不同职位对所在社区公共服务的总体评价　单位：%

	非常满意	比较满意	一般	不太满意	非常不满意	前三项合计
单位负责人/高层管理人员	25.3	32.8	33.0	5.2	3.7	91.1
部门负责人/中层以上管理人员	20.2	36.4	34.1	6.3	3.0	90.7
基层管理人员	19.9	37.2	34.2	6.0	2.7	91.3
一般员工	20.9	36.5	33.1	6.4	3.1	90.5
总体	20.8	36.5	33.5	6.3	3.0	90.8

表22-76　不同工作行业对所在社区公共服务的总体评价　单位：%

	非常满意	比较满意	一般	不太满意	非常不满意	前三项合计
采矿业	16.9	30.4	35.8	10.5	6.4	83.1
制造业	15.0	34.6	38.9	7.4	4.1	88.5
建筑业	18.8	31.3	36.3	8.4	5.3	86.4
交通运输、仓储和邮政业	18.3	35.6	33.2	6.5	6.3	87.1
信息传输、计算机服务和软件业	15.5	38.3	36.3	7.1	2.9	90.1
批发和零售业	16.8	36.9	37.2	5.4	3.6	90.9
住宿和餐饮业	20.8	34.8	35.4	6.1	3.0	91.0
金融业	17.6	35.6	35.7	7.4	3.7	88.9
房地产业	17.6	37.5	36.7	4.6	3.6	91.8
租赁和商务服务业	17.9	35.0	38.0	5.8	3.2	90.9
科学研究、技术服务和地质勘查业	15.2	43.2	32.5	4.9	4.1	90.9
教育、卫生、文化、体育	18.0	37.5	34.5	7.8	2.1	90.0
农林牧渔业	19.1	33.4	38.6	6.1	2.7	91.1
电力、燃气及水的生产和供应	19.3	34.0	35.5	8.1	3.1	88.8
水利、环境和公共设施管理业	16.9	39.7	30.9	10.3	2.2	87.5
居民服务和其他服务业	19.4	35.8	34.1	7.4	3.3	89.3
公共管理和社会组织	26.4	37.7	26.4	7.5	1.9	90.5
国际组织	22.2	33.3	38.9	5.6	0	94.4
总体	17.7	35.4	36.0	7.1	3.8	89.1

表22-77　不同生活水平对所在社区公共服务的总体评价　单位：%

	非常满意	比较满意	一般	不太满意	非常不满意	前三项合计
非常好	64.3	19.4	11.0	2.6	2.7	94.7
中等偏上	33.9	35.9	23.4	4.5	2.2	93.2
中等	20.8	37.4	33.2	5.8	2.7	91.4
中等偏下	12.4	29.5	40.8	10.9	6.4	82.7
非常差	13.7	20.3	38.7	10.8	16.6	72.7
总体	21.8	34.4	33.0	6.8	4.0	89.2

（十二）2019 年居住地食品安全状况总体评价

对目前居住地食品安全状况表示“非常满意”“比较满意”和“一般”的分别占 20.3%、36.9%、31.3%，合计为 88.5%。从不同群体来看，18 ～ 29 岁、大学本科学历、学生、农村专业管理人员、基础管理人员、从事信息传输 / 计算机服务和软件行业等的群体对居住地食品安全状况的评价较高。相较而言，50 ～ 54 岁、个体工商户及农村自营业雇主、民办非企业单位 / 非营利组织员工、从事采矿行业等的群体对居住地食品安全状况的评价较低。

表22-78　不同年龄对目前居住地食品安全状况的总体评价　单位：%

	非常满意	比较满意	一般	不太满意	非常不满意	前三项合计
18～19岁	27.2	42.7	24.9	3.9	1.3	94.8
20～24岁	22.1	41.4	29.7	5.0	1.8	93.2
25～29岁	21.3	40.8	29.8	5.2	2.9	91.9
30～34岁	18.4	37.6	33.4	6.5	4.0	89.4
35～39岁	18.6	38.5	31.8	7.1	4.1	88.9
40～44岁	18.6	34.3	33.6	8.4	5.2	86.5
45～49岁	19.7	33.9	32.8	8.6	5.1	86.4
50～54岁	21.9	31.4	30.4	9.5	6.8	83.7
55～59岁	20.7	36.4	30.8	7.8	4.3	87.9
60～64岁	19.9	34.4	31.5	9.4	4.8	85.8
65～69岁	23.7	33.7	28.9	9.0	4.8	86.3
70～74岁	21.4	34.3	31.0	9.4	4.0	86.7
总体	20.3	36.9	31.3	7.3	4.2	88.5

表22-79　不同受教育程度对目前居住地食品安全状况的总体评价　单位：%

	非常满意	比较满意	一般	不太满意	非常不满意	前三项合计
不识字或识字很少	35.1	23.8	26.3	6.4	8.5	85.2
小学	27.5	28.4	30.9	7.3	6.0	86.8
初中	20.9	33.0	33.0	8.2	5.0	86.9
普通高中	19.0	37.6	31.2	7.6	4.6	87.8
职高/中专/技校	17.6	38.5	31.9	7.9	4.1	88.0
大学专科（高职）	18.5	38.4	32.3	7.1	3.7	89.2

续表

	非常满意	比较满意	一般	不太满意	非常不满意	前三项合计
大学本科	20.1	41.8	29.5	6.1	2.6	91.4
研究生及以上	16.5	41.7	30.2	8.0	3.6	88.4
总体	20.3	36.9	31.3	7.3	4.2	88.5

表22-80　不同婚姻状况对目前居住地食品安全状况的总体评价　单位：%

	非常满意	比较满意	一般	不太满意	非常不满意	前三项合计
未婚	22.4	41.2	28.8	5.0	2.5	92.4
已婚	19.7	36.1	31.9	7.8	4.5	87.7
同居	22.1	33.0	29.9	8.5	6.6	85.0
离异或丧偶独身	19.4	28.9	35.1	9.2	7.4	83.4
总体	20.3	36.9	31.3	7.3	4.2	88.5

表22-81　不同工作性质对目前居住地食品安全状况的总体评价　单位：%

	非常满意	比较满意	一般	不太满意	非常不满意	前三项合计
务农	27.6	31.9	28.7	6.6	5.1	88.2
农村专业管理人员	37.4	34.8	20.2	5.0	2.6	92.4
个体工商户及农村自营业者雇主	20.9	37.2	30.0	6.8	5.1	88.1
个体工商户雇员	17.0	37.7	33.2	7.7	4.4	87.9
党政机关、社会团体、事业单位职工	27.9	38.7	25.5	5.7	2.2	92.1
国有、集体企业职工	16.3	41.0	31.9	7.5	3.3	89.2
民营/私营企业企业主	17.6	36.1	31.7	7.5	7.0	85.4
民营/私营企业员工	14.5	39.6	35.0	7.4	3.4	89.1
合资、外资或港澳台企业员工	11.7	41.6	35.1	8.2	3.4	88.4
自由职业者和临时务工者	18.9	32.1	36.1	7.7	5.3	87.1
民办非企业单位、非营利组织员工	20.1	41.5	26.6	9.3	2.4	88.2
未知性质单位员工	34.5	34.2	24.1	3.6	3.6	92.8
全日制学生	20.5	46.2	26.5	5.1	1.7	93.2
总体	20.7	37.3	31.1	7.0	3.9	89.1

表22-82　不同职位对目前居住地食品安全状况的总体评价　单位：%

	非常满意	比较满意	一般	不太满意	非常不满意	前三项合计
单位负责人/高层管理人员	22.2	38.6	29.1	6.5	3.6	89.9
部门负责人/中层以上管理人员	19.1	38.5	32.3	7.2	3.0	89.9
基层管理人员	18.2	42.0	30.1	7.2	2.5	90.3
一般员工	19.0	38.8	31.8	7.0	3.5	89.6
总体	19.0	39.3	31.5	7.0	3.2	89.8

表22-83　不同工作行业对目前居住地食品安全状况的总体评价　单位：%

	非常满意	比较满意	一般	不太满意	非常不满意	前三项合计
采矿业	13.0	37.0	33.3	10.0	6.7	83.3
制造业	13.4	38.2	35.0	8.7	4.6	86.6
建筑业	17.8	36.1	34.4	7.6	4.2	88.3
交通运输、仓储和邮政业	17.4	36.1	34.2	6.9	5.4	87.7

续表

	非常满意	比较满意	一般	不太满意	非常不满意	前三项合计
信息传输、计算机服务和软件业	14.7	43.2	32.0	7.1	2.9	89.9
批发和零售业	15.8	38.4	36.1	6.0	3.6	90.3
住宿和餐饮业	20.8	40.5	29.0	6.2	3.5	90.3
金融业	17.2	36.1	35.3	7.9	3.5	88.6
房地产业	14.6	40.4	35.8	6.6	2.6	90.8
租赁和商务服务业	15.4	38.8	35.1	7.8	2.9	89.3
科学研究、技术服务和地质勘查业	12.0	48.1	29.5	7.9	2.5	89.6
教育、卫生、文化、体育	15.2	40.8	33.6	7.3	3.0	89.6
农林牧渔业	18.3	31.6	36.0	8.0	6.2	85.9
电力、燃气及水的生产和供应	14.6	43.3	30.5	7.9	3.6	88.4
水利、环境和公共设施管理业	14.7	40.4	29.4	9.6	5.9	84.5
居民服务和其他服务业	18.5	37.6	33.3	7.5	3.1	89.4
公共管理和社会组织	19.4	39.4	28.8	9.4	3.1	87.6
国际组织	15.8	42.1	31.6	10.5	0.0	89.5
总体	16.3	38.5	33.9	7.5	3.8	88.7

表22-84　不同生活水平对目前居住地食品安全状况的总体评价　单位：%

	非常满意	比较满意	一般	不太满意	非常不满意	前三项合计
非常好	62.5	20.4	12.9	2.2	2.0	95.8
中等偏上	30.7	38.9	23.1	4.9	2.4	92.7
中等	19.3	39.3	31.8	6.7	2.9	90.4
中等偏下	11.6	33.9	36.9	10.8	6.9	82.4
非常差	14.5	22.4	38.2	10.1	14.7	75.1
总体	20.3	36.9	31.4	7.3	4.2	88.6

（十三）2019 年居住地司法（包括公检法）公正执法情况总体评价

对目前居住地司法（包括公检法）公正执法情况表示“非常满意”“比较满意”和“一般”的分别占 27.6%、36.9%、26.5%，合计为 91.0%。从不同群体来看，18 ～ 29 岁、大学本科学历、学生、党政机关 / 社会团体 / 事业单位职工、从事房地产行业、生活水平在当地处于非常好等的群体对居住地司法机关公正执法情况的评价较高。相较而言，70 ～ 74 岁、初中及以下学历、务农、从事采矿业等的群体对居住地司法机关公正执法情况的评价较低。

表22-85　不同年龄对目前居住地司法机关公正执法状况的总体评价　单位：%

	非常满意	比较满意	一般	不太满意	非常不满意	前三项合计
18 ~ 19岁	37.5	38.8	19.3	2.8	1.6	95.6
20 ~ 24岁	31.3	40.6	22.8	3.2	2.1	94.7
25 ~ 29岁	29.1	38.0	25.5	4.5	3.0	92.6
30 ~ 34岁	24.5	37.8	28.4	4.9	4.5	90.7
35 ~ 39岁	26.0	37.7	27.7	4.3	4.2	91.4
40 ~ 44岁	25.8	36.3	28.3	4.7	4.9	90.4

续表

	非常满意	比较满意	一般	不太满意	非常不满意	前三项合计
45～49岁	26.6	34.6	28.9	5.1	4.8	90.1
50～54岁	28.5	32.8	26.6	6.1	6.0	87.9
55～59岁	27.3	36.6	26.1	5.4	4.6	90.0
60～64岁	27.4	36.2	26.0	5.5	4.9	89.6
65～69岁	30.2	33.7	26.2	4.8	5.2	90.1
70～74岁	30.1	36.0	22.3	6.5	5.1	88.4
总体	27.6	36.9	26.5	4.7	4.2	91.0

表22-86 不同受教育程度对居住地司法机关公正执法状况的总体评价 单位：%

	非常满意	比较满意	一般	不太满意	非常不满意	前三项合计
不识字或识字很少	45.2	19.6	21.3	4.5	9.4	86.1
小学	33.9	28.5	24.8	6.5	6.3	87.2
初中	27.5	33.4	27.8	5.8	5.5	88.7
普通高中	26.3	37.2	26.8	5.1	4.6	90.3
职高/中专/技校	25.4	37.8	27.8	4.5	4.5	91.0
大学专科（高职）	25.2	39.3	27.9	4.4	3.3	92.4
大学本科	28.8	41.2	24.1	3.4	2.5	94.1
研究生及以上	23.4	39.9	28.8	4.0	3.9	92.1
总体	27.6	36.9	26.5	4.7	4.2	91.0

表22-87 不同婚姻状况对居住地司法机关公正执法状况的总体评价 单位：%

	非常满意	比较满意	一般	不太满意	非常不满意	前三项合计
未婚	31.1	38.5	23.8	3.6	2.9	93.4
已婚	26.6	37.0	27.3	4.9	4.3	90.9
同居	29.8	28.9	25.8	7.9	7.6	84.5
离异或丧偶独身	25.8	29.4	28.1	7.6	9.2	83.3
总体	27.6	36.9	26.5	4.7	4.2	91.0

表22-88 不同工作性质对居住地司法机关公正执法状况的总体评价 单位：%

	非常满意	比较满意	一般	不太满意	非常不满意	前三项合计
务农	34.6	30.0	24.5	5.1	5.7	89.1
农村专业管理人员	48.0	31.0	14.1	3.6	3.4	93.1
个体工商户及农村自营业者雇主	25.0	37.5	27.0	5.5	5.1	89.5
个体工商户雇员	23.9	38.2	29.3	4.6	4.1	91.4
党政机关、社会团体、事业单位职工	38.0	39.0	19.0	2.4	1.6	96.0
国有、集体企业职工	23.6	41.4	28.0	3.7	3.3	93.0
民营/私营企业企业主	23.4	33.3	32.8	5.2	5.3	89.5
民营/私营企业员工	20.8	40.6	30.2	5.0	3.4	91.6
合资、外资或港澳台企业员工	17.7	41.9	31.0	5.4	4.1	90.6
自由职业者和临时务工者	25.7	33.1	27.7	6.5	7.0	86.5

续表

	非常满意	比较满意	一般	不太满意	非常不满意	前三项合计
民办非企业单位、非营利组织员工	27.8	40.3	25.5	3.8	2.7	93.6
未知性质单位员工	40.8	34.2	17.7	2.7	4.6	92.7
全日制学生	27.3	44.5	25.5	0.9	1.8	97.3
总体	27.9	37.4	26.2	4.5	4.0	91.5

表22-89　不同职位对居住地司法机关公正执法状况的总体评价　单位：%

	非常满意	比较满意	一般	不太满意	非常不满意	前三项合计
单位负责人/高层管理人员	27.1	37.5	26.3	4.9	4.2	90.9
部门负责人/中层以上管理人员	25.4	40.3	27.2	4.1	3.0	92.9
基层管理人员	25.4	41.5	26.4	3.6	3.2	93.3
一般员工	27.3	39.5	26.2	4.0	2.9	93.0
总体	26.7	39.9	26.4	4.0	3.0	93.0

表22-90　不同工作行业对居住地司法机关公正执法状况的总体评价　单位：%

	非常满意	比较满意	一般	不太满意	非常不满意	前三项合计
采矿业	21.9	34.7	29.8	6.4	7.2	86.4
制造业	19.4	39.0	31.4	6.1	4.2	89.8
建筑业	22.6	37.0	28.8	5.6	6.1	88.4
交通运输、仓储和邮政业	22.2	38.3	28.3	5.9	5.2	88.8
信息传输、计算机服务和软件业	20.3	43.1	29.7	3.9	3.0	93.1
批发和零售业	22.4	38.4	31.0	4.6	3.6	91.8
住宿和餐饮业	27.9	39.1	24.9	4.1	4.0	91.9
金融业	24.0	40.3	28.7	3.5	3.6	93.0
房地产业	21.8	41.9	30.7	3.5	2.2	94.4
租赁和商务服务业	23.0	40.1	28.9	4.3	3.7	92.0
科学研究、技术服务和地质勘查业	21.6	43.8	27.9	4.8	1.9	93.3
教育、卫生、文化、体育	24.1	40.8	27.9	4.3	2.9	92.8
农林牧渔业	21.3	41.3	28.7	4.3	4.3	91.3
电力、燃气及水的生产和供应	23.7	40.5	28.8	2.6	4.3	93.0
水利、环境和公共设施管理业	23.4	42.7	23.4	4.8	5.6	89.5
居民服务和其他服务业	26.0	38.1	27.6	4.8	3.5	91.7
公共管理和社会组织	34.9	34.9	19.7	5.9	4.6	89.5
国际组织	31.3	31.3	31.3	0	6.3	93.6
总体	23.0	39.2	28.9	4.8	4.1	91.1

表22-91　不同生活水平对居住地司法机关公正执法状况的总体评价　单位：%

	非常满意	比较满意	一般	不太满意	非常不满意	前三项合计
非常好	68.1	18.4	9.7	1.6	2.2	96.2
中等偏上	40.0	36.0	18.6	2.8	2.5	94.6
中等	26.8	40.0	26.5	3.9	2.9	93.3
中等偏下	16.6	34.5	34.0	8.1	6.8	85.1
非常差	19.4	21.3	31.3	9.7	18.3	72.0
总体	27.6	36.9	26.5	4.7	4.2	91.0

（十四）相较2018年，2019年贫富差距变化状况总体评价

与2018年贫富差距相比较，对2019年贫富差距状况表示“明显缩小”“略有缩小”和“没变化”的分别占13.0%、17.7%、29.9%，合计为60.6%。从不同群体来看，18～29岁、大学本科、党政机关/社会团体/事业单位职工、部门负责人/中层以上管理人员、在公共管理和社会组织工作、从事电力/燃气及水的生产和供应、生活水平在当地处于中等偏上等的群体对“与2018年相比贫富差距变化”的评价较高，认为2019年贫富差距没有逐步扩大。相较而言，50～54岁、初中及以下学历、合资/外资或港澳台企业员工、自由职业者和临时务工者、基层管理人员、制造业等的群体对“与2018年相比贫富差距变化”的评价较低，认为2019年贫富差距存在逐步扩大的情况。

表22-92 不同年龄对贫富差距变化的总体评价 单位：%

	明显缩小	略有缩小	没变化	略有扩大	明显扩大	前三项合计
18～19岁	14.4	33.5	25.1	15.5	11.4	73.0
20～24岁	11.4	25.8	30.9	16.6	15.4	68.1
25～29岁	11.6	21.1	31.4	16.9	19.0	64.1
30～34岁	10.4	16.3	32.6	18.4	22.3	59.3
35～39岁	11.8	16.4	30.7	18.4	22.7	58.9
40～44岁	13.4	16.1	29.0	16.5	25.0	58.5
45～49岁	15.4	15.3	27.7	16.1	25.3	58.4
50～54岁	15.7	14.5	26.3	13.8	29.7	56.5
55～59岁	13.5	15.6	31.3	15.1	24.5	60.4
60～64岁	15.8	14.3	28.0	14.4	27.5	58.1
65～69岁	16.3	13.8	27.6	14.4	27.8	57.7
70～74岁	16.5	14.5	27.6	12.2	29.2	58.6
总体	13.0	17.7	29.9	16.4	23.0	60.6

表22-93 不同受教育程度对贫富差距变化的总体评价 单位：%

	明显缩小	略有缩小	没变化	略有扩大	明显扩大	前三项合计
不识字或识字很少	11.4	9.9	32.4	9.4	36.9	53.7
小学	13.3	10.7	30.8	11.6	33.6	54.8
初中	12.6	13.6	29.3	15.1	29.4	55.5
普通高中	13.1	17.8	29.3	15.8	23.9	60.2
职高/中专/技校	12.8	16.4	30.6	17.3	22.9	59.8
大学专科（高职）	13.3	20.1	29.9	17.5	19.2	63.3
大学本科	13.7	22.8	29.8	18.6	15.0	66.3
研究生及以上	8.5	19.2	31.3	20.9	20.2	59.0
总体	13.0	17.7	29.9	16.4	23.0	60.6

表22-94　不同婚姻状况对贫富差距变化的总体评价　单位：%

	明显缩小	略有缩小	没变化	略有扩大	明显扩大	前三项合计
未婚	11.4	24.2	30.5	17.0	16.9	66.1
已婚	13.7	16.0	29.7	16.4	24.2	59.4
同居	11.4	14.6	27.5	14.9	31.6	53.5
离异或丧偶独身	10.2	13.9	29.5	14.7	31.7	53.6
总体	13.0	17.7	29.9	16.4	23.0	60.6

表22-95　不同工作性质对贫富差距变化的总体评价　单位：%

	明显缩小	略有缩小	没变化	略有扩大	明显扩大	前三项合计
务农	16.5	12.8	27.8	12.0	30.8	57.1
农村专业管理人员	27.2	15.3	21.9	12.3	23.3	64.4
个体工商户及农村自营业者雇主	13.1	18.1	27.9	16.6	24.3	59.1
个体工商户雇员	10.5	16.2	32.1	18.1	23.0	58.8
党政机关、社会团体、事业单位职工	23.7	25.0	24.8	14.0	12.4	73.5
国有、集体企业职工	11.0	18.9	31.5	19.3	19.3	61.4
民营/私营企业企业主	11.5	17.5	30.1	18.6	22.2	59.1
民营/私营企业员工	7.9	16.5	32.9	20.3	22.4	57.3
合资、外资或港澳台企业员工	3.5	14.8	34.4	21.3	26.0	52.7
自由职业者和临时务工者	11.8	14.2	27.6	16.4	30.0	53.6
民办非企业单位、非营利组织员工	9.8	20.7	30.1	15.9	23.6	60.6
未知性质单位员工	10.8	17.3	40.0	13.5	18.5	68.1
全日制学生	5.4	36.0	23.4	18.0	17.1	64.8
总体	13.6	17.7	29.5	16.8	22.5	60.8

表22-96　不同工作职位对贫富差距变化的总体评价　单位：%

	明显缩小	略有缩小	没变化	略有扩大	明显扩大	前三项合计
单位负责人/高层管理人员	14.8	19.1	28.0	16.0	22.1	61.9
部门负责人/中层以上管理人员	14.9	20.0	28.3	17.5	19.2	63.2
基层管理人员	11.7	19.9	30.1	19.3	18.9	61.7
一般员工	12.7	18.7	31.2	18.0	19.5	62.6
总体	12.9	19.1	30.4	18.0	19.5	62.4

表22-97　不同工作行业对贫富差距变化的总体评价　单位：%

	明显缩小	略有缩小	没变化	略有扩大	明显扩大	前三项合计
采矿业	8.1	14.8	34.9	18.3	23.9	57.8
制造业	6.3	14.7	32.0	20.3	26.7	53.0
建筑业	11.4	13.9	29.5	18.4	26.9	54.8
交通运输、仓储和邮政业	9.8	16.9	31.0	17.1	25.2	57.7
信息传输、计算机服务和软件业	6.8	17.8	34.7	21.0	19.7	59.3
批发和零售业	10.1	15.2	31.3	19.4	24.0	56.6
住宿和餐饮业	11.3	16.8	31.5	17.2	23.3	59.6
金融业	8.5	17.9	35.8	19.3	18.4	62.2

续表

	明显缩小	略有缩小	没变化	略有扩大	明显扩大	前三项合计
房地产业	7.7	17.8	31.7	20.3	22.4	57.2
租赁和商务服务业	9.6	17.3	34.7	20.8	17.7	61.6
科学研究、技术服务和地质勘查业	9.0	16.3	28.3	24.5	21.9	53.6
教育、卫生、文化、体育	11.4	20.9	30.0	19.0	18.7	62.3
农林牧渔业	10.6	21.8	26.4	14.5	26.7	58.8
电力、燃气及水的生产和供应	14.5	17.5	32.7	16.1	19.1	64.7
水利、环境和公共设施管理业	11.9	14.8	29.6	20.7	23.0	56.3
居民服务和其他服务业	10.7	16.8	30.9	18.6	23.1	58.4
公共管理和社会组织	15.8	21.7	28.3	12.5	21.7	65.8
国际组织	5.6	33.3	22.2	16.7	22.2	61.1
总体	9.6	16.5	31.6	19.0	23.3	57.7

表22-98　不同生活水平对贫富差距变化的总体评价　单位：%

	明显缩小	略有缩小	没变化	略有扩大	明显扩大	前三项合计
非常好	26.2	12.1	22.2	8.4	31.1	60.5
中等偏上	22.9	20.9	24.5	13.7	18.0	68.3
中等	12.5	19.4	31.6	16.7	19.8	63.5
中等偏下	7.4	13.6	29.7	19.0	30.3	50.7
非常差	6.3	7.5	30.5	13.9	41.8	44.3
总体	13.1	17.7	29.8	16.4	23.0	60.6

（十五）2019 年自身生活状况总体评价

对当前自身生活状况总体表示“非常满意”“比较满意”和“一般”的分别占 18.9%、38.7%、33.2%，合计为 90.8%。从不同群体来看，18 ～ 19 岁、65 ～ 74 岁、大学本科及以上学历、党政机关 / 社会团体 / 事业单位职工、部门负责人 / 中层以上管理人员、在国际组织工作、从事水利 / 环境和公共设施管理业等的群体对当前自己生活状况的评价较高。相较而言，45 ～ 54 岁、初中及以下学历、自由职业者和临时务工者、建筑业、交通运输 / 仓储和邮政业、生活水平在当地处于中等偏上或非常好等的群体对当前自己生活状况的评价较低。

表22-99　不同年龄对当前自身生活状况评价　单位：%

	非常满意	比较满意	一般	不太满意	非常不满意	前三项合计
18 ~ 19岁	22.7	47.1	24.8	3.4	2.0	94.6
20 ~ 24岁	17.5	41.7	32.5	5.9	2.4	91.7
25 ~ 29岁	16.1	39.7	34.4	6.7	3.0	90.2
30 ~ 34岁	14.2	39.1	36.6	6.9	3.2	89.9
35 ~ 39岁	15.7	40.6	34.5	6.2	3.0	90.8
40 ~ 44岁	17.2	37.3	35.4	7.1	3.1	89.9
45 ~ 49岁	19.7	35.0	34.7	6.5	4.0	89.4
50 ~ 54岁	22.3	33.2	33.8	6.7	4.0	89.3

续表

	非常满意	比较满意	一般	不太满意	非常不满意	前三项合计
55～59岁	22.2	39.6	29.8	5.0	3.5	91.6
60～64岁	25.0	37.4	29.3	5.2	3.3	91.7
65～69岁	29.9	36.6	26.8	3.6	3.2	93.3
70～74岁	31.2	39.1	23.9	3.0	2.8	94.2
总体	18.9	38.7	33.2	6.1	3.2	90.8

表22-100　不同受教育程度对当前自身生活状况的评价　单位：%

	非常满意	比较满意	一般	不太满意	非常不满意	前三项合计
不识字或识字很少	33.8	19.0	28.5	8.3	10.4	81.3
小学	25.1	25.3	35.2	7.7	6.6	85.6
初中	19.0	31.1	37.6	8.2	4.2	87.7
普通高中	18.5	38.1	34.1	6.0	3.4	90.7
职高/中专/技校	15.7	38.9	36.2	6.3	2.9	90.8
大学专科（高职）	16.7	42.9	33.0	5.4	2.1	92.6
大学本科	18.9	47.9	27.6	4.1	1.4	94.4
研究生及以上	16.9	50.6	25.4	4.4	2.7	92.9
总体	18.9	38.7	33.2	6.1	3.2	90.8

表22-101　不同婚姻状况对当前自身生活状况的评价　单位：%

	非常满意	比较满意	一般	不太满意	非常不满意	前三项合计
未婚	17.7	40.5	32.6	6.1	3.1	90.8
已婚	19.3	38.9	33.1	5.8	2.8	91.3
同居	21.6	32.3	32.1	7.8	6.3	86.0
离异或丧偶独身	16.2	27.5	37.4	10.0	8.8	81.1
总体	18.9	38.7	33.2	6.1	3.2	90.8

表22-102　不同工作性质对当前自身生活状况的总体评价　单位：%

	非常满意	比较满意	一般	不太满意	非常不满意	前三项合计
务农	26.6	28.4	33.3	6.8	4.8	88.3
农村专业管理人员	39.8	35.3	19.8	3.1	1.9	94.9
个体工商户及农村自营业者雇主	18.5	39.6	34.0	5.7	2.2	92.1
个体工商户雇员	13.4	39.0	37.4	7.2	3.0	89.8
党政机关、社会团体、事业单位职工	28.4	48.3	19.9	2.5	0.8	96.6
国有、集体企业职工	15.9	45.7	32.3	4.6	1.6	93.9
民营/私营企业企业主	15.1	41.1	35.5	6.1	2.3	91.7
民营/私营企业员工	11.5	39.3	40.1	6.7	2.3	90.9
合资、外资或港澳台企业员工	8.7	43.6	38.7	7.2	1.9	91.0
自由职业者和临时务工者	15.7	30.0	38.6	9.6	6.1	84.3
民办非企业单位、非营利组织员工	15.5	38.1	34.7	7.6	4.1	88.3
未知性质单位员工	23.2	28.9	40.5	3.9	3.5	92.6
全日制学生	15.4	56.4	23.1	4.3	0.9	94.9
总体	18.9	39.2	33.3	5.9	2.7	91.4

表22-103　不同职位对当前自身生活状况的评价　单位：%

	非常满意	比较满意	一般	不太满意	非常不满意	前三项合计
单位负责人/高层管理人员	24.2	45.8	24.2	4.1	1.7	94.2
部门负责人/中层以上管理人员	18.5	48.3	28.2	3.8	1.3	95.0
基层管理人员	15.7	45.4	32.7	4.5	1.6	93.8
一般员工	16.8	40.4	34.7	6.0	2.2	91.9
总体	17.1	42.7	32.9	5.3	1.9	92.7

表22-104　不同工作行业对当前自身生活状况的评价　单位：%

	明显缩小	略有缩小	没变化	略有扩大	明显扩大	前三项合计
采矿业	10.8	39.7	38.7	8.9	2.0	89.2
制造业	11.2	37.4	41.5	7.1	2.9	90.1
建筑业	14.6	33.6	39.9	8.5	3.4	88.1
交通运输、仓储和邮政业	14.0	35.1	39.5	7.6	3.9	88.6
信息传输、计算机服务和软件业	11.4	43.3	36.5	6.3	2.5	91.2
批发和零售业	12.6	39.9	38.3	6.5	2.7	90.8
住宿和餐饮业	14.1	37.5	38.4	6.1	4.0	90.0
金融业	15.3	45.8	34.1	3.5	1.3	95.2
房地产业	12.4	44.8	35.0	6.5	1.4	92.2
租赁和商务服务业	13.1	41.3	37.5	5.7	2.4	91.9
科学研究、技术服务和地质勘查业	11.3	46.6	32.8	5.7	3.6	90.7
教育、卫生、文化、体育	15.2	43.9	32.4	6.5	1.9	91.5
农林牧渔业	15.5	38.8	34.7	7.3	3.8	89.0
电力、燃气及水的生产和供应	16.3	43.8	32.0	5.2	2.8	92.1
水利、环境和公共设施管理业	15.7	46.4	33.6	3.6	0.7	95.7
居民服务和其他服务业	15.9	36.3	36.8	7.7	3.4	89.0
公共管理和社会组织	24.5	36.2	33.1	3.1	3.1	93.8
国际组织	21.1	73.7	5.3	0	0	100.1
总体	13.7	39.1	37.6	6.7	2.9	90.4

表22-105　不同生活水平对当前自身生活状况的评价　单位：%

	非常满意	比较满意	一般	不太满意	非常不满意	前三项合计
非常好	73.6	16.6	7.6	0.7	1.5	97.8
中等偏上	36.1	47.2	14.6	1.6	0.6	97.9
中等	17.3	44.8	33.5	3.4	1.0	95.6
中等偏下	6.9	24.5	48.8	14.3	5.5	80.2
非常差	7.1	10.7	32.4	19.5	30.3	50.2
总体	18.9	38.7	33.2	6.1	3.2	90.8

（十六）2019 年自身生活状况改善总体评价

对当前自身生活状况改善表示“有明显改善”“有一定改善”和“一般”的分别占 19.0%、

33.9%、34.9%，合计为 87.8%。从不同群体来看，18 ～ 19 岁、70 ～ 74 岁、大学本科学历、学生、党政机关 / 社会团体 / 事业单位职工、部门负责人 / 中层以上管理人员、在国际组织及在公共管理和社会组织工作、生活水平在当地处于非常好等的群体对 2019 年生活状况改善情况的评价较高。相较而言，45 ～ 54 岁、初中及以下学历、个体工商户及农村自营业者雇主、自由职业者和临时务工者、交通运输 / 仓储和邮政业、采矿业等的群体对 2019 年生活状况改善情况的评价较低。

表22-106　　不同年龄对个人总体生活状况改善的评价　　单位：%

	有明显改善	有一定改善	没变化	比以前差一些	明显不如以前	前三项合计
18～19岁	20.4	48.9	25.7	3.3	1.7	95.0
20～24岁	20.2	43.8	28.5	4.0	3.5	92.5
25～29岁	19.2	39.4	31.1	5.9	4.5	89.7
30～34岁	16.5	35.0	35.1	7.7	5.7	86.6
35～39岁	16.4	34.6	35.5	8.1	5.4	86.5
40～44岁	16.2	30.4	38.1	8.2	7.0	84.7
45～49岁	17.8	27.7	36.8	9.9	7.8	82.3
50～54岁	19.8	26.4	38.0	8.1	7.8	84.2
55～59岁	21.7	30.8	37.4	5.6	4.5	89.9
60～64岁	23.1	29.8	37.6	3.9	5.5	90.5
65～69岁	26.4	31.1	34.9	4.5	3.2	92.4
70～74岁	30.2	31.0	33.5	2.9	2.5	94.7
总体	19.0	33.9	34.9	6.8	5.4	87.8

表22-107　　不同受教育程度对个人总体生活状况改善的评价　　单位：%

	有明显改善	有一定改善	没变化	比以前差一些	明显不如以前	前三项合计
不识字或识字很少	24.8	24.9	35.5	6.6	8.3	85.2
小学	24.1	25.1	35.0	6.9	9.0	84.2
初中	21.1	27.8	34.6	8.8	7.6	83.5
普通高中	19.0	33.9	34.7	6.7	5.8	87.6
职高/中专/技校	17.4	32.6	36.0	8.1	5.9	86.0
大学专科（高职）	18.0	37.6	34.0	6.3	4.1	89.6
大学本科	16.9	40.5	35.2	4.7	2.6	92.6
研究生及以上	13.1	37.1	39.1	6.7	4.0	89.3
总体	19.0	33.9	34.9	6.8	5.4	87.8

表22-108　　不同婚姻状况对个人总体生活状况改善的评价　　单位：%

	有明显改善	有一定改善	没变化	比以前差一些	明显不如以前	前三项合计
未婚	19.0	42.1	29.9	4.9	4.0	91.0
已婚	19.1	32.0	36.4	7.1	5.4	87.5
同居	24.1	30.8	29.5	5.8	9.7	84.4
离异或丧偶独身	16.8	26.3	36.1	9.6	11.2	79.2
总体	19.0	33.9	34.9	6.8	5.4	87.8

表22-109　不同工作性质对个人总体生活状况改善的评价　单位：%

	有明显改善	有一定改善	没变化	比以前差一些	明显不如以前	前三项合计
务农	25.6	27.9	33.1	6.7	6.7	86.6
农村专业管理人员	37.5	34.1	21.7	3.7	2.9	93.3
个体工商户及农村自营业者雇主	19.8	33.6	28.0	10.9	7.7	81.4
个体工商户雇员	16.5	34.6	34.1	8.7	6.1	85.2
党政机关、社会团体、事业单位职工	24.7	40.7	30.3	2.9	1.4	95.7
国有、集体企业职工	15.9	35.4	38.3	6.7	3.7	89.6
民营/私营企业企业主	21.8	33.2	27.8	9.9	7.3	82.8
民营/私营企业员工	14.5	37.4	37.0	6.9	4.3	88.9
合资、外资或港澳台企业员工	12.7	36.0	40.1	7.0	4.1	88.8
自由职业者和临时务工者	18.2	30.0	33.5	8.6	9.6	81.7
民办非企业单位、非营利组织员工	19.3	35.9	34.1	4.1	6.6	89.3
未知性质单位员工	17.6	26.4	44.0	6.3	5.6	88.0
全日制学生	18.8	48.7	29.1	2.6	0.9	96.6
总体	19.6	34.9	33.6	6.8	5.1	88.1

表22-110　不同职位对个人总体生活状况改善的评价　单位：%

	有明显改善	有一定改善	没变化	比以前差一些	明显不如以前	前三项合计
单位负责人/高层管理人员	22.4	36.4	28.1	7.8	5.4	86.9
部门负责人/中层以上管理人员	18.5	40.8	32.3	5.6	2.8	91.6
基层管理人员	18.2	40.3	32.7	5.3	3.5	91.2
一般员工	17.3	35.8	36.8	6.2	3.9	89.9
总体	17.8	37.4	35.1	6.0	3.7	90.3

表22-111　不同工作性质对个人总体生活状况改善的评价　单位：%

	有明显改善	有一定改善	没变化	比以前差一些	明显不如以前	前三项合计
采矿业	13.5	26.6	42.4	10.2	7.2	82.5
制造业	13.2	34.2	39.4	8.0	5.3	86.8
建筑业	17.3	33.0	36.0	7.7	6.1	86.3
交通运输、仓储和邮政业	16.3	30.9	34.6	10.2	7.9	81.8
信息传输、计算机服务和软件业	13.1	39.6	37.1	6.3	3.9	89.8
批发和零售业	15.2	33.1	37.9	8.8	5.0	86.2
住宿和餐饮业	17.8	36.0	33.5	6.3	6.5	87.3
金融业	14.4	38.9	37.3	6.5	2.8	90.6
房地产业	16.9	39.9	30.6	7.9	4.7	87.4
租赁和商务服务业	15.3	36.3	37.8	7.0	3.5	89.4
科学研究、技术服务和地质勘查业	15.8	43.7	28.7	5.7	6.1	88.2
教育、卫生、文化、体育	17.7	41.0	33.2	5.0	3.0	91.9
农林牧渔业	20.1	34.9	31.4	5.2	8.4	86.4
电力、燃气及水的生产和供应	16.8	34.8	36.3	7.7	4.3	87.9

续表

	有明显改善	有一定改善	没变化	比以前差一些	明显不如以前	前三项合计
水利、环境和公共设施管理业	20.7	40.0	31.4	5.0	2.9	92.1
居民服务和其他服务业	17.9	33.9	35.0	6.8	6.4	86.8
公共管理和社会组织	23.9	35.0	35.6	2.5	3.1	94.5
国际组织	21.1	36.8	36.8	5.3	0	94.7
总体	16.0	35.3	36.1	7.4	5.3	87.4

表22-112　不同生活水平对个人总体生活状况改善的评价　单位：%

	有明显改善	有一定改善	没变化	比以前差一些	明显不如以前	前三项合计
非常好	60.5	21.7	13.9	1.4	2.6	96.1
中等偏上	35.0	39.0	21.3	2.9	1.8	95.3
中等	18.1	38.1	35.8	5.1	2.9	92.0
中等偏下	8.6	24.8	44.1	12.8	9.8	77.5
非常差	5.1	12.7	36.4	14.6	31.1	54.2
总体	19.1	33.9	34.9	6.7	5.4	87.9

（十七）2019 年居民对未来生活信心情况

对 2019 年未来生活信心表示“非常有信心”“比较有信心”和“一般”的分别占 37.2%、35.5%、19.6%，合计为 92.3%。从不同群体来看，18 ～ 29 岁、大学本科学历、学生、党政机关 / 社会团体 / 事业单位职工、单位负责人 / 高层管理人员、在国际组织工作、从事科学研究 / 技术服务和地质勘查业、从事教育 / 卫生 / 文化 / 体育行业、生活水平在当地处于中等偏上等的群体对未来生活信心较高。相较而言，50 ～ 54 岁、小学及以下学历、合资 / 外资或港澳台企业员工、自由职业者和临时务工者、从事采矿业等的群体对未来生活信心较低。

表22-113　不同年龄对未来生活信心的评价　单位：%

	非常有信心	比较有信心	一般	信心不足	没有信心	前三项合计
18～19岁	43.6	38.0	15.5	1.2	1.7	97.1
20～24岁	37.8	39.4	18.1	1.8	2.9	95.3
25～29岁	35.9	38.6	20.0	2.1	3.4	94.5
30～34岁	34.1	37.5	21.0	3.1	4.2	92.6
35～39岁	33.8	38.2	21.3	3.1	3.7	93.3
40～44岁	36.4	35.1	19.9	4.0	4.7	91.4
45～49岁	37.2	33.0	19.8	4.5	5.4	90.0
50～54岁	41.2	29.6	18.6	4.0	6.7	89.4
55～59岁	37.2	34.3	20.0	3.3	5.2	91.5
60～64岁	41.0	30.7	18.9	3.1	6.3	90.6
65～69岁	44.2	30.8	16.9	2.8	5.2	91.9
70～74岁	45.4	30.3	17.1	2.0	5.3	92.8
总体	37.2	35.5	19.6	3.1	4.5	92.3

表22-114　不同受教育程度对未来生活信心的评价　单位：%

	非常有信心	比较有信心	一般	信心不足	没有信心	前三项合计
不识字或识字很少	45.9	19.9	19.6	3.9	10.7	85.4
小学	43.0	24.6	18.8	4.5	9.0	86.4
初中	39.5	30.8	19.9	3.6	6.2	90.2
普通高中	37.7	35.6	19.1	3.0	4.6	92.4
职高/中专/技校	34.0	37.1	21.9	3.1	3.8	93.0
大学专科（高职）	34.4	39.2	20.7	2.9	2.9	94.3
大学本科	36.1	40.8	18.4	2.3	2.3	95.3
研究生及以上	32.1	42.3	18.4	3.6	3.6	92.8
总体	37.2	35.5	19.6	3.1	4.5	92.3

表22-115　不同婚姻状况对未来生活信心的评价　单位：%

	非常有信心	比较有信心	一般	信心不足	没有信心	前三项合计
未婚	36.4	38.1	19.5	2.4	3.7	94.0
已婚	37.7	35.4	19.5	3.2	4.3	92.6
同居	41.2	28.1	17.5	3.7	9.4	86.8
离异或丧偶独身	33.1	27.7	23.5	5.1	10.6	84.3
总体	37.2	35.5	19.6	3.1	4.5	92.3

表22-116　不同工作性质对未来生活信心的评价　单位：%

	非常有信心	比较有信心	一般	信心不足	没有信心	前三项合计
务农	45.7	27.5	16.9	3.5	6.3	90.1
农村专业管理人员	57.1	27.6	11.7	1.5	2.3	96.4
个体工商户及农村自营业者雇主	40.0	35.0	18.7	3.2	2.9	93.7
个体工商户雇员	33.7	37.5	21.3	3.4	4.0	92.5
党政机关、社会团体、事业单位职工	45.1	37.8	14.4	1.6	1.2	97.3
国有、集体企业职工	31.5	39.4	22.8	3.2	3.0	93.7
民营/私营企业企业主	39.0	36.5	17.9	2.8	3.8	93.4
民营/私营企业员工	29.7	40.8	22.9	3.3	3.3	93.4
合资、外资或港澳台企业员工	21.8	43.7	24.2	5.0	5.3	89.7
自由职业者和临时务工者	37.7	31.2	20.1	3.8	7.2	89.0
民办非企业单位、非营利组织员工	40.9	33.0	17.9	3.1	5.2	91.8
未知性质单位员工	48.4	32.2	13.1	2.1	4.2	93.7
全日制学生	36.8	42.7	17.9	1.7	0.9	97.4
总体	37.6	36.2	19.4	3.0	3.7	93.2

表22-117　不同职位对未来生活信心的评价　单位：%

	非常有信心	比较有信心	一般	信心不足	没有信心	前三项合计
单位负责人/高层管理人员	45.4	35.6	15.1	1.9	2.0	96.1
部门负责人/中层以上管理人员	37.3	41.9	16.3	2.4	2.1	95.5
基层管理人员	35.4	41.1	18.9	2.4	2.2	95.4
一般员工	33.5	38.2	21.9	3.2	3.3	93.6
总体	34.8	39.2	20.2	2.9	2.9	94.2

表22-118　　不同工作行业对未来生活信心的评价　　单位：%

	非常有信心	比较有信心	一般	信心不足	没有信心	前三项合计
采矿业	31.3	33.6	42.4	10.2	7.2	87.5
制造业	27.9	40.1	39.4	8.0	5.3	92.5
建筑业	34.9	37.1	36.0	7.7	6.1	91.7
交通运输、仓储和邮政业	34.7	34.5	34.6	10.2	7.9	90.1
信息传输、计算机服务和软件业	30.0	41.4	37.1	6.3	3.9	93.5
批发和零售业	31.2	37.3	22.7	5.3	7.2	92.6
住宿和餐饮业	34.1	37.2	24.5	3.8	3.7	92.9
金融业	31.6	40.6	19.7	3.3	5.0	94.6
房地产业	31.3	41.9	20.9	4.0	5.9	94.3
租赁和商务服务业	32.3	39.0	22.1	3.0	3.4	93.4
科学研究、技术服务和地质勘查业	30.9	39.4	24.1	3.9	3.5	94.7
教育、卫生、文化、体育	34.6	40.1	21.6	2.7	4.5	94.7
农林牧渔业	39.4	33.5	22.4	3.1	2.4	91.0
电力、燃气及水的生产和供应	32.5	37.5	21.1	3.1	2.6	93.3
水利、环境和公共设施管理业	41.7	33.8	22.1	3.5	3.0	91.3
居民服务和其他服务业	33.0	37.9	24.4	3.3	2.0	92.2
公共管理和社会组织	42.6	37.7	20.0	2.8	2.6	94.5
国际组织	52.6	26.3	18.1	3.5	5.5	100.0
总体	32.4	38.4	23.3	3.4	3.2	92.7

表22-119　　不同生活水平对未来生活信心的评价　　单位：%

	非常有信心	比较有信心	一般	信心不足	没有信心	前三项合计
非常好	82.8	9.3	5.2	0.7	2.0	97.3
中等偏上	57.1	31.9	8.8	1.2	1.0	97.8
中等	36.4	40.4	19.3	1.9	2.0	96.1
中等偏下	23.1	32.3	29.6	7.0	8.0	85.0
非常差	22.4	15.6	21.5	8.5	32.0	59.5
总体	37.2	35.5	19.6	3.1	4.5	92.3

（十八）2019 年居民处于居住地生活水平情况

对自身处于居住地生活水平情况的评价，居民表示他们的生活水平在当地处于“非常好”“中等偏上”和“中等”的分别占 2.5%、14.8%、57.4%，合计为 74.7%。从不同群体来看，18 ～ 19 岁、研究生及以上学历、党政机关 / 社会团体 / 事业单位职工、农村专业管理人员、单位负责人 / 高层管理人员、在国际组织工作、从事金融业等的群体对当前自身生活水平评价较高。相较而言，50 ～ 54 岁、初中及以下学历、务农、自由职业者和临时务工者、一般员工、从事交通运输 / 仓储和邮政业、建筑业、居民服务和其他服务业、采矿业等的群体对当前自身生活水平评价较低。

表22-120　不同年龄对个人生活水平在当地所处的水平的评价　单位：%

	非常好	中等偏上	中等	中等偏下	非常差	前三项合计
18～19岁	3.5	20.6	56.7	15.8	3.4	80.8
20～24岁	2.7	14.7	59.8	18.7	4.2	77.2
25～29岁	2.4	15.7	59.3	18.3	4.2	77.4
30～34岁	1.9	13.4	59.8	20.5	4.4	75.1
35～39岁	2.0	14.9	60.6	19.1	3.5	77.5
40～44岁	1.8	13.1	58.3	21.7	5.0	73.2
45～49岁	2.4	14.3	53.8	24.1	5.4	70.5
50～54岁	2.2	14.4	53.1	24.1	6.2	69.7
55～59岁	3.2	16.6	54.9	20.5	4.9	74.7
60～64岁	3.3	14.4	53.9	23.1	5.3	71.6
65～69岁	3.6	15.4	53.8	23.2	4.0	72.8
70～74岁	4.6	16.1	51.9	23.5	3.9	72.6
总体	2.5	14.8	57.4	20.8	4.6	74.7

表22-121　不同受教育程度对个人生活水平在当地所处的水平的评价　单位：%

	非常好	中等偏上	中等	中等偏下	非常差	前三项合计
不识字或识字很少	7.0	7.7	45.2	22.3	17.7	59.9
小学	3.3	8.6	49.5	26.7	11.9	61.4
初中	2.4	10.7	53.6	27.2	6.1	66.7
普通高中	2.6	14.8	56.0	22.4	4.2	73.4
职高/中专/技校	2.0	12.6	58.9	22.8	3.6	73.5
大学专科（高职）	1.7	16.0	61.2	18.4	2.7	78.9
大学本科	2.3	20.2	62.4	13.4	1.8	84.9
研究生及以上	6.1	27.4	53.6	9.6	3.3	87.1
总体	2.5	14.8	57.4	20.8	4.6	74.7

表22-122　不同婚姻状况对个人生活水平在当地所处的水平的评价　单位：%

	非常好	中等偏上	中等	中等偏下	非常差	前三项合计
未婚	2.9	15.9	57.4	18.7	5.0	76.2
已婚	2.3	14.8	58.4	20.8	3.8	75.5
同居	5.4	14.9	45.9	23.4	10.4	66.2
离异或丧偶独身	2.9	10.5	44.0	29.1	13.6	57.4
总体	2.5	14.8	57.4	20.8	4.6	74.7

表22-123　不同工作性质对个人生活水平在当地所处的水平的评价　单位：%

	非常好	中等偏上	中等	中等偏下	非常差	前三项合计
务农	4.2	11.3	52.5	24.7	7.3	68.0
农村专业管理人员	6.8	23.9	54.9	10.8	3.6	85.6
个体工商户及农村自营业者雇主	2.6	17.9	61.2	15.8	2.5	81.7
个体工商户雇员	1.7	11.7	60.2	23.2	3.3	73.6
党政机关、社会团体、事业单位职工	2.6	24.5	61.1	10.7	1.2	88.2
国有、集体企业职工	1.9	16.8	60.1	18.7	2.4	78.8

续表

	非常好	中等偏上	中等	中等偏下	非常差	前三项合计
民营/私营企业企业主	4.1	25.0	54.5	14.1	2.3	83.6
民营/私营企业员工	1.4	12.1	60.3	22.7	3.5	73.8
合资、外资或港澳台企业员工	1.4	16.9	61.8	17.3	2.6	80.1
自由职业者和临时务工者	1.8	10.3	49.3	29.6	9.0	61.4
民办非企业单位、非营利组织员工	2.8	14.2	56.1	23.9	3.1	73.1
未知性质单位员工	2.5	8.5	65.1	18.0	6.0	76.1
全日制学生	2.6	24.8	50.4	19.7	2.6	77.8
总体	2.4	15.6	58.2	19.9	3.8	76.2

表22-124　不同职位对个人生活水平在当地所处的水平的评价　单位：%

	非常好	中等偏上	中等	中等偏下	非常差	前三项合计
单位负责人/高层管理人员	5.6	28.2	55.7	9.2	1.3	89.5
部门负责人/中层以上管理人员	2.5	24.9	60.3	11.0	1.2	87.7
基层管理人员	1.7	19.7	60.7	16.4	1.6	82.1
一般员工	1.6	12.5	60.7	21.8	3.4	74.8
总体	1.9	16.2	60.5	18.7	2.7	78.6

表22-125　不同工作行业对个人生活水平在当地所处的水平的评价　单位：%

	非常好	中等偏上	中等	中等偏下	非常差	前三项合计
采矿业	1.0	13.0	55.5	27.9	2.7	69.5
制造业	1.3	11.2	58.2	25.5	3.9	70.7
建筑业	1.5	13.2	52.8	26.6	5.9	67.5
交通运输、仓储和邮政业	1.3	10.1	55.1	28.0	5.4	66.5
信息传输、计算机服务和软件业	1.4	14.7	60.8	20.3	2.8	76.9
批发和零售业	1.5	11.7	63.6	20.3	2.8	76.8
住宿和餐饮业	2.1	11.8	58.7	22.5	4.9	72.6
金融业	2.2	20.0	60.6	15.5	1.7	82.8
房地产业	2.6	14.9	59.4	20.3	2.8	76.9
租赁和商务服务业	1.1	11.3	62.0	22.2	3.4	74.4
科学研究、技术服务和地质勘查业	1.2	11.9	63.8	21.0	2.1	76.9
教育、卫生、文化、体育	2.2	16.6	63.3	15.6	2.4	82.1
农林牧渔业	2.9	12.0	60.3	17.8	7.0	75.2
电力、燃气及水的生产和供应	1.3	17.2	59.6	18.7	3.2	78.1
水利、环境和公共设施管理业	1.4	13.6	57.1	25.0	2.9	72.1
居民服务和其他服务业	2.0	11.0	55.9	25.5	5.6	68.9
公共管理和社会组织	5.6	14.4	59.4	18.1	2.5	79.4
国际组织	5.3	21.1	57.9	15.8	0	84.3
总体	1.7	13.0	58.6	22.7	4.0	73.3

二、2019 年就业情况专题

2019 年中国民生满意度电话调查项目不仅关注群众对各项民生问题的总体满意度，还针对六类群体——就业群体、未就业群体、企业主 / 个体户、应届毕业生、新退役军人、农村户口群体的就业情况及就业环境进行调研和探究。本次调查的 51609 个居民中，七成居民（73.0%）是有工作的就业群体，其余 27.0% 为未就业群体。超半数就业群体（55.7%）近两年内接受过工作相关的培训。近两年来未接受过工作相关培训的就业群体表示他们不参加培训的主要原因是不需要参加培训（28.7%）、没有时间（22.5%）、不知道该参加什么内容的培训（14.2%）。62.9% 受访者近两年接受过的工作相关培训由就业群体所在单位出资，其次 22.6% 的培训由就业群体自己出资。总体而言，超九成就业群体（94.9%）表示培训课程具有一定帮助作用，其中认为培训课程比较有用的占比最大（39.2%）。

相较 2018 年，企业主和个体户整体认为 2019 年的经营状况有一定改善但改善不明显，不足四成企业主和个体户认为 2019 年的经营状况有明显改善（11.7%）和略有改善（25.5%）。相较 2018 年，企业主和个体户整体认为 2019 年的人工成本有较大程度的增加（61.8%）。企业主和个体户整体认为 2019 年的招工招聘难度有一定程度的增加，更难招到人（49.3%）。他们认为 2019 年招工招聘难度增加的原因主要是求职者希望的工资水平太高（41.3%）、求职者中能胜任岗位要求的不多（21.6%）。

六成未就业群体（60.2%）已没有工作 2 年以上。未工作群体整体认为找工作有困难（72.8%）且一定比例的群体认为找工作非常困难（22.1%）和比较困难（22.6%）。问及未就业群体其不工作以来享受过政府提供的就业创业的政策和服务类型，超八成未就业群体（82.4%）表示没有得到政府的任何就业创业服务和帮助。

（一）当前就业群体的工作情况

1. 就业基本信息

表22-126　就业群体工作数量

	样本量（个）	百分比（%）
1份	35467	94.1
2份及以上	2223	5.9
总体	37690	100.0

表22-127　就业群体工作性质

	样本量（个）	百分比（%）
务农	5755	15.4
农村专业管理人员	620	1.7
个体工商户及农村自营业者雇主	3312	8.8
个体工商户雇员	3317	8.9

续表

	样本量（个）	百分比（%）
党政机关、社会团体、事业单位职工	6315	16.9
国有、集体企业职工	3941	10.5
民营/私营企业企业主	1021	2.7
民营/私营企业员工	8867	23.7
合资、外资或港澳台企业员工	739	2.0
自由职业者和临时务工者	2869	7.7
民办非企业单位、非营利组织员工	291	0.8
未知性质单位员工	285	0.8
全日制学生	117	0.3
总体	37449	100.0

表22-128　就业群体职位

	样本量（个）	百分比（%）
单位负责人/高层管理人员	860	3.6
部门负责人/中层以上管理人员	3818	16.0
基层管理人员	3915	16.4
一般员工	15243	63.9
总体	23836	100.0

表22-129　就业群体行业

	样本量（个）	百分比（%）
采矿业	305	1.5
制造业	3275	15.9
建筑业	2544	12.4
交通运输、仓储和邮政业	1421	6.9
信息传输、计算机服务和软件业	1372	6.7
批发和零售业	2220	10.8
住宿和餐饮业	1340	6.5
金融业	1379	6.7
房地产业	509	2.5
租赁和商务服务业	739	3.6
科学研究、技术服务和地质勘查业	247	1.2
教育、卫生、文化、体育	1529	7.4
农林牧渔业	344	1.7
电力、燃气及水的生产和供应	466	2.3
水利、环境和公共设施管理业	140	0.7
居民服务和其他服务业	2537	12.3
公共管理和社会组织	163	0.8
国际组织	19	0.1
总体	20549	100.0

表22-130 就业群体岗位类型

	样本量（个）	百分比（%）
专业技术岗位	6517	43.0
生产运输设备操作岗位	1389	9.2
后勤保障、服务等支持性岗位	5964	39.4
商务类技术岗位	1277	8.4
总计	15147	100.0

2. 就业稳定情况

就业群体对未来失业的担忧情况良好，仅三成就业群体（33.9%）担心其未来可能会失业。三成就业群体（31.0%）可接受失业1～3个月，认为超过3个月找不到工作会对他和他家庭的生活带来明显影响。其次，24.4%的就业群体可接受失业时长为1周至1个月，认为超过1个月找不到工作会对生活带来明显影响。担心未来会失业的就业群体认为，行业不景气工作机会少（37.2%）、整体经济情况不好（19.9%）、年龄增加或健康状况变差（18.0%）是增加失业风险的主要原因。超五成就业群体（56.6%）不担心未来会失业，其主要原因是认为其工作单位或职位发展稳定有保障（46.1%），其次多表示“没什么原因，就是不担心”（24.3%）。

表22-131 不同工作数量的就业群体担心未来失业情况 单位：%

	非常担心	比较担心	一般担心	不太担心	完全不担心	没考虑过这个事情	前三项合计
1份	9.1	9.9	14.8	23.8	27.7	14.6	33.8
2份及以上	13.4	10.9	10.4	18.7	31.6	15.0	34.7
总体	9.4	10.0	14.5	23.5	28.0	14.7	33.9

表22-132 不同年龄、性别、婚姻状况的就业群体担心未来失业情况 单位：%

	非常担心	比较担心	一般担心	不太担心	完全不担心	没考虑过这个事情	前三项合计
18～19岁	6.0	9.8	12.5	23.7	30.4	17.6	28.3
20～24岁	5.8	8.9	15.8	27.9	26.9	14.7	30.5
25～29岁	6.6	9.0	15.5	26.4	28.8	13.7	31.1
30～34岁	8.8	11.1	15.9	23.8	26.3	14.1	35.8
35～39岁	8.2	10.5	17.5	24.7	24.7	14.3	36.2
40～44岁	10.8	10.3	14.9	21.5	28.5	14.0	36.0
45～49岁	12.8	11.2	11.5	20.4	29.0	15.1	35.5
50～54岁	13.3	9.0	9.7	19.5	32.9	15.5	32.0
55～59岁	11.1	8.6	11.0	22.0	30.9	16.4	30.7
60～64岁	15.9	7.7	7.5	18.5	30.8	19.5	31.1
65～69岁	15.3	6.9	6.9	17.2	34.0	19.7	29.1
70～74岁	9.5	1.6	9.5	14.3	39.7	25.4	20.6
男	10.8	10.1	13.7	21.5	29.3	14.7	34.6
女	7.6	9.8	15.6	26.0	26.4	14.6	33.0

续表

	非常担心	比较担心	一般担心	不太担心	完全不担心	没考虑过这个事情	前三项合计
未婚	10.0	10.1	14.1	22.7	28.3	14.9	34.2
已婚	12.5	13.2	13.2	20.2	26.8	14.0	38.9
同居	15.7	12.0	13.7	17.7	26.0	14.9	41.4
离异或丧偶独身	9.4	10.0	14.5	23.5	28.0	14.7	33.9
总体	10.0	10.1	14.1	22.7	28.3	14.9	34.2

表22-133　不同工作职位的就业群体担心未来失业情况　单位：%

	非常担心	比较担心	一般担心	不太担心	完全不担心	没考虑过这个事情	前三项合计
单位负责人/高层管理人员	6.7	7.9	11.3	18.5	42.2	13.4	25.9
部门负责人/中层以上管理人员	4.5	7.3	14.6	23.4	37.2	12.9	26.4
基层管理人员	5.7	8.7	14.7	27.5	30.2	13.2	29.1
一般员工	8.5	9.3	15.7	24.7	27.0	14.8	33.5
总体	7.4	8.8	15.2	24.7	29.7	14.2	31.4

表22-134　不同工作岗位的就业群体担心未来失业情况　单位：%

	非常担心	比较担心	一般担心	不太担心	完全不担心	没考虑过这个事情	前三项合计
专业技术岗位	5.6	7.1	14.4	26.1	33.3	13.4	27.1
生产运输设备操作岗位	15.1	11.8	13.8	22.5	20.7	16.1	40.7
后勤保障、服务等支持性岗位	10.3	10.7	17.1	23.7	22.4	15.7	38.1
商务类技术岗位	8.1	11.4	17.3	24.6	23.1	15.4	36.8
总体	8.6	9.3	15.7	24.7	27.0	14.7	33.6

表22-135　不同工作数量的就业群体可接受失业时长　单位：%

	0～1周	1周～1个月	1～3个月	3～6个月	6个月～1年	1年及以上
1份	10.3	24.1	31.3	15.9	8.4	10.0
2份及以上	9.7	28.3	27.2	13.9	8.6	12.3
总体	10.3	24.4	31.0	15.7	8.4	10.2

表22-136　不同年龄、性别、婚姻状况的就业群体可接受失业时长　单位：%

	0～1周	1周～1个月	1～3个月	3～6个月	6个月～1年	1年及以上
18～19岁	11.8	31.5	32.3	11.0	8.7	4.7
20～24岁	11.0	32.0	33.6	11.4	5.3	6.7
25～29岁	11.7	31.9	31.0	13.1	6.6	5.7
30～34岁	11.0	27.0	32.9	14.4	7.6	7.2
35～39岁	10.2	22.7	33.1	17.6	8.6	7.7
40～44岁	9.3	21.4	29.8	20.3	9.5	9.8
45～49岁	9.5	19.6	30.7	15.7	10.7	13.9
50～54岁	7.7	19.2	26.4	17.3	10.5	19.0
55～59岁	10.1	18.6	25.9	14.4	10.4	20.5
60～64岁	12.1	11.5	22.4	19.5	5.7	28.7

续表

	0～1周	1周～1个月	1～3个月	3～6个月	6个月～1年	1年及以上
65～69岁	10.2	15.3	27.1	8.5	13.6	25.4
70～74岁	7.7	23.1	15.4	0	7.7	46.2
男	10.1	23.7	29.9	15.8	8.8	11.7
女	10.5	25.4	32.4	15.6	8.0	8.2
未婚	10.4	30.8	33.1	12.5	6.6	6.5
已婚	10.1	22.4	30.6	16.9	9.0	11.0
同居	12.0	19.0	25.0	18.0	7.0	19.0
离异或丧偶独身	12.3	29.3	29.3	10.3	7.3	11.4
总体	10.3	24.4	31.0	15.7	8.4	10.2

表22-137　不同工作性质的就业群体可接受失业时长　单位：%

	0～1周	1周～1个月	1～3个月	3～6个月	6个月～1年	1年及以上
务农	7.9	24.2	26.8	16.3	8.4	16.3
农村专业管理人员	10.5	18.7	29.8	15.2	6.4	19.3
个体工商户及农村自营业者雇主	10.3	22.4	26.2	16.3	10.9	13.8
个体工商户雇员	13.4	27.8	31.3	14.0	6.2	7.3
党政机关、社会团体、事业单位职工	10.0	21.8	27.2	17.1	10.9	13.0
国有、集体企业职工	8.6	21.0	30.1	17.8	10.9	11.7
民营/私营企业企业主	6.4	19.8	33.4	15.3	7.5	17.5
民营/私营企业员工	9.1	27.1	34.9	15.1	7.1	6.8
合资、外资或港澳台企业员工	5.8	23.9	34.3	20.4	10.0	5.5
自由职业者和临时务工者	13.5	23.8	28.8	14.6	8.0	11.3
民办非企业单位、非营利组织员工	12.8	22.2	30.8	15.4	6.8	12.0
未知性质单位员工	19.1	20.2	31.5	14.6	5.6	9.0
全日制学生	8.7	30.4	28.3	13.0	8.7	10.9
总体	10.3	24.4	31.0	15.7	8.4	10.1

表22-138　不同工作职位的就业群体可接受失业时长　单位：%

	0～1周	1周～1个月	1～3个月	3～6个月	6个月～1年	1年及以上
单位负责人/高层管理人员	10.3	18.8	27.4	15.2	10.3	17.9
部门负责人/中层以上管理人员	6.9	22.0	33.2	19.1	9.6	9.1
基层管理人员	8.3	24.4	36.0	16.9	6.9	7.4
一般员工	10.8	26.4	31.5	14.9	8.0	8.3
总体	9.9	25.3	32.3	15.8	8.1	8.6

表22-139　不同工作岗位的就业群体可接受失业时长　单位：%

	0～1周	1周～1个月	1～3个月	3～6个月	6个月～1年	1年及以上
专业技术岗位	9.7	25.6	30.6	15.4	9.5	9.3
生产运输设备操作岗位	11.8	27.4	32.5	11.8	8.7	7.8
后勤保障、服务等支持性岗位	11.2	26.7	31.4	15.3	7.0	8.3
商务类技术岗位	11.5	28.2	33.8	14.9	6.4	5.3
总体	10.8	26.5	31.5	14.9	8.0	8.3

表22-140　不同工作行业的就业群体可接受失业时长　单位：%

	0～1周	1周～1个月	1～3个月	3～6个月	6个月～1年	1年及以上
采矿业	8.8	20.0	28.0	16.0	10.4	16.8
制造业	7.6	26.7	34.2	16.1	7.6	7.7
建筑业	11.5	25.0	30.8	15.9	7.5	9.3
交通运输、仓储和邮政业	13.2	24.6	31.9	14.6	7.1	8.7
信息传输、计算机服务和软件业	7.2	27.7	33.4	15.3	8.7	7.7
批发和零售业	11.4	27.4	29.8	16.6	6.7	8.0
住宿和餐饮业	14.0	27.3	35.1	11.8	5.8	6.0
金融业	7.9	18.6	35.6	17.7	8.8	11.3
房地产业	9.0	23.4	34.6	14.4	10.1	8.5
租赁和商务服务业	9.8	25.9	33.6	14.0	8.0	8.7
科学研究、技术服务和地质勘查业	5.3	30.7	29.3	10.7	17.3	6.7
教育、卫生、文化、体育	8.3	27.9	31.6	16.8	7.5	7.9
农林牧渔业	6.8	21.8	27.8	18.0	9.0	16.5
电力、燃气及水的生产和供应	8.8	26.4	31.8	14.9	6.8	11.5
水利、环境和公共设施管理业	10.2	24.5	28.6	16.3	12.2	8.2
居民服务和其他服务业	13.6	23.6	32.9	14.5	8.3	7.1
公共管理和社会组织	6.3	27.1	16.7	18.8	4.2	27.1
国际组织	0	50.0	25.0	25.0	0	0
总体	10.3	25.4	32.3	15.5	7.8	8.6

表22-141　担心未来失业的不同工作数量的就业群体，增加失业风险的因素　单位：%

	整体经济情况不好	行业不景气，工作机会少	自己的经验和技术落后	年龄增加或健康状况变差	需花更多精力照料家庭	政府政策调整	其他—企业发展存在风险
1份	19.8	37.5	8.1	17.6	5.9	10.6	0.4
2份及以上	21.3	32.8	6.9	22.1	4.8	11.8	0.3
总体	19.9	37.2	8.0	18.0	5.8	10.7	0.4

表22-142　担心未来失业的不同年龄段、性别、婚姻状况的就业群体，增加失业风险的因素　单位：%

	整体经济情况不好	行业不景气，工作机会少	自己的经验和技术落后	年龄增加或健康状况变差	需花更多精力照料家庭	政府政策调整	其他—企业发展存在风险
18～19岁	16.3	34.1	26.0	8.1	7.3	8.1	0
20～24岁	18.8	38.9	21.5	6.3	4.7	9.6	0.1
25～29岁	22.5	39.0	11.6	7.0	6.7	12.9	0.3
30～34岁	22.4	40.7	8.0	9.5	8.2	10.8	0.4
35～39岁	22.6	39.9	6.2	12.6	7.1	11.4	0.2
40～44岁	19.8	37.2	5.4	21.4	4.9	10.6	0.7
45～49岁	16.7	35.9	3.7	29.1	3.6	10.5	0.5
50～54岁	15.9	30.3	4.0	36.1	2.1	10.7	0.9
55～59岁	14.5	27.6	4.6	42.0	3.7	7.2	0.3
60～64岁	7.7	20.8	4.8	55.4	3.0	7.1	1.2

续表

	整体经济情况不好	行业不景气，工作机会少	自己的经验和技术落后	年龄增加或健康状况变差	需花更多精力照料家庭	政府政策调整	其他—企业发展存在风险
65～69岁	12.1	12.1	3.4	60.3	1.7	10.3	0
70～74岁	0	30.8	0	61.5	0	7.7	0
男	20.1	38.4	7.0	17.5	4.1	12.5	0.5
女	19.8	35.6	9.4	18.6	8.1	8.4	0.3
未婚	20.2	38.4	16.2	9.4	4.7	10.6	0.3
已婚	20.0	36.7	5.8	20.0	6.1	10.9	0.4
同居	20.8	43.8	6.3	14.6	7.3	7.3	0
离异或丧偶独身	18.0	37.6	6.6	23.1	5.1	9.1	0.4
总体	19.9	37.2	8.0	18.0	5.8	10.7	0.4

表22-143　担心未来失业的不同工作性质的就业群体，增加失业风险的因素　单位：%

	整体经济情况不好	行业不景气，工作机会少	自己的经验和技术落后	年龄增加或健康状况变差	需花更多精力照料家庭	政府政策调整	其他—企业发展存在风险
务农	13.7	27.5	8.2	35.2	4.4	10.4	0.5
农村专业管理人员	17.4	25.7	13.8	22.2	4.8	15.6	0.6
个体工商户及农村自营业者雇主	29.6	39.7	4.6	12.3	2.8	10.7	0.3
个体工商户雇员	23.8	41.8	7.8	14.6	5.7	6.1	0.2
党政机关、社会团体、事业单位职工	12.4	16.0	12.0	23.5	6.2	29.6	0.3
国有、集体企业职工	15.7	38.8	7.0	16.6	6.3	14.8	0.8
民营/私营企业企业主	26.3	36.3	7.1	10.2	4.2	15.6	0.3
民营/私营企业员工	19.6	42.9	7.9	16.2	6.8	6.2	0.5
合资、外资或港澳台企业员工	29.2	40.3	6.9	13.4	4.3	5.9	0
自由职业者和临时务工者	15.9	33.8	8.0	27.9	6.1	8.0	0.3
民办非企业单位、非营利组织员工	15.7	27.0	12.2	20.9	7.0	16.5	0.9
未知性质单位员工	9.8	31.7	8.5	24.4	12.2	12.2	1.2
全日制学生	13.3	24.4	42.2	4.4	6.7	8.9	0
总体	20.0	37.2	8.0	17.9	5.8	10.7	0.4

表22-144　担心未来失业的不同工作职位的就业群体，增加失业风险的因素　单位：%

	整体经济情况不好	行业不景气，工作机会少	自己的经验和技术落后	年龄增加或健康状况变差	需花更多精力照料家庭	政府政策调整	其他—企业发展存在风险
单位负责人/高层管理人员	29.5	39.5	5.5	10.0	2.3	11.8	1.4
部门负责人/中层以上管理人员	23.6	43.5	5.1	11.6	5.2	10.8	0.3
基层管理人员	17.6	41.5	7.5	16.1	6.7	9.8	0.7
一般员工	17.9	35.8	9.3	18.8	6.7	11.2	0.4
总体	18.9	37.8	8.3	17.1	6.4	10.9	0.4

表22-145　担心未来失业的不同工作岗位的就业群体，增加失业风险的因素　单位：%

	整体经济情况不好	行业不景气，工作机会少	自己的经验和技术落后	年龄增加或健康状况变差	需花更多精力照料家庭	政府政策调整	其他—企业发展存在风险
专业技术岗位	18.8	35.4	9.1	16.6	5.3	14.4	0.3
生产运输设备操作岗位	16.8	42.2	7.4	20.2	5.1	7.8	0.5
后勤保障、服务等支持性岗位	16.9	33.8	9.8	21.4	7.8	9.9	0.4
商务类技术岗位	20.4	39.8	10.0	11.7	8.5	9.3	0.2
总体	17.9	35.9	9.3	18.7	6.7	11.2	0.4

表22-146　担心未来失业的不同工作数量的就业群体，增加失业风险的因素　单位：%

	整体经济情况不好	行业不景气，工作机会少	自己的经验和技术落后	年龄增加或健康状况变差	需花更多精力照料家庭	政府政策调整	其他—企业发展存在风险
采矿业	7.3	57.3	3.2	16.9	4.0	10.5	0.8
制造业	18.1	46.4	6.7	16.2	5.1	6.6	0.8
建筑业	16.7	41.9	6.9	20.3	5.2	8.7	0.3
交通运输、仓储和邮政业	17.8	42.0	5.5	17.6	6.3	10.4	0.3
信息传输、计算机服务和软件业	22.9	41.8	9.2	15.6	5.3	4.9	0.4
批发和零售业	25.9	39.1	6.8	15.1	8.4	4.3	0.3
住宿和餐饮业	18.3	34.6	10.6	22.8	8.1	5.5	0.2
金融业	25.6	34.2	7.0	15.6	8.4	8.8	0.5
房地产业	18.8	48.4	5.9	12.4	5.9	8.1	0.5
租赁和商务服务业	16.7	40.8	9.6	17.0	5.7	9.9	0.4
科学研究、技术服务和地质勘查业	16.4	47.9	13.7	12.3	2.7	6.8	0
教育、卫生、文化、体育	15.1	30.4	11.7	18.5	8.7	15.1	0.4
农林牧渔业	17.7	27.7	8.5	26.2	9.2	10.8	0
电力、燃气及水的生产和供应	15.6	38.3	5.0	14.9	8.5	14.9	2.8
水利、环境和公共设施管理业	10.6	31.9	6.4	17.0	2.1	31.9	0
居民服务和其他服务业	18.9	35.2	9.4	23.8	5.3	7.3	0.1
公共管理和社会组织	15.9	29.5	6.8	27.3	4.5	15.9	0
国际组织	50.0	25.0	25.0	0	0	0	0
总体	19.2	39.9	7.8	18.3	6.4	8.1	0.4

表22-147　不担心未来失业的就业群体，不担心失业的原因

	样本量（个）	百分比（%）
工作单位或职位发展稳定有保障	9834	46.1
容易找到新的工作	3622	17.0
有其他收入，失业也不担心经济来源	1216	5.7
退休或快退休了	1428	6.7
没什么原因，就是不担心	5181	24.3
其他—对国家的发展和社会保障有信心	34	0.2
总体	21315	100.0

3. 就业群体参加工作培训情况

表22-148 就业群体近两年是否接受过工作相关培训

	样本量（个）	百分比（%）
接受过	20999	55.7
未接受过	16691	44.3
总体	37690	100.0

表22-149 不同工作数量的就业群体，近两年是否接受过工作相关培训 单位：%

	接受过	未接受过
1份	55.5	44.5
2份及以上	58.6	41.4
总体	55.7	44.3

表22-150 不同年龄、性别、婚姻状况的就业群体，近两年是否接受过工作相关培训 单位：%

	接受过	未接受过
18～19岁	53.2	46.8
20～24岁	67.0	33.0
25～29岁	67.8	32.2
30～34岁	63.4	36.6
35～39岁	60.6	39.4
40～44岁	57.3	42.7
45～49岁	53.5	46.5
50～54岁	46.1	53.9
55～59岁	34.2	65.8
60～64岁	25.7	74.3
65～69岁	16.4	83.6
70～74岁	13.1	86.9
男	52.7	47.3
女	59.8	40.2
未婚	64.8	35.2
已婚	53.9	46.1
同居	48.8	51.2
离异或丧偶独身	46.9	53.1
总体	55.7	44.3

表22-151 不同工作性质的就业群体，近两年是否接受过工作相关培训 单位：%

	接受过	未接受过
务农	21.7	78.3
农村专业管理人员	71.1	28.9
个体工商户及农村自营业者雇主	43.9	56.1
个体工商户雇员	50.6	49.4
党政机关、社会团体、事业单位职工	80.0	20.0
国有、集体企业职工	77.3	22.7

续表

	接受过	未接受过
民营/私营企业企业主	61.1	38.9
民营/私营企业员工	60.9	39.1
合资、外资或港澳台企业员工	68.6	31.4
自由职业者和临时务工者	35.6	64.4
民办非企业单位、非营利组织员工	64.3	35.7
未知性质单位员工	43.5	56.5
全日制学生	52.1	47.9
总体	55.7	44.3

表22-152　不同工作职位的就业群体，近两年是否接受过工作相关培训　单位：%

	接受过	未接受过
单位负责人/高层管理人员	69.1	30.9
部门负责人/中层以上管理人员	78.2	21.8
基层管理人员	73.8	26.2
一般员工	62.7	37.3
总体	67.3	32.7

表22-153　不同工作岗位的就业群体，近两年是否接受过工作相关培训　单位：%

	接受过	未接受过
专业技术岗位	71.7	28.3
生产运输设备操作岗位	51.6	48.4
后勤保障、服务等支持性岗位	55.3	44.7
商务类技术岗位	63.8	36.2
总体	62.7	37.3

表22-154　不同工作行业的就业群体，近两年是否接受过工作相关培训　单位：%

	接受过	未接受过
采矿业	61.3	38.7
制造业	53.6	46.4
建筑业	46.5	53.5
交通运输、仓储和邮政业	57.6	42.4
信息传输、计算机服务和软件业	63.5	36.5
批发和零售业	55.8	44.2
住宿和餐饮业	47.2	52.8
金融业	81.5	18.5
房地产业	70.3	29.7
租赁和商务服务业	61.6	38.4
科学研究、技术服务和地质勘查业	72.5	27.5
教育、卫生、文化、体育	71.5	28.5
农林牧渔业	48.8	51.2
电力、燃气及水的生产和供应	74.0	26.0

续表

	接受过	未接受过
水利、环境和公共设施管理业	62.9	37.1
居民服务和其他服务业	57.4	42.6
公共管理和社会组织	63.8	36.2
国际组织	73.7	26.3
总体	58.7	41.3

表22-155　接受过培训的就业群体，培训课程出资方（多选）

	样本量（个）	百分比（%）
所在单位出钱	13216	62.9
政府出钱	2774	13.2
自己出钱	4746	22.6
其他组织出钱	544	2.6
不清楚谁出钱，但自己没有出钱	1888	9.0
总体	20999	110.3

表22-156　接受过培训的就业群体，培训课程帮助程度

	样本量（个）	百分比（%）
非常有用	7510	35.8
比较有用	8231	39.2
一般	4171	19.9
不太有用	686	3.3
很没用	401	1.9
总体	20999	100.0

表22-157　未接受过培训的就业群体，不参加原因

	样本量（个）	百分比（%）
不需要参加培训	4763	28.7
没有时间	3734	22.5
没有钱	1542	9.3
不知道该参加什么内容的培训	2357	14.2
学习困难，跟不上课程进度	397	2.4
认为培训了也没什么用	538	3.2
其他-没想过参加培训这个事	2291	13.8
其他-没有参加培训的机会或渠道	831	5.0
其他-年龄增加或健康状况变差	147	0.9
总体	20999	100.0

表22-158　不同工作数量的就业群体对互联网相关平台性工作的了解或经历　单位：%

	自己目前在做相关工作	自己曾经做过相关工作	没做过，但了解一些	不了解
1份	3.0	5.6	45.8	45.6
2份及以上	10.3	11.7	43.0	35.0
总体	3.4	6.0	45.7	45.0

（二）企业主 / 个体户经营情况

本次调查受访者中的企业主和个体户，超三成（31.9%）从事批发和零售行业，相较 2018 年，企业主和个体户整体认为 2019 年的经营状况有一定改善但改善不明显，仅不足四成企业主和个体户认为 2019 年的经营状况有明显改善（11.7%）和略有改善（25.5%）。

表22-159　企业主/个体户所在行业

	样本量（个）	百分比（%）
采矿业	27	0.6
制造业	459	10.5
建筑业	332	7.6
交通运输、仓储和邮政业	235	5.4
信息传输、计算机服务和软件业	236	5.4
批发和零售业	1393	31.9
住宿和餐饮业	496	11.3
金融业	74	1.7
房地产业	59	1.3
租赁和商务服务业	166	3.8
科学研究、技术服务和地质勘查业	44	1.0
教育、卫生、文化、体育	214	4.9
农林牧渔业	150	3.4
电力、燃气及水的生产和供应	27	0.6
水利、环境和公共设施管理业	16	0.4
居民服务和其他服务业	436	10.0
公共管理和社会组织	6	0.1
国际组织	3	0.1
总体	4373	100.0

表22-160　相较2018年，不同行业的企业主/个体户2019年经营状况变化　单位：%

	明显改善	略有改善	没什么变化	略微变差	明显变差	前二项合计	后二项合计
采矿业	11.1	22.2	37.0	14.8	14.8	33.3	29.6
制造业	12.5	23.5	28.2	17.2	18.6	36.0	35.8
建筑业	14.1	30.0	30.6	12.5	12.8	44.1	25.3
交通运输、仓储和邮政业	11.6	20.1	35.7	15.2	17.4	31.7	32.6
信息传输、计算机服务和软件业	14.2	32.0	24.9	15.6	13.3	46.2	28.9
批发和零售业	8.6	22.8	27.7	19.5	21.4	31.4	40.9
住宿和餐饮业	11.8	25.7	30.3	15.4	16.8	37.5	32.2
金融业	18.1	34.7	27.8	12.5	6.9	52.8	19.4

续表

	明显改善	略有改善	没什么变化	略微变差	明显变差	前二项合计	后二项合计
房地产业	23.2	32.1	21.4	12.5	10.7	55.3	23.2
租赁和商务服务业	14.2	25.3	25.9	17.3	17.3	39.5	34.6
科学研究、技术服务和地质勘查业	16.3	27.9	20.9	18.6	16.3	44.2	34.9
教育、卫生、文化、体育	16.7	25.0	37.7	10.3	10.3	41.7	20.6
农林牧渔业	15.2	30.3	29.7	13.8	11.0	45.5	24.8
电力、燃气及水的生产和供应	19.2	11.5	23.1	19.2	26.9	30.7	46.1
水利、环境和公共设施管理业	20.0	13.3	26.7	6.7	33.3	33.3	40.0
居民服务和其他服务业	9.4	29.3	29.6	16.6	15.1	38.7	31.7
公共管理和社会组织	20.0	20.0	40.0	20.0	0	40.0	20.0
国际组织	0	66.7	33.3	0	0	66.7	0
总体	11.7	25.5	29.1	16.5	17.2	37.2	33.7

表22-161　相较2018年，不同行业的企业主/个体户2019年雇员人数变化　单位：%

	明显增加	略有增加	没变化	略微减少	明显较少	前二项合计	后二项合计
采矿业	7.7	11.5	61.5	11.5	7.7	19.2	19.2
制造业	6.4	16.7	52.0	14.2	10.7	23.1	24.9
建筑业	11.6	15.0	51.1	11.9	10.4	26.6	22.3
交通运输、仓储和邮政业	4.1	13.7	61.2	12.3	8.7	17.8	21.0
信息传输、计算机服务和软件业	9.2	24.1	47.4	10.5	8.8	33.3	19.3
批发和零售业	3.6	11.1	62.4	11.2	11.8	14.7	23.0
住宿和餐饮业	6.6	14.7	53.9	15.1	9.7	21.3	24.8
金融业	12.5	26.4	45.8	11.1	4.2	38.9	15.3
房地产业	15.3	13.6	45.8	16.9	8.5	28.9	25.4
租赁和商务服务业	7.4	17.9	55.6	7.4	11.7	25.3	19.1
科学研究、技术服务和地质勘查业	9.3	20.9	44.2	9.3	16.3	30.2	25.6
教育、卫生、文化、体育	9.6	25.8	47.8	8.6	8.1	35.4	16.7
农林牧渔业	8.3	15.9	62.8	6.9	6.2	24.2	13.1
电力、燃气及水的生产和供应	3.8	7.7	61.5	23.1	3.8	11.5	26.9
水利、环境和公共设施管理业	6.3	43.8	25.0	6.3	18.8	50.1	25.1
居民服务和其他服务业	6.3	13.4	56.6	14.6	9.0	19.7	23.6
公共管理和社会组织	0	33.3	66.7	0	0	33.3	0
国际组织	0	33.3	66.7	0	0	33.3	0
总体	6.5	15.2	56.2	12.0	10.1	21.7	22.1

表22-162　　相较2018年，不同行业的企业主/个体户2019年人工成本变化　　单位：%

	明显增加	略有增加	没变化	略微减少	明显较少	前二项合计	后二项合计
采矿业	23.1	19.2	42.3	7.7	7.7	42.3	15.4
制造业	28.4	40.5	25.0	3.6	2.5	68.9	6.1
建筑业	29.8	36.8	22.7	6.4	4.3	66.6	10.7
交通运输、仓储和邮政业	21.2	31.9	35.8	6.6	4.4	53.1	11.0
信息传输、计算机服务和软件业	27.5	40.2	24.0	5.2	3.1	67.7	8.3
批发和零售业	19.3	38.0	33.5	4.3	5.0	57.3	9.3
住宿和餐饮业	25.8	39.4	27.8	3.9	3.1	65.2	7.0
金融业	22.2	38.9	26.4	11.1	1.4	61.1	12.5
房地产业	15.5	36.2	36.2	5.2	6.9	51.7	12.1
租赁和商务服务业	19.9	40.4	31.1	3.7	5.0	60.3	8.7
科学研究、技术服务和地质勘查业	33.3	33.3	26.2	2.4	4.8	66.6	7.2
教育、卫生、文化、体育	26.1	42.0	24.2	3.9	3.9	68.1	7.8
农林牧渔业	28.1	36.3	30.8	2.1	2.7	64.4	4.8
电力、燃气及水的生产和供应	20.0	40.0	32.0	8.0	0	60.0	8.0
水利、环境和公共设施管理业	60.0	20.0	13.3	0	6.7	80.0	6.7
居民服务和其他服务业	22.8	37.3	31.7	5.1	3.1	60.1	8.2
公共管理和社会组织	50.0	16.7	16.7	16.7	0	66.7	16.7
国际组织	0	100.0	0	0	0	100	0
总体	23.7	38.1	29.7	4.6	3.9	61.8	8.5

表22-163　　相较2018年，不同行业的企业主/个体户2019年招工招聘难度变化　　单位：%

	难度明显增加，更难招到人	难度略有增加	难度没变化	难度略微减少	难度明显减少，更容易招到人	前二项合计	后二项合计
采矿业	25.0	20.8	29.2	0	25.0	45.8	25.0
制造业	30.3	24.9	30.3	5.4	9.2	55.2	14.6
建筑业	27.5	20.1	31.3	7.0	14.1	47.6	21.1
交通运输、仓储和邮政业	21.8	23.4	38.6	6.1	10.2	45.2	16.3
信息传输、计算机服务和软件业	30.7	27.6	28.9	3.6	9.3	58.3	12.9
批发和零售业	23.8	21.8	38.7	5.0	10.6	45.6	15.6
住宿和餐饮业	28.6	21.1	35.7	5.8	8.8	49.7	14.6
金融业	19.7	23.9	39.4	5.6	11.3	43.6	16.9
房地产业	19.0	25.9	41.4	3.4	10.3	44.9	13.7
租赁和商务服务业	28.5	25.8	29.1	7.3	9.3	54.3	16.6

续表

	难度明显增加，更难招到人	难度略有增加	难度没变化	难度略微减少	难度明显减少，更容易招到人	前二项合计	后二项合计
科学研究、技术服务和地质勘查业	36.8	21.1	31.6	0	10.5	57.9	10.5
教育、卫生、文化、体育	34.0	19.3	28.9	7.1	10.7	53.3	17.8
农林牧渔业	25.9	21.5	39.3	3.0	10.4	47.4	13.4
电力、燃气及水的生产和供应	39.1	4.3	34.8	8.7	13.0	43.4	21.7
水利、环境和公共设施管理业	50.0	6.3	31.3	6.3	6.3	56.3	12.6
居民服务和其他服务业	32.3	19.0	36.7	5.9	6.2	51.3	12.1
公共管理和社会组织	16.7	0	50.0	0	33.3	16.7	33.3
国际组织	33.3	33.3	33.3	0	0	66.6	0
总体	27.4	21.9	35.1	5.4	10.1	49.3	15.5

表22-164　相较2018年，不同行业的企业主/个体户招工招聘难度增加原因　单位：%

	来应聘的人减少	求职者中能胜任岗位要求的不多	求职者希望的工资水平太高	求职者对工资之外的福利要求变高	招工招聘渠道不足
采矿业	18.2	18.2	54.5	9.1	0
制造业	16.4	23.3	40.5	15.9	3.9
建筑业	9.5	27.9	44.9	15.0	2.7
交通运输、仓储和邮政业	15.9	17.0	46.6	17.0	3.4
信息传输、计算机服务和软件业	12.6	30.7	34.6	16.5	5.5
批发和零售业	13.2	16.7	45.8	17.8	6.5
住宿和餐饮业	22.0	11.5	47.1	13.2	6.2
金融业	23.3	33.3	20.0	16.7	6.7
房地产业	20.0	28.0	20.0	24.0	8.0
租赁和商务服务业	8.9	25.3	38.0	22.8	5.1
科学研究、技术服务和地质勘查业	5.0	20.0	50.0	20.0	5.0
教育、卫生、文化、体育	7.7	36.5	35.6	13.5	6.7
农林牧渔业	13.3	20.0	38.3	20.0	8.3
电力、燃气及水的生产和供应	20.0	20.0	30.0	20.0	10.0
水利、环境和公共设施管理业	11.1	44.4	44.4	0	0
居民服务和其他服务业	20.6	23.6	32.2	18.1	5.5
公共管理和社会组织	100.0	0	0	0	0
国际组织	0	50.0	50.0	0	0
总体	15.0	21.6	41.3	16.7	5.5

表22-165　企业主/个体户是否考虑引进新技术减少员工数量

	样本量（个）	百分比（%）
已经采取了一些措施，效果不错	381	7.8
尝试过，但效果不好	360	7.3
考虑过，正准备采取一些措施	771	15.7
考虑过，但资金、技术等条件不具备	884	18.0
没考虑过	2520	51.3
总体	4916	100.0

表22-166　不同行业的企业主/个体户认为其经营的企业或创办的事业在市场中的优势　单位：%

	技术	价格	服务	经验	渠道或准入	管理	没什么优势
采矿业	16.0	8.0	4.0	20.0	20.0	0	16.0
制造业	12.9	11.8	4.7	7.1	30.9	1.6	7.1
建筑业	8.6	13.5	7.7	8.9	23.1	3.1	9.2
交通运输、仓储和邮政业	12.3	39.2	7.5	9.7	5.7	2.2	11.5
信息传输、计算机服务和软件业	3.9	25.2	4.3	13.5	13.5	2.2	5.7
批发和零售业	16.9	24.2	4.4	9.2	26.9	1.9	11.7
住宿和餐饮业	11.1	21.4	4.1	4.7	31.3	5.4	8.9
金融业	2.8	27.8	5.6	12.5	11.1	12.5	12.5
房地产业	3.4	29.3	13.8	12.1	19.0	8.6	8.6
租赁和商务服务业	12.4	26.7	3.7	12.4	16.8	3.7	2.5
科学研究、技术服务和地质勘查业	2.3	20.9	2.3	4.7	16.3	4.7	4.7
教育、卫生、文化、体育	5.3	26.8	9.1	5.7	14.8	3.3	5.7
农林牧渔业	7.4	11.5	4.7	6.8	36.5	3.4	8.1
电力、燃气及水的生产和供应	22.2	22.2	3.7	11.1	14.8	0	14.8
水利、环境和公共设施管理业	6.7	13.3	6.7	6.7	26.7	0	13.3
居民服务和其他服务业	8.8	27.6	4.5	6.4	19.0	2.4	7.4
公共管理和社会组织	0	33.3	16.7	0	16.7	0	16.7
国际组织	0	33.3	0	0	33.3	33.3	0
总体	11.8	22.7	5.2	8.4	23.6	2.9	9.1

（三）当前未就业群体的生活情况

除离退休（25.0%）、在校学生（15.6%）两个原因外，多数未就业群体因为需要料理家务及照料家庭成员不能工作（19.7%）。

1. 未就业群体上一份工作情况

表22-167 未就业群体上一份工作职位

	样本量（个）	百分比（%）
单位负责人/高层管理人员（含个体工商户、私营业主）	190	6.8
部门负责人/中层以上管理人员	210	7.5
基层管理人员	293	10.5
一般员工	1935	69.5
不记得/没有上一份工作	157	5.6
总体	2785	100.0

表22-168 未就业群体上一份工作所属行业

	样本量（个）	百分比（%）
采矿业	57	2.1
制造业	357	13.3
建筑业	318	11.9
交通运输、仓储和邮政业	177	6.6
信息传输、计算机服务和软件业	175	6.5
批发和零售业	315	11.8
住宿和餐饮业	245	9.1
金融业	89	3.3
房地产业	46	1.7
租赁和商务服务业	102	3.8
科学研究、技术服务和地质勘查业	16	0.6
教育、卫生、文化、体育	216	8.1
农林牧渔业	176	6.6
电力、燃气及水的生产和供应	21	0.8
水利、环境和公共设施管理业	9	0.3
居民服务和其他服务业	326	12.2
公共管理和社会组织	26	1.0
国际组织	7	0.3
总体	2678	100.0

表22-169 未就业群体上一份工作所属岗位

	样本量（个）	百分比（%）
专业技术岗位	508	26.9
生产运输设备操作岗位	367	19.4
后勤保障、服务等支持性岗位	828	43.8
商务类技术岗位	186	9.8
总体	1889	100.0

表22-170　不同年龄、性别、婚姻的未就业群体当前没有工作的原因　单位：%

	因单位倒闭、经营困难或转型等原因失去工作后，尚未找到新的工作	对工作不满意或不能胜任而离职后，尚未找到新的工作	因身体原因（疾病、怀孕等）离职后尚未找到新的工作	不愿意、不需要或因为身体原因（疾病、怀孕等）目前无法工作	毕业后或退役后一直未落实工作	料理家务及照料家庭成员不能工作	在校学生	离退休	准备自主创业	准备继续读书/考资格证/参军等	其他—失去土地，尚未找到新工作
18～19岁	1.6	2.3	0.8	1.7	4.7	0.7	76.1	0	1.5	10.6	0
20～24岁	3.1	5.5	2.6	3.9	8.0	3.6	62.7	0	3.1	7.4	0
25～29岁	7.8	10.0	12.1	8.2	7.6	30.1	8.8	0	10.7	4.7	0
30～34岁	11.3	6.7	8.8	8.7	4.3	49.1	1.4	0	8.7	1.0	0
35～39岁	9.5	6.5	8.9	8.9	6.1	41.9	6.7	0.1	9.7	1.8	0
40～44岁	11.4	7.0	9.4	12.8	6.3	40.3	1.1	1.5	8.3	1.3	0.5
45～49岁	16.4	6.4	12.3	12.9	6.5	31.8	0	5.5	7.3	0.5	0.3
50～54岁	16.6	3.6	9.4	13.0	4.1	20.4	0	27.6	4.0	0.4	0.9
55～59岁	9.8	3.1	8.5	10.6	1.8	21.5	0	42.5	1.7	0.1	0.4
60～64岁	6.2	1.0	5.9	8.7	1.5	9.6	0	65.7	0.9	0	0.5
65～69岁	6.0	0.4	6.3	11.5	1.7	7.4	0	65.7	0.4	0	0.7
70～74岁	3.4	0.7	5.5	14.4	1.8	5.8	0	67.4	0.4	0	0.6
男	11.6	5.9	7.3	10.8	6.5	7.4	15.0	25.1	7.2	2.6	0.6
女	5.7	2.8	6.8	7.9	2.8	28.8	16.1	24.9	1.8	2.4	0.1
未婚	4.6	5.7	2.9	5.0	7.3	2.6	58.0	1.6	4.0	8.1	0.1
已婚	9.2	3.3	8.0	10.2	3.2	27.3	0.3	33.7	4.0	0.4	0.4
同居	11.9	7.4	14.8	12.6	5.2	11.9	5.2	22.2	8.1	0	0.7
离异或丧偶独身	12.2	5.3	12.3	14.3	3.8	13.7	1.7	31.7	3.8	0.5	0.5
总体	8.2	4.1	7.0	9.1	4.3	19.7	15.6	25.0	4.1	2.5	0.3

表22-171 上一份工作不同职位的未就业群体当前没有工作的原因

单位：%

	因单位倒闭、经营困难转型等原因失去工作后，尚未找到新的工作	对工作不满意或不能胜任而离职后，尚未找到新的工作	因身体原因（疾病、怀孕等）离职后尚未找到新的工作	不愿意、不需要或因为身体原因（疾病、怀孕等）目前无法工作	毕业后或退役后一直未落实工作	料理家务及照料家庭成员不能工作	多答—在校学生	多答—离退休	准备自主创业	准备继续读书/考资格证/参军等	其他—失去土地，尚未找到新工作
单位负责人/高层管理人员（含个体工商户、私营业主）	28.6	6.5	9.7	0.5	0.5	25.9	0	0	25.4	2.7	0
部门负责人/中层以上管理人员	25.0	14.7	13.2	1.5	1.5	22.5	0.5	0	15.7	5.4	0
基层管理人员	23.4	17.6	14.4	1.4	0.4	19.4	0	0.4	16.9	6.1	0
一般员工	16.5	16.2	16.9	1.1	1.1	31.2	0.1	0.2	10.2	6.2	0.3
不记得/不回答/没有上一份工作	7.8	7.1	9.2	2.8	2.1	27.7	0	0	11.3	28.4	3.5
总体	18.3	15.1	15.4	1.2	1.1	28.8	0.1	0.2	12.5	7.0	0.4

表22-172 上一份工作不同岗位的未就业群体当前没有工作的原因

单位：%

	因单位倒闭、经营困难转型等原因失去工作后，尚未找到新的工作	对工作不满意或不能胜任而离职后，尚未找到新的工作	因身体原因（疾病、怀孕等）离职后尚未找到新的工作	不愿意、不需要或因为身体原因（疾病、怀孕等）目前无法工作	毕业后或退役后一直未落实工作	料理家务及照料家庭成员不能工作	多答—在校学生	多答—离退休	准备自主创业	准备继续读书/考资格证/参军等	其他—失去土地，尚未找到新工作
专业技术岗位	20.2	17.0	14.6	1.5	0.6	28.5	0	0.4	9.1	7.9	0.2
生产运输设备操作岗位	21.2	17.9	14.4	1.8	1.2	28.2	0	0.3	11.8	2.6	0.6
后勤保障、服务等支持性岗位	13.4	15.0	18.7	0.9	1.5	35.4	0.1	0	8.6	6.3	0.1
商务类技术岗位	12.6	15.4	22.0	0	0.5	25.3	0	0	15.9	8.2	0
总体	16.6	16.1	17.1	1.1	1.1	31.2	0.1	0.2	10.1	6.2	0.2

表22-173　上一份工作不同行业的未就业群体当前没有工作的原因　单位：%

	因单位倒闭、经营困难转型等原因失去工作后，尚未找到新的工作	对工作不满意或不能胜任而离职后，尚未找到新的工作	因身体原因（疾病、怀孕等）离职后尚未找到新的工作	不愿意、不需要或因为身体原因（疾病、怀孕等）目前无法工作	毕业后或退役后一直未落实工作	料理家务及照料家庭成员不能工作	多答—在校学生	多答—离退休	准备自主创业	准备继续读书/考资格证/参军等	其他—失去土地，尚未找到新工作
采矿业	32.0	12.0	20.0	0	0	20.0	0	0	16.0	0	0
制造业	25.4	16.4	13.5	0.6	1.4	28.2	0	0	11.2	3.2	3.2
建筑业	20.6	17.4	17.8	3.1	2.8	20.6	0	0	13.9	3.5	3.5
交通运输、仓储和邮政业	26.0	14.8	14.2	1.2	2.4	18.3	0	0.6	18.3	3.0	3.0
信息传输、计算机服务和软件业	16.7	18.4	15.5	1.7	0	23.6	0.6	0	14.4	9.2	9.2
批发和零售业	16.9	11.7	15.3	0.3	0.3	39.6	0	0	11.7	4.2	4.2
住宿和餐饮业	18.8	13.3	19.2	1.3	0.8	30.0	0	0	10.0	6.7	6.7
金融业	20.5	18.2	9.1	0	0	30.7	0	0	10.2	11.4	11.4
房地产业	13.3	17.8	11.1	0	0	33.3	0	0	11.1	13.3	13.3
租赁和商务服务业	19.2	10.1	13.1	0	0	32.3	0	0	19.2	6.1	6.1
科学研究、技术服务和地质勘查业	25.0	37.5	6.3	0	0	12.5	0	0	6.3	12.5	12.5
教育、卫生、文化、体育	11.8	16.7	15.2	0	0	28.9	0	0.5	9.3	17.6	17.6
农林牧渔业	13.8	6.9	13.8	3.1	1.9	39.6	0	0	13.8	3.8	3.8
电力、燃气及水的生产和供应	14.3	33.3	23.8	4.8	0	14.3	0	0	9.5	0	0
水利、环境和公共设施管理业	28.6	0	42.9	0	0	14.3	0	0	0	14.3	14.3
居民服务和其他服务业	12.9	17.9	18.2	0.9	1.3	32.4	0	0.3	10.1	5.7	5.7
公共管理和社会组织	13.0	13.0	13.0	4.3	0	34.8	4.3	0	8.7	8.7	8.7
国际组织	28.6	14.3	14.3	0	0	14.3	0	0	28.6	0	0
总体	18.6	15.3	15.7	1.2	1.1	29.2	0.1	0.1	12.3	6.2	6.2

2. 未就业群体生活现状

整体来看，截至访问时，六成未就业群体（60.2%）已没有工作2年以上。2年内没有工作的受访者中，上一份工作各职位和各岗群体通常没有工作时长在1周至3个月、1～2年。整体而言，未就业群体当前生活主要经济来源来自其他家庭成员的收入（50.3%）和自己不稳定的劳动收入（21.1%）。

表22-174　截至访问时，不同年龄、性别、婚姻的未就业群体已没有工作时长　单位：%

	0～1周	1周～3个月	3～6个月	6个月～1年	1～2年	2年及以上
18～19岁	9.0	34.4	8.6	5.0	6.1	36.9
20～24岁	4.7	33.7	12.4	10.9	11.8	26.5
25～29岁	3.7	19.3	12.6	11.1	17.2	36.0
30～34岁	2.8	12.5	9.3	9.9	14.0	51.5
35～39岁	2.8	12.3	9.5	8.0	12.9	54.5
40～44岁	3.8	10.0	7.4	6.9	10.5	61.4
45～49岁	2.6	9.2	6.9	7.1	10.5	63.6
50～54岁	2.7	6.3	3.3	7.0	10.4	70.3
55～59岁	0.9	3.9	3.1	6.1	11.1	74.9
60～64岁	1.2	4.3	3.9	1.8	8.2	80.6
65～69岁	0.8	1.1	1.4	3.8	6.2	86.8
70～74岁	0.8	0.8	0.4	0.8	5.1	92.1
男	4.1	14.7	8.2	8.1	10.1	54.8
女	1.8	9.2	5.9	6.6	12.1	64.4
未婚	5.3	30.1	12.5	8.5	10.1	33.5
已婚	2.2	7.7	5.6	7.0	11.8	65.7
同居	3.8	6.7	12.4	10.5	13.3	53.3
离异或丧偶独身	2.4	7.2	5.2	6.1	8.0	71.1
总体	2.8	11.6	6.9	7.2	11.2	60.2

表22-175　上一份工作不同职位的未就业群体已没有工作时长　单位：%

	0～1周	1周～3个月	3～6个月	6个月～1年	1～2年
单位负责人/高层管理人员（含个体工商户、私营业主）	5.8	21.1	16.8	16.8	39.5
部门负责人/中层以上管理人员	5.2	31.4	21.0	19.5	22.9
基层管理人员	7.8	32.1	17.7	15.4	27.0
一般员工	6.7	28.0	18.4	19.4	27.4
不记得/不回答/没有上一份工作	18.5	29.9	8.9	15.3	27.4
总体	7.3	28.3	17.9	18.6	27.9

表22-176　上一份工作不同岗位的未就业群体已没有工作时长

	0～1周	1周～3个月	3～6个月	6个月～1年	1～2年
专业技术岗位	6.7	29.3	19.3	20.5	24.2
生产运输设备操作岗位	8.2	24.5	19.9	20.2	27.2
后勤保障、服务等支持性岗位	6.2	27.7	16.9	19.3	30.0
商务类技术岗位	5.4	29.6	20.4	17.2	27.4
总体	6.6	27.7	18.5	19.6	27.6

表22-177　上一份工作不同行业的未就业群体已没有工作时长　单位：%

	0～1周	1周～3个月	3～6个月	6个月～1年	1～2年
采矿业	5.3	21.1	15.8	24.6	33.3
制造业	5.0	28.6	18.2	19.6	28.6
建筑业	10.1	33.3	15.1	20.4	21.1
交通运输、仓储和邮政业	11.3	29.4	15.8	15.3	28.2
信息传输、计算机服务和软件业	5.7	24.0	28.6	18.9	22.9
批发和零售业	2.5	23.5	17.5	20.6	35.9
住宿和餐饮业	4.5	29.0	20.4	15.9	30.2
金融业	5.6	31.5	20.2	10.1	32.6
房地产业	8.7	37.0	19.6	15.2	19.6
租赁和商务服务业	6.9	30.4	13.7	26.5	22.5
科学研究、技术服务和地质勘查业	18.8	31.3	12.5	25.0	12.5
教育、卫生、文化、体育	7.9	31.0	19.0	17.1	25.0
农林牧渔业	19.3	15.9	17.6	14.2	33.0
电力、燃气及水的生产和供应	0	42.9	23.8	19.0	14.3
水利、环境和公共设施管理业	22.2	33.3	11.1	11.1	22.2
居民服务和其他服务业	4.3	28.2	17.2	19.9	30.4
公共管理和社会组织	7.7	30.8	19.2	11.5	30.8
国际组织	14.3	71.4	0	14.3	0
总体	7.1	28.1	18.2	18.5	28.1

表22-178　不同年龄、性别、婚姻状况的未就业群体当前生活主要经济来源　单位：%

	存款以及房租、股份等财产性收入或集体经济收入	其他家庭成员的收入	亲朋好友的资助	自己不稳定的劳动收入	从社保部门领取的失业保险金	解除劳动合同时，企业支付的经济补偿金	从部队退役时，政府发放的退役金或经济补助金	低保及其他社会救助	养老保险	没有收入，没什么需要花钱的地方
18～19岁	9.1	72.7	4.7	9.1	0.4	0	0	0.4	0	3.6
20～24岁	16.4	55.7	5.6	14.1	0.6	0.9	0.7	0.7	0	5.2
25～29岁	16.7	55.0	3.5	18.4	0.9	0.3	0.6	1.2	0	3.5
30～34岁	11.2	60.6	2.7	17.8	0.9	0.5	0	1.7	0	4.7
35～39岁	12.1	58.0	2.7	20.9	0.4	0.8	0	1.4	0	3.7
40～44岁	10.6	52.0	2.4	27.3	0.7	0.5	0.5	3.2	0	2.8
45～49岁	7.7	45.5	3.1	33.7	1.1	0.8	0.2	4.2	1.1	2.6
50～54岁	6.6	38.2	4.2	33.5	2.1	0.6	0.7	5.2	3.9	5.1
55～59岁	8.9	51.4	3.3	16.3	2.7	0.9	1.1	4.4	7.3	3.8
60～64岁	6.0	34.8	1.8	19.9	3.6	0.7	1.5	6.7	21.1	3.8
65～69岁	2.8	33.9	1.1	13.5	6.3	1.4	2.5	9.6	25.3	3.6
70～74岁	2.4	30.2	0.4	11.7	3.2	0.4	3.2	11.3	33.9	3.2
男	14.1	26.6	4.3	33.5	2.2	0.7	1.2	5.5	5.9	6.0
女	6.8	68.4	2.2	11.5	1.3	0.6	0.3	2.2	4.5	2.3

续表

	存款以及房租、股份等财产性收入或集体经济收入	其他家庭成员的收入	亲朋好友的资助	自己不稳定的劳动收入	从社保部门领取的失业保险金	解除劳动合同时，企业支付的经济补偿金	从部队退役时，政府发放的退役金或经济补助金	低保及其他社会救助	养老保险	没有收入，没什么需要花钱的地方
未婚	17.7	46.3	5.2	18.8	0.9	0.6	0.6	3.9	0.6	5.4
已婚	8.0	53.6	2.1	21.2	1.7	0.6	0.8	2.7	5.9	3.4
同居	17.5	25.2	6.8	22.3	4.9	0	0	7.8	10.7	4.9
离异或丧偶独身	8.7	31.3	7.6	25.0	2.5	1.7	0.2	11.0	7.0	4.9
总体	10.0	50.3	3.1	21.1	1.7	0.7	0.7	3.6	5.1	3.9

3. 未就业群体找工作情况

七成未工作群体认为找工作有困难（72.8%）且一定比例的群体认为找工作非常困难（22.1%）和比较困难（22.6%）。认为找工作困难的未就业群体表示导致找工作难的主要原因是年龄增加或健康情况变差（45.6%）、文化水平或技能不够（25.2%）、经济形势不好就业机会太少（11.3%）。问及未就业群体其不工作以来享受过政府提供的就业创业的政策和服务类型，超八成未就业群体（82.4%）表示没有得到政府的任何就业创业服务和帮助。就业信息和职业介绍是未就业群体表示得到最多的服务帮助，仅占7.2%。享受过政府就业创业服务和帮助的群体认为这些服务有帮助（77.0%）。七成未就业群体（77.6%）没有考虑、不了解，也没有从事过互联网相关平台性工作；实际参与过相关工作的仅有4.5%。

表22-179　　不同年龄、性别、婚姻的未就业群体找工作难度　　单位：%

	非常困难	比较困难	一般	比较容易	非常容易	不想找工作	前三项合计
18～19岁	13.0	23.6	34.6	16.3	4.9	7.7	71.1
20～24岁	8.5	16.7	41.3	19.2	8.2	6.1	66.6
25～29岁	11.8	15.0	38.8	21.0	7.8	5.5	65.7
30～34岁	11.5	18.4	37.5	19.7	6.3	6.6	67.4
35～39岁	14.0	22.2	33.4	17.2	5.2	8.0	69.6
40～44岁	21.2	23.6	31.1	13.2	3.7	7.2	75.9
45～49岁	24.7	25.6	24.7	12.2	4.3	8.6	75.0
50～54岁	35.1	27.7	16.8	7.5	4.3	8.5	79.6
55～59岁	29.6	30.2	20.6	6.8	1.5	11.3	80.4
60～64岁	35.1	26.0	15.8	4.3	2.3	16.5	76.9
65～69岁	43.7	18.0	10.3	6.1	1.1	20.7	72.0
70～74岁	44.3	12.1	6.9	1.7	1.7	33.3	63.2
男	29.2	22.4	23.9	10.1	5.0	9.4	75.5
女	16.9	22.8	31.1	15.3	4.2	9.6	70.8
未婚	15.2	19.0	36.8	16.3	6.4	6.3	71.0
已婚	21.9	23.6	26.9	13.3	4.0	10.2	72.5

续表

	非常困难	比较困难	一般	比较容易	非常容易	不想找工作	前三项合计
同居	33.3	20.0	20.0	4.4	11.1	11.1	73.3
离异或丧偶独身	40.4	22.5	18.3	4.7	3.7	10.3	81.3
总体	22.1	22.6	28.0	13.1	4.6	9.5	72.8

表22-180　上一份工作不同职位的未就业群体找工作难度　单位：%

	非常困难	比较困难	一般	比较容易	非常容易	不想找工作	前三项合计
单位负责人/高层管理人员（含个体工商户、私营业主）	14.6	15.7	34.1	16.2	10.8	8.6	64.3
部门负责人/中层以上管理人员	8.7	16.8	31.7	26.0	9.6	7.2	57.2
基层管理人员	8.6	16.6	40.7	20.7	9.0	4.5	65.9
一般员工	15.2	20.8	38.2	16.5	4.2	5.0	74.3
不记得/不回答/没有上一份工作	29.7	22.3	20.9	7.4	3.4	16.2	73.0
总体	14.8	19.8	36.8	17.2	5.5	6.0	71.3

表22-181　上一份工作不同岗位的未就业群体找工作难度　单位：%

	非常困难	比较困难	一般	比较容易	非常容易	不想找工作	前三项合计
专业技术岗位	14.0	17.0	39.5	18.8	6.8	4.0	70.5
生产运输设备操作岗位	18.3	24.2	34.2	15.0	3.9	4.4	76.7
后勤保障、服务等支持性岗位	14.8	22.0	38.3	15.7	3.4	5.8	75.1
商务类技术岗位	11.4	19.5	44.9	16.8	2.2	5.4	75.7
总体	14.9	20.8	38.5	16.5	4.3	5.0	74.2

表22-182　上一份工作不同行业的未就业群体找工作难度　单位：%

	非常困难	比较困难	一般	比较容易	非常容易	不想找工作	前三项合计
采矿业	22.8	21.1	31.6	14.0	5.3	5.3	75.4
制造业	13.5	19.6	38.0	17.3	4.0	7.5	71.2
建筑业	19.4	23.8	32.7	16.5	4.8	2.9	75.9
交通运输、仓储和邮政业	17.9	22.5	32.9	17.3	5.2	4.0	73.4
信息传输、计算机服务和软件业	6.9	14.9	46.0	17.2	9.8	5.2	67.8
批发和零售业	8.7	20.3	40.2	18.6	3.5	8.7	69.1
住宿和餐饮业	12.4	23.1	34.7	19.0	5.4	5.4	70.2
金融业	10.1	10.1	44.9	22.5	7.9	4.5	65.2
房地产业	8.7	13.0	54.3	19.6	2.2	2.2	76.1
租赁和商务服务业	8.9	18.8	37.6	20.8	10.9	3.0	65.3
科学研究、技术服务和地质勘查业	13.3	20.0	33.3	26.7	0	6.7	66.7
教育、卫生、文化、体育	5.6	16.8	43.0	21.5	8.4	4.7	65.4
农林牧渔业	35.3	20.6	21.8	7.6	3.5	11.2	77.6
电力、燃气及水的生产和供应	19.0	23.8	33.3	9.5	14.3	0	76.2
水利、环境和公共设施管理业	22.2	44.4	33.3	0	0	0	100.0
居民服务和其他服务业	16.8	18.6	35.1	18.6	5.6	5.3	70.5
公共管理和社会组织	20.8	25.0	33.3	8.3	4.2	8.3	79.2
国际组织	14.3	0	57.1	0	28.6	0	71.4
总体	14.5	19.8	36.8	17.5	5.7	5.7	71.1

表22-183　不同年龄、性别、婚姻状况的未就业群体找工作困难原因　单位：%

	文化水平或技能不够	缺乏工作经验	不知道哪里在招人	没有能帮忙的家人或亲戚朋友	经济形势不好，就业机会太少	受到户籍、性别、学历、学校等歧视	年龄增加或健康状况变差	其他—不想/不能工作
18～19岁	27.7	31.9	22.3	2.1	8.5	4.3	2.1	1.1
20～24岁	34.8	31.0	5.8	1.3	18.1	4.5	2.6	1.9
25～29岁	36.6	15.9	8.5	4.9	22.6	4.9	3.7	3.0
30～34岁	38.7	10.0	7.8	3.3	18.6	4.1	12.3	5.2
35～39岁	37.8	8.9	7.2	4.9	18.4	3.3	15.5	3.9
40～44岁	30.4	5.4	5.7	6.0	14.8	2.7	30.1	4.8
45～49岁	25.4	4.9	4.2	2.1	16.5	2.8	41.2	2.8
50～54岁	21.6	1.6	3.1	2.3	7.8	2.1	59.8	1.8
55～59岁	23.5	4.2	3.5	1.7	6.7	1.3	58.5	0.7
男	16.7	1.5	5.1	2.5	4.4	0.4	67.3	2.2
女	10.3	1.1	1.1	2.3	1.7	0.6	81.6	1.1
未婚	10.4	0.9	0.9	1.9	4.7	0	79.2	1.9
已婚	24.8	4.7	5.9	3.0	13.3	2.9	43.8	1.6
同居	27.7	9.3	4.6	3.0	9.8	1.9	40.2	3.4
离异或丧偶独身	33.8	21.2	10.2	2.4	15.0	4.2	10.8	2.2
总体	25.2	5.2	4.8	3.0	11.3	2.2	45.6	2.7

表22-184　未就业群体享受政府提供的政策和服务类型*多选

	样本量（个）	百分比（%）
没有得到什么服务或帮助	3809	82.4
就业信息和职业介绍	333	7.2
职业技能培训	325	7.0
创业支持（如优惠贷款，减免房租水电，提供创业培训等）	201	4.3
公益性岗位和见习岗位	119	2.6
就业创业政策法规咨询	193	4.2
总体	4622	107.7

表22-185　享受过政府提供就业政策和服务的未就业群体认为有帮助程度

	样本量（个）	百分比（%）
非常有帮助	223	23.4
比较有帮助	294	30.9
一般	216	22.7
帮助不大	138	14.5
完全没帮助	81	8.5
总体	952	100.0

表22-186　未就业群体考虑从事互联网相关平台性工作情况

	样本量（个）	百分比（%）
不了解/没考虑过/没干过	10802	77.6
考虑过，但没有做	2483	17.8
曾经干过，但近一年没有干了	378	2.7
近一年有干过相关工作	256	1.8
总体	13919	100.0

（四）毕业生工作落实情况

访问期间，七成受访者为2019年毕业的应届毕业生，总体看来，在校读书正待毕业的2019年夏季毕业生及2020年毕业生找工作情况不太理想，仅有4.7%的应届毕业生表示已落实工作。而半数在校读书正待毕业的应届毕业生（51.5%）更倾向于继续读书，还没有找工作的打算，其多为18～19岁、35～39岁毕业生群体。七成应届毕业生（71.3%）表示找工作有一定困难，但仅7.5%的毕业生认为找工作非常困难。应届毕业生表示文化水平或技能不够（28.9%）、缺乏工作经验（37.9%）、经济形势不好就业机会太少（16.3%）是导致他们找工作困难的原因。若找到的或正在做的工作不符期望，七成毕业生（70.1%）表示他们会选择先继续工作再说，但其中44.7%的毕业生表示先工作的同时还会继续找其他工作或上学。调查显示，超半数应届毕业生（55.8%）在学校接受过就业指导培训，多集中在20～29岁毕业生群体。八成毕业生（82.2%）认为在校就业指导培训对其找工就业比较有帮助。

表22-187　毕业生的毕业季时间

	样本量（个）	百分比（%）
2019年春季毕业	314	15.6
2019年夏季毕业	1215	60.2
2020年毕业	489	24.2
总体	2018	100.0

表22-188　不同毕业季、年龄、性别的毕业生工作落实的具体情况　单位：%

	已落实	未落实，正在找工作	没有开始找工作	准备继续读书，不打算找工作
2019年夏季毕业	5.0	27.7	11.9	55.4
2020年毕业	4.1	27.7	24.5	43.6
18～19岁	1.4	14.8	11.7	72.0
20～24岁	7.0	37.1	19.9	36.0
25～29岁	11.4	42.9	20.0	25.7
30～34岁	22.2	44.4	0	33.3
35～39岁	0	42.1	15.8	42.1
男	5.0	27.6	15.5	51.9
女	4.5	27.8	16.5	51.2
总体	4.7	27.7	16.1	51.5

表22-189　不同毕业季、年龄段、性别的毕业生找工难度评价　单位：%

	非常困难	比较困难	一般	比较容易	非常容易	前三项合计
2019年春季毕业	8.3	19.9	40.4	19.9	11.5	68.6
2019年夏季毕业	7.3	19.3	42.2	24.1	7.0	68.9
2020年毕业	7.3	24.0	47.6	15.4	5.6	78.9
18 ~ 19岁	8.9	23.4	38.4	22.6	6.6	70.8
20 ~ 24岁	6.7	19.6	46.9	19.4	7.5	73.1
25 ~ 29岁	7.5	19.4	40.6	24.4	8.1	67.5
30 ~ 34岁	12.8	2.6	28.2	35.9	20.5	43.6
35 ~ 39岁	3.6	25.0	41.1	26.8	3.6	69.6
男	8.3	19.2	39.4	23.1	9.9	66.9
女	6.7	21.7	46.6	19.7	5.2	75.0
总体	7.5	20.6	43.2	21.3	7.4	71.3

表22-190　不同毕业季、年龄、性别的毕业生认为找工困难的原因　单位：%

	文化水平或技能不够	缺乏工作经验	不知道哪里在招人	没有能帮忙的家人或亲戚朋友	经济形势不好，就业机会太少	受到户籍、性别、学历、学校等歧视	年龄增加或健康状况变差
2019年春季毕业	29.9	32.2	12.6	5.7	14.9	3.4	1.1
2019年夏季毕业	27.6	40.2	9.8	1.5	15.0	4.0	1.8
2020年毕业	31.1	36.4	7.9	2.0	19.9	2.6	0
18 ~ 19岁	29.1	35.7	11.3	1.9	15.5	5.2	1.4
20 ~ 24岁	29.8	38.8	8.3	2.4	17.0	2.4	1.4
25 ~ 29岁	22.0	39.0	14.6	2.4	17.1	4.9	0
30 ~ 34岁	66.7	33.3	0	0	0	0	0
35 ~ 39岁	13.3	53.3	6.7	6.7	20.0	0	0
男	28.1	34.4	10.9	2.3	18.0	5.1	1.2
女	29.5	40.9	8.8	2.3	14.9	2.3	1.3
总体	28.9	37.9	9.8	2.3	16.3	3.5	1.2

表22-191　如果找到的工作达不到期望，不同毕业季、年龄、性别的毕业生的选择　单位：%

	先工作，过段时间再说	先工作，同时继续找工作或上学机会	不工作，继续寻找直至找到满意的工作	不工作，继续备考或上学	自主创业	先休息一段时间
2019年春季毕业	30.9	36.0	8.3	6.7	11.8	6.4
2019年夏季毕业	23.7	46.1	7.5	11.9	6.5	4.4
2020年毕业	26.0	47.0	5.7	10.8	8.2	2.2
18 ~ 19岁	20.8	43.5	5.6	17.6	7.3	5.1
20 ~ 24岁	27.4	47.2	7.1	7.7	7.2	3.3
25 ~ 29岁	31.3	36.9	11.3	5.0	9.4	6.3
30 ~ 34岁	30.8	43.6	12.8	2.6	5.1	5.1
35 ~ 39岁	16.1	32.1	10.7	17.9	19.6	3.6
男	26.3	43.2	7.3	9.5	9.2	4.5
女	24.6	46.1	7.0	12.0	6.5	3.9
总体	25.4	44.7	7.2	10.8	7.7	4.2

表22-192　不同毕业季、年龄、性别的毕业生在学校接受过就业指导培训情况　单位：%

	接受过	未接受过
2019年春季毕业	59.2	40.8
2019年夏季毕业	50.1	49.9
2020年毕业	67.9	32.1
18～19岁	26.9	73.1
20～24岁	70.9	29.1
25～29岁	68.8	31.3
30～34岁	48.7	51.3
35～39岁	55.4	44.6
男	57.2	42.8
女	54.7	45.3
总体	55.8	44.2

表22-193　享受过在校就业指导培训的毕业生认为有帮助程度

	样本量（个）	百分比（%）
非常有帮助	170	15.1
比较有帮助	354	31.5
一般	400	35.6
帮助不大	144	12.8
完全没帮助	57	5.1
总体	1125	100.0

（五）退役军人工作落实情况

近两年的退役军人中，八成军人（82.4%）在2018年退役，四成退役军人（45.7%）没有在退役前后接受过技能储备培训或教育培训，多为2019年退役军人、30～44岁、男性退役军人群体。近两年，军人在退役前后参加过最多的培训类型是退役前参加的技能储备培训（25.2%）和退役后参加的职业技能培训（24.4%）。近两年工作未落实工作的退役军人表示他们当前没有工作主要因为对政府之前安排的工作不太满意（28.0%）或不满足政府安排工作的所需条件（20.0%）。

表22-194　军人退役时间

	样本量（个）	百分比（%）
2018年退役	108	82.4
2019年退役	23	17.6
总体	131	100.0

表22-195　不同年份、性别退役军人退役前后接受的技能或教育培训类型　单位：%

	退役前参加过技能储备培训	退役后参加过职业技能培训	退役后在中等职业教育学校直接注册入学	退役后接受高职高专教育	退役后接受大学本科或研究生教育	都没有
2018年退役	27.9	24.0	7.7	8.7	11.5	41.3
2019年退役	13.0	26.1	0	4.3	0	65.2

续表

	退役前参加过技能储备培训	退役后参加过职业技能培训	退役后在中等职业教育学校直接注册入学	退役后接受高职高专教育	退役后接受大学本科或研究生教育	都没有
18～19岁	0	0	33.3	33.3	0	33.3
20～24岁	25.9	25.9	11.1	3.7	22.2	40.7
25～29岁	21.7	17.4	8.7	13.0	17.4	43.5
30～34岁	32.1	32.1	7.1	3.6	3.6	46.4
35～39岁	37.5	20.8	0	4.2	0	50.0
40～44岁	12.5	25.0	0	6.3	0	56.3
45～49岁	0	33.3	0	33.3	16.7	33.3
男	25.8	23.7	3.1	5.2	7.2	48.5
女	23.3	26.7	16.7	16.7	16.7	36.7
总体	25.2	24.4	6.3	7.9	9.4	45.7

表22-196　不同年份、性别退役军人落实工作方式　单位：%

	政府安置工作，进入政府部门、事业单位或国企等	自己找到或在亲朋好友帮助下找到工作	自己创业
2018年退役	31.8	48.2	20.0
2019年退役	35.0	25.0	40.0
18～19岁	0	50.0	50.0
20～24岁	21.1	57.9	21.1
25～29岁	40.0	45.0	15.0
30～34岁	38.5	46.2	15.4
35～39岁	26.3	36.8	36.8
40～44岁	42.9	28.6	28.6
45～49岁	20.0	40.0	40.0
男	33.3	42.3	24.4
女	29.6	48.1	22.2
总体	32.4	43.8	23.8

表22-197　近两年退役军人未落实工作的原因　单位：%

	样本量（个）	百分比（%）
正在等待政府安排工作	4	16.0
对政府之前安排的工作不太满意	7	28.0
不满足政府安排工作所需条件	5	20.0
回到入伍前所在高校继续学业	4	16.0
退役后正在参加培训	3	12.0
退役后正在准备参加全国普通高考、成人高考，或研究生考试	2	8.0
总体	25	100.0

（六）农村户口群体

调查显示，八成农村户口群体（86.9%）近两年没有离开其县城外出工作。13.1% 近两年在外工作的农村户口群体大多在外做没有特定行业的工作（16.4%），其次是从事制造业（14.4%）和社会服务业（11.7%）。问及外出工作后又返乡的农村户口群体，其多数表示回老家是为了家里的老人（24.2%）和孩子（18.1%），多为25～49岁、已婚的农村户口群体。问及返乡的农村户口群体的再外出工作意愿，仅三成返乡农村户口群体（30.6%）明确表示不打算再外出工作，而明确表示打算再次外出工作的占47.8%、需要考虑是否再外出工作的占21.6%。

表22-198　农村户口群体近两年是否离开本县外出工作

	样本量（个）	百分比（%）
是	2361	13.1
否	15711	86.9
总体	18072	100.0

表22-199　农村户口群体近两年外出工作从事的行业

	样本量（个）	百分比（%）
农林牧渔业	117	5.0
建筑或装修	762	32.5
制造业	337	14.4
批发零售	160	6.8
住宿餐饮	145	6.2
社会服务业，如保姆等	273	11.7
没有特定的行业	383	16.4
其他—采矿业	10	0.4
其他—交通运输、仓储和邮政业	39	1.7
其他—信息传输、计算机服务和软件业	28	1.2
其他—金融业	14	0.6
其他—房地产业	5	0.2
其他—租赁和商务服务业	9	0.4
其他—科学研究、技术服务和地质勘查业	8	0.3
其他—教育、卫生、文化、体育	39	1.7
其他—电力、燃气及水的生产和供应	6	0.3
其他—水利、环境和公共设施管理业	3	0.1
其他—公共管理和社会组织	4	0.2
总体	2342	100.0

表22-200　不同年龄、性别、婚姻的农村户口群体回老家的原因　单位：%

	年龄大、受伤或者生病，干不动了	工作不好找或收入低	在外面没法定居和长期生活	老家就业机会变多	为了孩子	为了家里的老人	工作学习需要	其他—为了家人	其他—暂时回家
18～19岁	3.4	14.9	10.3	8.0	2.3	20.7	34.5	0	5.7
20～24岁	2.5	11.4	23.1	8.6	2.8	25.0	17.8	0.3	8.6
25～29岁	4.7	12.9	14.2	7.7	17.7	21.4	14.2	3.4	3.7
30～34岁	4.3	11.0	10.2	4.3	26.0	26.3	12.3	3.2	2.4

续表

	年龄大、受伤或者生病，干不动了	工作不好找或收入低	在外面没法定居和长期生活	老家就业机会变多	为了孩子	为了家里的老人	工作学习需要	其他—为了家人	其他—暂时回家
35～39岁	3.0	10.9	9.0	7.1	31.5	23.6	10.5	3.4	1.1
40～44岁	6.8	12.9	8.8	2.0	23.3	30.1	10.0	4.4	1.6
45～49岁	12.0	10.9	9.7	2.3	21.7	29.1	10.3	1.1	2.9
50～54岁	20.7	14.4	6.9	5.2	13.2	26.4	8.6	3.4	1.1
55～59岁	32.5	10.6	7.9	2.6	19.2	16.6	4.6	2.0	4.0
60～64岁	38.7	12.9	9.7	0	9.7	16.1	8.1	3.2	1.6
65～69岁	54.5	0	9.1	4.5	18.2	0	4.5	0	9.1
70～74岁	60.0	20.0	20.0	0	0	0	0	0	0
男	9.9	13.2	11.3	5.4	15.9	25.5	12.7	2.9	3.3
女	7.6	7.4	15.2	5.6	26.1	19.5	12.8	1.4	4.5
未婚	4.5	12.8	19.8	8.9	2.6	24.8	19.3	1.5	5.8
已婚	11.4	11.2	8.5	3.5	26.8	23.0	10.0	3.0	2.8
同居	11.8	17.6	8.8	2.9	8.8	35.3	11.8	2.9	0
离异或丧偶独身	13.4	13.4	10.2	7.9	13.4	30.7	6.3	3.9	0.8
总体	9.4	11.9	12.2	5.4	18.1	24.2	12.7	2.6	3.6

表22-201　不同年龄、性别、婚姻状况的农村户口群体再外出工作意愿　单位：%

	打算	不打算	没想好
18～19岁	45.7	22.8	31.5
20～24岁	44.4	28.1	27.5
25～29岁	42.7	33.7	23.7
30～34岁	44.3	32.0	23.7
35～39岁	43.6	36.3	20.1
40～44岁	58.4	27.2	14.4
45～49岁	57.0	25.7	17.3
50～54岁	55.6	27.8	16.7
55～59岁	44.4	35.1	20.5
60～64岁	61.3	22.6	16.1
65～69岁	45.5	45.5	9.1
70～74岁	60.0	40.0	0
男	50.8	28.6	20.6
女	37.3	37.5	25.1
未婚	45.3	28.0	26.7
已婚	48.7	31.9	19.4
同居	51.4	28.6	20.0
离异或丧偶独身	52.3	31.3	16.4
总体	47.8	30.6	21.6

表22-202　不同工作行业的农村户口群体再外出工作意愿　单位：%

	打算	不打算	没想好
农林牧渔业	42.7	33.3	23.9
建筑或装修	57.0	23.9	19.2
制造业	44.8	33.5	21.7
批发零售	29.4	45.0	25.6
住宿餐饮	49.0	29.7	21.4
社会服务业，如保姆等	41.4	34.4	24.2
没有特定的行业	46.5	30.5	23.0
其他—采矿业	50.0	40.0	10.0
其他—交通运输、仓储和邮政业	53.8	30.8	15.4
其他—信息传输、计算机服务和软件业	35.7	32.1	32.1
其他—金融业	42.9	42.9	14.3
其他—房地产业	40.0	40.0	20.0
其他—租赁和商务服务业	44.4	33.3	22.2
其他—科学研究、技术服务和地质勘查业	25.0	50.0	25.0
其他—教育、卫生、文化、体育	43.6	33.3	23.1
其他—电力、燃气及水的生产和供应	16.7	50.0	33.3
其他—水利、环境和公共设施管理业	100.0	0	0
其他—公共管理和社会组织	25.0	75.0	0
总体	47.7	30.7	21.6

三、重点关注人群调查结果详述

（一）城乡居民与农民

1. 城乡居民与农民各项民生满意度

表22-203　城乡居民与农民对目前居住地就业状况的总体评价　单位：%

	非常满意	比较满意	一般	不太满意	非常不满意	不适用	前三项合计
城镇	23.2	39.2	30.4	4.0	2.2	1.0	92.8
农村	24.6	28.8	33.5	6.8	5.6	0.8	86.9
农民	23.0	30.0	34.4	6.7	5.2	0.8	87.4

表22-204　城乡居民与农民对目前居住地各级政府服务的总体评价　单位：%

	非常满意	比较满意	一般	不太满意	非常不满意	前三项合计
城镇	24.9	38.5	28.6	4.4	3.6	92.0
农村	28.3	30.3	28.1	6.2	7.1	86.7
农民	26.6	31.5	28.8	6.3	6.7	86.9

表22-205　城乡居民与农民对目前居住地交通状况的总体评价　单位：%

	非常满意	比较满意	一般	不太满意	非常不满意	前三项合计
城镇	22.3	38.1	27.8	7.9	3.9	88.2
农村	27.8	32.5	26.4	7.4	5.9	86.7
农民	26.8	33.0	27.2	7.5	5.5	87.0

表22-206　城乡居民与农民对目前居住地社会治安环境的总体评价　单位：%

	非常满意	比较满意	一般	不太满意	非常不满意	前三项合计
城镇	36.3	44.1	16.5	2.0	1.0	96.9
农村	38.5	36.8	19.9	2.9	1.9	95.2
农民	37.1	38.1	20.2	2.8	1.8	95.4

表22-207　城乡居民与农民对目前居住地住房状况的总体评价　单位：%

	非常满意	比较满意	一般	不太满意	非常不满意	前三项合计
城镇	23.7	40.0	26.9	5.8	3.6	90.6
农村	26.6	32.3	28.2	7.4	5.6	87.1
农民	25.6	33.5	28.4	7.2	5.2	87.6

表22-208　城乡居民与农民对目前居住地教育状况的总体评价　单位：%

	非常满意	比较满意	一般	不太满意	非常不满意	前三项合计
城镇	20.0	36.2	30.4	8.2	5.3	86.6
农村	26.3	31.6	27.4	8.2	6.4	85.3
农民	24.6	32.3	28.1	8.4	6.6	85.0

表22-209　城乡居民与农民对目前居住地医疗服务的总体评价　单位：%

	非常满意	比较满意	一般	不太满意	非常不满意	前三项合计
城镇	17.6	34.3	34.3	9.7	6.0	84.3
农村	23.6	29.4	29.4	10.1	7.7	82.2
农民	22.3	29.5	30.3	10.4	7.6	82.0

表22-210　城乡居民与农民对目前居住地环境状况的总体评价　单位：%

	非常满意	比较满意	一般	不太满意	非常不满意	前三项合计
城镇	24.0	40.4	27.0	5.6	3.0	91.4
农村	28.5	33.7	26.7	6.3	4.8	88.9
农民	27.6	34.9	27.1	5.9	4.6	89.5

表22-211　城乡居民与农民对所享有的社会保障状况的总体评价　单位：%

	非常满意	比较满意	一般	不太满意	非常不满意	前三项合计
城镇	22.1	38.7	29.0	6.3	3.9	89.8
农村	26.7	31.3	28.1	8.2	5.7	86.1
农民	24.6	32.1	29.3	8.3	5.7	86.1

表22-212　城乡居民与农民对所在社区公共服务的总体评价　单位：%

	非常满意	比较满意	一般	不太满意	非常不满意	前三项合计
城镇	19.9	35.9	34.1	6.5	3.6	89.9
农村	25.3	31.6	31.1	7.2	4.7	88.0
农民	24.0	31.7	32.4	7.2	4.7	88.1

表22-213　城乡居民与农民对目前居住地食品安全状况的总体评价　单位：%

	非常满意	比较满意	一般	不太满意	非常不满意	前三项合计
城镇	17.9	38.6	32.1	7.5	3.9	88.6
农村	24.5	33.9	30.0	6.9	4.6	88.4
农民	23.2	34.6	30.9	6.7	4.6	88.8

表22-214　城乡居民与农民对居住地司法机关公正执法状况的总体评价　单位：%

	非常满意	比较满意	一般	不太满意	非常不满意	前三项合计
城镇	25.2	39.0	27.5	4.4	3.8	91.7
农村	31.8	33.3	24.7	5.2	5.0	89.8
农民	29.8	34.2	25.4	5.5	5.1	89.4

2. 城乡居民与农民生活满意度及改善

表22-215　城乡居民与农民对贫富差距变化的总体评价　单位：%

	明显缩小	略有缩小	没变化	略有扩大	明显扩大	前三项合计
城镇	11.9	18.8	30.5	17.7	21.0	61.2
农村	14.9	15.9	28.7	14.1	26.4	59.5
农民	14.1	16.3	29.0	14.4	26.1	59.4

表22-216　城乡居民与农民对当前自身生活状况的评价　单位：%

	非常满意	比较满意	一般	不太满意	非常不满意	前三项合计
城镇	16.8	42.0	33.0	5.6	2.6	91.8
农村	22.5	32.9	33.5	6.9	4.2	88.9
农民	20.5	34.2	34.4	6.9	4.0	89.1

表22-217　城乡居民与农民对个人总体生活状况改善的评价　单位：%

	有明显改善	有一定改善	没变化	比以前差一些	明显不如以前	前三项合计
城镇	16.7	35.1	36.4	6.8	5.0	88.2
农村	23.0	31.8	32.4	6.6	6.2	87.2
农民	21.9	33.0	32.5	6.7	5.9	87.4

表22-218　城乡居民与农民对未来生活信心的评价　单位：%

	非常有信心	比较有信心	一般	信心不足	没有信心	前三项合计
城镇	34.7	38.1	20.3	3.0	3.9	93.1
农村	41.7	31.1	18.5	3.2	5.5	91.3
农民	41.1	32.2	18.3	3.1	5.3	91.6

表22-219　城乡居民与农民对个人生活水平在当地所处的水平的评价　单位：%

	非常好	中等偏上	中等	中等偏下	非常差	前三项合计
城镇	2.0	15.9	59.0	19.6	3.5	76.9
农村	3.2	13.0	54.6	22.8	6.4	70.8
农民	2.8	12.3	56.5	22.4	6.0	71.6

表22-220 城乡居民与农民对收入变化的总体评价 单位：%

	明显增长	略有增长	没变化	略有下降	明显下降	前三项合计
城镇	8.2	37.2	37.3	10.6	6.8	82.7
农村	12.0	29.8	35.9	10.7	11.5	77.7
农民	11.8	29.6	36.2	11.2	11.2	77.6

3. 在就业城乡居民与农民就业稳定情况

表22-221 城乡居民与农民有无工作情况 单位：%

	城镇	农村	农民
有工作	74.2	71.0	72.5
没有工作	25.8	29.0	27.5
总体	100.0	100.0	100.0

表22-222 在就业城乡居民与农民的不同工作数量 单位：%

	城镇	农村	农民
1份	94.7	93.0	92.6
2份及以上	5.3	7.0	7.4
总体	100.0	100.0	100.0

表22-223 在就业城乡居民与农民的不同工作性质 单位：%

	城镇	农村	农民
务农	2.4	38.6	25.1
农村专业管理人员	0.9	3.1	5.0
个体工商户及农村自营业者雇主	9.5	7.6	16.6
个体工商户雇员	9.7	7.3	7.3
党政机关、社会团体、事业单位职工	21.7	8.2	2.3
国有、集体企业职工	13.9	4.5	2.6
民营/私营企业企业主	3.5	1.4	3.9
民营/私营企业员工	27.4	16.9	13.1
合资、外资或港澳台企业员工	2.6	0.9	0.9
自由职业者和临时务工者	6.5	9.8	21.7
民办非企业单位、非营利组织员工	0.8	0.6	0.5
未知性质单位员工	0.8	0.7	0.8
全日制学生	0.3	0.3	0.2
总体	100.0	100.0	100.0

表22-224 在就业城乡居民与农民的不同工作职位 单位：%

	城镇	农村	农民
单位负责人/高层管理人员	3.8	2.9	2.8
部门负责人/中层以上管理人员	17.8	9.7	10.4
基层管理人员	16.9	14.7	15.0
一般员工	61.4	72.7	71.8
总体	100.0	100.0	100.0

表22-225　在就业城乡居民与农民的不同工作岗位　单位：%

	城镇	农村	农民
专业技术岗位	44.9	36.6	35.5
生产运输设备操作岗位	7.2	14.8	13.3
后勤保障、服务等支持性岗位	39.0	39.7	41.9
商务类技术岗位	8.8	8.9	9.3
总体	100.0	100.0	100.0

表22-226　在就业城乡居民与农民的不同工作行业　单位：%

	城镇	农村	农民
采矿业	1.4	1.8	1.4
制造业	14.6	19.4	16.4
建筑业	9.9	18.9	17.8
交通运输、仓储和邮政业	6.5	8.0	7.9
信息传输、计算机服务和软件业	7.8	3.8	4.2
批发和零售业	11.5	9.1	10.5
住宿和餐饮业	6.3	7.1	7.5
金融业	8.2	2.8	4.5
房地产业	2.9	1.5	2.0
租赁和商务服务业	4.0	2.6	3.0
科学研究、技术服务和地质勘查业	1.3	0.9	0.8
教育、卫生、文化、体育	8.3	5.2	5.8
农林牧渔业	1.1	3.2	2.7
电力、燃气及水的生产和供应	2.4	1.8	1.8
水利、环境和公共设施管理业	0.6	0.9	0.8
居民服务和其他服务业	12.4	12.2	12.3
公共管理和社会组织	0.8	0.7	0.6
国际组织	0.1	0.1	0
总体	100.0	100.0	100.0

表22-227　在就业城乡居民与农民担心未来失业程度　单位：%

	城镇	农村	农民
非常担心	8.0	13.2	12.6
比较担心	9.6	11.0	11.4
一般担心	15.0	13.3	14.3
不太担心	24.3	21.3	21.9
完全不担心	29.4	24.2	23.3
没考虑过	13.7	17.1	16.4
前三项合计	32.6	37.4	38.4

表22-228　担心未来失业的在就业城乡居民与农民，可接受失业时长　单位：%

	城镇	农村	农民
0～1周	10.0	11.0	11.3
1周～1个月	23.6	26.2	25.6
1～3个月	32.0	28.5	29.8
3～6个月	16.3	14.4	14.6
6个月～1年	8.7	7.8	7.6
1年及以上	9.3	12.1	11.2
总体	100.0	100.0	100.0

表22-229　担心未来失业的在就业城乡居民与农民，增加失业风险的原因　单位：%

	城镇	农村	农民
整体经济情况不好	21.1	17.2	17.7
行业不景气，工作机会少	38.1	34.9	37.6
自己的经验和技术落后	7.3	9.8	9.2
年龄增加或健康状况变差	16.3	21.9	19.0
需花更多精力照料家庭	5.7	6.1	6.3
政府政策调整	11.1	9.7	10.0
其他——企业发展存在风险	0.4	0.4	0.3
总体	100.0	100.0	100.0

表22-230　不担心未来失业的在就业城乡居民与农民的主要原因　单位：%

	城镇	农村	农民
工作单位或职位发展稳定有保障	49.5	36.2	36.7
容易找到新的工作	16.1	19.8	21.1
有其他收入，失业也不担心经济来源	5.0	7.7	7.8
退休或快退休了	6.6	7.1	4.3
没什么原因，就是不担心	22.7	29.0	29.8
其他——对国家的发展和社会保障有信心	0.1	0.3	0.3
总体	100.0	100.0	100.0

4. 在就业城乡居民与农民参加工作培训情况

表22-231　在就业城乡居民与农民接受工作相关培训情况　单位：%

	城镇	农村	农民
接受过	64.2	40.5	42.6
未接受过	35.8	59.5	57.4
总体	100.0	100.0	100.0

表22-232　在就业城乡居民与农民接受工作相关培训的出资方*多选　单位：%

	城镇	农村	农民
所在单位出钱	67.6	49.8	51.6
政府出钱	9.3	24.3	19.7
自己出钱	23.2	20.9	23.9
其他组织出钱	2.5	2.9	2.9
不清楚谁出钱，但自己没有出钱	7.9	12.0	11.1
总体	110.5	109.9	109.1

表22-233　在就业城乡居民与农民接受工作相关培训有帮助程度　单位：%

	城镇	农村	农民
非常有用	33.6	41.9	38.3
比较有用	41.0	34.2	36.8
一般	20.4	18.2	19.2
不太有用	3.2	3.4	3.6
很没用	1.8	2.3	2.1
前三项合计	95.0	94.3	94.4

表22-234　在就业城乡居民与农民不参加工作相关培训的原因　单位：%

	城镇	农村	农民
不需要参加培训	32.1	25.0	25.9
没有时间	25.8	18.9	19.2
没有钱	7.4	11.3	10.6
不知道该参加什么内容的培训	11.8	16.8	17.4
学习困难，跟不上课程进度	1.5	3.3	3.1
认为培训了也没什么用	3.0	3.5	3.4
其他—没想过参加培训这个事	13.7	13.9	13.6
其他—没有参加培训的机会或渠道	4.1	6.0	5.6
其他—年龄增加或健康状况变差	0.5	1.3	1.1
总体	100.0	100.0	100.0

表22-235　在就业城乡居民与农民对互联网相关平台性工作的了解或经历　单位：%

	城镇	农村	农民
自己目前在做相关工作	4.0	2.4	2.8
自己曾经做过相关工作	7.0	4.1	5.0
没做过，但了解一些	49.7	38.3	38.4
不了解	39.3	55.1	53.8
总体	100.0	100.0	100.0

5. 未就业城乡居民与农民的上一份工作情况

表22-236　未就业城乡居民与农民的上一份工作职位　单位：%

	城镇	农村	农民
单位负责人/高层管理人员（含个体工商户、私营业主）	7.7	5.8	7.2
部门负责人/中层以上管理人员	10.6	3.8	5.1
基层管理人员	11.6	9.2	8.9
一般员工	65.8	73.9	71.5
不记得/没有上一份工作	4.3	7.3	7.3
总体	100.0	100.0	100.0

表22-237　未就业城乡居民与农民的上一份工作行业　单位：%

	城镇	农村	农民
采矿业	1.9	2.4	2.1
制造业	11.9	15.1	14.3
建筑业	8.9	15.5	14.3
交通运输、仓储和邮政业	6.6	6.6	7.8
信息传输、计算机服务和软件业	8.2	4.5	4.9
批发和零售业	13.6	9.6	10.0
住宿和餐饮业	10.1	7.9	7.4
金融业	4.2	2.2	2.3
房地产业	2.3	1.0	1.2
租赁和商务服务业	3.8	3.8	3.6
科学研究、技术服务和地质勘查业	0.8	0.3	0.5
教育、卫生、文化、体育	10.2	5.5	6.0
农林牧渔业	2.5	11.6	11.9
电力、燃气及水的生产和供应	0.6	1.0	0.8
水利、环境和公共设施管理业	0.3	0.4	0.3
居民服务和其他服务业	12.8	11.4	11.1
公共管理和社会组织	1.0	0.9	1.1
国际组织	0.3	0.2	0.4

表22-238　未就业城乡居民与农民的上一份工作岗位　单位：%

	城镇	农村	农民
专业技术岗位	28.7	25.0	24.9
生产运输设备操作岗位	15.4	23.8	24.7
后勤保障、服务等支持性岗位	45.0	42.5	41.8
商务类技术岗位	10.9	8.7	8.6
总体	100.0	100.0	100.0

表22-239　未就业城乡居民与农民离开上一份工作岗位的原因　单位：%

	城镇	农村	农民
因单位倒闭、经营困难或转型等原因失去工作后，尚未找到新的工作	8.6	7.6	6.6
对工作不满意或不能胜任而离职后，尚未找到新的工作	3.7	4.8	4.6
因身体原因（疾病、怀孕等）离职后尚未找到新的工作	5.5	9.5	9.3
不愿意、不需要或因为身体原因（疾病、怀孕等）目前无法工作	5.9	14.1	14.3
毕业后或退役后一直未落实工作	3.5	5.7	5.4
料理家务及照料家庭成员不能工作	16.3	25.1	26.5
在校学生	18.3	11.5	15.0
离退休	31.7	14.6	10.8
准备自主创业	3.8	4.5	4.5
准备继续读书/考资格证/参军等	2.7	2.1	2.3
其他—失去土地，尚未找到新工作	0.1	0.6	0.6
总体	100.0	100.0	100.0

6. 未就业城乡居民与农民的生活现状

表22-240　未就业城乡居民与农民已没有工作时长　单位：%

	城镇	农村	农民
0～1周	2.4	3.1	2.6
1周～3个月	13.1	10.1	10.6
3～6个月	7.4	6.4	6.1
6个月～1年	7.6	6.8	6.6
1～2年	12.1	10.3	10.8
2年及以上	57.4	63.1	63.3
总体	100.0	100.0	100.0

表22-241　未就业城乡居民与农民当前生活经济来源　单位：%

	城镇	农村	农民
存款以及房租、股份等财产性收入或集体经济收入	11.8	8.1	8.2
其他家庭成员的收入	55.1	45.2	47.2
亲朋好友的资助	3.1	3.2	3.0
自己不稳定的劳动收入	16.2	26.1	25.2
从社保部门领取的失业保险金	1.9	1.5	1.3
解除劳动合同时，企业支付的经济补偿金	0.9	0.5	0.4
从部队退役时，政府发放的退役金或经济补助金	0.5	0.9	0.9
低保及其他社会救助	2.4	4.8	4.4
养老保险	4.7	5.4	4.9
没有收入，没什么需要花钱的地方	3.4	4.4	4.6
总体	100.0	100.0	100.0

7. 未就业城乡居民与农民的找工情况

表22-242　未就业城乡居民与农民找工难度　单位：%

	城镇	农村	农民
非常困难	17.9	26.8	25.2
比较困难	21.6	23.7	23.9
一般	30.8	25.0	26.1
比较容易	14.8	11.3	11.4
非常容易	5.0	4.0	3.7
不想找工作	9.8	9.2	9.6
前三项合计	70.4	75.5	75.2

表22-243　未就业城乡居民与农民找工困难原因　单位：%

	城镇	农村	农民
文化水平或技能不够	23.3	28.8	31.5
缺乏工作经验	8.0	6.3	6.5
不知道哪里在招人	4.7	5.8	5.6
没有能帮忙的家人或亲戚朋友	3.3	2.7	2.3

续表

	城镇	农村	农民
经济形势不好，就业机会太少	14.5	8.9	9.5
受到户籍、性别、学历、学校等歧视	2.4	2.4	2.3
年龄增加或健康状况变差	41.3	42.5	39.8
其他—不想/不能工作	2.5	2.6	2.6
总体	100.0	100.0	100.0

表22-244　未就业城乡居民与农民享受政府提供的政策和服务类型*多选　单位：%

	城镇	农村	农民
没有得到什么服务或帮助	83.6	81.1	82.1
就业信息和职业介绍	6.7	7.8	7.8
职业技能培训	6.4	7.7	7.5
创业支持	3.8	5.0	5.1
公益性岗位和见习岗位	2.6	2.6	2.6
就业创业政策法规咨询	3.8	4.7	4.4
总体	106.8	108.9	109.4

表22-245　享受过政府提供就业政策和服务的未就业城乡居民与农民认为其有帮助程度　单位：%

	城镇	农村	农民
非常有帮助	19.5	27.1	28.1
比较有帮助	31.4	30.4	32.2
一般	24.0	21.4	20.0
帮助不大	15.8	13.3	12.5
完全没帮助	9.3	7.8	7.2
前三项合计	74.9	78.9	80.3

表22-246　未就业城乡居民与农民考虑从事互联网相关平台性工作情况　单位：%

	城镇	农村	农民
不了解/没考虑过/没干过	77.2	78.2	77.3
考虑过，但没有做	18.0	17.6	18.4
曾经干过，但近一年没有干了	2.8	2.7	2.5
近一年有干过相关工作	2.0	1.6	1.9
总体	100.0	100.0	100.0

（二）农民工

1. 农民工各项民生满意度

表22-247　农民工各项民生指标满意度　单位：%

	就业状况	政府部门服务	交通状况	社会治安状况	住房状况	教育状况	医疗服务	环境状况	社会保障状况	社区公共服务	食品安全状况	公正执法状况
非常满意	18.6	22.6	21.8	34.3	20.3	19.0	17.1	23.7	18.8	18.8	17.7	24.6
比较满意	36.1	36.3	37.1	42.9	37.0	34.9	32.4	39.4	36.1	35.1	38.1	37.9

续表

	就业状况	政府部门服务	交通状况	社会治安状况	住房状况	教育状况	医疗服务	环境状况	社会保障状况	社区公共服务	食品安全状况	公正执法状况
一般	36.3	31.4	29.1	19.0	30.8	31.4	33.4	28.4	32.6	35.8	33.5	27.8
不太满意	5.6	5.2	7.9	2.4	7.2	8.4	10.1	5.3	7.6	6.4	6.9	5.2
非常不满意	2.9	4.4	4.1	1.3	4.7	6.2	7.0	3.3	4.9	3.9	3.9	4.5
不适用	0.5	—	—	—	—	—	—	—	—	—	—	—
前三项合计	91.0	90.3	88.0	96.3	88.1	85.3	82.9	91.5	87.5	89.7	89.2	90.3

2. 农民工生活满意度及改善

表22-248　农民工生活满意度及改善情况　单位：%

	贫富差距变化	自身生活状况	自身生活改善	未来生活信心	自身生活水平	劳动收入变化
	5明显缩小~1明显扩大	5非常满意~1非常不满意	5明显改善~1明显不如以前	5非常有信心~1没有信心	5非常好~1非常差	5明显增长~1明显下降
5非常好	11.1	14.0	17.0	36.3	1.7	9.0
4比较好	18.6	37.2	36.5	37.1	11.5	35.4
3一般	29.1	37.8	31.8	19.0	58.8	33.7
2比较差	17.3	7.5	8.2	3.0	22.7	12.0
1非常差	23.9	3.5	6.6	4.5	5.2	9.9
前三项合计	58.8	89.0	85.3	92.4	72.1	78.1

3. 在就业农民工的就业稳定情况

表22-249　农民工有无工作情况　单位：%

	农民工	县内农民工	县外农民工	省内农民工	省外农民工
有工作	78.3	75.6	80.4	77.0	84.0
没有工作	21.7	24.4	19.6	23.0	16.0
总体	100.0	100.0	100.0	100.0	100.0

表22-250　在就业农民工的工作数量　单位：%

	农民工	县内农民工	县外农民工	省内农民工	省外农民工
1份	92.7	92.2	93.7	92.7	93.0
2份及以上	7.3	7.8	6.3	7.3	7.0
总体	100.0	100.0	100.0	100.0	100.0

表22-251　在就业农民工的工作性质

	样本量（个）	百分比（%）
务农	394	5.6
农村专业管理人员	56	0.8
个体工商户及农村自营业者雇主	1018	14.5
个体工商户雇员	881	12.6
党政机关、社会团体、事业单位职工	615	8.8
国有、集体企业职工	539	7.7

续表

	样本量（个）	百分比（%）
民营/私营企业企业主	278	4.0
民营/私营企业员工	2215	31.6
合资、外资或港澳台企业员工	154	2.2
自由职业者和临时务工者	687	9.8
民办非企业单位、非营利组织员工	61	0.9
未知性质单位员工	80	1.1
全日制学生	26	0.4
总体	7004	100.0

表22-252　在就业农民工的工作职位

	样本量（个）	百分比（%）
单位负责人/高层管理人员	164	3.6
部门负责人/中层以上管理人员	679	14.9
基层管理人员	754	16.5
一般员工	2962	65.0
总体	4559	100.0

表22-253　在就业农民工的工作岗位

	样本量（个）	百分比（%）
专业技术岗位	1134	38.5
生产运输设备操作岗位	306	10.4
后勤保障、服务等支持性岗位	1222	41.5
商务类技术岗位	280	9.5
总体	2942	100.0

表22-254　在就业农民工的工作行业

	样本量（个）	百分比（%）
采矿业	35	0.8
制造业	691	14.9
建筑业	588	12.7
交通运输、仓储和邮政业	315	6.8
信息传输、计算机服务和软件业	292	6.3
批发和零售业	550	11.9
住宿和餐饮业	380	8.2
金融业	293	6.3
房地产业	139	3.0
租赁和商务服务业	177	3.8
科学研究、技术服务和地质勘查业	63	1.4
教育、卫生、文化、体育	340	7.3
农林牧渔业	59	1.3
电力、燃气及水的生产和供应	71	1.5

续表

	样本量（个）	百分比（%）
水利、环境和公共设施管理业	18	0.4
居民服务和其他服务业	589	12.7
公共管理和社会组织	27	0.6
国际组织	0	0
总体	4627	100.0

表22-255 在就业农民工担心未来失业情况 单位：%

	农民工	县内农民工	县外农民工	省内农民工	省外农民工
非常担心	10.6	10.6	9.9	10.4	11.1
比较担心	11.8	10.9	12.2	11.3	13.8
一般担心	15.3	15.4	17.2	15.9	13.1
不太担心	23.4	23.2	24.8	23.7	22.4
完全不担心	24.7	25.1	23.2	24.5	25.5
没考虑过	14.2	14.8	12.7	14.1	14.2
前三项合计	37.7	36.9	39.3	37.6	38.0

表22-256 担心未来失业的在就业农民工，可接受失业时长 单位：%

	农民工	县内农民工	县外农民工	省内农民工	省外农民工
0～1周	11.2	11.5	11.1	11.4	10.4
1周～1个月	27.3	24.4	32.3	26.9	28.8
1～3个月	32.7	31.7	34.2	32.5	33.5
3～6个月	13.7	15.3	11.4	14.0	12.3
6个月～1年	7.3	8.0	6.4	7.5	6.6
1年及以上	7.9	9.2	4.7	7.8	8.4
总体	100.0	100.0	100.0	100.0	100.0

表22-257 担心未来失业的在就业农民工认为增加失业风险的因素 单位：%

	农民工	县内农民工	县外农民工	省内农民工	省外农民工
整体经济情况不好	19.9	19.8	21.8	20.4	17.8
行业不景气，工作机会少	41.9	41.3	42.6	41.7	42.4
自己的经验和技术落后	8.6	8.7	8.5	8.6	8.6
年龄增加或健康状况变差	13.3	12.5	12.8	12.6	16.0
需花更多精力照料家庭	6.7	7.4	6.7	7.2	4.8
政府政策调整	9.4	10.2	7.2	9.2	9.9
其他——企业发展存在风险	0.3	0.2	0.5	0.3	0.6
总体	100.0	100.0	100.0	100.0	100.0

表22-258 在就业农民工的不担心失业的原因 单位：%

	农民工	县内农民工	县外农民工	省内农民工	省外农民工
工作单位或职位发展稳定有保障	41.1	41.4	41.3	41.4	40.0
容易找到新的工作	23.2	21.2	25.5	22.5	25.6
有其他收入，失业也不担心经济来源	6.3	6.1	7.1	6.4	5.8
退休或快退休了	2.0	2.1	1.5	1.9	2.3

续表

	农民工	县内农民工	县外农民工	省内农民工	省外农民工
没什么原因，就是不担心	27.4	28.9	24.6	27.7	26.3
其他—对国家的发展和社会保障有信心	0.1	0.2	0	0.2	0.1
总体	100.0	100.0	100.0	100.0	100.0

4. 在就业农民工的参加工作培训情况

表22-259　在就业农民工的接受工作相关培训情况　单位：%

	农民工	县内农民工	县外农民工	省内农民工	省外农民工
接受过	57.9	57.3	61.7	58.6	55.3
未接受过	42.1	42.7	38.3	41.4	44.7
总体	100.0	100.0	100.0	100.0	100.0

表22-260　在就业农民工接受过的工作相关培训的出资方*多选　单位：%

	农民工	县内农民工	县外农民工	省内农民工	省外农民工
所在单位出钱	62.8	61.8	64.0	62.5	64.4
政府出钱	6.6	8.0	4.7	7.0	5.3
自己出钱	27.6	27.5	28.0	27.6	27.3
其他组织出钱	2.8	2.9	2.5	2.7	3.0
不清楚谁出钱，但自己没有出钱	9.0	9.1	9.8	9.3	7.8
总体	108.8	109.2	109.0	109.1	107.8

表22-261　接受工作相关培训的在就业农民工认为其有帮助程度　单位：%

	农民工	县内农民工	县外农民工	省内农民工	省外农民工
非常有用	31.2	33.6	26.1	31.3	30.6
比较有用	40.6	40.0	43.6	41.1	38.3
一般	22.5	21.3	24.8	22.4	23.2
不太有用	3.9	3.4	3.5	3.4	5.7
很没用	1.8	1.6	2.0	1.7	2.2
前三项合计	94.3	94.9	94.5	94.8	92.1

表22-262　不参加工作相关培训的在就业农民工的原因　单位：%

	农民工	县内农民工	县外农民工	省内农民工	省外农民工
不需要参加培训	30.3	30.6	26.2	29.4	33.2
没有时间	24.8	24.5	25.1	24.7	25.1
没有钱	9.3	8.8	11.0	9.4	8.9
不知道该参加什么内容的培训	14.0	14.8	14.3	14.7	11.6
学习困难，跟不上课程进度	1.5	1.8	1.3	1.6	0.8
认为培训了也没什么用	3.1	3.0	3.1	3.0	3.2
其他——没想过参加培训这个事	13.7	13.1	15.3	13.7	13.8
其他——没有参加培训的机会或渠道	3.3	3.3	3.4	3.3	3.5
年龄增加或健康状况变差	0.2	0.2	0.3	0.2	0
总体	100.0	100.0	100.0	100.0	100.0

表22-263 在就业农民工对互联网相关平台性工作的了解或经历 单位：%

	农民工	县内农民工	县外农民工	省内农民工	省外农民工
自己目前在做相关工作	4.6	4.0	5.6	4.5	5.3
自己曾经做过相关工作	8.4	8.0	8.5	8.2	9.3
没做过，但了解一些	46.0	44.4	49.0	45.8	46.9
不了解	41.0	43.6	36.9	41.6	38.5
总体	100.0	100.0	100.0	100.0	100.0

5. 未就业农民工的上一份工作情况

表22-264 未就业农民工上一份工作职位 单位：%

	农民工	县内农民工	县外农民工	省内农民工	省外农民工
单位负责人/高层管理人员（含个体工商户、私营业主）	8.8	11.1	4.3	9.3	6.7
部门负责人/中层以上管理人员	10.3	9.5	12.9	10.4	10.0
基层管理人员	12.5	10.8	18.1	12.7	11.1
一般员工	64.0	63.6	62.1	63.2	67.8
不记得/没有上一份工作	4.4	5.1	2.6	4.4	4.4
总体	100.0	100.0	100.0	100.0	100.0

表22-265 未就业农民工上一份工作行业 单位：%

	农民工	县内农民工	县外农民工	省内农民工	省外农民工
采矿业	1.8	2.3	0.9	1.9	1.2
制造业	12.5	14.1	8.1	12.5	12.8
建筑业	9.9	9.5	12.6	10.3	8.1
交通运输、仓储和邮政业	6.8	8.8	3.6	7.4	3.5
信息传输、计算机服务和软件业	8.0	6.5	9.9	7.4	10.5
批发和零售业	13.1	11.4	17.1	12.9	14.0
住宿和餐饮业	11.3	9.8	9.9	9.8	18.6
金融业	2.6	2.0	4.5	2.6	2.3
房地产业	2.4	2.3	2.7	2.4	2.3
租赁和商务服务业	3.4	3.6	1.8	3.1	4.7
科学研究、技术服务和地质勘查业	0.6	0.7	0	0.5	1.2
教育、卫生、文化、体育	8.5	7.8	10.8	8.6	8.1
农林牧渔业	4.8	6.5	2.7	5.5	1.2
电力、燃气及水的生产和供应	0.4	0.3	0.9	0.5	0
水利、环境和公共设施管理业	0.2	0	0.9	0.2	0
居民服务和其他服务业	12.1	12.7	12.6	12.7	9.3
公共管理和社会组织	1.2	1.0	0.9	1.0	2.3
国际组织	0.4	0.7	0	0.5	0
总体	100.0	100.0	100.0	100.0	100.0

表22-266　未就业农民工上一份工作岗位　单位：%

	农民工	县内农民工	县外农民工	省内农民工	省外农民工
专业技术岗位	27.7	30.1	25.7	28.9	22.0
生产运输设备操作岗位	18.5	20.4	15.7	19.2	15.3
后勤保障、服务等支持性岗位	42.5	39.3	48.6	41.7	45.8
商务类技术岗位	11.4	10.2	10.0	10.2	16.9
总体	100.0	100.0	100.0	100.0	100.0

表22-267　未就业农民工当前未工作原因　单位：%

	农民工	县内农民工	县外农民工	省内农民工	省外农民工
因单位倒闭、经营困难或转型等原因失去工作后，尚未找到新的工作	7.3	6.5	8.2	6.9	9.4
对工作不满意或不能胜任而离职后，尚未找到新的工作	4.8	5.0	4.1	4.8	5.1
因身体原因（疾病、怀孕等）离职后尚未找到新的工作	7.1	7.7	5.1	7.1	6.9
不愿意、不需要或因为身体原因（疾病、怀孕等）目前无法工作	9.2	10.4	6.4	9.5	7.6
毕业后或退役后一直未落实工作	4.3	4.1	5.9	4.5	3.3
料理家务及照料家庭成员不能工作	25.0	26.0	19.8	24.5	27.9
在校学生	25.0	22.5	34.7	25.4	22.8
离退休	7.3	9.1	3.6	7.8	4.7
准备自主创业	6.0	5.5	6.7	5.8	6.9
准备继续读书/考资格证/参军等	3.7	2.8	5.4	3.4	5.4
其他——失去土地，尚未找到新工作	0.3	0.5	0	0.4	0
总体	100.0	100.0	100.0	100.0	100.0

6. 未就业农民工的生活现状

表22-268　截至访问时，未就业农民工当前未就业时长　单位：%

	农民工	县内农民工	县外农民工	省内农民工	省外农民工
0～1周	2.6	1.8	5.6	2.6	2.5
1周～3个月	15.6	13.2	23.0	15.4	17.2
3～6个月	7.6	7.2	7.7	7.3	8.9
6个月～1年	7.3	6.8	7.7	7.0	9.4
1～2年	12.9	13.0	10.9	12.5	14.8
2年及以上	54.0	58.0	45.2	55.2	47.3
总体	100.0	100.0	100.0	100.0	100.0

表22-269　未就业农民工当前生活主要来源　单位：%

	农民工	县内农民工	县外农民工	省内农民工	省外农民工
存款以及房租、股份等财产性收入或集体经济收入	11.0	9.4	14.2	10.5	14.1
其他家庭成员的收入	55.3	56.1	51.6	55.2	56.3
亲朋好友的资助	3.4	2.6	2.8	2.7	7.5
自己不稳定的劳动收入	20.2	21.0	23.2	21.5	13.1

续表

	农民工	县内农民工	县外农民工	省内农民工	省外农民工
从社保部门领取的失业保险金	1.4	1.4	0.8	1.2	2.0
解除劳动合同时，企业支付的经济补偿金	0.5	0.3	1.2	0.5	0.5
从部队退役时，政府发放的退役金或经济补助金	0.5	0.5	1.2	0.6	0
低保及其他社会救助	1.4	1.5	1.2	1.4	1.5
养老保险	2.3	3.0	1.2	2.6	0.5
没有收入，没什么需要花钱的地方	3.9	4.2	2.4	3.8	4.5
总体	100.0	100.0	100.0	100.0	100.0

7. 未就业农民工的找工作情况

表22-270　　未就业农民工找工作难度　　单位：%

	农民工	县内农民工	县外农民工	省内农民工	省外农民工
非常困难	16.9	18.3	12.3	17.0	16.8
比较困难	20.9	22.2	21.8	22.1	14.0
一般	31.9	31.6	33.6	32.1	31.3
比较容易	16.7	14.2	19.5	15.4	23.5
非常容易	4.2	3.6	4.1	3.7	6.7
不想找工作	9.4	10.0	8.6	9.7	7.8
前三项合计	69.7	72.2	67.2	71.1	62.0

表22-271　　未就业农民工找工作困难原因　　单位：%

	农民工	县内农民工	县外农民工	省内农民工	省外农民工
文化水平或技能不够	32.5	31.0	45.0	33.8	23.2
缺乏工作经验	9.2	7.1	13.8	8.5	14.3
不知道哪里在招人	5.8	6.1	5.0	5.9	5.4
没有能帮忙的家人或亲戚朋友	2.9	2.3	2.5	2.3	7.1
经济形势不好，就业机会太少	15.5	14.5	16.3	14.9	19.6
受到户籍、性别、学历、学校等歧视	3.6	3.5	2.5	3.3	5.4
年龄增加或健康状况变差	27.4	32.6	12.5	28.5	19.6
其他——不想/不能工作	3.1	2.9	2.5	2.8	5.4
总体	100.0	100.0	100.0	100.0	100.0

表22-272　　未就业农民工享受政府提供的政策和服务类型*多选　　单位：%

	农民工	县内农民工	县外农民工	省内农民工	省外农民工
没有得到什么服务或帮助	85.0	86.3	83.7	85.6	81.7
就业信息和职业介绍	5.7	4.9	7.2	5.5	7.3
职业技能培训	5.7	5.1	7.2	5.6	6.4
创业支持	3.6	4.0	3.3	3.8	2.8
公益性岗位和见习岗位	3.2	3.1	3.9	3.3	2.8
就业创业政策法规咨询	4.5	4.2	3.9	4.1	6.4
总体	107.8	107.5	109.2	107.9	107.3

表22-273 享受过政府提供就业政策和服务的未就业农民工认为其有帮助程度 单位：%

	农民工	县内农民工	县外农民工	省内农民工	省外农民工
非常有帮助	20.6	24.7	17.9	22.9	11.5
比较有帮助	32.8	42.9	21.4	37.1	15.4
一般	21.4	16.9	25.0	19.0	30.8
帮助不大	14.5	10.4	28.6	15.2	11.5
完全没帮助	10.7	5.2	7.1	5.7	30.8
前三项合计	74.8	84.5	64.3	79.0	57.7

表22-274 未就业农民工考虑从事互联网相关平台性工作情况 单位：%

	农民工	县内农民工	县外农民工	省内农民工	省外农民工
不了解/没考虑过/没干过	71.8	73.2	67.3	71.8	72.0
考虑过，但没有做	21.6	20.9	23.6	21.5	21.9
曾经干过，但近一年没有干了	3.8	3.4	5.0	3.8	3.9
近一年有干过相关工作	2.8	2.6	4.0	2.9	2.2
总体	100.0	100.0	100.0	100.0	100.0

（三）毕业生

1. 毕业生各项民生满意度

表22-275 毕业生各项民生指标满意度 单位：%

	就业状况	政府部门服务	交通状况	社会治安状况	住房状况	教育状况	医疗服务	环境状况	社会保障状况	社区公共服务	食品安全状况	公正执法状况
非常满意	20.1	29.8	24.7	36.8	28.0	25.5	24.2	26.5	25.2	24.1	24.2	34.2
比较满意	40.6	40.6	39.0	41.7	41.1	39.4	38.3	39.8	42.7	38.0	42.3	39.7
一般	30.9	25.7	26.4	17.9	25.5	27.7	29.5	26.1	27.9	30.4	27.3	20.9
不太满意	3.7	2.3	6.9	2.7	3.9	4.7	6.2	5.8	3.0	5.3	4.8	3.0
非常不满意	1.4	1.6	2.9	0.8	1.5	2.6	1.9	1.7	1.3	2.1	1.4	2.2
不适用	3.4	—	—	—	—	—	—	—	—	—	—	—
前三项合计	91.6	96.2	90.1	96.5	94.6	92.7	92.0	92.5	95.7	92.6	93.8	94.8

2. 毕业生生活满意度及改善

表22-276 毕业生生活满意度及改善情况 单位：%

	贫富差距变化	自身生活状况	自身生活改善	未来生活信心	自身生活水平	劳动收入变化
	5明显缩小~1明显扩大	5非常满意~1非常不满意	5明显改善~1明显不如以前	5非常有信心~1没有信心	5非常好~1非常差	5明显增长~1明显下降
5非常好	12.9	19.2	20.4	41.0	2.5	18.5
4比较好	29.6	44.5	47.4	39.2	16.7	45.9
3一般	25.7	29.5	26.4	15.9	58.4	25.5
2比较差	17.7	4.7	3.9	1.9	18.5	5.9
1非常差	14.1	2.1	2.0	1.9	3.8	4.2
前三项合计	68.2	93.2	94.1	96.1	77.7	89.9

3. 在就业毕业生就业稳定情况

表22-277　毕业生有无工作情况　单位：%

	毕业生	城市毕业生	农村毕业生
有工作	47.2	48.5	44.1
没有工作	52.8	51.5	55.9
总体	100.0	100.0	100.0

表22-278　在就业毕业生的工作数量　单位：%

	毕业生	城市毕业生	农村毕业生
1份	92.2	91.7	93.4
2份及以上	7.8	8.3	6.6
总体	100.0	100.0	100.0

表22-279　在就业毕业生的工作性质

	样本量（个）	百分比（%）
务农	25	2.7
农村专业管理人员	15	1.6
个体工商户及农村自营业者雇主	48	5.1
个体工商户雇员	104	11.0
党政机关、社会团体、事业单位职工	126	13.4
国有、集体企业职工	109	11.6
民营/私营企业企业主	28	3.0
民营/私营企业员工	302	32.1
合资、外资或港澳台企业员工	25	2.7
自由职业者和临时务工者	100	10.6
民办非企业单位、非营利组织员工	11	1.2
未知性质单位员工	8	0.8
全日制学生	41	4.4
总体	942	100.0

表22-280　在就业毕业生的工作职位

	样本量（个）	百分比（%）
单位负责人/高层管理人员	16	2.3
部门负责人/中层以上管理人员	42	6.1
基层管理人员	106	15.5
一般员工	521	76.1
总体	685	100.0

表22-281　在就业毕业生的工作岗位

	样本量（个）	百分比（%）
专业技术岗位	217	42.0
生产运输设备操作岗位	28	5.4
后勤保障、服务等支持性岗位	190	36.8
商务类技术岗位	82	15.9
总体	517	100.0

表22-282　在就业毕业生的工作行业

	样本量（个）	百分比（%）
采矿业	1	0.2
制造业	54	8.2
建筑业	60	9.1
交通运输、仓储和邮政业	22	3.4
信息传输、计算机服务和软件业	58	8.8
批发和零售业	60	9.1
住宿和餐饮业	67	10.2
金融业	50	7.6
房地产业	21	3.2
租赁和商务服务业	41	6.3
科学研究、技术服务和地质勘查业	9	1.4
教育、卫生、文化、体育	116	17.7
农林牧渔业	6	0.8
电力、燃气及水的生产和供应	6	0.9
水利、环境和公共设施管理业	5	0.8
居民服务和其他服务业	77	11.7
公共管理和社会组织	3	0.5
国际组织	1	0.2
总体	657	100.0

表22-283　在就业毕业生担心未来失业情况　单位：%

	毕业生	城市毕业生	农村毕业生
非常担心	6.0	5.7	7.0
比较担心	10.5	10.7	10.1
一般担心	13.5	12.2	16.7
不太担心	28.6	29.4	26.7
完全不担心	27.8	28.9	24.8
没考虑过	13.6	13.1	14.7
前三项合计	30.0	28.6	33.7

表22-284　担心未来失业的在就业毕业生，可接受失业时长　单位：%

	毕业生	城市毕业生	农村毕业生
0~1周	12.5	14.1	9.2
1周～1个月	38.0	38.5	36.8
1～3个月	29.7	29.7	29.9
3～6个月	9.0	7.8	11.5
6个月～1年	4.7	4.2	5.7
1年及以上	6.1	5.7	6.9
总体	100.0	100.0	100.0

表22-285　担心未来失业的在就业毕业生认为增加失业风险的因素　单位：%

	毕业生	城市毕业生	农村毕业生
整体经济情况不好	15.0	15.0	15.1
行业不景气，工作机会少	37.4	36.4	39.5
自己的经验和技术落后	25.6	24.6	27.9
年龄增加或健康状况变差	5.9	6.4	4.7
需花更多精力照料家庭	5.5	5.9	4.7
政府政策调整	10.6	11.8	8.1
总体	100.0	100.0	100.0

表22-286　在就业毕业生不担心失业的原因　单位：%

	毕业生	城市毕业生	农村毕业生
工作单位或职位发展稳定有保障	44.5	47.0	37.5
容易找到新的工作	22.0	22.2	21.4
有其他收入，失业也不担心经济来源	7.5	7.7	7.1
退休或快退休了	0.5	0.2	1.2
没什么原因，就是不担心	25.2	22.6	32.1
其他——对国家的发展和社会保障有信心	0.3	0.2	0.6
总体	100.0	100.0	100.0

4. 在就业毕业生参加工作培训情况

表22-287　在就业毕业生的接受工作相关培训情况　单位：%

	毕业生	城市毕业生	农村毕业生
接受过	67.3	70.9	58.4
未接受过	32.7	29.1	41.6
总体	100.0	100.0	100.0

表22-288　在就业毕业生的工作相关培训的出资方*多选　单位：%

	毕业生	城市毕业生	农村毕业生
所在单位出钱	59.9	60.9	56.9
政府出钱	4.7	2.7	10.6
自己出钱	24.5	24.9	23.1
其他组织出钱	3.1	3.1	3.1
不清楚谁出钱，但自己没有出钱	13.9	13.5	15.0
总体	106.1	105.2	108.8

表22-289　接受工作相关培训的在就业毕业生认为其有帮助程度　单位：%

	毕业生	城市毕业生	农村毕业生
非常有用	30.3	31.6	26.3
比较有用	43.5	42.8	45.6
一般	21.1	19.8	25.0
不太有用	4.1	4.8	1.9
很没用	1.1	1.0	1.3
前三项合计	94.9	94.2	96.9

表22-290　不参加工作相关培训的在就业毕业生的原因　单位：%

	毕业生	城市毕业生	农村毕业生
不需要参加培训	32.2	32.0	32.5
没有时间	25.4	26.9	22.8
没有钱	6.8	3.0	13.2
不知道该参加什么内容的培训	12.5	12.7	12.3
学习困难，跟不上课程进度	2.9	2.5	3.5
认为培训了也没什么用	1.3	2.0	0
其他——没想过参加培训这个事	15.8	16.2	14.9
其他——没有参加培训的机会或渠道	2.9	4.1	0.9
其他——年龄增加或健康状况变差	0.3	0.5	0
总体	100.0	100.0	100.0

表22-291　在就业毕业生对互联网相关平台性工作的了解或经历　单位：%

	毕业生	城市毕业生	农村毕业生
自己目前在做相关工作	6.3	6.8	5.1
自己曾经做过相关工作	11.6	12.8	8.4
没做过，但了解一些	51.3	51.2	51.5
不了解	30.9	29.2	35.0
总体	100.0	100.0	100.0

5. 未就业毕业生的上一份工作情况

表22-292　未就业毕业生上一份工作职位　单位：%

	毕业生	城市毕业生	农村毕业生
单位负责人/高层管理人员（含个体工商户、私营业主）	3.7	3.3	4.3
部门负责人/中层以上管理人员	6.9	8.3	4.3
基层管理人员	6.3	5.8	7.2
一般员工	66.7	66.7	66.7
不记得/没有上一份工作	16.4	15.8	17.4
总体	100.0	100.0	100.0

表22-293　未就业毕业生上一份工作行业　单位：%

	毕业生	城市毕业生	农村毕业生
采矿业	1.2	0	3.6
制造业	9.3	9.5	8.9
建筑业	2.5	1.0	5.4
交通运输、仓储和邮政业	1.2	1.0	1.8
信息传输、计算机服务和软件业	14.9	19.0	7.1
批发和零售业	8.1	5.7	12.5
住宿和餐饮业	11.2	11.4	10.7
金融业	5.0	5.7	3.6
房地产业	2.5	3.8	0
租赁和商务服务业	6.2	4.8	8.9

续表

	毕业生	城市毕业生	农村毕业生
科学研究、技术服务和地质勘查业	2.5	2.9	1.8
教育、卫生、文化、体育	18.6	16.2	23.2
农林牧渔业	1.9	1.0	3.6
电力、燃气及水的生产和供应	0	0	0
水利、环境和公共设施管理业	0	0	0
居民服务和其他服务业	12.4	14.3	8.9
公共管理和社会组织	0.6	1.0	0
国际组织	1.9	2.9	0
总体	100.0	100.0	100.0

表22-294 未就业毕业生上一份工作岗位 单位：%

	毕业生	城市毕业生	农村毕业生
专业技术岗位	30.4	34.2	23.9
生产运输设备操作岗位	7.2	8.9	4.3
后勤保障、服务等支持性岗位	48.0	43.0	56.5
商务类技术岗位	14.4	13.9	15.2
总体	100.0	100.0	100.0

表22-295 未就业毕业生当前未工作原因 单位：%

	毕业生	城市毕业生	农村毕业生
因单位倒闭、经营困难或转型等原因失去工作后，尚未找到新的工作	3.0	2.5	4.1
对工作不满意或不能胜任而离职后，尚未找到新的工作	4.1	4.1	4.1
因身体原因（疾病、怀孕等）离职后尚未找到新的工作	1.8	2.0	1.5
不愿意、不需要或因为身体原因（疾病、怀孕等）目前无法工作	2.1	1.8	2.6
毕业后或退役后一直未落实工作	13.4	12.4	15.6
料理家务及照料家庭成员不能工作	0.6	0.4	0.9
在校学生	58.5	60.6	54.1
离退休	0	0	0
准备自主创业	2.5	2.3	2.9
准备继续读书/考资格证/参军等	14.0	13.9	14.1
其他——失去土地，尚未找到新工作	0	0	0
总体	100.0	100.0	100.0

6. 未就业毕业生的生活现状

表22-296 截至访问时，未就业毕业生当前未就业时长 单位：%

	毕业生	城市毕业生	农村毕业生
0～1周	5.8	4.2	8.7
1周～3个月	47.6	50.2	42.9
3～6个月	9.1	8.0	11.2
6个月～1年	7.1	6.2	8.7
1～2年	6.0	5.2	7.5
2年及以上	24.4	26.3	21.1
总体	100.0	100.0	100.0

表22-297　未就业毕业生当前生活主要来源　单位：%

	毕业生	城市毕业生	农村毕业生
存款以及房租、股份等财产性收入或集体经济收入	11.9	12.9	10.0
其他家庭成员的收入	67.7	65.7	71.3
亲朋好友的资助	4.7	5.2	3.8
自己不稳定的劳动收入	10.1	10.1	10.0
从社保部门领取的失业保险金	0.7	0.3	1.3
解除劳动合同时，企业支付的经济补偿金	0.9	0.7	1.3
从部队退役时，政府发放的退役金或经济补助金	0.2	0.3	0
低保及其他社会救助	0.2	0.3	0
养老保险	0	0	0
没有收入，没什么需要花钱的地方	3.6	4.2	2.5
总体	100.0	100.0	100.0

7. 未就业毕业生的找工作情况

表22-298　未就业毕业生找工作难度　单位：%

	毕业生	城市毕业生	农村毕业生
非常困难	10.0	9.2	11.5
比较困难	20.0	16.6	26.4
一般	39.4	41.7	35.1
比较容易	18.4	19.2	16.9
非常容易	5.0	5.2	4.7
不想找工作	7.2	8.1	5.4
前三项合计	69.5	67.5	73.0

表22-299　未就业毕业生找工作困难原因　单位：%

	毕业生	城市毕业生	农村毕业生
文化水平或技能不够	22.2	26.4	16.7
缺乏工作经验	38.9	38.9	38.9
不知道哪里在招人	12.7	6.9	20.4
没有能帮忙的家人或亲戚朋友	2.4	1.4	3.7
经济形势不好，就业机会太少	15.9	19.4	11.1
受到户籍、性别、学历、学校等歧视	3.2	1.4	5.6
年龄增加或健康状况变差	3.2	2.8	3.7
其他——不想/不能工作	1.6	2.8	0.0
总体	100.0	100.0	100.0

表22-300　未就业毕业生享受政府提供的政策和服务类型*多选　单位：%

	毕业生	城市毕业生	农村毕业生
没有得到什么服务或帮助	73.2	73.6	72.5
就业信息和职业介绍	14.7	14.7	14.8
职业技能培训	10.7	10.3	11.4
创业支持	4.7	4.8	4.7
公益性岗位和见习岗位	4.5	4.0	5.4
就业创业政策法规咨询	4.5	3.7	6.0
总体	112.3	111.0	114.8

表22-301　享受过政府提供就业政策和服务的未就业毕业生认为其有帮助程度　单位：%

	毕业生	城市毕业生	农村毕业生
非常有帮助	16.0	17.3	13.6
比较有帮助	38.7	40.0	36.4
一般	34.5	33.3	36.4
帮助不大	8.4	9.3	6.8
完全没帮助	2.5	0	6.8
前三项合计	89.1	90.7	86.4

表22-302　未就业毕业生考虑从事互联网相关平台性工作情况　单位：%

	毕业生	城市毕业生	农村毕业生
不了解/没考虑过/没干过	64.5	62.6	68.6
考虑过，但没有做	30.9	32.7	27.1
曾经干过，但近一年没有干了	2.3	1.9	2.9
近一年有干过相关工作	2.3	2.8	1.4
总体	100.0	100.0	100.0

（四）退役军人

1. 退役军人各项民生满意度

表22-303　退役军人各项民生指标满意度　单位：%

	就业状况	政府部门服务	交通状况	社会治安状况	住房状况	教育状况	医疗服务	环境状况	社会保障状况	社区公共服务	食品安全状况	公正执法状况
非常满意	29.6	33.9	33.1	38.9	33.6	25.0	29.2	26.7	32.6	29.9	35.4	40.5
比较满意	38.0	36.2	28.5	37.4	37.4	45.3	32.3	39.7	40.3	33.9	31.5	34.1
一般	24.1	21.3	27.7	20.6	19.8	18.0	23.8	25.2	15.5	27.6	23.8	17.5
不太满意	5.6	2.4	3.8	1.5	6.1	4.7	9.2	6.1	8.5	6.3	5.4	3.2
非常不满意	2.8	6.3	6.9	1.5	3.1	7.0	5.4	2.3	3.1	2.4	3.8	4.8
前三项合计	91.7	91.3	89.2	96.9	90.8	88.3	85.4	91.6	88.4	91.3	90.8	92.1

2. 退役军人生活满意度及改善

表22-304　退役军人生活满意度及改善情况　单位：%

	贫富差距变化	自身生活状况	自身生活改善	未来生活信心	自身生活水平	劳动收入变化
	5明显缩小~1明显扩大	5非常满意~1非常不满意	5明显改善~1明显不如以前	5非常有信心~1没有信心	5非常好~1非常差	5明显增长~1明显下降
5非常好	15.7	26.0	32.8	43.1	6.9	18.5
4比较好	16.5	38.9	26.0	35.4	19.8	30.6
3一般	19.7	25.2	29.0	10.0	48.9	32.4
2比较差	22.8	4.6	5.3	3.1	14.5	8.3
1非常差	25.2	5.3	6.9	8.5	9.9	10.2
前三项合计	52.0	90.1	87.8	88.5	75.6	81.5

3. 在就业退役军人的就业稳定情况

表22-305 退役军人有无工作情况 单位：%

	退役军人	城市退役军人	农村退役军人
有工作	82.4	82.6	82.2
没有工作	17.6	17.4	17.8
总体	100.0	100.0	100.0

表22-306 退役军人的工作数量 单位：%

	退役军人	城市退役军人	农村退役军人
1份	93.5	94.4	91.9
2份及以上	6.5	5.6	8.1
总体	100.0	100.0	100.0

表22-307 在就业退役军人的工作性质

	样本量（个）	百分比（%）
务农	8	7.4
农村专业管理人员	4	3.7
个体工商户及农村自营业者雇主	7	6.5
个体工商户雇员	16	14.8
党政机关、社会团体、事业单位职工	38	35.2
国有、集体企业职工	9	8.3
民营/私营企业企业主	5	4.6
民营/私营企业员工	11	10.2
合资、外资或港澳台企业员工	0	0
自由职业者和临时务工者	8	7.4
民办非企业单位、非营利组织员工	1	0.9
未知性质单位员工	1	0.9
全日制学生	0	0
总体	108	100.0

表22-308 在就业退役军人的工作职位

	样本量（个）	百分比（%）
单位负责人/高层管理人员	6	7.9
部门负责人/中层以上管理人员	9	11.8
基层管理人员	12	15.8
一般员工	49	64.5
总体	76	100.0

表22-309 在就业退役军人的工作岗位

	样本量（个）	百分比（%）
专业技术岗位	25	52.1
生产运输设备操作岗位	2	4.2
后勤保障、服务等支持性岗位	21	43.8
商务类技术岗位	0	0
总体	48	100.0

表22-310　在就业退役军人的工作行业

	样本量（个）	百分比（%）
采矿业	2	4.4
制造业	4	8.9
建筑业	6	13.3
交通运输、仓储和邮政业	3	6.7
信息传输、计算机服务和软件业	5	11.1
批发和零售业	4	8.9
住宿和餐饮业	4	8.9
金融业	2	4.4
房地产业	0	0
租赁和商务服务业	1	2.2
科学研究、技术服务和地质勘查业	0	0
教育、卫生、文化、体育	1	2.2
农林牧渔业	3	6.7
电力、燃气及水的生产和供应	1	2.2
水利、环境和公共设施管理业	0	0
居民服务和其他服务业	5	11.1
公共管理和社会组织	3	6.7
国际组织	1	2.2
总体	45	100.0

表22-311　在就业退役军人担心未来失业情况　单位：%

	退役军人	城市退役军人	农村退役军人
非常担心	5.0	3.0	9.1
比较担心	9.0	7.5	12.1
一般担心	17.0	16.4	18.2
不太担心	21.0	22.4	18.2
完全不担心	29.0	29.9	27.3
没考虑过	19.0	20.9	15.2
前三项合计	31.0	26.9	39.4

表22-312　担心未来失业的在就业退役军人，可接受失业时长　单位：%

	退役军人	城市退役军人	农村退役军人
0～1周	16.1	16.7	15.4
1周～1个月	12.9	11.1	15.4
1～3个月	25.8	27.8	23.1
3～6个月	19.4	16.7	23.1
6个月～1年	16.1	16.7	15.4
1年及以上	9.7	11.1	7.7
总体	100.0	100.0	100.0

表22-313　担心未来失业的在就业退役军人认为增加失业风险的因素　单位：%

	退役军人	城市退役军人	农村退役军人
整体经济情况不好	10.0	5.9	15.4
行业不景气，工作机会少	26.7	29.4	23.1
自己的经验和技术落后	23.3	23.5	23.1
年龄增加或健康状况变差	20.0	17.6	23.1
需花更多精力照料家庭	0	0	0
政府政策调整	20.0	23.5	15.4
总体	100.0	100.0	100.0

表22-314　在就业退役军人不担心失业的原因　单位：%

	退役军人	城市退役军人	农村退役军人
工作单位或职位发展稳定有保障	50.7	52.1	47.4
容易找到新的工作	10.4	8.3	15.8
有其他收入，失业也不担心经济来源	7.5	8.3	5.3
退休或快退休了	1.5	0	5.3
没什么原因，就是不担心	29.9	31.3	26.3
总体	100.0	100.0	100.0

4. 在就业退役军人的参加工作培训情况

表22-315　在就业退役军人接受工作相关培训情况　单位：%

	退役军人	城市退役军人	农村退役军人
接受过	58.3	60.6	54.1
未接受过	41.7	39.4	45.9
总体	100.0	100.0	100.0

表22-316　在就业退役军人的工作相关培训的出资方*多选　单位：%

	退役军人	城市退役军人	农村退役军人
所在单位出钱	68.3	69.8	65.0
政府出钱	11.1	11.6	10.0
自己出钱	23.8	20.9	30.0
其他组织出钱	0	0	0
不清楚谁出钱，但自己没有出钱	4.8	7.0	0
总体	107.9	109.3	105.0

表22-317　接受工作相关培训的在就业退役军人认为其有帮助程度　单位：%

	退役军人	城市退役军人	农村退役军人
非常有用	41.3	39.5	45.0
比较有用	30.2	30.2	30.0
一般	23.8	25.6	20.0
不太有用	3.2	2.3	5.0
很没用	1.6	2.3	0
前三项合计	95.2	95.3	95.0

表22-318　不参加工作相关培训的在就业退役军人的原因　单位：%

	退役军人	城市退役军人	农村退役军人
不需要参加培训	32.6	38.5	23.5
没有时间	30.2	38.5	17.6
没有钱	7.0	7.7	5.9
不知道该参加什么内容的培训	7.0	0.0	17.6
学习困难，跟不上课程进度	4.7	3.8	5.9
认为培训了也没什么用	4.7	3.8	5.9
其他——没想过参加培训这个事	11.6	3.8	23.5
其他——没有参加培训的机会或渠道	2.3	3.8	0
总体	100.0	100.0	100.0

表22-319　在就业退役军人对互联网相关平台性工作的了解或经历　单位：%

	退役军人	城市退役军人	农村退役军人
自己目前在做相关工作	2.8	4.2	0.0
自己曾经做过相关工作	9.3	9.9	8.1
没做过，但了解一些	45.4	49.3	37.8
不了解	42.6	36.6	54.1
总体	100.0	100.0	100.0

5. 未就业退役军人的上一份工作情况

表22-320　未就业退役军人上一份工作职位　单位：%

	退役军人	城市退役军人	农村退役军人
单位负责人/高层管理人员（含个体工商户、私营业主）	14.3	14.3	均一直未落实工作或未工作时长达2年及以上
部门负责人/中层以上管理人员	14.3	14.3	
基层管理人员	0	0	
一般员工	71.4	71.4	
不记得/没有上一份工作	0	0	
总体	100.0	100.0	0

表22-321　未就业退役军人上一份工作行业　单位：%

	退役军人	城市退役军人	农村退役军人
采矿业	16.7	16.7	均一直未落实工作或未工作时长达2年及以上
制造业	0	0	
建筑业	33.3	33.3	
交通运输、仓储和邮政业	16.7	16.7	
信息传输、计算机服务和软件业	0	0	
批发和零售业	16.7	16.7	
住宿和餐饮业	0	0	
金融业	0	0	
房地产业	0	0	
租赁和商务服务业	0	0	

续表

	退役军人	城市退役军人	农村退役军人
科学研究、技术服务和地质勘查业	0	0	均一直未落实工作或未工作时长达2年及以上
教育、卫生、文化、体育	0	0	
农林牧渔业	0	0	
电力、燃气及水的生产和供应	0	0	
水利、环境和公共设施管理业	0	0	
居民服务和其他服务业	0	0	
公共管理和社会组织	16.7	16.7	
国际组织	0	0	
总体	100.0	100.0	0

表22-322　未就业退役军人上一份工作岗位　单位：%

	退役军人	城市退役军人	农村退役军人
专业技术岗位	40.0	40.0	均一直未落实工作或未工作时长达2年及以上
生产运输设备操作岗位	40.0	40.0	
后勤保障、服务等支持性岗位	20.0	20.0	
商务类技术岗位	0	0	
总体	100.0	100.0	0

表22-323　未就业退役军人当前未工作原因　单位：%

	退役军人	城市退役军人	农村退役军人
因单位倒闭、经营困难或转型等原因失去工作后，尚未找到新的工作	13.0	13.3	12.5
对工作不满意或不能胜任而离职后，尚未找到新的工作	8.7	13.3	0
因身体原因（疾病、怀孕等）离职后尚未找到新的工作	13.0	20.0	0
不愿意、不需要或因为身体原因（疾病、怀孕等）目前无法工作	8.7	13.3	0
毕业后或退役后一直未落实工作	21.7	13.3	37.5
料理家务及照料家庭成员不能工作	13.0	0	37.5
在校学生	4.3	6.7	0
离退休	0	0	0
准备自主创业	17.4	20.0	12.5
准备继续读书/考资格证/参军等	0	0	0
总体	100.0	100.0	100.0

6. 未就业退役军人的生活现状

表22-324　截至访问时，未就业退役军人当前未就业时长　单位：%

	退役军人	城市退役军人	农村退役军人
0～1周	4.5	7.1	0
1周～3个月	18.2	21.4	12.5
3～6个月	9.1	14.3	0
6个月～1年	0	0	0

续表

	退役军人	城市退役军人	农村退役军人
1～2年	22.7	35.7	0
2年及以上	45.5	21.4	87.5
总体	100.0	100.0	100.0

表22-325　未就业退役军人当前生活主要来源　单位：%

	退役军人	城市退役军人	农村退役军人
存款以及房租、股份等财产性收入或集体经济收入	22.7	28.6	12.5
其他家庭成员的收入	54.5	57.1	50.0
亲朋好友的资助	9.1	14.3	0
自己不稳定的劳动收入	9.1	0	25.0
从社保部门领取的失业保险金	0	0	0
解除劳动合同时，企业支付的经济补偿金	4.5	0	12.5
从部队退役时，政府发放的退役金或经济补助金	0	0	0
低保及其他社会救助	0	0	0
养老保险	0	0	0
没有收入，没什么需要花钱的地方	0	0	0
总体	100.0	100.0	100.0

7. 未就业退役军人的找工作情况

表22-326　未就业退役军人找工作难度　单位：%

	退役军人	城市退役军人	农村退役军人
非常困难	30.0	8.3	62.5
比较困难	5.0	8.3	0
一般	25.0	33.3	12.5
比较容易	15.0	16.7	12.5
非常容易	20.0	25.0	12.5
不想找工作	5.0	8.3	0.0
前三项合计	60.0	50.0	75.0

表22-327　未就业退役军人找工作困难原因　单位：%

	退役军人	城市退役军人	农村退役军人
文化水平或技能不够	57.1	50.0	60.0
缺乏工作经验	0	0	0
不知道哪里在招人	0	0	0
没有能帮忙的家人或亲戚朋友	0	0	0
经济形势不好，就业机会太少	28.6	0	40.0
受到户籍、性别、学历、学校等歧视	0	0	0
年龄增加或健康状况变差	14.3	50.0	0
总体	100.0	100.0	100.0

表22-328 未就业退役军人享受政府提供的政策和服务类型*多选 单位：%

	退役军人	城市退役军人	农村退役军人
没有得到什么服务或帮助	70.6	58.3	均表示没有得到什么服务或帮助
就业信息和职业介绍	11.8	16.7	
职业技能培训	11.8	16.7	
创业支持	0.0	0.0	
公益性岗位和见习岗位	0.0	0.0	
就业创业政策法规咨询	5.9	8.3	
总体	100.0	100.0	100.0

表22-329 享受过政府提供就业政策和服务的未就业退役军人认为其有帮助程度 单位：%

	退役军人	城市退役军人	农村退役军人
非常有帮助	40.0	40.0	均表示未享受过政府提供的政策和帮助
比较有帮助	20.0	20.0	
一般	0.0	0.0	
帮助不大	40.0	40.0	
完全没帮助	0.0	0.0	
总体	100.0	100.0	0

表22-330 未就业退役军人考虑从事互联网相关平台性工作情况 单位：%

	退役军人	城市退役军人	农村退役军人
不了解/没考虑过/没干过	52.2	53.3	50.0
考虑过，但没有做	34.8	40.0	25.0
曾经干过，但近一年没有干了	13.0	6.7	25.0
近一年有干过相关工作	0.0	0.0	0.0
总体	100.0	100.0	100.0

四、调查样本结构

表22-331 省（自治区、直辖市）

	样本量（个）	百分比（%）
安徽	1822	3.5
北京	1300	2.5
福建	1500	2.9
甘肃	1402	2.7
广东	2800	5.4
广西	1600	3.1
贵州	1418	2.7
海南	1200	2.3
河北	2002	3.9
河南	2540	4.9
黑龙江	1694	3.3
湖北	1800	3.5

续表

	样本量（个）	百分比（%）
湖南	1900	3.7
吉林	1476	2.9
江苏	2203	4.3
江西	1616	3.1
辽宁	1740	3.4
内蒙古	1400	2.7
宁夏	1251	2.4
青海	1239	2.4
山东	2602	5.0
山西	1500	2.9
陕西	1544	3.0
上海	1300	2.5
四川	2100	4.1
天津	1200	2.3
西藏	1200	2.3
新疆	1440	2.8
云南	1600	3.1
浙江	1804	3.5
重庆	1416	2.7
总体	51609	100.0

表22-332　职位

	样本量（个）	百分比（%）
单位负责人/高层管理人员	860	3.6
部门负责人/中层以上管理人员	3818	16.0
基层管理人员	3915	16.4
一般员工	15243	63.9
总体	23836	100.0

表22-333　行业

	样本量（个）	百分比（%）
采矿业	305	1.5
制造业	3275	15.9
建筑业	2544	12.4
交通运输、仓储和邮政业	1421	6.9
信息传输、计算机服务和软件业	1372	6.7
批发和零售业	2220	10.8
住宿和餐饮业	1340	6.5
金融业	1379	6.7
房地产业	509	2.5
租赁和商务服务业	739	3.6

续表

	样本量（个）	百分比（%）
科学研究、技术服务和地质勘查业	247	1.2
教育、卫生、文化、体育	1529	7.4
农林牧渔业	344	1.7
电力、燃气及水的生产和供应	466	2.3
水利、环境和公共设施管理业	140	0.7
居民服务和其他服务业	2537	12.3
公共管理和社会组织	163	0.8
国际组织	19	0.1
总体	20549	100.0

（北京零点市场调查有限公司专题组
负责人：乔玲玲
成　员：姚筑予　兰　艳　张帮昂
魏晶晶　刘慧贤　李佳凌）

第二十三章
2019年民生关切点入户调查数据分析报告

一、问卷总体情况

2019年国务院发展研究中心“中国民生指数”研究课题组在八个抽样省份开展了综合全面的入户调查访问，本年度调查报告将样本具体划分成了农民、农民工、城镇户籍居民三类重点人群，以便开展更深入、有针对性的研究分析。

各省调查样本所属的区域类型分布情况如表23-1所示，由此可见，本调查对各省内不同经济发展状况的区域进行了较为全面的抽样，基本保证了每个省的不同经济区域样本比例相当，确保了各省样本的代表性。以福建省为例，本调查样本分布为闽东城市1.68%、闽东县市2.83%、闽南、闽西北县市城市2.8%、闽南县市2.94%、闽南、闽西北县市2.51%，样本分布涵盖了福建省的主要经济区域类型，同时在样本数量比例上也相对平均。

表23-1 各省调查样本的区域分布情况

区域类型	频数	百分比（%）
河北省		
冀城市区域	324	3.24
冀东冀北农村	187	1.86
冀中非贫困县	265	2.65
冀南非贫困县	200	2.00
冀中冀南贫困县	223	2.23
黑龙江省		
黑龙江省会城区	193	1.92
黑龙江地市城区	310	3.09
黑龙江南非贫困县	275	2.74
黑龙江东北县市	228	2.27
黑龙江南贫困县	273	2.73
江苏省		
苏南	489	4.88
苏中	242	2.41
苏北	469	4.68

续表

区域类型	频数	百分比（%）
浙江省		
浙南省会	175	1.74
浙南地市城区	221	2.21
浙南县市	268	2.67
浙北城区	158	1.57
浙北县市	378	3.77
安徽省		
皖城区	425	4.24
皖中皖东市县	246	2.46
皖南市县	206	2.06
皖北市县	471	4.70
福建省		
闽东城市	168	1.68
闽东县市	284	2.83
闽南闽西北城市	281	2.80
闽南县市	295	2.94
闽南闽西北县市	252	2.51
广西壮族自治区		
桂省地城区	468	4.67
桂县—县级市	376	3.75
桂贫困区县	476	4.74
陕西省		
陕省会城区	219	2.18
关中非贫困区县	322	3.21
关中贫困县	226	2.26
陕北地区	173	1.72
陕南地区	260	2.59
总计	10026	100.00

根据本年度研究要求，本数据报告将样本划分为农民、农民工、城镇户籍居民三类人群，并对这三类重点人群的民生基本情况和态度进行了比较分析。对这三个重点群体的划分主要以受访家庭的户籍、当前所在地，以及就业类型三个变量为依据，三个变量的具体分布情况见表 23-2。

表23-2　　样本户籍、所在地、就业类型交叉表

城乡类型				就业类型			总计
				农业就业	非农就业	未就业	
农村	户口性质	农业户口	频数	2025	799	1355	4179
			百分比（%）	48.5	19.1	32.4	100.0
		城镇户口	频数	62	74	62	198
			百分比（%）	31.3	37.4	31.3	100.0
	总计百分比（%）		频数	2087	873	1417	4377
			百分比（%）	47.7	19.9	32.4	100.0
城镇	户口性质	农业户口	频数	734	1242	1038	3014
			百分比（%）	24.4	41.2	34.4	100.0
		城镇户口	频数	56	1171	1381	2608
			百分比（%）	2.1	44.9	53.0	100.0
	总计百分比（%）		频数	790	2413	2419	5622
			百分比（%）	14.1	42.9	43.0	100.0
总计	户口性质	农业户口	频数	2759	2041	2393	7193
			百分比（%）	38.4	28.4	33.3	100.0
		城镇户口	频数	118	1245	1443	2806
			百分比（%）	4.2	44.4	51.4	100.0
	总计百分比（%）		频数	2877	3286	3836	9999
			百分比（%）	28.8	32.9	38.4	100.0

由此可见，可将样本分为三大类人群（见表23–3），农民包括当前所在地为农村，户籍状况为农业户口，并且从事农业、非农业或未就业的人口；农民工的人群定义为当前所在地为城镇，户籍状况为农业户口，从事非农业就业或未就业的人口；城镇户籍居民的人群定义是户籍状况为非农户口的被调查家庭；另外需要注意的是，对当前所在地为城镇，农业户口并且从事农业就业的这部分样本在本报告中暂不进行讨论和分析。

表23-3　　样本人群划分定义

		农业就业	非农就业	未就业
当前所在地农村	农业户口	农民	农民	农民
	非农户口	城镇户籍居民	城镇户籍居民	城镇户籍居民
当前所在地城镇	农业户口	不分析	农民工	农民工
	非农户口	城镇户籍居民	城镇户籍居民	城镇户籍居民

按照三类重点人群的划分定义，本年度调查中有46.65%的农民群体，13.85%的农民工群体，31.33%的城镇户籍居民，另外有8.17%的样本没有纳入群体分类比较讨论中，各省份的分人群样本量及比例见表23–4。统计数据显示，福建省、江苏省、浙江省的数据在三大群体上的分布较为合理，被调查家庭中都有超过20%的样本来自农民工群体，同时也有超过20%的样本为城镇户籍居民；但是从总体上来看，本年度样本的农民工群体比例略显不足，尤其是安徽省、广西壮族自治区、河北省、黑龙江省的农民工群体比例都低于总比例，其中黑龙江调查样本中更是只有4.83%的受访家庭为农民工群体，因而在分析过程中应予以关注。

表23-4 样本调查人群数量

	农民	农民工	城镇户籍居民	不分析	总计
安徽省	675	135	284	79	1173
百分比（%）	57.54	11.51	24.21	6.73	100.00
福建省	475	276	321	75	1147
百分比（%）	41.41	24.06	27.99	6.54	100.00
广西壮族自治区	746	98	259	111	1214
百分比（%）	61.45	8.07	21.33	9.14	100.00
河北省	656	67	261	91	1075
百分比（%）	61.02	6.23	24.28	8.47	100.00
黑龙江省	374	58	704	65	1201
百分比（%）	31.14	4.83	58.62	5.41	100.00
江苏省	363	187	383	96	1029
百分比（%）	35.28	18.17	37.22	9.33	100.00
陕西省	406	166	271	142	985
百分比（%）	41.22	16.85	27.51	14.42	100.00
浙江省	490	256	328	74	1148
百分比（%）	42.68	22.30	28.57	6.45	100.00
总计	4185	1243	2811	733	8972
百分比（%）	46.65	13.85	31.33	8.17	100.00

二、调查家庭及受访者人口特征

（一）调查家庭及受访者家庭成员情况

本年度民生调查共访问了10026户家庭，这些被调查家庭户中共有家庭人员37453人，其中有10026人为受访者，问卷主要由这些受访者填写并回答，其他家庭成员则主要提供基本人口特征信息和就业收入信息，家庭成员中有26.54%为受访者子女，22.08%为受访者配偶，9.65%为受访者孙子女/外孙女，这三类家庭成员共占比约60%，其他包括受访者父母、配偶的父母、儿媳/女婿、兄弟姐妹、配偶的兄弟姐妹、其他亲属的子女、已故去家庭成员等共占40%（见表23-5）。民生调查家庭中占比最高的为核心家庭。

表23-5 被调查家庭成员情况

与受访者关系	频数	百分比（%）
本人	10026	26.81
配偶	8256	22.08
子女	9923	26.54
父母	2236	5.98
配偶的父母	589	1.58
儿媳/女婿	2184	5.84

续表

与受访者关系	频数	百分比（%）
孙子（女）/外孙（女）	3608	9.65
兄弟姐妹	246	0.66
配偶的兄弟姐妹	46	0.12
其他亲属的子女	55	0.15
其他	191	0.51
已故去	30	0.08
合计	37390	100.00

表23-6　被调查家庭人口规模情况

家庭规模	频数	百分比（%）	累计百分比（%）
1	491	4.90	4.90
2	2289	22.83	27.73
3	2314	23.08	50.81
4	1936	19.31	70.12
5	1346	13.43	83.54
6	1085	10.82	94.36
7	298	2.97	97.34
8	124	1.24	98.57
9	143	1.43	100.00
合计	10026	100.00	—

（二）调查家庭及受访者年龄分布

从家庭成员年龄结构来看，各成员平均年龄为40.20岁，标准差为21.60岁。其中最小不足1岁，最大为107岁，性别分布不存在明显差异（见图23-1、图23-2、图23-3、图23-4）。

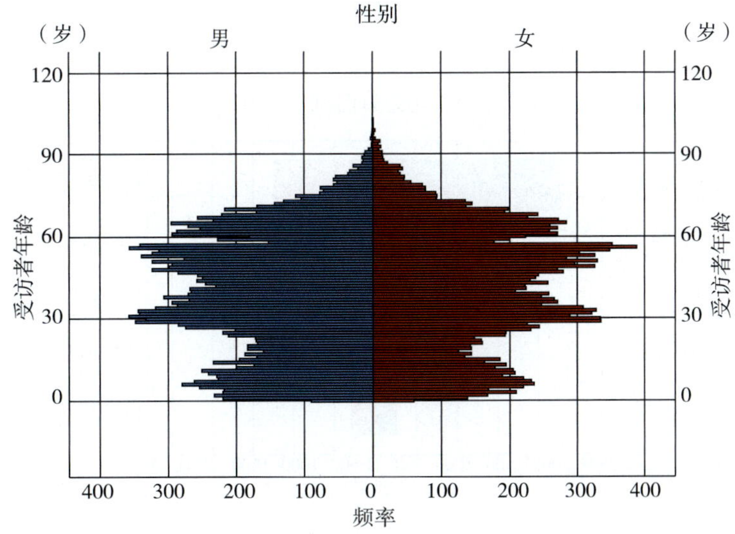

图23-1　按年龄划分的家庭成员人口金字塔

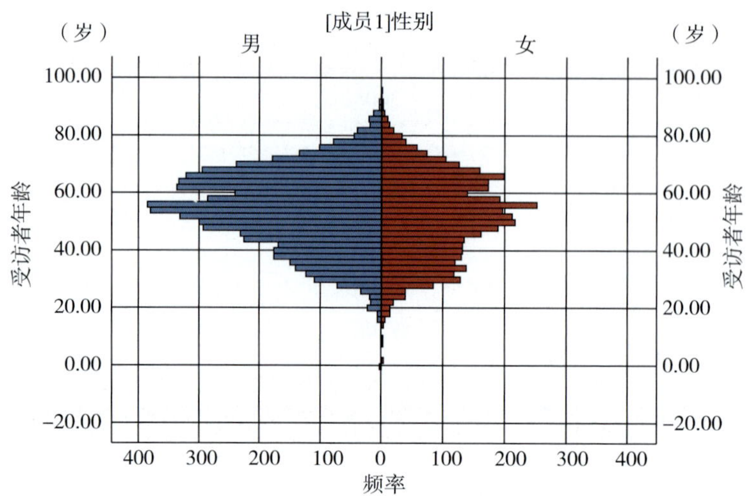

图23-2 按年龄划分的受访者人口金字塔

注：个案按样本分析权重加权。

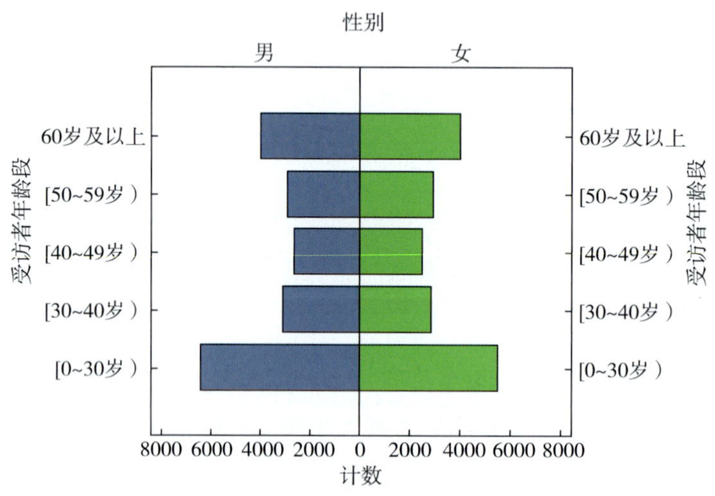

图23-3 按年龄组划分的家庭成员人口金字塔

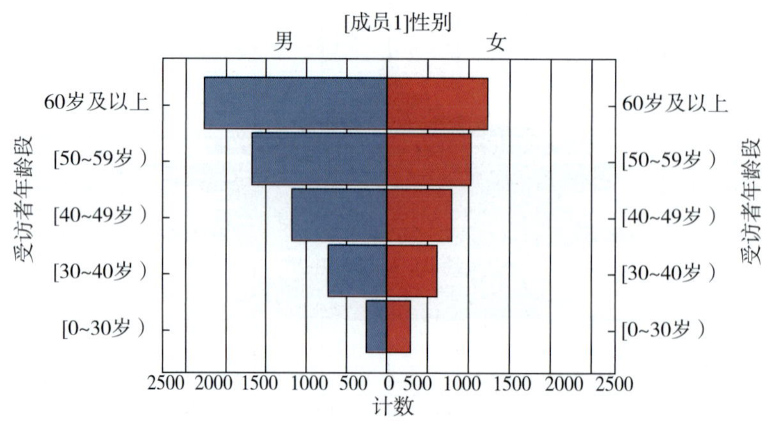

图23-4 按年龄组划分的受访者人口金字塔

注：个案按样本分析权重加权。

（三）调查家庭及受访者性别分布

从总体上看，调查家庭成员中男性所占比例为 51.67%，女性占 48.19%；而受访者中男性占 60.5%，女性仅占 39.4%，男性比女性多了 21.1 个百分点（见表 23-7）。

表23-7　调查家庭及受访者性别分布情况

性别	调查家庭成员（人）	百分比（%）	受访者	百分比（%）
男	19320	51.67	6066	60.50
女	18018	48.19	3954	39.40
未回答	52	0.14	5	0.10
合计	37390	100.00	10026	100.00

同时，将受访者性别分群体来看，则可发现城镇户籍居民的男女比例差异要大于农民工和农民群体，城镇户籍居民中有 69.5% 的受访者为男性，女性有 30.5%，男性比女性多 39 个百分点，是三个群体中男性比例最大的群体（见表 23-8）。

表23-8　受访者按群体划分的性别分布情况（N=10134）　单位：%

	男性百分比	女性百分比	合计
农民	68.4	31.6	100.0
农民工	66.9	33.1	100.0
城镇户籍居民	69.5	30.5	100.0
合计	62.3	37.7	100.0

（四）调查家庭及受访者户籍状况

调查家庭的成员户籍状况如表 23-9 所示，可以发现其中本市（县、区）农村户口和省内非本市（县、区）农村户口、外省农村户口共同构成的农业人口比例依然占据较大比重，超过了 75%；而在受访者的户籍情况方面，有 67.81% 的受访者为本市（县、区）农村户口，27.02% 的受访者为本市（县、区）城镇户口。而省内流动人口，即省内非本市（县、区）农村户口和省内非本市（县、区）城镇户口的受访者共有 2.25%。另外还有 2.78% 的受访者户口不在本地。

表23-9　调查家庭及受访者户籍情况

户籍	调查家庭成员（人）	百分比（%）	受访者（人）	百分比（%）
本市（县、区）城镇户口	8247	22.06	2709	27.02
本市（县、区）农村户口	27246	72.87	6798	67.81
省内非本市（县、区）城镇户口	283	0.76	65	0.65
省内非本市（县、区）农村户口	577	1.54	160	1.60
外省城镇户口	174	0.47	37	0.37
外省农村户口	774	2.07	242	2.41
不回答	89	0.24	14	0.14
总计	37390	100.00	10012	100.00

（五）调查家庭及受访者健康状况

本年度的被调查家庭成员健康状况（见表 23–10 ）显示有超过八成的家庭成员健康状况良好，有 8.62% 的家庭成员有疾病但仍有劳动能力，而因疾病丧失劳动能力或生活不能自理的家庭成员占 9.22%；在受访者中，有 73.07% 的受访者健康，另有 14.93% 的受访者虽然有疾病或残疾，但仍有劳动能力。有 10.91% 的受访者因疾病、残疾、衰老丧失劳动能力，但能够生活自理，有 0.92% 的受访者因疾病、残疾、衰老生活部分不能自理，有 0.14% 的受访者因疾病、残疾、衰老生活完全不能自理。

表23-10　调查家庭及受访者健康状况

健康状况	调查家庭成员（人）	百分比（%）	受访者（人）	百分比（%）
健康	30718	82.16	7326	73.07
有疾病或残疾，但仍有劳动能力	3223	8.62	1497	14.93
因疾病、残疾或衰老，丧失劳动能力，但生活能自理	2797	7.48	1094	10.91
因疾病、残疾或衰老，生活部分不能自理	424	1.13	93	0.92
因疾病、残疾或衰老，生活完全不能自理	187	0.5	14	0.14
不回答	41	0.11	3	0.03
总计	37390	100.00	10023	100.00

（六）调查家庭及受访者受教育情况

在本次调查家庭成员中的 18 岁以上成员，初中以下文化程度的占比达到 68.06%，其中受访者在初中以下文化程度的更是达到了 71.69%，其中包括了小学、初中毕业成员，以及小学、初中辍学肄业成员，这可能是被调查家庭成员农村户口占大比例，以及受访者中 60 岁以上人口占大比例导致的。另外在 18 岁以上调查家庭成员中有 2.8% 的在读学生，包括高职 / 大专在读生、本科在读生以及研究生在读生，而本科以上受教育程度有 6.61%；18 岁以上受访者中有 0.81% 为在读学生，本科以上受教育程度有 4.33%（见表 23–11 ）。

表23-11　调查家庭及受访者受教育程度情况（18岁以上）

受教育状况	调查家庭成员（人）	百分比（%）	受访者（人）	百分比（%）
小学及以下文化程度	8525	28.62	3042	30.47
小学辍学或肄业	1110	3.73	465	4.66
初中文化程度	10094	33.89	3447	34.52
初中辍学或肄业	541	1.82	204	2.04
高中—中职文化程度	4756	15.97	1697	17.00
高职—大专在读	251	0.84	37	0.37
高职—大专毕业	1965	6.60	621	6.22
本科在读	517	1.74	40	0.40
本科毕业	1819	6.11	409	4.10
研究生（硕士或博士）在读	66	0.22	4	0.04

续表

受教育状况	调查家庭成员（人）	百分比（%）	受访者（人）	百分比（%）
研究生（硕士或博士）毕业	82	0.28	19	0.19
未回答	56	0.19	0	0.00
总计	29782	100.00	9985	100.00

三、就业与工作

（一）调查家庭及受访者工作情况

将受访者对“是否正在从事有收入的工作”一问的回答分类，分出三类群体。排除未回答年龄的样本后，1264 名未做工作的受访者的平均年龄为 52.56 岁，标准差为 0.3798 岁；2602 名未做工作的受访者家庭成员的平均年龄为 44.79 岁，标准差为 0.3473 岁。排除未回答受教育状况的样本后，未做工作的 1264 名受访者及 2625 名家庭成员中，均有超过 1/6 的受教育状况为“没上过学”，超过 1/5 的为“小学毕业”，超过 1/3 的为“初中毕业”，不足 1/10 的为“高中毕业”；有 16.64% 的受访者接受了中高等教育，其家庭成员中则有 19.77% 接受了中高等教育。排除未回答户籍状况的样本后，1264 名未做工作的受访者中持有本地区农村户口的占比为 78.76%，持有本地城镇户口的占比为 18.24%；2629 名未做工作的家庭成员中，持有本地区农村户口的占比为 79.49%，持有本地区城镇户口的占比为 15.54%，且所有为农村户口的占比为 83.27%，比受访者的农村户口比例高 2.4%。非劳动力群体包括“在校学生”“离退休，不再工作”及“无劳动能力”三类。13.36% 的受访者、5.31% 的受访者家庭成员已经离退休且不再工作，其中各有七八成持有城镇户口，两成左右持有本地区农村户口；11.7% 的受访者、13.96% 的受访者家庭成员无劳动能力，其中各有八九成持有农村户口；不足 1% 的受访者、24.41% 的受访者家庭成员还是在校学生，其中各有约八成持有农村户口。

表23-12　　受访者年龄结构及各年龄段从事有收入的工作情况

工作情况		受访者		家庭成员		总体	
		频数	百分比（%）	频数	百分比（%）	频数	百分比（%）
就业	是	6030	60.15	12476	45.78	18506	49.65
	离退休，但继续工作	119	1.19	92	0.34	211	0.57
无业	毕业后待业	5	0.05	126	0.46	132	0.35
	当前未做任何工作	1270	12.67	2654	9.74	3924	10.53
非劳动力	离退休，不再工作	1339	13.36	1446	5.31	2785	7.47
	无劳动能力	1173	11.70	3804	13.96	4977	13.35
	在校学生	88	0.88	6651	24.41	6739	18.08
总计		10025	100.00	27249	100.00	37275	100.00

（二）不同年龄受访者工作情况

根据国家统计局对“人口”部分统计指标的解释，按国际上一般使用的统计口径，将 15 ～ 64 岁人口作为劳动年龄人口[①]；根据《中国教育监测与评价统计指标体系》[②] 及我国国情，将 20 ～ 59 岁人口作为主要劳动年龄人口。受访者年龄根据所填出生年份及问卷填写年份计算得到。

在 10026 名受访者中，劳动年龄人口共 7673 人，占比 76.51%，主要劳动年龄人口共 6462 人，占受访者总体比例为 64.44%；非劳动年龄人口中，年龄小于 15 岁的共 16 人，占比 0.15%，大于 64 岁的共 2329 人，占比 23.21%；其余未填写出生年份。16 名 15 岁以下的受访者平均年龄为 8.92 岁，标准差为 4.7071 岁，其中无劳动能力的占三成，还在校读书的占七成。

7673 名劳动年龄受访者平均年龄为 47.82 岁，标准差为 10.8837 岁，其中处于就业状态的占 72.35%，离退休后仍继续工作的占比约为 1%；处于无业状态的占 13.10%，“当前未做任何工作”的受访者居多，而“毕业后待业”的受访者所占比例可以忽略不计；非劳动力群体所占比例为 14.55%，其中在校学生的比例约 1%，其余两类中离退休不再工作的占比较大。

2329 名 64 岁以上的受访者平均年龄为 70.93 岁，标准差为 5.3531 岁，其中就业群体比例超过四分之一，离退休后仍继续工作的比例仅约 2%；处于无业状态的占比为 11.55%，无毕业后待业的人；非劳动力的比例为 33.05%，离退休后不再工作者与无劳动能力者差不多各占非劳动力群体的一半。

表23-13　受访者年龄结构及各年龄段受访者的工作情况　单位：%

工作情况		15岁以下	15～64岁	64岁以上	不回答	总体
就业	正从事有收入工作	0.00	71.39	23.46	72.85	60.15
	离退休，继续工作	0.00	0.96	1.93	0.00	1.19
无业	毕业后待业	0.00	0.07	0.00	0.00	0.05
	当前未做工作	0.00	13.03	11.55	18.75	12.67
非劳动力	离退休，不再工作	0.00	7.89	31.52	0.00	13.36
	无劳动能力	29.90	5.65	31.53	0.00	11.70
	在校学生	70.10	1.01	0.00	0.00	0.88
不回答		0.00	0.00	0.00	8.39	0.01
总计		100.00	100.00	100.00	100.00	100.00
样本	频数	16.00	7673.00	2329.00	9.00	10026.00
	百分比	0.16	76.53	23.23	0.09	100.00

① 人口，http://www.stats.gov.cn/tjsj/zbjs/201912/t20191202_1713059.html (accessed Jan 19, 2020)。

② 教育部关于印发《中国教育监测与评价统计指标体系》的通知，中华人民共和国教育部政府门户网站，http://www.moe.gov.cn/srcsite/A03/s182/201509/t20150907_206014.html (accessed Jan 21, 2020)。

（三）不同受教育状况的劳动年龄受访者工作情况

根据国家统计局《全国月度劳动力调查制度（2018）》中对统计指标的解释，受教育程度[①]不分在校、毕业、肄业或者辍学。根据教育部文件[②③]，学前教育主要包括幼儿园；义务教育包括全日制的小学和普通中学，还有其他问卷不涉及的学校；高中教育包括普通高中、中等职业学校以及问卷中不涉及的成人高中；高等教育包括本专科及研究生教育。

为了着重分析就业数据，将受访者年龄限制在 15 ～ 64 岁，即劳动年龄区间内。由于“幼儿园在读”的样本数为 7 个，所以并入其他项，不做详细分析。

没上过学的劳动年龄受访者平均年龄为 56.11 岁，标准差为 6.7916 岁，占劳动年龄受访者总数的 5.90%；接受了义务教育的劳动年龄受访者平均年龄为 49.01 岁，标准差为 9.5484 岁，占总数的 61.10%；接受了高中教育的劳动年龄受访者平均年龄为 48.13 岁，标准差为 11.7909 岁，占总数的 19.02%；接受了高等教育的劳动年龄受访者平均年龄为 38.57 岁，标准差为 10.9853 岁，占总数的 13.83%。可以看到受教育程度较高的劳动年龄受访者，其平均年龄较低。

没上过学的劳动年龄受访者中，不到一半处于就业状态；约 1/4 当前没有从事任何工作；超过 1/4 非劳动力。

接受了义务教育的劳动年龄受访者中，七成以上处于就业状态；超过 1/7 无业；约 1/8 为非劳动力。

接受中等职业技术学校教育的受访者中，超过 3/4 处于就业状态、超过一成无业、约一成非劳动力。接受普通高中教育的受访者中，超过 2/3 处于就业状态；近一成无业，超过两成为非劳动力，其中离退休占接受了高中教育的受访者的 16.84%，以离退休和无劳动能力者为主。接受了高中教育的受访者，相较于正在从事有收入的工作的比例比接受义务教育或中职教育的受访者，就业比例比较低，但无业比例也比较低，非劳动力者中离退休后不再工作及在校学生的比例较高。

接受了高等教育的劳动年龄受访者中，接受职业教育和普通教育的受访者，均有超过 5/6 处于就业状态、约 5% 无业、约一成非劳动力。非劳动力的受访者中以离退休和在校学生为主。此外，接受本科教育的受访者中无业的比例较高职、研究生低，但非劳动力比例较高；接受高职教育的受访者中离退休后不再工作的比例比其他两类受访者高。

---

① 全国月度劳动力调查制度（2018），http://www.stats.gov.cn/tjsj/tjzd/gjtjzd/201807/t20180717_1610135.html (accessed Jan 21, 2020)。

② 中华人民共和国义务教育法实施细则，中华人民共和国教育部政府门户网站，http://www.moe.gov.cn/srcsite/A02/s5911/moe_621/201511/t20151119_220032.html (accessed Jan 30, 2020)。

③ 2018 年全国教育事业发展情况，中华人民共和国教育部政府门户网站，http://www.moe.gov.cn/jyb_sjzl/s5990/201909/t20190929_401639.html (accessed Mar 30, 2020)。

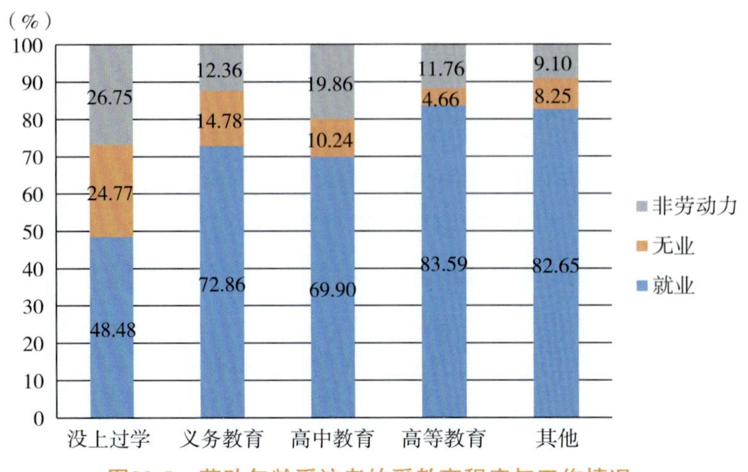

图23-5　劳动年龄受访者的受教育程度与工作情况

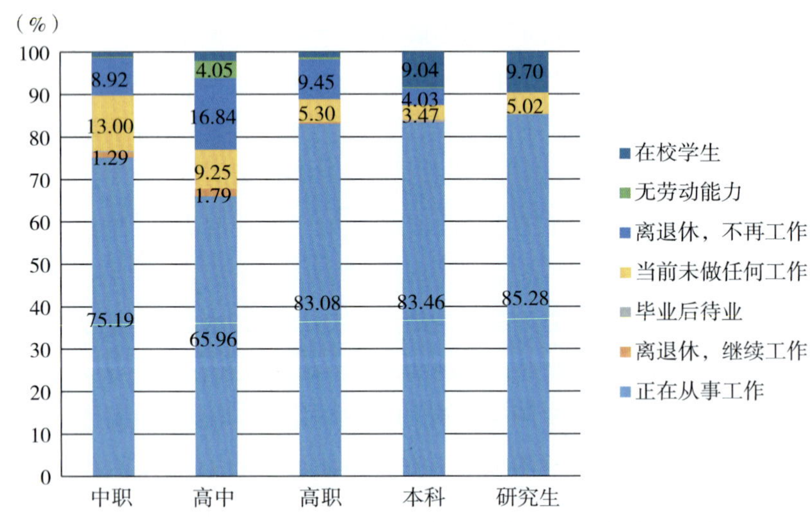

图23-6　接受职业教育与普通教育的劳动年龄受访者的工作情况

区分在读、毕业及辍学或肄业之后，所有在读的劳动年龄受访者共198名，平均年龄为35.77岁，标准差为15.2381岁；毕业的共6579名，平均年龄为47.45岁，标准差为10.6291岁；小学或初中辍学或肄业的共458名，平均年龄为50.10岁，标准差为9.0887岁。

在读的受访者中，70%以上的小学、初中在读的受访者处于就业状态；35%的普通高中在读的受访者处于就业状态，81.88%的中职在读的受访者处于就业状态；22.03%的本科生和研究生在读的受访者处于就业状态，63.37%的高职在读的受访者处于就业状态。

在毕业的受访者中，70%以上的小学、初中毕业的受访者处于就业状态；68.93%的普通高中毕业的受访者处于就业状态，75.77%的中职毕业的受访者处于就业状态；90.20%的本科和研究生毕业的受访者处于就业状态，84.64%的高职毕业的受访者处于就业状态。

总的来说，有54.07%的在读受访者处于就业状态，毕业、辍学或肄业的受访者则有70%以上处于就业状态；小学、初中受教育程度的受访者，无论其教育状况，处于就业状况的均有

70%以上；普通高中、本科生、研究生在读的受访者中就业比例均低于已毕业的对应受教育状况群体中的就业比例；无论在读或者毕业，接受职业教育的受访者中处于就业状态的比例均高于接受普通教育的受访者。只有受教育程度为小学及中职的受访者中，毕业者的就业比例低于在读者。

表23-14　在读的劳动年龄受访者的工作情况　单位：%

在读		小学	初中	普高	中职	高职	本科	研究生	总体
就业	正从事工作	75.10	70.14	35.00	78.96	63.37	20.30	41.78	54.07
	离退休，继续工作	0	0	0	2.92	0	0	0	1.09
无业	毕业后待业	0	0	0	0	0	0	0	0
	当前未工作	10.94	7.28	4.28	8.66	3.42	0	0	5.24
非劳动力	离退休，不再工作	0	8.24	9.27	0	5.14	3.15	0	4.17
	无劳动能力	13.96	4.24	0	0	3.26	0	0	1.99
	在校学生	0	10.09	51.46	9.46	24.81	76.55	58.22	33.45
总计		100	100	100	100	100	100	100	100
样本	频数	14	22	38	41	33	40	3	198
	百分比	7.05	10.87	19.30	20.80	16.63	20.03	1.71	100

表23-15　毕业的劳动年龄受访者的工作情况　单位：%

毕业		小学	初中	普高	中职	高职	本科	研究生	总体
就业	正从事工作	69.92	73.25	67.07	74.70	84.20	89.84	93.97	73.65
	离退休，继续工作	1.11	0.60	1.86	1.07	0.44	0.20	0	0.89
无业	毕业后待业	0.08	0.08	0	0.31	0	0.28	0	0.08
	当前未做工作	16.13	14.07	9.43	13.56	5.41	3.82	6.03	12.32
非劳动力	离退休，不再工作	4.93	7.03	17.11	10.07	9.69	4.11	0	8.43
	无劳动能力	7.82	4.94	4.20	0.28	0.25	0.28	0	4.47
	在校学生	0	0.04	0.33	0	0	1.47	0	0.16
总计		100	100	100	100	100	100	100	100
样本	频数	1332	2874	1065	318	578	393	17	6579
	百分比	20.25	43.69	16.19	4.84	8.79	5.97	0.26	100

表23-16　辍学或肄业的劳动年龄受访者的工作情况　单位：%

辍学或肄业		小学	初中	总体
就业	正从事有收入工作	71.41	71.22	71.34
	离退休，继续工作	0	1.94	0.69
无业	毕业后待业	0	0	0
	当前未做工作	14.94	15.27	15.06
非劳动力	离退休，不再工作	2.84	5.14	3.66
	无劳动能力	10.81	6.43	9.25
	在校学生	0	0	0
总计		100	100	100
样本	频数	295	163	458
	百分比	64.43	35.57	100

（四）不同群体受访者工作情况

在 15 ～ 64 岁的劳动年龄人群中，农民、农民工及城镇户籍三类群体占比分别为 40.76%、15.74%、27.45%，其他群体占比为 16.05%。

该年龄段的农民群体平均年龄为 48.79 岁，标准差为 10.5206 岁；在该年龄段的农民群体中，将近 38% 的受访者的受教育程度为小学及以下，超过八成的受访者未能接受高级中等教育或中等职业教育，不到 5% 的受访者接受了高等教育，其中近 2/3 接受了职业教育，超过 1/3 接受了本科及以上教育。

该年龄段的农民工群体平均年龄为 42.35 岁，标准差为 10.2269 岁；在该年龄段的农民工群体中，约 1/5 的受访者的受教育程度为小学及以下，约 65% 的受访者未能接受高级中等教育或中等职业教育，不到 15% 的受访者接受了高等教育，其中七成接受了职业教育，三成接受了本科教育，无接受研究生教育的受访者。

该年龄段的城镇户籍群体平均年龄为 47.66 岁，标准差为 11.0372 岁；在该年龄段的城镇户籍群体中，不到 1/14 的受访者受教育水平“小学毕业”，超过四成为“初中毕业”，约 15% 的为“普通高中毕业”。

在三类群体中，劳动年龄的农民工群体几乎均处于就业状态，占比超过 98%，农民群体约有 2/3 的受访者处于就业状态，城镇户籍群体就业的则不到一半。处于劳动年龄的三类群体中，均有约 1% 的受访者离退休后仍在工作。

在处于劳动年龄的三类群体中，农民群体中有 13.68% “当前未做任何工作”，城镇户籍群体中有 8.6% 无工作。

农民及农民工群体中，离退休且不工作的受访者占比不超过 3%，城镇户籍群体中则有近四成受访者离退休并不再工作。农民工及城镇户籍群体中，无劳动能力的受访者占比均不超过 5%，农民群体中则有 15.06% 的受访者无劳动能力。

表23-17　处于劳动年龄（15～64岁）的不同群体受访者的工作情况　单位：%

		农民	农民工	城镇户籍	其他	总体
就业	正从事有收入工作	75.93	99.10	61.65	49.35	71.39
	离退休，继续工作	1.02	0.66	1.11	0.87	0.96
无业	毕业后待业	0.07	0	0.05	0.18	0.07
	当前未做工作	13.63	0.08	9.71	29.86	13.03
非劳动力	离退休，不再工作	1.33	0	23.60	5.40	7.89
	无劳动能力	6.77	0.08	3.03	12.77	5.65
	在校学生	1.25	0.07	0.86	1.56	1.01
总计		100	100	100	100	100
样本	频数	3136	1211	2112	1235	7693
	百分比	40.76	15.74	27.45	16.05	100

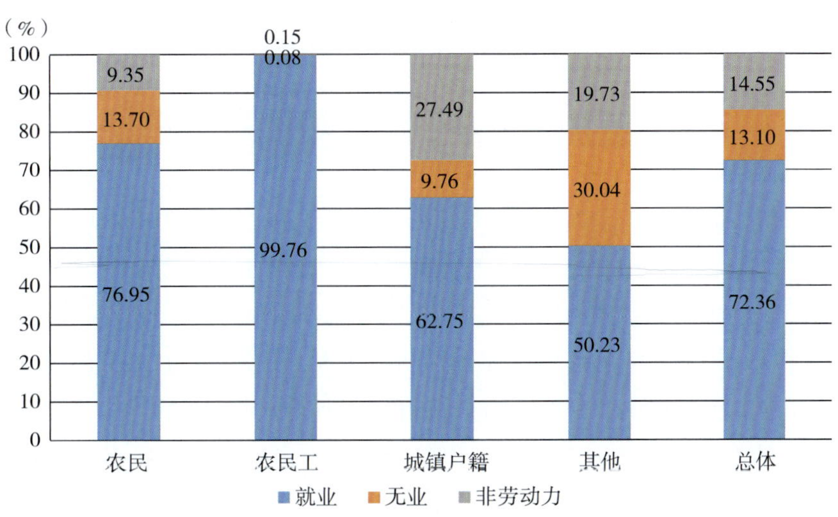

图23-7　处于劳动年龄的不同群体受访者的就业状态

受访的64岁以上老年人口中，农民、农民工及城镇户籍三类群体的占比分别为44.81%、1.39%、30.02%，其他群体占23.79%。排除未回答年龄的样本，这一年龄段的农民群体平均年龄为71.09岁，标准差为5.5226岁；农民工群体平均年龄为67.92岁，标准差为4.2030岁；城镇户籍群体平均年龄为71.32岁，标准差为5.4464岁。在这个年龄段的农民工群体中，有超过九成仍在从事有收入的工作；农民群体中有近四成仍在工作；城镇户籍群体的比例不足6%。此外，该年龄段的农民群体中有近四成的受访者无劳动能力，城镇户籍群体中超过八成离退休后不再继续工作。

表23-18　三类群体中64岁以上的受访者的工作情况　单位：%

		农民	农民工	城镇户籍	其他	总计
就业	是	36.75	67.51	4.01	20.43	23.46
	离退休，但继续工作	1.26	24.81	1.57	2.33	1.93
无业	当前未做工作	13.84	0	5.29	15.83	11.55
非劳动力	离退休，不再工作	8.23	0	81.48	14.18	31.52
	无劳动能力	39.92	7.68	7.66	47.24	31.53
总计		100.00	100.00	100.00	100.00	100.00
样本	频数	1034	32	693	549	2308
	百分比	44.81	1.39	30.02	23.79	100.00

（五）工作地点

如表23-19所示，93.97%的受访者在本市工作，其余人群则是在省内其他市或外省工作。在三类群体中，农民工群体在本地区工作的比例为90.00%，在三类群体中占比最低；其次是农民，占比为93.59%；比例最高的是城镇户籍群体，占比为95.87%。农民工群体在省内其他市及外省工作的占比均比其他两类群体高，分别为4.21%和5.79%，农民群体在省内其他市工作或外省工作的比例分别为2.61%和3.81%，城镇户籍群体的比例分别为2.16%和1.97%。

表23-19　受访者的工作地点

	农民		农民工		城镇户籍		其他		总体	
	频数	百分比（%）	频数	百分比（%）	频数	百分比（%）	频数	百分比（%）	频数	百分比（%）
本市*	2644	93.59	1116	90.00	1305	95.87	733	98.55	5797	93.97
省内其他市*	74	2.61	52	4.21	29	2.16	7	0.90	162	2.62
外省*	108	3.81	72	5.79	27	1.97	4	0.56	210	3.41
总计	2825	100	1240	100	1361	100	744	100	6169	100

从年龄看，在本市工作的农民平均年龄为52.03岁，标准差为11.5588岁；农民工平均年龄为42.89岁，标准差为10.9021岁；城镇户籍群体平均年龄为44.29岁，标准差为10.5497岁。在省内其他市工作的农民、城镇户籍群体平均年龄较在本市的小，农民平均年龄为44.51岁，标准差为10.6724岁，城镇户籍群体平均年龄为39.65岁，标准差为0.5783岁；农民工群体在省内其他市工作的平均年龄与在本市工作的差距比较小，平均年龄为42.27岁，标准差为13.1731岁。在外省工作的三个群体的平均年龄则均在43～44岁，农民和农民工群体的年龄标准差在11～12岁，城镇户籍群体的年龄标准差则为8.3707岁。

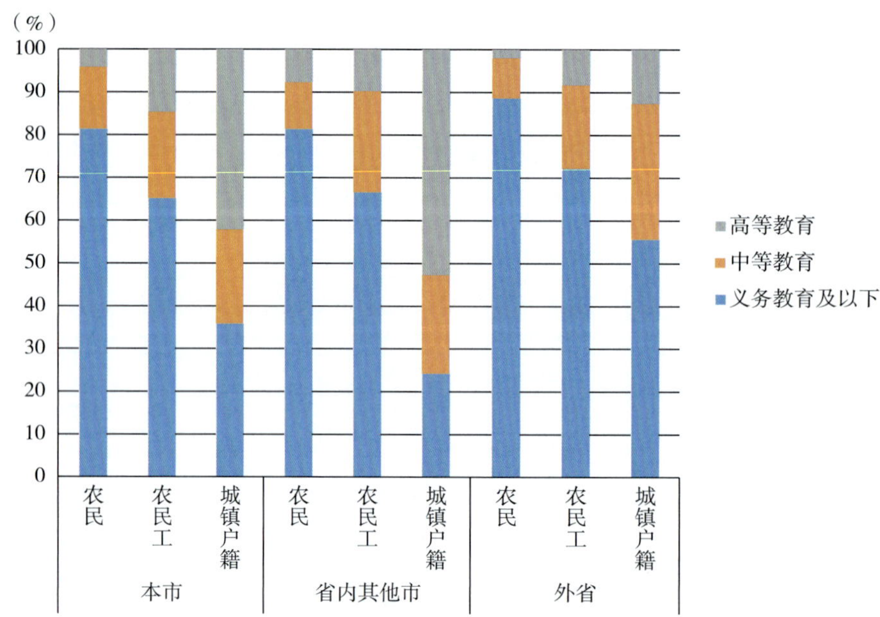

图23-8　不同工作地点的三类群体受访者的受教育程度

从受教育状况看，教育程度在义务教育阶段及以下的，在本市工作的农民群体受访者中的占比为81.47%，农民工中的占比为65.23%，城镇户籍群体中的占比为35.91%；在省内其他市工作的农民群体受访者中的占比为81.45%，农民工中的占比为66.65%，城镇户籍群体中的占比为24.28%；在外省工作的农民群体受访者中占比为88.72%，农民工中的占比为72.31%，城镇户籍群体中占比为55.72%。接受了高等教育的，在本市工作的农民群体受访者中的占比为4.08%，农民工中的占比为14.59%，城镇户籍群体中的占比为42.10%；在省内其他市工作的农民群体受访者中的占比为 7.63%，农民工中的占比为 9.69%，在城镇户籍群体中的占比为 52.64%；在外省工作的农民群体受访者中占比为 1.91%，农民工中的占比为 8.20%，城镇户籍群体中占比为 12.54%。

可以看到，在农民及农民工群体的受访者中，在省内其他市及外省工作的平均年龄较低，受教育程度较低的占比也较低；城镇户籍群体的受访者中，在同省不同市工作的相较于在本市或外省工作的平均年龄更低，受教育程度较高的占比更高。

不同群体受访者家庭成员的工作地点如表 23–20 所示。在本市（县、区）工作的人数占比为 80.38%；在省内其他市（县、区）工作的人数占比为 7.28%；不在本省工作的人数占比为 12.34%。

表23-20　不同群体受访者家庭成员的工作地点

工作地点	频数	百分比（%）
本市（县、区）	15028	80.38
省内其他市（县、区）	1361	7.28
外省（直辖市、自治区）	2308	12.34
总计	18697	100.00

（六）就业类型

本次调查中，将就业类型分为农业就业与非农就业，其中，农业就业包括专业务农与兼业农民，在农村进行小卖部、代销点、小作坊、手工艺品制作贩卖等自营业者，以及村中从事医疗教育、技术及管理服务的农村专业管理人员；非农就业包括党政机关、军队、社会团体，教科文卫等事业单位、非营利组织或民办非企业单位及不同所有制的企业职工，以及个体工商户、自由职业者以及临时务工人员。

排除 13 个未明确回答的样本，农民群体中约七成受访者的就业类型属于农业就业，约三成属于非农就业；因农民工群体的特征为非农就业，所以该群体内无农业就业受访者；城镇户籍群体中有不足一成的受访者的就业类型为农业就业。总的来说，46.77% 的受访者的就业类型属于农业就业，53.23% 的属于非农就业（见表 23–21）。

表23-21　不同群体的受访者的就业类型

	农民		农民工		城镇户籍		其他		总体	
	频数	百分比（%）	频数	百分比（%）	频数	百分比（%）	频数	百分比（%）	频数	百分比（%）
农业就业	2025	71.70	0	0.00	118	8.66	745	99.90	2887	46.77
非农就业	799	28.30	1242	100.00	1245	91.34	1	0.10	3286	53.23
总计	2824	100.00	1242	100.00	1363	100.00	745	100.00	6173	100.00

在 2025 个农业就业的农民群体受访者中，约有 2/3 是专业务农的，不到 1/5 是兼业农民，约 1/7 分别为农村自营业者和农村专业管理人员。在 118 个农业就业的城镇户籍受访者中，超过六成的受访者务农，约两成是农村自营业者，约两成是农村专业管理人员（见图 23–9）。

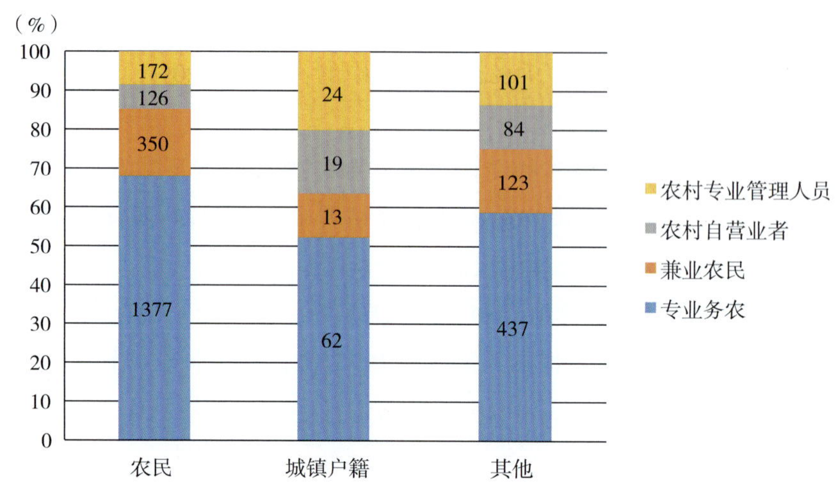

图23-9 不同群体受访者中农业就业类型的频数

在 799 个非农就业的农民群体受访者中，私企职工[①]、个体工商户、非固定单位的临时务工这三类就业类型占比较大，分别占据这部分受访者数量的 31.53%、26.03%、18.02%。在 1242 个农民工群体受访者中，个体工商户、私企职工、非固定单位的临时务工这三类就业类型占比较大，分别占据这部分受访者数量的 34.14%、29.55%、14.33%。在 1245 个城镇户籍受访者中，以私企职工、个体工商户及党政机关、军队、社会团体这三类就业类型占比较大，均占据这部分受访者数量的 20% 上下（见图 23-10）。

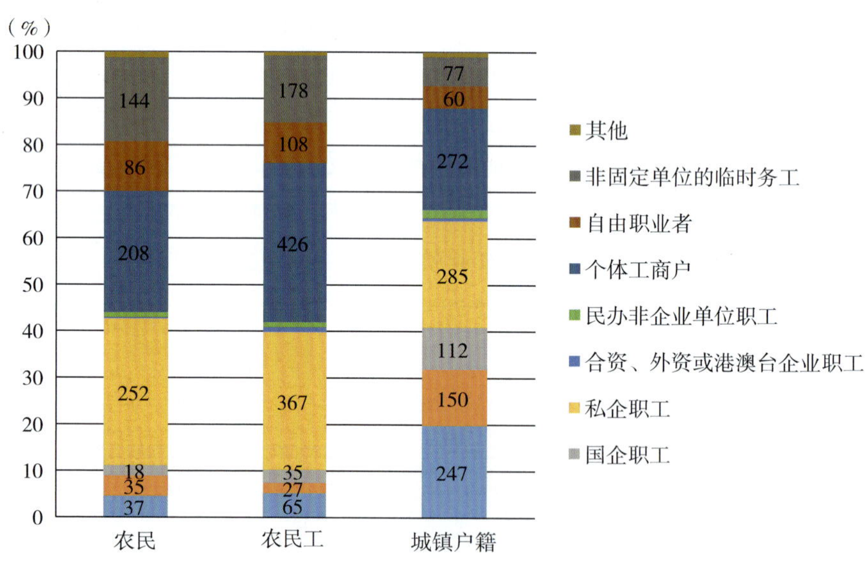

图23-10 不同群体受访者中非农就业类型的频数

在受访者的家属中，农业就业的比例比受访者的比例低，为 25.60%；非农就业的比例为 74.40%。

① 问卷中选项表述为“民营 / 私营企业职工”，下文亦同。

表23-22　受访者与其家属的就业类型

	受访者		受访者家属		总体	
	频数	百分比（%）	频数	百分比（%）	频数	百分比（%）
农业就业	2887	46.77	3186	25.60	6074	32.62
非农就业	3286	53.23	9261	74.40	12547	67.38
总计	6173	100	12448	100	18621	100

（七）行业分布

根据《国民经济行业分类》（GB/T 4754—2011）[①] 规定，“农、林、牧、渔业”为第一产业，“采矿业”“制造业”“电力、煤气及水的生产和供应业”“建筑业”为第二产业，其余归属第三产业。

排除 20 个未明确回答所属行业的样本后，可以看到，农民群体受访者中 59.01% 分布在第一产业，17.87% 分布在第二产业，23.12% 分布在第三产业；农民工群体相较其他群体受访者，其所属行业为第一产业的比例较低，为 2.31%，分布在第二产业的比例为 37.49%，第三产业比例为 60.20%；城镇户籍群体分布在第一产业比例的为 7.74%，第二产业比例为 15.76%，相较其他群体受访者分布在第三产业的比例较高，为 76.43%。

表23-23　不同群体受访者的行业分布

	农民		农民工		城镇户籍		其他		总体	
	频数	百分比（%）	频数	百分比（%）	频数	百分比（%）	频数	百分比（%）	频数	百分比（%）
第一产业	1667	59.01	29	2.31	105	7.74	535	71.76	2335	37.87
第二产业	505	17.87	465	37.49	214	15.76	37	5.02	1221	19.80
第三产业	653	23.12	746	60.20	1038	76.49	173	23.22	2610	42.33
总计	2825	100	1240	100	1357	100	745	100	6167	100

排除 318 个未明确回答所属行业的样本后，可以看到，受访者家属所在行业属于第三产业的比例较高，为 46.46%；其次为第二产业，占比为 31.25%，再次为第一产业，占比为 22.29%。

表23-24　受访者及其家属的行业分布

	受访者		受访者家属		总体	
	频数	百分比（%）	频数	百分比（%）	频数	百分比（%）
第一产业	2335	37.87	2766	22.29	5102	27.47
第二产业	1221	19.80	3877	31.25	5098	27.45
第三产业	2610	42.33	5765	46.46	8375	45.09
总计	6167	100	12408	100	18575	100

（八）工作职位

不同群体受访者工作职位分布情况如下所示，为简化表，将一线生产人员、一般行政服务

① 三次产业划分规定，http://www.stats.gov.cn/tjsj/tjbz/201301/t20130114_8675.html (accessed Apr 1, 2020)。

人员（包括基层公务员、企业人事、财务、后勤服务等行政部门基层人员）、一般业务员（销售、采购等业务部门）统一归类为一线职工。

可以看到，农民群体中，57.22% 的受访者为务农者，18.39% 为一线职工，8.87% 为个体工商户，专业技术人员、基层管理人员占比均约为 6%，中高层管理人员占比均不超过 1%。农民工群体中，50.01% 为一线职工，27.22% 为个体工商户，10.62% 为专业技术人员，三个级别的管理人员占比均不超过 3%，务农者占比可忽略。城镇户籍群体中，44.82% 为一线职工，18.39% 为个体工商户，12.58% 为专业技术人员；三个级别的管理人员总共占这一群体比例为 16.17%。

表23-25 不同群体受访者的工作职位

	农民		农民工		城镇户籍		其他		总体	
	频数	百分比（%）	频数	百分比（%）	频数	百分比（%）	频数	百分比（%）	频数	百分比（%）
高层管理人员*	19	0.68	32	2.57	34	2.49	2	0.24	86	1.40
中层管理人员*	22	0.78	27	2.17	70	5.16	0	0.00	119	1.93
基层管理人员*	164	5.84	35	2.84	116	8.53	72	9.70	387	6.29
专业技术人员	168	5.98	131	10.62	171	12.58	27	3.62	497	8.08
一线职工	517	18.39	619	50.01	608	44.82	62	8.39	1806	29.37
务农	1609	57.22	7	0.60	62	4.55	515	69.23	2194	35.67
个体工商户	249	8.87	337	27.22	249	18.39	61	8.23	897	14.58
其他	63	2.25	49	3.98	47	3.49	4	0.59	164	2.67
总计	2813	100.00	1237	100.00	1356	100.00	744	100.00	6150	100.00

受访者及其家庭成员工作职位分布情况如图 23-11 所示。可以看到受访者家属的工作职位同样以一线职工、务农、专业技术人员及个体工商户为主，占比分别为 46.94%、20.63%、12.48% 及 11.57%。

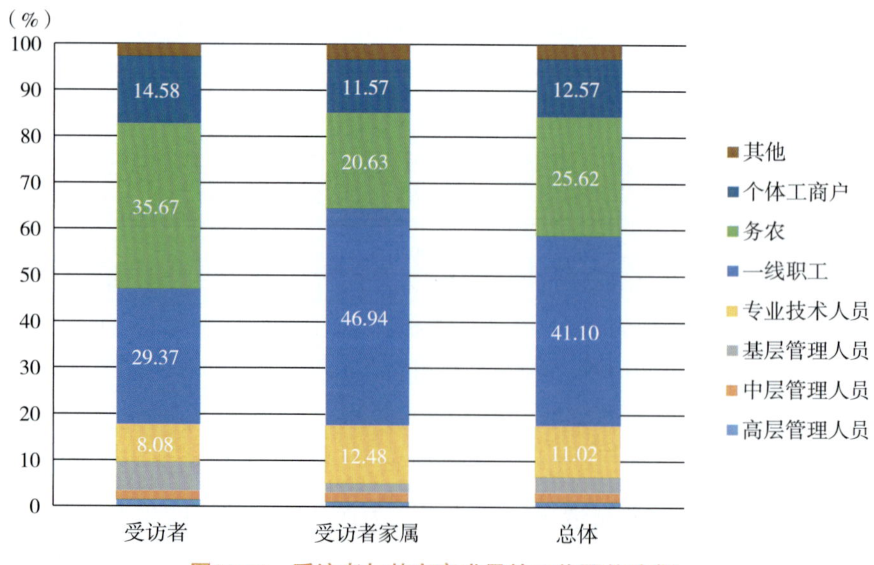

图23-11 受访者与其家庭成员的工作职位比例

（九）月均收入的变化情况

将“与去年相比，月均收入有什么变化”一问的选项进行分类，“略有增加”和“大幅增加”的回答合并为“增加”“略有减少”和“大幅减少”的回答合并为“减少”。

在6131名受访者中，超过20%认为其工作收入增加了，约20%认为其工作收入减少了。12306名受访者家属中，约18%认为其工作收入增加了，约14%认为其工作收入减少了。

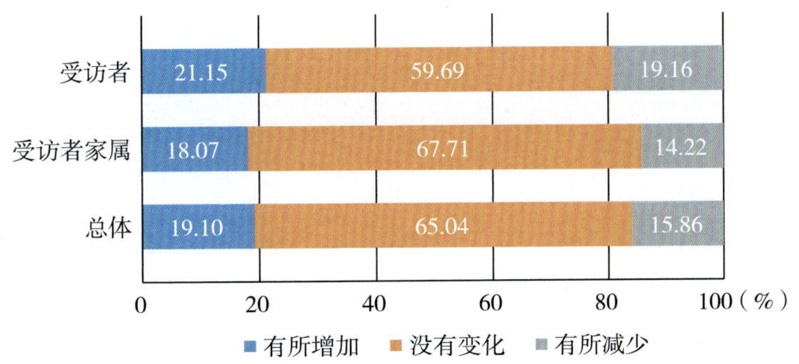

图23-12　受访者及其家属的月均收入变化情况

调查数据显示（已将“略有增加”和“大幅增加”的回答合并为“增加”“略有减少”和“大幅减少”的回答合并为“减少”），除“其他”群体外，各个群体中均有55%以上的受访者认为自己的收入和2018年相比没有变化，其中，农民群体中的比例最高，为60.79%。农民群体中，认为自己的收入相较2018年有所增加的人比农民工与城镇户籍群体中低，为19.54%；城镇户籍群体中占比较高，为28.39%。

表23-26　不同群体受访者收入变化情况

	农民		农民工		城镇户籍		其他		总体	
	频数	百分比（%）	频数	百分比（%）	频数	百分比（%）	频数	百分比（%）	频数	百分比（%）
增加	550	19.54	257	20.69	386	28.39	133	8.96	1326	21.53
没有变化	1713	60.79	692	55.79	781	57.39	475	31.93	3660	59.40
减少	554	19.68	292	23.52	193	14.22	136	9.11	1175	19.07
总计	2817	100	1240	100	1360	100	1488	100	6161	100

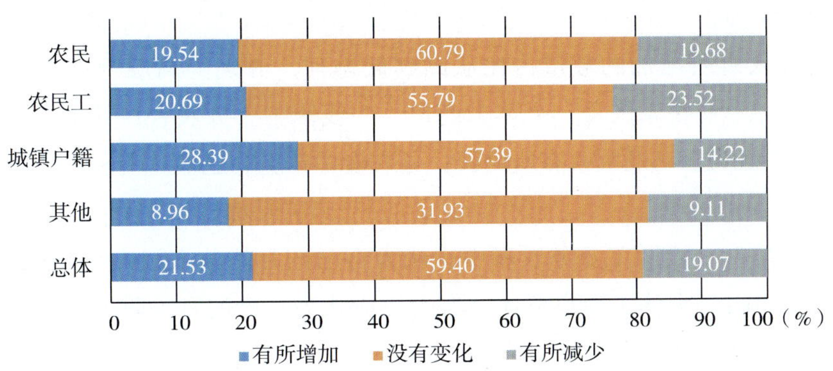

图23-13　不同群体受访者的月均收入变化情况

在调查中，不同行业群体在被问及2019年1月至2019年6月的月均收入变化时，回答情况如下（已将“略有增加”和“大幅增加”的回答合并为“增加”“略有减少”和“大幅减少”的回答合并为“减少”）。

认为月均收入有所增加的受访者，在从事第一产业的受访者中占比为16.64%，在第二产业中占24.76%，在第三产业中占24.47%。认为月均收入没有变化的比例，在不同受访者群体中的比例均超过一半，在第一、第三产业中约占六成。

表23-27 不同行业受访者月均收入变化情况

	第一产业		第二产业		第三产业		总体	
	频数	百分比（%）	频数	百分比（%）	频数	百分比（%）	频数	百分比（%）
增加	387	16.64	302	24.76	638	24.47	1326	21.53
没有变化	1444	62.16	662	54.25	1544	59.26	3660	59.40
减少	493	21.20	256	20.99	424	16.27	1175	19.07
总计	2324	100	1220	100	2606	100	6161	100

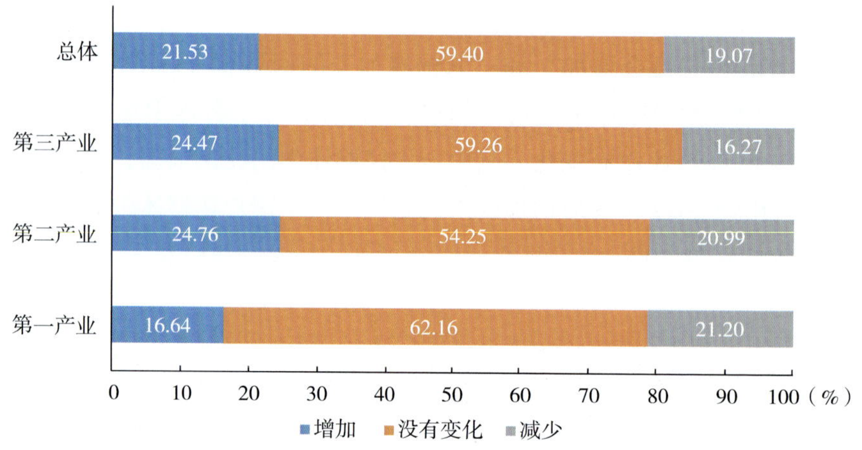

图23-14 不同行业受访者的月均收入变化情况

在调查中，不同职位群体在被问及2019年1月至2019年6月的月均收入变化时，回答情况如下（已将“略有增加”和“大幅增加”的回答合并为“增加”“略有减少”和“大幅减少”的回答合并为“减少”）。

按认为月均收入有所增加的数量占比从高到低排列，分别为高层管理人员、中层管理人员、基层管理人员、专业技术人员、个体工商户、一线职工、务农者；其中，高层及中层管理人员群体中，约1/3认为自己的收入有所增长；务农者中认为自己收入有所增长的受访者占比为16.92%。

在基层管理人员、一线职工及务农者中，认为自己的月均收入没有变化的占比超过60%，其余群体中均低于60%。个体工商户群体中有近三成认为自己的月均收入有所减少；在高层管理人员、务农者中，超过两成认为收入有所减少。

表23-28　不同职位受访者月均收入变化情况　单位：人

频数	高层管理人员	中层管理人员	基层管理人员	专业技术人员	一线职工	务农	个体工商户	其他	总体
增加	30	40	108	135	408	369	204	30	1326
没有变化	39	66	254	282	1110	1348	432	107	3660
减少	18	13	24	80	286	465	257	27	1175
总计	86	119	387	497	1804	2182	893	164	6161

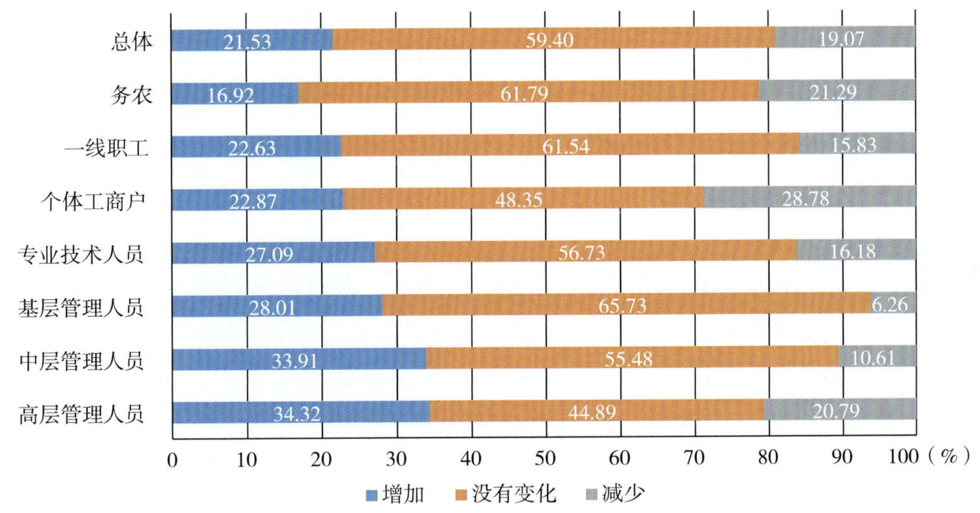

图23-15　不同职位受访者的月均收入变化情况

（十）务农收入情况

在受访的务农者中，2019 年已获得的农业收入总额平均值为 4609.04 元，标准差为 10531.71 元。

将最后一组设为“2 万元以上”；其他组以 2000 元为组距进行分组。可以看到近 2/3 受访者务农收入在 4000 元以下，一半以上的受访者务农收入低于 2000 元，约一成受访者务农收入高于 12000 元；近 3/4 的受访者家属务农收入在 4000 元以下，六成以上的受访者家属务农收入低于 2000 元，不足一成的受访者家属务农收入高于 8000 元。

表23-29　受访者与其家属的务农收入情况

收入区间（元）	受访者			受访者家属			总体		
	频数	百分比（%）	累计百分比（%）	频数	百分比（%）	累计百分比（%）	频数	百分比（%）	累计百分比（%）
[0,2000)	1338	54.32	54.32	1869	60.44	60.44	3207	57.73	57.73
[2000,4000)	416	16.87	71.19	438	14.16	74.60	854	15.36	73.09
[4000,6000)	230	9.33	80.52	236	7.64	82.24	466	8.39	81.48
[6000,8000)	100	4.08	84.60	116	3.75	85.99	216	3.90	85.37

续表

收入区间（元）	受访者			受访者家属			总体		
	频数	百分比（%）	累计百分比（%）	频数	百分比（%）	累计百分比（%）	频数	百分比（%）	累计百分比（%）
[8000,10000)	32	1.28	85.88	46	1.48	87.47	77	1.39	86.76
[10000,12000)	100	4.06	89.94	116	3.74	91.20	215	3.88	90.64
[12000,14000)	37	1.49	91.43	46	1.50	92.70	83	1.50	92.14
[14000,16000)	47	1.92	93.35	50	1.63	94.33	98	1.76	93.90
[16000,18000)	7	0.29	93.64	11	0.35	94.68	18	0.32	94.22
[18000,20000)	12	0.47	94.11	18	0.60	95.28	30	0.54	94.76
[20000,∞)	145	5.89	100	146	4.72	100	291	5.24	100
总计	2463	100		3092	100		5555	100	

从不同群体来看，最低务农收入分组“2000元以下”占农民群体受访者数量的一半以上，占农民工群体受访者九成以上，占城镇群体受访者3/4以上。农民群体受访者中，务农收入前10%的主要分布在12000元及以上收入区间内；农民工群体受访者中，务农收入前10%的主要分布在2000元及以上收入区间内；城镇户籍群体受访者中，务农收入前10%的主要分布在7000元及以上收入区间内。

表23-30　不同群体受访者2020年已获得的务农收入总额情况

收入区间（元）	农民		农民工		城镇户籍		其他		总体	
	频数	百分比（%）	频数	百分比（%）	频数	百分比（%）	频数	百分比（%）	频数	百分比（%）
[0,2000)	883	52.84	100	91.58	126	76.18	229	44.23	1338	54.32
[2000,4000)	297	17.76	5	4.30	12	7.08	102	19.80	416	16.87
[4000,6000)	164	9.82	0	0.00	8	4.91	58	11.15	230	9.33
[6000,8000)	63	3.77	1	0.98	4	2.30	32	6.28	100	4.08
[8000,10000)	24	1.43	0	0.00	0	0.00	8	1.50	32	1.28
[10000,12000)	67	4.01	1	0.81	5	2.78	28	5.32	100	4.06
[12000,14000)	29	1.74	0	0.00	1	0.67	7	1.26	37	1.49
[14000,16000)	30	1.81	1	0.74	4	2.27	12	2.41	47	1.92
[16000,18000)	6	0.37	0	0.00	1	0.63	0	0.00	7	0.29
[18000,20000)	7	0.40	0	0.00	2	0.95	3	0.65	12	0.47
[20000,∞)	101	6.06	2	1.59	4	2.23	38	7.41	145	5.89
总计	1671	100	109	100	166	100	517	100	2463	100

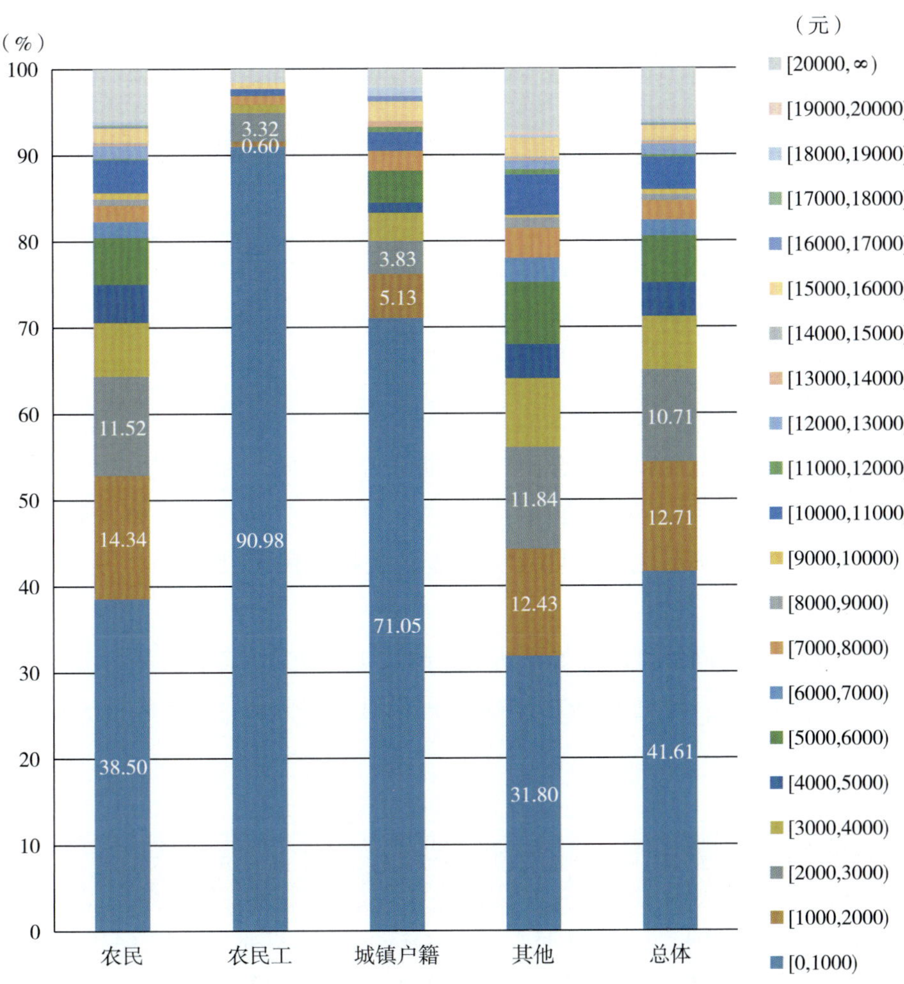

图23-16　不同群体受访者的务农收入分组频数累计百分比

（十一）工资拖欠情况

调查结果表明，绝大部分受访者都没有发生工资被拖欠的情况，有 3.20% 的受访者表示过去一年有工资被拖欠的情况发生。

表23-31　　受访者及其家属工资拖欠情况

	受访者			受访者家属			总体		
	频数	百分比（%）	累计百分比（%）	频数	百分比（%）	累计百分比（%）	频数	百分比（%）	累计百分比（%）
是	198	3.20	3.20	403	3.17	3.17	601	3.18	3.18
否	5853	94.63	97.83	11552	90.92	94.10	17405	92.14	95.32
不清楚	134	2.17	100	750	5.90	100	884	4.68	100
总计	6185	100		12706	100		18890	100	

分群体计算不同工资拖欠情况占比之后发现，农民群体中出现工资拖欠情况的比例较高，为 4.40%；城镇户籍群体和农民群体比例相近，约为 3%。

表23-32　不同群体受访者工资拖欠情况

	农民		农民工		城镇户籍		其他		总体	
	频数	百分比（%）	频数	百分比（%）	频数	百分比（%）	频数	百分比（%）	频数	百分比（%）
是	82	2.92	55	4.40	42	3.07	20	2.73	199	3.23
否	2684	95.56	1177	94.57	1314	96.39	706	95.56	5881	95.54
不清楚	43	1.52	13	1.03	7	0.54	13	1.71	75	1.22
总计	2809	100	1245	100	1363	100	738	100	6155	100

（十二）劳动合同

将题目中的选项“无固定期限劳动合同”“有期限劳动合同”和“以完成一定工作任务为期限的劳动合同”归类为“签订了劳动合同”，将“不需要签劳动合同（如公务员或国家机关、事业单位编内人员）”和“不适用（非雇用劳动者，包括农民）”归类为“无签订劳动合同的需要”。

受访者及其家属劳动合同签订情况如下所示。超过1/3的受访者没有签订劳动合同，超过两成的受访者签订了劳动合同。超过1/3的受访者家属没有签订劳动合同，约三成的受访者家属签订了劳动合同。

表23-33　受访者及其家庭成员劳动合同签订情况

	受访者		受访者家属		总体	
	频数	百分比（%）	频数	百分比（%）	频数	百分比（%）
没有签订劳动合同	1909	31.43	4573	37.48	6481	35.47
签订了劳动合同	1366	22.49	3748	30.72	5113	27.99
无签订劳动合同需要	2798	46.08	3878	31.79	6677	36.54
总计	6073	100	12199	100	18272	100

不同群体受访者及其家属劳动合同签订情况如下所示。没有签订合同的人数比例，在农民工群体中最高，为44.62%；在农民群体中次之，为30.51%；在城镇户籍群体中最低，为25.45%。

表23-34　不同群体受访者劳动合同签订情况

	农民		农民工		城镇户籍		其他		总体	
	频数	百分比（%）	频数	百分比(%)	频数	百分比(%)	频数	百分比(%)	频数	百分比(%)
未签订	849	30.51	545	44.62	342	25.45	173	23.84	1909	31.43
签订了	264	9.48	396	32.44	648	48.25	58	7.98	1366	22.49
无签订需要	1669	60.01	280	22.94	353	26.30	496	68.17	2798	46.08
总计	2782	100	1221	100	1342	100	727	100	6073	100

（十三）兼职情况

受访者中有兼职的比例占 4.30%，其家庭成员中兼职的比例为 1.76%。农民群体受访者中兼职比例较其他群体高，比例为 5.20%；农民工群体受访者中兼职的比例为 2.92%；城镇户籍群体受访者中兼职的比例为 2.36%。

表23-35　不同群体受访者的兼职情况

	农民		农民工		城镇户籍		其他		总体	
	频数	百分比（%）	频数	百分比（%）	频数	百分比（%）	频数	百分比（%）	频数	百分比（%）
是	143	5.20	36	2.92	31	2.36	49	6.77	260	4.30
否	2610	94.80	1188	97.08	1300	97.64	677	93.23	5775	95.70
总计	2754	100	1223	100	1332	100	726	100	6035	100

260 名兼职的受访者中，除去未回答具体兼职工作的，255 名兼职受访者中，251 名有一份兼职工作，4 名有两份兼职工作。农民工和城镇户籍群体中，兼职工作为互联网相关工作[①]、知识和专业技能类工作[②]的人次比例比较接近，分别在 1/6 上下、1/8 上下；农民群体的受访者中这两类人次比例比较低，分别 2.00%、4.28%。

农民与农民工群体中，兼职工作为一般服务类工作[③]的人次比例均超过三成，城镇户籍群体中这一比例较低，不到两成。农民群体中有 65.11% 人次比例选择了其他兼职工作，城镇户籍群体中其人次比例为 56.58%，农民工群体中这一比例较低，为 31.57%。

表23-36　不同群体受访者的兼职工作情况

	农民		农民工		城镇户籍		其他		总体	
	频数	百分比(%)	频数	百分比(%)	频数	百分比(%)	频数	百分比(%)	频数	百分比(%)
互联网相关	3	2.00	6	16.75	4	16.25	0	0.00	14	5.32
知识和专业技能类	6	4.28	5	13.93	3	11.98	1	1.80	15	6.04
一般服务类	41	30.05	12	31.57	5	19.21	26	49.69	85	33.20
其他	89	65.11	14	37.75	15	56.58	26	49.87	145	56.93

（十四）不工作或离职情况

针对无工作成员，本次调查询问了他们当前不工作或从上一份工作离职的原因。结果表明，4.03% 的受访者被动不工作或离职，其中单位停工、停产是主要原因；27.75% 的受访者主动不工作或离职，其中，料理家务是主要原因，占不工作的受访者的 17.36%，因个人原因主动辞职的占 8.19%；68.22% 的受访者因其他原因不工作或者离职，其中，离退休是主要原因，占不工

① 原选项给出的例子包括：开网店、微商、写网络文章、网上授课、网络主播、网约车司机等。

② 原选项给出的例子包括：翻译、速记、教育培训、家教、设计、图片视频制作、演唱、舞蹈、机器机械或电子产品维修等。

③ 原选项给出的例子包括：服务员、小时工、钟点工、保洁员等。

作的受访者的 47.91%，从来未工作过的占 10.86%。

受访者家属中，约 5% 因被动原因不工作或离职；近三成因主动原因不工作，其中，料理家务而不工作的占不工作的受访者的 20.16%；约 2/3 因为其他原因不工作，其中，离退休而不工作的占不工作的受访者的 29.10%。

表23-37 受访者及其家庭成员不工作或离职原因

		受访者		受访者家属		总体	
		频数	百分比（%）	频数	百分比（%）	频数	百分比（%）
被动	被单位辞退	14	0.53	13	0.26	27	0.38
	单位停工、停产	55	2.00	81	1.66	136	1.90
	毕业后未落实工作	5	0.19	108	2.21	113	1.59
	土地被征收	36	1.31	40	0.82	76	1.06
主动	因个人原因主动辞职	224	8.19	333	6.81	557	7.80
	料理家务	474	17.36	985	20.16	1459	20.45
	不想工作	60	2.19	96	1.97	156	2.19
其他	离退休	1308	47.91	1422	29.10	2730	38.25
	从来未工作过	296	10.86	806	16.50	1103	15.45
	其他—不清楚	258	9.46	1002	20.51	780	10.93
总计		2427	100	4886	100	7137	100

低于劳动年龄的受访者基本跳过此题，2 名填写了本题的“其他”原因。劳动年龄的受访者中，4.62% 因被动原因不工作或离职；近四成因主动原因不工作，其中，料理家务而不工作的占受访者的 25.07%；18.71% 因为其他原因不工作，其中，离退休而不工作的占该年龄段受访者的 36.09%。超过劳动年龄的受访者中，3.42% 因被动原因不工作；11.75% 因主动原因不工作，其中，料理家务而不工作的占受访者的 6.53%；因其他原因不工作的占 84.83%，其中，离退休而不工作的占该年龄段受访者的 70.12%。

表23-38 不同年龄段受访者不工作或离职原因

		15～64岁		64岁以上		总体	
		频数	百分比（%）	频数	百分比（%）	频数	百分比（%）
被动	被单位辞退	14	0.84	1	0.09	14	0.54
	单位停工、停产	44	2.72	11	1.04	55	2.06
	毕业后未落实工作	4	0.25	1	0.12	5	0.20
	土地被征收	13	0.82	22	2.17	36	1.34
主动	因个人原因主动辞职	192	11.89	31	3.03	224	8.43
	料理家务	406	25.07	67	6.53	473	17.86
	不想工作	37	2.30	23	2.20	60	2.26
其他	离退休	584	36.09	724	70.12	1308	49.28
	从来未工作过	212	13.11	83	8.09	296	11.17
	其他—不清楚	112	6.91	68	6.62	180	6.87
总计		1618	100	1031	100	2651	100

男性受访者中，5.98% 因被动原因不工作或离职；20.55% 因主动原因不工作；73.48% 因为其他原因不工作。女性受访者中，2.81% 因被动原因不工作；34.34% 因主动原因不工作；62.81% 因其他原因不工作。

男性与女性受访者在不工作原因上占比差别最大的三项为：料理家务、离退休及因个人原因主动辞职。男性因料理家务而不工作的比例为 6.98%，比女性中的比例 25.87% 低 18.90 个百分点；男性因离退休而不工作的比例 54.29%，比女性的 45.68% 高 8.61 个百分点；男性因个人原因辞职的比例为 10.27%，比女性的 6.98% 高 3.29 个百分点。

表23-39　不同性别受访者的不工作或离职原因

		男		女		总体	
		频数	百分比（%）	频数	百分比（%）	频数	百分比（%）
被动	被单位辞退	8	0.75	6	0.40	14	0.51
	单位停工、停产	34	3.02	21	1.36	55	1.93
	毕业后未落实工作	4	0.36	1	0.08	5	0.18
	土地被征收	21	1.85	15	0.97	36	1.26
主动	因个人原因主动辞职	115	10.27	107	6.98	222	7.84
	料理家务	78	6.98	396	25.87	474	16.73
	不想工作	37	3.30	23	1.49	60	2.11
其他	离退休	609	54.29	698	45.68	1308	46.16
	从来未工作过	119	10.56	178	11.63	296	10.46
	其他—不清楚	97	8.63	85	5.53	363	12.81
总计		1122	100	1530	100	2833	100

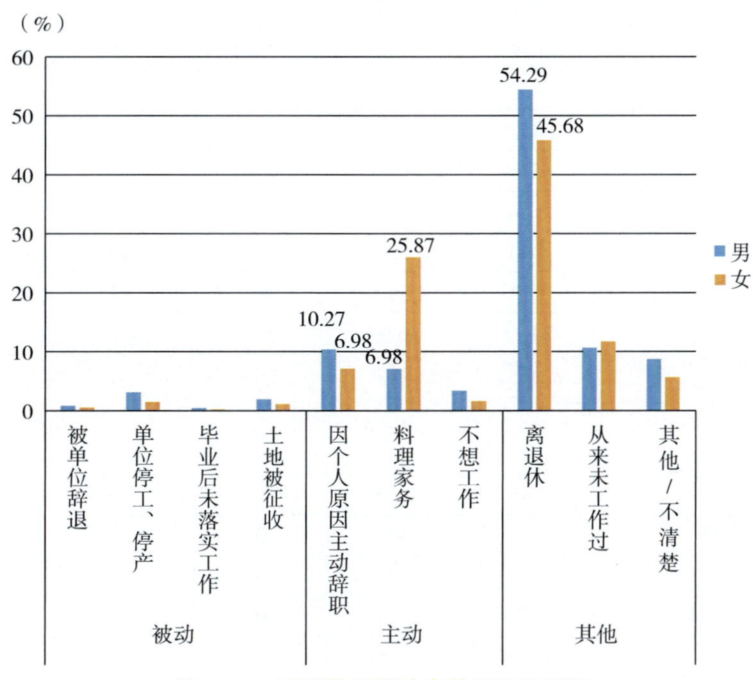

图23-17　不同性别受访者的不工作原因

因各个受教育阶段的在读生比例比较低，受访者数量不超过10名，所以不区分就读状态。忽略1名不回答受教育程度，2名幼儿园在读的受访者，没上过学、接受了义务教育、接受了高中教育、接受了高等教育的受访者中，因被动原因的比例分别为5.28%、3.85%、4.44%、3.55%；因主动原因不工作的比例分别为29.46%、32.85%、22.00%、22.02%；因其他原因不工作的比例分别为65.27%、63.30%、78.11%、74.43%。总体上，被动原因占比为4.11%，主动原因占比为28.57%，其他原因占比为67.32%。

不同受教育程度的受访者中，主要的主动原因均为料理家务。在义务教育及以下受教育程度的受访者中，因料理家务而不工作的比例在两成左右，在高中教育及以上的受教育程度受访者中，比例在8%~16%。

不同受教育程度的受访者中，主要的其他原因均为离退休。在没上过学的受访者中，离退休比例33.25%；义务教育程度受访者中离退休比例为43.33%；高中教育程度受访者中离退休比例为69.97%；高等教育程度受访者中，离退休比例为67.21%。整体上说受教育程度相对高的受访者，离退休比例会相对高一些。

表23-40　不同受教育程度的受访者的不工作或离职原因　单位：%

		义务教育			高中教育		
		小学	初中	总计	普通高中	中职	总计
被动	被单位辞退	0.29	0.74	0.56	1.08	0.75	0.99
	单位停工、停产	1.69	2.15	1.97	2.65	1.53	2.35
	毕业后未落实工作	0	0.25	0.15	0	0.69	0.18
	土地被征收	1.61	0.89	1.17	1.23	0	0.91
主动	因个人原因主动辞职	9.90	8.51	9.06	6.35	9.45	7.17
	料理家务	20.87	21.75	21.40	7.46	11.94	8.65
	不想工作	3.53	1.64	2.39	2.00	0.62	1.64
其他	离退休	38.04	46.78	43.33	71.02	67.06	69.97
	从来未工作过	15.34	10.61	12.48	6.19	3.64	5.52
	其他—不清楚	8.74	6.67	7.49	2.01	4.32	2.63
总计		100	100	100	100	100	100
样本	频数	639	980	1619	394	143	537
	百分比	24.12	36.96	61.08	14.87	5.38	20.25

		高等教育				没上过学	总体
		本科	高职/大专	研究生	总计		
被动	被单位辞退	0	0	0	0	0	0.54
	单位停工、停产	1.40	2.35	38.73	2.59	1.43	2.03
	毕业后未落实工作	3.37	0	0	0.96	0	0.20
	土地被征收	0	0	0	0	3.84	1.34
主动	因个人原因主动辞职	11.33	8.15	0	8.94	7.05	8.43
	料理家务	15.39	12.39	0	13.07	18.35	17.88
	不想工作	0	0	0	0	4.05	2.26

续表

		高等教育				没上过学	总体
		本科	高职/大专	研究生	总计		
其他	离退休	58.32	71.60	28.61	67.21	33.25	49.26
	从来未工作过	4.92	0.57	0.00	1.81	19.99	11.18
	其他—不清楚	5.27	4.94	32.66	5.42	12.02	6.88
总计		100	100	100	100	100	100
样本	频数	54	132	3	189	306	2651
	百分比	2.03	4.98	0.10	7.11	11.55	100

离职或不工作的农民工群体中几乎没有不工作的受访者，只有1名受访者填写了本题并选择了“不清楚”，因此不在表23–41中显示。此外，因农民工群体受访者基本跳过了这一部分的题目，且填答者基本未明确回答，故在后续关于无工作受访者的报告中亦将省略农民工群体的部分，特此说明。

农民群体中，4.42%因被动原因不工作或离职；46.87%因主动原因不工作，其中，约三成不工作的受访者是因为需要料理家务；48.70%因为其他原因不工作，其中，近两成不工作的受访者已离退休，约两成从未工作过。城镇户籍群体中，3.01%因被动原因不工作或离职；11.03%因主动原因不工作，其中，料理家务原因占不工作原因的6.25%；85.96%因其他原因不工作，其中，离退休占城镇户籍群体不工作受访者的大多数，比例为78.84%。

表23-41　　不同群体受访者的不工作或离职原因

		农民		城镇户籍		其他		总体	
		频数	百分比(%)	频数	百分比(%)	频数	百分比(%)	频数	百分比(%)
被动	被单位辞退	4	0.55	6	0.49	4	0.65	14	0.54
	单位停工、停产	11	1.56	28	2.10	16	2.58	55	2.06
	毕业后未落实工作	2	0.30	2	0.15	1	0.18	5	0.20
	土地被征收	15	2.01	3	0.27	17	2.86	36	1.34
主动	因个人原因主动辞职	90	12.34	54	4.14	79	12.96	224	8.43
	料理家务	215	29.37	82	6.25	177	29.03	474	17.86
	不想工作	38	5.16	8	0.64	14	2.26	60	2.26
其他	离退休	135	18.51	1034	78.84	138	22.69	1308	49.28
	从来未工作过	147	20.10	40	3.07	109	17.87	296	11.17
	其他—不清楚	74	10.09	53	4.05	54	8.93	182	6.87
总计		732	100	1311	100	610	100	2654	100

（十五）离职时间及找工作情况

在记录了调查时间并回答了离职时间的受访者中，离职三个月以内的占比为2.66%，离职三个月以上的占比为97.34%；受访者家属中，离职三个月内的占比为6.05%，离职三个月以上的占比为93.95%。

表23-42　受访者及其家庭成员的离职时间

	受访者		受访者家属		总体	
	频数	百分比（%）	频数	百分比（%）	频数	百分比（%）
离职三个月内	35	2.66	106	6.05	140	4.61
离职三个月以上	1264	97.34	1640	93.95	2904	95.39
总计	1298	100	1746	100	3044	100

离职或不工作的农民群体中，离职三个月以内的占比为 4.91%，离职三个月以上的占比为 95.09%；城镇户籍群体中，离职三个月内的占比为 0.95%，离职三个月以上的占比为 99.05%。

表23-43　不同群体受访者的离职时间

	农民		城镇户籍		其他		总体	
	频数	百分比(%)	频数	百分比(%)	频数	百分比(%)	频数	百分比(%)
离职三个月内	15	4.91	7	0.95	13	4.86	35	2.66
离职三个月以上	291	95.09	726	99.05	247	95.14	1264	97.34
总计	306	100	733	100	259	100	1298	100

离职或不工作的受访者中，只有 2.32% 近三个月内找过工作，其家属中这一比例为 3.87%。大部分人近三个月之内没有找过工作

表23-44　受访者及其家庭成员近三个月内是否找过工作

	受访者		受访者家属		总体	
	频数	百分比（%）	频数	百分比（%）	频数	百分比（%）
找过工作	61	2.32	173	3.87	234	3.30
没找过工作	2509	94.81	3887	87.05	6396	89.94
不清楚	76	2.87	405	9.07	481	6.76
总计	2646	100	4465	100	7111	100

不同群体的无工作成员中，近三个月内找工作情况如表 23-45 所示。结果表明，各类群体中均只有不足 4% 的成员找过工作，其中农民群体中找过工作的比例比城镇户籍群体中的比例高，为 2.15%，城镇户籍群体的比例较低，仅 1.94%。

表23-45　不同群体的无工作成员近三个月内是否找过工作

	农民		城镇户籍		其他		总体	
	频数	百分比(%)	频数	百分比(%)	频数	百分比(%)	频数	百分比(%)
找过工作	16	2.15	25	1.94	20	3.35	66	2.30
没找过工作	693	94.19	1246	95.80	569	93.61	2699	94.86
不清楚	27	3.66	29	2.26	18	3.04	81	2.84
总计	736	100	1301	100	608	100	2845	100

在找过工作的受访者中，3.83% 的受访者表示获得过政府帮助或支持，74.91% 的受访者表示没有；在找过工作的受访者家属中，2.59% 表示获得过帮助，63.50% 表示没有。

表23-46　　受访者及其家庭成员找工作时是否获得政府帮助

	受访者		受访者家属		总体	
	频数	百分比（%）	频数	百分比（%）	频数	百分比（%）
是	16	3.83	26	2.59	43	2.95
否	322	74.91	560	63.50	882	60.61
不清楚	91	21.26	439	49.76	530	36.44
总计	430	100	1025	116	1455	100

（十六）无工作者的收入来源情况

在回答了本题的受访者中，无收入来源的占 24.61%，有收入来源的占 75.39%，其中，约 2/3 的无工作受访者有一份收入来源，约 1/13 有两份，不足 1% 的有三份。

在回答了本题的受访者的家庭成员中，无收入来源的占 43.48%，有收入来源的占 56.52%，其中，一半以上的无工作家庭成员有一份收入来源，不到 5% 的有两份，不足 0.5% 有三份。

表23-47　　无工作受访者和家庭成员收入来源数量

	来源数	受访者		受访者家属		总体	
		频数	百分比（%）	频数	百分比（%）	频数	百分比（%）
有收入来源	1	1726	66.58	2098	51.41	3824	57.30
	2	203	7.82	179	4.38	381	5.72
	3	17	0.66	10	0.24	27	0.40
	未回答	9	0.33	20	0.50	29	0.43
无收入来源		638	24.61	1774	43.48	2412	36.15
总计		2592	100	4081	100	6673	100

在回答了本题的男性受访者中，无收入来源的占 17.13%；有收入来源的占 82.87%，其中，超过七成有一份收入来源，约一成有两份，超过 1% 的有三份。

在回答了本题的女性受访者中，无收入来源的占 30.07%，较男性受访者的高出 12.94 个百分点；有收入来源的占 69.93%，其中，超过六成有一份收入来源，约 1/15 有两份，有三份收入来源的比例约为零。

表23-48　　不同性别无工作受访者收入来源数量

	来源数	男		女		总体	
		频数	百分比（%）	频数	百分比（%）	频数	百分比（%）
有收入来源	1	787	71.53	938	62.96	1726	66.64
	2	105	9.57	97	6.55	203	7.83
	3	14	1.24	4	0.24	17	0.66
	未回答	6	0.53	3	0.18	8	0.29
无收入来源		188	17.13	448	30.07	636	24.57
总计		1101	100	1489	100	2590	100

将本题选项中的“（土地、房产等）租金”“投资理财收入（利息、理财、基金、股票及股份分红等）”归为一类，即财产性收入；将选项中的“养老金”“低保”“集体福利和政府补贴归为一类”，即社会保障；将选项中的“子女给赡养费”“父母和亲友资助”归为一类，即家庭保障。

男性受访者有11.98%人次比例有财产性收入作为收入来源，其中有租金收入的人次比例为9.02%；80.61%人次比例有社会保障作为收入来源，其中，养老金收入人次比例为72.11%；12.10%的人有家庭保障作为收入来源，其中子女给赡养费的比例为10.68%；9.94%的人有其他收入作为收入来源。

女性受访者有7.18%人次比例有财产性收入作为收入来源，其中有租金收入的人次比例为6.14%；73.43%人次比例有社会保障作为收入来源，其中，养老金收入人次比例为69.19%；19.15%的人有家庭保障作为收入来源，其中子女给赡养费的比例为12.30 %，父母和亲友资助的比例为6.85%；10.30%的人有其他收入作为收入来源。

总体而言，无工作但有收入来源的受访者，有9.41%人次比例有财产性收入作为收入来源，其中有租金收入的人次比例为7.48%；76.78%人次比例有社会保障作为收入来源，其中，养老金收入人次比例为70.55%；15.91%的人有家庭保障作为收入来源，其中子女给赡养费的比例为11.59 %；10.14%的人有其他收入作为收入来源。

表23-49　不同性别无工作受访者收入来源情况

		男		女		总计	
		频数	百分比(%)	频数	百分比(%)	频数	百分比(%)
财产性收入	租金	82	9.02	64	6.14	145	7.48
	投资理财收入	27	2.96	11	1.04	38	1.93
社会保障	养老金	653	72.11	719	69.19	1372	70.55
	低保	44	4.84	22	2.16	66	3.41
	集体福利、政府补贴	33	3.66	22	2.09	55	2.82
家庭保障	子女给赡养费	97	10.68	128	12.30	225	11.59
	父母和亲友资助	13	1.42	71	6.85	84	4.32
其他		90	9.94	107	10.30	197	10.14

在回答了本题的不同群体受访者中，38.23%的农民群体受访者无收入来源，61.77%有收入来源，其中，超过一半的无工作受访者有一份收入来源，约1/12有两份，约1%的有三份。10.32%的城镇户籍群体受访者无收入来源，该比例较农民群体受访者低27.91个百分点；89.68%有收入来源，其中，八成以上的无工作受访者有一份收入来源，近1/11有两份，不到1%的有三份。

表23-50　　不同群体无工作受访者的收入来源数量

	来源数	农民		城镇户籍		其他		总体	
		频数	百分比(%)	频数	百分比(%)	频数	百分比(%)	频数	百分比(%)
有收入来源	1	372	52.00	1046	81.81	309	51.49	1726	66.58
	2	60	8.46	90	7.02	53	8.77	203	7.82
	3	8	1.06	8	0.61	2	0.29	17	0.66
	未回答	2	0.25	3	0.24	4	0.63	9	0.33
无收入来源		273	38.23	132	10.32	233	38.82	638	24.61
总计		715	100	1278	100	599	100	2592	100

农民群体受访者中有 11.19% 人次比例有租金作为收入来源，比例较高，因此农民群体的财产性收入人次比例较高，为 14.62%，城镇户籍群体中该比例为 3.67%。农民群体受访者中有 56.08% 人次比例有社会保障作为收入来源，其中，养老金收入人次比例为 48.27%；城镇户籍群体中有 86.15% 人次比例有社会保障，其中，养老金比例为 81.62%。农民群体受访者中有 34.99% 的人有家庭保障作为收入来源，其中子女给赡养费的比例为 26.25%；城镇户籍群体中有 4.02% 的人有家庭保障作为收入来源。

表23-51　　不同群体无工作受访者的收入来源情况（人次）

		农民		城镇户籍		其他		总计	
		频数	百分比(%)	频数	百分比(%)	频数	百分比(%)	频数	百分比(%)
财产性收入	租金	52	11.19	31	2.65	62	16.31	145	7.19
	投资理财收入	16	3.43	12	1.02	10	2.52	38	1.86
社会保障	养老金	225	48.27	957	81.62	190	49.77	1372	67.87
	低保	20	4.38	27	2.30	19	4.94	66	3.28
	集体福利和政府补贴	16	3.43	26	2.23	13	3.35	55	2.71
家庭保障	子女给赡养费	123	26.25	35	2.97	68	17.86	225	11.15
	父母和亲友资助	41	8.74	12	1.05	31	8.11	84	4.16
其他		22	4.77	148	12.64	27	6.99	197	9.75

在回答了本题的无工作受访者中，其各种收入来源所得月平均收入为 2346.48 元，标准差为 2495.806 元，最小值为 0 元，最大值为 50000 元。可以看到，除 10000 元以上，其余收入组以 1000 元为组距划分，23.29% 的无工作受访者月均收入在 1000 元以下，16.27% 的收入在 1000 元到 2000 元之间，28.44% 的收入在 2000 元到 3000 元之间，17.06% 的收入在 3000 元到 4000 元之间；约 85% 的收入在 4000 元以下。总体呈梨形分布。

男性无工作受访者的月平均收入为 2609.56 元，标准差为 3266.111 元，最大值为 50000 元；女性的月均收入为 2116.12 元，标准差为 1484.956 元，最大值为 15000 元。男性月均收入前 10% 主要分布在 5000 元以上的收入组，女性月均收入前 10% 主要分布在 4000 元以上的收入组。除 10000 元以上，其余收入组以 500 元为组距划分，将男女无工作受访者的月均收入分布情况画成直方图（见图 23-18），可以看到，男女无工作受访者的月均收入均呈现梨形分布，但女性在“梨形”主体部分（4000元以下收入分组）的分布更为集中。

表23-52　　不同性别无工作受访者的月均收入

月均收入	男			女			总体		
	频数	百分比(%)	累计百分比（%）	频数	百分比(%)	累计百分比（%）	频数	百分比(%)	累计百分比（%）
[0,1000)	217	25.09	25.09	212	21.70	21.70	429	23.29	23.29
[1000,2000)	122	14.11	39.20	178	18.17	39.87	299	16.27	39.56
[2000,3000)	182	21.14	60.35	341	34.89	74.76	523	28.44	68.00
[3000,4000)	163	18.84	79.19	151	15.49	90.26	314	17.06	85.07
[4000,5000)	91	10.51	89.70	53	5.42	95.68	144	7.81	92.88
[5000,6000)	41	4.74	94.44	22	2.24	97.92	63	3.41	96.29
[6000,7000)	16	1.86	96.30	8	0.84	98.76	24	1.32	97.61
[7000,8000)	12	1.38	97.68	7	0.76	99.51	19	1.05	98.66
[8000,9000)	7	0.80	98.48	2	0.18	99.70	9	0.47	99.13
[9000,10000)	2	0.24	98.72	0	0.00	99.70	2	0.11	99.24
[10000,∞)	11	1.28	100	3	0.30	100	14	0.76	100
总计	863	100		977	100		1840	100	

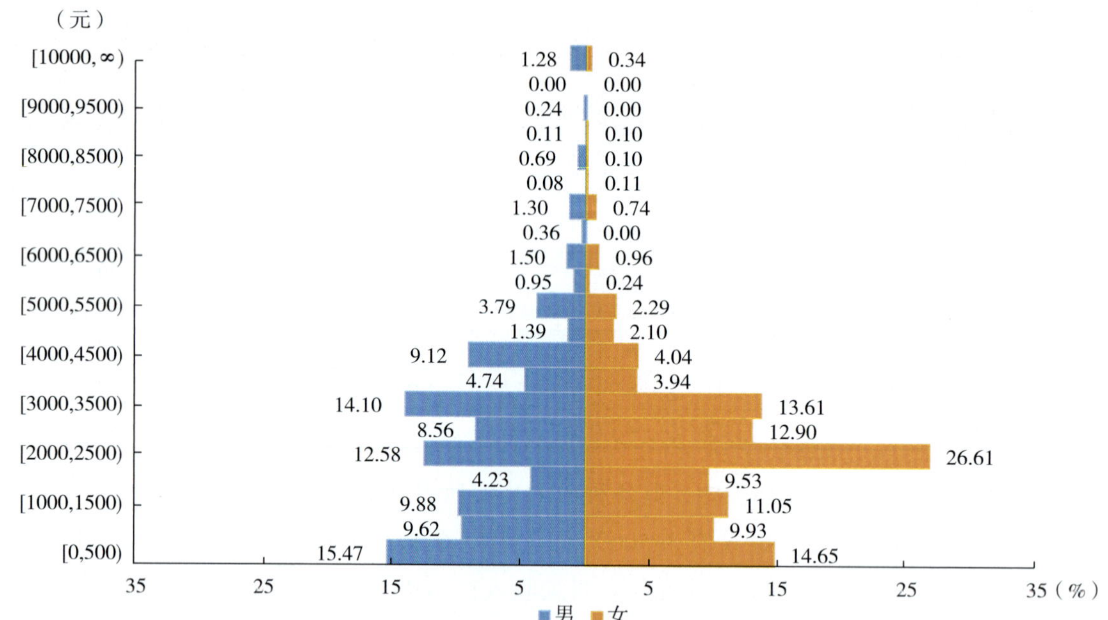

图23-18　不同性别无工作受访者的月均收入分组情况

对于不同群体的无工作受访者，农民群体无工作受访者的月平均收入为1230.32元，标准差为1529.209元，最大值为20000；城镇户籍群体受访者的月均收入为3015.92元，标准差为2735.961元，最大值为50000元。农民群体月均收入前10%主要分布在3000元以上的收入组，城镇户籍群体月均收入前10%主要分布在5000元以上的收入组。

通过直方图23-19可以看到，农民群体无工作受访者的月均收入分布呈现类似金字塔的形状，其月均收入分布集中在1500元以下收入组；城镇户籍群体的分布近似纺锤，集中分布在

2000 元到 3500 元的收入组。

表23-53　　不同群体无工作受访者的月均收入

月均收入	农民			城镇户籍			其他		
	频数	百分比(%)	累计百分比（%）	频数	百分比(%)	累计百分比（%）	频数	百分比(%)	累计百分比（%）
[0,1000)	209	50.95	50.95	67	6.03	6.03	154	47.07	47.07
[1000,2000)	89	21.77	72.72	141	12.79	18.82	69	21.04	68.10
[2000,3000)	70	17.02	89.74	400	36.25	55.07	54	16.36	84.46
[3000,4000)	26	6.42	96.16	264	23.94	79.01	23	7.15	91.62
[4000,5000)	9	2.16	98.31	126	11.42	90.44	9	2.69	94.30
[5000,6000)	2	0.52	98.83	54	4.85	95.29	7	2.16	96.47
[6000,7000)	3	0.74	99.58	16	1.49	96.78	5	1.46	97.92
[7000,8000)	0	0.00	99.58	16	1.45	98.24	3	1.00	98.92
[8000,9000)	0	0.00	99.58	9	0.79	99.02	0	0.00	98.92
[9000,10000)	0	0.00	99.58	1	0.09	99.11	1	0.33	99.25
[10000,∞)	2	0.42	100	10	0.89	100	2	0.75	100
总计	410	100		1104	100		327	100	

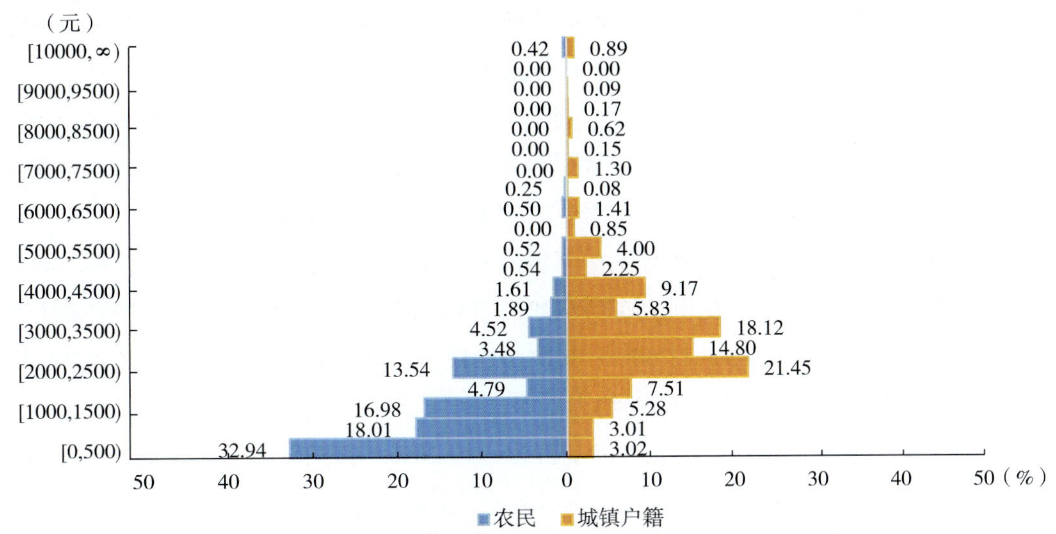

图23-19　不同群体无工作受访者的月均收入分组情况

（十七）对工作改善期望的情况

将受访者在该题选择的项数相加，可以看到不同群体受访者期望其工作改善的地方的数量。可以看到，城镇户籍群体受访者期望改善的地方只有一处的比例最高，超过 70%；其次为农民群体受访者，比例将近 60%；再次为农民工群体，比例超过 50%。农民工群体受访者对工作不满意的地方比较多。

总体上，约六成受访者对工作有一处不满意，超过两成受访者有两处不满意，约 15% 的受访者有三处不满意。对工作各方面期望改进的问题数量达到 4 ～ 5 个的受访者比例较小。

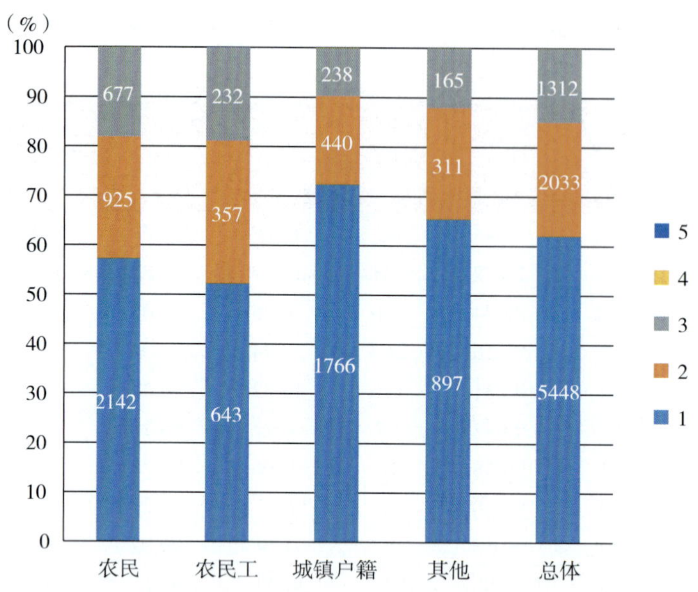

图23-20　不同群体受访者的期望工作改善的地方的数量

将选项“工作不稳定，失业风险大”“工作辛苦、时间长”“劳动条件恶劣”归类为认为工作不稳定、工作条件不满意；将选项“收入水平低”“收入不稳定”归类为认为收入不稳定或不满意；忽略选择了“不适用（如，没有工作）”的受访者。

可以看到，对于有工作的受访者来说，他们对工作不满意的地方主要集中在收入问题上，人次比例达到 78.54%；其次为工作不稳定或工作条件不满意，人次比例为 57.42%；福利待遇问题的人次比例较低，为 15.98%；认为没有需要改善的地方的人次比例为 21.08%。

分不同群体来看，工作的受访者对工作不满意的地方按人次比例从高到低排序，均为收入问题、工作问题、福利问题，但比例上有所区别。在收入与工作问题上，农民群体受访者不满意的人次比例较高，分别超过 85% 与 60%；其次为农民工群体受访者，人次比例分别超过 70%、55%；城镇户籍群体人次比例较低，分别约为 65%、50%。在福利待遇问题上则相反，城镇户籍群体人次比例较高，超过 25%；其次为农民工群体，约 20%；农民群体比例较低，约 10%。

表23-54　　不同群体的受访者对工作希望改善的地方　　单位：人次

	农民		农民工		城镇户籍		其他		总体	
	频次	百分比（%）	频次	百分比（%）	频次	百分比（%）	频次	百分比（%）	频次	百分比（%）
收入不稳定—不满意	2499	85.14	861	71.04	927	65.65	745	87.96	5032	78.54
工作不稳定—条件不满意	1845	62.85	671	55.32	681	48.23	482	56.91	3678	57.42
福利待遇不满意	296	10.09	240	19.78	362	25.60	126	14.91	1024	15.98
无	585	19.92	266	21.91	364	25.75	137	16.16	1351	21.08

（十八）劳动力返乡情况

在6776名农村地区受访者中，有254名其家中有曾经外出打工，现在返乡不再外出的人，占回答本题的受访者的3.75%；回答没有的共6522名，占96.25%。

返乡者的返乡理由有多种，根据曾群、魏雁滨（2004）① 总结的失业与社会排斥的分析框架，将原选项进行归类，其中“被单位解雇”“在城里工作的公司或单位效益不好、停工停产或破产，活太少或者没活干了”“年龄大、受伤或者生病，干不了城里高强度的体力活”“学历低或者没有专门手艺，在城市找不到工作”这四个选项可以被归类为“失业或被排斥出劳动力市场”，“工资太低”为“劳动力市场内部排斥”；“城里生活成本高，存不下什么钱”为“消费市场排斥”。劳动力市场排斥和消费市场排斥可统一归类为经济排斥。“在城里地位低，受歧视”属于社会关系或文化维度的社会排斥。以上社会排斥可以被视为使外出打工者返乡的来自城市的推力。

选项“回乡创业”“回乡就业机会不少，工资水平也还可以”均是打工者因家乡工作机会而主动返乡，统称为“工作机会吸引”原因；而“家里有老人或者孩子需要照顾”则是打工者为了照料家庭而被动返乡，称为“家庭照料需要”原因。这些使打工者主动或被动返乡的原因可以被视为来自家乡的拉力。

其他和5个回答家中有返乡者但未明确填答具体返乡理由的则统一归类为“其他”。

可以看到，返乡者的返乡理由中，最主要的是城市推力中的“经济排斥”和家乡拉力中的“家庭照料需要”，人次比例分别为74.95%和41.38%。在经济排斥中，劳动力市场排斥人次比例较高，占总人次比例的62.82%。返乡者返乡主要还是因为在城市中受到的社会排斥，选择这类理由的受访者人次的比例超过75%；而在家乡拉力这类理由中，被动返乡的理由占比较高。

表23-55　返乡者返乡理由

			频数	百分比（%）	总计	
					频数	百分比（%）
推力	经济排斥	劳动力市场排斥	160	62.82	198	77.79
		消费市场排斥	31	12.13		
	关系或文化排斥		7	2.84		
拉力	工作机会吸引		42	16.49	147	57.87
	家庭照料需要		105	41.38		
其他			26	10.23	26	10.23

将题目中的选项进行归类，返乡者返乡后存在：在家不外出工作、就业、创业三类情况；具体分类如表23-56所示。可以看到，返乡者选择了回乡就业的人次比例比较高，为71.01%；其次是不再外出工作，比例为56.49%；回乡创业的人次比例较低，为7.4%。此外，在回乡就业的人较多从事农业劳动或打零工，其人次比例分别为31.84%和23.03%；回乡后不工作的人选择

① 曾群，魏雁滨：“失业与社会排斥：一个分析框架”，载于《社会学研究》2004年第3期，第11～20页。

了照料家庭的人次比例较高，其人次比例为 38.99%。

表23-56 返乡者在家中做什么

		频数（人次）	百分比（%）	总计	
				频数（人次）	百分比（%）
不工作	在家休养*	45	17.51	144	56.49
	照料家庭*	99	38.99		
就业	务农*	81	31.84	181	71.01
	在家乡的企业工作	31	12.01		
	打零工	59	23.03		
	自由职业*	11	4.14		
创业*		19	7.40	19	7.40
其他		23	8.96	23	8.96
总计		366	143.86	366	143.86
样本		254	100.00	254	100.00

注：表与原问卷中对选项表述的对应："在家休养 *" 即 "在家养老、养伤、养病，或帮家里干些轻松的活"；"照料家庭" 即 "照顾老人或者孩子"；"务农" 即 "帮家里人做农活"；"自由职业" 即 "自由职业（网络直播、制作小视频等）"；"创业" 即 "创业搞电商、搞上规模的种养殖业、搞旅游、搞加工生产"。

四、收入与消费

（一）家庭总收入

根据 2019 年民生调查问卷题目设计，家庭收入情况可以由两部分数据生成。其中第一种直接依据问卷中 "2018 年您全家的年收入大约为多少万元？" 的对应题目生成，这里的收入调查指标主要指的是家庭的总收入，家庭总收入包括所有家庭成员的工资收入、经营收入、投资收入、政府补贴等；另一种生成家庭年总收入的方式为将家庭成员各自收入汇总求和，问卷中工作与就业部分询问了受访者及其家庭成员每月平均拿到手的收入（针对非务农者询问的收入要求扣除税及 "五险一金" 后，包括工资、奖金、经营净收入等，不包括财产性收入和务农收入；针对务农者询问农业收入总额）。以两种方式计算的家庭总收入情况描述如下：

表23-57 以两种方式计算的家庭年收入描述统计

	有效值	最小值	最大值	平均数	标准差
问卷询问家庭年收入	9592	0	540	8.50	10.80
家庭成员收入汇总	9875	0	540	9.10	12.19

数据显示，两种计算方式所得到的家庭年总收入在有效值、平均数与标准差上存在差异，其中以家庭成员收入汇总方式计算出的家庭年收入整体上要相对高于问卷询问的家庭年收入。因此在进行分析时，综合考虑两种计算方式得到的家庭年收入数据，并针对农民、农民工与城镇户籍居民三类群体进行分析比较。数据显示从家庭年收入的平均值来看，农民工群体的年收入要显著高于农民和城镇户籍居民群体，而农民群体相对来讲家庭年收入均值最低。

表23-58　　分群体比较家庭年收入平均值

	农民	农民工	城镇户籍居民	其他群体
问卷询问家庭年收入	7.12	11.67	9.78	7.48
家庭成员收入汇总	7.71	12.61	10.16	8.21

此外，2019年民生调查在家庭收入问题上既设置了家庭收入具体金额的填写，也设置了收入区间的选项，这里针对相同的收入区间设置，对问卷询问的家庭年收入和家庭成员收入汇总后所得家庭年收入进行区间分类，并进行不同群体间的比较分析。为便于描述，本文将收入区间分为三个层次，分别是低收入阶层（2.99万元以下）、中间收入阶层（3万～24.99万元）和高收入阶层（25万元及以上），下同。

从问卷询问的家庭年收入总体情况来看，2019年中国民生调查数据显示，受访者的家庭年收入主要集中在5万～9.99万元这个区间，受访者处在这个收入区间的比例达到34.4%。从收入阶层的分布来看，受访者中处于中间收入阶层（3万～24.99万元）的占多数，达到78.0%，高收入者（25万元以上）占少数，仅占总数的3.0%，同时依然存在相当比例的较低收入者（2.99万元以下），占比达到19.1%。分群体比较来看，农民、农民工和城镇户籍居民家庭总收入在5万～9.99万元区间内占比最高，相对来讲，农民群体收入区间的分布在5万元以下较多，城镇户籍居民与农民工群体的收入区间分布要高于显著高于农民群体收入区间。

表23-59　　2018年问卷询问家庭总收入区间的群体比较

	农民	农民工	城镇户籍居民	其他群体	总计
1万元以下	435(10.6%)	7(0.6%)	83(3.0%)	183(10.5%)	708(7.2%)
1万～2.99万元	592(14.4%)	66(5.4%)	256(9.2%)	262(15.0%)	1176(11.9%)
3万～4.99万元	760(18.4%)	136(11.1%)	391(14.1%)	325(18.6%)	1612(16.3%)
5万～9.99万元	1343(32.6%)	442(36.1%)	1055(38.0%)	555(31.7%)	3395(34.4%)
10万～14.99万元	639(15.5%)	322(26.3%)	555(20.0%)	244(13.9%)	1760(17.8%)
15万～24.99万元	283(6.9%)	191(15.6%)	320(11.5%)	141(8.1%)	935(9.5%)
25万～49.99万元	61(1.5%)	47(3.8%)	94(3.4%)	32(1.8%)	234(2.4%)
50万元及以上	8(0.2%)	14(1.1%)	25(0.9%)	9(0.5%)	56(0.6%)
有效数据总计	4121	1225	2779	1751	9876

从家庭成员收入汇总所得的家庭年收入总体情况来看，2019年中国民生调查数据显示，受访者的家庭年收入同样主要集中在5万～9.99万元这个区间，受访者处在这个收入区间的比例达到35.3%。从收入阶层的分布来看，受访者中处于中间收入阶层（3万～24.99万元）的占多数，达到79.8%，高收入者（25万元以上）占少数，仅占总数的3.3%，同时依然存在相当比例的较低收入者（2.99万元以下），占比达到16.9%。分群体比较来看，农民、农民工和城镇户籍居民家庭总收入在5万～9.99万元区间内占比最高，相对来讲，农民群体收入区间的分布在5万元以下较多，城镇户籍居民与农民工群体的收入区间分布要高于显著高于农民群体收入区间。

表23-60　2018年家庭成员收入汇总所得家庭总收入区间的群体比较

	农民	农民工	城镇户籍居民	其他群体	总计
1万元以下	367(8.8%)	4(0.3%)	70(2.5%)	158(8.9%)	599(6.0%)
1万～2.99万元	566(13.6%)	50(4.0%)	231(8.2%)	238(13.4%)	1085(10.9%)
3万～4.99万元	695(16.7%)	115(9.3%)	386(13.8%)	311(17.5%)	1507(15.1%)
5万～9.99万元	1418(34.0%)	445(35.9%)	1078(38.4%)	586(32.9%)	3527(35.3%)
10万～14.99万元	688(16.5%)	345(27.8%)	577(20.6%)	271(15.2%)	1881(18.8%)
15万～24.99万元	345(8.3%)	213(17.2%)	334(11.9%)	168(9.4%)	1060(10.6%)
25万～49.99万元	76(1.8%)	51(4.1%)	101(3.6%)	35(2.0%)	263(2.6%)
50万元及以上	11(0.3%)	17(1.4%)	27(1.0%)	13(0.7%)	68(0.7%)
有效数据总计	4166	1240	2804	1780	9990

（二）自我感知家庭收入变化

2019年中国民生调查对居民自我感知家庭收入变化开展了调查，该选项偏重于获悉居民的主观感受。从总体看，超过一半的居民认为2019年的收入与2018年相比会相差不大，占比为52.6%，有26.9%的居民认为2019年收入会增长，有20.5%的居民认为2019年收入会减少。

表23-61　与2018年相比自我感知家庭总收入变化情况百分比

	农民	农民工	城镇户籍居民	其他群体	总计
显著增长	40(1.0%)	21(1.7%)	49(1.8%)	15(0.9%)	125(1.3%)
有些增长	909(22.4%)	285(23.4%)	957(34.8%)	350(20.3%)	2501(25.6%)
和2018年差不多	2174(53.5%)	599(49.2%)	1407(51.1%)	947(54.9%)	5127(52.6%)
有些减少	723(17.8%)	243(20.0%)	267(9.7%)	313(18.1%)	1546(15.8%)
明显减少	215(5.3%)	69(5.7%)	73(2.7%)	100(5.8%)	457(4.7%)
有效数据总计	4061	1217	2753	1725	9756

分农民、农民工和城镇户籍居民群体来看，农民和城镇户籍居民群体中均有超过一半的居民认为2019年的收入与2018年相比会差不多，分别为53.5%和51.1%，但是相对来讲，农民工群体认为2019年收入与2018年相比会差不多的比例会稍低。比较来看，三类群体中城镇户籍居民对2019年的收入预期最高，农民工群体次之，农民预期收入会增长的比例最低。

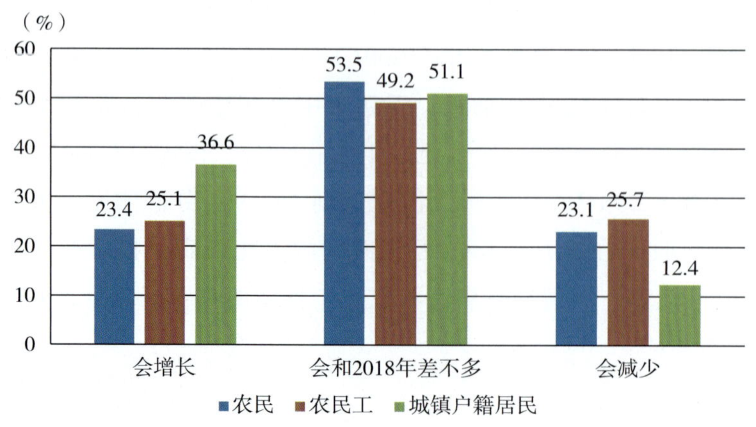

图23-21　农民、农民工、城镇户籍居民自我感知家庭收入变化

（三）经济救助获得

1. 经济救助获得的数量统计

2019 年民生调查数据显示，约 87% 的受访者未获得过社会救助，获得过社会救助的受访者仍然是少数，仅占约 13%，其中绝大多数受访者仅获得一种社会救助（11%），获得社会救助数量最多为 5 种，仅有 1 人。

表23-62 受访者获得社会救助类型的数量统计

	农民	农民工	城镇户籍居民	其他群体	总计
0	3465	1150	2573	1507	8695(87.0%)
1	592	76	209	218	1905(11.0%)
2	77	10	15	49	151(1.5%)
3	30	3	2	10	45(0.5%)
4	4	0	0	0	4(0.0%)
5	0	0	0	1	1(0.0%)
有效数据	4168	1239	2799	1785	9991

2. 社会救助获得的具体类型

从社会救助获得的具体类型来看，排名前三位的社会救助分别是低保、精准脱贫帮扶和医疗救助，各自人数为 776 人、266 人和 235 人。分三类分析群体比较来看，农民群体获得社会救助的人数最多，其次是城镇户籍居民，农民工群体获得各类经济救助的数量最少。

表23-63 分群体比较获得各类经济救助的频数 单位：人

	农民	农民工	城镇户籍居民	其他群体	总计
低保	451	59	102	164	776
农村“五保”供养	38	2	9	18	67
农村特困户生活救助	77	7	5	20	109
医疗救助	111	26	42	56	235
灾害紧急救助	15	0	3	4	22
临时救助	25	5	17	14	61
精准脱贫帮扶	174	19	7	66	266
老年补贴	39	4	5	16	64
残疾补贴	17	3	10	11	41
独生子女补贴	8	3	2	0	13
农业补贴	63	0	3	15	81
其他	10	0	7	5	22

（四）家庭消费支出压力

2019 年民生调查问卷中涉及“家庭消费支出最大压力”时，要求被访者在给定选项中按压力由高到低排序，最多选择三项。数据显示，仅有 340 名受访者表示没有家庭消费支出压力，其他有效数据均至少选择了一项家庭消费支出压力。

1. 家庭消费支出压力的总体情况

在家庭支出压力方面，数据显示医疗、子女教育和食品为家庭消费支出的最主要来源，这三者所占比重分别为27.0%、26.8%和20.5%，三者合计超过70%，与人们的日常观察不同的是，住房并没有成为居民家庭消费支出的重要来源，仅有9.8%的比例认为消费支出压力最大的是住房。

表23-64　家庭支出压力主要来源

	第一项	第二项	第三项	频次总计
没有消费支出压力	340(3.4%)	—	—	340(1.8%)
食品	2051(20.5%)	1244(19.8%)	460(17.9%)	3755(19.9%)
住房	983(9.8%)	484(7.7%)	117(4.5%)	1584(8.4%)
子女教育	2677(26.8%)	1034(16.5%)	188(7.3%)	3899(20.7%)
交通通信	131(1.3%)	238(3.8%)	202(7.8%)	571(3.0%)
医疗	2699(27.0%)	1654(26.3%)	474(18.4%)	4827(25.6%)
人情送礼	421(4.2%)	664(10.6%)	414(16.1%)	1499(7.9%)
婚丧嫁娶	224(2.2%)	245(3.9%)	173(6.7%)	642(3.4%)
赡养老人	225(2.3%)	444(7.1%)	350(13.6%)	1019(5.4%)
缴纳社保	103(1.0%)	195(3.1%)	175(6.8%)	473(2.5%)
衣物	0(0.0%)	2(0.0%)	3(0.1%)	5(0.0%)
农业投入	53(0.5%)	38(0.6%)	3(0.1%)	94(0.5%)
水电煤气	14(0.1%)	17(0.3%)	5(0.2%)	36(0.2%)
休闲娱乐	3(0.0%)	6(0.1%)	2(0.1%)	11(0.1%)
子女养育	14(0.1%)	7(0.1%)	1(0.0%)	22(0.1%)
雇用劳动	3(0.0%)	1(0.0%)	0(0.0%)	4(0.0%)
日常生活开支	19(0.2%)	8(0.1%)	3(0.1%)	30(0.2%)
借贷付息	4(0.0%)	1(0.0%)	1(0.0%)	6(0.0%)
支援亲友	2(0.0%)	1(0.0%)	0(0.0%)	3(0.0%)
收入低，各方面都有压力	2(0.0%)	1(0.0%)	1(0.0%)	4(0.0%)
其他	35(0.3%)	1(0.0%)	4(0.2%)	40(0.2%)
有效数据合计	10003	6284	2575	18862

2. 家庭消费支出压力情况分群体比较

考虑到题目设计要求受访者根据压力程度来对消费支出来源进行排序，这里选取第一项即受访者认为消费支出压力最大的来源进行细致分析。分农民、农民工和城镇户籍居民进行比较可发现，农民群体与城镇户籍居民群体中家庭消费支出压力最大的三个来源依次是医疗、子女教育和食品，而农民工群体中家庭消费支出压力最大的是子女教育、住房和食品，各群体间消费支出来源的排序以及具体比例有所不同，但相同之处在于子女教育和食品均是三类群体的共同主要压力来源。

表23-65　分农民、农民工、城市户籍居民比较家庭支出压力最主要来源　单位：%

	农民	农民工	城镇户籍居民	其他群体
没有消费支出压力	3.2	3.4	3.7	3.4
食品	21.5	14.1	21.8	20.6
住房	5.9	19.8	12.6	7.6
子女教育	27.7	35.1	23.3	24.2
交通通信	1.3	0.8	1.6	1.2
医疗	27.8	12.8	28.8	32.0
人情送礼	4.9	4.9	3.3	3.5
婚丧嫁娶	2.6	3.4	0.7	2.9
赡养老人	2.5	2.6	1.7	2.1
缴纳社保	0.8	1.7	1.3	0.7
其他	0.2	0.6	0.3	0.4
农业投入	0.9	0	0.1	0.7
水电煤气	0.1	0	0.2	0.2
休闲娱乐	0	0	0	0.1
子女养育	0.1	0.2	0.2	0.1
雇用劳动	0	0.1	0	0.1
日常生活开支	0.1	0.4	0	0.2
借贷付息	0.1	0	0	0.1
支援亲友	0	0.1	0	0
收入低，各方面都有压力	0	0	0	0

（五）家庭近一年消费增减情况

2019 年的民生调查对受访者询问了家庭消费近一年的变化，其中选择家庭消费近一年略有增加的受访者数量最多，占比为 48.7%。若将“略有增加”与“明显增加”合记为“增加”，则认为家庭消费近一年增加的有 61.5%，说明大多数居民的消费开支近一年有所增加。相比较而言，35.5% 的受访者表示近一年内家庭消费情况没有明显变化，仅有 3.0% 的受访者表示家庭消费支出略微或明显减少。

表23-66　家庭消费近一年增减变化情况

	农民	农民工	城镇户籍居民	其他群体	总计
明显增加	445(10.7%)	185(15.0%)	415(14.8%)	233(13.1%)	1278(12.8%)
略有增加	2011(48.2%)	620(50.3%)	1440(51.4%)	792(44.6%)	4863(48.7%)
没有变化	1572(37.7%)	398(32.3%)	884(31.5%)	686(38.6%)	3540(35.5%)
略微减少	122(2.9%)	25(2.0%)	59(2.1%)	52(2.9%)	258(2.6%)
明显减少	18(0.4%)	4(0.3%)	5(0.2%)	13(0.7%)	40(0.4%)
有效数据总计	4168	1232	2803	1776	9979

从群体比较可知，农民、农民工与城镇户籍居民群体近一年家庭消费支出的增减情况较为一致，各群体中均有约 60% 的受访者表示近一年来家庭支出有所增加，三类群体中均仅有约 3% 的受访者表示近一年家庭消费支出情况有所减少。但是相对来讲，农民群体家庭消费增加的比重要显著低于农民工与城镇户籍居民群体，三类群体相比而言更多比重农民表示消费支出没有变化。

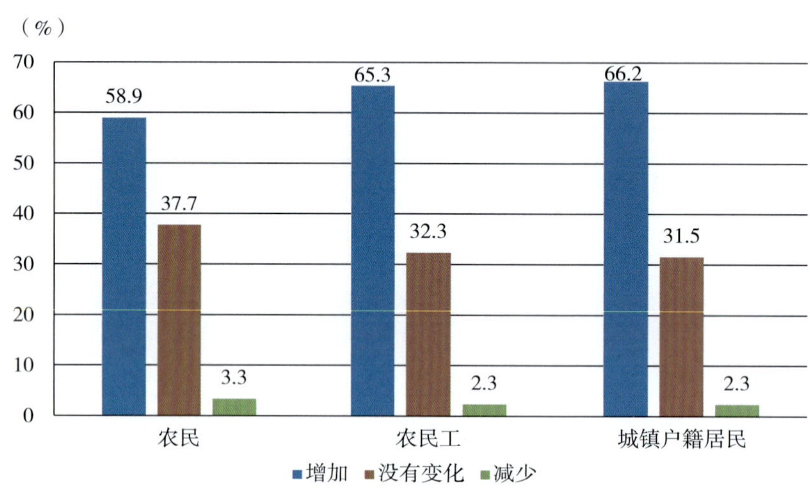

图23-22　农民、农民工、城镇户籍居民家庭消费近一年增减变化情况

（六）家庭日常收支近一年增减状况

2019 年民生调查询问了家庭收支情况，这可以从侧面反映家庭储蓄情况。从调查数据来看，选择“基本都花光了，存不上钱”的受访者占比最高，约为 51.1%；其次约有 36.3% 的受访者表示能够存上一点钱，选择“当年收入不够花，主要靠借钱”的受访者占比最少，仅为 2.7%。若将“能存上不少钱”和“能存上一点钱”合记为“能存上钱”，将“当年收入不够花，主要靠以前的积蓄”和“当年收入不够花，主要靠借钱”合记为“不够花”，则约有 40.7% 的受访者表示近一年家庭日常收支情况为能够存上钱，相比较而言约有 8.2% 的受访者表示收入不够花，家庭面临收不抵支的情况。

表23-67　　家庭近一年日常收支情况

	农民	农民工	城镇户籍居民	其他群体	总计
能存上不少钱	142(3.4%)	83(6.7%)	149(5.3%)	65(3.6%)	439(4.4%)
能存上一点钱	1410(33.8%)	518(41.7%)	1217(43.4%)	492(27.6%)	3637(36.3%)
基本都花光了，存不上钱	2224(53.3%)	571(46.0%)	1282(45.7%)	1034(57.9%)	5111(51.1%)
当年收入不够花，主要靠以前的积蓄	250(6.0%)	51(4.1%)	113(4.0%)	134(7.5%)	548(5.5%)
当年收入不够花，主要靠借钱	147(3.5%)	18(1.5%)	46(1.6%)	60(3.4%)	271(2.7%)
有效数据总计	4173	1241	2807	1785	10006

分群体比较家庭日常收益近一年的增减情况可以发现，农民群体能存上钱的比重显著低于

农民工和城镇户籍群体，差距在10个百分点左右，更多的农民受访者表示“收入基本花光，存不上钱”，而且农民群体收入不够花的比重最高；相比较来看，农民工群体和城镇户籍居民的家庭收支情况表现较为一致，接近一半的受访者表示能够存上钱，约46%的受访者表示收入基本花光，而仅有5.6%的受访表示收入不够花。

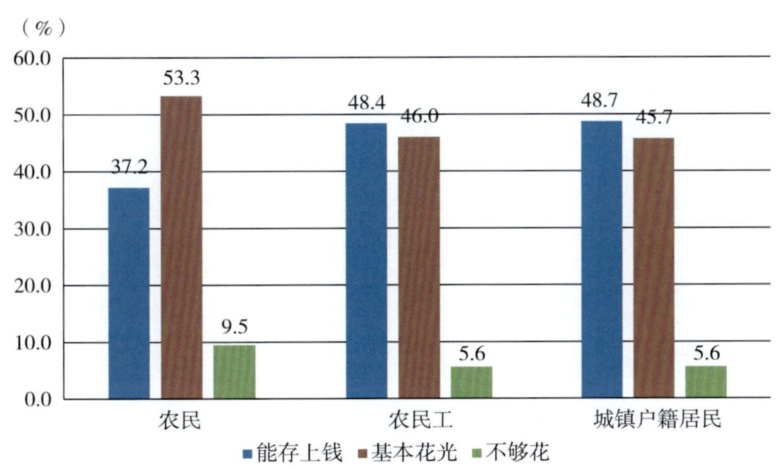

图23-23　农民、农民工、城镇户籍居民家庭近一年日常收支情况

（七）未来一年家庭收支变化状况看法

总体来看，受访者中预期未来一年家庭收支没有变化的比重最高，为45.8%，而相对来讲预期家庭收支状况变好的比例要远高于预期家庭收支状况会变差的比例，约有36.3%的受访者预期家庭收支状况会变好，而有17.9%的受访者预期未来一年家庭收支状况可能会变差，这说明从总体上看受访者对未来一年家庭收支情况较为乐观，约有82.1%的受访者预期家庭收支状况至少不会有些许程度的恶化。更具体来看，预期未来一年家庭收支变化情况会“显著变好”和“明显变差”的受访者比重仅为2%左右，这在一定程度上说明受访者对家庭收支情况并不会过度乐观或悲观。

表23-68　对未来一年家庭收支变化状况看法的频次与百分比分布

	农民	农民工	城镇户籍居民	其他群体	总计
显著变好	81(2.2%)	39(3.5%)	78(3.0%)	34(2.1%)	232(2.6%)
有所改善	1203(33.2%)	441(39.2%)	932(35.8%)	446(27.5%)	3022(33.7%)
没有变化	1720(47.5%)	432(38.4%)	1170(44.9%)	785(48.4%)	4107(45.8%)
担心会有所恶化	551(15.2%)	202(18.0%)	393(15.1%)	318(19.6%)	1464(16.3%)
明显变差	66(1.8%)	10(0.9%)	32(1.2%)	39(2.4%)	147(1.6%)
有效数据总计	3621	1124	2605	1622	8972

分农民、农民工和城镇户籍居民三类群体分析受访者对家庭未来一年收支变化的预期状况显示，农民和城镇户籍居民受访者中选择没有变化的比重最高，而对于农民工群体而言选择家庭收支状况会变好的比重相对更高，但同时农民工群体也有更高比例的受访者担心未来一年家

庭收支状况会有所恶化，这说明在农民工群体内部家庭收支变化的不稳定性要相对更高，这也与农民工的工作境遇等相关联。此外，相比较来看，农民群体中预期未来一年家庭收支状况会变好的比重最低。

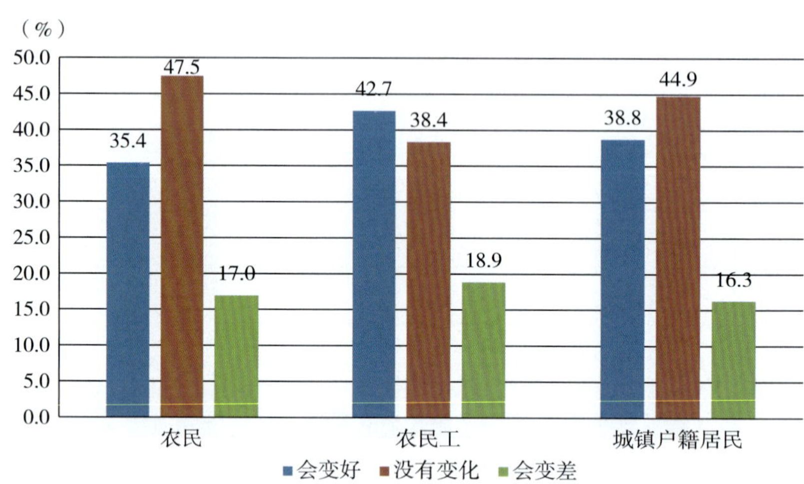

图23-24　农民、农民工、城镇户籍居民对未来一年家庭收支变化状况看法

五、子女教育

（一）学前教育情况

1. 适龄儿童家庭入园比例

适龄儿童上幼儿园的情况是本次调查学前教育情况的内容之一，这一内容主要看受访者家庭适龄子女上幼儿园的比例。所有受访样本中有1562位受访者回答了此问题，其余8464位受访者则因为没有这个年龄段的孩子选择逻辑跳过①，在后面的问题中也会出现大量没有适龄子女而逻辑跳答的情况。从子女教育的学前教育数据来看，适龄儿童家庭入园比例较高，绝大多数符合条件的受访者家庭子女都在上幼儿园，少部分家庭子女没有入园。数据显示，这一阶段适龄儿童家庭都在上幼儿园的比例达到了88.2%，还有5.4%的受访者表示其子女有的在上幼儿园，有的没上，但是也有6.5%的家长表示其子女都没有上幼儿园。其中，子女没有上幼儿园的原因主要是因为家中有人看管照料（比例为61.4%），其次是因为幼儿园费用太高，比例为10.8%。

表23-69　是否有子女上幼儿园

	频数	有效百分比（%）	累积百分比（%）
（都）在上	1377	88.2	88.2
有的在上，有的没上	84	5.4	93.5
（都）没上	101	6.5	100.0
总计	1562	100.0	—

① 因为受访者的情况不符合填答要求而跳过题目，比如在本章节中因为家庭中没有适龄子女，因此跳过这些题目，下同。

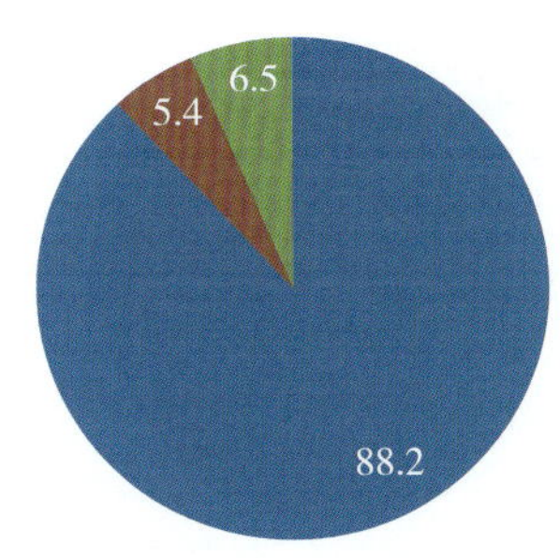

图23-25 是否有子女上幼儿园百分比

针对适龄子女没有上幼儿园的受访者，本调查询问了其没有上幼儿园的原因。数据显示，一共有 101 位受访者表示其子女都没上幼儿园，但是有 39 位受访者报告了没上幼儿园的原因，有 52 位受访者没有报告原因，还有 10 位受访者表示对这个问题并不清楚。其中 24 位受访者因为家里有人看管照料而没有让子女上幼儿园，可见原因非常集中。受访者选择的其他原因还包括周边没有幼儿园（4 位）、幼儿园费用太高（4 位）、在幼儿园学不了什么东西（2 位）、孩子不想上幼儿园（3 位）以及其他原因（2 位）。

2. 学前教育入园类型

本项目还对受访者子女所在的幼儿园性质进行了调查，主要看公立和私立幼儿园的分布情况。这一题目有 1443 位受访者作了回答，有 8565 名受访者逻辑跳过，除此之外，还有 18 名受访者没有回答此问题。从所进入的幼儿园类型来看，所就读幼儿园以纯公办幼儿园和纯民办幼儿园为主，其中纯民办幼儿园比重要高于公办幼儿园。从表数据中可以看到，45.1% 的受访者子女上的是商业性民办幼儿园，35.8% 的受访者子女上的是公办幼儿园，其余 19.1% 的受访者子女上的是普惠性民办幼儿园。

表23-70 幼儿园类型

	频数	有效百分比（%）	累积百分比（%）
公办园	517	35.8	35.8
普惠性民办园[a]	275	19.1	54.9
商业性民办园[b]	651	45.1	100.0
总计	1443	100.0	—

注：a：政府有补贴、收费低的民办园（下同）。
b：私立园（下同）。

分城乡不同群体来看，不同群体子女上幼儿园类型的分布呈现出明显差异，城镇居民子女上公办园的比例最高，为 42.9%，农民和农民工子女上公办园的比例均在 35% 左右；与此相应的，农民和农民工子女上商业性民办幼儿园的比例要大大高于城镇居民，其中农民子女上商业性幼儿园的比例为 48.6%，农民工子女为 43.9%，城镇居民子女为 39.4%。从这一数据可以看出学前教育资源在城乡之间分布极为不平衡，城镇居民享受的公办学前教育资源大大高于农民群体，而农民群体则只能更多地选择商业性的学前教育。

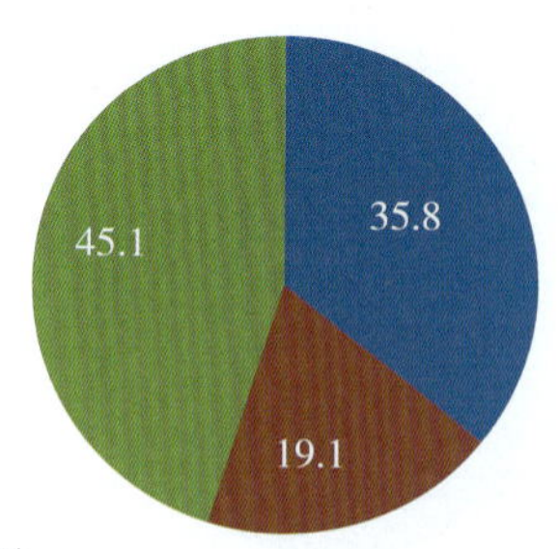

图23-26　幼儿园类型百分比

表23-71　幼儿园类型分城乡　单位：%

	农民	农民工	城镇户籍居民	总计
公办园	34.8	35.1	42.9	36.7
普惠性民办园	16.6	20.9	17.8	17.7
商业性民办园	48.6	43.9	39.4	45.6
总计	100.0	100.0	100.0	100.0

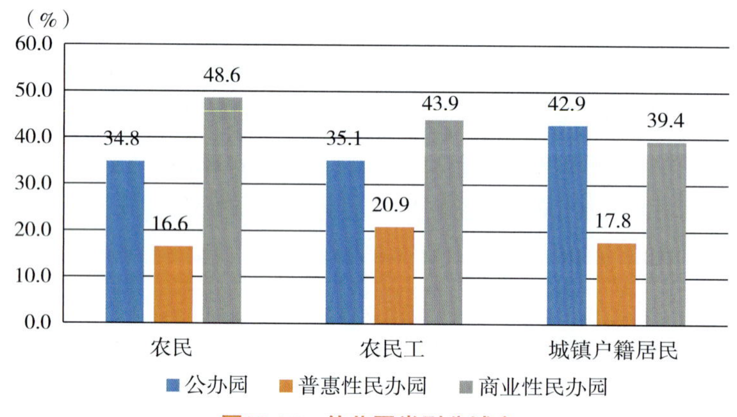

图23-27　幼儿园类型分城乡

3. 学前教育期望

问卷调查了受访者对学前教育希望改善的问题，并且让受访者依次选择三个选项，由于这个问题是多选题，因此对各个选项的回答人数差别较大，回答第一项的人数较多，然后依次递减。在第一项中，有 848 位受访者回答了想改善的地方，487 位受访者在第一项选择了没有需要改善的地方，没有回答此问题的受访者中有 8565 名为逻辑跳过，114 人表示不知道或不清楚，13 人直接不回答。对第二项和第三项的回答人数分别为 423 位和 129 位，分别有 1036 位和 1332 位受访者直接没有回答。

根据回答情况来看，受访者对学前教育的满意度一般，在学前教育方面受访者最关注的问题主要包括入园贵、老师少、设施条件差、伙食差和距离远这几个方面。在第一项当中受访者最集中反映的情况是入园贵，希望在此方面得到改善，数据显示，第一项中有 38.7% 的受访者认为幼儿园入园贵的情况需要得到改善，有 13.3% 的人认为学前教育学不了什么东西，还有 12.3% 的人认为入园难问题需要得到解决。在第二项当中受访者关注的问题集中在入园贵（23.5%）、老师少（13.4%）和设施条件差（13.6%），在第三项中受访者选择比例较高的是伙食差（20.9 %）、设施条件差（15.7%）和幼儿园距离远（14.3%）。

表23-72　对学前教育希望改善的情况

	第一项		第二项		第三项	
	N	%	N	%	N	%
教太多，幼儿教育小学化	92	10.8	9	2.1	7	5.4
学不了什么东西	113	13.3	49	11.6	6	4.4
入园难	105	12.3	34	8.0	2	1.6
入园贵	328	38.7	99	23.5	16	12.5
教师师德差[a]	12	1.5	8	1.8	6	4.5
教师能力差	27	3.2	36	8.5	8	6.6
老师少，每个班级孩子太多	52	6.2	56	13.4	18	13.7
伙食差	27	3.2	36	8.6	27	20.9
设施条件差	41	4.9	57	13.6	20	15.7
幼儿园距离远	49	5.8	38	8.9	18	14.3
其他	1	0.1	—	0.0	1	0.8
总计	848	100.0	422	100.0	128	100.0

注：a：例如，虐待孩子。
　　b：频数（下同）。

（二）义务教育情况

1. 义务教育入学率

与学前教育入园比例相似，义务教育阶段的调查内容询问了受访者家庭适龄子女入学情况。调查数据显示，有 2433 个受访者表示家里有学龄儿童，而且绝大部分受访者适龄子女都在上小学或初中，仅有极少部分适龄子女没有入学。如表 23-73 所示，其中 92.4% 的受访者其子女都在上中小学，仅有 6.6% 的受访者表示子女有的在上有的没上，不到 1% 的受访者表示其子女都没入学。

表23-73　有子女上小学或初中

	频数	有效百分比（%）	累积百分比（%）
（都）在上	2247	92.4	92.4
有的在上，有的没上	161	6.6	99.0
（都）没上	24	1.0	100.0
总计	2433	100.0	—

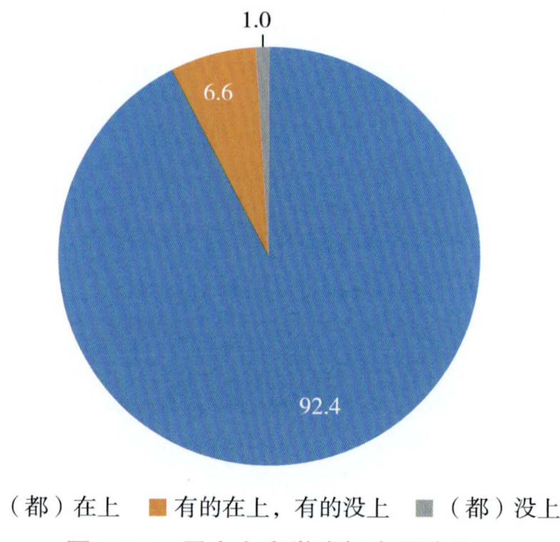

图23-28　子女上小学或初中百分比

有 12 位受访者回答了子女没有上学的原因，有 3 位受访者表示不清楚。这些原因包括孩子不想上学、孩子已经工作以及其他原因，其中有 1 位受访者表示其孩子没有上学的原因是孩子不想上学，5 位受访者是因为孩子已经工作，还有 5 位受访者是其他原因。

表23-74　没有入学的原因

	频数	有效百分比（%）	累积百分比（%）
孩子不想上学	1	9.6	9.6
孩子已经工作[a]	5	47.1	56.7
其他	5	43.3	100.0
总计	12	100.0	—

注：a：包括外出务工、在家从事生产经营活动等。

2. 对义务教育改善期望

对义务教育改善的期望反映了家长对于当前义务教育状况存在问题的认识和对提高义务教育质量的期待，数据显示，有 1508 位、889 位和 350 位受访分别对这三项进行了填答，另有 733 位受访者认为义务教育阶段没有需要改善的地方，还有 168 位受访者表示不清楚或者不知道。

从数据结果可以看出，受访者反映的问题相对分散，其中对教学质量差、学校之间办学质量差距、课业负担重以及很多内容课上不教这几个问题的反映相对强烈。数据表明，在第一项中，23.8% 的受访者认为教学质量差急需改善，15.9% 的受访者反映学校之间办学条件差距大是非常突出的问题；在第二项中，反映比例比较高的问题依次是课业负担重（14.1%）、很多内容课上不教（13.1%）、学校之间办学条件差距大（12.7%）、班上人数多（11.3%）和生活费压力大（11.1%）；第三项中主要反映的问题依次是很多内容课上不教（19.6%）和课业负担重（16.4%）。

表23-75　对义务教育阶段最希望改善的问题

	第一项		第二项		第三项	
	N	%	N	%	N	%
教学质量差	358	23.8	40	4.5	23	6.7
学校之间办学条件差距大	240	15.9	113	12.7	18	5.1
学校乱收费	70	4.6	38	4.3	7	2.0
教师师德差	38	2.5	53	6.0	15	4.3
上学距离较远，就学不便	189	12.5	75	8.5	24	6.9
孩子生活消费压力大[a]	137	9.1	99	11.1	23	6.7
每个班人数太多	96	6.4	101	11.3	31	8.8
课业负担重	187	12.4	125	14.1	57	16.4
学校设施条件差	34	2.2	61	6.9	28	8.0
放学太早	23	1.5	27	3.0	15	4.3
很多内容课上不教	95	6.3	117	13.1	69	19.6
外地孩子上学难	30	2.0	26	2.9	26	7.5
学校风气不好	11	0.7	15	1.7	13	3.6
总计	1508	100.0	889	100.0	350	100.0

注：a：寄宿费用、“小饭桌”等。

（三）上学距离情况

上学距离是本调查子女教育板块的重要内容，主要反映受访者子女就学的便利程度，共有3726位受访者回答了此问题。从整体情况来看，绝大部分家庭的孩子都在离家较近的地方上幼儿园或上学，占比在76.7%左右，仅有18.6%的受访者表示其子女不是在离家较近的地方上学。对于没有选择在离家较近学校就读的受访者，其最主要考虑的原因有三个，一个是为了让子女上更好的学校，这一比例为35.3%；第二个原因是方圆5公里内没有学校，这一比例达到27.9%；另外一个原因则是为了受访者自己方便，这一比例达到21%。

表23-76　子女所上幼儿园或学校是否离家近

	频数	有效百分比（%）	累计百分比（%）
（都）不是	693	18.6	18.6
有的是有的不是	174	4.7	23.3
（都）是	2859	76.7	100.0
合计	3726	100.0	—

表23-77　没在离家较近学校就读的原因

	频数	有效百分比（%）	累计百分比（%）
最近学校招生名额有限	26	3.4	3.4
未被划在其招生片区内	34	4.4	7.7
受户口限制不能就读	44	5.6	13.3
为了上更好的学校	276	35.3	48.6
成绩达不到要求，未能考入	10	1.3	49.9
为了自己的方便[a]	165	21.0	70.9

续表

	频数	有效百分比（%）	累计百分比（%）
附近没有学校[b]	218	27.9	98.8
其他	10	1.2	100.0
总计	782	100.0	—

注：a：比如，在离工作单位近，能住校，离父母近的地方上学。
　　b：方圆 5 公里范围内。

（四）子女教育课外投入

子女教育课外投入是家长除了支付学费之外的投入，包括物质资本投入、社会资本投入和感情投入等，具体情况见表 23-78。统计数据显示，有 2568 位受访者表示对子女的教育没有进行课外投入，而很大一部分家长则为了子女教育上课外辅导班、落户到招生范围、托熟人找关系和买学区房或者在学校附近租房。从表中数据可以看到，在第一项当中，有 28.5% 的受访者为子女上学而报了辅导班，有 25.1% 和 22% 的受访者则分别购买学区房和在学校附近租房；第二项当中 35.4% 的受访者让孩子上课外辅导，22.6% 的受访者则托熟人找关系，还有 18.5% 的人将户口落到学校招生范围内；第三项当中家长主要让孩子上课外辅导（43.1%）、托熟人找关系（20.7%）和报学校指定辅导班（17.1%）。

表23-78　受访者为子女上学所进行的课外投入

	第一项		第二项		第三项	
	N	%	N	%	N	%
在学校附近买学区房	298	25.1	9	2.9	2	2.5
在学校附近租房	262	22.0	27	8.7	1	1.0
把户口落到学校招生范围内	43	3.6	57	18.5	6	8.5
向学校缴纳择校费	68	5.7	18	5.9	5	6.7
托熟人、找关系	135	11.4	70	22.6	16	20.7
报学校指定的辅导培训班	45	3.8	18	5.9	13	17.1
上课外辅导、培训班或请家教	339	28.5	109	35.4	33	43.1
总计	1190	100.0	309	100.0	76	100.0

（五）子女参加课外辅导情况

课外辅导已经成为当前我国教育领域的重要现象，并且也成为很多家长的选择。但是统计数据表明大部分受访者子女都没有上辅导班，比例为 62.8%，上课外辅导班的比例超过三成，达到 37.2%。其中，子女上课外辅导班的主要原因包括想进一步提高成绩、学习成绩不好、为了升学上更好的学校、同辈压力以及为了提前掌握优势。如表 23-80 所示，在第一项当中家长让孩子参加课外辅导的主要原因是学习不好和进一步提高，占比分别为 47.7% 和 24.3%；第二项当中主要原因则是为了升学（33.2%）和同辈压力（22.7%）；在第三项中受访者主要选择的原因是提前获得学习优势（33.5%）和为了升学（27.5%）。

表23-79　子女是否上课外辅导班

	频数（人）	有效百分比（%）	累积百分比（%）
是	1196	37.2	37.2
否	2018	62.8	62.8
总计	3213	100.0	100.0

表23-80　子女参加课外辅导班的原因

	第一项		第二项		第三项	
	N	%	N	%	N	%
学习不好，需要参加	287	24.3	10	1.9	3	2.0
学习还行，但想进一步巩固提高	564	47.7	47	8.6	6	3.8
周边同学都参加了，不参加不行	111	9.4	126	22.7	10	5.8
为了升学或能上想去的学校	82	6.9	184	33.2	46	27.5
放学太早，没有人看管	33	2.8	25	4.5	10	6.2
有些内容课堂上不讲	27	2.3	48	8.6	22	13.1
有些内容提前先学，更有优势	35	3.0	79	14.3	56	33.5
学校或老师建议的或推荐的	17	1.4	24	4.4	13	7.6
其他原因	2	0.2	2	0.3	1	0.6
孩子兴趣	17	1.4	3	0.5	—	—
协助监督、培养孩子	8	0.7	7	1.2	—	—
总计	1183	100.0	554	100.0	167	100.0

（六）学校课外服务

为了缓解因为学校放学时间较早而产生的学生安置问题，很多学校会通过课外服务的方式开展丰富的课后活动，让学生充分利用课后时间。从数据可以看出，绝大部分受访者表示子女就读学校开设了课后服务，比例达到87.2%，仅有12.8%的受访者表示子女就读学校没有开设课后服务。对于学校课后服务存在的问题，166位受访者表示没有需要改善的，还有57名受访者表示不清楚或不知道。而大部分家长对于学校课后服务提出了自己的意见，主要反映的问题集中在课后照管时间太短、课后服务收费太高、活动单一质量不高和校外实践活动缺乏这几个方面。其中在第一项所需要改善的问题中，反映最集中的是课后照管的时间太短、课后服务收费太高以及活动单一质量不高，其比例分比为22.3%、20.5%和18.7%；第二项占比较高的是校外实践活动少（24.3%）、活动单一（20.6%）和没有引进更专业的机构（19%）；第三项占比较高的问题包括校外实践活动少（33.9%）、收费太高（21.8%）和没有好好管理（19%）。

表23-81　学校是否开设课后服务

	频数（人）	有效百分比（%）	累计百分比（%）
是	404	12.8	12.8
否	2756	87.2	100.0
总计	3159	100.0	—

表23-82　课后服务需要改善的项

	第一项		第二项		第三项	
	N	%	N	%	N	%
每天课后照管的时间太短	42	22.3	2	2.5	3	6.8
每周课后照管的天数太少	6	3.0	13	13.7	1	1.8
课后服务的收费太高	39	20.5	11	11.8	8	21.8
没有好好管理[a]	24	12.7	6	6.4	7	19.0
活动内容单一、质量不高，孩子没有收获	35	18.7	19	20.6	6	14.9
没有引进更专业的社会机构进校开展活动	21	11.0	18	19.0	13	—
校外社会实践或公益活动太少或基本没有	21	11.2	23	24.3	1	33.9
其他	1	0.4	2	1.7		2.0
总计	192	100.0	94	100.0	37	100.0

注：a：基本就是“放羊”式。

（七）子女课业负担

义务教育阶段的作业负担是社会上非常关注的问题，本次调查对受访者子女作业负担情况做了具体的调查，包括作业时间和家长对子女作业负担的感受。统计数据表明，绝大多数受访者表示其子女完成作业的时间超过半小时，其中有相当比例的受访者子女完成作业所需时间在两小时以上。表格数据显示，受访者子女在半小时以内完成作业的比例仅为8.3%，半数以上（54.1%）受访者子女完成作业的时间在0.5~1.5小时之间，还有19.7%的受访者子女完成作业时间超过两小时。而且从家长对学生作业负担情况的感受来看，家长普遍觉得子女的课后作业负担情况并不轻松，仅有14.6%的家长认为子女的作业负担比较轻或非常轻，有31.9%的家长认为孩子作业负担比较重或非常重。

表23-83　每天完成作业所需时间

	频数	有效百分比（%）	累积百分比（%）
0.5小时以内	256	8.3	8.3
0.5~1小时[a]	848	27.3	35.6
1~1.5小时[b]	832	26.8	62.4
1.5~2小时[c]	558	18.0	80.3
2小时及以上	610	19.7	100.0
总计	3105	100.0	—

注：a：不包含1小时。

b：不包含1.5小时。

c：不包含2小时。

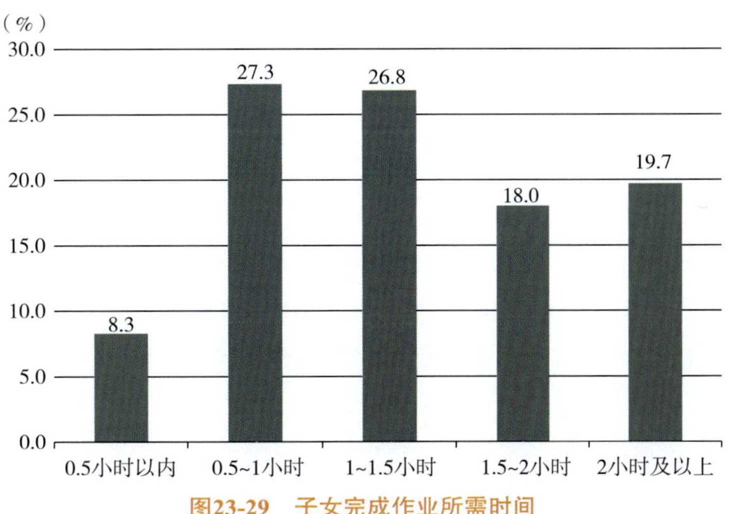

图23-29　子女完成作业所需时间

表23-84　子女作业负担情况

	频数	有效百分比（%）	累积百分比（%）
非常重	153	5.1	5.1
比较重	802	26.8	31.9
一般	1595	53.4	85.4
比较轻	384	12.8	98.2
非常轻	54	1.8	100.0
总计	2987	100.0	—

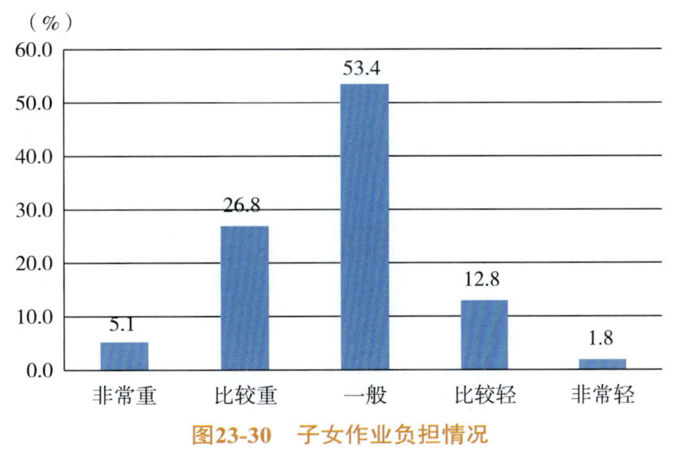

图23-30　子女作业负担情况

（八）家长对子女教育关注焦点

问卷调查了受访者在子女教育方面最焦虑或者担心的地方，包括学习成绩、升学等方面（见表23-85）。数据显示，除了回答具体焦虑的受访者之外，还有645位受访者表示对于子女教育没有焦虑的地方，还有147位受访者表示对此不清楚或者不知道。

从数据来看，受访者反映的方面集中于子女的学业方面和身心健康方面。其中第一项当中超过 59% 的受访者担心子女的学业成绩，11.1% 的受访者担心子女的升学问题；第二项中 33.2% 的受访者担心子女升学，13.8% 的受访者担心子女人身安全；第三项中 19.3% 的受访者担心孩子沉迷网络游戏，18.1% 担心的是心理健康。按照三类群体（农民、农民工和城镇户籍居民，下同）将数据进行交叉分析可以发现，三类群体对子女教育所忧虑的地方基本一致，最忧虑的地方都是子女学业。但是三类群体忧虑的程度有所不同，农民对教育不忧虑的比例最高（16.6%），农民工表示不忧虑的比例最低（11.1%），可见农民工对子女教育更为担心；农民工群体担心子女学习成绩的比例最高，而城镇居民担心学习成绩的比例最低（不到 50%）；城镇居民对子女升学忧虑的比例最高（12.2%），而农民对子女升学忧虑的比例最低（10.3%）。

表23-85 受访者对子女教育最焦虑的地方

	第一项		第二项		第三项	
	N	%	N	%	N	%
学习成绩	2083	59.8	243	9.5	40	3.4
升学	386	11.1	845	33.2	39	3.4
在学校被同学欺负	174	5.0	137	5.4	66	5.7
在学校的人身安全	284	8.2	352	13.8	131	11.3
学校伙食不够健康营养	120	3.5	178	7.0	91	7.9
校外周边小卖部、小摊出售劣质食品	110	3.1	196	7.7	124	10.7
心理健康	78	2.2	222	8.7	209	18.1
未来找工作	119	3.4	165	6.5	130	11.2
沉溺网络游戏	73	2.1	140	5.5	223	19.3
体育锻炼不充分	23	0.6	57	2.2	97	8.4
其他	35	1.0	4	0.2	4	0.3
同学关系、交友	—	—	4	0.2	—	—
交通安全	—	—	1	0	1	0.1
总计	3484	100.0	2545	100.0	1155	100.0

表23-86 不同群体对子女教育最焦虑的地方 单位：%

	农民	农民工	城镇户籍居民	总计
学习成绩	63.9	61.7	49.5	59.7
升学	10.3	11.1	12.2	11.0
在学校被同学欺负	4.1	4.9	6.4	4.9
在学校的人身安全	7.9	8.3	9.4	8.4
学校伙食不够健康营养	3.3	3.5	4.3	3.6
校外周边小卖部、小摊出售劣质食品	2.3	2.9	5.2	3.2
心理健康	1.9	2.4	3.8	2.5
未来找工作	3.7	1.0	3.7	3.2
沉溺网络游戏	1.4	2.4	2.7	2.0
体育锻炼不充分	0.4	0.7	1.6	0.8
其他	0.9	1.2	1.2	1.0
总计	100.0	100.0	100.0	100.0

（九）子女教育支出

本次调查中对教育支出的情况调查了具体的支出数目和对教育支出的压力感受。其中本次调查将受访者对子女的教育支出分为课外辅导支出和教育总支出两部分，数据显示，受访者 2018 年对子女课外辅导支出 0 ～ 40 万元不等，均值为 8770.7 元；2018 年对子女教育总支出 0 ～ 22 万元[①]不等，均值达到 12886.7 元。在教育支出压力感受方面，数据显示，较高比例的受访者认为子女的教育支出压力比较大或非常大，占比为 53.9%，仅有 9.2% 的受访者表示子女教育支出压力比较小或非常小。而且从教育支出占家庭所有支出的比重也不难发现，受访者对教育支出压力的感受非常明显，教育支出占家庭支出的比重平均值在 22.5% 左右。另外，三个群体对子女教育支出压力的感受明显也存在差异，城镇居民对子女教育支出的压力感受更为强烈，农民群体对教育支出压力感受最低。城镇居民感觉教育支出压力比较大或非常大的比例（59.2%）要大大高于农民工（51.4%）和农民（52.9%），农民群体认为教育支出压力比较低或者非常低的比例最高（10.5%）。

表23-87　受访者2018年子女教育支出金额

	平均值（E）	最小值（M）	最大值（X）	标准差	N
课外辅导总支出（元）	8770.66	0	400000	15190.722	1041
教育总支出（元）	12886.65	0	220000	14142.867	4493
教育支出占家庭支出比重（%）	22.482	0.1	91.7	19.3532	4322

表23-88　子女教育支出压力感受

	频数	有效百分比（%）	累积百分比（%）
非常高	654	14.8	14.8
比较高	1726	39.1	53.9
一般	1634	37.0	90.8
比较低	339	7.7	98.5
非常低	66	1.5	100.0
总计	4419	100.0	—

表23-89　不同群体对子女教育支出压力感受　单位：%

	农民	农民工	城镇户籍居民	总计
非常高	15.3	12.3	17.4	15.3
比较高	37.6	39.1	41.8	39.0
一般	36.7	40.7	33.6	36.7
比较低	9.0	6.8	6.0	7.7
非常低	1.5	1.1	1.2	1.3
总计	100.0	100.0	100.0	100.0

① 这里两种支出的填答者不是同样受访者，所以最大值不一致。

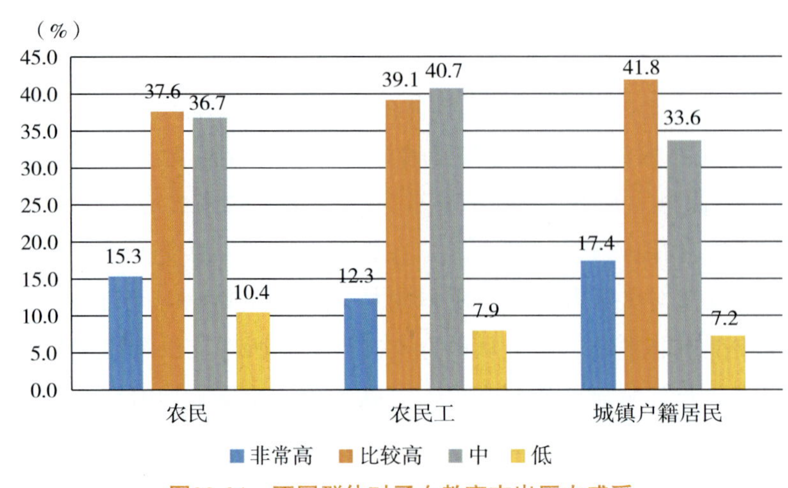

图23-31　不同群体对子女教育支出压力感受

（十）教育改善情况

教育改善情况是受访者对所在区域教育情况变化的感受，通过这个题目可以反映受访者对教育发展的感受。这一问题共有 4158 位受访者作了具体回答，在未回答的受访者中有 5414 位受访者为逻辑跳过，有 454 位受访者则表示不清楚或者不知道。

数据显示，受访者对当地总体教育的改善状况认可度较高，64.2% 的人认为教育情况有所改善（略有改善或明显改善），33.8% 的受访者认为没有任何变化，还有不到 2% 的受访者认为有所恶化。三个不同类型的群体对当地教育改善情况的感受分布基本一致，认为有所改善的比例都超过半数。但是在具体感受上三个群体有所差别，农民工群体对教育状况改善的感受最明显，而城镇居民对改善的感受最不明显。如表 23–91 所示，农民工群体认为有所改善的比例最高（69%），城镇居民感受到改善比例最低（62.3%），相应地，城镇居民认为没有变化的比例最高（35.8%），农民工认为没有变化的比例最低（29.7%）。

表23-90　当地教育改善情况

	频数（人）	有效百分比（%）	累积百分比（%）
明显改善	401	9.6	9.6
略有改善	2271	54.6	64.2
没变化	1408	33.8	98.1
略有恶化	72	1.7	99.8
明显恶化	8	0.2	100.0
总计	4158	100.0	—

表23-91　不同群体对教育改善情况感受　单位：%

	农民	农民工	城镇户籍居民	总计
明显改善	9.4	10.2	10.5	9.9
略有改善	55.8	58.8	51.8	55.3
没变化	32.9	29.7	35.8	33.1

续表

	农民	农民工	城镇户籍居民	总计
略有恶化	1.8	1.2	2.0	1.7
明显恶化	0.1	0.1	0.0	0.1
总计	100.0	100.0	100.0	100.0

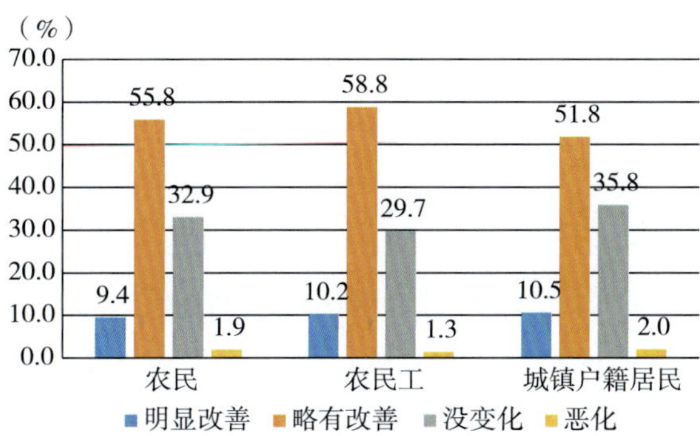

图23-32　不同群体对教育改善情况感受

六、医疗卫生

（一）住院经历与支出

本次对受访者家庭成员的住院经历和具体医疗支出做了调查，有 9992 位受访者做了有效回答。从总体上看，在 9992 位受访者中，上一年家中有人生病住院的比例为 26.2%，超过七成的受访者表示去年其家庭成员没有生病住院的。对医疗支出的调查主要询问了实际支付的医疗费用和各类医保报销金额，根据统计，实际支付的医疗费用平均在 13875.9 元左右，各类医保报销的金额均值为 10391.9 元，其他费用均值为 1982.5 元，红包礼品的费用均值为 65.9 元。

表23-92　上一年家中是否有人生病住院

	频数（人）	有效百分比（%）	累计百分比（%）
有	2617	26.2	26.2
没有	7375	73.8	100.0
总计	9992	100.0	—

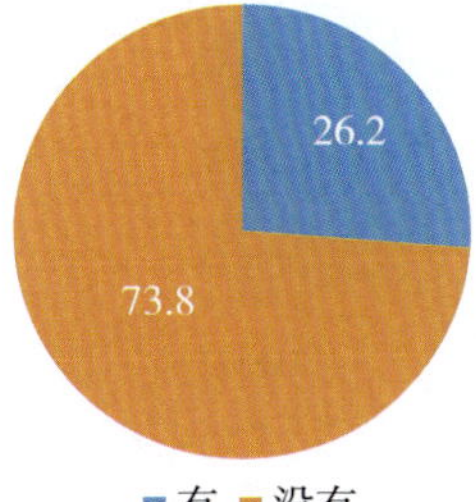

图23-33　上一年家中是否有人住院（%）

表23-93 医疗费用 单位：元

	平均值	最小值	最大值	标准偏差	N
实际支付诊疗总费用	13875.9	0	500000	31243.519	2448
各类医保报销的金额	10391.9	0	600000	23444.051	2119
其他费用[a]	1982.5	0	500000	13584.878	1486
红包、礼品	65.9	0	10000	578.424	1397

注：a 其他费用指看病就医过程中产生的看护、交通、食宿等支出。

（二）未来医疗负担感受

本次调查以量表的方式调查了受访者对未来医疗花费感受，本题共有 3263 位受访者作了有效回答，另有 39 位受访者表示说不准。根据作了有效回答的 3263 位受访者的描述，大部分受访者均对未来的医疗花费表示担心①，这一比例达到了 85.3%，可见受访者对医疗负担的感受非常明显。但从不同群体担心的程度略有差别，三大群体当中农民对未来医疗负担表示担心的比例最高，达到 86.9%，农民工和城镇居民担心的比例分别为 82.3% 和 81.6%，可见农民对医疗负担的感受最为明显。

表23-94 对未来医疗花费担心情况

	频数	有效百分比（%）	累积百分比（%）
非常担心	970	29.7	29.7
比较担心	1246	38.2	67.9
有点担心	569	17.4	85.3
不太担心	351	10.8	96.1
一点也不担心	127	3.9	100.0
总计	3263	100.0	—

表23-95 不同群体对未来医疗花费的担心情况 单位：%

	农民	农民工	城镇户籍居民	总计
非常担心	32.0	22.3	30.0	30.2
比较担心	37.2	40.0	33.7	36.4
有点担心	17.7	20.0	17.8	18.0
不太担心	9.3	13.7	13.7	11.3
一点也不担心	3.7	4.0	4.7	4.1
总计	100.0	100.0	100.0	100.0

① 有点担心、比较担心和非常担心，下同。

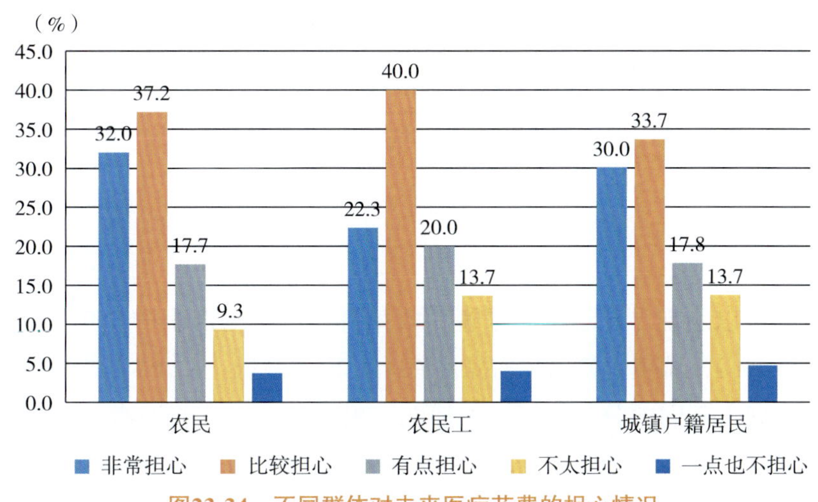

图23-34 不同群体对未来医疗花费的担心情况

（三）家庭医生情况

2019 年的民生调查对受访者家庭医生的情况进行了询问，有 9803 位受访者作了回答。从统计数据可以看出，家庭医生的普及度非常低，在 9803 位受访者中仅有 18.2% 的人有家庭医生，74% 的人没有家庭医生，还有 5.6% 的人没有听说过家庭医生。其中在 1820 位表示有家庭医生的受访者中，1805 人回答了对家庭医生的熟悉程度，这部分受访者对家庭医生的熟悉程度相对较高，有 75% 的受访者表示对家庭医生比较熟悉或非常熟悉。

表23-96 与家庭医生熟悉程度

	频数（人）	有效百分比（%）	累积百分比（%）
有	1820	18.2	18.6
没有	7421	74.0	75.7
不知道—没听说过	562	5.6	5.7
总计	9803	97.8	100.0

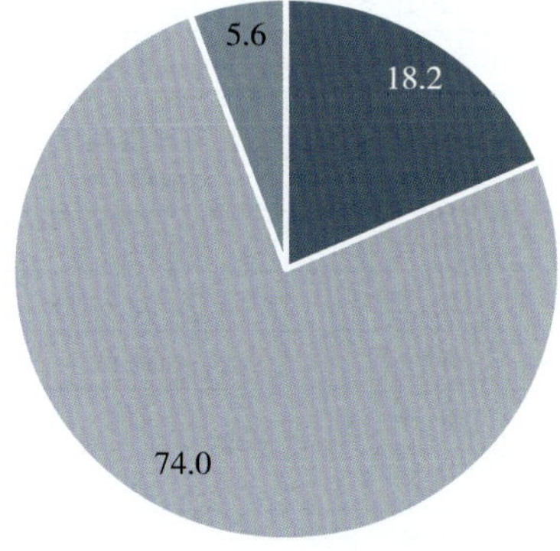

图23-35 不同群体对未来医疗花费的担心情况

表23-97 与家庭医生熟悉程度

	频数（人）	有效百分比（%）	累积百分比（%）
很熟悉	727	40.3	40.3
比较熟悉	626	34.7	74.9
不太熟悉	343	19.0	93.9
完全不熟悉、不认识	109	6.1	100.0
总计	1805	100.0	

比较三类群体可以发现，从总体上来说，农民群体有家庭医生的比例竟然最高（23.1%），其次是农民工（13.4%），城镇户籍居民有家庭医生的比例最低（13.1%）（见图23-36）。但是在不同的省份中则呈现出不同的分布特征，在河北、黑龙江、江苏、福建、广西和陕西这六个省份，农民有签约家庭医生的比例要高于城镇居民；但是浙江和安徽两个省份则是城镇居民有签约家庭医生的比例高于农民群体。而且河北、浙江和安徽是总体上有签约家庭医生比例最高的三个省份，其比例分别达到了35.2%、33.3%和24.5%；黑龙江、福建和陕西则是有签约家庭医生比例最低的三个省份，比例分别为5.1%、8.8%和7.7%（见表23-98）。

表23-98 不同省份和不同群体是否有家庭医生 单位：%

		农民	农民工	城镇户籍居民	总计
河北省	不知道	2.4	1.5	0.0	1.7
	有	44.5	14.9	17.8	35.2
	没有	53.2	83.6	82.2	63.1
	总计	100.0	100.0	100.0	100.0
黑龙江省	不知道	4.1	0	7.3	5.9
	有	8.2	1.7	3.7	5.1
	没有	87.7	98.3	89.0	89.1
	总计	100.0	100.0	100.0	100.0
江苏省	不知道	5.8	5.0	2.5	4.3
	有	19.0	12.3	8.1	13.2
	没有	75.2	82.7	89.4	82.5
	总计	100.0	100.0	100.0	100.0
浙江省	不知道	8.1	1.2	1.2	4.4
	有	32.8	25.4	40.4	33.3
	没有	59.1	73.4	58.4	62.3
	总计	100.0	100.0	100.0	100.0
安徽省	不知道	4.9	10.7	1.8	4.8
	有	24.2	20.7	26.9	24.5
	没有	70.9	68.6	71.2	70.7
	总计	100.0	100.0	100.0	100.0
福建省	不知道	2.8	4.0	10.3	5.4
	有	10.8	5.1	9.1	8.8
	没有	86.4	90.9	80.6	85.8
	总计	100.0	100.0	100.0	100.0

续表

		农民	农民工	城镇户籍居民	总计
广西壮族自治区	不知道	1.5	5.1	3.5	2.3
	有	20.6	13.3	8.6	17.2
	没有	77.9	81.6	87.9	80.6
	总计	100.0	100.0	100.0	100.0
陕西省	不知道	16.5	12.2	9.4	13.4
	有	11.5	7.9	1.9	7.7
	没有	72.0	79.9	88.8	78.9
	总计	100.0	100.0	100.0	100.0
总计	不知道	5.2	5.1	4.9	5.1
	有	23.1	13.4	13.1	18.2
	没有	71.8	81.5	82.0	76.7
	总计	100.0	100.0	100.0	100.0

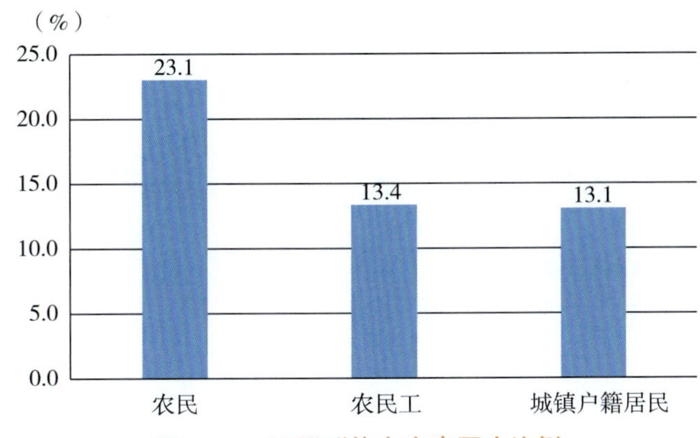

图23-36　不同群体有家庭医生比例

（四）对慢性病患者医护不满意情况

患慢性病的情况也是本次调查的重要内容之一，这方面分为两部分内容，一部分是有没有患有慢性病（见表23-99），另一部分是慢性病患者对于医疗服务不满意的地方。首先，数据显示，在10021名有效样本中，28.5%的人被医生诊断患有慢性病。其次，在慢性病患者医疗服务感受方面，有288位受访者表示没有不满意的地方。

具体来看，受访者对慢性病患者医疗服务最不满意的方面集中于“医疗费用太高”这一问题，医保报销比例太低也都是受访者主要的不满意方面。表数据显示，同时也有40.6%的受访者在第一项选择了医疗费用太高，其次是看病不方便（18%）；有29.4%的受访者第二项选择了医保报销比例太低，其次是医疗费用高（27.4%）；有22.5%的受访者第三项选择的是医保报销比例低，其次是难以获得专业健康指导（15.4%）。

表23-99 是否被医生诊断患有慢性病

是否被医生诊断患有慢性疾病	频数（人）	有效百分比（%）
有	2856	28.50
没有	7164	71.50
总计	10021	100.00

表23-100 对慢性病患者医疗服务不满意的地方

	第一项		第二项		第三项	
	N	%	N	%	N	%
看病及定期检查不方便[a]	810	18.0	139	4.4	101	7.8
开药存在困难[b]	257	5.7	234	7.5	44	3.4
治疗效果不好	665	14.8	347	11.1	134	10.3
长期患病，医疗费用高	1825	40.6	859	27.4	158	12.2
常用药医疗保险不能报销，或报销比例低	489	10.9	922	29.4	291	22.5
难以及时、方便地得到专业的健康指导	137	3.1	279	8.9	200	15.4
市面上的药品、保健品和健康信息难辨真伪	111	2.5	158	5.1	166	12.8
家中病人出行不便，没有上门的医疗服务	138	3.1	190	6.1	198	15.2
其他	62	1.4	6	0.2	3	0.2
看病贵	4	0.1	3	0.1	2	0.2
总计	4786	100.0	3136	100.0	1297	100.0

注：a：医疗机构距离远、挂号难、排队时间久等。
b：有些药开不到、每次能开的量太少、开药挂号费高等。

（五）体检情况

2019 年的调查对体检的情况作了了解，有 9932 名受访者对这一问题作了有效回答。数据显示，在 9932 名受访者中大部分受访者都有过体检，但大部分受访者做不到定期体检，而且城镇居民体检的比例最高，农民工体检比例最低。如表格所示，46.7% 的受访者会进行定期体检（每年一次或每年两次），有 22.1% 的受访者从未进行体检。分不同群体来看，城镇居民定期体检比例最高，达到 52.1%，其次是农民（46%），农民工最低（39.2%）。

表23-101 与家庭医生熟悉程度

	频数	有效百分比（%）	累积百分比（%）
每年进行2次以上	548	5.5	5.5
每年进行1次	4091	41.2	46.7
进行过体检，但不到每年1次	1750	17.6	64.3
只有治病时进行过体检	1353	13.6	77.9
从未进行体检	2190	22.1	100.0
总计	9932	100.0	—

表23-102　不同群体体检情况　单位：%

	农民	农民工	城镇户籍居民	总计
每年进行2次以上	5.9	3.1	4.6	5.1
每年进行1次	40.1	36.1	47.5	42.0
进行过体检，但不到每年1次	15.5	17.0	22.5	18.1
只有治病时进行过体检	12.8	16.8	11.0	12.8
从未进行体检	25.7	27.1	14.4	22.0
总计	100.0	100.0	100.0	100.0

七、养老保障

（一）养老问题担心程度

问卷对受访者的养老担心情况进行了调查，包括单纯对养老问题的担心和对养老经济来源的担心。共有10020位受访者对养老问题的担心程度作了回答，数据表明，这10020位受访者中半数以上都对养老问题有所担心[①]，比例达到55.1%，仅有16.4%的人表示完全不担心。对于养老担心的问题则有8512位受访者作了回答，这其中166位受访者表示不担心，在剩余的8346位受访者中大家主要担心的养老问题是养老的钱不够以及身体不好，占比分别为50.6%和24.1%。

表23-103　对养老问题担心程度

	频数（人）	有效百分比（%）	累积百分比（%）
非常担心	1713	17.1	17.1
比较担心	3805	38.0	55.1
不太担心	2134	21.3	76.4
完全不担心	1643	16.4	92.8
说不准	148	1.5	94.2
没想过	577	5.8	100.0
总计	10020	100.0	—

表23-104　主要担心的养老问题

	频数（人）	有效百分比（%）	累积百分比（%）
养老的钱不够	4223	50.6	50.6
生活上没人照顾	1279	15.3	65.9
身体不好	2011	24.1	90.0
精神孤独	136	1.6	91.7
生活不方便	246	2.9	94.6
就医不方便	270	3.2	97.8
其他	180	2.2	100.0
总计	8346	100.0	—

① 非常担心和比较担心。

表23-105　　对养老经济来源的担心程度

	频数	有效百分比（%）	累积百分比（%）
非常担心	1881	18.8	18.8
比较担心	4035	40.4	59.2
不太担心	2241	22.4	81.7
完全不担心	1086	10.9	92.6
说不准	201	2.0	94.6
没想过	542	5.4	100.0
总计	9986	100.0	—

分不同群体来看对养老问题的担心程度，在有效样本当中，农民工和农民担心的比例最高，担心的比例分别为55.5%和53%，城镇居民完全不担心的比例最高，达到19.5%。另外，三个群体对养老问题担心的地方分布比较一致，但是在具体项目上存在一定差异，从表23-106中可以看到，农民和农民工对养老钱不够担心的比例都要高于城镇户籍居民，城镇户籍居民对于生活上无人照顾担心的比例高于农民和农民工。

表23-106　　不同群体对养老问题担心程度　　单位：%

	农民	农民工	城镇户籍居民	总计
非常担心	16.7	14.2	17.0	16.4
比较担心	38.8	38.8	34.1	37.2
不太担心	20.4	23.0	24.2	22.1
完全不担心	15.8	13.1	19.5	16.7
说不准	1.6	1.9	1.3	1.6
没想过	6.6	9.0	3.9	6.0
总计	100.0	100.0	100.0	100.0

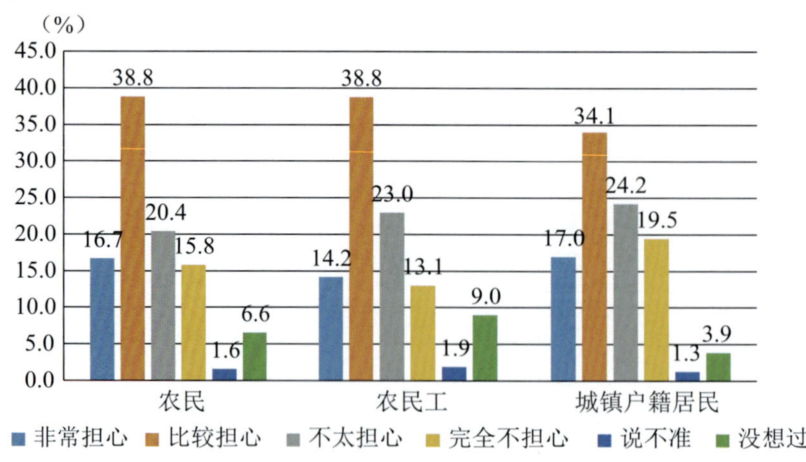

图23-37　不同群体对养老问题担心程度

表23-107　不同群体对养老问题主要担心的地方　单位：%

	农民	农民工	城镇户籍居民	总计
养老的钱不够	50.9	52.3	46.2	49.6
生活上没人照顾	13.8	14.5	19.6	15.9
身体不好	26.6	21.6	23.0	24.6
精神孤独	1.0	2.1	2.1	1.6
生活不方便	2.5	2.9	3.5	2.9
就医不方便	2.5	4.3	4.0	3.3
其他	2.6	2.2	1.5	2.2
总计	100.0	100.0	100.0	100.0

（二）养老计划

养老计划指的是养老经费的来源计划和养老照顾计划，后者指的是养老所依靠的单位或个人，有 9867 位受访者回答了养老金来源，9846 位受访者回答了养老照顾计划。调查结果表明，9867 位受访者中未来的养老经济来源均主要为自己的退休金 / 养老金和由子女或其他亲属赡养两方面，占比分别达到 40.7% 和 26.4%。除此之外，也有一定比例（11.2%）的受访者认为以后养老的经济来源主要靠储蓄。就未来的养老照料计划而言，9846 位受访者中，大部分受访者计划将来养老依靠自己或者子女照顾，占比分别达到 34.9% 和 37.9%，还有 17.7% 的人依靠配偶照顾。

表23-108　受访者未来的养老经济来源计划

	频数（人）	有效百分比（%）	累积百分比（%）
自己的退休金—养老金	4019	40.7	40.7
配偶的退休金—养老金	155	1.6	42.3
储蓄	1103	11.2	53.5
投资理财收入	45	0.5	53.9
靠承包田地	465	4.7	58.6
商业养老保险金	64	0.7	59.3
房产收益（租房或卖房）	47	0.5	59.8
由儿女或其他亲属赡养	2606	26.4	86.2
低保或社会救济	201	2.0	88.2
工作收入	381	3.9	92.1
其他	77	0.8	92.9
没想过	702	7.1	100.0
总计	9867	100.0	—

表23-109　未来养老照顾计划

	频数（人）	有效百分比（%）	累积百分比（%）
自己照顾自己	3440	34.9	34.9
配偶照顾	1741	17.7	52.6
子女照顾	3736	37.9	90.6
其他亲属帮忙照顾	23	0.2	90.8

续表

	频数（人）	有效百分比（%）	累积百分比（%）
雇用保姆	17	0.2	91.0
社区养老中心	90	0.9	91.9
公办养老机构	138	1.4	93.3
私营养老机构	28	.3	93.6
其他	17	.2	93.7
没想过	616	6.3	100.0
总计	9846	100.0	

（三）老人月收入情况

收入方面的调查只针对60岁以上老人或者60岁以下已退休的受访者，这方面分别设计了月固定收入和每月个人养老金收入两个问题，分别有3566位和3529位受访者回答了这两个问题。调查显示，总体上看在有60岁以上老人的家庭中，平均每位老人的月固定收入（含工作、养老金、投资理财等各类个人收入，但不包含子女给的钱）为1661.86元，其中平均每位老人每月的养老金收入为1117.53元。

表23-110　受访者收入情况和养老金收入　单位：元

	平均值(E)	最小值(M)	最大值(X)	标准偏差	N
每月固定收入	1661.86	0	50000	2225.496	3566
每月个人养老金收入	1117.53	0	40000	1730.042	3529

（四）养老服务设施

养老服务设施主要指的是所在社区或者村庄的养老服务设施，包括老人举办的各类活动、老年体检服务、老年就餐和老年医疗服务等，本调查对这一主题问了两类问题，一类是有没有相关的老年服务设施，另一类是对于养老服务的满意情况。调查数据显示，受访者所在社区在活动举办和免费体检方面服务情况较好，在老年就餐等方面社区服务情况一般。如表23–111所示，54.4%的受访者表示社区能够定期为老年人举办各类活动，有81.0%的受访者所在社区每年为老年人提供免费体检。但是在老年送餐方面仅有11.2%的受访者表示社区有这种服务。此外，还有接近半数的受访者所在社区没有为老年人提供上门医疗服务，还有接近半数受访者社区没有为慢性病老年人定期上门检查。而从养老服务的供求关系来看，在9979位回答者中有41.1%的受访者认为社区养老服务能满足需求，有39.6%的受访者认为不能满足养老需求，二者比例相近。

表23-111　社区养老服务提供情况　单位：%

	有	没有	不清楚	总计
定期为老年人举办各类活动	54.4	38.2	7.4	100.0
每年为老年人提供免费体检	81.0	13.6	5.4	100.0
老年就餐—送餐服务	11.2	79.9	8.8	100.0
为老年人提供上门医疗服务	41.6	48.4	10.0	100.0
为有慢性病的老年人提供定期上门检查	39.6	48.9	11.5	100.0

表23-112　社区养老服务设施能否满足需求

	频数（人）	有效百分比（%）	累积百分比（%）
能	4103	41.1	41.1
不能	3956	39.6	80.8
不清楚	1919	19.2	100.0
总计	9979	100.0	—

（五）养老保险满意度

养老保险满意情况主要涉及两个问题，一个是对于我国养老保险状况的满意程度，另一个是认为我国养老保障方面存在的最大问题。有 10001 位受访者回答了养老保险的满意度，其中 53.8% 的受访者表示对于我国目前的养老保险状况基本满意或非常满意，但同时也存在约 12.4% 的受访者表示对养老保障状况存在一定程度的不满意（见表 23–113）。有 9971 位受访者回答了养老保险中存在的问题，这些受访者认为我国养老保险最大的问题在于养老金水平太低，比例为 47.5%，此外，不同人之间养老金差距太大以及个人缴费太高等也都存在不满意的情况，占比分别为 19.7% 和 9.5%。

表23-113　受访者对我国养老保险状况的满意度

	频数（人）	有效百分比（%）	累计百分比（%）
非常满意	1036	10.4	10.4
基本满意	4343	43.4	53.8
一般	2556	25.6	79.3
不太满意	1022	10.2	89.6
很不满意	219	2.2	91.8
说不清楚	825	8.2	100.0
总计	10001	100.0	—

表23-114　受访者认为目前养老保障方面存在的最大问题

	频数（人）	有效百分比（%）	累计百分比（%）
养老金水平太低	4737	47.5	47.5
不同人之间养老金水平差距太大	1968	19.7	67.2
个人缴费太高	944	9.5	76.7
未来养老金可能发不出来	311	3.1	79.8
制度设计太复杂，搞不清楚	664	6.7	86.5
养老金在不同地区转移接续困难	79	0.8	87.3
其他	204	2.0	89.3
不清楚	218	2.2	91.5
无	846	8.5	100.0
总计	9971	100.0	—

数据显示，农民、农民工和城镇户籍居民对养老保险满意度的分布基本一致，满意的比例都在 50% 左右，但是相比起来，农民和城镇户籍居民对养老保险满意度要高于农民工，可见农民工在养老保险方面存在需要提高的地方。而且三个群体之间对养老保险不满意的原因存在一定的差

异，农民群体认为养老金水平太低的比例最高（53%），城镇户籍居民认为不同人之间养老金差距大的比例最高（30.4%），这表明农民养老金绝对金额较低，而城镇居民养老金分配差距较大。

表23-115　不同群体对养老保险的满意　单位：%

	农民	农民工	城镇户籍居民	总计
非常满意	10.8	8.3	10.6	10.4
基本满意	44.9	39.8	44.2	43.9
一般	24.1	27.7	26.0	25.3
不太满意	8.7	10.6	11.1	9.8
很不满意	2.0	1.4	3.1	2.3
说不清楚	9.3	12.3	4.9	8.3
总计	100.0	100.0	100.0	100.0

表23-116　不同群体对养老金不满意的地方　单位：%

	农民	农民工	城镇户籍居民	总计
养老金水平太低	53.0	39.7	39.0	46.2
不同人之间养老金水平差距太大	14.5	21.7	30.4	21.0
个人缴费太高	8.5	14.0	9.8	9.8
未来养老金可能发不出来	2.5	3.3	4.2	3.2
制度设计太复杂，搞不清楚	7.3	8.2	5.1	6.7
养老金在不同地区转移接续困难	0.4	1.9	1.0	0.8
其他	2.2	1.9	1.8	2.0
不清楚	2.5	2.8	1.3	2.1
无	9.0	6.6	7.4	8.1
总计	100.0	100.0	100.0	100.0

（六）养老服务满意度

养老服务满意情况也设计了两个问题，一个是养老服务的满意度，另一个是认为我国养老服务存在的问题。有9984位受访者回答了养老服务满意度，其中约有54.3%的受访者表示对我国目前的养老服务状况较为满意，但同时也存在约9.9%的受访者表示存在一定程度的不满意。如果分城乡群体来看，不同的群体对养老服务的满意程度存在一定差异，总体来看，城镇户籍居民和农民对养老服务的满意度较高，农民工的满意度较低，农民和城镇户籍居民对养老服务满意的比例都超过55%，而农民工满意的比例在45%左右。

表23-117　受访者对我国养老服务状况的满意度

	频数（人）	有效百分比（%）	累计百分比（%）
非常满意	838	8.4	8.4
基本满意	4580	45.9	54.3
一般	2776	27.8	82.1
不太满意	837	8.4	90.5
很不满意	145	1.5	91.9
说不清楚	807	8.1	100.0
总计	9984	100.0	—

表23-118　不同群体对我国养老服务状况的满意度　单位：%

	农民	农民工	城镇户籍居民	总计
非常满意	8.7	6.6	8.6	8.3
基本满意	47.1	38.8	46.7	45.7
一般	27.9	31.6	26.7	28.0
不太满意	7.2	9.4	8.7	8.0
很不满意	1.3	1.2	2.0	1.5
说不清楚	7.8	12.4	7.3	8.3
总计	100.0	100.0	100.0	100.0

有 8421 位受访者回答了养老服务改善的第一项，还有 44 位在第一项中认为没有改善的；有 5768 位受访者回答了第二项，2959 位受访者回答了第三项。具体来看，受访者认为养老服务需要改善的地方主要包括上门医疗服务、健康监测紧急救助和修建更多养老机构。在第一项中，占比最高的是上门医疗服务（35.9%）、第二项中占比最高的依次是健康监测紧急救助（30.9%）和上门医疗服务（21.3%），第三项占比最高的分别是修建更多养老机构（31%）和娱乐活动（21.2%）。

表23-119　养老服务需要改善的地方

	第一项		第二项		第三项	
	N	%	N	%	N	%
送餐—做饭	713	8.9	145	2.5	72	2.4
帮助洗澡	106	1.3	120	2.1	29	1.0
房屋适老化改造	968	12.1	240	4.2	134	4.5
居住小区适老化改造[a]	661	8.2	364	6.3	115	3.9
打扫卫生等家政	381	4.8	365	6.3	167	5.7
上门医疗服务[b]	2878	35.9	1226	21.3	361	12.2
健康监测紧急救助	861	10.7	1780	30.9	515	17.4
娱乐活动	622	7.8	729	12.6	628	21.2
修建更多养老机构	736	9.2	770	13.4	917	31.0
其他	90	1.1	28.0	0.5	21.0	0.7
总计	8421	100.0	5768	100.0	2959	100.0

注：a：如加装电梯、建设无障碍设施等。
b：打针、问诊等。

八、住房保障

（一）城镇受访者相关问题

调查数据显示，88.3 % 的居民住房中同时拥有独立厨房和卫生间，6.1% 的居民住房中仅有独立厨房，1.7% 的居民住房中仅有独立卫生间，3.9% 的居民住房中两者都没有。

表23-120 独立厨房和卫生间

	百分比（%）
有独立厨房，但没有独立卫生间	6.1
有独立卫生间，但没有独立厨房	1.7
有独立厨房和卫生间	88.3
既没有独立厨房，也没有独立卫生间	3.9

根据调查，73.6% 的城镇受访者表示所住房屋并未安装电梯，而电梯安装的比重仅为 19.1%，另外还有 7.3% 的居民表示所住房屋为平房，不需安装电梯。

表23-121 电梯安装情况

	频数（人）	有效百分比（%）
有	677	19.1
没有	2605	73.6
平房，不需要	258	7.3
总计	3540	100

根据调查，76.5 % 的城镇受访者表示所居住的小区没有方便老人 / 残疾人使用的无障碍设施，而无障碍设施普及的比重仅为 22.7%，另外还有 0.8% 的居民表示小区内虽建有无障碍设施，但却被占用或无法使用。

表23-122 无障碍设施普及情况

	频数（人）	有效百分比（%）
有	806	22.7
没有	2718	76.5
有，但被占用或无法使用	29	0.8
总计	3552	100.0

（二）农村受访者相关问题

根据调查，34.5% 的农村受访者表示自家农村住房的厕所为冲水蹲坑，31.5% 的受访者的农村住房的厕所为抽水马桶，另有 23.7% 的受访者的农村住房的厕所为简易茅坑。其中，关于厕所粪污的处理，“有化粪池或储粪罐，无排出口，自家（或自己请人）清淘”占比 32.5%，“冲入下水道，管网收集后集中处理”占比 21.5%，“有化粪池或储粪罐，有排出口，处理后排入附近农田”占比 18.3%；“有化粪池或储粪罐，有排出口，排出后再集中处理”占比 14.8%。

表23-123 农村住房的厕所类型

	频数（户）	有效百分比（%）
冲水蹲厕	2427	34.5
抽水马桶	2220	31.5
简易茅坑	1668	23.7
改造后的旱厕	584	8.3

续表

	频数（户）	有效百分比（%）
其他	75	1.1
公共厕所	64	0.9
总计	7037	100

表23-124　农村住房的厕所粪污处理类型

	频数	有效百分比（%）
冲入下水道，管网收集后集中处理	1457	21.5
有化粪池或储粪罐，有排出口，排出后再集中处理	1003	14.8
有化粪池或储粪罐，有排出口，处理后排入附近农田	1236	18.3
有化粪池或储粪罐，无排出口，村里有统一组织清掏	353	5.2
有化粪池或储粪罐，无排出口，自家（或自己请人）清掏	2196	32.5
没有任何收集处理和防渗漏措施，自然暴露	519	7.7
总计	6765	100

2018 年以来，家庭农村住房的厕所获得过政府支持的改造占比 17.1%，已经改造过的占比为 17.5%，仍有 63.9% 的家庭从未在厕所改造上获得支持。其中，88.0% 的受访者表示经过厕所改造，比以前更方便了。厕所改造中，55.0% 的受访者零花费，花费千元及以上的受访者约占 18.5%。关于厕所改造后是否增加了使用和维护成本，7.4% 的受访者表示使用和维护成本明显增加，26.6% 的受访者表示使用和维护成本略有增加。

表23-125　是否得到政府厕所改造支持

	频数（人）	有效百分比（%）
是	1196	17.1
以前已经改造过	1222	17.5
从未获得过支持改造	4460	63.9
家里一直没有厕所	106	1.5
总计	6985	100

表23-126　厕所改造的效果

	频数（人）	有效百分比（%）
比以前更方便了	1236	88.0
没有变化	147	10.5
不如以前方便	21	1.5
总计	1404	100

表23-127　厕所改造后的使用和维护成本

	频数（人）	有效百分比（%）
明显增加	102	7.4
略有增加	369	26.6
没有变化	717	51.7
略微减少	124	9.0
明显减少	75	5.4
总计	1387	100

九、生活环境

（一）周边生态基本情况

由调查数据知，整体上看，65.5% 的居民对周边环境的总体状况是满意的，29.4% 的居民认为周边环境的总体状况一般，其余 4.7% 的居民对周边环境的总体状况不满意。具体而言，居民对于空气质量满意程度最高，对于生活用水质量和生活垃圾处理情况的满意程度依次降低，对于周边河流、湖泊、池塘、水泡子、井水等水体质量（以下简称为周边水体质量）的满意程度最低，只有 39.7% 的居民认为满意，且有 20.3% 的居民表示不满意。

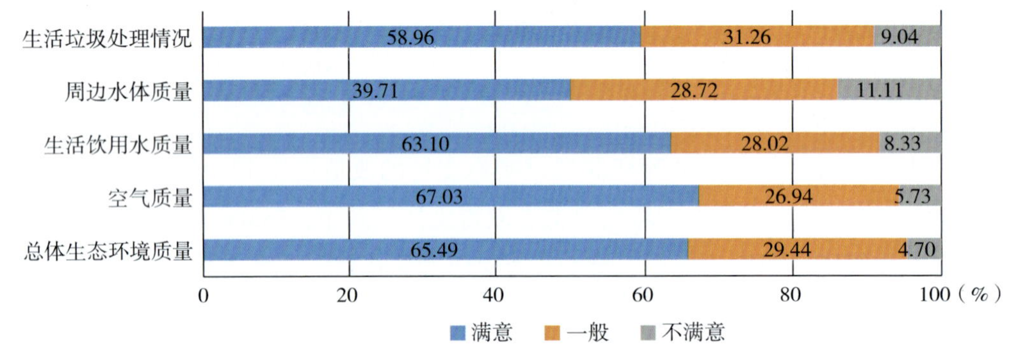

图23-38 周边基本生态状况满意度

分群体来看，不同群体对于总体生态环境质量的满意程度具体如下：

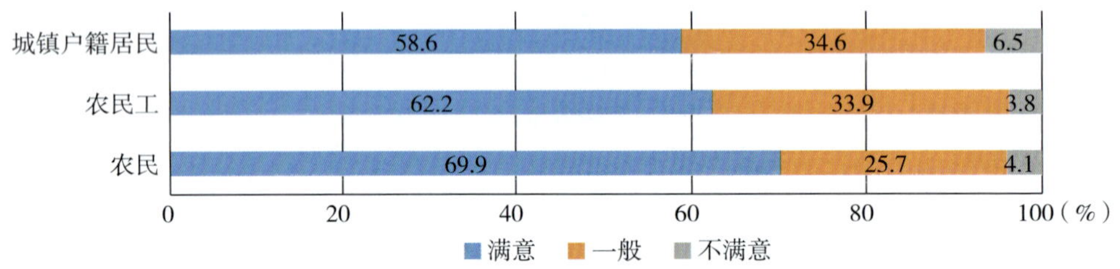

图23-39 不同群体对于总体生态环境质量满意程度

从数据统计结果可以看出，农民群体对于环境满意程度最高，有 69.9% 的农民群体对总体生态环境质量表示满意。农民工群体对于总体生态环境质量满意程度较低，有 62.2% 表示满意。城镇户籍居民群体对于环境的满意程度最低，只有 58.6% 的表示满意。

（二）周边生态改善情况和治理情况

由调查数据知，整体上看，63.4% 的居民认为近一年来周边生态环境的总体状况有所改善，33.9% 的居民认为周边生态环境的没有变化，其余 2.1% 的居民认为周边环境的总体状况在变差，还有 0.4% 的居民认为说不清。具体来看，居民对生活垃圾处理情况的改善感受最明显，剩余依次是周边水体质量、生活用水质量和空气质量，其中居民对空气质量改善情况的感受最不明显。

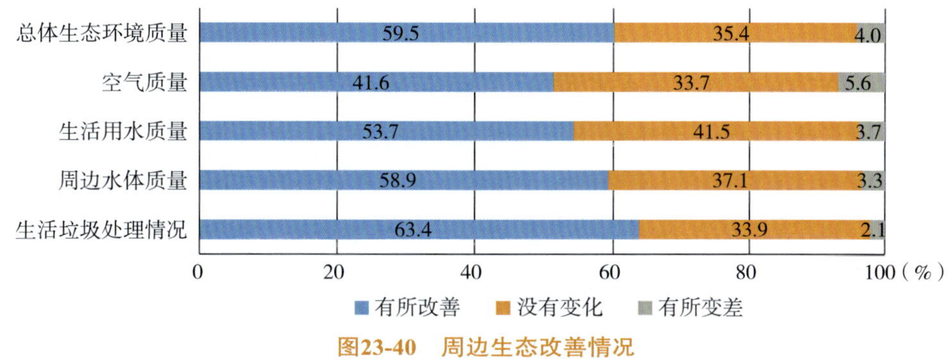

图23-40　周边生态改善情况

2018年度为了治理环境污染，政府加大了环境污染的治理力度，采取了很多治理环境污染的措施，不同群体对污染治理措施的态度不尽相同。在本次调查的统计结果中，总体来讲，居民对于这些污染治理措施的支持度较高，有75.3%的受访者表示支持所有污染治理措施，有18.7%的受访者表示支持大部分污染治理措施，仅有1.7%的受访者表示支持一小部分污染治理措施，有0.3%的受访者表示完全不支持。

按照农民、农民工、城镇户籍居民不同群体划分方式分别统计支持情况，具体情况如图23-41所示。

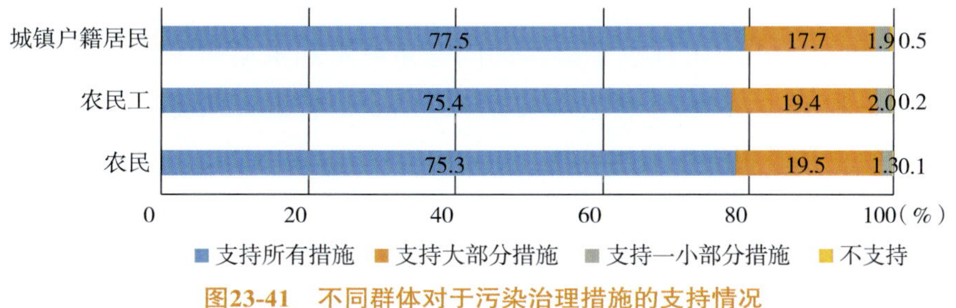

图23-41　不同群体对于污染治理措施的支持情况

比较而言，城镇户籍居民对于污染治理的支持程度最高，有77.5%的受访者支持所有污染治理措施。而农民群体中支持所有污染治理措施的比例最低，为75.3%；农民工群体中支持所有污染治理措施的比例略高，为75.4%。

（三）水体环境与居民日常用水

1. 水体环境

在上文的统计情况中，可以看出受访者对于周边水体质量的满意度是最低的。关于受访者居住地周边水体（河流、湖泊、海洋、水库、池塘、水泡子、井水等）是否出现污染情况的统计结果中，有52.2%的受访者表示没有见过任何水体环境污染的情况，有21.6%的受访者表示此问题不适用。在常见的水体环境问题中，出现频率最高的是水边或水面的垃圾问题，有13.6%的受访者表示出现过此问题。水体发黑发臭和水少断流问题出现频率依次降低，分别为12.0%和

10.1%。还有 4.7% 的受访者表示有工厂、餐馆、酒店、民宿、养殖场等直接向水里排污的情况。

2. 居民日常用水

由调查可知，在居民的日常用水来源中，市政自来水占到 71.2%，是最主要的日常用水来源，居住地的水源井占 12.1%，净水器过滤后的市政自来水占 6.3%，居住地周边的河流、湖泊、山泉等占 8.0%，另有 1.8% 的居民使用桶装（瓶装）矿泉水或纯净水作为日常用水。

由调查可知，38.5% 的居民都遇到过各种日常生活用水问题，包括且不限于停水、水垢多、水有味道、水有颜色、水浑浊或有漂浮物、水质污染等问题。

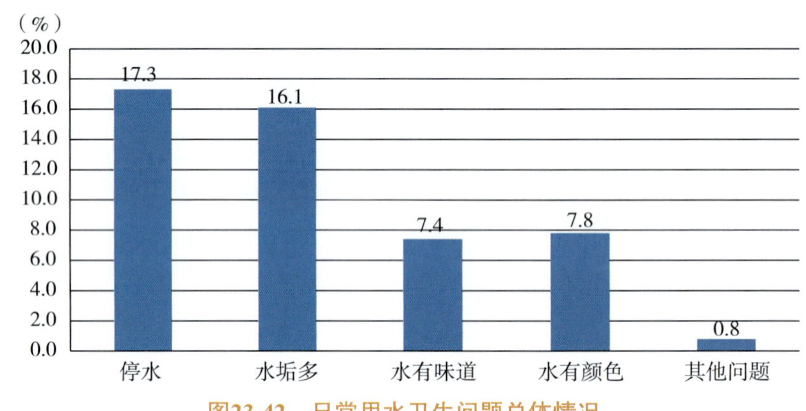

图23-42 日常用水卫生问题总体情况

在调查结果中可以看出，出现频率最高的问题是停水和水垢多（将含碱性高合并为水垢多），分别占 17.3% 和 16.1%，水有颜色和水有味道的受访者报告情况依次降低，分别为 7.8% 和 7.4%。另有 0.8% 受访者报告有其他问题。

（四）垃圾分类情况

由调查可知，有 68.9% 的居民从来不进行垃圾分类，每次进行垃圾分类和经常进行垃圾分类的受访者占比分别为 7.8% 和 9.8%，还有 12.4% 的受访者表示偶尔进行垃圾分类，垃圾分类尚未成为大多数人的行为。

进行垃圾分类的受访者中，有 27.0% 的受访者表示会对可回收垃圾进行单独分类，有 20.9% 的受访者表示会对厨房垃圾进行分类，有 14.1% 受访者表示会对有毒有害垃圾进行分类，另有 1.2% 的受访者表示会对其他类型的垃圾进行分类。

垃圾分类和垃圾丢弃是垃圾处理的两个连续过程，垃圾分类不仅要在居民家中进行，还要在丢弃垃圾的过程中分类丢弃。在此次调查的统计结果中，有 64.5% 的受访者表示不分类收拾垃圾，随便丢进垃圾桶，所占比例最高。有 11.9% 的受访者会分类收拾垃圾，但是不会按照垃圾桶的表示进行投放。只有 15.3% 的受访者会分类收拾垃圾，而且按照垃圾桶的表示分类投放，进行完整的垃圾分类丢弃的过程。另有 5.1% 的受访者不分类收拾垃圾，且随意丢弃在小区中或者路边、池塘沟渠等地。

垃圾桶的设置和垃圾分类息息相关，本调查对于受访者居住地周围是否有垃圾桶，垃圾桶是否有分类标识表示进行了调查。有 61.6% 的受访者表示有垃圾桶，但是无分类表示，有 24.5% 的受访者表示有分类标识的垃圾桶，还有 11.8% 的受访者表示居住地周围无垃圾桶。总体来讲，有 14.0% 的受访者报告了居住地周围有有毒有害垃圾专用垃圾桶，有 14.6% 的受访者报告了有厨房垃圾专用垃圾桶，有 21.9% 的受访者报告了有可回收物专用垃圾桶，还有 1.9% 其他标识的专用垃圾桶。

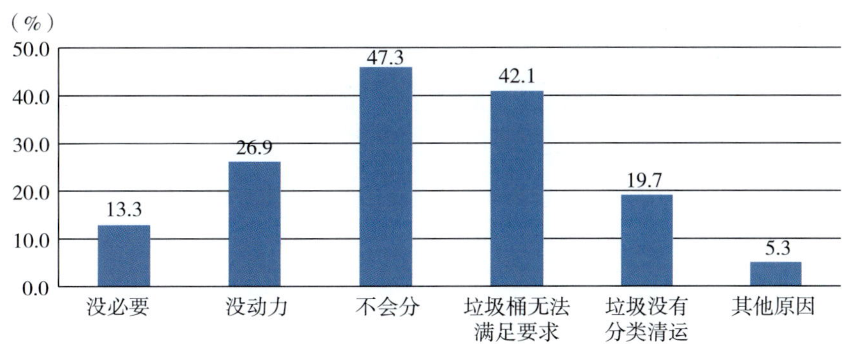

图23-43　妨碍垃圾分类的主要原因

在问及阻碍日常进行垃圾分类的原因时，报告频率最高的两个原因是不会分和垃圾桶无法满足分类要求，分别占 47.3% 和 42.1%。有 26.9% 的受访者表示没有动力进行垃圾分类，有 19.7% 的受访者表示由于垃圾没有分类清运，所以不进行垃圾分类。有 13.3% 的受访者认为没必要进行垃圾分类。另有 5.3% 的受访者表示因其他原因不进行垃圾分类。

（五）农村污染与治理情况

关于满意度最低的水体污染问题，本问卷对于农村地区进行了相关问题设置，对于农村地区受访者调查了其日常生活污水的处理方式。以农村地区受访者为全体，则其中以排入下水道的方式处理污水的受访者占 53.9%，所占比例最高；有 29.8% 的受访者将生活污水排入露天沟渠，所占比例次之；另一种主要排放方式是随便排到室外，所占比例为 19.2%。有 4.0 % 的受访者表示有专门的污水收集桶进行收集，以及 0.5% 的受访者表示倒入化粪池。0.3% 的受访者表示用作灌溉。

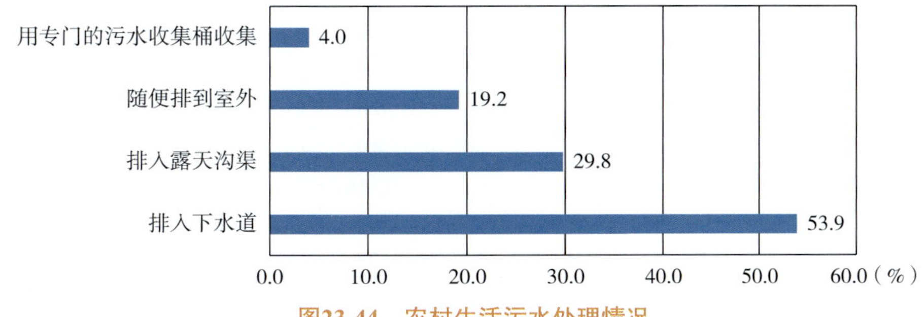

图23-44　农村生活污水处理情况

本调查对于受访者所认为的有效监督方式进行了调查，其统计结果中（以农村地区受访者为全体），有33.4%的受访者认为最有效的方式是依靠村规民约的监督，有28.2%的受访者认为最有效的方式是依靠村干部或者熟人的监督，有20.5%的受访者认为最有效的方式是罚款，有10.6%的受访者认为最有效的方式是评选优秀文明家庭。还有4.6%的受访者认为应该有其他治理方式，以及2.7%的受访者认为没有此类现象需要治理。

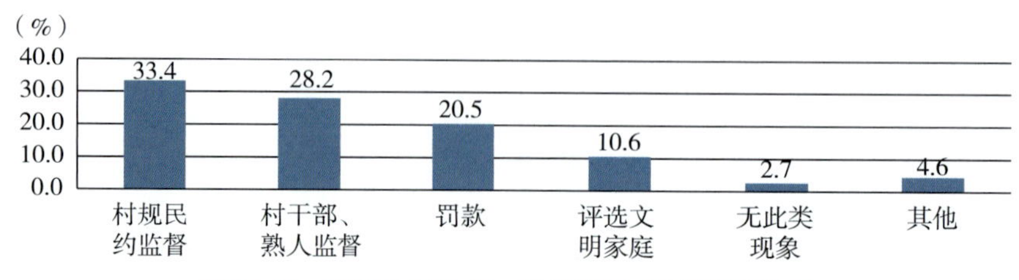

图23-45 农村生活垃圾、生活污水处理监管情况

十、食品安全

此次调查涉及食品安全的问题共6道，分别从食品安全的近期改善情况、重点关注问题、家庭保障措施、信息获取渠道、政府解决措施及未来改善信心等六个方面对过去一年的食品安全改善状况进行信息收集。10026名受访者参与了此次调查，有效样本量9995个，占比99.7%。

（一）最担心的食品安全问题

根据调查，“农药兽药、抗生素、重金属等高残留”是最令受访者担心的食品安全问题，占到全部回答的21.7%；其次为“非法添加的非食用物质（如苏丹红等）”，占到全部回答的16.1%；“有疫病的肉及其他食品流入市场”排名第三，占到全部回答的15.2%。

表23-128 最担心的食品安全问题

	第一项	第二项	第三项	合计
农药兽药、抗生素、重金属等高残留	3629	741	431	4801
列百分比（%）	36.3	10.2	8.8	21.7
非法添加的非食用物质（如苏丹红等）	1333	1881	342	3556
列百分比（%）	13.3	25.9	7	16.1
合法的食品添加剂（如色素、防腐剂、香精等）超量使用	857	1362	784	3003
列百分比（%）	8.6	18.8	16	13.6
食品过期变质	808	976	512	2296
列百分比（%）	8.1	13.4	10.5	10.4
有疫病的肉及其他食品流入市场	1114	1148	1097	3359
列百分比（%）	11.2	15.8	22.5	15.2
食品掺杂（假）	373	670	788	1831
列百分比（%）	3.7	9.2	16.1	8.3

续表

	第一项	第二项	第三项	合计
假冒伪劣食品冒充名牌产品销售	307	452	910	1669
列百分比（%）	3.1	6.2	18.6	7.5
其他	38	5	6	49
列百分比（%）	0.4	0.1	0.1	0.2
都不担心	1499	8	1	1508
列百分比（%）	15	0.1	0	6.8
转基因食品	15	13	12	40
列百分比（%）	0.2	0.2	0.2	0.2
食品卫生情况	3	1	2	6
列百分比（%）	0	0	0	0
没想过不关心	10	0	1	11
列百分比（%）	0.1	0	0	0
合计	9986	7257	4886	22129
列百分比（%）	100	100	100	100

（二）家庭食品安全保障措施

城市居民最常采取的家庭食品安全保障措施排名第一的是“到正规（有品牌的、连锁的）超市购买食品”，占到全部回答的 41.0%；“购买知名品牌或企业的食品”排名第二，占到全部回答的 14.3%、“购买有认证标志的食品（有机、无公害、绿色、质量认证等）”等排名第三，占到全部回答的 10.9%。

表23-129　　家庭食品安全保障措施——城市居民

	第一项	第二项	第三项	合计
购买知名品牌或企业的食品	683	237	81	1001
列百分比（%）	19.2	10	7.2	14.3
到正规（有品牌的、连锁的）超市购买食品	2174	677	30	2881
列百分比（%）	61.3	28.7	2.7	41.0
从信誉好、品控严格电商网购食品	64	338	191	593
列百分比（%）	1.8	14.3	17.1	8.4
购买有认证标志的食品（有机、无公害、绿色、质量认证等）	114	380	273	767
列百分比（%）	3.2	16.1	24.4	10.9
购买进口食品	15	50	54	119
列百分比（%）	0.4	2.1	4.8	1.7
信得过的农场（农户、合作社）直接订购	100	187	117	404
列百分比（%）	2.9	7.9	10.5	5.8
注意媒体报道，不购买被曝光的食品	30	225	202	457
列百分比（%）	0.9	9.5	18.1	6.5
其他	23	7	1	31
列百分比（%）	0.6	0.3	0.1	0.4

续表

	第一项	第二项	第三项	合计
没有特别考虑和采取措施	124	53	0	177
列百分比（%）	3.5	2.2	0	2.5
正规菜市场	208	200	166	574
列百分比（%）	5.8	8.5	14.8	8.2
自己种植	11	6	3	20
列百分比（%）	0.3	0.3	0.3	0.3
总计	3546	2360	1118	7024
列百分比（%）	100	100	100	100.0

农村居民最常采取的家庭食品安全保障措施排名第一的是“到正规（有品牌的、连锁的）超市购买食品”，占到全部回答的28.5%；其次是“自己按传统方式种植/养殖（不打农药、不用化肥、不用配方饲料）”和“购买熟悉的商贩自产自销的农副产品”，分别占到全部回答的24.9%和24.0%。

表23-130　　家庭食品安全保障措施——农村居民

	第一项	第二项	第三项	合计
购买知名品牌或企业的食品	708	83	46	837
列百分比（%）	10.6	1.9	2.8	6.5
到正规（有品牌的、连锁的）超市购买食品	2570	964	120	3654
列百分比（%）	38.5	21.5	7.2	28.5
注意查看标签，避免买到山寨食品	179	391	177	747
列百分比（%）	2.7	8.7	10.7	5.8
购买熟悉的商贩自产自销的农副产品	1421	1256	393	3070
列百分比（%）	21.3	28.1	23.7	24.0
自己按传统方式种植—养殖	1299	1387	510	3196
列百分比（%）	19.4	31	30.7	24.9
注意媒体报道，不购买被曝光的食品	44	140	234	418
列百分比（%）	0.7	3.1	14.1	3.3
其他	22	42	9	73
列百分比（%）	0.3	0.9	0.5	0.6
没有特别考虑和采取措施	219	15	2	236
列百分比（%）	3.3	0.3	0.1	1.8
菜市场	218	199	168	585
列百分比（%）	3.3	4.4	10.1	4.6
总计	6680	4477	1659	12816
列百分比（%）	100	100	100	100.0

（三）食品安全信息及政策获取渠道

根据调查，“电视、收音机”等是最多人次用以获取食品安全信息及政策的渠道，占全部回答的36.1%；其次是“手机上的自媒体（微信、微博里推送的消息等）”，占全部回答的27.9%；“听同事、朋友或邻居介绍”排名第三，占全部回答的16.5%。

表23-131　食品安全信息及政策获取渠道

	第一项	第二项	第三项	合计
电视、收音机	5686.0	1136.0	205.0	7027.0
列百分比（%）	56.9	16.8	7.5	36.1
手机上的自媒体	2589.0	2673.0	179.0	5441.0
列百分比（%）	25.9	39.5	6.6	27.9
下发的宣传资料或宣传栏、告示等街头宣传	372.0	1052.0	639.0	2063.0
列百分比（%）	3.7	15.5	23.5	10.6
政府网站	67.0	221.0	263.0	551.0
列百分比（%）	0.7	3.3	9.7	2.8
报纸杂志	44.0	241.0	293.0	578.0
列百分比（%）	0.4	3.6	10.8	3.0
听同事、朋友或邻居介绍	824.0	1259.0	1134.0	3217.0
列百分比（%）	8.2	18.6	41.7	16.5
其他	36.0	16.0	7.0	59.0
列百分比（%）	0.4	0.2	0.3	0.3
未关注不了解	382.0	171.0	0.0	553.0
列百分比（%）	3.8	2.5	0.0	2.8
总计	10000.0	6769.0	2720.0	19489.0
列百分比（%）	100.0	100.0	100.0	100.0

（四）食品安全问题解决措施

根据调查，希望政府“对调查属实的相关企业及责任人严肃处理”的回答最多，占全部回答的33.6%；其次是希望政府“及时调查并公布结果”的回答，占全部回答的30.2%；希望政府“对传播虚假信息的个人严厉处理”的回答排名第三，占全部回答的18.9%。

表23-132　食品安全问题解决措施

	第一项	第二项	第三项	合计
及时调查并公布结果	4914.0	1112.0	397.0	6423.0
列百分比（%）	49.3	15.2	9.9	30.2
对调查属实的相关企业及责任人严肃处理	3173.0	3731.0	255.0	7159.0
列百分比（%）	31.8	51.1	6.4	33.6
对传播虚假信息的个人严厉处理	565.0	1496.0	1959.0	4020.0
列百分比（%）	5.7	20.5	48.9	18.9

续表

	第一项	第二项	第三项	合计
开辟官方授权的微信公众号、直播平台、手机客户端、热线电话服务	196.0	446.0	552.0	1194.0
列百分比（%）	2.0	6.1	13.8	5.6
定期举办科普活动为大家现场答疑解惑	318.0	502.0	826.0	1646.0
列百分比（%）	3.2	6.9	20.6	7.7
不在意这些信息，不需要相关帮助	809.0	12.0	18.0	839.0
列百分比（%）	8.1	0.2	0.4	3.9
总计	9975.0	7299.0	4007.0	21281.0
列百分比（%）	100.0	100.0	100.0	100.0

（五）食品安全改善信心

在针对食品安全改善信心的调查中，273 名受访者未作出明确评价，占有效样本量的 2.7%。而在做出明确评价的受访者中，对于未来三年内我国的食品安全问题的改善情况，92.3% 的受访者认为会出现不同程度的改善，7.7% 的受访者则对未来不甚乐观。

表23-133　　食品安全改善情况

	有效百分比（%）
一定会有效改善	26.0
相信会逐步改善	54.1
可能会有一些改善	12.2
政策好，但担心落实不下去，难以带来有效改善	6.0
不指望能改善	1.7

十一、政府服务

此次调查涉及政府服务的问题共 7 道，重点关注了 2018 年 7 月至 2019 年 6 月现场办理及网上办理两类办事途径各自的服务改进情况、最希望得到改善的服务事项、能否一次性办完等问题，并对流动人口回乡办理和异地办理情况进行有针对性的调研。10026 名受访者参与了此次调查，有效样本量 10005 个，占比 99.8%。

（一）办事比重及途径

38.7% 的受访者或其家人曾经找过政府有关部门办过业务[①]。其中，81.0% 的人是现场办理，3.0% 的人是网上办理，另有 16.0% 的人两种情况都办理过。

① 比如，户口（身份证）、居住证（暂住证）、出国护照、婚姻生育、入学信息审核、不动产登记、工商登记注册、社保低保、交通违章、车辆年检、个人纳税等事项。

表23-134　办事途径

	有效百分比（%）
现场办理，比如政务服务中心、街道（社区）办事处、村委会等	81.0
网上办理，比如政务服务网、政务服务App、微信公众号等	3.0
两种情况都办理过	16.0

（二）现场办理的改进情况

在针对现场办理改进情况的调查中，26 名受访者未作出明确评价，占有效样本量的 2.7%。而在作出明确评价的受访者中，83.0% 的受访者对近一年自己或家人在现场办理业务时政府服务的改进情况表示“很满意”或“基本满意”，13.2% 的受访者对改进情况表示“一般”，3.8% 的受访者表示出不同程度的不满。

表23-135　现场办理的改进情况

	有效百分比（%）
很满意	28.6
基本满意	54.4
一般	13.2
不太满意	2.7
很不满意	1.1

具体而言，表示“在材料齐全前提下，办理业务只需来一次”的受访者有 81.2%，“不需要来回跑几个窗口”的受访者有 67.7%，“不需重复填多张表”的受访者有 77.0%，“需要对工作人员服务评价（打分）”的受访者有 42.5%，“感觉现在办理业务提供的证明材料减少了”的受访者有 72.6%。

表23-136　现场办理具体改进事项　单位：%

	是	否	不清楚
在材料齐全前提下，办理业务是否只需来一次	81.2	16.9	1.9
您是否需要来回跑几个窗口	28.9	67.7	3.3
您是否还需重复填多张表	19.0	77.0	4.0
是否需要对工作人员服务评价（打分）	42.5	50.0	7.6
您感觉现在办理业务提供的证明材料是否减少了	72.6	17.9	9.5

（三）网上办理的改进情况

在针对网上办理改进情况的调查中，162 名受访者未作出明确评价，占有效样本量的 15.7%。而在作出明确评价的受访者中，85% 的受访者对自己或家人在网上办理业务时政府服务的改进情况表示“很满意”或“基本满意”，13.2% 的受访者对改进情况表示“一般”，1.9% 的受访者表示出不同程度的不满。

表23-137 网上办理的改进情况

	有效百分比（%）
很满意	28.6
基本满意	56.4
一般	13.2
不太满意	1.5
很不满意	0.4

具体而言，自己或家人在网上办理过业务的受访者中，31.5% 主要使用的是政府服务网，23.3% 主要使用的是政府服务 App，20.6% 主要使用的是服务大厅自助机，11.6% 主要使用的是微信小程序，其余 13.1% 使用的是其他方式。这些人中，认为网上办理业务时“操作流程简单”的受访者占 71.2%，认为“在线回复及时”的受访者有 66.0%，认为“提交材料便捷”的受访者有 73.9%。

表23-138 网上办理的方式

	有效百分比（%）
政府服务网	31.5
政府服务App	23.3
服务大厅自助机	20.6
微信小程序	11.6
其他	13.1

表23-139 网上办理具体改进事项 单位：%

	是	否	不清楚
您认为操作流程是否简单	71.2	12.4	16.4
您认为在线回复是否及时	66.0	11.2	22.7
您认为提交材料是否便捷	73.9	7.3	18.8

（四）流动人口政府服务改进情况

本次调查设置了流动人口政府服务的专门题目，分别对流动人口需要回乡办理及可以异地办理的公共服务事项进行有针对性的信息收集。664 名流动人口参与了这部分的调查，占总受访者的 6.6%。

1. 需要回家办理的事项

被访的流动人口中，40.5% 的受访者表示在办理公共事项中需要回老家办理。其中，“医保异地结算”需要回乡办理的占 35.6%，“随迁子女入学”需要回乡办理的占 29.9%，“社保登记转移”需要回乡办理的占 23.9%。

表23-140　需要回乡办理的事项

	有效百分比（%）
医保异地结算	35.6
随迁子女入学	29.9
社保登记转移	23.9
低保办理	23.3
生育登记	20.8
公证委托	6.8
户口或身份证	0.1
其他	11.6

2. 可以外地办理的事项

被访的流动人口中，58.8% 的人表示可以在外地办理身份证，44.8% 的人表示可以在外地办理居住登记，31.4% 的人表示可以在外地办理交通违章事项。

表23-141　可以外地办理的事项

	有效百分比（%）
身份证	58.8
居住登记	44.8
交通违章	31.4
出国护照	12.6
户籍迁移	10.1
婚姻登记	9.9
其他	7.5

（五）最希望得到改善的事项

在对最希望得到改善事项的调查中，2742 名受访者未给出明确回答，占有效样本量的 27.6%。而在给出明确回答的受访者中，21.9% 的人表示最希望得到改善的事项是“来回跑开具各类烦琐证明”，21.6% 的人表示最希望得到改善的事项是“办事程序太复杂和不公开”，20.1% 的人表示最希望得到改善的事项是“部门之间相互推诿、效率低”。另有 17.3% 的人表示目前没有需要改善的事项。

表23-142　最希望得到改善的事项

	有效百分比（%）
来回跑开具各类烦琐证明	21.9
办事程序太复杂和不公开	21.6
部门之间相互推诿、效率低	20.1
服务态度不好	7.9
办理事项不同渠道获取信息不一致	5.4
各种代办、代理服务质量不高	4.7
其他	1.0
很好，不需改善	17.3

（六）是否能够一次办完

在对能否一次办完事务的调查中，49.2% 的人表示现在到政府部门办事就去一个窗口、一次就能办完，30.3% 的人表示无法做到上述情形，另外 20.4% 的人表示自己不清楚。

（清华大学社会学系专题组
负责人：刘精明
成　员：杨　静　朱美静
杨焕兵　刘锦合
钟乔飞　张　爽　贾　晗）

附录 1
2019 年民生满意度电话调查问卷

【卷首语】您好！我是北京零点公司的社会调查访问员，受政府部门委托，进行“中国民生满意度”的公益性电话调查，需了解您对就业、教育、医疗等方面的主观评价。您的回答仅作为信息参考，绝不外透。访问只需要占用您 15 分钟时间。感谢您的支持！

【自动生成】

行政区划代码：□□□□□□

行政区名称：______省（自治区 / 直辖市）______城市______县（区 / 市）

问卷编号：__________________

访问员承诺

✧ 我清楚本人的访问态度对调查结果的影响；

✧ 我保证本份问卷的各项资料都是由我本人按照公司规定的访问程序进行访问和记录的，绝对真实无欺；

✧ 我知道若发现一份作假，本人访问的所有问卷将全部作废，并需对因此而给公司造成的损失做出赔偿。

北京零点市场调查有限公司

2019年6月

第一部分　访问甄别

S1.（对于手机用户询问）请问您当前主要居住地（区、县/市）为？【单选】

与号段所属区域不一致	01	【转入其他地区样本】
与号段所属区域一致	02	【继续访问】

S2.请问：您在当地住了多久？【单选】

不到一年	01	【终止访问】
一年及以上	02	【继续访问】

S3a.您今年多大岁数？（1.尽力争取被访者回答具体年龄（周岁）；2.若被访者不愿作答具体年龄，选项③记录为99，并继续提问年龄段。）【单选+填答】

18岁（不含）以下	01	【终止访问】
75岁（含）以上	02	【终止访问】
愿意回答，记录具体年龄：＿＿＿＿＿＿岁	03	【跳至S4】
不愿回答	04	【继续回答 S3b】

S3b.【S3a选04的答】如果不方便透露具体年龄，您的年龄在几岁到几岁间呢？【单选】

18～19岁	01	45～49岁	07
20～24岁	02	50～54岁	08
25～29岁	03	55～59岁	09
30～34岁	04	60～64岁	10
35～39岁	05	65～69岁	11
40～44岁	06	70～74岁	12

S4.您居住在城镇，还是农村？（被访者不能自行判别城镇、农村的，追问“您居住地周围是否有耕地？”——没有耕地归为城镇，有耕地归为农村。）【单选】

城镇　01　　农村　02

S5.从户籍性质来说，您户口本上写的是哪里的户口？（部分地区在户籍登记时已经不再区分农业和非农业户口，此时选择居民户口作答。）【单选】

非农业户口（城镇户口）	01	居民户口	03
农业户口	02		

S6.您的户口登记地，即户口所在地是：【单选】

目前居住地本地户口（户口登记地为所居住的城市，或县市行政区域）	01
省内其他地区户口（户口登记地虽不是所居住的城市或县市，但在本省行政区域）	02
外省（自治区、直辖市）户口	03

S7.您的文化程度：（最高学历水平，含在读）【单选】

不识字或识字很少	01	职高—中专—技校	05
小学	02	大学专科（高职）	06
初中	03	大学本科	07
普通高中	04	研究生及以上	08

S8.您目前从事的工作是什么？【填答】__________

第二部分　主体问卷

Q1.您当前是否有工作？【单选】

有	01	【继续访问】
没有	02	【跳到Q3】

【没有追问】:“有工作是指上周从事过一小时以上的有报酬的劳动，包括务农农民和务工农民。不包括做义工等没有报酬的劳动。如果上周处于在职休假或在职学习，也视为有工作。”

再次确认“当前是否有工作？”

【访员引导语】接下来，请根据您真实感受对提出的问题做总体满意程度评价。您有“非常满意”“比较满意”“一般”“不太满意”“非常不满意”五个选项。

Q2.【Q1选01的答】您对自己目前就业状况的总体评价是：（包括：工作稳定性、劳动强度、收入等方面）【访员注意】如果被访者回答：自己目前没有工作、在家待业、在校学生、离退休等，则必须返回问卷Q1，重新选择“02没有工作”，并继续Q3提问。【单选】

非常满意	比较满意	一般	不太满意	非常不满意	不清楚/不了解/不评价【不读出】
5分	4分	3分	2分	1分	99分

Q3.您对居住地政府部门服务的总体评价是：（政府部门服务主要指：各级政府部门、政务服务中心办事效率是否提高，各类手续证明是否简化；是否能及时准确提供政策信息等。如，去社区/村委会、街道、政务服务大厅办事是否更加方便？工作人员态度是否比以前好？办事是否更快了？）【单选】

非常满意	比较满意	一般	不太满意	非常不满意	不清楚/不了解/不评价【不读出】
5分	4分	3分	2分	1分	99分

Q4.您对居住地交通状况的总体评价是：（例如：道路是否畅通，是否安全，是否有便捷的公共交通工具等）【单选】

非常满意	比较满意	一般	不太满意	非常不满意	不清楚/不了解/不评价【不读出】
5分	4分	3分	2分	1分	99分

Q5.您对居住地社会治安状况的总体评价是：【单选】

非常满意	比较满意	一般	不太满意	非常不满意	不清楚/不了解/不评价【不读出】
5分	4分	3分	2分	1分	99分

Q6.您对自己住房状况的总体评价是：（包括住房面积、设施、位置等方面）【单选】

非常满意	比较满意	一般	不太满意	非常不满意	不清楚/不了解/不评价【不读出】
5分	4分	3分	2分	1分	99分

Q7.您对居住地教育状况的总体评价是：（例如：教育质量、费用、方便程度、公平性等）【单选】

非常满意	比较满意	一般	不太满意	非常不满意	不清楚/不了解/不评价【不读出】
5分	4分	3分	2分	1分	99分

Q8.您对居住地医疗服务的总体评价是：（例如：医疗服务质量、费用、医生的态度、看病方便程度等）【单选】

非常满意	比较满意	一般	不太满意	非常不满意	不清楚/不了解/不评价【不读出】
5分	4分	3分	2分	1分	99分

Q9.您对居住地环境状况的总体评价是：（包括绿化率、工业废气/废液/废渣处理、生活垃圾处理、空气质量等）【单选】

非常满意	比较满意	一般	不太满意	非常不满意	不清楚/不了解/不评价【不读出】
5分	4分	3分	2分	1分	99分

Q10.您对自己所享有社会保障状况的总体评价是：（包括医疗保险、养老保险等）【单选】

非常满意	比较满意	一般	不太满意	非常不满意	不清楚/不了解/不评价【不读出】
5分	4分	3分	2分	1分	99分

Q11.您对自己所在社区公共服务总体评价是：（例如：社区绿化、环境、治安、组织文体活动等）【单选】

非常满意	比较满意	一般	不太满意	非常不满意	不清楚/不了解/不评价【不读出】
5分	4分	3分	2分	1分	99分

Q12.您对居住地食品安全状况的总体评价是：（例如：农药残留、重金属、添加剂、细菌超标、餐饮服务业的卫生状况等）【单选】

非常满意	比较满意	一般	不太满意	非常不满意	不清楚/不了解/不评价【不读出】
5分	4分	3分	2分	1分	99分

Q13.您对居住地公安、法院、检察院等司法机关公正执法状况的总体评价是：【单选】

非常满意	比较满意	一般	不太满意	非常不满意	不清楚/不了解/不评价【不读出】
5分	4分	3分	2分	1分	99分

Q14.您认为最近一年来，社会上的贫富差距状况有什么变化？【单选】

有明显缩小	略有缩小	没变化	略有扩大	明显扩大	不清楚/不了解/不评价【不读出】
5分	4分	3分	2分	1分	99分

Q15.总体而言，您对自己目前生活状况的评价是：【单选】

非常满意	比较满意	一般	不太满意	非常不满意	不清楚/不了解/不评价【不读出】
5分	4分	3分	2分	1分	99分

Q16.与2018年比较，您的总体生活状况是否有所改善？【单选】

有明显改善	有一定改善	没变化	比以前差一些	明显不如以前	不清楚/不了解/不评价【不读出】
5分	4分	3分	2分	1分	99分

Q17.您对未来生活信心如何？【单选】

非常有信心	比较有信心	一般	信心不足	没有信心	不清楚/不了解/不评价【不读出】
5分	4分	3分	2分	1分	99分

Q18.您的生活水平在当地处于什么水平？【单选】

非常好	中等偏上	中等	中等偏下	非常差	不清楚/不了解/不评价【不读出】
5分	4分	3分	2分	1分	99分

Q19.【Q1选01的答】与2018年比较，您今年劳动收入的变化情况是：（劳动收入指通过劳动取得的报酬，不包括股票、分红、赠予等）【单选】

明显增长	略有增长	没变化	略有下降	明显下降	不清楚/拒答【不读出】
5分	4分	3分	2分	1分	99分

第三部分　就业问卷

一、有工作人群（Y 题号）

Y1.【Q1选01的答】您目前有几份工作？ __________（填数字；若回答“说不清”填999）

1份	01	2份及以上	02

Y2a.【Y1选01的答】您目前做什么工作？我将逐一念出选项，听到符合的描述说“是”即可。【单选】

Y2b.【Y1选02的答】我将逐一念出工作类型，请您表明您最重要的一份工作和第二重要的工作。【排序+多选，限选2项】

务农（含农林牧渔）	01
农村专业管理人员(包括村医、村教、技术服务人员以及专职的村干部等)	02
个体工商户及农村自营业者雇主（含开网店，包括小卖部、代销点、小作坊、手工艺品制作贩卖等人员）	03
个体工商户雇员（雇员人数小于7人）	04
党政机关、社会团体（指工会、青年团、妇联）、事业单位职工	05
国有（国有控股）、集体企业职工	06
民营—私营企业企业主	07
民营—私营企业员工	08
合资、外资或港澳台企业员工	09
自由职业者和临时务工者	10
民办非企业单位、非营利组织员工	11
未知性质单位员工	12
全日制学生（仅用于甄别）	13
其他【请注明】______________________	14

Y3.【Q1选01且Y2a选04,06,08,09,10,11,12的答】您所在的行业是？（由受访者直接回答，访问员记录；若受访者无法回答，访问员念出选项提示）

采矿业	01
制造业	02
建筑业	03
交通运输、仓储和邮政业	04
信息传输、计算机服务和软件业	05
批发和零售业	06
住宿和餐饮业	07
金融业	08
房地产业	09
租赁和商务服务业	10
科学研究、技术服务和地质勘查业	11
教育、卫生、文化、体育	12
其他【请注明】______________________	13

Y4.【Q1选01且Y2a选04,05,06,08,09,11,12的答】您的工作职位是？听到符合的描述说"是"即可。【单选】

单位负责人—高层管理人员	01	基层管理人员	02

Y5.【Y4选04的答】您认为您工作的岗位属于哪种类型。听到符合的描述说"是"。【单选】

专业技术岗位	01	后勤保障、服务等支持性岗位	03
生产运输设备操作岗位	02	其他	04

Y6.【Q1选01的答】是否担心未来一两年有可能失业？【单选】

非常担心	比较担心	一般担心	不太担心	完全不担心	没考虑过这个事情
01	02	03	04	05	06
1分	2分	3分	4分	5分	9分

Y7.【Y6选01，02，03的答】如果万一失业，您认为在多长时间内找到新工作不会对您和您家庭的生活带来明显影响？【单选】

0～1周（不含1周）	01	3～6个月（不含6个月）	04
1周～1个月（不含1个月）	02	6个月～1年（不含1年）	05
1～3个月（不含3个月）	03	1年及以上	06

Y8.【Y6选01，02，03的答】您认为以下哪个原因最可能增加您的失业风险？听到符合的描述说"是"即可。【单选】

整体经济状况变化，经济增长放缓	01	年龄增加或健康状况下滑	04
行业不景气，工作机会少	02	需花更多精力照料家庭	05
行业发展太快，自己原来的经验和技术落后了	03	其他【请注明】________________	06

Y9.【Y6选04，05，06的答】您不担心失业的最主要原因是什么？听到符合的描述说"是"即可。【单选】

工作单位或职位发展稳定有保障	01	有其他收入，失业也不担心经济来源	03
容易找到新的工作	02	其他【请注明】________________	04

Y10.【Q1选01的答】最近两年您是否接受过与工作相关的培训？【单选】

接受过	01	未接受过	02

Y11.【Y10选01的答】您最近一次接受的培训，培训费是谁出的？【多选】

所在单位出钱	01	其他组织出钱	04
政府出钱	02	不清楚谁出钱，但自己没有出钱	05
自己出钱	03		

Y12.【Y10选01的答】您认为最近一次的培训对您有用吗？【单选】

非常有用	比较有用	一般	不太有用	很没用
5分	4分	3分	2分	1分

Y13.【Y10选02的答】您没有参加职业培训最主要原因的是什么？【单选】

不需要参加培训	01	学习困难，跟不上课程进度	05
没有时间	02	认为培训了也没什么用	06
没有钱	03	没想过参加培训这个事	07
不知道该参加什么内容的培训	04	其他【请注明】______	08

Y14.【Q1选01的答】您做过或了解互联网相关的平台性工作吗，如主播、开网店、办公众号、送外卖、开网约车等？【单选】

自己目前在做相关工作	01	没做过，但了解一些	03
自己曾经做过相关工作	02	不了解	04

二、企业主和个体户（QY题号）

QY1.【Y2a选03，07；Y4选01的答】您今年的经营状况比上年有什么变化？从订单、营收、利润等方面综合评估。【单选】

明显改善	略为改善	没什么变化	略微变差	明显变差	不清楚/不回答
5分	4分	3分	2分	1分	99分

QY2.【Y2a选03，07的答】您今年的雇员人数比上年有什么变化？【单选】

明显增加	略为增加	没变化	略微减少	明显减少	不清楚/不回答
5分	4分	3分	2分	1分	99分

QY3.【Y2a选03，07的答】您觉得今年的人工成本比上一年有什么变化？【单选】

明显增加	略为增加	没变化	略微减少	明显减少	不清楚/不回答
1分	2分	3分	4分	5分	99分

QY4.【Y2a选03，07的答】您觉得今年招工招聘的难度比上年有什么变化？【单选】

明显增加，更难招到人	略为增加	没变化	略微减少	明显减少，更容易招到人	不清楚/不回答
1分	2分	3分	4分	5分	99分

QY5.【Y4选01，02的答】您认为招工招聘难度增加的最主要原因是什么？【单选】

来应聘的人减少	01
求职者中能胜任岗位要求的不多	02
求职者希望的工资水平太高	03
求职者对工资之外的福利要求变高，如工作生活环境，休假等	04
招工招聘的渠道不足	05
其他，请注明	06
说不出，不清楚（不读出）	07

QY6.【Y2a选03，07；Y4选01的答】您或您的公司是否考虑过引入新的技术，减少员工的数量？【单选】

已经采取了一些措施，效果不错	01	考虑过，但资金、技术等条件不具备	04
尝试过，但效果不好	02	没考虑过	05
考虑过，正准备采取一些措施	03	其他【请注明】________	

QY6.【Y2a选03，07的答】您所在的行业是？（由受访者直接回答，访问员记录；若受访者无法回答，访问员念出选项提示）【单选】

采矿业	01
制造业	02
建筑业	03
交通运输、仓储和邮政业	04
信息传输、计算机服务和软件业	05
批发和零售业	06
住宿和餐饮业	07
金融业	08
房地产业	09
租赁和商务服务业	10
科学研究、技术服务和地质勘查业	11
教育、卫生、文化、体育	12
其他【请注明】________	13

QY8.【Y2a选03，07；Y4选01的答】您认为您的公司（私营企业主或单位负责人/高管）/生意(个体工商户)在市场竞争中的主要优势是什么？【单选】

技术	价格	服务	经验	其他	没什么优势	不清楚/听不懂【不读出】
5分	4分	3分	2分	1	0分	99分

三、无工作人群（W题号）

W1.【Q1选02的答】没工作的原因是：（不逐项读出，根据被访者回答对应选项归类；如果被访者不能直接回答的，则需要读出选项："我将逐一念出选项，听到符合的描述说'是'即可"。）【单选】

因单位倒闭、经营困难或转型等原因失去工作后尚未找到新的工作	01
对工作不满意或不能胜任而离职后尚未找到新的工作	02
因身体原因（疾病、怀孕等）离职后尚未找到新的工作	03
不愿意、不需要或因为身体原因（疾病、怀孕等）目前无法工作	04
毕业后或退役后一直未落实工作	05
料理家务及照料家庭成员不能工作	06
在校学生【年龄、学历软性逻辑】	07
离退休【年龄软性逻辑】	08
准备自主创业	09
准备继续读书—考资格证等	10
其他无工作原因【请注明】________	11

W2a.【W1选01，02，03，04，06，09，10，11的答】截止到今天，已有多长时间未工作？【单选】

W2b.【W1选05的答】截止到今天，已离开学校或部队多长时间？【单选】

0～1周（不含1周）	01	6个月～1年（不含1年）	04
1周～3个月（不含3个月）	02	1～2年（不含2年）	05
3～6个月（不含6个月）	03	2年及以上	06

W3.【W1除选07，08的答】目前最主要的经济来源：（不逐项读出，根据被访者回答对应选项归类；如果被访者不能直接回答的，则需要读出选项："我将逐一念出选项，听到符合的描述说'是'即可。"）【单选】

储蓄以及房租、股份等财产性收入	01	从社保部门领取的失业保险金	05
其他家庭成员的收入	02	解除劳动合同时企业支付的经济补偿金	06
亲朋好友的资助	03	从部队退役时政府发放的退役金或经济补助金	07
自己不稳定的劳动收入	04	低保及其他社会救助	08
		其他【请注明】________________	09

W4.【W1选01，02，03，06，09，10，11且W2a/W2b选01，02，03，04，05的答】您上一份工作所在的行业是？（由受访者直接回答，访问员记录；若受访者无法回答，访问员念出选项提示）

采矿业	01
制造业	02
建筑业	03
交通运输、仓储和邮政业	04
信息传输、计算机服务和软件业	05
批发和零售业	06
住宿和餐饮业	07
金融业	08
房地产业	09
租赁和商务服务业	10
科学研究、技术服务和地质勘查业	11
教育、卫生、文化、体育	12
其他【请注明】________________	13

W5.【W1选01，02，03，06，09，10，11且W2a/W2b选01，02，03，04，05的答】您上一份工作的职位是？【单选】

单位负责人—高层管理人员（含个体工商户、私营业主）	01	基层管理人员	03
部门负责人—中层以上管理人员	02	一般员工	04
		不记得—不回答—没有上一份工作	05

W6.【W5选04的答】您上一份工作的具体职位是？听到符合的描述说"是"即可。【单选】

专业技术岗位	01	后勤保障、服务等支持性岗位	03
生产运输设备操作岗位	02	其他	04

W7.【W1选01，02，03，05，06，09，10，11的答】您认为您自己找工作困难吗？【单选】

非常困难	比较困难	一般	比较容易	非常容易	说不好【不读出】	根本不想找工作
01	02	03	04	05	06	07
1分	2分	3分	4分	5分	9分	999分

W8.【W7选01，02，06的答】您认为找工作困难最主要原因是？【单选】

文化水平或技能不够	01	没有能帮忙的家人或亲戚朋友	04
缺乏工作经验	02	经济形势不好，就业机会太少	05
不知道哪里在招人	03	受到户籍、性别、学历、学校等歧视	06
		其他【请注明】____________	07

W9.【W1选01，02，03，05，11的答】不工作以来，您享受过什么政府提供的就业创业的政策和服务？“本题是多选，我将逐一念出选项，听到符合的描述说‘是’即可。”【多选】

没有得到什么服务或帮助	01	公益性岗位和见习岗位	05
就业信息和职业介绍	02	就业创业政策法规咨询	06
职业技能培训	03	其他【请注明】：______	07
创业支持（如优惠贷款，减免房租水电，提供创业培训等）	04		

W10.【W9除选01的答】您觉得这些服务对您帮助大吗？

非常有帮助	比较有帮助	一般	帮助不大	完全没帮助	说不好【不读出】
01	02	03	04	05	06
5分	4分	3分	2分	1分	99分

W11.【Q1选02的答】您是否考虑过从事互联网平台相关的工作？如主播、开网店、办公众号、送外卖、开网约车等？听到符合描述的说“是”。【单选】

从没考虑过	01	近一年有干过相关工作	04
考虑过，但没有做	02	其他，请注明____________	05
曾经干过，但近一年没有干了	03		

四、应届毕业生或准应届毕业生（BY题号）

BY1.【软性逻辑：对本科及以下且30岁以下的被访者才询问是否为应届毕业生，研究生以上年龄提高到40岁。对询问新退役军人的年龄限制在55岁以下】

您是否为近两年的毕业生或新退役军人？（答“是”询问哪年毕业或退役；答“否”选都不是）【单选】

2019年春季毕业	01	2018年退役	04
2019年夏季毕业	02	2019年退役	05
2020年毕业（春—夏季）	03	都不是	06

BY2.【BY1选02且W1选06的答】您是否已落实工作？【单选】

已落实	01	准备继续读书，不打算找工作	04
未落实	02	其他【请注明】____________	05
目前还在校，没有开始找工作	03		

BY3.【BY1选01，02，03的答】您认为您找工作困难吗？【单选】

非常困难	比较困难	一般	比较容易	非常容易	说不好【不读出】
01	02	03	04	05	06
1分	2分	3分	4分	5分	99分

BY4.【BY3选01，02，06的答】您认为找工作困难最主要的原因是？（不逐项读出，根据被访者回答对应选项归类；如果被访者不能直接回答的，则需要读出选项：“我将逐一念出选项，听到符合的描述说‘是’即可。”）【单选】

文化水平或技能不够	01	没有能帮忙的家人或亲戚朋友	04
缺乏工作经验	02	经济形势不好，就业机会太少	05
不知道哪里在招人	03	受到户籍、性别、学历、学校等歧视	06
		其他【请注明】________________	07

BY5.【BY1选01，02，03的答】如果找到的工作达不到期望，您的选择是？【单选】

先工作，过段时间再说	01	不工作，继续备考或上学	04
先工作，同时继续找工作或上学机会	02	自主创业	05
不工作，继续寻找直至找到满意的工作	03	先休息一段时间	06

BY6.【BY1选01，02，03的答】您在学校有没有接受过就业指导或求职技能培训？【单选】

有	01	没有	02

BY7.【BY6选01的答】您觉得就业指导或求职技能培训对您帮助大吗？【单选】

非常有帮助	比较有帮助	一般	帮助不大	完全没帮助	说不好【不读出】
01	02	03	04	05	06
5分	4分	3分	2分	1分	99分

五、新退役军人（J题号）

J1.【BY1选04，05的答】您是否受过退役前技能储备培训或退役后教育培训？“本题为多选，我将逐一念出选项，听到符合的描述说‘是’即可。”【多选】

退役前参加过技能储备培训	01	退役后接受大学本科或研究生教育	05
退役后参加过职业技能培训	02	其他【请注明】________________	06
退役后在中等职业教育学校直接注册入学	03	都没有	07
退役后接受高职高专教育	04		

J2.【BY1选04，05且Q1选01的答】您现在的工作是如何落实的？【单选】

政府安置工作，进入政府部门、事业单位或国企等	01	自己创业	03
自己找到或在亲朋好友帮助下找到工作	02	其他【请注明】________________	04

J3.【BY1选04，05且Q1选02的答】您没有落实工作的最主要原因是？“我将逐一念出选项，听到符合的描述说‘是’即可。”【单选】

正在等待政府安排工作	01	回到入伍前所在高校继续学业	04
对政府之前安排的工作不太满意	02	退役后正在参加政府提供的职业技能培训	05
不满足政府安排工作所需条件	03	退役后正在准备参加全国普通高考、成人高考或研究生考试	06
		其他【请注明】__________	07

六、农村户口受访者（N题号）

N1.【S5选02且S6选01的答】最近两年您是否曾外出，即离开本县工作？【单选】

是	01	否	02

N2.【N1选01的答】您回老家最主要的原因是什么？听到符合的描述说“是”。【单选】

年龄大、受伤或者生病，干不动了	01	为了家里的老人	05
工作不好找或收入低	02	其他【请注明】__________	06
在外面没法定居和长期生活	03		
为了孩子	04		

N3.【N2选02的答】您外出工作主要从事哪个行业？听到符合的描述说“是”。【单选】

农业	01	住宿餐饮	05
建筑或装修	02	社会服务业，如保姆等	06
制造业	03	没有特定的行业	07
批发零售	04	其他【请注明】__________	08

N3.【N1选01的答】您是否还打算外出工作？【单选】

打算	01	没想好	03
不打算	02		

第四部分　被访者基本信息

P1.您的性别：（直接记录；无法判断可询问）【单选】

男	01	女	02

P2.您目前的婚姻状况是什么？“我将逐一念出选项，听到符合的描述说‘是’即可。”【单选】

（【注】“未婚”指从来没有结过婚，目前也没有同居；“在婚”指目前有配偶，已经领取结婚证；“同居”指男女双方居住在一起，但没有领取结婚证；“离婚”指曾经结过婚，离婚后没有再婚，也没有同居；“丧偶”指配偶一方已经去世，另一方没有再婚，也没有同居。）

未婚	01	同居	03
在婚（有配偶）	02	离异或丧偶独身	04

P3.未来我们希望能继续了解您对民生政策的看法，您是否还愿意接受我们的访问？

愿意	01	不愿意	03
看情况	02		

【全部访问结束，谢谢您的参与，祝您生活愉快！】

附录 2

2019 年民生关切点入户调查问卷

S01. 问卷编号：|___||___||___||___|

中国民生问题调查问卷

国务院发展研究中心

“中国民生调查”课题组

S02. 调查地点： 省 / 自治区 / 直辖市 |___|___|

地级市 |___|___|

县 / 县级市 / 区 |___|___|

街道 / 乡 / 镇 |___|___|

居委会 / 村委会 |___|___|

单元号

S03. 调查时间： 2019 年 ____ 月 ____ 日

S04. 督导员记录：受访者所在的地区类型 |___|

1. 市 / 县城的中心城区（主城区）
2. 市 / 县城的郊区（城乡接合部）
3. 市 / 县城区以外的镇（街）
4. 农村
5. 其他（请注明：[S040]________）

S05. 督导员记录：受访者居住社区类型 |___|

1. 未经改造的老城区（比如，旧城平房、胡同、老街巷等）
2. 单位宿舍区
3. 保障性住房社区
4. 商品房小区（含别墅）
5. 城乡接合部农民或居民自建房
6. 统一规划建设的农村社区（比如，新农村建设集中居住区、新农居等）

7. 农村自然村落
8. 其他（请注明:________）
S06. 访问员（签名）:________________ 联系电话:________________
S07. 督导员（签名）:________________ 联系电话:________________

二〇一九年六月

代码表
A 家庭成员基本情况

A01_a 与受访者关系

【1】本人 【2】配偶
【3】子女 【4】父母
【5】配偶的父母 【6】儿媳 / 女婿
【7】孙子（女）/ 外孙（女） 【8】兄弟姐妹
【9】配偶的兄弟姐妹 【10】其他亲属的子女
【11】其他（请注明:________） 【12】已故去

A01_b 性别

【1】男 【2】女

A01_d户籍状况

【1】本市（县、区）非农业户口
【2】本市（县、区）农业户口（跳至 A01_f）
【3】省内非本市（县、区）非农业户口（跳至 A01_f）
【4】省内非本市（县、区）农业户口（跳至 A01_f）
【5】外省非农业户口（跳至 A01_f）
【6】外省农业户口（跳至 A01_f）

A01_e哪年取得城镇户籍？（填写具体年份）:

农村户籍受访者【0】不适用

A01_f 是否办理居住证

【1】本地户籍，不适用;【2】是;【3】否

A01_g 健康状况

【1】健康

【2】有疾病或残疾，但仍有劳动能力

【3】因疾病、残疾或衰老，丧失劳动能力，但生活能自理

【4】因疾病、残疾或衰老，生活部分不能自理

【5】因疾病、残疾或衰老，生活完全不能自理

A01_h是否被医生诊断患有慢性疾病（比如，心脏病、高血压、糖尿病、关节炎、癌症之类的需要长期治疗、长期服药的疾病）

【1】有;【2】没有

A01_i 受教育状况

【1】没上过学　【2】在上幼儿园

【3】小学在读　【4】小学毕业

【5】小学辍学或肄业　【6】初中在读

【7】初中毕业　【8】初中辍学或肄业

【9】普通高中在读　【10】普通高中毕业

【11】中职（包括中专、职高、技校）在读

【12】中职（包括中专、职高、技校）毕业

【13】高职/大专在读　【14】高职/大专毕业

【15】本科在读　【16】本科毕业

【17】研究生（硕士或博士）在读　【18】研究生（硕士或博士）毕业

A01_k医疗保障（可多选）

【1】城镇职工基本医疗保险

【2】城乡居民基本医疗保险（包括城镇居民基本医疗保险和农村居民基本医疗保险或新型农村合作医疗）

【3】公费医疗　【4】商业医疗保险

【5】儿童/学生/老人专门的医疗保险　【6】其他（请说明）

【7】没有任何医疗保险

A01_l养老保险（可多选）

【1】城镇职工基本养老保险

【2】城乡居民基本养老保险（包括城镇居民基本养老保险和农村居民基本养老保险或新型农村社会养老保险）

【3】机关事业单位养老保险

【4】同时参加城镇职工养老保险和新型农村社会养老保险

【5】参加过城镇职工基本养老保险，但现已中断缴费
【6】参加过城镇居民基本养老保险，但现已中断缴费
【7】参加过新型农村社会养老保险，但现已中断缴费
【8】商业养老保险
【9】企业年金
【10】未到年龄，不需要
【11】都没有
【12】不知道

A01_m是否正在从事有收入的工作
【1】是（需回答 B01~B10 部分）
【2】在校学生（跳转至 B17）
【3】毕业后待业（跳转至 B11）
【4】离退休，但仍继续工作（需回答 B01~B10 部分）
【5】离退休，不再工作（跳转至 B11）
【6】无劳动能力（跳转至 B17）
【7】当前未做任何工作（跳转至 B11）

A 家庭成员基本情况

A01. 请填写您家庭成员的基本情况（家庭成员指在同一家庭内共同生活且收支共享的成员。在外就学子女、打工人员和赡养的老人只要其收支都包括在本家庭中，就计入家庭人口数中。如不适用、不知道或不清楚，请留白 / 不填写）（按年龄由大到小顺序填写）。

	a.与受访者关系	b.性别	c.出生年份	d.户籍状况	e.哪年取得本地城市户籍	f.是否办理居住证	g.健康状况	h.是否被医生诊断患有慢性疾病	i.受教育状况	j.一年在家居住生活几个月	k.参加什么医疗保障	l.参加什么养老保险	m.是否正在从事有收入的工作
①受访者	本人												
②成员2													
③成员3													
④成员4													
⑤成员5													
⑥成员6													
⑦成员7													
⑧成员8													
⑨成员9													

请调查员根据上表在以下情况下画：有 3 ～ 6 周岁孩子____；有 7 ～ 15 周岁孩子____；有 60 周岁以上老人____；有 60 岁以下已退休的人____；有慢性病患者____；是否流动人口（A01_d 户籍状况选择【3】【4】【5】【6】)____。

代码表

B 工作与就业

B01工作地点

【1】本市（县、区）

【2】省内其他市（县、区）

【3】外省（直辖市、自治区）

B02当前的就业类型（对兼业人员，以工作时间最长的作为就业类型）

农业就业：

【1】专业务农，大部分时间都从事农业生产

【2】兼业农民，农闲期间打各类定期、不定期零工

【3】农村自营业者（包括小卖部、代销点、小作坊、手工艺品制作贩卖等人员）

【4】农村专业管理人员（包括村医、村教、技术服务人员以及专职的村干部等）

非农就业：

【5】党政机关、军队、社会团体（指工会、青年团、妇联）在编职员

【6】党政机关、军队、社会团体（指工会、青年团、妇联）不在编（聘用）职员

【7】教科文卫等事业单位在编职工

【8】教科文卫等事业单位不在编（聘用）职工

【9】国有（国有控股）企业职工

【10】民营 / 私营企业职工

【11】外资企业员工（包括合资、外资或港澳台）

【12】民办非企业单位、非营利组织

【13】个体工商户（含开网店 / 微店）雇主

【14】个体工商户（含开网店 / 微店）雇员

【15】自由职业者

【16】非固定单位的临时务工者

【17】其他（请在问卷中注明）

B03行业代码

【1】农、林、牧、渔业

【2】采矿业

【3】制造业

【4】电力、煤气及水的生产和供应业

【5】建筑业

【6】批发和零售业

【7】交通运输、仓储及邮政业

【8】住宿和餐饮业

【9】信息传输、计算机服务和软件业

【10】金融业

【11】房地产业

【12】租赁和商务服务业

【13】科学研究、技术服务和地质勘查业
【14】水利、环境和公共设施管理业
【15】居民服务、修理和其他服务业
【16】教育业
【17】卫生和社会工作
【18】文化、体育和娱乐业
【19】公共管理、社会保障和社会组织
【20】国际组织

B04工作职位

【1】单位负责人 / 高层管理人员

【2】部门负责人 / 中层以上管理人员

【3】基层管理人员（包括村干部）

【4】专业技术人员

【5】一线生产人员

【6】一般行政服务人员（包括基层公务员、企业人事、财务、后勤服务等行政部门基层人员）

【7】一般业务员（销售、采购等业务部门）

【8】务农

【9】个体工商户

【10】其他（请在问卷中注明）

B09劳动合同

【1】没有签订劳动合同

【2】无固定期限劳动合同

【3】有期限劳动合同

【4】不需要签劳动合同（如公务员或国家机关、事业单位编内人员）

【5】以完成一定工作任务为期限的劳动合同

【6】不适用（非雇用劳动者，包括农民）

B10_1如果是，从事的其他（兼职）工作是什么？（可多选）

【1】互联网相关工作（开网店、微商、写网络文章、网上授课、网络主播、网约车司机等）

【2】知识和专业技能类工作（翻译、速记、教育培训、家教、设计、图片视频制作、演唱、舞蹈、机器机械或电子产品维修等）

【3】一般服务类工作（服务员、小时工、钟点工、保洁员等）

【4】其他

B11当前不工作或上一份工作离职的原因

【1】被单位辞退
【2】单位停工、停产
【3】因个人原因主动辞职
【4】料理家务
【5】不想工作
【6】毕业后未落实工作

【7】从来未工作过（跳转至 B13） 【8】土地被征收

【9】离退休 【10】其他（请在问卷中注明）

B 工作与就业

	成员编号	( )	( )	( )	( )	( )
对有工作或兼职工作的成员询问	B01.当前工作地点是？（见代码表B）					
	B02.当前就业类型是？（见代码表B）					
	B03.工作属于哪个行业？（见代码表B）					
	B04.工作职位是什么？（见代码表B）					
	B05.与2018年同期相比，2019年1～6月的工作量有什么变化？（单选） [1]大幅增加；[2]略有增加；[3]没有变化；[4]略有减少；[5]大幅减少					
	B06.2019年1～6月，每个月平均拿到手的收入（扣除税及“五险一金”后，包括工资、奖金、经营净收入等，不包括财产性收入和务农收入）是______元/月					
	B06_1.（仅务农者回答）今年已收成获得的农业收入总额______元。					
	B07.与2018年同期相比，2019年1～6月上半年月平均收入有什么变化？（单选） [1]大幅增加；[2]略有增加；[3]没有变化；[4]略有减少；[5]大幅减少					
	B08.2018年以来，是否有工资被拖欠的情况？（单选） [1]是；[2]否；[3]不清楚					
	B09.签订什么形式的劳动合同？（见代码表B）					
	B10.除上述工作外，是否还从事其他有收入的工作（兼职工作）？[1]是；[2]否；[3]不清楚					
	B10_1.如果是，从事的其他（兼职）工作是什么？					
	成员编号	( )	( )	( )	( )	( )
对无工作的成员询问	B11.当前不工作或从上一份工作离职的原因是？（见代码表B）					
	B12.什么时候从上一份工作离职？（年/月）					
	B13.最近三个月内是否找过工作？ [1]找过；[2]没找过（跳至B15）					
	B14.找工作过程中是否获得过政府服务扶持和帮助？[1]是；[2]否；[3]不清楚					
	B15.目前，是否有收入来源？ [1]是[2]否（跳转至B16）					
	B15_1.收入最主要来自哪些方面？[1]（土地、房产等）租金；[2]投资理财收入（利息、理财、基金、股票及股份分红等）；[3]养老金；[4]低保；[5]集体福利和政府补贴；[6]子女给赡养费；[7]父母和亲友资助；[8]其他，请说明（ ）					
	B15_2.平均每月大概多少元？					

注意：以下部分由受访者回答自己的情况。

B16.对您当前的工作，您最希望改善的地方是什么？____ ____ ____（可多选）（请有工作的受访者本人回答，请调查员读出[1]～[7]的选项）

[1] 工作不稳定，失业风险大；
[2] 福利待遇较差；
[3] 工作辛苦、时间长；
[4] 收入水平低；
[5] 收入不稳定；
[6] 劳动条件恶劣；
[7] 没有需要改善的；
[8] 不适用（如，没有工作）

注意：B17 请农村地区受访者回答，城市地区受访者跳转至 C 部分。

B17.您家是否有曾外出工作（打工），但最近一年回来了，而且不打算再外出的人？____（单选）

[1] 是
[2] 否（跳转至 C01）

B17_1.为什么回来而不再外出工作（打工）？____ ____ ____（可多选）

[1] 被单位解雇；
[2] 在城里工作的公司或单位效益不好，停工停产或破产，活太少或者没活干了；
[3] 年龄大、受伤或者生病，干不了城里高强度的体力活；
[4] 学历低或者没有专门手艺，在城市找不到工作；
[5] 工资太低；
[6] 在城里地位低，受歧视；
[7] 城里生活成本高，存不下什么钱；
[8] 回乡创业；
[9] 回乡就业机会不少，工资水平也还可以；
[10] 家里有老人或者孩子需要照顾；
[11] 其他，请说明（　　）

B17_2.回来后做什么？____ ____ ____（可多选）

[1] 在家养老、养伤、养病，或帮家里干些轻松的活；
[2] 帮家里人做农活；
[3] 创业搞电商、搞上规模的种（植）养殖业、搞旅游、搞加工生产；
[4] 在家乡的企业工作；
[5] 打零工；
[6] 自由职业（网络直播、制作小视频等）
[7] 照顾老人或者孩子；
[8] 其他，请说明（　　）

C 基本民生问题

C01.您对自己家庭目前的生活状况总体是否满意？____（单选）

[1] 很满意；　[2] 基本满意；
[3] 一般；　[4] 不太满意；
[5] 很不满意；　[6] 不回答 / 不清楚（不读出）

C02.在您日常生活中，目前最让您焦虑（操心、担忧、忧虑）的是：____ ____ ____（可多选，最多选三项，按关心或焦虑的程度排序）（请调查员读出[1]～[8]的选项）

[1] 就业状况；　[2] 收入水平；
[3] 子女教育；　[4] 医疗；
[5] 养老；　[6] 住房；
[7] 食品安全；　[8] 环境污染；
[9] 其他（请注明：________）；　[10] 不回答 / 不清楚（不读出）

*C03.在外部环境方面，目前最让您焦虑（操心、担忧、忧虑）的是：____ ____ ____（可多选，最多选三项，按关心或焦虑的程度排序）（请调查员读出[1]～[6]的选项）

[1] 社区服务；　[2] 社会治安；
[3] 交通出行；　[4] 司法公正；
[5] 政府办事效率；　[6] 文化生活；
[7] 绿化（地）不足；　[8] 其他（请注明：________）；
[9] 不回答 / 不清楚（不读出）

D 收入与消费

*D01.2018年您全家的年收入大约为：______万元____（单选）（包括所有家庭成员的工资收入、经营收入、投资收入、财产收入、政府补贴等）（先填写具体金额，再按选项选择）

[1] 1 万元以下；　[2] 1 万～ 2.99 万元；
[3] 3 万～ 4.99 万元；　[4] 5 万～ 9.99 万元；
[5] 10 万～ 14.99 万元；　[6] 15 万～ 24.99 万元；
[7] 25 万～ 49.99 万元；　[8] 50 万元及以上

*D02.您感觉与2018年相比，2019年家庭总收入是会增长还是会下降？______（单选）

[1] 显著增长；　[2] 有些增长；
[3] 和上年差不多；　[4] 有些减少；
[5] 明显减少；　[6] 说不准（不读出）

D03.2018年，您家是否获得过政府或有关部门提供的以下经济援助？（可多选）______

[1] 无；
[2] 低保；
[3] 农村五保供养（包括集中供养）；
[4] 农村特困户生活救助；
[5] 医疗救助；
[6] 灾害紧急救助；
[7] 临时救助；
[8] 精准脱贫帮扶；
[9] 其他（请注明:______）

D04.目前，您感觉您家消费支出压力最大的是什么？______ ______ ______（按压力由高到低排序，最多选三项）

[1] 食品；
[2] 住房（贷款月供、房租）；
[3] 子女教育；
[4] 交通通信；
[5] 医疗；
[6] 人情送礼；
[7] 婚丧嫁娶；
[8] 赡养老人；
[9] 缴纳社保；
[10] 其他（请注明:______）

D05.您感觉与2018年相比，2019年您家各方面的花费是否有所增加？______（单选）

[1] 明显增加；
[2] 略有增加；
[3] 没有变化；
[4] 略微减少；
[5] 明显减少

D06.您家2019年日常收支状况怎么样？______（单选）

[1] 能存上不少钱；
[2] 能存上一点钱；
[3] 基本都花光了，存不上钱；
[4] 当年收入不够花，主要靠以前的积蓄；
[5] 当年收入不够花，主要靠借钱

D07.您对2020年您家的收支变化状况怎么看？______（单选）

[1] 显著变好；
[2] 有所改善；
[3] 没有变化；
[4] 担心会有所恶化；
[5] 明显变差；
[6] 说不清 / 不回答（不读出）

E 子女教育

注意：E01~E07 考察该家庭处于幼儿园、小学、初中阶段孩子的教育情况，高中及以上学段孩子直接跳至 E08。请调查员核对，如果调查时，该家庭的孩子刚好从某一学段毕业，则询问毕业前所处学段的情况。例如，刚好从幼儿园毕业，则视同正在上幼儿园的情况。

注意：请调查员在询问 E01 前核对，如果受访者家里没有幼儿园阶段（即 3～6 周岁）孩子，则直接跳至 E02。如果受访者家里除了有一个幼儿园阶段孩子外，还有一个非幼儿园阶段孩子（即小于 3 周岁或大于 6 周岁），则 E01 选择 [1]。

E01.您家孩子是否正在上幼儿园？______（单选）

[1]（都）在上（回答 E01_1 和 E01_2）;

[2] 有的在上，有的没上（同时回答 E01_1、E01_2 和 E01_3）;

[3]（都）没上（跳至 E01_3）

E01_1.您家孩子上的是哪种幼儿园？______（单选）

[1] 公办园；

[2] 普惠性民办园（政府有补贴、收费低的民办园）;

[3] 商业性民办园（私立园）

E01_2.在学前教育方面，您最希望改善的（或认为最突出的问题）是？____ ____ ____（可多选，最多三项）

[1] 教太多，幼儿教育小学化；

[2] 学不了什么东西；

[3] 入园难；

[4] 入园贵；

[5] 教师师德差（例如，虐待孩子）;

[6] 教师能力差；

[7] 老师少，每个班级孩子太多

[8] 伙食差；

[9] 设施条件差；

[10] 幼儿园距离远；

[11] 其他（请注明______）;

[12] 没有需要改善的；

[13] 不回答 / 不清楚（不读出）

E01_3.您家孩子为什么没有上幼儿园？______（单选）

[1] 周边没有幼儿园或学位不足；

[2] 幼儿园费用太高；

[3] 在幼儿园学不了什么东西；

[4] 孩子不想上幼儿园；

[5] 家里有人看管照料；

[6] 想上进不去（受户籍、房产等限制）;

[7] 其他（请注明______）;

[8] 不回答 / 不清楚（不读出）

注意：请调查员在询问 E02 前核对，如果受访者家里没有小学、初中阶段（即 7～15 周岁）孩子，则直接跳至 E03。如果受访者家里除了有一个小学、初中阶段孩子外，还有一个非小学、初中阶段孩子（即小于 7 周岁或大于 15 周岁），则 E02 选择 [1]。

E02.您家孩子是否正在上小学或初中？______（单选）

[1]（都）在上（只回答 E02_1）;

[2] 有的在上，有的没上（同时回答 E02_1 和 E02_2）;

[3]（都）没上（跳至 E02_2）

E02_1.在义务教育方面，您最希望改善的（或认为最突出的问题）是？____ ____ ____（可多选，最多三项）

[1] 教学质量差；

[2] 学校之间办学条件差距大；

[3] 学校乱收费；

[4] 教师师德差；

[5] 上学距离较远，就学不便；

[6] 孩子生活消费压力大（寄宿费用、“小饭桌”等）；

[7] 每个班人数太多；

[8] 课业负担重；

[9] 学校设施条件差；

[10] 放学太早；

[11] 很多内容课上不教，不得不上补习班或请家教；

[12] 外地孩子上学难；

[13] 学校风气不好；

[14] 其他（请注明______）；

[15] 没有需要改善的；

[16] 不回答 / 不清楚（不读出）

E02_2.您家孩子为什么没有上小学或初中？______（单选）

[1] 孩子学习跟不上；

[2] 家庭经济困难，上不起学；

[3] 去学校的路途太远；

[4] 孩子不想上学（厌学）；

[5] 在学校学不了什么东西；

[6] 上学对以后找工作没有帮助（即“读书无用”）；

[7] 孩子已经工作（包括外出务工、在家从事生产经营活动等）；

[8] 其他（请注明______）；

[9] 不回答 / 不清楚（不读出）

注意：请调查员在询问 E03 前核对，如果受访者家里没有幼儿园、小学、初中阶段孩子，则直接跳至 E08。

E03.您家孩子是否在离家最近或比较近的地方上幼儿园、小学或初中？______（单选）

[1]（都）不是；

[2] 有的是，有的不是；

[3]（都）是（跳至 E04）

E03_1.您家孩子为什么没有在离家最近或比较近的地方上幼儿园、小学或初中？____（单选）

[1] 最近学校（或幼儿园）招生名额有限；

[2] 未被划在其招生片区内；

[3] 受户口限制不能就读；

[4] 为了上更好的学校（或幼儿园）；

[5] 成绩达不到要求，未能考入；

[6] 为了自己的方便（比如，在离工作单位近，能住校，离父母近的地方上学）；

[7] 附近（方圆 5 公里范围内）没有学校（或幼儿园）；

[8] 其他（请注明______）

注意：请调查员在询问 E04 前核对，如果受访者家里没有幼儿园、小学、初中阶段孩子，则直接跳至 E08。

E04.您家为了孩子上学（或幼儿园），做过以下事情吗？（可多选，最多三项）___ ___ __

[1] 在学校（或幼儿园）附近买学区房；

[2] 在学校（或幼儿园）附近租房；

[3] 把户口落到学校（或幼儿园）招生范围内；

[4] 向学校（或幼儿园）缴纳择校费；

[5] 托熟人、找关系；

[6] 报学校指定的辅导培训班（即“占坑班”）；

[7] 为更有利于孩子顺利入学，上课外辅导、培训班或请家教；

[8] 以上都没有

注意：请调查员在询问 E05 前核对，如果受访者家里没有小学、初中阶段孩子，则直接跳至 E08。

E05.您家孩子是否参加了课业课外辅导、培训班或请家教？（包括语文、数学、外语、物理、化学、生物、政治、历史、地理等学科课业辅导班，但不包括音乐、舞蹈、体育、书画、棋类、科技类、社会实践类等兴趣特长班）______

[1] 是；

[2] 否（跳至 E06）

E05_1.您家孩子参加课外辅导、培训班或请家教的原因是什么？（可多选，最多三项）______ ______ ______

[1] 学习不好，需要参加（或请）；

[2] 学习还行，但想进一步巩固提高；

[3] 周边同学都参加（或请）了，不参加（或不请）不行；

[4] 为了升学或能上想去的学校；

[5] 放学太早，没有人看管；

[6] 有些内容课堂上不讲；

[7] 有些内容提前先学，更有优势；

[8] 学校或老师建议的或推荐的；

[9] 其他原因（请注明______）

E05_2.2018年，您家孩子参加课外辅导、培训班或请家教的总支出是________元。

注意：请调查员在询问 E06 前核对，如果受访者家里没有小学、初中阶段孩子，则直接跳至 E08。

E06.您家孩子所在的学校是否开展了放学后的课后服务？____

[1] 是；　　　　　　　　　　[2] 否（跳至 E07）

E06_1.在学校开展的放学后的课后服务方面，您最希望改善的（或认为最突出的问题）是？____ ____ ____（可多选，最多三项）

[1] 每天课后照管的时间太短；

[2] 每周课后照管的天数太少；

[3] 课后服务（或活动）的收费太高；

[4] 没有好好管理（基本就是“放羊”式）；

[5] 活动内容单一、质量不高，孩子没有收获；

[6] 没有引进更专业的社会机构进校开展活动；

[7] 校外社会实践或公益活动太少或基本没有；

[8] 其他（请注明______）；

[9] 没有需要改善的；

[10] 不回答 / 不清楚（不读出）

注意：请调查员在询问 E07 前核对，如果受访者家里没有小学、初中阶段孩子，则直接跳至 E08。

E07.您家孩子平时每天完成作业（包括学校布置的，以及课外辅导、培训班或家教以及家长自己安排的）所需时间大致是？____（单选）

[1] 0.5 小时以内；

[2] 0.5 ～ 1 小时（不包含 1 小时）；

[3] 1 ～ 1.5 小时（不包含 1.5 小时）；

[4] 1.5 ～ 2 小时（不包含 2 小时）；

[5] 2 小时及以上

E07_1.您觉得学校布置的作业对孩子的负担重不重？____（单选）

[1] 非常重；　[2] 比较重；

[3] 一般；　[4] 比较轻；

[5] 非常轻

注意：请调查员在询问 E08 前核对，如果受访者家里没有幼儿园、小学、初中以及高中阶段（含普高、中专、职高、技校等）孩子，则直接跳至 E09。

E08.您对孩子学习和校园生活方面最担忧（或最焦虑）的是？____ ____ ____（可多选，最多三项）

[1] 学习成绩；　[2] 升学；

[3] 在学校被同学欺负；　[4] 在学校的人身安全；

[5] 学校伙食不够健康营养；　[6] 校外周边小卖部、小摊出售劣质食品；

[7] 心理健康；　[8] 未来找工作；

[9] 沉溺网络游戏；　[10] 体育锻炼不充分；

[11] 其他（请注明________）；　[12] 没有担忧（或焦虑）的；

[13] 不回答 / 不清楚（不读出）

注意：请调查员在询问 E09 前核对，如果受访者家里没有孩子正在上学或幼儿园，则跳至 F 部分。

E09.2018年，您家用在孩子身上的教育总支出（包括学杂费、赞助费、择校费、参加各种课外辅导、培训班或请家教、购买学习用品和资料、住校等费用，不包括在家的生活费用）是____元，大概占家庭总支出的比重是____%，您觉得子女教育支出压力怎么样？____（单选）

[1] 非常高；　[2] 比较高；

[3] 一般；　[4] 比较低；

[5] 非常低

E10.您觉得最近一年来，您所在居住地总体教育状况是否有所改善？____（单选）

[1] 明显改善；　[2] 略有改善；
[3] 没变化；　[4] 略有恶化；
[5] 明显恶化；　[6] 不清楚 / 不了解 / 不评价（不读出）

F 医疗卫生

F01.您认为过去一年来医疗服务的以下方面有什么变化？（请在相应位置画√）：

项目	明显改善	没有变化	明显变差	说不清
F01_1.大医院挂号难易程度				
F01_2.药品费用下降的程度				
F01_3.家庭医疗负担下降程度				
F01_4.基层医疗服务水平（社区医院、乡镇卫生院、村卫生室等）				
F01_5.社区医院（或乡镇卫生院、村卫生室）向大医院转诊的方便程度				
F01_6.医保报销比例提高程度				
F01_7.网上挂号预约方便程度				
F01_8.老年人挂号的方便程度				

F02.2018年7月至2019年6月，您家是否有人生病住院？______（单选）

[1] 有；　[2] 没有（跳至 F04）；

注意：如果家庭在此期间有多人次住院，请询问离调查发生最近的一次。

F02_1.哪位家庭成员曾经住过院？（成员称谓）______（成员代码______）（如果该患病家庭成员已故去，请在家庭成员表中补充该成员信息，并在A01_a中选“【12】已故去”。）

F02_2.扣除各类医保报销后，您家在医院结算时实际支付的诊疗总费用______元。

□不清楚 / 说不上（不读出）

F02_3.各类医保报销的金额一共是多少______元（包括基本医疗保险、大病医保、商业医疗保险、公费医疗等各类一次和二次报销金额的总额）。　□不清楚/说不上（不读出）

F02_4.其他费用，看护、交通、食宿为______元，红包、礼品为______元。

□不清楚 / 说不上（不读出）

F03.您是否担心您及您的家人未来生病后没钱看病？______（单选）

[1] 非常担心；　[2] 比较担心；
[3] 有点担心；　[4] 不太担心；
[5] 一点也不担心；　[6] 说不准（不读出）

F04.您家是否有签约的家庭医生？______（单选）

[1] 有；　　[2] 没有（转到 F05）；

[3] 不知道 / 没听说过（转到 F05）

F04_1.您和签约家庭医生熟悉吗？______（单选）

[1] 很熟悉；　　[2] 比较熟悉；

[3] 不太熟悉；　　[4] 完全不熟悉、不认识

注意：请访问员根据 A01_h 问题回答情况，确认受访者家庭内是否有慢性病患者。

F05.针对您家慢性病患者，您最希望解决下列哪些问题？____ ____ ____（可多选，最多三项）

[1] 看病及定期检查不方便（医疗机构距离远、挂号难、排队时间久等）；

[2] 开药存在困难（有些药开不到、每次能开的量太少、开药挂号费高等）；

[3] 治疗效果不好；

[4] 长期患病，医疗费用高；

[5] 常用药医疗保险不能报销，或报销比例低；

[6] 难以及时、方便地得到专业的健康指导；

[7] 市面上的药品、保健品和健康信息难辨真伪；

[8] 家中病人出行不便，没有上门的医疗服务；

[9] 其他（请注明）

F06.您近三年是否做过体检？______（单选）

[1] 每年进行 2 次以上；

[2] 每年进行 1 次；

[3] 进行过体检，但不到每年 1 次；

[4] 只有治病时进行过体检；

[5] 从未进行体检

G 养老保障

G01.您是否担心自己的养老问题？______（单选）

[1] 非常担心；

[2] 比较担心；

[3] 不太担心；

[4] 完全不担心（跳到 G03）；

[5] 说不准（不读出）；

[6] 没想过

G02.如果担心养老，您最担心其中的什么问题？______（单选）

[1] 养老的钱不够；
[2] 生活上没人照顾；
[3] 身体不好；
[4] 精神孤独；
[5] 生活不方便；
[6] 就医不方便；
[7] 其他（请注明________）

G03.您对以后养老经济来源的担心程度是？______（单选）

[1] 非常担心；
[2] 比较担心；
[3] 不太担心；
[4] 完全不担心；
[5] 说不准（不读出）；
[6] 没想过

G04.（60岁以下且未退休受访者，即1959年以后出生且A01_m未选择[4]离退休但仍继续工作[5]离退休不再工作）您认为您老了以后最主要靠什么来生活？______（单选）

（对 60 岁以上或不足 60 岁但已退休受访者，即 1959 年以前出生或 1959 年以后出生但 A01_m 选择 [4] 离退休但仍继续工作 [5] 离退休不再工作，问法改为“您当前主要靠什么来生活”）

[1] 自己的退休金 / 养老金；
[2] 配偶的退休金 / 养老金；
[3] 储蓄；
[4] 投资理财收入；
[5] 靠承包田地；
[6] 商业养老保险金；
[7] 房产收益（租房或卖房）；
[8] 由儿女或其他亲属赡养；
[9] 低保或社会救济；
[10] 工作收入；
[11] 其他（请注明：________）；
[12] 没想过

G05.（60岁以下且未退休受访者，即1959年以后出生且A01_m未选择[4]离退休但仍继续工作[5]离退休不再工作）您认为您老了以后主要靠谁对您在生活上进行照顾？______（单选）

（对 60 岁以上或不足 60 岁但已退休受访者，即 1959 年以前出生或 1959 年之后出生但 A01_m 选择 [4] 离退休但仍继续工作 [5] 离退休不再工作，问法改为“您平时的生活主要是由谁来照顾？”）

[1] 自己照顾自己；
[2] 配偶照顾；
[3] 子女照顾；
[4] 其他亲属帮忙照顾；
[5] 雇用保姆；
[6] 社区养老照料中心；
[7] 公办养老机构；
[8] 私营养老机构；
[9] 其他（请注明：________）
[10] 没想过

G06.（对60岁以上或不足60岁但已退休受访者，即1959年以前出生或1959年之后出生但A01_m选择[4]离退休但仍继续工作[5]离退休不再工作，进行询问）您每月的固定收入（含工作、养老金、投资理财等各类个人收入，但不包含子女给的钱）大约是______元？其中，每月个人养老金收入大概______元。

G07.您所在社区（村子）是否有方便老年人使用的下列设施/服务？（请在相应位置画√）

	有	没有	不清楚（不读出）
G07_1.定期为老年人举办各类活动			
G07_2.每年为老年人提供免费体检			
G07_3.老年就餐/送餐服务			
G07_4.为老年人提供上门医疗服务（打针、问诊等）			
G07_5.为有慢性病（如高血压、糖尿病）的老年人提供定期上门检查			

G08.您认为目前所在地的养老设施和服务是否能够满足本地老年人的需求？______

[1] 能；　　[2] 不能；

[3] 不清楚

G09.您对我国养老经济保障（养老保险）的保障状况是否满意？______

[1] 非常满意；　　[2] 基本满意；

[3] 一般；　　[4] 不太满意；

[5] 很不满意；　　[6] 说不清楚

G10.您感觉目前养老保障（养老保险）最大的问题是？______（单选）

[1] 养老金水平太低；　　[2] 不同人之间养老金水平差距太大；

[3] 个人缴费太高；　　[4] 未来养老金可能发不出来；

[5] 制度设计太复杂，搞不清楚；　　[6] 养老金在不同地区转移接续困难；

[7] 其他（请注明______）

G11.您对现有的养老服务是否满意？______

[1] 非常满意；　　[2] 基本满意；

[3] 一般；　　[4] 不太满意；

[5] 很不满意；　　[6] 说不清楚

G12.对于老年服务内容，您认为下一步最需要改善的是？____ ____ ____（可多选，最多三项）

[1] 送餐 / 做饭；

[2] 帮助洗澡；

[3] 房屋适老化改造；

[4] 居住小区适老化改造（如加装电梯、建设无障碍设施等）；

[5] 打扫卫生等家政；

[6] 上门医疗服务（打针、问诊等）；

[7] 健康监测紧急救助；

[8] 娱乐活动；

[9] 修建更多养老机构；

[10] 其他（请注明________）；

[11] 不清楚 / 不回答（不读出）

H 住房保障

H01.您家目前居住的住房是：______（单选）

[1] 自购商品住房； [2] 购买房改房（单位分房）；

[3] 购买的保障性住房； [4] 市场租赁房；

[5] 单位租住房（单位公寓 / 宿舍）； [6] 廉租房（或公租房）；

[7] 拆迁安置房； [8] 自建住房；

[9] 其他（请注明：________）

H01_1 您是否与别的家庭（或人）合住一套住房？____

[1] 是； [2] 否

H02.你们家为目前居住的这套房每年需要花费多少（包括房贷、租金、水电气的费用等）____元，约占您家全年支出的比重为____%。

H02_1.您的自有住房，每个月偿还房贷为______元。（如果没有房贷，填0）

H02_2.您的租赁住房，每个月的房租为______元。（如果没有房租，填0）

注意：H03A~H08A 问题为城镇受访者（包括在当地务工的农村居民）回答。

H03A.您家现在居住的住房内是否有独立的厨房和卫生间（“独立”指房屋内部配套，合住者共用也算独立）？______（单选）

[1] 有独立厨房，但没有独立卫生间；

[2] 有独立卫生间，但没有独立厨房；

[3] 有独立厨房和卫生间；

[4] 既没有独立厨房，也没有独立卫生间

H04A.您家所居住的住房有_______层，是否有电梯？（可由调查员观察，不询问）______（单选）

[1] 有； [2] 没有；

[3] 平房，不需要

H05A.您所居住的小区是否有方便老人/残疾人使用的无障碍设施（如，方便轮椅顺利通行的设施）？ ______（单选）

[1] 有；　　[2] 没有；

[3] 有，但被占用或无法使用

H06A.您现所居住的小区停车是否方便？ ______（单选）

[1] 车位很充足，停车很方便；

[2] 车位较充足，但有时不好停；

[3] 车位很紧张，停车很困难；

[4] 小区内没有停车位，只能停路边；

[5] 小区和路边均无停车位

H07A.您对小区物业服务是否满意？ ______（单选）

[1] 非常满意；　　[2] 比较满意；

[3] 一般；　　[4] 比较不满意；

[5] 非常不满意；　　[6] 没有物业

H08A.您对现居住的住房，最希望改善的是？ ____ ____ ____（可多选，最多三项，按重要性排序）

[1] 改造安全用电设施；　　[2] 改造自来水设施；

[3] 改造污水排放设施；　　[4] 改善公共供暖；

[5] 增设独立卫生间或厨房；　　[6] 改造燃气设施；

[7] 安装电梯；　　[8] 其他，（请注明：________）；

[9] 没有

H09A.您对现居住的小区，最希望改善的是？ ____ ____ ____（可多选，最多三项，按重要性排序）

[1] 垃圾清理不及时；　　[2] 乱堆放，占用公共空间；

[3] 道路坑洼不平；　　[4] 消防安全隐患；

[5] 治安状况不佳；　　[6] 乱停车，堵塞道路；

[7] 绿化；　　[8] 无障碍设施；

[9] 其他，（请注明：________）；　　[10] 没有

注意：H03B~H06B 问题回答者包括农村地区受访者和在城镇务工的农村户籍居民（H03B~H05B 询问其在农村老家的情况，H06B 则包括其在农村老家和工作地所在城镇购置的住房）。

H03B.您家农村住房是什么材质和结构的？______（单选）

[1] 钢筋混凝土；

[2] 砖混（承重结构的墙、柱等采用砖砌，柱、梁、楼板、屋面板等采用钢筋混凝土）；

[3] 砖瓦房；

[4] 木房或竹房；

[5] 土坯房；

[6] 茅草房；

[7] 其他（请注明：________）

H04B.您家农村住房平时使用的是什么样的厕所？______（单选）

[1] 抽水马桶；　　[2] 冲水蹲厕；

[3] 简易茅坑；　　[4] 改造后的旱厕；

[5] 其他（请注明：________）

H04B _1.您家农村住房的厕所粪污是如何处理的？______（单选）

[1] 冲入下水道，管网收集后集中处理；

[2] 有化粪池或储粪罐，有排出口，排出后再集中处理；

[3] 有化粪池或储粪罐，有排出口，处理后排入附近农田；

[4] 有化粪池或储粪罐，无排出口，村里有统一组织清淘；

[5] 有化粪池或储粪罐，无排出口，自家（或自己请人）清淘；

[6] 没有任何收集处理和防渗漏措施，自然暴露

H04B _2.2018年以来，您家农村住房的厕所是否获得过政府支持的改造？______（单选）

[1] 是；

[2] 以前已经改造过（跳转至 H05B）；

[3] 从未获得过支持改造（跳转至 H05B）；

[4] 家里一直没有厕所（跳转至 H05B）

H04B _3.厕所改造（“厕所革命”）是否让你家的生活更方便？______（单选）

[1] 比以前更方便了；　　[2] 没有变化；

[3] 不如以前方便

H04B_4.厕所改造（“厕所革命”）您家自己还花了______元。

H04B_5.改造后的厕所，使用和维护的成本相比以前（未改造前）是增加还是减少？______（单选）

[1] 明显增加；　　[2] 略有增加；

[3] 没有变化；　　[4] 略微减少；

[5] 明显减少

注意：请访员实地看看受访者家中厕所情况，以对上述问题进一步确认。

H05B.您感觉在您家农村住房中生活最不方便（最不舒服）的地方是?

H05B_1.就住房本身来看，目前您感觉最不方便（最不舒服）的是? ____ ____ ____（可多选，最多三项，按重要性排序）

[1] 上厕所；　　[2] 生活用水；

[3] 房屋需要加固；　　[4] 房屋比较破旧；

[5] 冬季取暖；　　[6] 洗澡；

[7] 其他，（请注明:________）　　[8] 没有

H05B_2.在住房配套和管理方面，目前感觉最不方便（最不舒服）的是? ___ ___ ___（可多选，最多三项，按重要性排序）

[1] 进出道路不便；　　[2] 垃圾无人清理；

[3] 买东西不方便；　　[4] 治安状况不佳；

[5] 污水缺乏处理；　　[6] 厕所粪污难以处理；

[7] 供电、供气不足；　　[8] 没有路灯；

[9] 缺少活动空间；　　[10] 没有网络；

[11] 其他，（请注明:________）；　　[12] 没有

H06B.您家是否在城里（包括农村老家和工作地所在的城镇）购买住宅? ___ ___ ___（可多选，最多三项）

[1] 是，农村老家所在城市；

[2] 是，农村老家所在县城；

[3] 是，农村老家所在乡镇中心区；

[4] 是，工作地所在城市；

[5] 是，工作地所在县城；

[6] 是，工作地所在乡镇中心区；

[7] 是，在非居住和非工作地的其他城镇；

[8] 否（跳转至 I01）

H06B_1.您家在城里（包括农村老家和工作地所在的城镇）购买住房的目的是____ ____ ____（可多选，最多三项）?

[1] 自己居住；　　[2] 子女或孙子女上学；

[3] 子女或孙子女结婚；　　[4] 出租；

[5] 方便就业；　　　　　　　　　　[6] 投资；

[7] 其他（请注明：________）

I 生活环境

I01.您对您家目前所居住的社区（或村庄）周边的生态环境状况是否满意？（请在相应位置画√）：

生态环境状况	满意	一般	不满意	说不清（不适用）
I01_1.总体生态环境质量				
I01_2.空气质量				
I01_3.生活饮用水质量				
I01_4.周边河流、湖泊、海洋、水库、池塘、水泡子、井水等水体质量				
I01_5.生活垃圾处理情况				

I02.2018年7月至2019年6月，您家所居住的社区（村庄）生态环境质量变化情况如何？（请在相应位置画√）

生态环境状况	有所改善	没有变化	有所变差	说不清（不适用）
I02_1.总体生态环境质量				
I02_2.空气质量				
I02_3.生活饮用水质量				
I02_4.周边河流、湖泊、海洋、水库、池塘、水泡子、井水等水体质量				
I02_5.生活垃圾处理情况				

I03.近年为治理环境污染，政府加大了环境污染治理力度，采取很多环境污染治理措施，您支持这些措施吗？（单选）______

[1] 支持所有污染治理措施；　　　　[2] 支持大部分污染治理措施；

[3] 支持一小部分污染治理措施；　　[4] 不支持；

[5] 没有这种情况；　　　　　　　　[6] 不清楚 / 说不清

I04.2018年7月至2019年6月，您家附近的河流、湖泊、海洋、水库、池塘、水泡子、井水等水体出现过下述情况吗？____ ____ ____（可多选）

[1] 水少，有时候还出现断流、水干的现象；

[2] 水发黑、发臭；

[3] 水边堆着垃圾，水面漂着垃圾；

[4] 周边有向水里直接排放污染的工厂、餐馆、酒店、民宿、养殖场等；

[5] 没见过上述任何情况；

[6] 不适用（比如，附近没有水体）

I05.您家日常做饭和喝的水主要来源是？____（单选）

[1] 市政（或社区）自来水；

[2] 净水器过滤后的自来水；

[3] 桶装（瓶装）矿泉水或纯净水；

[4] 居住地的水源井；

[5] 居住地周边的河流、湖泊、山泉等；

[6] 其他（请注明：________）

I05_1.您家日常做饭和喝的水出现过以下情况吗？____ ____ ____（可多选）

[1] 停水；

[2] 水垢多；

[3] 水有味道；

[4] 水有颜色（发黄、发绿等）；

[5] 水浑浊，或有漂浮物；

[6] 其他问题（请注明：________）；

[7] 没有出现以上情况

I06.您家里平时收拾垃圾时，是否对其进行分类？____（单选）

[1] 每次都分类；

[2] 经常分类；

[3] 偶尔分类；

[4] 从来不分类

如果选择 [1] [2] [3]，则继续回答 I06_1；否则，直接回答 I07。

I06_1.您家里平时收拾垃圾时，单独分出了下述几类垃圾吗？（请在单独分出的垃圾类型中画√）

垃圾类型	单独分出
有毒有害垃圾（比如，废电池、废药品、废荧光灯管、废杀虫剂和消毒剂等）	
厨房垃圾（比如剩饭、剩菜、果皮等）	
可回收物（比如废纸、废塑料、废旧衣服、废弃电器电子产品、废玻璃等）	
其他类型的垃圾（请注明：________）	

I07.您家小区或者村庄里有分类的垃圾桶吗？（单选）

[1] 有垃圾桶，而且垃圾桶上标注了放什么样的垃圾；

[2] 有垃圾桶，但是垃圾桶上没有标注放什么样的垃圾；

[3] 没有垃圾桶；

[4] 不清楚

如果选择 [1]，请继续回答 I07_1；否则，直接回答 I08。

I07_1.您家小区或者村庄放置的分类垃圾桶上，单独标注了下述垃圾类型吗？（请在相应位置画√）

垃圾桶上的标识	单独标注	不清楚
有毒有害垃圾（比如，废电池、废药品、废荧光灯管、废杀虫剂和消毒剂等）		
厨房垃圾（比如剩饭、剩菜、果皮等）		
可回收物（比如废纸、废塑料、废旧衣服、废弃电器电子产品、废玻璃等）		
其他垃圾标识（请注明：________）		

I08.您认为下面哪种情况最符合您平时扔垃圾的情况？（单选）

[1] 分类收拾，而且按照垃圾桶上的标识分类投放；

[2] 分类收拾，但是不按照垃圾桶上的标识分类投放；

[3] 不分类收拾，随便扔进垃圾桶；

[4] 不分类收拾，随便扔到小区里或者路边、池塘沟渠里；

[5] 其他（请注明：________）

I09.您认为目前妨碍大家分类收拾垃圾、分类投放垃圾的主要原因是什么？（多选，最多选三项）

[1] 没必要（现在生活水平高了，之前能卖钱的垃圾都不值钱了，没必要去分类）；

[2] 没动力（垃圾不分类没惩罚，分了也没奖励）；

[3] 不会分（垃圾分类标准太复杂，不会按照分类标准去分）；

[4] 垃圾桶无法满足垃圾分类的要求；

[5] 垃圾没有分类清运（尽管居民分类收拾和分类投放了垃圾，但是清运时垃圾又被混合装到了一起）；

[6] 其他原因（请注明：________）

注意：如果是农村地区，还请继续回答 I10~I11，否则直接跳到 J。

I10.您家日常的生活污水是怎样排出去的？（可多选）

[1] 排入下水道；

[2] 排入露天沟渠；

[3] 用专门的污水收集桶收集；

[4] 随便排到室外；

[5] 其他（请注明：________）

I11.您认为采取什么措施监督农村垃圾乱扔、生活污水乱排最有效？（单选）

[1] 罚款；

[2] 村干部或者熟人监督；

[3] 依靠村规民约监督；

[4] 评选优秀文明家庭奖励；

[5] 其他（请注明：________）

J 食品安全

J01.您对2018年至今的食品安全改善情况如何评价？____（单选）

[1] 非常满意；
[2] 比较满意；
[3] 一般；
[4] 比较不满意；
[5] 非常不满意；
[6] 不清楚 / 不了解 / 不评价（不读出）

J02.您最担心的食品安全问题是：____ ____ ____（可多选，最多三项，请根据担心的程度依次排序）

[1] 农药兽药、抗生素、重金属等高残留；
[2] 非法添加的非食用物质（如苏丹红等）；
[3] 合法的食品添加剂（如色素、防腐剂、香精等）超量使用；
[4] 食品过期变质；
[5] 有疫病的肉及其他食品流入市场；
[6] 食品掺杂（假）（如优质大米掺杂劣质大米或鸭肉处理后冒充羊肉）；
[7] 假冒伪劣食品冒充名牌产品销售；
[8] 其他（请注明：________）；
[9] 都不担心

注意：J03 如果调查地为城镇，询问 J03A；如果调查地为农村地区，询问 J03B。

J03A.（如果您的主要居住地为城市）您最常采取什么方式购买（获取）放心食品？____ ____ ____（最多三项，请根据措施的重要性依次排序）

[1] 购买知名品牌或企业的食品；
[2] 到正规（有品牌的、连锁的）超市购买食品；
[3] 从信誉好、品控严格电商网购食品（比如，京东、中粮我买网、本来生活、盒马生鲜、春播等）；
[4] 购买有认证标志的食品（有机、无公害、绿色、质量认证等）；
[5] 购买进口食品；
[6] 信得过的农场（农户、合作社）直接订购；
[7] 注意媒体报道，不购买被曝光的食品；
[8] 其他（请注明：________）；
[9] 没有特别考虑和采取措施

J03B.（如果您的主要居住地为农村）您最主要/常采取什么方式购买（获取）放心食品？____ ____ ____（可多选，最多三项）

[1] 购买知名品牌或知名企业的商品；

[2] 到正规（有品牌的、连锁的）商场或超市购买；

[3] 注意查看标签，避免买到山寨食品；

[4] 购买熟悉的商贩自产自销的农副产品；

[5] 自己按传统方式种植 / 养殖（不打农药、不用化肥、不用配方饲料）；

[6] 注意媒体报道，不购买被曝光的食品；

[7] 其他（请注明：________）；

[8] 没有特别考虑和采取措施

J04.您主要是通过何种渠道了解食品安全信息及政策的？____ ____ ____（最多填三项，请根据选择方式的重要性依次排序）

[1] 电视、收音机；

[2] 手机上的自媒体（微信、微博里推送的消息等）；

[3] 下发的宣传资料或宣传栏、告示等街头宣传；

[4] 政府网站；

[5] 报纸杂志；

[6] 听同事、朋友或邻居介绍；

[7] 其他（请注明：________）

J05.当您听到食品相关的负面信息并有所担心时，您最希望政府采取哪些措施？_____ _____ ____（最多填三项，请根据措施的重要性依次排序）

[1] 及时调查并公布结果；

[2] 对调查属实的相关企业及责任人严肃处理；

[3] 对传播虚假信息的个人严厉处理；

[4] 开辟官方授权的微信公众号、直播平台、手机客户端、热线电话服务（可以提问咨询讨论等）；

[5] 定期举办科普活动为大家现场答疑解惑；

[6] 不在意这些信息，不需要相关帮助

J06.您对我国未来三年的食品安全状况的改善是否有信心？____（单选）

[1] 一定会有效改善；

[2] 相信会逐步改善；

[3] 可能会有一些改善；

[4] 政策好，但担心落实不下去，难以带来有效改善；

[5] 不指望能改善；

[6] 不清楚（不读出）

K 政府服务

K01.2018年7月至2019年6月，您和您家人是否找政府有关部门办过事？比如，户口（身份证）、居住证（暂住证）、出国护照、婚姻生育、入学信息审核、不动产登记、工商登记注册、社保低保、交通违章、车辆年检、个人纳税等事项。____（单选）

[1] 是；　　[2] 否（直接跳转回答 K05、K06、K07）

K02.您通常选择何种途径办理这些公共事项？____（单选）

[1] 现场办理，比如政务服务中心、街道（社区）办事处、村委会等（跳至 K03）；

[2] 网上办理，比如政府服务网、政府服务 App、微信公众号等（跳至 K04）；

[3] 两种情况都办理过

K03.根据您的了解和实际经历，在现场办理业务时，您对政府服务的改进情况如何评价？____（单选）

[1] 很满意；　　[2] 基本满意；

[3] 一般；　　[4] 不太满意；

[5] 很不满意；　　[6] 不清楚

K03_1.在材料齐全前提下，办理业务是否只需来一次？____

[1] 是　　[2] 否

[3] 不清楚

K03_2.您是否需要来回跑几个窗口？____

[1] 是　　[2] 否

[3] 不清楚

K03_3.您是否还需重复填多张表格？____

[1] 是　　[2] 否

[3] 不清楚

K03_4.是否需要对工作人员服务评价（打分）？____

[1] 是　　[2] 否

[3] 不清楚

K03_5.您感觉现在办理业务提供的证明材料是否减少了？____

[1] 是　　[2] 否

[3] 不清楚

K04.根据您的了解和实际经历，在网上办理业务时，您对政府服务的改进情况如何评价？____（单选）

[1] 很满意；　　[2] 基本满意；
[3] 一般；　　[4] 不太满意；
[5] 很不满意；　　[6] 不清楚

K04_1.在网上办理业务时，您主要选择哪种方式？____（单选）

[1] 政府服务网　　[2] 政府服务 App
[3] 微信小程序　　[4] 服务大厅自助机
[5] 其他

K04_2.您认为操作流程是否简单？____

[1] 是　　[2] 否
[3] 不清楚

K04_3.您认为在线回复是否及时？

[1] 是　　[2] 否
[3] 不清楚

K04_4.您认为提交材料是否便捷？

[1] 是　　[2] 否
[3] 不清楚

注意：K05 仅限流动人口回答。

K05.您在办理公共事项中，是否需要回老家办理？____（单选）

[1] 是　　[2] 否（跳至 K05_2）

K05_1.根据您的了解和实际经历，哪些事项需要回户籍所在地办理？____（可多选）

[1] 办理低保；　　[2] 社保登记转移；
[3] 医保异地结算；　　[4] 随迁子女入学；
[5] 公证委托；　　[6] 生育登记；
[7] 其他__________（请注明）

K05_2.根据您的了解和实际经历，哪些事项在外地（指非户籍所在地）也可以办理？____（可多选）

[1] 身份证；　　[2] 户籍迁移；
[3] 居住登记；　　[4] 出国护照；

[5] 婚姻登记；　　[6] 交通违章；

[7] 其他____________（请注明）

K06.根据您的了解和过往经历，与政府打交道过程中最希望改善的是什么？____（单选）

[1] 办事程序太复杂和不公开；

[2] 来回跑开具各类烦琐证明；

[3] 部门之间相互推诿、效率低；

[4] 各种代办、代理服务质量不高；

[5] 办理事项不同渠道获取信息不一致；

[6] 服务态度不好；

[7] 其他（请注明：____________）；

[8] 不回答 / 不清楚（不读出）

K07.根据您的了解和过往经历，您认为现在到政府部门办事是否就去一个窗口、一次就能办完？____（单选）

[1] 是　　[2] 否

[3] 不清楚 / 不回答

受访者联系方式：________________（可填）

由访问员判断，此次调查是否进行顺利，受访者的配合程度如何？______

[1] 非常配合；　　[2] 比较配合；

[3] 不太配合；　　[4] 很不配合

访问结束

谢谢您的合作，再一次表示感谢！

中国民生问题调查问卷说明

您好！

我们是国务院发展研究中心“中国民生调查”课题组的访问员。这次调查的目的是了解目前我国的民生状况，真实反映居民的现实需求，为进一步制定和完善相关民生政策服务。

经过科学抽样，我们选中了您的家庭作为调查对象。您的合作对于我们了解有关情况和制定相关政策有着十分重要的意义。本调查完全匿名，调查内容严格保密。请您放心、真实地回答问题。感谢您的支持！

国务院发展研究中心

“中国民生调查”课题组

2019 年 7 月

填写指导：

1. 在问卷上的所有填写或者记录要使用**蓝色或黑色中性笔**，不得使用钢笔或铅笔。记录选择题时应在题后相应的横线上**填写**选项号。

2. 所有选择“其他”选项的回答，务必填写具体内容。

3. 所有问题请由访问员询问并记录、填写，对选项较多的可由受访者阅读选择。

4. **“不清楚”“不回答”之类的选项，访问时不需要读出。**

5. 访问员请家庭的**户主或家里最熟悉情况的人**来回答本问卷，受访者年龄应在 18 岁以上并且能够正常交流。

6. 在条件许可的情况下，涉及家庭成员信息的部分，可以让相关的家庭成员协助完成此调查，比如就业部分可以让除受访者外的其他相关家庭成员配合。

后记

本书是“中国民生调查”课题组的集体研究成果，利用的主要是2019年全国范围内电话调查和8省份入户问卷调查的数据及相关部门公开的调查统计结果。这项年度研究工作得以顺利完成，要感谢国务院发展研究中心领导和同事的大力支持。国务院发展研究中心党组书记马建堂研究员作为课题总顾问，一直非常关心课题研究工作的进展，对课题研究给予了直接指导，并对课题组上报的研究报告（择要）逐一把关。国务院发展研究中心副主任张军扩研究员作为课题负责人，全过程主持了课题研究工作，对指数指标体系设计、问卷设计以及所有研究报告都提出了具体的指导意见和修改建议。农村经济研究部部长叶兴庆研究员、社会发展研究部部长葛延风研究员作为课题协调人，承担了大量的组织协调、调查设计和成果把关工作。课题组成员来自国务院发展研究中心多个研究部（所），有关部门的负责同志也对课题研究给予了大力支持和帮助。

电话调查和入户问卷调查的实施，得到了很多单位和专家的支持。北京零点市场调查有限公司协助开展了覆盖全国31个省（区、市）的民生满意度电话调查，并完成了总体数据分析报告；清华大学社会学系刘精明教授及其团队协助完成了入户问卷调查的抽样工作，并对各省份提交的入户问卷调查原始数据进行了整理核对与初步分析；河北、黑龙江、江苏、浙江、安徽、陕西、福建、广西8个省级政府（省委）发展研究中心（研究室）承担了具体的入户问卷调查任务，并分别撰写了民生发展报告；部分高校、研究机构的学者及学生也直接参加了入户问卷调查工作。课题项目办的各位工作人员和实习生为课题研究的顺利开展付出了很多努力。在这里，对大家一并表示感谢！

受时间、能力、方法等多方面因素影响，不足和疏漏在所难免，课题组对相关结论和观点负责，欢迎大家批评指正。在后续的研究中，我们将进一步努力，提高电话调查和入户问卷调查质量，提升评价和研究的客观性、准确性，为大家奉献更高质量的成果，为中国民生事业的发展贡献一份绵薄之力。

国务院发展研究中心
“中国民生调查”课题组
2020年10月